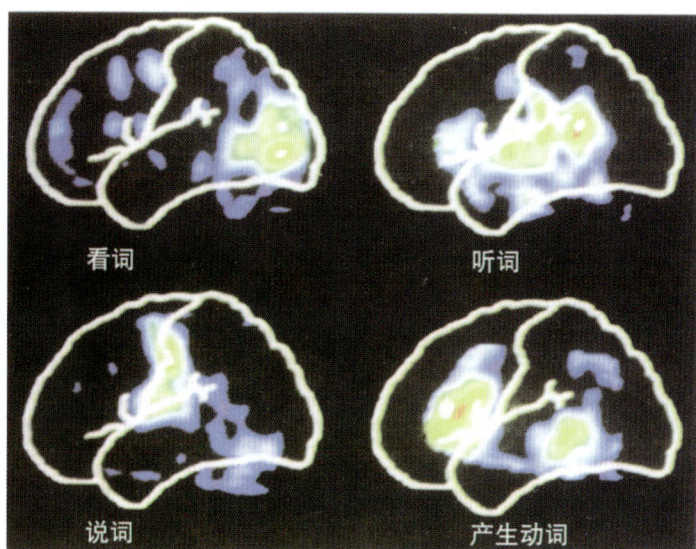

在不同语言作业中大脑不同脑区的激活

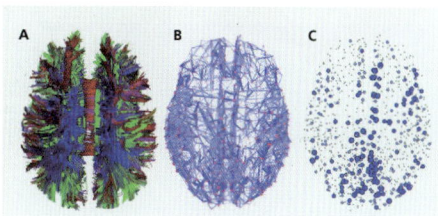

神经网络

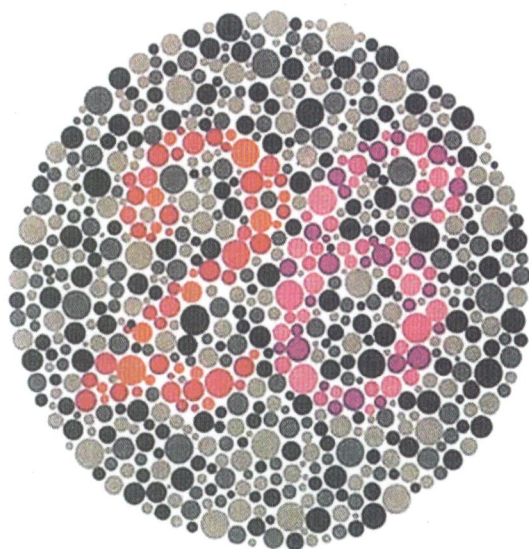

色盲检查

颜色对比

颜色后像

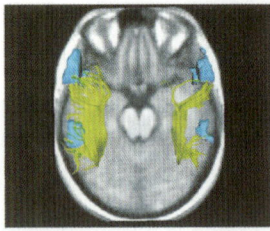

右利手

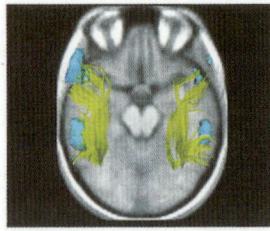

左利手

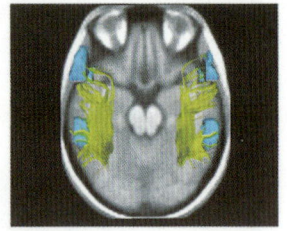

双利手

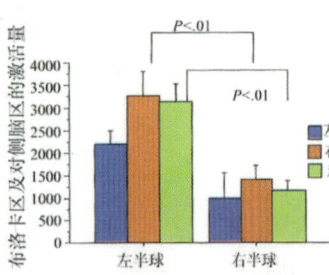

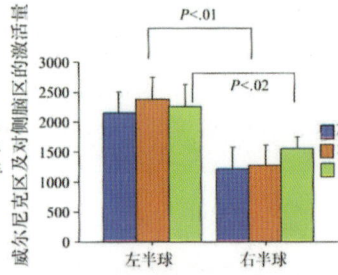

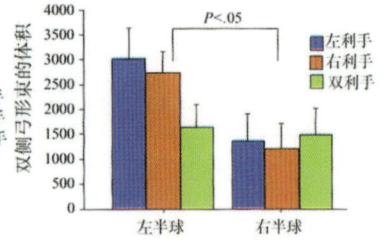

布洛卡区、威尔尼克区以及弓形束的一侧化优势效应

　　在图的上半部分中，三个图分别代表右利手、左利手和双利手被试在布洛卡区(上边)威尔尼克区(下边)及对侧区域的激活程度(蓝色)和双侧弓形束的体积(黄色)。图的下半部分对三组被试的结果进行了统计检验，三个图分别代表布洛卡区和威尔尼克区的激活程度、弓形束的体积。蓝色柱、红色柱和绿色柱分别代表左利手、右利手和双利手被试的结果。

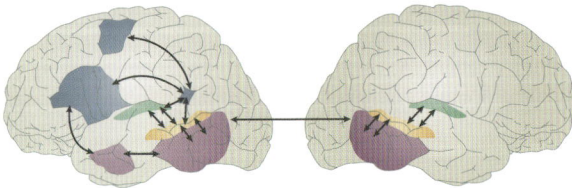

口语理解的双通路模型

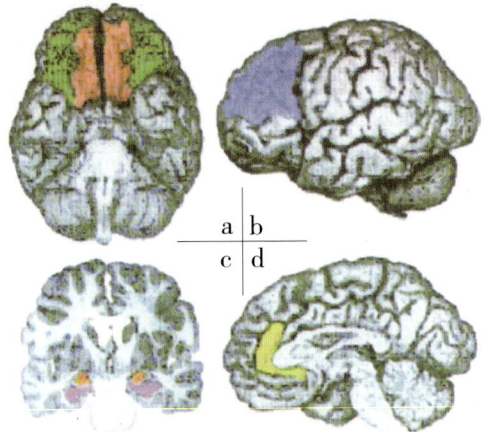

a: 绿色是眶额皮层，红色是腹侧中央前额皮层。
b: 紫色是背侧前额皮层。
c: 橙色是杏仁核，紫色是海马。
d: 黄色是前部扣带回。
情绪和情绪调节的神经回路关键成分

新世纪高等学校教材

北京市高等教育精品教材

面向21世纪课程教材

心理学基础课系列教材

普通心理学

（第6版）（融媒体版）

General Psychology

彭聃龄　陈宝国◎主编 ■

北京师范大学出版集团
BEIJING NORMAL UNIVERSITY PUBLISHING GROUP
北京师范大学出版社

图书在版编目（CIP）数据

普通心理学 / 彭聃龄，陈宝国主编 . —6 版 . —北京：北京师范
大学出版社，2023.12（2025.7 重印）
　新世纪高等学校教材　心理学基础课系列教材
　ISBN 978-7-303-28947-9

　Ⅰ.①普…　Ⅱ.①彭…②陈…　Ⅲ.①普通心理学—高等学校—
教材　Ⅳ.① B84

中国国家版本馆 CIP 数据核字（2023）第 034147 号

教 材 反 馈 意 见　　gaozhifk@bnupg.com　　010-58805079

PUTONG XINLIXUE

出版发行：北京师范大学出版社 www.bnupg.com
　　　　　北京市西城区新街口外大街 12-3 号
　　　　　邮政编码：100088
印　　刷：三河市兴达印务有限公司
经　　销：全国新华书店
开　　本：787 mm × 1092 mm　1/16
印　　张：37
字　　数：699 千字
版　　次：2023 年 12 月第 6 版
印　　次：2025 年 7 月第 39 次印刷
定　　价：88.00 元

策划编辑：周雪梅　张丽娟　　　责任编辑：宋　星　刘小宁
美术编辑：陈　涛　李向昕　　　装帧设计：陈　涛　李向昕
责任校对：陈　荟　　　　　　　责任印制：马　洁

版权所有 侵权必究

序　言

经过三年多的准备,《普通心理学》第 6 版终于以崭新的面貌与广大读者见面了!《普通心理学》是心理学导论类教材,自 1988 年发行以来,截至目前总发行量超过 200 万册,居国内同类教材前列。目前国内有 200 多所高校选用本教材,它受到了广大师生的普遍欢迎,在我国高校心理学人才培养方面发挥了重要作用。

按照我国现行大学体制,高校心理学有两种类型的心理学导论类教材。一种是类似于我们主编的《普通心理学》的教材,强调为心理学打好基础,通过教师讲授和学生自学,学生能够较为系统地掌握心理学的基本概念和基本理论,在此基础上进一步学习后续的专业知识。另一种是类似于《心理学导论》的教材,在重视基础知识的同时,更注重心理学不同分支的应用。各类学校可根据自己的专业设置、培养目标、课程设置和学生的具体情况来选定教材。

三十多年的教材建设经验告诉我们,玉不琢,不成器,一部好的教材需要精心雕塑,在不断修订中更新和完善。《普通心理学》历经了 2001 年、2004 年、2012 年、2018 年和 2019 年的 5 次修订,我们已经积累了丰富的经验。第 6 版教材更上一层楼,在教材体系和内容等方面进行了重大修订,形成了自己的特色。主要体现在以下几个方面。

1. 根据教育部高等学校心理学教学指导委员会的建议和学科发展的最新进展,调整了教材体系,更新了教学内容,吸收了新的知识。因此,第 6 版教材既保留了本学科的基础知识,又增加了一些反映学科进展的新知识。

2. 尽量贴近生活,从生活出发,阐释读者关心的心理现象,回答读者感兴趣的心理学问题,理论联系实际,增强应用性。

3. 用深入浅出、通俗易懂的语言风格撰写教材。删除了第 5 版教材中的一些"偏""难"的内容,尽可能对读者容易遇到的难点问题进行解释和说明。

4. 进一步更新、调整了教材的结构、体例。调整后的内容更具逻辑连续性。为了进一步增强知识的前沿性、学术性、应用性,第 6 版教材设置了"研究进展""学术争鸣""知识应用""人物介绍"4 个知识窗口。

5. 修改了每章的导言部分。新的导言或者从心理现象出发,或者从生活实际出发,力图激发读者的阅读兴趣。

6. 我们还编写了与第 6 版教材配套的《普通心理学学习手册》,利学便教。

总之,第 6 版教材在科学性、基础性、前沿性和实用性等方面有了进一步提高,我们希望它在国内心理学导论类教材中发挥优势，为广大师生所喜爱。

为了帮助读者了解第 6 版教材，现简要介绍各章的修改。

第一章"心理学的研究对象和方法"是全书的开篇之作。我们重点改写了心理学的研究对象，把心理学定义为研究心理和行为的科学，具体分析了心理和行为的关系。在心理学的研究任务上，从描述、解释、预测与控制四个方面具体说明了心理学的基本任务。在研究方法上，从发现问题、提出研究假设到撰写和发表论文，具体介绍了如何进行科学的心理学研究。

第二章"心理与行为的脑神经基础"是修改较大的一章。我们调整了本章的结构，按照"神经元""神经系统""脑功能学说""神经系统的进化与脑的可塑性"的顺序编排内容；重点介绍了大脑的结构和功能；增加了额叶的功能和神经网络说等内容。

第三章"感觉"修改了感觉的定义。按照"感觉概述""视觉""听觉""化学感觉""躯体感觉"的顺序介绍了本章的内容；完善了各节的内容，补充了一些近年来的成果。

第四章"知觉"完善了知觉特性的论述。在空间知觉中补充了空间知觉的理论等内容；在时间知觉中补充了影响时间知觉的主客观因素等内容；在真正运动知觉中补充了自身运动知觉、物体运动知觉、生物体运动知觉等内容。

第五章"意识"是修改较大的一章。把第 5 版中的标题"意识和注意"修改为"意识"，把注意看成意识的一种状态；调整了本章的结构，按照"意识概述""注意""睡眠和梦""意识的其他状态"的顺序编排内容；增加了意识的理论、外源性注意的影响因素、睡眠和催眠的功能等内容。

第六章"记忆"修改了记忆分类和相关模型；重点介绍了工作记忆和错误记忆等内容；在记忆的生理机制中引入了认知神经科学的研究成果；增加了前瞻性记忆的内容；增加了应用性的内容。

第七章"思维"的结构调整较大。按照"思维概述""表象和概念""推理和问题解决""决策"的顺序编排内容；进一步梳理了思维和其他认知成分的关系；更新了思维的生理机制的内容；增加了双重编码理论、顿悟的神经生理机制等内容；改写了"影响问题解决的因素"这一部分；扩展了决策中的框架效应的内容。

第八章"语言"从结构到内容都进行了修订。在结构上，按照"语言概述""口头语言的加工""书面语言的加工""双语的加工"的顺序编排内容。在内容上，重新撰写了口头语言和书面语言加工的内容；更新了语言神经机制的内容；鉴于双语研究的重要性和研究成果的丰富性，增加了"双语的加工"一节，其中涉及双语的心理表征和双语加工的抑制控制机制等重要内容。

第九章"动机"更新了动机的神经机制的内容；增加了阿特金森的成就动机理论以及学习动机内容的介绍；扩展了期待价值理论和自我决定理论等内容。

第十章"情绪"增加了应激和表情识别等内容的介绍；修改、完善了沙赫特－辛格情绪理论；增加了情绪调节的理论；加强了应用内容的介绍。

第十一章"智力"的结构调整较大。首先，把第5版中的标题"能力"修改为"智力"；其次，按照"智力的概念和理论""智力的测量""智力的发展与个体差异""影响智力的因素"的顺序编排内容。在内容方面，更新了智力的内容；增加了韦克斯勒智力量表（第四版）的介绍；将流体智力与晶体智力移至智力理论中，并对其内容进行了完善。

第十二章"人格"是重新撰写的一章。人格理论部分增加了精神分析的人格理论、人本主义的人格理论、人格的社会学习理论等内容；介绍了认知神经科学有关人格的研究成果。

第十三章"学习"的结构调整较大。按照"学习概述""学习的规律""学习理论""教学方法与学习"的顺序编排内容；增加了认知神经科学有关学习的研究成果、班杜拉的社会认知学习理论等内容，扩充了建构主义学习理论，增加了"教学方法与学习"的内容。

第十四章"人生全程发展"，对第5版中第五节的"中老年时期的发展"内容进行了改写，并融入了前四节的部分。对个体发展的概念、关键期与敏感期、发展研究的设计、皮亚杰的认知发展理论等内容进行了补充、完善。

修订后的教材不仅适用于全日制高校心理学专业及相关专业的本科生及报考心理学研究生的各类学生，而且非常适合广大心理学爱好者自学心理学。

第6版教材的编写由彭聃龄教授和陈宝国教授共同主持，由多位具有丰富教学经验的教授通力合作完成。参与第6版教材编写工作的教师有：北京师范大学彭聃龄教授（第一章、第三章、第四章），北京师范大学丁国盛教授（第二章、第五章），北京师范大学陈宝国教授（第六章、第七章），北京师范大学卢春明教授（第八章、第十三章），首都师范大学郭德俊教授（第九章、第十章），北京师范大学黎坚教授（第十一章），陕西师范大学王振宏教授（第十二章），北京师范大学刘艳副教授（第十四章）。

衷心感谢关心和支持本书的广大读者，感谢北京师范大学出版集团给我们这次修订的机会，感谢北京师范大学出版集团策划编辑周雪梅博士为修订工作做出的巨大努力。诚恳地希望得到广大读者的批评、指正。

主编：彭聃龄　陈宝国

2023年1月

目　录

第一编　绪　论

第二编　人的信息加工

第三编　行为调节和控制

第四编　人的心理特性

第五编　学习与发展

第一编　绪　论

第一章
心理学的研究对象和方法

自古以来，人类在探索自然界奥秘的同时，也在不断地探索自身的奥秘，特别是心理和行为的奥秘。例如，人如何认识世界？人如何思考、计划和决策？人如何调节自己的心理活动，进而改变自己的行为？人有哪些需要？这些需要又怎样转化为行为的动机？为什么有些人学有所成，有些人却中途辍学？这和他们的智力或人格有没有关系？"性格决定一切，智商是不重要的"这种说法对不对？遗传和环境在个体的心理发展中起什么作用？等等。

采用科学的方法对这些问题进行研究，形成了一门独立的学科——心理学，这是探索心理和行为奥秘的一门学科。

我们选择了心理学作为自己的专业，或者选择了心理学作为自己学习的一门课程，自然希望对这门学科有清楚的了解，知道它研究什么，如何进行研究，学习它有什么重要的意义，它怎样发展为一门独立的学科，它在科学的大家庭中处于什么地位，如何成为一位心理学家等。这些就是我们在第一章中要介绍的问题。

第一节　心理学的研究对象

心理学是研究心理现象和行为的一门科学，既研究人的心理和行为，也研究动物的心理和行为，而以人的心理和行为为主要的研究对象。下面分别从"什么是心理"和"心理和行为的关系"等几个方面说明心理学的研究对象。

一、什么是心理

在日常生活中，我们熟悉的心理现象有很多。例如，在紧张的学习和工作之后，我们来到一个风景秀丽的地方，看到这里绿树成荫、碧波荡漾，想起几年前和朋友一起畅游的场景，顿时觉得心情舒畅，心旷神怡，几天来学习和工作带来的疲倦被一扫而空。在这个休闲活动中，我们有过哪些心理现象或心理活动呢？这里的"看到""想起"等都属于认知过程，也叫信息加工的过程；"心情舒畅，心旷神怡"属于情绪，它和人的需要是否得到满足有关。如果是一位刚刚失恋的大学生来到这个地方，想起昔日同游此地的恋人，心中难免会升起一股"怅然若失"的复杂情绪。可见，在同一个情景中，不同人的感受是有差异的。这种差异可能与人的经历有关，也可能与人的气质或性格有关。

心理是脑对客观现实的反映。简单来说，心理学将人的心理现象概括为三个方面。

（一）认知

认知（cognition）指人获得知识或应用知识的过程，或信息加工的过程。人接收外界输入的信息，并将这些信息经过神经系统的加工处理，转换成内在的心理活动，进而支配人的行为，这个过程就是信息加工的过程，也叫认知过程。它包括感觉、知觉、记忆、思维和语言等。

（二）动机和情绪

人的心理活动和外在行为是在需要的推动下发生的，或者说是在人的身心出现不平衡的状态下发生的。人在需要的基础上形成了不同的动机（motivation）。动机不同，人们对现实的态度以及相应的行为方式也不同。

人在加工外界输入的信息时，不仅能认识事物的属性、特征及其关系，而且会形成对事物的态度，产生满意、不满意、喜爱、厌恶、憎恨等主观体验，这就是情绪（emotion）。积极情绪能激发人们认识事物的热情，使人锐意进取；相反，消极情绪会使人消沉、沮丧，浇灭人们认识与创造的热情，严重时还会危害人的身心健康，使人厌世、轻生，甚至夺去人的生命。

（三）心理特征

人在需要和动机的驱使下，在获得和应用知识、与外部环境交互的过程中，还会形成各种各样的心理特征，显示出人与人之间的心理差异。人的心理特征有些是暂时的、偶然出现的，有些是稳固的、经常出现的。那些稳固且经常出现的心理特征，叫个性心理特征。心理特征包括智力（intelligence）和人格（personality）两个方面。正是这些心理特征使个体的心理活动与他人的心理活动区别开来。

总之，认知、动机和情绪、心理特征是心理现象的三个重要方面，是心理学的主要研究对象。这三个方面不是割裂的，而是彼此联系、相互依存的。例如，认识的需要会推动人去探索世界，交往的需要会推动人去建立各种人际关系，并获得各种各样的情绪体验。人的需要的产生和发展又依赖认知。一位科学家正是由于积累了丰富的知识，认识到自己的工作对造福人类的重大意义，并且有了对自己工作的责任感，才会产生强烈的研究动机，并为实现自己的研究目标而努力工作。人的智力和人格等心理特征是在获得与应用知识的过程中产生和表现出来的，这些心理特征又调节着人脑对信息的加工过程，并赋予这些过程以个体的特色。心理学既研究认知过程，也研究需要、动机和心理特征。

二、心理和行为的关系

行为是指机体的反应系统。它由一系列反应动作和活动构成。有的行为很简单，只包含个别或少数几种反应成分，如光线刺激眼睛引起眼睑关闭，食物刺激口腔引起唾液分泌，肠胃因饥饿而加快蠕动等。有的行为很复杂，包含较复杂的反应成分，如写字、体操、驾驶飞机、助人

等。这些行为由一系列反应动作组成，形成各种特定的反应系统。在这些行为中，有的属于生理现象，如眼睑关闭等；有的属于心理现象，如在利他动机支配下的助人行为等。

行为不同于心理，但又和心理有着密切的联系。引起行为的刺激常常通过心理的中介发挥作用。人的行为的复杂性是由心理活动的复杂性引起的。同一刺激可能引起不同的反应，不同刺激也可能引起相同的反应，其原因就在于人有丰富的主观世界。主观世界的情况不同，对同一刺激的反应常常是不一样的。俗话说，"饿时吃糠甜如蜜，饱时吃蜜蜜不甜"。机体的内部状态不一样，对同一事物的反应也可能不一样。因此，不理解人的内部心理过程，就难以理解他的外部行为。

心理和行为密切相关还表现在：心理支配行为，又通过行为表现出来。心理现象是一种主观精神现象，或是一个"黑箱子"，看不见，摸不着，没有重量、大小和体积，而行为却具有显露在外的特点，可以用客观的方法进行测量。由于行为能显示人的心理活动，因此，我们可以通过观察和分析行为来客观地研究人的心理活动，即打开"黑箱子"。

心理学以心理现象为主要研究对象。它研究行为，主要是为了研究支配行为的心理现象，而不是为了研究行为本身。例如，心理学要研究不同的人在不同行为中的动机，而不是研究学生、工人、科学家等所从事的具体职业活动。我们把心理学定义为研究心理现象和行为的科学，是希

望通过对行为的客观记录、分析和测量，揭示人的心理活动或心理现象的规律。

三、人的心理和行为具有意识的特点

人和动物都有心理。但人的心理不同于低等动物的心理，它具有意识和自我意识的特点，即人能够觉察到外部事物的存在和自己的内部心理活动，能够把"自我"与"非我"、"主体"与"客体"区别开来。人不仅能认识事物，而且知道哪些事物已经认识了，哪些事物还没有认识；不仅能记忆、思考，而且知道自己正在记什么、想什么；不仅有喜怒哀乐等情绪，而且知道为什么喜或怒，知道怎样寻求欢乐而避免忧愁。人因为有意识，所以能对自己的所作所为进行自我分析、自我评价、自我调节和自我控制。低等动物没有意识，因而没有自我分析、自我评价的能力。意识是人的心理的重要特点，是个体在一定的发展阶段才出现的。它对个体的心理和行为发展有着重要意义。

意识是一个连续体，它的一端是注意，即清晰的意识，而另一端是无意识（unconsciousness）。后者是人们在正常情况下觉察不到，也不能自觉调节和控制的心理现象。人在梦境中产生的心理现象，多数是在无意识的情况下出现的。人们不能预先计划梦境的内容，无法支配梦境的进程；人们也很难回忆梦境的内容，对梦进行正确的报告。人在清醒的时候，有些心理现象也是无意识的。在人们的相互交往中，某些意识不到的、潜移默化的影响也是存在的，这些影响会使你下意识地亲近一些人，而远离另一些人。

总之，意识是人的认知、情绪、动机和行为等的重要特征。人的日常生活、学习和工作是在意识与无意识的支配下进行的。因此，意识与无意识的心理现象和行为都是心理学的重要研究对象。

四、人的心理、行为的个体性和社会性

前面我们讲到的认知、动机和情绪、心理特征是存在于个体身上的心理现象。我们称之为个体心理或个体意识。但是，人是社会的实体，作为社会的成员，总是生活在各种社会团体中，并与其他人结成各种各样的关系，如亲属关系、朋友关系、师生关系等。由于社会团体的客观存在，团体心理便产生了。团体与个体一样，具有团体需要、团体利益、团体价值、团体规范、团体舆论、团体意志、团体目的等心理特征。一个团体由于具有某些特定的心理特征而区别于其他团体。

团体心理与个体心理是共性与个性的关系。团体心理是在团体的共同生活条件和环境中形成的，是该团体内个体心理特征的典型表现，而不是个体心理特征的简单总和。团体心理离不开个体心理，对个体来说，是一种重要的社会现实，直接影响个体心理或个体意识的形成与发展。因此，团体心理及其与个体心理的关系，也

是心理学的研究对象。

学术争鸣

如何定义心理学

科学心理学经过了 100 多年的发展，在研究对象的问题上，大家的看法逐渐趋向一致，但仍存在不同的意见。哪种看法更能反映心理学研究的特点？

心理学是研究心理和行为的科学（荆其诚，1990）。

心理学是研究心智和行为的科学。心智指感知、思维、记忆、情绪等内在体验，是人的意识的全过程。行为指人和动物可以观察到的活动，是我们每天都在做的事情（夏克特等，2016）。

心理学是关于理解我们所做的一切的学科。心理学家致力于用科学的方法研究有关人类行为的问题（韦登，2016）。

心理学是一门研究行为和心理过程的科学。心理学研究领域不仅包括我们只能间接观察到的内部心理过程（如思维、情感和欲望），而且包括可以直接观察到的行为（如对话、微笑和奔跑）（津巴多，2017）。

为了把可观察到的行为、内部思想和情感都纳入心理学研究中，我们把心理学定义为一门研究行为和心理过程的科学（迈耶尔，2006）。

第二节 心理学的基本任务、研究领域和学科性质

一、心理学的基本任务

探索心理现象与行为发生、发展的规律是心理学的基本任务。这个任务是通过以下几个方面的研究来实现的。

（一）描述心理现象和行为

心理学家要对心理现象进行描述，就像动物学家需要知道世界上有哪些动物，植物学家需要知道世界上有哪些植物一样，心理学家需要知道人和动物有哪些心理现象，每种心理现象的特点是什么，它们的相互关系又如何。有些心理现象通过观察自己和别人就可以发现，如人都有视觉、听觉、记忆、思维、情绪等，这些心

理现象自古以来就已经为人们所熟悉了；有些心理现象则只有通过心理学家的研究才能发现，如视觉中一些罕见的错觉、词汇阅读中的语义自动激活现象、群体决策时的从众现象等。

心理学家不仅要收集和整理这些心理现象，对其进行科学的分析和分类，而且要揭示每种心理现象的特点，把一种心理现象和另一种心理现象区别开来，如感觉和知觉有什么区别，思维和记忆有什么区别，短时记忆和长时记忆有什么区别，情绪和认知有什么区别等。基于这些研究，形成心理学的科学概念，建立起本学科特有的概念系统。只有受过心理学正规训练的人学习和掌握了这个概念系统，才可能进入心理学的科学殿堂；相反，仅仅凭借自己的经验，是不能真正掌握科学心理学的概念系统的。例如，心理学中所说的感觉，是指人的感觉器官将不同的物理能量转化为神经冲动，并在头脑中形成外部世界的特性和属性的主观映象。在日常生活中，当有人说"跟着感觉走""我感觉不舒服"时，"感觉"常常包含了"感受""感想""觉察"等多层意思。由于不精确，对于同一个词，大家的理解可能就相差甚远。因此要做到准确地描述心理现象，并不是一件很容易的事情。对一门学科来说，建立一套科学的概念系统非常重要。学科的发展越成熟，它的概念系统就越统一。我们学习一门新的学科，就是要学习和掌握它的概念系统。这是我们仅凭借个人经验无法精确掌握的。

（二）解释心理现象和行为

心理学家要对各种心理现象进行科学的解释，说明某种心理现象为什么会发生，一种心理现象的发生受到哪些内外因素的影响，心理现象发生的内在机制是什么等。例如，有人在高考中取得了好成绩，为什么？有人认为他很聪明，智力水平高；有人认为他很勤奋，学习很刻苦；有人认为他有理想，希望不断地完善自己；也有人认为他有很好的学习环境，父母都是大学教师；还有人认为他用的学习方法很好，知道如何学习等。可见，科学地解释一种行为，也是一件很困难的事情。又如，每个人都有做梦的经历。梦的独特性、新颖性和奇异性常常会引起人们的好奇。人为什么会做梦？"日有所思，夜有所梦"这种说法对不对？做梦有什么作用？梦境能预测人的吉凶祸福吗？科学地解释这些现象也是心理学家的重要任务。当人们无法科学地解释某些心理现象时，他们可能会受到迷信的影响，产生不必要的恐惧或忧虑，并对自己的生活做出错误的判断。例如，梦见了掉牙，就担心自己亲人的子女夭折；梦见了带鳞的鱼，就期待获得意外的财富等。

心理学家有责任通过自己的研究对各种心理现象做出科学的解释，并且用这些解释来指导人们的生活。这些解释就是我们通常所说的心理学理论。由于心理现象非常复杂，它的发生、发展受到许多因素的影响。对一种现象常常会有多种不同的理论解释，如对于人为什么会出现错觉，就有多种不同的解释；对于人为什么会做梦，也有不同的解释；对于同一个家庭抚养的多个孩子在智力和性格上为什么会不同，说法就更多了。理论多，解释不一致，是许多心理学初学者感到困惑的地方。人的认识具有局限性，对一种现象常常会出现不同的解释，形成不同的理论，这是一件很正常的事情。究竟哪种解释正确，哪种解释不正确，只有通过进一步的科学实验和实践的检验才能知道。心理学家不仅要提出理论，而且要通过自己的研究认真检验这些理论，肯定正确的，修正和否定错误的，帮助人们正确地解释心理现象。

（三）预测与控制心理现象和行为

科学研究的最终目的是不仅要认识世界，而且要改造世界，包括外在的客观世界和内在的主观世界。心理学的研究也不例外。例如，心理学的研究发现，婴幼儿遵循一定的语言发展顺序，先从非言语的交际开始，然后开始发出单个词，用这些词来表达他们的需求，接下来使用双词句和三词句，之后才使用结构复杂的句子。这种顺序适用于不同民族、不同国家的婴幼儿。心理学家的这种发现能帮助父母预测自己孩子的语言发展进程，并采取适当的措施，让孩子的语言得到正常发展。心理学家编制了各种不同的测验，可以分别测量出人的智力、气质、性格的特点，其目的也是希望能了解一个人的心理素质的各个方面，对他的行为做出有效的预测，并基于他的特点帮助他得到更好的发展。

我们常常听人说，科学的任务是发现事物变化的规律，并运用这些规律指导人们的实践活动。在这一点上，心理学和别的学科没有区别。有的人不明白什么是规律，更不明白心理规律是什么。说起来其实很简单。规律就是事物和现象之间的必然的、本质的关系。心理规律就是指心理现象之间的必然的、本质的关系，包括心理和内外刺激（客观事物）的关系、心理和脑的关系、不同心理现象之间的关系、心理和行为的关系等。例如，遗忘的进程是先快后慢，这是时间和遗忘的关系，也是记忆的规律。知道了这一规律，我们就能够预测遗忘，并采取一定的措施减少遗忘；能被理解的东西比不能被理解的东西记得更好，这是思维和记忆的关系，也是记忆的规律。一位左脑前额叶受损的患者会出现说话的障碍，一位左侧颞上回受损的患者会出现语言理解的障碍，这显示了语言与某些脑区的关系，也就是语言产生和理解的规律。心理学家的工作就是透过心理现象，发现支配这些现象的规律。这是我们预测与控制心理现象、促进心理健康发展的基础。

二、心理学的研究领域

近百年来，心理学获得了迅速的发展，这有两个方面的原因。一方面是由于实际生活的需求。在现代化生产、商业、交通、企事业管理工作中，人的心理因素的重要作用越来越为人们所重视；智力的开发、人才的培养引起了社会各界的普遍关注；心理异常带来的个人健康问题和社会问题也要求人们采取对策，这一切都推动了心理学的研究。另一方面是由于邻近学科（如生物学、生理学、逻辑学、社会学、教育学和技术科学等）的发展及其与心理学的相互影响，在心理学与这些学科的交界处形成了许多新兴的分支学科。不同的分支学科具有不同的研究对象和研究任务，在人类生活中也具有不同的价值和意义。

和脑的关系、各种心理现象之间的关系及其在人的整个心理结构中的地位与作用；研究心理现象的最一般的方法等。普通心理学的内容概括了各分支学科的研究成果，同时又为各分支学科提供了理论基础。因此，学习心理学首先应从普通心理学入手。在这个意义上，普通心理学又是学习心理学的入门学科。

（一）普通心理学

在心理学中，普通心理学（general psychology）处于基础学科的地位。它研究心理现象发生的最一般的规律，如感知觉、记忆、思维、言语的一般规律，人的需要、动机及各种心理特征最一般的规律等。普通心理学还研究心理学最一般的理论问题，如心理和客观现实的关系、心理

（二）生理心理学

生理心理学（physiological psychology）研究心理现象的生理机制，主要指各种感官的机制、神经系统，特别是脑的机制、内分泌腺对行为的调节机制、遗传在行为中的作用等。生理心理学有两种不同的取向。一种取向是以脑的形态和功能参数为自变量，观察在不同的生理状态下心

知识应用

管好自己

人类认识和改造客观世界的本领高超无比。人的心理这种高度发展的智能是从哪里来的呢？人类的智能从种族发生上讲，是随着生物的长期演化而不断进化的结果。就人类个体讲，一个人的心理活动则是在他出生以后就开始的生活实践中逐渐学习得来的。随着社会的发展，人类智能的发展事实上是无限的。人类凭着他们的智能可以创造无数造福于社会的奇迹，但人类也往往会做些蠢事。人类智能的发展与运用不当也会给自己和人类社会带来祸害，因此，人也要管好自己，通过各种有效的途径和方式进行自我调控。诸如进行合理的社会改革、控制环境污染、美化环境、合理使用能源等，都是人类管理自己、进行自我调控的必要而有效的途径和方式。人类要管好自己，首先有必要了解自己，而心理学所提供的知识在这里是大为有用的。

（资料来源：潘菽，1987）

理活动或行为的变化。例如，损伤海马可能会引起遗忘，刺激颞叶可能会使人回忆起童年的事情，颞叶的损伤可能会使人出现语言理解的障碍等。在这种取向的基础上，产生了神经心理学，它研究神经系统（特别是脑）损伤引起的行为和心理的变化，揭示脑和行为的关系，并为评估和治疗精神失常或疑似精神失常提供依据（Sternberg，2008）。另一种取向是研究心理和行为引起的生理功能的变化。在这里，实验中的自变量是心理现象和行为，而因变量是由此引起的脑功能和结构的变化。例如，看一个单词和说一个单词将引起大脑皮层不同区域的激活，积极情绪和消极情绪将引起左右半球不同区域的激活等。生理心理学和神经科学或脑科学有密切联系，它的研究对揭示心理现象和它的物质本体——神经过程的关系，科学地解释各种心理现象和行为，进而预测、控制心理现象和行为，都有重要的理论和实践意义。

（三）发展心理学

发展心理学（developmental psychology）研究心理的种系发展和人的心理的个体发展。研究心理的种系发展的心理学叫比较心理学，是发展心理学的一个重要分支。它将动物的心理与人的心理进行比较，从比较中确定它们的联系和差别。例如，通过比较恒河猴、猩猩和人在脑结构上的变化，研究语言的进化（Ghazanfar，2008）。比较心理学还研究动物的心理和行为的各种具体形式，如蚂蚁的嗅觉、蝙蝠的听

觉、狗的听觉与嗅觉、蜜蜂的视觉等。这些研究促进了一门新兴学科——仿生学的产生和发展。

毕生发展心理学是研究人类个体心理发展的科学，是发展心理学的另一个重要分支。毕生发展心理学按照人生的阶段，分为婴幼儿心理学、儿童心理学、青少年心理学、成年心理学和老年心理学等。毕生发展心理学探讨各个年龄阶段的心理特征，并揭示个体心理从一个年龄阶段发展到另一个年龄阶段的规律。儿童时期是个体生长、发育的时期，是长身体、长知识的时期。了解儿童心理发展的规律，有助于儿童的教育和培养工作。近20年来，由于儿童心理学研究的发展，人们对早期经验和早期教育的重要性有了进一步认识，这对各国教育事业的改革和发展、人才的培养产生了深远的影响。

成年期是人的一生中最漫长的时期，身心发展相对趋于稳定，是人们对社会做出贡献的重要时期。因此，了解这个时期人的身心发展的特点，对于有效地发挥人们工作的积极性与创造性有重要意义。此外，由于老年人在人口中的比重不断增加，因此老年人的心理适应和老年病（如阿尔茨海默病等）问题也引起了人们的普遍重视。

（四）教育心理学

教育心理学（educational psychology）是心理学的一个重要分支。它研究教育过程中所出现的各种心理现象，揭示教育同心理发展的相互关系。教育心理学研究的主

要问题包括受教育者道德品质的形成、知识与技能的掌握、心理的个别差异和教育者的心理品质及其形成等。教育心理学的研究直接关系到教育的改革、人才的培养及选拔，因而在我国现代化建设中有重要意义。

与教育心理学关系密切的一门学科是学校心理学（school psychology），它研究儿童、青少年及各阶段学生与教学过程有关的心理学问题，特别关心学生的各种认知障碍和情绪障碍，如学习能力缺失、智力落后、多动症、孤独症等，对学生进行鉴别并提供干预。由于一些国家的儿童、青少年的暴力和违法行为、学业失败及辍学等问题日趋严重，近年来学校心理学有了很大发展。

（五）医学心理学

医学心理学（medical psychology）研究心理因素在疾病的发生、诊断、治疗及预防中的作用，是心理学与医学相结合的产物。其中研究心理与病理关系的科学，就是心身医学或身心医学，前者研究致病的心理因素，后者研究疾病和身体残疾对心理的影响。在疾病的诊断与治疗方面，医学心理学强调建立医生与患者之间的和谐、相互尊重、相互信任的关系。医学心理学还主张运用心理学的知识，研究维护人的心理健康的各种手段，达到预防疾病的目的。

医学心理学的一个分支是临床心理学，它的主要任务是研究变态心理与变态行为的矫正及治疗，如采用医学和心理学的手段，通过对患者进行访谈，实施心理测验，对各种神经病和精神病进行诊断与治疗等。

（六）健康心理学

健康心理学（health psychology）是在行为医学的基础上发展起来的，与医学心理学有密切关系。它研究人的思考、感受和行为方式与其生理健康的联系，探讨身心因素对人类行为的影响，并通过心理—社会干预来增进健康，预防疾病。健康心理学侧重人类健康的维护，而不是疾病的治疗。其研究对矫正不良行为、减少意外事故、缓解精神压力、减少身心疾病均有重要作用。

健康心理学的一个重要分支是咨询心理学，它和临床心理学存在交叉。咨询心理学也采用访谈和心理测验等手段，但面对的通常是具有一定心理问题的正常人群，如在升学、就业方面遇到问题的人群，在婚姻家庭生活中遇到困惑的人群，在职业生涯方面需要帮助的人群等。负责心理咨询的从业人员通常受过心理学方面的培训，但没有受过医学方面的培训，因而没有药品处方权。

（七）工业心理学

工业心理学（industrial psychology）研究工业劳动过程中人的心理特点和行为方式。根据所研究的问题又可分为管理心理学、工程心理学、消费心理学、人事心理学、劳动心理学等。工业心理学研究的具体内容有：在生产条件下人与机器设备之间的信息传递和相互适应、新兴仪表的设计、人员的特殊训练和选拔、工作制度的安排、工作环境安全和舒适的维持、组织管理的改进、人力资源的开发、消费者的购买愿望和需求等。工业心理学的研究有利于改善工人的劳动条件，实现人、机器、环境系统的匹配，保障生产安全，发挥人在生产过程中的积极作用，提高劳动生产率。它对改善企业的管理工作有重要意义。

（八）军事心理学

将心理学应用于军事的一个心理学分支，即军事心理学（military psychology）。它研究军事人员的选拔和培训、军事职业特点的分析、军队中的人际关系和组织、人的因素和安全、人因工程（如提高人机界面的效率以改进机器和系统的功能）和士气等。它还研究负面影响的冲击、极端环境（如高山缺氧）对行为的影响，以及如何面对战争压力、预防战斗人员的生理和心理失调，以提高其战斗力等。

（九）社会心理学

社会心理学（social psychology）是系统研究社会心理与社会行为的科学。它研究大团体中的社会心理现象，如社会情绪、社会交往与人际关系等；研究小团体中的社会心理现象，如团体内的人际关系、心理相容、团体气氛、领导与被领导、团体的团结与价值定向等；还研究人格的社会心理学问题，如人格倾向性、人格的自我评价、自尊和自重等。社会心理学的应用范围很广，它的研究有助于解决

生产管理和劳动的科学组织、生产集体的形成、新工人的适应、群众性的信息沟通和宣传、对年青一代的教育、预防违法行为和对罪犯进行再教育，以及婚姻、恋爱等问题。

三、心理学的学科性质

（一）心理学是一门交叉学科或中间学科

在学科分类学中，学科通常分为自然科学和社会科学两大类。心理学研究心理现象的物质本体，即心理的神经生物学基础，包括不同心理现象的脑机制、脑损伤和各种心理疾病的关系、脑发育对心理发展的影响、遗传在人类行为中的作用等。在这个意义上，心理学的研究目标和手段都与自然科学一样，因而具有自然科学的性质。

但是，人又是社会的实体，生活在一定的社会环境中，心理的发生和发展离不开社会环境。离开了人与人的交往，人的语言能力就不能发展起来，也不能获得高度发展的思维能力；即使是人的感觉和知觉，如敏锐的观察力和音乐听力，也是在社会实践中发展起来的。人格是"自然和社会的合金"，在人格的形成和发展中，社会环境起重要作用。此外，心理学还研究社会心理或团体心理，这些心理现象更是社会生活的产物。在这个意义上，心理学的研究又具有社会科学的性质。因此，在整个科学大家庭中，心理学处在交叉或中间的位置，因而可以叫作交叉学科或中

间学科。

由于心理学的这种特殊地位，近年来，在国外出版的教材中，也有人称心理学是介于社会科学和医学之间的"枢纽学科"（夏克特等，2016）。

（二）心理学的相关职业

心理学是一门科学，也是一个职业领域。许多人在学习心理学之前，常常认为心理学就等于心理咨询，或者把心理学等同于催眠术，这显然是一种误解。心理学有广阔的研究领域，因而也有广泛的职业选择机会。美国心理学会前主席斯腾伯格（Sternberg，2008）在其主编的著作《心理学职业生涯》中对心理学的职业生涯进行了这样的描述："心理学不仅是最令人感兴趣的领域，而且是内容最丰富的领域，鲜有领域能够提供如此大量且种类繁多的就业机会。因而，大学生选择心理学作为主修专业，能够为他们自己创设极多的机会。研究生能够胜任不同的职业。实践工作者通常会在心理学领域内改变他们的工作种类或工作环境。"美国心理学会有 50 多个分会，代表了心理学的主要领域，同时代表了各种专业研究和职业兴趣。中国心理学会也相应地设有代表不同领域的专业委员会或专业分会。心理学专业毕业的大学本科生、研究生可以根据社会需要和个人的专业特长与兴趣选择不同的职业，如在政府或商业机构从事培训师的工作，在大型公司从事数据收集、分析或人力资源的工作，在工业组织中担任管理或咨询的职位，在大学和研究机构从事科学研究、教学或心理辅导的工作，在中小学从事学校心理学的工作，在医院从事心理治疗师或咨询师的工作等。随着社会的不断发展，心理学专业背景在科学研究和实践应用中的价值将越来越高，与心理学有关的社会需要将随之不断增长，心理学工作者的就业领域也会越来越广泛。

（三）如何成为一位心理学家

心理学有不同的研究领域，每位心理学家只能工作在一个或少数几个领域，因而需要一定的专业特长，这和别的学科的专家是一样的。但是，心理学是一门交叉学科，一位心理学家常常需要具备自然科学和社会科学两个方面的知识与素养。在自然科学方面，他需要了解神经科学、生理学、生物化学、物理学、数学和计算机科学等；在社会科学方面，他需要了解社会学、语言学、逻辑学、人类学等。冯特（Wilhelm Wundt）是实验心理学的创始人，同时又是一位民族心理学家，这并不是偶然的。西蒙（H. A. Simon）是现代认知心理学的创始人之一，在用计算机模拟人的复杂行为，特别是问题解决方面做出了开创性的贡献，他又因为管理学方面的杰出成就获得了诺贝尔奖。学科间的交叉和融合是当代科学发展的重要特点，这一特点在心理学中表现得尤其明显。因此，知识面宽一些对学好心理学、当好一位心理学家是非常重要的（潘菽，1984）。

心理学家和其他领域的科学家一样，需要具备许多共同的心理品质。正如巴甫洛夫所说的，科学需要一个人贡献出毕生的精力，假定你们每个人都有两次生命，这对你们来说也还是不够的，科学要求每个人都有极大的热情。

心理学家也需要具备一些特殊的修养和许多重要的能力与人格特质，如问题解决能力、批判思维能力、语言表达能力、交往能力、基本的倾听和移情技巧、成就动机、对风险的承受力等。对于从事不同领域职业的心理学家来说，所需要的心理品质是有区别的（斯腾伯格，2008）。因此，每一位选择了心理学专业的学生都应在学习过程中自觉地培养这些品质和能力。

第三节 心理学的研究方法

科学方法的重要性是大家都熟悉的，正如冯特（1862）所说的，"科学进展和研究方法上的进展密切相关。近年来，整个自然科学的起源都来自方法学上的革命，而在取得了巨大成果的地方，我们可以确信，它们都是以先进方法的改进或者以新的方法的发现为前提的"。整个自然科学和心理学的发展历史都证明，人类对自然界奥秘的认识是随着方法的进步而越来越深刻的。

一、心理学的科学性和方法的客观性

心理学是一门科学。它是随着"方法学上的革命"，才从哲学中分离出来，独立成为一门实证科学，并自立于世界科学之林的。心理学不仅有自己特定的研究对象和研究领域，而且和其他学科一样遵循科学的一般方法论原则，采取客观的、科学的研究方法。有人认为，心理学是一门耍嘴皮子的学问，凭着个人的经验就能研究，就可以著书立说，这显然是对心理学的一种误解。

19世纪以前，当心理学还处在哲学的襁褓中时，哲学家和心理学家大多采用思辨的方法研究心理问题，心理学的许多结论都基于研究者的个人经验，带有很强的主观性、随意性，既不能证实，也不能证伪，也就是说，不能得到别人的重复和检验。这是造成心理学长期落后于其他科学的重要原因之一。

由于人能意识到自己的心理活动，也能凭借个人的经验对心理现象进行描述和解释，提出某些假设和理论，因此诞生了我们平日所说的"常识心理学"，或"基于个人经验"的心理学。但是，这些描述和解释还不是科学心理学的研究成果，或者说不是科学的解释和结论。两者的一个重要区别就在于：科学心理学采取客观的、科学的研究方法。这种方法也叫实证方法，即心理学的任何结论都要建立在直接观察的基础上，而不是建立在推理、猜想、传统信念或常识的基础上（韦登，2016）。更明确一些说，实证方法要求心理学的发现和结论有客观依据。其他研究者有权验证它、推翻它，或者对它进行补充。一个不能被绝大多数人验证的发现，不能算是科学的（荆其诚，1990）。

二、如何进行科学的心理学研究

心理学的研究通常都要经历下面一些重要的步骤。

（一）发现问题

任何一项研究都是从问题开始的。问题的提出可以直接源于研究者对人类行为和心理现象的观察，如吉布森等人（1960）关于视崖的著名实验就是一个很好的例子。据说有一次吉布森到美国的大峡谷旅游，走到了悬崖边，突然产生了一个疑问：人为什么会停在悬崖前面，不继续前进？这种能力是天生的，还是后天学会的？这个问题就是依据生活经验提出来的。问题也可以源于已有的研究文献。例如，在文献中有人研究了梦，认为梦是人们内心对世界的体验的产物。这种观点可以追溯到弗洛伊德的观点。也有人提出了新的观点，认为梦是我们对脑的随机的神经活动的主观解释（Hobson，1988）。这种观点就是基于文献提出来的。两种来源有时是交叉的，一个研究既可源于对生活的观察，又可源于某些文献，两

者对问题的选定都起作用。总之，选择的问题越重要，研究它的科学价值可能也就越大。

（二）提出研究假设

假设是研究者对科学问题的一个可能的回答，整个研究就是为了验证自己提出的假设。研究结果可能会验证自己的假设，也可能会推翻自己的假设。在研究进程中，局部修改或推翻自己原来的假设是时常发生的。例如，在吉布森等人的研究中，他们的研究假设是：深度知觉的能力是天生的，而不是经验的产物。基于这样的假设，他们要探讨的具体问题是：人和动物在发展的哪个阶段才能对深度刺激或高度刺激做出有效的反应？对于不同物种和在不同环境中生存的动物，这种反应出现的时间是否相同？

（三）审慎进行研究设计和方法选择

有了问题和假设，研究者下一步的工作就是要进行研究设计和方法选择。科学问题和假设是否得到证实或证伪，研究设计和方法选择是至关重要的，这包括选择不同的被试，采用适合研究目的的方法，选择不同的仪器设备等。方法是为目的服务的，不同的研究需要采用不同的方法，有些研究还需要综合采用不同的方法。例如，为了研究深度知觉，研究者不可能把婴儿带到悬崖边，看他们如何反应。为此他们设计了一个人造的"视崖"（见图1-1），这个视崖有平坦的一侧（浅滩）和有深度的另一侧（深渊），因而能提供不

同的深度刺激。但不管婴儿或幼小的动物爬向哪一侧,都不会有掉进"悬崖"的危险。正是这个巧妙的设计使他们获得了重要的、有说服力的研究结果。

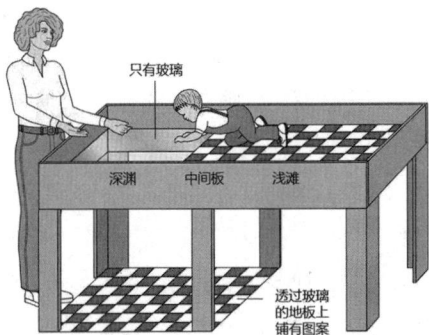

图 1-1 视崖实验

(四)收集数据,分析结果,得出研究结论

研究者可以采用不同的方法收集数据,分析结果,这个过程也就是研究的执行过程,如进行一项调查,完成一个实验,分析某个病案等。在收集到数据后,还需要对研究数据进行统计处理,如计算每个被试的反应时和正确率,得到每组被试结果的平均数和标准差,在此基础上,进行统计检验,绘制出研究结果的图表等。实验设计不同,采用的统计方法也不同。基于实验结果和原有的假设,讨论结果是否符合预先的假设,并与前人的研究结果进行比较,分析结果的意义与价值,得出研究结论。

(五)撰写和发表论文

研究的最后一步工作是撰写和发表论文。撰写论文不是简单地复述研究的过程

和结果,而是一个"再创造"的过程,包括重新审视提出的科学问题和研究假设,采用相应的数据表达方法,进一步挖掘数据的意义,阅读更多相关的文献并进行比较,指出研究的不足和进一步改进的方向,提出新的研究问题等。论文完成后,要被投送到相关的专业刊物上,得到同行专家的评议,修改后得到发表的机会。

三、几种主要的研究方法

(一)观察法

在自然条件下,对表现心理现象的外部活动进行有系统、有计划的观察,从中发现心理现象产生和发展的规律性,这种方法叫观察法(observational method)或自然观察法。例如,通过观察学生在课堂上的表现,可以了解学生注意的稳定性、情绪状态和人格的某些特征。又如,观察婴儿的言语活动,可以了解个体言语发生和发展的一般规律。

一般在下列情况下采用观察法:①对所研究的对象无法进行控制;②在控制条件下,可能会影响某种行为的出现;③由于社会道德的要求,不能对某种现象进行控制。观察法的成功取决于观察的目的与任务、观察和记录的手段以及观察者的毅力和态度等。

近 20 年内,有些生态学家在自然环境下,利用各种现代化的观察设备,对各种野生动物的生活环境、习惯进行长达 1~2 年的观察,为研究动物行为和心理积累了宝贵的资料。借助录音、录像系统观

察儿童，对研究儿童心理的发展也有重要作用。观察法是对被观察者的行为进行直接了解，因而能收集到第一手资料。由于观察法是在自然条件下进行的，不为被观察者所知，他们的行为和心理活动较少或没有受到环境的干扰。因此，应用这种方法有可能了解到现象的真实状况。

观察法的主要缺陷是：①在自然条件下，研究的现象很难按严格相同的方式重复出现，因此，对某种现象难以进行重复观察，而观察的结果也难以进行检验和证实；②在自然条件下，影响某种心理活动的因素是多方面的，因此，对用观察法得到的结果往往难以进行精确的分析；③由于对条件未加控制，观察时可能出现不需要研究的现象，而要研究的现象却没有出现；④观察容易"各取所需"，即观察的结果容易受到观察者本人的兴趣、愿望、知识经验和观察技能的影响。

（二）实验法

在控制条件下对某种心理现象和行为进行系统观察的方法叫实验法（experimental method）。在实验中，研究者可以积极干预被试的活动，创造某种条件使某种心理现象得以产生并重复出现。

实验法分两种：实验室实验和自然实验。实验室实验是借助专门的实验设备，在对实验条件严加控制的情况下进行的。例如，我们在实验室中安排三种不同的照明条件（由弱到强），让被试分别在不同的照明条件下，对一个短暂出现的信号做按键反应，通过仪器记录被试每次的反应时，了解照明对按键反应时的影响。又如，为了研究加工深度对记忆成绩的影响，我们可以安排被试完成不同的任务。第一种任务是分析词形，第二种任务是比较词的读音，第三种任务是分析词义。第一种和第二种任务只要求被试做浅层加工，即记住材料的形状和读音，而第三种任务要求被试做深层加工，即了解材料的意义联系。结果发现，被试对第三种任务中的材料的记忆成绩明显高于对第一种任务和第二种任务中的材料的记忆成绩。这说明被试对材料的加工深度能提高记忆成绩（Craik & Tulving，1975）。

由于对实验条件进行了严格控制，运用这种方法有助于发现事件间的因果联系，并允许人们对实验结果进行反复验证。实验室实验的缺点是由于主试严格控制实验条件，实验情境带有极大的人为性。被试处在这样的情境中，又意识到自己正在接受实验，就有可能干扰实验结果的客观性，并影响到将实验结果应用于日常生活。

自然实验也叫现场实验，在某种程度上克服了实验室实验的缺点。自然实验虽然也对实验条件进行适当的控制，但它是在人们正常学习和工作的情境中进行的。例如，在教学条件下，由教师向两组学生传授相同的材料。其中甲组学生在学习之后完全休息，而乙组学生继续进行另外的任务。一小时后，比较他们的记忆成绩，结果甲组学生比乙组学生的成绩好。这说明学习后适当休息有助于知识的保持。由于实验是在正常的情境中进行的，因此，自然实验的结果比较合乎实际。但是，在自然实验中，由于条件的控制不够严格，因此难以得到准确的实验结果。

心理学实验通常是通过不同条件的比较来进行的，如不同任务、不同被试、不同年龄、不同社会职业、不同智力水平的比较等。在心理学实验中，能够引起心理或行为变化的主客观条件被称为自变量或独立变量，如深度知觉研究中的不同深度线索、词频效应研究中的单词使用频率的高低、记忆实验中的不同识记条件等。由这些条件引起的心理或行为的变化被称为因变量或依从变量，如深度知觉研究中婴儿的爬行方向、阅读研究中词的反应时和正确率、记忆实验中的记忆成绩等。它们是实验者所要测定的行为和心理活动。在这些实验中，有的只有一个自变量和一个因变量，这种实验比较简单；有的有多个自变量和多个因变量，因而存在变量间的交互作用，这种实验就比较复杂了。

在实验中，除了自变量与因变量之外，还要考虑另外一些可能的影响因素，如被试的性别和年龄差异、受教育程度、被试对实验结果的期待及实验者的偏好等。这些因素可能会影响或混淆实验的结果，因而被称为混淆变量。拿反应时的实验来说，被试的性别、疲劳程度、饥渴状态、气质和性格特点、对实验的态度，都可能会影响实验的结果，成为混淆变量。实验者应设法排除它们的影响，以保证实验的结果是由自变量引起的。否则，实验将得出不可靠的结论。在有些实验中，为了排除混淆变量的影响，主试和被试都不

知道自变量是怎样被控制的，这种实验叫双盲控制（double blind control）。

实验室实验需要借助各种设备来进行。借助这些设备可以严格控制刺激的呈现，准确记录被试的反应时和其他生理或行为指标，进行数据分析和处理。例如，借助计算机，人们可以通过预先编制的实验程序严格控制刺激的呈现，精确记录被试的反应时，保存大量的实验数据。

（三）测验法

测验法（test method）是指用一套预先经过标准化的问题（量表）来测量某种心理现象或心理品质的方法。心理测验（mental test）按内容可分为智力测验、成就测验、态度测验和人格测验；按形式可分为文字测验和非文字测验；按测验规模可分为个别测验和团体测验等。心理测验对发现心理过程的一般特性、它们的相互依存性和在不同情况下的变异性都有相当的科学价值（卡特尔，1984）。

心理测验要注意两个基本要求：测验的信度（reliability）和效度（validity）。信度是指一个测验的可靠程度。如果一个测验的可靠程度高，那么同一个人在自身条件相对不变的情况下，多次接受这个测验，就应得到相同或大致相同的分数。以入学后的测验为例，如果一个考生在两个月内接受两次测验，得到的分数大致相同，那么该测验的信度就较高；如果一次得 580 分，另一次得 380 分，那么该测验的信度就不高。对智力测验来说，情况也是这样。如果某人在一个月内两次接受同

一智力测验，得分相同或大致相同，那么该测验的信度就高；如果两次得分的差距很大，那么该测验的信度就低。效度是指一个测验有效地测量了所需要的心理品质。它可以通过对行为的预测来表示。例如，高校的入学测验是为了测量学生的成就水平。如果一个学生在高考时得了高分，入学后的成绩也高，而另一个学生得了低分，入学后的成绩也低，这就说明高考试题具有较好的行为预测作用，它的效度高；否则，它的效度就低。

为了保证心理测验的信度与效度，一方面要对某种心理品质进行深入的研究。如果我们对智力或性格的了解越深入，那么相应的量表就会越完善。另一方面在编制心理量表时要注意严谨性和科学性。只有按科学程序严谨地编制出来的心理量表，才可能有效而可靠地测量出人的心理品质。

（四）个案法

个案法（case method）是一种较古老的方法。它是由医疗实践中的问诊方法发展而来的。个案法要求对某个人进行深入而详尽的观察与研究，以便发现影响某种行为和心理现象的因素。例如，在临床研究中，医生发现某些失语患者只丧失了词的命名能力，而其他语言能力是正常的；有的儿童智力发展基本正常，而语言能力有明显的缺陷；或者语言发展正常，而智力明显低下；或者智力正常，交往能力低下，而词汇阅读能力超常等。对这些个案的研究可以为揭示个体的心理结构提供必要的证据。在研究正常儿童的智力发展时，个案研究也是一条重要的研究途径。用个案法研究儿童的心理发展，在现代心理学中起了重要作用（陈鹤琴，1925；李宇明，2004）。个案法有时和其他方法（如观察法、测验法等）配合使用，这样可以收集更丰富的个人资料。

由于个案法的使用限于少数案例，研究的结果可能只适合个别情况，因此，在推广运用这些结果或做出更概括的结论时，必须持谨慎的态度。一般来说，个案法常用于提出理论或假设，要进一步检验理论或假设，则有赖于其他方法的辅助。

知识应用

自己设计一个心理学实验

如果给你一批汉字，有些是形声字（如期），有些是非形声字（如月），让你设计一个实验，研究字的读音对汉字识别的影响。请你思考一下，这里可用的自变量是什么，因变量是什么，需要控制的混淆变量是什么，可能得到什么样的结果，研究有什么意义。

四、研究中的因果关系和相关关系

因果关系是研究中要揭示的一种重要关系。实验法是有可能揭示因果关系的一种方法。这是因为在实验法中，研究者严格控制了实验的自变量，在这种条件下，因变量出现的任何变化都可能是由自变量引起的。例如，在视崖实验中，不同的深度线索是引起婴儿爬往不同方向的原因；字词的使用频率是字词识别快慢和正确率高低的原因；加工深度是取得不同记忆成绩的原因等。基于事物的因果关系，我们可以更好地解释、预测、控制人的心理现象和行为。

相关关系是事物间的另一种关系。心理学的许多研究都在寻找相关关系，如某种人格特质和特定行为的关系，老年人的自我支配意识和生理健康的关系，在完成特定认知任务时脑功能和结构的关系、不同脑区的关系、脑的激活水平和行为的关系等。

两种事物（现象）的相关程度或强度可以用相关系数来表示。它是从 −1 到 1 之间的一个数值。如果相关系数为 0，则表示两者的相关很小，或者没有关系。大于 0 的相关为正相关，小于 0 的相关为负相关。例如，研究发现，每天看电视的时间和人的健康状况存在负相关，随着收看电视的时间的增加（从少于 2 小时，增加到 4 小时以上），健康状况呈现下降的趋势：接近肥胖标准的被试人数明显上升，身体状况好或非常好的被试人数明显下降（Stamatakis，2009）（见图 1-2）；吸烟与肺癌发生率呈正相关，吸烟的数量越多，患肺癌的可能性越大。

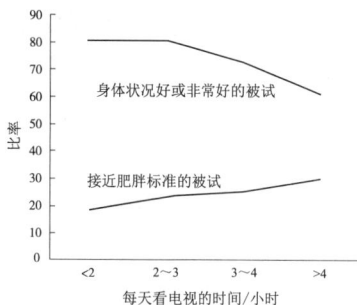

图 1-2　电视收看时间与健康的关系
（资料来源：Stamatakis，2009）

但是，相关本身不能提供因果的信息，当两种现象被发现有相关时，甲可能是引起乙的原因，乙也可能是引起甲的原因，或者它们是以其他方式产生相关的。仅依据相关本身的信息，无法推断哪个是因，哪个是果（Zimbardo，1990）。由于相关不同于因果关系，我们从相关研究中不能得出行为变化的真正原因。例如，看电视的时间太多，可能会减少外出锻炼身体的时间，也可能会引起消化不良，或血液循环出现障碍，这些都可能导致肥胖和健康状况下降。因此，引起肥胖的真正原因究竟是什么，还需要进行因果研究。

有人认为，实验法是揭示因果关系的唯一方法，或者把心理学的研究方法分为揭示因果关系的方法（如实验法）和相关关系的方法（如观察法、测验法和个案法）。这种看法是不够准确的。例如，研究者通过观察发现，刚出生的小鸡就会用嘴啄取谷粒，说明从背景中区分出图形的能力是天生的，这里揭示了一定的因果关系，即小鸡的啄食行为是由遗传决定的一种本能行为，而不是相关关系。同样，研究者采用测验法让儿童对动画片进行评价，让家长提供家庭经济状况、家长教育状况、儿童在家的电视收视状况和收视行为，然后基于这些数据建立因果关系模型，在一定程度上也能揭示影响儿童动画片收视行为的诸多因素，以及这些因素和儿童收视行为的因果关系（贺雯等，1996）。

五、心理学研究中的伦理问题

心理学的研究对象比较特殊，主要以人类为被试。在从事心理学的研究时，要充分考虑伦理上的问题，如要认真评估研究是否可能会给被试带来伤害，被试的权利是否得到了充分的尊重等。在研究中，研究者要保证被试有充分的知情权，了解实验可能给自己带来的影响，并在被试签署知情同意书后才能进行实验。被试还有随时退出实验的权利等。要保护被试的隐私权，不得泄露被试的私人信息；要保证被试不会受到任何形式的伤害。心理学研究中的另一类特殊被试是动物。在动物实验中也有许多伦理学要求。美国心理学会在其实验道德规范中，要求进行动物实验的心理学家必须确保动物的舒适性，对动物的健康和人道待遇也要给予恰当考虑。

除了要重视实验工作中的伦理问题之外，心理学家在研究的各个环节上还要恪守诚信的原则，杜绝学术欺诈行为。抄袭别人的学术成果、数据作假或一稿多投等，都是违反学术规范的不道德行为。

第四节　心理学的过去和现在

一、现代心理学产生的历史背景

心理学是一门古老而又年轻的学科。在心理学成为独立学科以前，有关"知识""观念""心""心灵""意识""欲望""人性"等心理学问题一直都是古代哲学家、教育家、文学艺术家和医生共同关心的问题。

在欧洲，心理学的历史可以追溯到古希腊柏拉图、亚里士多德的时代。亚里士多德（Aristotle，公元前384—前322）是一位学问渊博的哲学家，对灵魂的实质、灵魂和身体的关系、灵魂的种类和功能等问题从理论上进行了探讨。他的著作《论灵魂》是历史上第一部论述各种心理现象的著作。亚里士多德把心理功能分为认知功能和动求功能。在他看来，认知功能有感觉、意象、记忆、思维等。外物作用于不同的感官产生感觉和感觉意象。意象构成经验，从经验中抽出概念，构成原理，就是思维。在感觉与思维之间，意象具有重要作用。"灵魂不能无意象而思维"，思维所用的概念是由意象产生的。动求功能包括情感、欲望、意志、动作等过程。自由而不受阻碍的活动会产生愉快的情感，这种情感有积极的作用。相反，活动受到阻碍将会引起不愉快的情感，它的作用是消极的。亚里士多德的这些思想影响了后来心理学的发展，对当代的心理学思潮也有重要影响。

心理学是在 19 世纪末成为一门独立学科的。心理学的诞生有两个重要的历史渊源。

（一）近代哲学思潮的影响

近代哲学是指 17—19 世纪欧洲各国的哲学，其中主要指法国 17 世纪的唯理论（rationalism）和英国 17—18 世纪的经验论（empiricism）。

唯理论的著名代表人物是 17 世纪法国哲学家、科学家笛卡儿（René Descartes，1596—1650）。笛卡儿只相信理性的真实性，认为只有理性才是真理的唯一尺度，后人称他的哲学为唯理论哲学。在身心关系的问题上，他承认灵魂与身体有密切关系，认为某些心理现象，如感知觉、想象、某些情绪活动，都离不开身体的活动。笛卡儿把人和动物看成一部自动机械，它们的活动受力学规律的支配。他还用反射的概念解释动物的行为和人的某些无意识的简单行为。笛卡儿提出了"天赋观念"说，

即人的某些观念不是由经验产生的，而是人的先天组织所赋予的。笛卡儿关于身心关系的思想推动了对动物和人的解剖学、生理学的研究，这对现代心理学的诞生有直接影响。他对理性和天赋观念的重视也影响了现代心理学的理论发展。

经验主义起源于英国哲学家霍布斯（Thomas Hobbes，1588—1679）和洛克（John Locke，1632—1704）。前者被认为是经验主义的先驱，后者被认为是经验主义的奠基人。

洛克反对笛卡儿的"天赋观念"说。在他看来，人的心灵最初像一张白纸，没有任何观念。一切知识和观念都是从后天经验中获得的。洛克把经验分为外部经验与内部经验两种。外部经验叫感觉，它的源泉是客观的物质世界。物质世界的属性或特性作用于外部感官，因而产生外部经验。内部经验叫反省，它是人们对自己的内部活动（如思维、意愿、爱憎等）的观察。洛克的思想同样具有明显的矛盾，它摇摆在唯物主义和唯心主义之间。洛克重视外部经验，承认客观的物质世界是外部感觉的源泉，这是唯物的；但他同时承认反省和外部感觉一样，是观念的独立源泉，他的思想又摇摆到了唯心主义方面。

18 世纪，英国经验主义循着两个对立的方向继续发展。英国哲学家哈特莱（David Hartley，1705—1757）和法国哲学家孔狄亚克（E. B. de Condillac，1714—1780）发展了洛克的思想中的唯物主义方面，强调了感觉在认识世界中的作用，并且认为感觉的源泉是客观世界。英国哲学家贝克

莱（George Berkeley，1685—1753）和休谟（David Hume，1711—1776）则继承与发展了洛克思想中的唯心主义方面。贝克莱认为"构成大宇宙的一切物体，在心灵以外都没有任何存在"。他的一句名言为"存在就是被感知"。在他看来，不仅观念是感觉的复合，而且物体也是感觉的复合。离开了感知觉经验，离开了感知的主体，物体以及它们的种种性质也就不存在了。

英国经验主义演变到十八九世纪，形成了联想主义（associationism）的思潮。代表人物有詹姆斯·穆勒（James Mill，1773—1836）、约翰·穆勒（John Mill，1806—1873）、培因（Alexander Bain，1818—1903）等。他们把联想的原则看成全部心理活动的解释原则。人的一切复杂的观念是由简单观念借助联想逐渐形成的。哲学上的这种主张对现代的学习、记忆和思维理论产生了深远影响。

（二）实验生理学的影响

近代哲学为西方现代心理学的诞生提供了理论基础，而现代心理学的实验方法则直接源于实验生理学。

19 世纪中叶，生理学已成为一门独立的实验科学。生理学的发展，特别是神经系统生理学和感官生理学的发展，对心理学走上独立发展的道路产生了重要影响。1811 年，英国人贝尔（C. Bell，1774—1842）和法国人马戎第（F. Magendie，1783—1855）首次发现了脊髓运动神经与感觉神经的区别。1840 年，德国人雷蒙德（Du Bois-Reymond）发现了神经冲动的电现象。1850 年，德国科学家赫尔姆霍茨（Hermann von Helmholtz，1821—1894）用青蛙的运动神经测量了神经的传导速度，这项研究为在生理学和心理学中应用反应时的测量方法奠定了基础。1861 年，法国医生布洛卡（Paul Broca，1824—1880）从尸体解剖中发现，严重的失语症与左侧额叶部分组织的病变有关，从而确定了语言运动区（布洛卡区）的位置。1869 年，英国神经学家杰克逊（H. Jackson）提出了大脑皮层的基本机能界线：中央沟前负责运动，中央沟后负责感觉。1870 年，德国生理学家弗里奇（G. Fritsch）与希齐格（E. Hitzig）用电刺激法研究大脑功能，发现动物的运动性行为是由大脑额叶的某些区域支配的。这些研究不仅加深了人们对大脑机能分区的认识，而且为研究心理现象和行为的生理机制开辟了广阔的前景。这个时期生理学家和物理学家在感官生理学方面的一系列重要发现也为心理学用实验方法研究感知觉问题奠定了基础。

二、19世纪末20世纪初的重要心理学派别

1879 年，心理学家冯特在德国莱比锡大学建立了第一个心理学实验室，开始对心理现象进行实验室研究。在心理学史上，人们把这个实验室的建立看成心理学脱离哲学的怀抱、走上独立发展道路的标志。

冯特是实验心理学的创始人，也是近

代心理学的奠基人之一。他在心理学的多个领域做出了重要贡献。他主张心理学是研究直接经验的科学，它的研究对象是直接经验或意识，其目标是对意识进行准确的描述。冯特主张采用实验性内省的方法研究心理，这是一种在控制条件下对个体自身体验进行主观观察的方法。冯特用这种方法研究了感觉、知觉、注意、联想等过程，提出了统觉学说；根据内省观察提出了情绪三维说。他还主张用民族心理学的方法研究高级心理现象，这是和实验方法不同的另一种方法，这种主张对社会心理学的产生和发展有重要影响。他还创办了心理学杂志《哲学研究》，后被更名为《心理学研究》。冯特建立的实验室对许多国家都有影响，在他之后，不少心理学实验室在美国和其他国家先后被建立起来。在心理学人才的培养上，冯特也做出了重要贡献，他的许多学生后来都成为不同心理学分支的创始人。

从 19 世纪末到 20 世纪二三十年代是心理学中派别林立的时期。在心理学独立之初，心理学家在建构理论体系时存在很大的分歧。

（一）构造主义

构造主义（structuralism）的奠基人是冯特，代表人物是铁钦纳（E. B. Titchener，1867—1927）（见图 1-3）。铁钦纳在德国莱比锡大学攻读博士学位，师从冯特。随后移民美国，成为康奈尔大学心理学实验室的主持人。

图 1-3 铁钦纳

铁钦纳认为，心理学应研究人的直接经验，即意识。在他看来，"心理学就像生物学一样可以从形态、功能和发育三个方向进行研究，其中形态学的研究应该是基础研究"。心理学家在研究心理的功能以前，先要知道"意识中有些什么东西和这些东西有多少，而不是要发现它有什么用处"。从这个认识出发，他把人的直接经验分为感觉、意象和情感三种元素。感觉是知觉的元素，意象是观念的元素，而情感是情绪的元素。所有复杂的心理现象都是由这些元素构成的。铁钦纳说，经过了 20 年的精细分析，除了上面提到的三种元素之外，没有再发现第四种基本等级的候选者。铁钦纳不否定机能的研究，但他坚信，心理学最大的希望仍在于继续进行结构的分析。

在研究方法上，铁钦纳重视内省，主张将内省法（自我观察）与实验法结合起来，即实验性内省。在他看来，了解人的直接经验，要依靠实验过程中被试对自己经验的观察和描述。这些被试只有经过训练，才能进行有效的内省。构造心理学用实验的方法主要研究了感觉和知觉，特别是视觉、听觉和触觉，但是在更复杂的心理现象，如社会心理问题上，则继续采用非实验的方法。

（二）机能主义

机能主义（functionalism）的创始人是美国心理学家詹姆斯（William James，1842—1910）（见图1-4），其代表人物还有杜威（John Dewey，1859—1952）和安吉尔（James Angell，1869—1949）等人。

图1-4　詹姆斯

机能心理学也主张研究意识，但不把意识看成个别心理元素的集合，而是看成川流不息的过程。意识流的概念是詹姆斯提出的一个重要概念。在他看来，意识是个人的、永远变化的、连续的和有选择性的。受达尔文生物进化论的影响，詹姆斯相信，意识是自然选择赋予人类的一个重要特征，必然具有适应环境的作用。构造主义强调分析意识的结构成分，机能主义则强调研究意识的作用与功能；构造主义强调意识的静态结构，机能主义则重视意识的过程。以思维为例，构造主义关心什么是思维，思维有哪些成分，而机能主义则关心思维的过程及它在人类适应行为中的作用。机能主义的这一特点推动了美国心理学面向实际生活的过程。20世纪以来，美国心理学一直都比较重视心理学在教育领域和其他领域的应用，关心心理测验的编制和应用，这和机能主义的思潮分不开。

人物介绍

冯　特

冯特（Wilhelm Wundt，1832—1920）（见图1-5），德国心理学家、哲学家，现代实验心理学的著名创始人之一。冯特出生在德国巴登的一个牧师家庭里。早年习医。1855年在海德堡大学获博士学位。1857—1874年在该校任教，曾开设生理心理学课程，并出版了《生理心理学原理》。1875年任莱比锡大学哲学教授。1879年创

图1-5　冯特

立了世界上第一个心理学实验室。冯特是构造主义心理学的奠基人。他主张心理学研究直接经验。心理学的研究方法只能是实验性的自我观察或内省。冯特的哲学思想是混乱的，在身心关系的问题上，他主张精神和肉体是彼此独立的序列与过程，因而陷入了二元论。他一生的著作很多，代表作有《心理学原理》《民族心理学》《对感官知觉学说的贡献》《心理学大纲》等。

（资料来源：陈元晖，1988）

在研究方法上，机能主义和构造主义一样，也重视内省和实验。在詹姆斯看来，内省是我们发现自己的意识状态的有效工具，而实验的方法会使心理学的研究结果变得更加丰富。詹姆斯的著作《心理学原理》系统论述了心理学各个领域的问题，书中提出的本能论、习惯论、情绪理论和自我理论等对心理学后来的发展都有重要影响。

（三）行为主义

19世纪末20世纪初，正当构造主义和机能主义在一系列问题上发生激烈争论的时候，美国心理学界出现了另一种思潮：行为主义（behaviorism）。1913年，美国心理学家华生（John Watson，1878—1958）（见图1-6）发表了《在行为主义者看来的心理学》，宣告了行为主义的诞生。

图1-6 华生

行为主义有两个重要的特点：①反对研究意识，主张研究行为；②反对内省，主张用实验的方法。在华生看来，意识是看不见、摸不着的，因而无法对它进行客观研究。心理学的研究对象不应该是意识，而应该是可以观察的事件，即行为。华生说过，在一本心理学书中，"永远不使用意识、心理状态、心理内容、意志、意象以及诸如此类的名称，是完全可能的……它可以用刺激和反应的字眼，用习惯的形成、习惯的整合以及诸如此类的字眼来加以实现"。华生赞成还原论，在他看来，一切复杂的行为都可以还原为"刺激—反应"联结。语言是由言语刺激和反应组成的一种行为，情绪也是一种行为。因此，行为主义有时也被人称为"刺激—反应"心理学。

行为主义还主张环境决定论，认为个体的行为完全是由环境控制和决定的。华生（1930）说过，"给我十几个健康而没有缺陷的婴儿，让我放在自己的特殊世界中教养，那么我可以担保，随便选出其中的任何一个婴儿，无论他父母的能力、嗜好、趋向、才能、职业及种族是怎样的，我都能够把他训练成为一种特殊人物，如把他训练成为医生、律师、艺术家或商界首领等，也可以把他训练成为一个乞丐或窃贼"。这种极端的主张也让华生遭到了学术界的猛烈批评。

20世纪三四十年代，行为主义阵营中相继出现了以托尔曼（Tolman）和斯金纳（Skinner）为代表的新行为主义。他们在传统的"刺激—反应"模式的基础上，提出了"中介变量"的概念，认为在刺激和反应之间，存在某些内在的心理过程，如认知地图、目标等。新行为主义和华生的行为主义一样，都重视研究动物和人类的学习行为。他们相信动物和人类的行为都可以通过学习得到改善。为了研究机体对周围环境产生影响的行为，斯金纳

意识流文学

詹姆斯关于意识流的观点不仅被心理学研究者津津乐道，而且为文学研究者耳熟能详。20 世纪，一种基于现代心理学的文学流派——意识流文学崭露头角。这种流派的作家吸取了詹姆斯关于心理学的观点，以独特的技巧注重描绘人物的意识流动状态，包括无意识和梦幻意识，在文学史上取得了很大的成就。其代表作家有詹姆斯·乔伊斯（James Joyce）和威廉·福克纳（William Faulkner）等。

（资料来源：荆其诚，傅小兰，2009）

将行为分为应答性行为和操作性行为，并首次提出了"操作性行为"或"操作性条件反射"的概念。他认为，人们的日常生活都是由操作性行为组成的，如读书、打球、识字、划船等。这种行为由机体主动发出，并用行为自身的结果来强化，因而不同于由刺激引起的应答性行为。斯金纳强调结果的强化作用，并系统研究了不同的强化类型和强化程序，如有效的强化时间、强化次数和强化间隔等。

20 世纪 50 年代以后，行为主义作为一种研究取向，仍活跃在心理学的某些应用研究领域中。例如，斯金纳基于动物的研究提出了程序学习（programmed learning）系统。他认为，应该将学习材料分解成一些小的片段，并按顺序一步一步地学习这些材料，对学习结果给予及时的强化。在学会了一个片段之后，再继续学习下一个片段。按照这种方法，个体就能成功地学习到某种知识，形成某种行为。行为主义还推动了生物反馈技术的研究，出现了各种生物反馈仪。借助这种仪器，个

体可以自行控制自己的身体状况，如心率、血压、体温等，最后达到控制血压、治疗高血压的目的。

（四）格式塔心理学

在美国出现行为主义的同时，德国也涌现出另一个心理学派别——格式塔心理学（gestalt psychology）。格式塔心理学的主要代表人物有韦特海默（Max Wertheimer，1880—1943）（见图 1-7）、苛勒（Wolfgang Köhler，1887—1967）、考夫卡（Kurt Koffka，1886—1941）和勒温（Kurt Lewin，1890—1947）等。格式塔心理学和行为主义都靠批判传统心理学（构造主义）起家，但在一系列基本问题上，两派又有截然不同之处。

图 1-7　韦特海默

格式塔（gestalt）在德文中意味着"整体"，代表这个学派的基本主张和宗旨。格式塔心理学反对把意识分析为元素，而强调心理作为一个整体、一种组织的意义。这与构造主义和行为主义大相径庭。格式塔心理学认为，整体不能还原为各个部分、各种元素的总和；部分相加不等于全体；整体先于部分而存在，并且制约着部分的性质和意义。例如，一首乐曲包含许多音符，但它不是各个音符的简单结合，因为一些相同的音符可以组成不同的乐曲，甚至可能成为噪声。因此，分析个别音符的性质，并不能了解整个乐曲的特点。

格式塔心理学很重视心理学实验，在知觉、学习、思维等方面开展了大量的实验研究。其中，苛勒基于猩猩问题解决的研究，提出了"顿悟"的概念，对思维心理学的发展有重要影响；勒温基于对意识的整体性思考提出了"场论"，主张"行为是生活空间的函数"，推动了社会心理学的发展。

（五）精神分析学派

精神分析学派是由奥地利维也纳精神病医生弗洛伊德（Sigmund Freud，1856—1939）（见图1-8）创立的。它的理论主要源于治疗精神病的临床实践经验。如果说构造主义、机能主义和格式塔心理学重视意识经验的研究，行为主义重视正常行为的分析，那么精神分析学派则重视异常行为的分析，并且强调心理学应该研究无意识现象。

图1-8　弗洛伊德

精神分析学派认为，人类的一切个体的和社会的行为都根源于心灵深处的某种欲望或动机，特别是性欲的冲动。欲望以无意识的形式支配人，并且表现在人的正常和异常的行为中。欲望或动机受到压抑，是导致精神疾病的重要原因。所谓精神分析，是指一种临床技术，它通过释梦和自由联想等手段，发现患者潜在的动机，使精神得以宣泄，从而达到治疗疾病的目的。

精神分析学派重视动机的研究和无意识现象的研究。但是，他们过分强调无意识的作用，并且把它与意识的作用对立起来；他们的早期理论具有泛性欲主义的特点，把性欲夸大为支配人类一切行为的动机。这些都是不对的。

20世纪30年代以后，一批后弗洛伊德主义者，如安娜·弗洛伊德（Anna Freud）和埃里克森（Erik Homburger Erikson）等，将精神分析的理论应用于动机和人格的研究。和弗洛伊德不同的是：后弗洛伊德主义者更关心儿童和青少年人格的正常发展，而不像弗洛伊德那样，主要以心理异常的成年人为研究对象；他们强调意识和自我的重要性，而不像弗洛伊德那样，只重视无意识的研究；他们把青年期看成力比多（性本能，libido）活动的高潮时期，而不像弗洛伊德那样，过分强调它在儿童时期的作用。

总之，19世纪末20世纪初，各派心理学在研究对象、研究领域和研究方法以及对心理现象的理解等方面都存在很大的分歧。在心理学作为独立学科的早期发展中，由于某些新的事实在旧的理论体系中不能得到正确的解释，因此产生了对新理论的需要，这就导致了新的思潮和新的学派的产生。历史告诉我们，每个新学派都从一个侧面丰富和发展了心理学的宝库。在这个意义上，20世纪初期的学派纷争是一件好事，而不是一件坏事，对心理学的发展起到了积极的作用。

三、当代心理学研究的新趋势

心理学由派别纷争到趋于统一的发展过程，是合乎人类认识发展规律的。现代心理学的研究形成了以下几个基本特点：①着重揭露心理和行为的客观规律并进而预测心理和行为的发生；②特别重视人的高级心理过程和社会行为的研究；③广泛吸收邻近学科的研究成果，参与交叉学科的攻关研究。可以说，心理学发展到今天，其基础已经形成，其研究领域也相对稳定下来（荆其诚，1990）。

下面简要介绍当代心理学发展的一些重要的研究取向。

（一）生理心理学的研究取向

用生理心理学的观点、方法研究心理现象和行为，是当代心理学的一个重要的研究取向。采用这种取向的心理学家关心心理与行为的生物学基础，把生理学看成描述和解释心理功能的基本手段，认为我们所有的高级心理功能（如知觉、记忆、注意、语言、思维和情绪等）都和生理功能，特别是脑的功能有密切关系。

生理心理学的研究方法主要有临床法、局部切除法、电刺激法、生物化学法等。近年来，随着神经生理学、影像学和计算机技术的迅猛发展，各种无创伤的脑成像技术被广泛应用于认知领域的研究，产生了认知神经科学（cognitive neuroscience）。认知神经科学属于生理心理学的研究取向，主要研究认知功能的脑机制，探讨视觉、听觉等基本认知过程和记忆、思维、语言等高级认知过程的脑机制，以及学习训练与脑的可塑性、脑发育与认知功能的发展等。

脑功能成像技术包括正电子发射断层扫描术（positron emission tomography，PET）、功能性磁共振成像（functional magnetic resonance imaging，fMRI）、功能性近红外光谱成像（functional near-infrared spectroscopy，fNIRS）、脑电图（electroencephalography，EEG）和脑磁图（magnetoencephalography，MEG）等。与以往采用的一些研究技术相比，脑功能成像技术可以在无创伤的条件下观察大脑内正在发生的一些生物化学变化，如葡萄糖代谢和血氧变化或者观察神经元的电位反应及神经元活动产生的微弱磁场以考察心理现象的脑机制。图 1-9 是一台功能性磁共振成像扫描仪。应用脑成像技术已经积累了关于脑结构和功能的大量研究资料，对探讨心理活动的脑机制、理解脑的高级功能有重要作用。

认知神经科学采用脑成像技术使人们有可能获得个体从事各种任务时的大脑功能的图像，从而提供更多、更有意义、更直接的信息（Smith，1996）。科学家们相信，只有揭示心理活动的脑机制，特别是认知功能的神经生物学机制，才能真正揭示脑的秘密，了解人的心理功能（如认知、情绪等）的特点。21 世纪，认知神经科学的研究有望成为心理学研究的主流。

图 1-9　功能性磁共振成像扫描仪

（二）认知心理学的研究取向

20 世纪 50 年代末 60 年代初，心理学界涌现出一股研究认知过程的潮流。在知觉、记忆、语言和问题解决等领域中出现了一些新的理论。例如，瑞士心理学家皮亚杰对儿童认知发展的研究、美国语

近红外光学成像 技术简介	事件相关电位 技术简介	fMRI 技术简介	MEG（脑磁图） 技术简介

学术争鸣

如何评价弗洛伊德

在现代心理学流派中，最有争议的人物或学派莫过于弗洛伊德及其所创立的精神分析学派。下面是两种有代表性的评议。

对于很多人来说，弗洛伊德就是心理学的代名词。尽管对于弗洛伊德究竟是不是历史上最伟大的心理学家存在很多争论，但是没有人能够否定弗洛伊德对 20 世纪心理学的发展所做出的贡献——他的理论和思想极大地推动了精神病学、发展心理学、变态心理学、人格心理学、临床心理学和心理咨询等诸多学科的发展（荆其诚，傅小兰，2008）。

弗洛伊德对现代心理学的重要性被无限地夸大了。事实上，弗洛伊德式的研究方法误导了人们对心理学研究的印象。弗洛伊德根据他得到的数据（个案研究和内省）建立了一套精细的理论，而这些数据并不足以支撑此理论；他专注于建构复杂的理论构架，但并没有像许多现代心理学家那样，保证这些理论建立在可靠、可重复的因果关系之上（斯坦诺维奇，2014）。

言学家乔姆斯基对语言的心理学基础的研究、西蒙等人对问题解决和人工智能的研究、米勒对短时记忆容量的研究等，这些研究和相关的理论把人看成一种信息加工者，一种具有丰富的内在资源、积极的机体，他们能利用这些资源与周围环境发生相互作用。在这些理论看来，环境的因素不再是说明行为的最突出的因素。环境提供的信息通过支配外部行为的认知过程得以编码、存储和操作，进而影响人类的行为。1967 年，美国心理学家奈瑟出版了《认知心理学》一书。书中指出，认知是指感觉输入得以转换、简约、加工、存储、提取和使用的全部过程。这本书的出版标志着现代认知心理学的诞生。现代认知心理学除了应用心理学的一般研究方法之外，还发展了自己特有的一些研究方

法，如反应时记录法、口语报告法、计算机模拟等。这些方法对深入探讨认知的内部过程和结构产生了重要影响，并且对研究心理学的其他领域也有重要贡献。如果说 20 世纪 20 年代诞生的行为主义几乎否定了研究内部心理过程的重要性，那么认知心理学的兴起又把意识和内部心理过程、结构的研究带回到了心理学中来，这是一个划时代的新的转变，对心理学的发展具有重要意义。

图 1-10 显示了半个世纪来心理学几个重大研究潮流的兴衰情况。从图中可以看到，20 世纪 90 年代以后，认知科学和神经科学的发展趋势迅速上升，而精神分析和行为研究的发展趋势明显下降了。

研究进展

现代心理学的一些重要事件

1879 年，冯特在德国莱比锡大学建立了第一个心理学实验室，标志着独立的科学心理学的诞生。

1883 年，高尔顿（Francis Galton）发表了《对人类官能及其发展的探讨》，开辟了研究个体心理和心理测验的途径。

1883 年，霍尔（Granville Stanley Hall）创办了美国第一个心理学实验室，1887 年创办了美国第一个心理学杂志——《美国心理学杂志》。

1885 年，艾宾浩斯（Hermann Ebbinghaus）发表了《论记忆》，开创了用实验方法研究记忆的先河。

1890 年，詹姆斯出版了他的代表作《心理学原理》，提出了意识流理论，对美国机能心理学的产生和发展有重要影响。

1905 年，比内（Alfred Binet）和西蒙共同编制了比内 - 西蒙智力量表，

1908 年发表了这个量表的修订本。

1900 年，弗洛伊德发表了《梦的解释》，之后发表了《精神分析引论》，创立了精神分析学派。

1912 年，韦特海默、苛勒和考夫卡研究了似动现象，在此基础上建立了格式塔心理学。

1913 年，华生发表了《在行为主义者看来的心理学》一文，宣告了行为主义的诞生。

1917 年，北京大学在中国首次建立了心理学实验室；1920 年，南京高等师范学校（东南大学）建立了中国第一个心理学系；1921 年在南京成立了中华心理学会，张耀翔任会长；1922 年，张耀翔主编了中国第一个心理学杂志——《心理》。

1923 年，巴甫洛夫（Ivan Pavlov）发表了《动物高级神经活动（行为）客观研究 20 年经验：条件反射》，系统提出了高级神经活动学说。

1937 年，斯金纳提出了"两种类型的条件作用"，并首次提出了"操作性行为"的概念。第二年出版了《有机体的行为》，标志着新行为主义的诞生。

1943 年，马斯洛（Abraham H. Maslow）发表了《人类动机论》，之后出版了《动机与人格》一书，创立了人本主义心理学。

1950 年，皮亚杰（Jean Paul Piaget）发表了《发生认识论导论》（3 卷集），标志着发生认识论体系的建立。

20 世纪 60 年代初，斯佩里（Roger N. Sperry）及其同事进行了著名的裂脑研究，发现了大脑两半球功能的差异，大大促进了对脑的高级认知功能的研究。

1967 年，奈瑟（U. Neisser）出版了《认知心理学》，标志着现代认知心理学的诞生。

1973 年，鲁利亚出版了《神经心理学原理》，总结了从 20 世纪 40 年代以来的研究成果，创立了神经心理学。

1978 年，西蒙（H. A. Simon）获得了诺贝尔经济学奖。

1980 年，中国心理学会加入了国际心理科学联合会。

1981 年，戴维·休伯（David H. Hubel）与维泽尔（Torsten Wiesel）因合作发现了视觉皮层的朝向选择性与柱状组织，和斯佩里共享了诺贝尔生理学或医学奖。

1991 年，欧洲科学技术发展预测与评估委员会出版了"认知科学"系列丛书，其中第四卷为《认知神经科学》，标志着认知神经科学作为一个科学分支得到了认可。

1992年，中国心理学家荆其诚首次当选为国际心理科学联合会副主席。

2002年，卡尼曼（Daniel Kahneman）因其将心理学的前沿研究成果引入经济学研究的贡献而获得了诺贝尔经济学奖。

2004年，理查德·阿克塞尔（Richard Axel）和琳达·巴克（Linda Buck）因发现了人类与嗅觉有关的基因，共享了诺贝尔生理学或医学奖。

2004年，在北京由中国心理学会承办了第28届国际心理学大会。

2014年，约翰·奥基夫（John O'Keefe）和莫泽夫妇（May-Britt Moser & Edvard Moser）因在大脑定位系统上的重大发现，共享了诺贝尔生理学或医学奖。

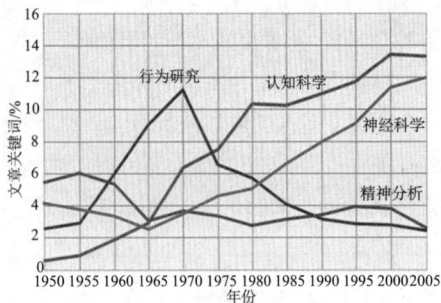

图1-10　半个世纪内心理学不同研究方向的发展趋势

（资料来源：Spear，2007）

（三）人本主义心理学和积极心理学的研究取向

人本主义心理学着重人格方面的研究，和精神分析学派的传统观念有着明显的区别。人本主义者认为，人的本质是好的、善良的，他们不是受无意识欲望的驱使，并为实现这些欲望而挣扎的野兽。人有自由意志，有自我实现的需要。因此，只要有适当的环境，他们就会力争实现某些积极的社会目标。这些看法和精神分析学派是截然不同的。人本主义者还相信，人是单独存在的。心理学家应该对人进行单个测量，而不要把他们合并在不同的范畴之内。人本主义心理学反对行为主义只相信可以观察到的刺激与反应的观点，认为正是人们的思想、欲望、情感这些内部过程和内部经验，才使他们成为各不相同的人。人本主义心理学是在反对精神分析和行为主义的过程中发展起来的，因而成为当代心理学中的第三势力。它对传统心理学的某些批判对我们有启发意义。人本主义心理学的许多主张还带有纲领的性质，他们对自己所使用的名词缺乏明确的定义，也没有具体说明他们所采用的研究方法，因而他们的理论难以得到检验。

21世纪初，美国心理学家塞利格曼（Martin Seligman）（见图1-11）等人（2000，2002，2003）在人本主义心理学的基础上进一步提出了积极心理学（positive psychology），在心理学界引发了一场积极心理学运动。

图 1-11　塞利格曼

塞利格曼（2000）指出，"积极心理学的目标在于开始催生一个改变，将心理学关注的焦点从只专注于修复生命中最糟糕的事情转向同时培养积极的品质"。在他看来，心理学应该关注个体和团体的积极因素，如积极人格、积极情感和积极的社会组织系统等；心理学应该关心个体的发展、社会的繁荣，并预防问题的产生。在研究方法上，它不仅接受了人本主义的现象学方法，而且接受了实验心理学的实证研究方法，因而比人本主义心理学前进了一步。

（四）进化心理学的研究取向

进化心理学（evolutionary psychology）产生于 20 世纪 80 年代末，运用进化论思想对人类心理的起源和本质进行研究，强调自然选择对人类普遍行为倾向的塑造作用。进化心理学认为，人类的心理机制是自然选择的结果，如果某种行为倾向有助于个体的生存，那么这种行为倾向就会被自然选择，并且通过基因被保留下来。

按照进化心理学的观点，"过去"对心理机制的产生起着关键作用，那些帮助我们的祖先在进化过程中生存下来的心理机制会被保留下来。例如，几乎所有的人都惧怕蛇、蜘蛛、高空、空地和黑暗，全世界不同国家的婴儿在 8~24 个月时对陌生人都会产生恐惧（Marks，1987），这是因为我们的祖先会避开这些让其产生恐惧的事物，而相应的逃避反应对可能发生的潜在危险起到了防御作用，增加了生存的可能性。巴斯（David M. Buss）等人（1989，1993）在对人类的择偶观念进行跨文化研究时发现，在选择配偶时，男性都倾向于选择年轻、健康的女性，而女性都倾向于选择勤奋进取的男性。这是因为年轻、健康的女性具有更大的生育潜能，而男性的经济地位和性格特质暗示了其供养与保护的能力。在人类进化的早期，这种选择倾向有利于个体基因的传播，而不能适应坏境的基因将逐渐在人类的基因库中消失。

自 1879 年冯特在德国莱比锡大学建立第一个心理学实验室以来，心理学在一个多世纪的岁月中经历了无数的坎坷，许多心理学家前赴后继，勇于创新，在不同方向和领域进行了有益的探讨，逐渐积累了许多有价值的研究结果，提出和形成了各种假设与理论，在研究对象、领域和研究方法上逐渐取得了共识。近数十年来，随着社会的进步和科学技术的突飞猛进，心理学不仅确立了自己的科学地位，而且在科学的大家庭中也显示了越来越重要的作用。进入 21 世纪后，心理学更面临着新的挑战和机遇。例如，信息在互联网络内的传递将使各国心理学家能够彼此联系，探究共同的问题，分享大量相关的数据，基于大数据的分析产生意想不到的结论；新技术的发明与使用（如脑成像技术）将导致人的行为和心理现象及其脑机制的测量更加精确，更为可靠；全球化管理的发展将影响所有的科学和文化活动，极大地影响人的行为和心理发展；使人类神经和生理功能改变的基因工程、与人类大脑交互的系统计算机的发展等，都将深刻地影响人的心理。心理学的发展需要一代又一代的心理学人才，它的发展又将为心理学人才的培养提供日益肥沃的土壤。

四、中国心理学的发展道路

中国是一个有五千年文明历史的国家，在世界科学技术发展史中发挥了重要的作用。由于东西方文化的差异，不同学科的具体发展历史是不一样的。这里我们简要介绍一下中国心理学的发展道路，并从历史发展中吸取某些必要的经验教训。当前中国心理学正迎来前所未有的发展机遇，在建设和谐社会、维护国民心理健康、助力教育改革、推动社会经济高质量发展等方面必将作出自己的贡献。

（一）中国古代的心理学思想

中国古代心理学思想的发展和西方不同，中国古代没有心理学的专著，但有丰富的心理学思想（高觉敷，1985）。这些思想散见在许多哲学家、思想家和教育家的著作中。在中国先秦时期，儒、道、墨、法等各派著名思想家（如孔子、孟子、荀子、老子、墨子等）都讨论过天人关系、人与动物的关系、身心关系、人性的本质和发展以及知行关系等，提出过一些重要的心理学思想。例如，孟子主张性善论，认为人有恻隐之心、羞恶之心、恭敬之心和是非之心。荀子在《天论》中提出"形具而神生"，认为精神现象是依赖于形体而存在的；他主张性恶论，"其善者伪也"，充分肯定了环境和教育在人性改变中的作用。荀子称"性之好、恶、喜、怒、哀、乐谓之情"，对人的情绪进行了分类。老子主张"人法地，地法天，天法道，道法自然"，阐明了人与天的关系，强调人是宇宙中的一部分，要顺应自然规律，与天地和谐共生。墨子主张"知，接也"，认为人的感知觉是感官接触外物的结果，并区分了"五路"，即五种不同的感觉。

到秦、汉和魏晋南北朝时期，中国心理学思想的发展继续围绕"天人关系"和"神形关系"展开（朱智贤，1989）。在这个时期，董仲舒（约公元前 179—前 104 年）站在唯心主义的立场上，提出了天人感应的思想，认为天与人之间有一种神秘的关系，人的情感、道德和行为都必须与天数相符，化天数而成（高觉敷，1985)。王充提出"形朽神亡"的主张，认为精神离开肉体就不复存在。刘劭在《人物志》

中讨论了"才""性"的关系，对人的才能和性格进行了系统的分类，并提出人的"才""性"可以通过九种外部表现（九征）来诊断。

唐代是我国封建社会的鼎盛时期。在这个时期内，柳宗元、刘禹锡坚持了唯物主义的天人观，并对感知和思维两种认识活动进行了分析。韩愈继承了董仲舒的性三品说，认为"性"是与生俱来的。他的《师说》一文，提出教师的职责是"传道、授业、解惑"，在历史上成为传世之作。宋朝之后，理学在思想界占统治地位。朱熹主张"格物致知"，而王守仁则提出了"心即理""致良知""知行合一"等与心理学相关的思想，宋明理学在教育心理学和学习心理学方面提出了许多有价值的主张。如程颢和程颐重视学习的作用，认为人的智能、性格、道德品质基本上是在幼年期形成的；朱熹提倡"胎教"，认为母亲受胎以后的一举一动、一言一行都对胎儿有直接影响（高觉敷，1985）。随着科技和医学知识的发展，明清以后的医学家对脑及其功能的认识有了很大的进步。刘智（约 1660—1730）是 17 世纪我国的一位著名学者。他提出"百体之知觉运动"都依赖脑，脑的不同部位有不同的功能。王清任（1768—1831）是清代的一位医生，他根据自己的解剖经验，发展了"脑髓说"，认为人的感觉和记忆是脑的功能，而不是心脏的功能。王清任所处的时代和法国著名学者、医生布洛卡的时代很相近，他提出的"脑髓说"对科学地认识人的心理活动有重要意义。

（二）中国早期心理学的传播

中国古代有丰富的心理学思想，但没有独立的心理学著作。心理学作为一门独立的科学，是在欧美一些国家产生的。心理学在中国的传播，始于明末耶稣会传教士利玛窦著的《西国记法》（1595）、艾儒略著的《性学确述》（1623）等书。1840 年鸦片战争以后，留美学者颜永京（1838—1898）出任上海圣约翰书院院长，开设了心理学课程，并于 1889 年出版了译著《心灵哲学》一书。1907 年王国维的译著《心理学》出版，该书是丹麦心理学家霍普夫丁的著作。在这个时期内，一批留美和留日的中国学者对传播心理学起了重要的桥梁作用（朱智贤，1989）。

中国现代心理学的开创始于 1917 年，其标志是北京大学首次建立了心理学实验室。1918 年，陈大齐出版了《心理学大纲》一书。1920 年，南京高等师范学校（东南大学）建立了中国第一个心理学系。1921 年，"中华心理学会"在南京正式成立（1935 年更名为"中国心理学会"），张耀翔担任首任会长。1922 年，中国第一种心理学杂志——《心理》由张耀翔编辑出版。这一切标志着中国有了自己的心理学组织，并开始培养心理学的人才。

20 世纪二三十年代，心理学在中国有所发展。现代心理学的许多理论流派开始被归国的中国学者介绍到中国。一些在海外学习的中国留学生开始了一些重要的实验研究，如哺乳动物和鸟类胚胎行为发生和发展的研究（郭任远）、汉字心理的研究（艾伟、周先庚）、智力及其测验的研究（陆志韦）、阅读中文时眼动的分析（沈有乾）、比纳-西蒙智力测验的修订（陆志韦）、儿童心理发展和心理咨询的研究（黄翼）等，其中有些研究在国际上是有影响的。20世纪30年代以后，中国心理学的发展进入了停滞时期。

（三）中国现代心理学的发展

中华人民共和国成立标志着中国的心理学进入了一个新的时期。几十年来，中国心理学走过了一条曲折的发展道路。

中华人民共和国成立初期，随着社会政治和经济的变革，心理学面临着改造的任务。这个时期中国心理学以介绍和引进苏联的心理学为主，提出了在辩证唯物主义和巴甫洛夫学说的基础上改造心理学的思想。心理学家以很高的热情投入这场学习运动，努力使自己的学术思想适应社会的变革。在这个时期，心理学有所发展，主要表现在恢复中国心理学会的活动，学校经过院系调整，在北京大学哲学系建立了心理学专业，在北京师范大学开办了一系列心理学高级研讨班，系统介绍了苏联的心理学成就，出版了大量的心理学译著。1951年，中国科学院心理研究所成立。1956年，在国务院科学规划委员会的领导下，心理学作为一门基础学科被纳入12年（1956—1967年）发展规划中，这在当时极大地鼓舞了我国心理学工作者。

20世纪50年代末，心理学遭受不应有的批判，被指责为"超阶级""抽象化"和"生物学化"。我国许多有影响的心理学家受到错误的批判，广大心理学工作者的积极性遭到打击，这给我国心理学的发展带来严重损害（王甦，1997）。20世纪60年代初，经过"甄别"，心理学某些错误得到纠正，心理学工作者在教育心理学、医学心理学和工程心理学等应用领域开展了研究，为教育改革和社会生活的许多方面作出了贡献。

20世纪六七十年代，中国经历了国内政治大动荡时期。中国的心理学也遭受灾难性的破坏。心理学曾被当成伪科学受到批判，心理学的研究机构被关闭，心理学人才的培养也被迫中断了。

"文化大革命"结束后，中国心理学进入了发展的新时期。这个时期可以分成两个阶段：恢复阶段（1977—1980年）和顺利发展阶段（1980年以后）。在第一个阶段，心理学教学机构和研究机构相继恢复，一些高校相继建立了心理学专业，使我国具备了较好的培养心理学专业人才的条件；中国心理学会恢复活动，并于1980年加入国际心理科学联合会，和许多国家的心理学会和心理学家建立了联系。在国家改革开放政策的指引下，一批中国心理学工作者被派往国外学习和进修，一批国外著名的心理学家应邀来国内访问和讲学，这对中国心理学家迅速了解世界各国心理学的发展趋势，赶上国际心理科学的发展水平有十分重要的作用。一些过去被否定的学科，如社会心理学和心理测量学获得新生，研究工作的水平也有明显提高。

在第二个阶段，中国心理学遵循为社

会主义现代化建设服务的方向，在基础心理学和应用心理学研究两个方面都取得了令人瞩目的成绩（王甦，1997)。在认知心理学的视觉领域，中国心理学家提出了视觉早期加工的拓扑学理论；在语言信息加工的研究中，中国心理学家结合汉字和汉语的特点，探讨了汉语词汇表征和加工的特点；汉语句子理解中句法加工和语义加工的关系；汉语阅读障碍的成因等一系列重要的问题；在发展心理学的研究中，中国心理学家结合本国儿童的特点进行了以思维和智力发展以及社会性发展为主要内容的研究；在教育心理学的研究中，中国心理学家适应国家教育改革的需要，探讨了教育、教学中的一系列心理学问题，提出了不少有价值的教改实验方案；在工程心理学和管理心理学领域，中国心理学家开展了照明工效学、仪表工效学、人机界面、用户体验、人力资源开发等方面的研究。此外，在理论心理学、心理测量

人物介绍

潘菽

　　潘菽（1897—1988），中国现代心理学家。原名有年，曾用名潘淑，字水淑（菽）。1897 年 7 月 13 日生于江苏省宜兴县，1988 年 3 月 26 日卒于北京。早年就学于北京大学哲学门（系）。1921 年留美专攻心理学，1926 年获芝加哥大学哲学博士学位。1927 年回国后历任第四中山大学（后改称中央大学）理学院心理学系副教授、教授、系主任。1949—1956 年先后任南京大学教务长、校务委员会主席、校长兼心理学系主任。1955 年被聘为中国科学院生物学部委员。同年中国心理学会恢复后连续当选为第 1 届至第 3 届理事长（1955—1984）。1956 年中国科学院心理研究所成立后任所长，1983 年 5 月改任名誉所长。他还是中国科学工作者协会（1945，重庆）和九三学社的主要发起人和领导者之一。他主要致力于心理学基本理论方面的研究，主张中国心理学必须走自己的道路，要在辩证唯物论的指导下，结合中国的实际，建立能为社会主义服务的理论体系。他提出生活和实践的观点是心理学的首要和基本观点；把心理活动分为认识活动和意向活动两个基本范畴；认为"意识就是综合的认识"；提出并阐明了心身关系的唯物一元论观点，认为身体是心理的主体，心是身体的作用；指出人体，尤其是人脑，有生理的和心理的两种功能等。他的观点对中国心理学的发展有深刻影响。主要著作有：《心理学概论》（1929)、《社会心理学基础》（1931)、《心理学的应用》（1935);主编《教育心理学》（1980)、《中国古代心理学思想研究》（论文集）（1983，与高觉敷主编）、《人类智能》（1983);论文有《背景对学习与记忆的影响》《论所谓心身问题》等 80 余篇。

（资料来源：李令节，1991）

学、咨询和临床心理学、生理心理学、医学心理学、社会心理学、法律心理学、比较心理学、体育运动心理学和心理学史等领域也进行了大量有价值的研究。

当中国大陆的心理学前进在曲折的道路上时，台湾和香港地区的心理学研究取得了显著的成绩。20世纪70年代，港台地区的心理学家结合汉语和汉字特点，系统开展了语言信息加工的研究。之后，他们又结合中国文化的特点，在社会心理学和管理心理学方面进行了"本土化"研究。在心理测量学和教育心理学方面也有不少重要的贡献。

随着21世纪的来临，中国心理学进入了快速发展的新阶段。心理学在科学大家庭中的地位发生了重要变化。心理学从二级学科上升为一级学科，心理学作为重要的基础学科之一，被列为国家重点发展的学科。在基础研究领域，中国心理学家在视觉、注意、记忆、学习、语言、思维、情绪、人格等领域的认知心理学和认知神经科学的研究中，取得了国际先进水平的研究成果。在应用研究领域，中国心理学家面对国家和社会的重大需求，在建设和谐社会、铸牢中华民族共同体意识、维护人民心理健康、提高人民的主观幸福感、促进工业生产、进行灾后心理援助、支持国家成功主办奥运会、提高运动员竞技成绩、选拔人员、教育考试科学化和促进学生全面发展等方面，作出了积极而又重要的贡献。2004年，北京成功地举办了第二十八届国际心理学大会，之后许多重要的国际学术会议相继在中国召开，这标志着中国心理学已经成为国际心理学大家庭的重要成员，显示出中国心理学越来越大的国际影响。

本章内容小结

1. 心理学是研究心理和行为的科学。它既研究人的心理和行为，又研究动物的心理和行为，而以人的心理和行为为主要的研究对象。心理不同于行为，又和行为有密切的关系。心理支配行为，又通过行为表现出来。由于行为能显示人的心理活动，因此，我们可以通过观察和分析行为来客观地研究人的心理活动，即打开"黑箱子"。

2. 心理学既研究人的认知、情绪和动机、智力和人格，也研究动物的心理现象和行为。它既研究意识，也研究无意识；既研究个体心理，也研究团体心理或社会心理。

3. 心理学的基本任务是探索心理现象与行为发生、发展的规律，包括描述、解释、预测与控制心理现象和行为。

4. 由于社会需求和邻近科学的发展及其与心理学的相互影响，心理学形成了许多重要的研究领域，如普通心理学、生理心理学、发展心理学、教育心理学、医学心理学、健康心理学、工业心理学、军事心理学、社会心理学等。不同研究领域的具体研究对象不同，采用的方法有区别，在实践中的意义也是不同的。

5. 心理学是一门交叉学科，在科学的大家庭中有重要地位。要成为一位心理学家需要具备自然科学和社会科学两个方面的知识与科学素养。

6. 心理学是一门科学，也是一个职业领域。心理学有广阔的研究领域，因而也有广泛的职业选择机会。

7. 心理学是随着"方法学上的革命"，才从哲学中分离出来，独立成为一门实证科学，并自立于世界科学之林的。

8. 心理学应采用实证方法，这种方法要求心理学的发现和结论有客观根据，能经受自己和他人的检验。

9. 心理学研究的步骤通常包括发现问题；提出研究假设；审慎进行研究设计和方法选择；收集数据，分析结果，得出研究结论；撰写和发表论文。提出的科学问题越重要，研究它的科学价值可能就越大。

10. 心理学研究的主要方法有观察法、实验法、测验法和个案法等。其中实验法是在严格控制的条件下，对心理现象和行为进行研究的一种重要的方法。运用这种方法有助于发现事件间的因果联系，并允许他人对实验结果进行反复验证。

11. 在实验中，由实验者控制的变量，被称为自变量，由这些变量引起的心理和行为的变化，被称为因变量。除了自变量与因变量之外，研究者还要考虑另一些可能的影响因素，这些因素可能会影响或混淆实验的结果，因而被称为混淆变量。一项成功的实验要处理好这几个变量的关系。

12. 相关关系是事物间的另一种关系，心理学的许多研究都在寻找相关关系。但是，相关本身不能提供因果信息，仅依据相关本身的信息，无法推断哪个是因，哪个是果。

13. 心理学主要以人类为被试。在心理学研究中，要充分考虑伦理上的问题，如是否可能会给被试带来伤害，被试的权利是否得到了充分的尊重等。心理学家还要恪守诚信的原则，杜绝学术欺诈行为。

14. 1879 年，心理学家冯特在德国莱比锡大学建立了第一个心理学实验室，标志着心理学成为一门独立的科学。

15. 心理学的诞生有两个重要的历史根源：一个是近代哲学思潮的影响，包括唯理论和经验论的影响；另一个是实验生理学的影响，现代心理学的实验方法直接源于实验生理学。

16. 19 世纪末 20 世纪初是心理学中派别纷争的时期。重要学派有构造主义、机能主义、行为主义、格式塔心理学和精神分析学派等。不同学派在心理学的研究对象、研究领域和研究方法上都有一定的分歧。它们对现代心理学的发展都起了作用。

17. 20 世纪 50 年代以后，心理学各派别间出现了相互吸收、相互补充的新局面。当代心理学发展的重要的研究取向涉及生理心理学、认知心理学、人本主义、积极心理学和进化心理学等。

18. 认知心理学与神经科学的结合产生了认知神经科学，它主要研究认知功能的脑机制等。

19. 进入 21 世纪后，中国心理学进入快速发展的阶段，心理学被列为国家重点发展的学科之一。

思考题

1. 心理学的研究对象是什么？人的心理现象包括哪些方面？

2. 心理与行为、意识与无意识的关系怎样？

3. 心理学的基本任务是什么？研究心理学有什么重要的理论和实践意义？

4. 为什么说心理学是一门交叉学科？如何评价心理学在科学的大家庭中的地位？

5. 一位心理学家应该具备哪些素质？

6. 心理学主要有哪些学科分支？它们在人类生活中有什么作用？

7. 心理学主要有哪些研究方法？这些方法的特点是什么？在学过本章之后，你对"心理学是一门实验科学"有什么新的认识？

8. 什么叫自变量、因变量和混淆变量？实验中如何控制混淆变量对结果的影响？

9. 请举例说明因果关系与相关关系的区别和联系。

10. 研究中要遵守哪些伦理道德准则？为什么要制定这些准则？

11. 近代自然科学在心理学的诞生中起了什么作用？

12. 现代心理学的主要派别有哪些？试比较它们在研究对象、研究方法和研究领域等方面的特点。

13. 什么叫实验性内省？如何评价？

14. 认知神经科学主要研究哪些问题？它在当代心理学的发展中处于什么地位？

15. 积极心理学的特点是什么？如何评价？

第二章
心理与行为的脑神经基础

　　1953 年，一位 27 岁的癫痫患者在医生的建议下接受了脑部手术。医生判断导致他癫痫的脑组织在双侧海马附近，所以对该部位进行了切除。手术看起来很成功，癫痫得到了很好的控制。但是，人们很快就发现了一个意想不到的手术后果，该患者无法记住刚刚发生的事情。之后，研究者对这位患者进行了长达 50 多年的研究，得到了许多重要的结论，包括短时记忆系统和长时记忆系统相互分离，海马在由短时记忆转化成长时记忆的过程中发挥着关键作用等。通过此案例可以看出，

心理、行为与脑有紧密的关联。现在人们普遍认为，心理是神经系统的功能，特别是脑的功能。近 30 年来，随着神经科学、认知科学、电生理学和生物化学等学科的飞速发展，以及各种现代技术的突飞猛进，人们对神经系统的结构与功能有了许多崭新的认识，这对现代心理学的发展产生了深刻影响。本章将简要介绍神经系统的一般性知识，包括神经元的构造和神经兴奋传递的特点、神经系统的结构和功能、脑和行为的关系与脑功能理论，以及神经系统的进化与脑的可塑性。

第一节　神经元

人脑大约由 860 亿个神经元（neuron）和 10 倍于神经元数量的神经胶质细胞（neuroglia cell）组成。神经元也称神经细胞，是神经系统结构和机能的基本单位，它的基本作用是接收和传送信息。神经胶质细胞主要起隔离、支持神经元的作用。

一、神经元和神经胶质细胞

（一）神经元

神经元是具有细长突起的细胞，由胞体（cell body）、树突（dendrite）和轴突（axon）三个部分组成（见图 2-1）。不同神经元的胞体的形态和大小有很大的差别，有圆形、锤体形、梭形和星形等几种。胞体最外层是细胞膜，内含细胞核和细胞质（cytoplasm）。细胞质介于细胞膜与细胞核之间，是一种透明的胶状物。细胞质中有维持细胞正常生理功能的各种具有特定形态的细微结构，被统称为细胞器。

树突较短，长度只有几百微米（1 微米 =1/1000 毫米），形状就像树的分枝，其作用类似于电视的接收天线，负责接收刺激，并将神经冲动传向胞体。轴突的长度差异很大，从几百微米到 1 米不等。通常每个神经元只有一个轴突。在轴突主干上有时分出许多侧枝，与其他神经元相联系。轴突的作用是将神经冲动从胞体传出，到达与它联系的其他细胞。轴突通常比较细长，呈纤维状，所以又称神经纤维。

神经元有各种不同的形态（见图 2-2）。神经元的轴突和树突被统称为突起，按突起的数目，神经元可以分为单极细胞、双极细胞和多极细胞。单极细胞只有一个突起，双极细胞有两个突起，多极

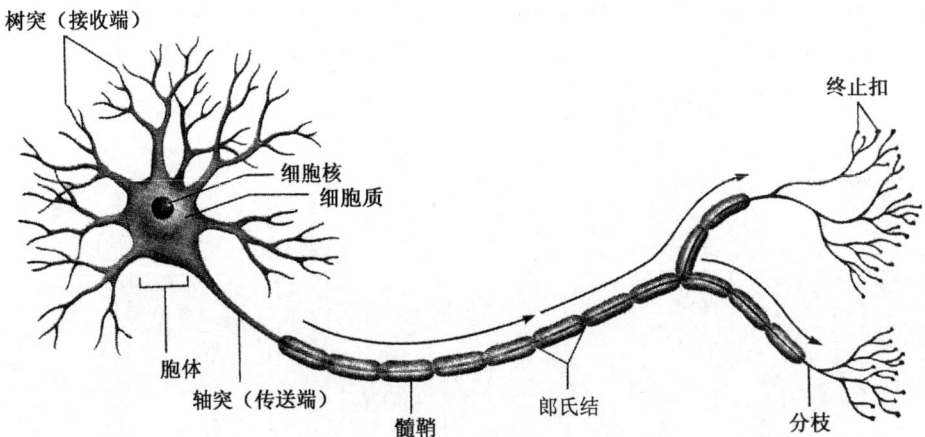

图 2-1　神经元的结构

（资料来源：Atkinson，Atkinson，& Hilgard，1983）

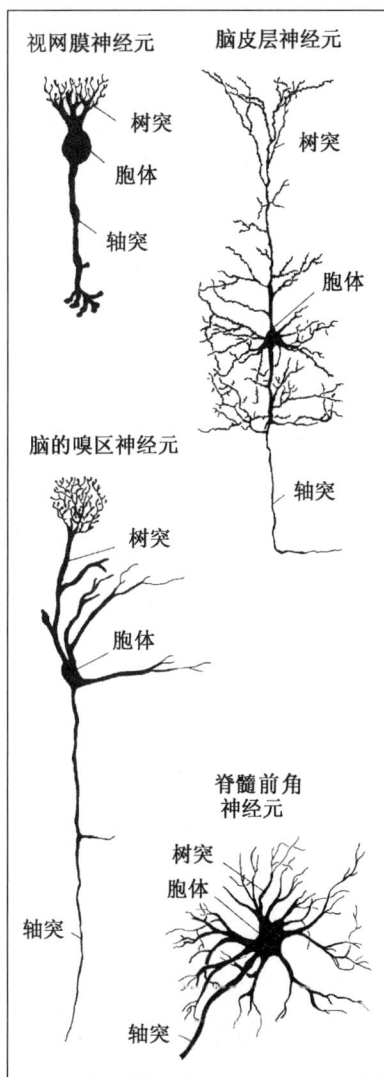

图 2-2　神经元的形态

（资料来源：Atkinson et al.，1983）

细胞则有两个以上的突起，人脑中的神经元主要是多极细胞。神经元按功能可以分为感觉神经元（传入神经元）、运动神经元（传出神经元）和中间神经元。感觉神经元收集和传导身体内外的刺激，到达脊髓和大脑。运动神经元将脊髓和大脑发出的信息传到肌肉、腺体，支配效应器官的活动。中间神经元介于前两者之间，起联络作用。

（二）神经胶质细胞

神经元与神经元之间有大量神经胶质细胞，为神经元提供支持和保护等。

首先，它为神经元的生长提供了线路，就像葡萄架引导着葡萄藤的生长一样。在发育的后期，它为成熟的神经元提供了支架，并在脑细胞受到损伤时，帮助其恢复。

其次，它在神经元周围形成绝缘层，使神经冲动得以快速传递。这种绝缘层叫髓鞘（myelin sheath），由某些特异化的神经胶质细胞组成。这些细胞在个体出生后不久，就在具有长轴突的神经元周围覆盖起来。髓鞘有绝缘的作用，能防止神经冲动从一个轴突扩散到另一个轴突。在个体发育的过程中，神经纤维的髓鞘化是行为分化的重要条件。髓鞘受到损害可引发复视、震颤、麻痹等鞘膜性疾病。

最后，它给神经元输送营养，清除神经元之间过多的神经递质。血脑屏障（blood-brain barrier）就是由神经胶质细胞与毛细血管壁构成的，能够阻止某些有害物质由血液进入脑组织。

学术争鸣

成人的大脑还会产生新神经元吗

一直以来，关于人类大脑，神经科学界倾向于认为成人大脑不会再产生新的神经元。但是许多研究在成年啮齿动物（如老鼠）的大脑中发现了新细胞，观察到的新细胞绝大多数是在海马中产生的，它们的数量可观，估计每天 5000 个（Cameron et al., 1993；Gould et al., 1999；Shors, 2004）。

在一项研究中，来自美国和瑞典的研究者以癌症晚期患者为被试，对这些患者采用溴脱氧尿苷（Bromodeoxyuridine，BrdU）来标记和识别神经元中合成的胸苷。在患者去世后，科学家对他进行了大脑组织学检查，在尾状核脑室下区以及海马齿状回的颗粒细胞层中发现了被 BrdU 标记的神经元（Eriksson et al., 1998）。研究结果说明，成人的大脑也可能有新的神经元产生，换句话说，人的大脑一生都在自我更新。

（资料来源：加扎尼加，伊夫里，曼根，2011）

知识应用

髓鞘与疾病

多发性硬化（multiple sclerosis，MS）是神经疾病中的一种，病因是中枢神经系统或周围神经系统（或两者同时）内轴突周围的髓鞘特异性受到损伤，目前尚没有完全了解其机制，可能是某种针对髓鞘本身分子的自身免疫反应。

髓鞘破坏的程度决定了患者的病情是轻微的还是严重的，神经元轴突发生脱髓鞘病变的位置决定了患者的临床症状。如果病变发生在视觉通路，患者就可能会出现视觉问题；如果周围神经出现脱髓鞘病变，患者就可能会出现感觉、肌肉控制和力量的缺失，走路踉踉跄跄或跌倒；如果病变发生在涉及大脑高级功能的大脑皮质连接区域的白质束，患者就可能会出现认知和人格的改变。

（资料来源：加扎尼加，伊夫里，曼根，2011）

二、神经冲动的传导

神经元是通过接收和传递神经冲动来进行信息交换的。我们先讨论什么是神经冲动，再讨论神经冲动传导的两种重要方式：神经细胞内的电传导和神经细胞间的化学传导。

（一）什么叫神经冲动

冲动性是神经和其他兴奋组织（如肌肉、腺体）的重要特性。当一定强度的外界刺激（包括机械刺激、热刺激、化学刺激和电刺激等）作用于神经元时，神经元会由静息状态转化为活动状态，这就是神经冲动（nerve impulse）。用两根微电极，一根插入神经元的轴突，另一根与神经元的细胞膜相连，就像接通电池的正负极一样，可以测量到神经细胞内外的电活动（见图2-3）。结果发现，轴突内的电压为负，轴突外的电压为正，两者相差约70毫伏。这种当神经元处于静息状态时测到的电位差，叫作静息电位（resting

potential）。

静息电位是怎样产生的？一般认为，它的产生与神经元细胞膜的特性有关，也与细胞内外的一些化学物质有关。神经元细胞膜内外存在大量的离子（ion），带有负电荷或正电荷。离子在膜内外有不同的分布。膜外主要是带正电荷的钠离子（Na^+）和带负电荷的氯离子（Cl^-），而膜内主要是带正电荷的钾离子（K^+）和带负电荷的大分子有机物。离子在细胞膜内外的出入是通过所谓离子通道（ion channel）实现的。离子通道具有特异性，能够让一些离子通过，而不让另一些离子通过。因此，细胞膜对离子具有不同的通透性。在静息状态下，细胞膜对钾离子有较好的通透性，对钠离子的通透性很差，其结果是钾离子经过离子通道外流，而钠离子则被挡在膜外，致使膜内外出现电位差，膜内电压比膜外电压约低70毫伏，这就是静息电位。

当神经元受到刺激时，情况又会怎样呢？这时细胞膜的通透性迅速发生变化，

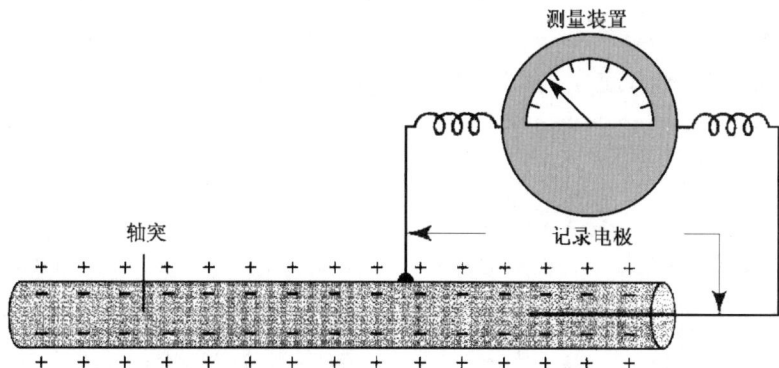

图2-3 神经元内电流的测定

（资料来源：Carlson，1986）

钠离子通道临时打开，带正电荷的钠离子被泵入细胞膜内部，使膜内正电荷迅速上升，并高于膜外电位。这一电位变化过程叫动作电位（action potential）（见图 2-4）。对动作电位来说，钠离子快速运动的作用特别大。动作电位是神经受刺激时的电位变化，代表神经的兴奋状态。

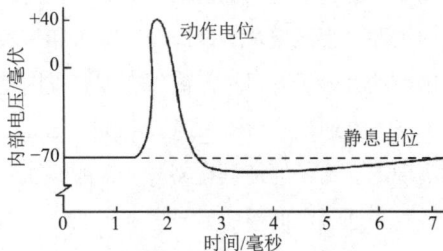

图 2-4　动作电位

（资料来源：Hodgkin & Huxleg，1939）

动作电位与静息电位是交替出现的。紧接着动作电位之后，细胞膜又恢复稳定，它关闭离子通道，泵出过剩的钠离子，使自己重新稳定下来，并恢复到 -70 毫伏的状态。

在单位时间内，产生动作电位的次数被称为动作电位的发放频率。一般来说，刺激强度越强，动作电位的发放频率越高。因此，在一定程度上，刺激强度可以通过动作电位的发放频率进行编码。但是，动作电位的发放频率不能无限增加，因为当动作电位被诱发后，神经元会有一小段时间对刺激停止反应，被称为不应期。开始一段时间对任何强度的刺激都停止反应，被称为绝对不应期；随后只对小强度的刺激停止反应，表现为诱发动作电位的刺激阈限提升，被称为相对不应期。

不应期现象与细胞膜内外的钠离子状态有密切的关系。

（二）神经冲动的电传导

神经冲动的电传导是指神经冲动在同一细胞内的传导。神经冲动沿着神经的运动，跟电流在导线内的运动不同。电流按光速运动，每秒 30 万千米，而人体内神经冲动每小时的运行速度只有 3.2~320 千米。

神经冲动的传导与动作电位的产生有密切的联系。当动作电位产生时，神经纤维局部就会出现电位变化，细胞膜外由正电位变为负电位，而膜内由负电位变为正电位。但是，邻近未受刺激的部位，膜外仍为正电位，膜内仍为负电位。这样，在细胞膜外，兴奋部位与静息部位之间便出现了电位差，于是就产生了由未兴奋部位的正电荷向兴奋部位的负电荷的电流。同样，膜内兴奋部位与静息部位之间也出现了电位差，产生了相反方向的电流，构成了一个电流的回路，被称为局部电流。这种局部电流使邻近未兴奋部位的细胞膜的通透性发生变化，并产生动作电位。这种作用反复进行下去，就使兴奋从一处传向另一处。神经冲动的这种传导被称为电传导（见图 2-5）。

神经冲动的传导服从全或无法则（all or none principle），即神经冲动要么发生，要么不发生。也就是说，当刺激强度达到诱发神经冲动的阈限时，就会导致一个完全的神经冲动的发生，但更高的刺激强度并不会引起更强的神经冲动。而达不到阈限，神经冲动就不会发生。这一特点的好处是，神经元反应的强弱不会随外界刺激的强弱而改变，因而使信息在传递途中不会变得越来越微弱。就像鞭炮的引火线一样，一段一段地燃烧下去，不依赖发火物火力的大小。

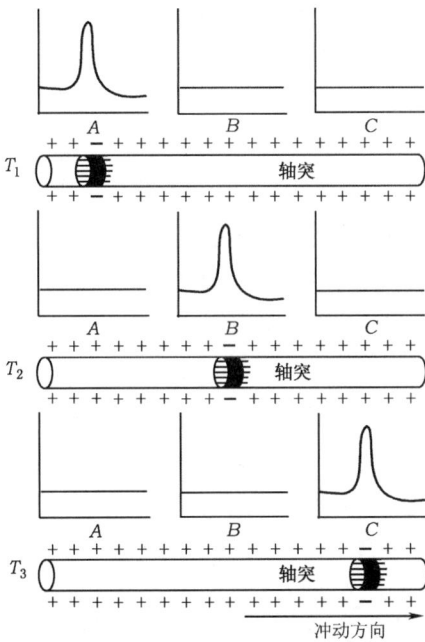

图 2-5 神经冲动的电传导

（资料来源：Carlson，1986）

（三）神经冲动的化学传导

一个神经元不能单独执行神经系统的机能。各个神经元必须相互联系，构成简单或复杂的神经回路，才能实现其生理机能。对脊椎动物来说，神经元之间在结构上没有细胞质相连，仅相互接触。一个神经元与另一个神经元彼此接触的部位，叫突触（synapse）。

1. 突触的结构

突触具有特殊的细微结构。在电子显微镜下进行观察，可以看到突触包括三个部分，即突触前成分、突触间隙和突触后成分（见图 2-6）。突触前成分指轴突末梢的球形小体，其中包含许多突触小泡（synaptic vesicle），它是神经递质的存储场所。球形小体前方的质膜叫突触前膜，而神经递质就是通过它释放出去的。突触间隙，即狭义的突触，其间隔约 200 埃（1 埃 $=10^{-8}$ 厘米）。突触后成分指邻近神经元的树突末梢或胞体上的一定部位，通过突触后膜与外界相联系。突触后成分含有特殊的分子受体。突触的这种结构保证了神经冲动能够从一个神经元传递到与它相邻的另一个神经元。

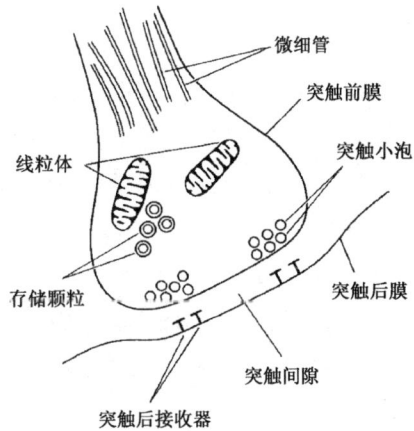

图 2-6 突触的结构

（资料来源：Bloom，Lazerson，& Hofstadter，1988）

2. 神经冲动的化学传导

神经冲动在突触间的传递是借助神经递质来完成的。当神经冲动到达轴突末梢时，有些突触小泡突然破裂，并通过突触前膜的张口处将存储的神经递质释放出来。神经递质在经过突触间隙后就迅速作用于突触后膜，并激发突触后神经元内的分子受体（receptor）（另一种化学物质），从而打开或关掉膜内的某些离子通道，改变膜的通透性，并引起突触后神经元的电位变化，实现神经兴奋的传递。这种以化学物质为媒介的突触传递是脑内神经元信号传递的主要方式。

神经递质在使用之后并未被破坏。它借助离子泵从受体中被排出，又回到轴突末梢，重新被包装成突触小泡，再重复得到利用。

突触有兴奋性突触和抑制性突触两种。兴奋性突触是指突触前神经元兴奋时，由突触小泡释放出具有兴奋作用的神经递质，如乙酰胆碱（acetylcholine，ACh）、去甲肾上腺素（norepinephrine）等。这些递质可使突触后神经元产生兴奋。某些抑制乙酰胆碱释放的药物能引起致命性的肌肉瘫痪。例如，南美印第安人使用的箭毒（curare），由于占据了受体的位置，妨碍了乙酰胆碱的活动，因此能使人瘫痪。抑制性突触是指突触前神经元兴奋时，由突触小泡释放出具有抑制作用的神经递质，如甘氨酸等，从而显示抑制性的效应。

三、神经回路

据估计，一个脊髓前角的运动神经元的胞体有 2000 个突触，大脑皮层每个神经细胞有 30000 个突触。神经元与神经元通过突触建立联系，并构成简单或复杂的神经回路（nerve circuit）。在通常情况下，神经回路是脑内信息处理的基本结构。由少量神经元组成的相对简单的神经回路被称为微回路，这是脑进行信息加工的主要场所。我们后面将要讨论的许多脑结构就是由这种微回路组成的。

一种简单而特殊的神经回路是反射弧（reflex arc）。反射弧一般由感受器、传入神经、神经系统的中枢部位、传出神经和效应器五个基本部分组成。从图 2-7 中可以看到，一定的刺激作用于相应的感受器，使感受器产生兴奋。兴奋以神经冲动的方式经传入神经传向中枢部位，经过中枢部位的加工，又沿着传出神经到达效应器，并支配效应器的活动。神经元的连接方式除了一对一的连接之外，还有以下三种典型的方式，即发散式、聚合式和环

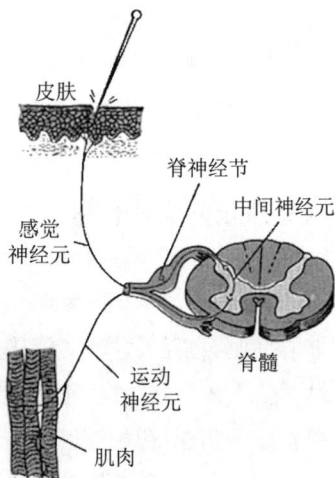

图 2-7　反射弧

（资料来源：Hilgard，1987）

式（见图2-8）。在发散式连接中，一个神经元的轴突通过它的末梢分支与许多神经元（胞体或树突）发生突触联系，这种联系使一个神经元的活动有可能引起许多神经元的同时性兴奋或抑制。在聚合式连接中，许多神经元的神经末梢共同与一个神经元发生突触联系。这样，同一个神经元可以接受许多其他神经元的影响，这些神经元可能都是抑制的，也可能都是兴奋的，或一部分是抑制的，另一部分是兴奋的。它们聚合起来共同决定突触后神经元的状态。它表现了神经兴奋在空间和时间上的整合作用。在环式连接中，一个神经元发出的神经冲动经过几个中间神经元，又回到原发冲动的神经元，使神经冲动在这个回路内可以往返持续一段时间。

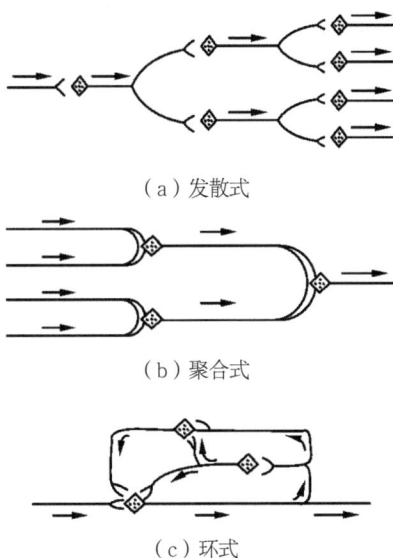

（a）发散式

（b）聚合式

（c）环式

图2-8　神经元的连接方式

第二节　神经系统

神经系统指由神经元相互联系构成的一个异常复杂的机能系统。按照结构和功能的不同，神经系统可以分为中枢神经系统（central nervous system，CNS）和周围神经系统（peripheral nervous system，PNS）两个部分（见图2-9）。中枢神经系统包括脑和脊髓。脑在颅腔内，脊髓在脊椎管中。周围神经系统包括躯体神经系统和自主神经系统，负责联系中枢神经系统和身体。躯体神经系统包括12对脑神经和31对脊神经；自主神经系统包括交感神经系统和副交感神经系统。

一、脑的结构和功能

脑包括大脑、边缘系统、间脑、脑干、小脑等几个部分。下面分别对这些部分进行介绍。

（一）大脑

1. 大脑的结构

人的大脑分左右两半球，体积占中枢神经系统总体积的一半以上，重量约为脑总重量的60%。在物种进化中，大脑

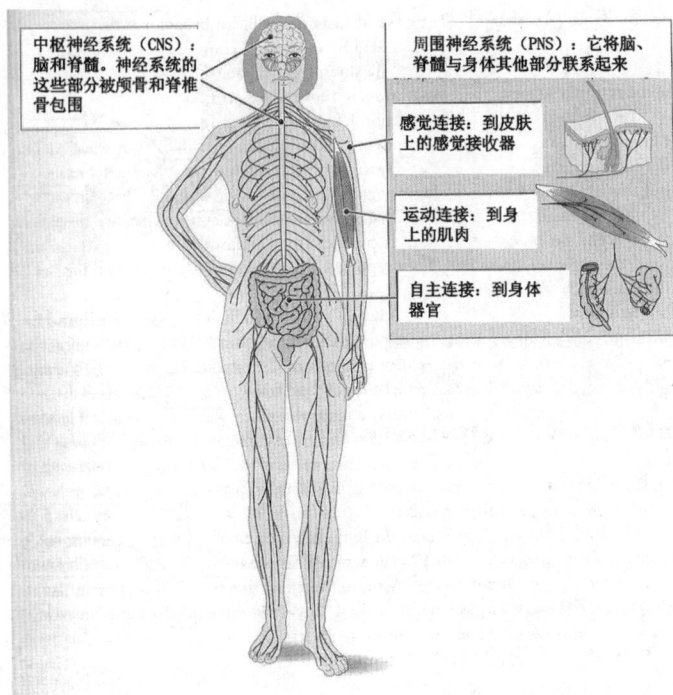

图 2-9　神经系统全图

（资料来源：Kolb & Whishaw，2001）

比脑干出现得晚，是各种心理活动的主要中枢。

　　大脑半球的表面布满深浅不同的沟或裂。沟裂间隆起的部分被称为脑回（gyrus）。大脑外表面有三条大的沟或裂，即中央沟（central sulcus）、外侧裂和顶枕裂，这些沟或裂将半球分为额叶、顶叶、枕叶和颞叶等几个区域。在每一种叶内，一些较细小的沟或裂又将大脑表面分成许多回或小叶，如额叶的额上回、额中回、额下回和中央前回，颞叶的颞上回、颞中回和颞下回，顶叶的中央后回、顶上小叶和顶下小叶，位于顶叶、颞叶、枕叶交界处的角回等（见图 2-10）。

　　大脑半球的表面由大量神经细胞、神经纤维（树突、无髓鞘轴突和有髓鞘轴突）、神经胶质细胞（星形胶质细胞和少突胶质细胞）和毛细血管覆盖着，呈灰色，叫灰质（gray matter），也就是大脑皮层（cerebral cortex），它的总面积约为 2200 平方厘米。皮层的厚薄不一，中央前回最厚，约 4.5 毫米；大脑后端的距状裂最薄，约 1.5 毫米。皮层从外到内分为六层：分子层、外颗粒层、锥体细胞层、内颗粒层、节细胞层、多形细胞层。它们由不同类型的神经细胞组成，其中颗粒细胞接收感觉信号，锥体细胞传递运动信息。

　　大脑半球内面由大量神经纤维的髓质组成，叫白质。它负责大脑回间、叶间、

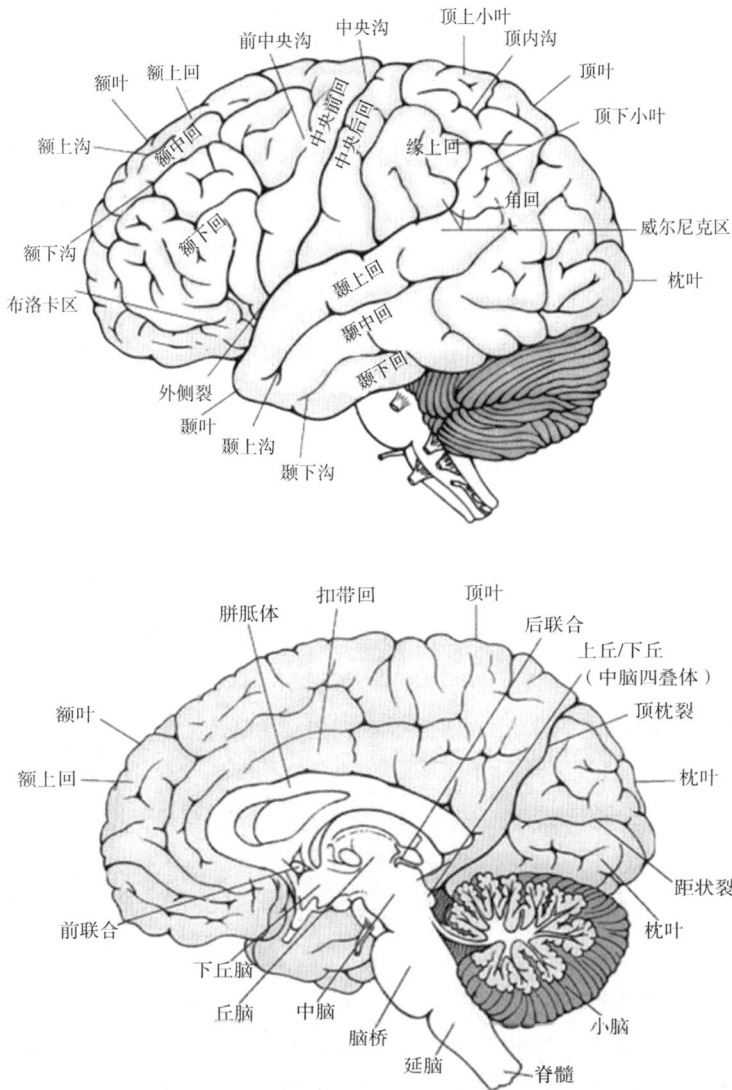

图 2-10　大脑皮层不同脑区的位置（上图为外侧面，下图为内侧面）

两半球间及皮层与皮下组织间的联系。其中特别重要的横行联络纤维叫胼胝体（corpus callosum），位于大脑半球底部，对两半球的协同活动有重要作用。

2. 大脑皮层的机能分区

大脑皮层的机能分区的思想开始于19世纪欧洲的一批颅相学家。他们根据头部的隆起部位确定一个人的人格和智力，认为脑的不同部位负责不同的心理官能。之后，生理学家和医生们对此进行了广泛、深入的研究，提出了不同的设想。其中德国解剖学家布鲁德曼（Brodmann，

1909）根据神经元的细胞结构和组织将大脑分为52个区，被称为布鲁德曼分区（Brodmann area，BA），现在仍被广泛应用于科研和临床实践。根据前人的研究成果，可以把大脑皮层分为以下几个机能区域。

（1）初级感觉区

初级感觉区主要包括初级视觉区、初级听觉区和躯体感觉区。它们分别接收来自眼睛的光刺激、来自耳朵的声音刺激、来自躯体皮肤和内脏的各种刺激等。它们是接收和初步加工外界信息的区域。

初级视觉区（visual area）位于顶枕裂后面的枕叶纹状区，属于BA17，又称V1区。在光刺激的作用下，由眼睛视网膜产生的神经冲动经视神经投射到初级视觉区，产生初级形式的视觉，如对光的觉察等。若大脑两半球的视觉区被破坏，即使眼睛的功能正常，人也将完全丧失视觉而成为全盲。

初级听觉区（auditory area）在颞叶的颞横回处，属于BA41、BA42，接收在声音的作用下由耳朵传入的神经冲动，产生初级形式的听觉，如对声音的觉察等。若大脑两半球的听觉区被破坏，即使耳朵的功能正常，人也将完全丧失听觉而成为全聋。

躯体感觉区（somato-sensory area）位于中央沟后面的一条狭长区域内，即中央后回，属于BA1、BA2、BA3。它接收由皮肤、肌肉和内脏器官传入的感觉信号，产生触压觉、温度觉、痛觉、运动觉和内脏感觉等。躯干、四肢在体感区的投射关系是左右交叉、上下倒置的。来自躯体左侧的感觉信息被传到大脑右侧半球；来自躯体右侧的感觉信息被传到大脑左侧半球。中央后回最上端的细胞主宰下肢和躯干部位的感觉，由上往下的另一些区域主宰上肢的感觉。头部在感觉区的投射是正立的，即鼻、脸部位投射在上方，唇、舌部位投射在下方等。身体各部位投射面积的大小取决于它们在机能方面的重要程度。例如，手、舌、唇在人类生活中有重要作用，因而在躯体感觉区的投射面积就较大。

（2）初级运动区

中央沟前面的脑回为中央前回。中央前回，即BA4，被称为躯体运动区，即初级运动区，简称运动区（motor area）。它的主要功能是发出动作指令，支配和调节身体在空间的位置、姿势及身体各部分的运动。运动区与躯干、四肢运动的关系也是左右交叉、上下倒置的。即大脑左侧运动区支配右侧躯体的运动，右侧运动区支配左侧躯体的运动。中央前回最上部的细胞与下肢肌肉的运动有关，其余细胞与上肢肌肉的运动有关。运动区和头部运动的关系是正立的，即上部的细胞与额、眼睑和眼球的运动有关，下部的细胞与舌和吞咽的运动有关。同样，身体各部位在运动区的投射面积不取决于各部位的实际大小，而取决于它们在功能上的重要程度。功能重要的部位在运动区所占的面积较大（见图2-11）。

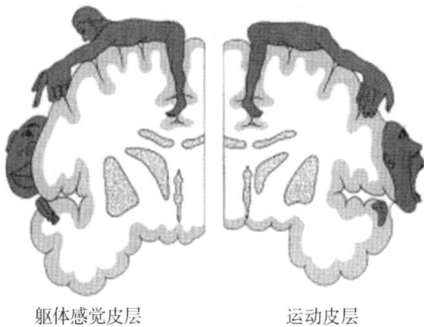

图 2-11　躯体感觉皮层和运动皮层示意图

注：图代表了与身体不同部位相关的皮层区的相
对大小

（资料来源：Dember et al.，1984）

（3）联合区

人类的大脑皮层除了上述有明显不同机能的区域之外，还有范围很广、具有整合或联合功能的一些脑区，称联合区（association area）。联合区不接收任何感觉系统的直接输入，从这个脑区发出的纤维也很少直接投射到脊髓支配身体各部分的运动。

从系统发生上来看，联合区是大脑皮层上进化较晚的一些脑区。它和各种高级心理机能有密切关系。动物的进化水平越高，联合区在皮层上所占的面积就越大。低等哺乳动物（如老鼠）的联合区在皮层总面积中占的比例很小，而人类大脑皮层的联合区却占 4/5 左右，比感觉区和运动区要大得多。

依据在皮层上的分布和功能，联合区可分为感觉联合区、运动联合区和前额联合区（见图 2-12）。

感觉联合区是指与初级感觉区邻近的广大脑区。它从初级感觉区接收大部分输入信息，并对感觉信息进行进一步处理。感觉联合区受损将引起各种形式的失认症。例如，BA18、BA19 是视觉联合区，这个区域受损，个体会出现视觉失认症，即患者能看见光线，视敏度正常，但丧失了认识和区别不同形状的能力，或者他能看见物体，但不能称呼它，也不知道它有

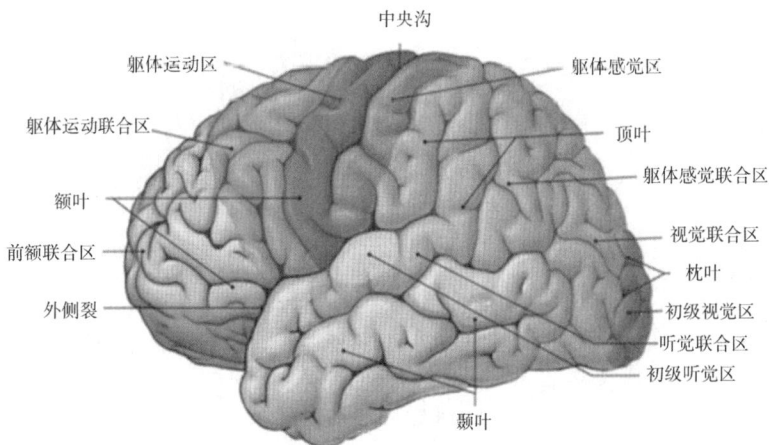

图 2-12　初级感觉区、初级运动区及联合区示意图

（资料来源：Martini，Timmons，& Tallitsch，2009）

什么用处。

运动联合区位于初级运动区的前方，负责精细的运动和活动的协调。运动联合区受损的提琴家能够正确地移动他的每个手指，正确完成演奏时的各种基本动作，但不能完成一段乐曲，不能演奏一个音阶，甚至不能有韵律地弹动自己的手指。

前额联合区（见图2-13）位于初级运动区和运动联合区的前方。通过额叶切除手术发现，该联合区可能与动机的产生、行为程序的制定及维持稳定的注意有密切关系。曾有一个名叫盖奇的工人，其前额叶因一次意外事故被钢管砸穿，导致其人格特征发生改变，说明前额联合区还与人格有关。用猴子进行的延缓反应实验发现，前额联合区未受到损伤的猴子能对延缓后的刺激做出正确反应，而前额联合区受到损伤的动物对延缓刺激不能做出正确反应，说明前额联合区与记忆有关。脑成像研究也发现，前额联合区与人类的各种高级认知活动，如工作记忆、思维、决策和各种复杂行为等有密切关系，在很多认知任务中都会被激活，包括问题解决、记忆提取、注意分配等（Ramnani & Owen，2004）。

根据其组织结构和功能的差异，前额联合区可以进一步区分为背外侧前额皮层、背内侧前额皮层、腹外侧前额皮层、腹内侧前额皮层和眶额皮层（Carlén，2017）。其中背外侧前额皮层与执行功能、工作记忆等有密切关系。背内侧前额皮层与"自我"的加工有关（Meares，2012）。腹外侧前额皮层左右两侧的功能存在差异（Levy & Wagner，2004），左侧腹外侧前额皮层在语言加工中有重要作用，右侧腹外侧前额皮层与运动抑制有关，而腹内侧前额皮层及眶额皮层与情绪调节有关。

语言是联合区的重要功能，与许多脑

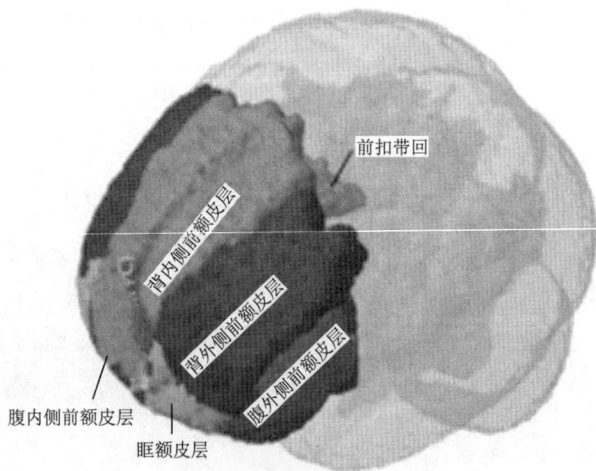

与脑区位置有关的一些名词

执行功能的含义和成分

图2-13　前额联合区的不同分区

（资料来源：Carlén，2017）

区有关。不同区域的损伤将引起不同形式的失语症。在左侧腹外侧前额皮层的后下方靠近外侧裂处，有一个言语运动区，即布洛卡区（Broca's area），它通过邻近的运动区控制说话时的舌头和颚的运动。这个区域受损会引发布洛卡失语症或运动性失语症。这类患者说话不流利，话语中常常遗漏功能词，因而形成"电报式"语言。在颞叶上方靠近顶叶处，有一个言语听觉中枢，与理解口头言语有关，被称为威尔尼克区（Wernicke's area）。这个区域受损会引发威尔尼克失语症或感觉性失语症，即患者不理解口语单词，不能重复他刚刚听过的句子，也不能完成听写任务。在顶叶、颞叶、枕叶交界处的角回与视觉词汇加工有密切关系，这个区域受损会使个体出现理解书面语言的障碍，患者看不懂文字材料，产生视觉失语症或失读症。

用脑成像技术进行的一项早期研究证实，看单词能引起大脑左半球枕叶的激活，产生动词（verb generation）能引起左半球额下回和颞中回的激活，听单词能引起威尔尼克区的激活，而说单词能引起前额叶的激活（见图 2-14 及书前彩图），这进一步揭示了语言加工的不同成分与大脑不同部位的密切关系。

3. 大脑两半球的一侧优势

初看起来，脑的两半球非常相似，但实际上，两半球在结构和功能上都有明显的差异。从结构上说，人的大脑右半球略大和重于左半球，但左半球的灰质多于右半球；左右半球的颞叶具有明显的不对称性，左侧颞平面比右侧颞平面要大，而赫氏回则是右侧比左侧大；颞叶的不对称性是与丘脑的不对称性相关的；左侧布洛卡区与右侧对应位置的结构也不同；各种神经递质（包括乙酰胆碱、多巴胺和去甲肾上腺素）的分布比率，在左右半球也是不平衡的（Kolb & Whishaw, 2008）。

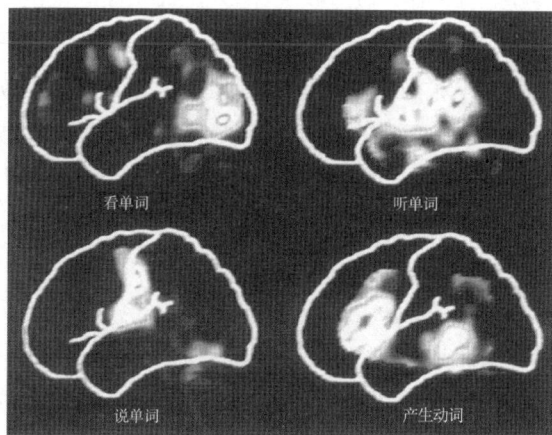

图 2-14　在不同语言任务中不同脑区的激活

（资料来源：Posner，1988）

普通心理学

"指桑骂槐"与镜像系统

"指桑骂槐"的意思是指着桑树数落槐树,比喻表面上指责这个人,实际上在指责那个人。"指桑骂槐"之所以有效,是因为在别人指责他人的时候,我们会自动对号入座,认为是在指责我们。这其实和我们大脑中的镜像神经元(mirror neurons)有关系。

镜像神经元是大脑皮层中的一种特殊感觉——运动神经元,最早在灵长类动物(恒河猴)的外侧前额叶和顶下小叶处被发现。这种神经元在个体操作一个指向特定目标的动作(如抓取食物)时,以及在观察其他个体操作同样或类似的动作时被激活,表现出电生理效应(Kilner & Lemon,2013)。

通过脑成像技术,神经科学家确定了人类大脑皮层存在具有相同或类似功能的脑区,被称为镜像系统(mirror system)。镜像系统是一个分布式的神经元网络,不仅能对个体自己的动作做出反应,而且能对知觉到的动作做出反应。例如,在你拿起铅笔和看到别人拿起铅笔时,镜像系统都有反应。

镜像神经元让我们对别人经历的事情能感同身受,我们也可以据此推断他人的想法,解读他人的需求和意图。

(资料来源:Kilner & Lemon,2013)

从功能上说,在正常情况下,大脑两半球是协同活动的。进入大脑一侧的信息会迅速地经过胼胝体传达到另一侧,做出统一的反应。近 50 年来,割裂脑(split brain)的研究揭示了大脑两半球在切断胼胝体的情况下是如何工作的。切断胼胝体是为了防止癫痫病的恶化,使病变不会由脑的一侧蔓延到另一侧。由于胼胝体被切断,两半球的功能也被人为地分开了。每个半球只对来自身体对侧的刺激做出反应,并调节对侧身体的运动。这样,人们就有可能单独研究两半球的不同功能(Sperry,1974)。

在研究中,一名进行过割裂脑手术的男性被试坐在屏幕前面,屏幕挡住了被试的视线,使他看不见自己的手和面前的物体(见图 2-15a)。他的视线注视着屏幕中央的一个点,然后在屏幕的左侧快速闪现一个单词"nut"(螺母)。这时词的视觉形象将投射到右半球。结果发现,被试用左手很容易从看不见的物体中把螺母拿出来,但不能说出在屏幕上短暂呈现的单词是什么,因为语言是由左半球控制的,而螺母的视觉形象没有传送到左半球。当询问被试时,他似乎没有觉察到左手在做什么。图 2-15b 显示了另一种测验情景。在屏幕上快速呈现单词"hatband",使"hat"投射到右半球,"band"投射到左半球。

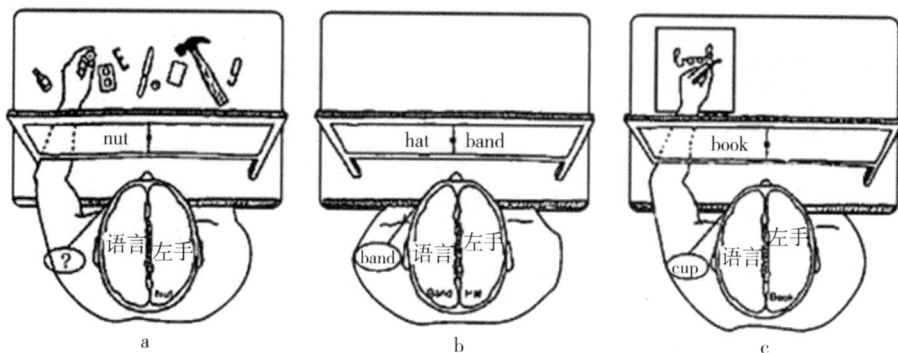

图 2-15 割裂脑的研究

（资料来源：Gazzaniga，1967）

当被问及看到了什么单词时，被试回答说"band"；当被问及是什么样的"band"时，他只是猜测说"rubber band""rock band"等。可见，由右半球知觉到的"hat"并没有传送到左半球中。如果将被试的双眼蒙上，并把一些熟悉的物体（如梳子、牙刷）放在被试的左手，他知道手上的东西是什么，并能用手势表示出来，但不能用言语进行表达。如果在他摆弄物体时问他在做什么，他什么也说不出来。在图2-15c中，先给割裂脑患者呈现一些常见的单词，如 knife，cup，book 等，由于单词呈现的时间较长，患者可以眼动，这些单词被投射到了两半球。然后在左侧视野闪现其中的一个单词，如"book"，由于呈现速度很快，患者来不及眼动，左侧视野的信息被投射到了右半球。如果让被试写下自己看到的东西，他会用左手写下单词"book"，如果问他左手写了什么，他一无所知，并猜测说"cup"。被试通过自己的书写动作知道自己在书写，但不能说出自己写了什么（Atkinson et al.，1983）。

割裂脑研究说明，两半球可能具有不同的功能。语言功能主要定位于左半球，该半球主要负责语言、阅读、数学运算和逻辑推理等。而知觉物体的空间关系、情绪、欣赏音乐和艺术等则定位于右半球（Gazzaniga，1967）（见图2-16）。

左右脑的功能偏侧化研究在教育领域产生了广泛影响。但是，就像许多科学界的重要发现一样，它们在传播的过程中也出现了"简单化"的情况，引起了某些误解。例如，有人根据割裂脑研究，把人分为左脑型和右脑型，认为左脑型的人主要使用左脑，表现为逻辑和分析思维强；右脑型的人主要使用右脑，表现为创造性和艺术性强。这种说法并不正确。正如心理学家利维（Levy，1985）所说的，事实上，没有一项人类的活动是只用大脑的一个半球来完成的。那只是一种愿望，并不是科学家的客观发现。正常人不会只有半个脑，也不会有两个脑，有的只是一个分化的人脑，脑的每一个半球都具有特定的功能。

应该指出的是，大脑两半球功能的

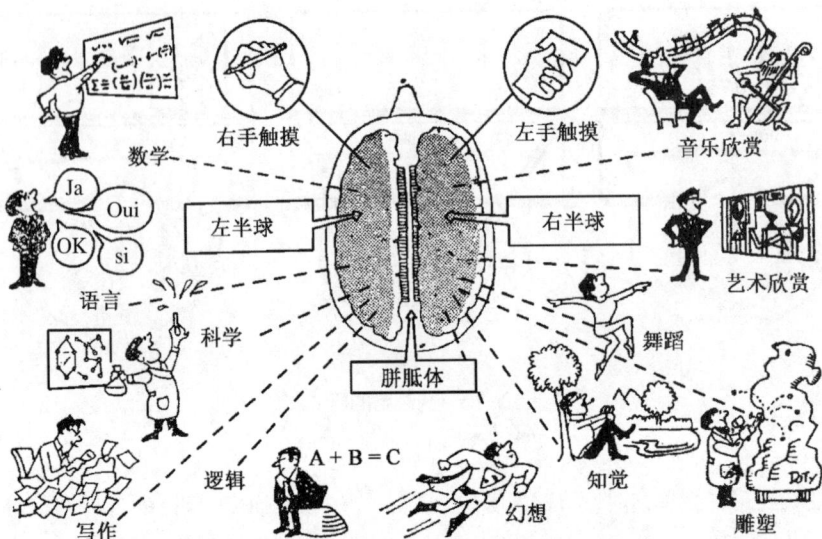

图 2-16　大脑两半球功能的一侧优势

（资料来源：Sperry，1970）

一侧化并不是绝对的。以语言为例，一些研究发现，右半球在语言理解中同样起重要作用。例如，在加工复杂程度不同的句子时，右半球上与左半球经典的语言区对应的部位也会被激活，只是激活的强度低于左半球，只有左半球激活强度的 20%（Just et al.，1996）。

（二）边缘系统

在大脑内侧面最深处的边缘，由扣带回、海马、海马旁回、齿状回等组成一个环状的结构，被称为边缘叶。边缘叶在进化上要早于上述其他大脑皮层。边缘叶连同附近其他大脑皮层（如眶额皮层、岛叶、颞根等）以及一些在功能上密切联系的皮层下组织（如下丘脑、杏仁核、中脑内侧被盖等），共同形成边缘系统（limbic system）（见图 2-17）。

从进化的角度看，边缘系统出现于古哺乳动物，早于其他大脑皮层，其功能非常复杂，包括调节呼吸及内脏反应，处理感觉信息及调节情绪反应等。例如，刺激边缘系统的某些部位，可以调节或改变人或动物的血压的高低、肠胃活动的强弱等。

边缘系统中的海马在记忆功能中起重要作用。海马受损的病人，其空间信息记忆和时间编码功能将受到破坏。他们不能回忆刚看过的东西的位置，也不能回忆刚学过的词的顺序。边缘系统与情绪也有密切关系。表情面孔、彩色情绪图片或情绪词等都能引起边缘系统中杏仁核的显著激活。在边缘系统中，扣带回的作用也受到人们的关注。研究发现，扣带回与多种功能有关（Rolls，2019）。其中扣带回前部与情绪、注意监控等有密切关系。在有意

负激活与默认网络

在早期的脑成像研究中，研究者主要关注某一特定任务下有关脑区的神经活动的增加。神经活动的增加通常会伴随着局部脑组织血流的增加和血氧水平的变化，通常这种脑活动的增加被称为脑激活。脑激活是由任务状态的信号减去对照（基线）状态的信号得到的。

后来研究者开始注意到有一些脑区，包括内侧前额叶，扣带回后部／楔前叶、角回等脑区，在执行认知任务时通常表现为负激活。也就是说，这些脑区在安静时的神经活动竟然比执行认知任务时的神经活动更为强烈。换言之，被试在执行认知任务时，这些脑区的神经活动是下降的。赖希勒等人（2001）提出了大脑功能默认模式的概念，认为当大脑不加工外部输入的信息或不执行认知任务时，会维持一种稳定的默认工作模式或状态。参与这一默认状态的脑区构成了一个脑网络，被称为默认网络（Raichle et al.，2001）。

默认网络到底有什么功能呢？巴克尔等人提出默认网络有两个明显对立的功能——自发认知功能和外部环境监控功能（Bucker et al.，2008）。所谓自发认知功能，是指心理内部活动和过程的自动发生与维持。例如，人在发呆或做白日梦时，心理活动通常不会受到外界刺激的影响，这就是自发认知功能。而外部环境监控功能则是对外部刺激或环境事件的监测和控制。研究发现，默认网络一方面具有支持内部心理活动的属性，另一方面具有监控外部环境以应对无法预料的事件的属性，两者的统一与调和可以有效地整合外部环境和内部资源来使个体适应变化的世界，从而有利于个体更好地生存、决策和计划。

（资料来源：李雨，舒华，2014）

注意时，在执行有冲突的任务或任务难度增加时，扣带回前部都有显著激活。扣带回后部有传出神经投射到海马，在记忆中扮演重要角色。

（三）间脑

大脑两半球的下部有两个鸡蛋形的神经核团，叫丘脑（thalamus）。它的正下方有一个更小的组织，叫下丘脑（hypothalamus），它们共同组成间脑。

丘脑是感觉信息加工的中继站。丘脑后部有内、外侧膝状体，分别接收听神经与视神经传入的信息。除嗅觉外，所有来自外界感官的输入信息都通过丘脑中转再导向大脑皮层，从而产生视、听、触、味等感觉。

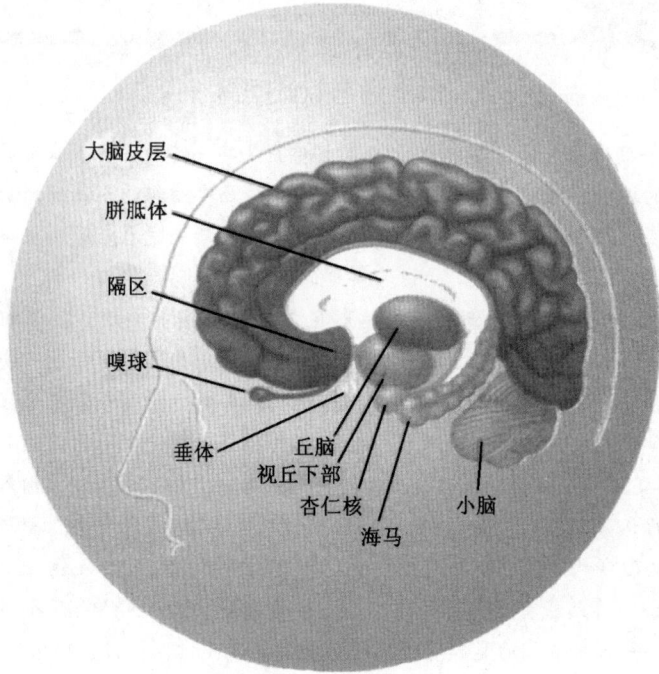

图 2-17　边缘系统

（资料来源：Hamilton，1976）

下丘脑是调节交感神经和副交感神经的主要皮层下中枢，对维持体内平衡、控制内分泌腺的活动有重要意义。例如，下丘脑前部对体温的升高很敏感，可以发动散热机制，使汗腺分泌、血管舒张。相反，下丘脑后部对体温的下降很敏感，有保温、生热机能，使血管收缩、汗腺停止分泌。下丘脑在进食和饮水、性行为、睡眠和觉醒等生理性动机方面发挥着重要作用。同样，下丘脑在情绪产生中也有重要作用。用微弱电流刺激下丘脑的某些部位，可产生快感；而刺激相邻的另一区域，将产生痛苦和不愉快的情绪。

（四）脑干

脑干（brain stem）包括中脑（midbrain）、脑桥（pons）和延脑（medulla）。

中脑位于间脑和脑桥之间。它的形体较小，结构也较简单，主要由顶盖和被盖构成。中脑顶盖位于中脑的背部，由上下两对小丘构成，被称为上丘和下丘。上丘是皮层下视觉反射中枢，下丘是皮层下听觉反射中枢，它们和丘脑、下丘脑是不同的脑组织。中脑被盖在顶盖下部，其中有黑质与红核，它们是运动系统的重要结构，与随意运动有关。例如，黑质损伤，手脚的动作协调将会被破坏，面部表情将显得呆板。

脑桥在中脑的下方，位于中脑与延脑之间，是中枢神经与周围神经之间传递信息的必经之地。它与睡眠、觉醒、做梦等活动有关。

延脑又称延髓，在脑桥的下方，背侧覆盖着小脑，是一个狭长的结构，全长4厘米左右。延脑和机体的基本生命活动有密切关系，支配着呼吸、排泄、吞咽、肠胃等活动，因而又叫"生命中枢"。

在脑干各段的广大区域，有一种由白质与灰质交织混杂的结构，叫网状结构或网状系统（reticular system）。它主要包括中脑部分、脑桥的被盖和延髓的中央部位。网状结构按功能可分为上行网状结构和下行网状结构两个部分。上行网状结构也叫上行激活系统，控制着机体的觉醒或意识状态，与保持大脑皮层的兴奋性、维持注意状态有密切关系。如果上行网状结构被破坏，动物将陷入持续的昏迷状态，不能对刺激做出反应。下行网状结构也叫下行激活系统，对肌肉紧张有兴奋和抑制两种作用，即加强或减弱肌肉的活动状态。

（五）小脑

小脑（cerebellum）在脑干背面，分左右两半球。小脑表面的灰质叫小脑皮层。小脑内面的白质叫髓质。小脑与延脑、脑桥、中脑均有复杂的纤维联系。它的作用主要是协助大脑维持身体的平衡与动作的协调。一些复杂的运动，如签名、走路、舞蹈等，一旦学会，似乎就被编入小脑，并能自动进行。小脑损伤可能会使个体出现痉挛、运动失调，丧失简单的运动能力。小脑在出生前三个月开始发育，出生后一年才完成。一些研究表明，小脑在某些高级认知功能（如阅读）中起重要作用（Gao et al., 1996; Nicolson et al., 1990），小脑功能缺陷还可能会导致口吃、阅读困难等。

二、脊髓

脊髓（spinal cord）是中枢神经系统的低级部位，位于脊椎管内，略呈圆柱形，前后稍扁。它上接延脑，下端终止于一根细长的终丝。

脊髓表面以前后两条纵沟分成对称的两半。从横切面看，脊髓中央是呈"H"形的灰质，主要成分是神经元的胞体和纵横交织的神经纤维；灰质的外面为白质，由纵行排列的神经束组成（见图2-18）。

脊髓的主要作用如下。

①脊髓是连接脑和外周神经的桥梁。来自躯干和四肢的各种感觉信息只有经过脊髓才能传导到脑，得到更高级的分析与综合；而由脑发出的指令也必须通过脊髓，才能支配效应器官的活动。

②脊髓可以完成一些简单的反射活动，如膝跳反射、肘反射、跟腱反射等。在正常情况下，这些反射可以不受脑的支配。

三、周围神经系统

周围神经系统由两个部分组成：躯体

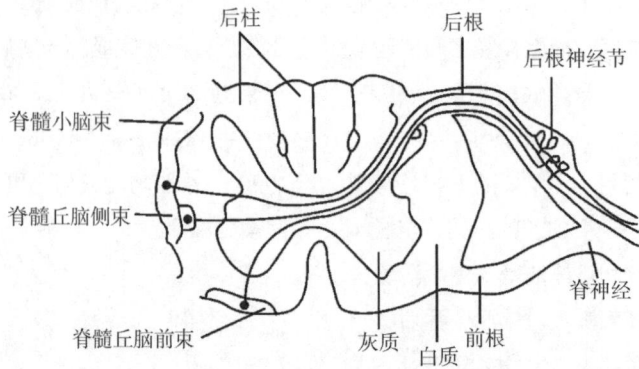

图 2-18　脊髓横切面示意图

知识应用

内分泌系统对身心发展的作用

　　人体内有两种整合性的调节机制：一种是通过神经系统实现的；另一种是通过内分泌系统实现的。前者通过释放神经递质对其邻近的细胞发生作用，其作用的发生非常迅速；后者通过释放激素对远处的细胞发生作用，其作用的发生比较缓慢。

　　到目前为止，科学家们已发现27种内分泌腺，主要有甲状腺、副甲状腺、肾上腺、脑垂体、性腺（卵巢、睾丸）等，见图2-19。内分泌腺对人类的行为和心理有很大影响。例如，甲状腺分泌的激素为甲状腺素，这种激素能促进机体代谢和机体发育。甲状腺功能亢进可使人的胃口大增。患者会狂吃、狂喝，但不增加体重，还会变得过分敏感和紧张。相反，甲状腺分泌不足则使人精神迟钝，记忆减退，容易疲劳。如果儿童的甲状腺素分泌不足，他们的发育就可能会停滞，骨骼和神经系统发育不全，表现为呆小病。患者的身体矮

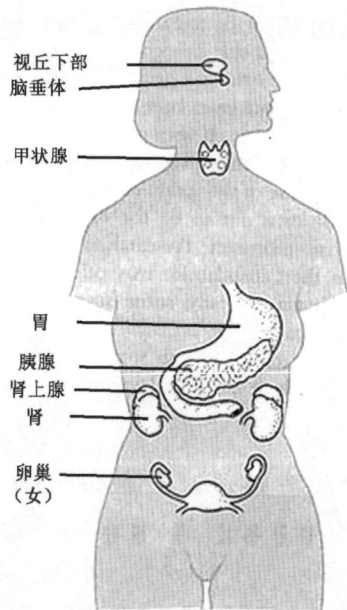

图 2-19　内分泌腺

小，智力落后，记忆和思维的发展不及正常儿童，症状严重的将成为智力障碍者。又如，肾上腺分为肾上腺皮质和肾上腺髓质两个部分。肾上腺皮质分泌肾上腺皮质激素，其作用是维持体内钠离子及水分的正常含量。人体缺少肾上腺皮质激素，会出现精神萎靡、肌肉无力等症状。肾上腺髓质分泌肾上腺素和少量去甲肾上腺素，其作用是兴奋交感神经，促使血压升高、心率加快、胃肠肌肉松弛、瞳孔放大等，因而对机体应对突发事件有重要作用。可见，内分泌腺对人的认知与情绪、智力与人格都有影响，对人的身心健康具有重要作用。

（资料来源：Myers，1992）

神经系统和自主神经系统。

（一）躯体神经系统

躯体神经系统包括脑神经和脊神经。脑神经由脑部发出，共 12 对，分别为：①嗅神经；②视神经；③眼动神经；④滑车神经；⑤三叉神经；⑥外展神经；⑦面神经；⑧听神经；⑨舌咽神经；⑩迷走神经；⑪副神经；⑫舌下神经。其中嗅神经、视神经和听神经为感觉神经，分别传递嗅觉、视觉、听觉的感觉信息。眼动神经、滑车神经、外展神经、副神经和舌下神经为运动神经，分别支配眼球活动、颈部和面部的肌肉活动以及舌的运动。三叉神经、面神经、舌咽神经和迷走神经为混合神经，其中三叉神经负责面部感觉和咀嚼肌的运动；面神经支配面部表情、舌下腺、泪腺及鼻黏膜腺的分泌，并接收味觉的部分信息；舌咽神经负责味觉和唾液腺的分泌等；迷走神经支配颈部、躯体脏器的活动，包括咽喉肌肉、内脏平滑肌及心肌的运动，同时，还负责一般内脏感觉的

输入。

脊神经发自脊髓，穿椎间孔外出，共 31 对。依脊柱走向，它分为颈神经 8 对，胸神经 12 对，腰神经 5 对，骶神经 5 对，尾神经 1 对。脊神经由脊髓前根和脊髓后根的神经纤维混合组成。脊髓前根的神经纤维属于运动性的，脊髓后根的神经纤维属于感觉性的。因此，混合后的脊神经是运动性兼感觉性的。

（二）自主神经系统

自主神经系统由交感神经系统和副交感神经系统两个部分组成。其中交感神经系统由脊髓的全部胸髓和上三节腰髓的灰质侧角内发出。它通过短的节前纤维和脊髓两侧的交感干神经节联系，然后由交感干神经节发出节后纤维，以支配胸腹部的脏器和血管的活动。副交感神经系统发自中脑、脑桥、延脑及脊髓的骶部。它的节前纤维在副交感神经节中交换神经元，然后由此发出节后纤维，至平滑肌、心肌和腺体。副交感神经节一般位于脏器附近或

脏器壁内。

交感神经系统和副交感神经系统在机能上具有拮抗性质。一般来说，交感神经系统在机体应付紧急情况时发挥重要作用。当人们挣扎、搏斗、恐惧或愤怒时，交感神经系统开始兴奋，并引发一系列机体的生理反应，包括心脏跳动加速，肝脏释放更多的血糖，使肌肉得以利用，以及暂时减缓或停止消化器官的活动，从而动员全身力量以应对危急状况等。而副交感神经系统的作用则相反，它起着平衡的作用，抑制体内各器官的过度兴奋，使它们获得必要的休息。

为什么叫自主神经系统呢？原因是交感神经系统和副交感神经系统不受或很少受到中枢神经系统的支配，表现为人不能随意地控制内脏的活动。但是，后来进行的生物反馈的研究表明，人们通过特殊的训练，可以在一定程度上控制这些脏器的活动，如调节体温的升降、血压的高低、心跳的快慢等。

知识应用

运动有助于预防阿尔茨海默病

近年来，阿尔茨海默病的发病率逐年攀升，已经成为严重威胁老年人生命健康和生活质量的主要疾病之一。据世界卫生组织统计，目前全世界大约有 5000 万人患有阿尔茨海默病，每年有近 1000 万的新发病例，预计到 2050 年，患者人数将达到 1.52 亿。迄今为止，在临床医疗方面尚未找到能有效治愈阿尔茨海默病的方法，药物治疗的效果有限。医务和研究人员更多侧重通过其他方法特别是生活方式的干预来预防阿尔茨海默病，以此作为药物治疗的辅助手段来缓解症状和促进康复。其中运动锻炼是预防阿尔茨海默病的有效手段。

近年来，流行病学研究证实，体育锻炼比较积极的人群，其阿尔茨海默病的发病风险呈下降趋势。阿尔茨海默病患者经过一定量的体育锻炼，其认知功能会有明显改善。有研究团队随访了 5925 位 65 岁以上的妇女，记录每个人的运动习惯及运动方式，持续时间为 6~8 年。研究结果显示，运动多的妇女，其认知功能下降的幅度较缓慢。还有报道显示，活动比较积极的人群，尤其是在年轻时活动较多的，其晚年患阿尔茨海默病的风险较低。与每日步行多于 2 千米的人群相比，每日步行少于 0.25 千米的人群，患阿尔茨海默病的风险高出 1.8 倍。

发表于《柳叶刀》子刊上的一项研究甚至得出了明确的结论，认为身体素质持续较差是阿尔茨海默病及其相关死亡的独立危险因素。这项研究来自挪威科技大学心脏锻炼研究小组，研究纳入了超过 3 万人的研究对象。这些被试在 1984—1986 年加入了研究，并接受了长达 30 年的追踪。在 20 世纪 80 年代中期和 90 年代中期，进行了两次心肺功能评估，并分为两组：心肺功能不佳和心肺健康良好，以此反映他们的锻炼强度和身体素质。在控制年龄、吸烟状况、体重、教育程度、心血管代谢疾病的影响后，统计发现，相较于心肺健康长期不理想的人群，两次评估结果都为良好的人群，其阿尔茨海默病的发病风险降低了 40%，阿尔茨海默病的相关死亡风险降低了 44%，阿尔茨海默病的发病延缓了 1.1 年，预期寿命延长了 2 年。在 10 年间改善了心肺健康状况，评估结果从不佳转为良好的人同样能够获益，发病和死亡风险分别降低 48% 和 28%，阿尔茨海默病的发病延缓了 2.2 年，预期寿命延长了 2.7 年。研究团队由此得出结论，对于大多数人来说，通过锻炼来改善心肺功能，从而降低阿尔茨海默病的发病风险，是一个非常可行的目标。

（资料来源：许浩，扬子晚报，2019-11-27）

第三节　脑功能学说

　　脑是人类产生各种心理和行为的物质基础。前面我们提到，特定脑区往往与特定心理功能，如记忆、语言等功能相联系。但脑如何产生心理？心理的脑机制又是怎样的呢？这些问题其实非常复杂，尚无定论。自 20 世纪以来，形成了以下重要的学说。

一、定位说与整体说

　　脑功能的定位说（localization theory）认为，人脑存在不同的功能分区，而脑的不同功能由不同的脑区负责。定位说开始于加尔（F. J. Gall，1758—1828）和施普茨姆（J. C. Spurzheim，1776—1832）提出的颅相学（phrenological theory）。颅相学的主要观点包括：①脑是负责心智活动的器官；②大脑不是一个统一的整体，而是分为不同的脑区，各脑区负责不同的心智功能；③负责不同功能的脑区分布在脑皮层表面的不同部位；④心智功能区的结构大小可以显示该心智功能的力量和强度；⑤婴儿的头盖骨随着脑的发展而逐渐硬化，因此头盖骨的形状可以用于判断内部心智功能的发展程度。

加尔检查了颅骨的外部特征，并将这些特征与行为的某些方面联系起来，认为颅骨突出表示下面的皮层发育完好，能力较强；而颅骨凹陷表示下面的皮层发育不足，能力较弱。加尔进行了上千次的观察，提出了 27 种重要的官能，如聪明、探究精神、忠实、竞争性、自爱、好色等。每种官能都有对应的颅骨特征和位置（见图 2-20）。

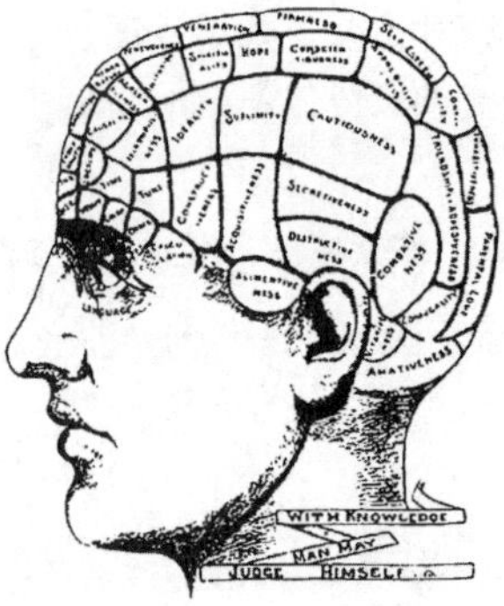

图 2-20　颅相学示意图

（资料来源：Kolb & Whishaw，1996）

颅相说在许多方面是不科学的。首先，他们列举的许多官能都没有精确的定义；其次，颅骨的某些外部特征与皮层的发育程度不是严格对应的，因此，不能用颅骨的外部特征来推测脑的发育程度，更不能以此来说明人的能力的高低。但颅相学提出的定位说认为不同的心智功能定位于大脑的不同脑区，并试图揭示它们之间的对应关系，对后来的脑研究产生了广泛的影响。

与定位说相对立的观点是整体说，认为大脑本身是一个整体，并通过整体的共同活动来实现不同的功能，如感知、记忆、运动等。法国生理学家弗洛伦斯在 1825 年前后进行了一系列实验，通过切除动物脑（主要是鸽子）的不同部分，考察切除的部位带来的功能丧失情况。结果发现，在大脑两半球被切除后，动物会丧失所有的感觉和判断能力，以及主动运动能力；在小块皮层被切除后，动物开始很少运动，不吃不喝，但随着时间的推移，动物能恢复到接近正常的情况。弗洛伦斯进行了许多实验，结果都是这样。根据这些发现，他认为，大脑皮层不存在皮层功能的定位，因而不支持定位说。

布洛卡区和威尔尼克区的发现是对定位说的有力支持。1861 年，法国医生布洛卡报道了一例左侧额下回后部（布洛卡区）受损的患者，除了能发 "tan" 这个音之外，不能清晰地发出任何其他语音，但他的语言理解没有问题。1874 年，德国医生威尔尼克报道了另外一种失语症，表现是语言产生能力保持完好，但语言理解存在困难，无法听懂别人所说的话，脑损伤部位是左侧颞上回后部（威尔尼克区）。这些发现揭示了特定脑区的损伤与特定心智功能（如语言）的丧失之间有确切的对应关系，为定位说提供了重要的支持证据。

然而，定位说和整体说的争论并未就此落下帷幕。20 世纪初，美国生理学家拉什利开展了一系列关于白鼠学习和记忆的实验。他通过训练白鼠学习走迷宫，然后分别损坏白鼠的脑的不同部位，观察这些损坏对白鼠的学习和记忆能力的影响。

他发现白鼠学习和记忆能力的下降与脑损伤的部位无关，而与损伤面积的大小有密切关系。由此，拉什利引申出了两个重要的原理：均势（equipotentiality）原理和总体活动（mass action）原理。按照均势原理，大脑皮层的各个部位几乎以均等的程度对学习发生作用；按照总体活动原理，大脑是以总体发生作用的，学习活动的效率与大脑受损伤的面积大小成反比，而与受损的部位无关（Lashley，1929）。换句话说，学习和记忆能力并非由脑的特定区域负责的，而是大脑皮层的各个部位以均等的程度对学习发生作用。拉什利的研究为整体说提供了强有力的支持。

20世纪四五十年代，定位说得到了进一步的发展。其中加拿大医生潘菲尔德（W. G. Penfield，1891—1976）做出了巨大的贡献。潘菲尔德用电刺激法研究颞叶时发现，微弱的电刺激能使患者回忆起童年时的一些事情。这说明记忆可能定位在颞叶。另外，科学家发现，海马与记忆有关，杏仁核与情绪有关，下丘脑与进食和饮水有关，这些发现也支持了脑功能的定位说。

近年来，脑成像的大量研究揭示了某些脑区与执行特定认知任务的关系，在某种意义上也支持了定位说。其实定位说与整体说都有一定的道理。大脑的不同脑区的确存在一定程度的分工，但分工是相对的，而不是绝对的。换句话说，不同脑区往往与某些特定功能有更密切的关系，但并不意味着它只是孤立地工作，或仅负责某项特定的功能。任何一种心理活动或行为的完成都依赖不同脑区之间的联系和合作。

二、机能系统说

在第二次世界大战期间，鲁利亚（1902—1977）及其同事们对因战争而造成大脑损伤的患者进行了机能恢复的工作。鲁利亚从脑损伤的患者身上观察到，脑的一定部位的损伤往往不会导致某一孤立的心理机能的丧失，而是引起某种综合征，即引起一系列过程的障碍。在进行机能恢复的训练中，在大脑皮层某些部位损伤之后，与这些部位相联系的某些基本生理机能是难以恢复的。但是，借助机能改造的方法可以使一些比较复杂的心理机能得到恢复。例如，由枕叶损伤引起的阅读机能的障碍，可以借助对字母的触摸和描绘而得到恢复；由颞叶损伤引起的书写机能的障碍，可以通过对要书写的词进行视觉—动觉分析而得到恢复（鲁利亚，1983）。

根据大量的临床观察和对患者的训练，鲁利亚批评了狭隘的脑功能定位说，认为传统的学说把人的心理活动视为某些分割的机能，并且把这些机能与大脑某一严格限定的部位联系起来的做法是错误的。他也不同意极端的反定位说——把人脑视为无法区分部位的整体。他认为脑是一个动态的结构，是一个复杂的动态机能系统。在机能系统的个别环节受到损伤时，高级心理机能确实会受到影响。从这个意义上看，大脑皮层的机能定位是一种动态的和系统的机能定位。

鲁利亚把脑分成三个紧密联系的机能系统。

第一机能系统是动力系统，负责调节激活与维持觉醒状态。该系统由脑干网状结构和边缘系统等组成，基本功能是保持大脑皮层的一般觉醒状态，提高它的兴奋性和感受性，并实现对行为的自我调节。第一机能系统并不对某个特定的信息进行加工，但提供了各种活动的背景。当这个系统受到损伤时，大脑的激活水平或兴奋水平将普遍下降，并影响对外界信息的加工和对行为的调节。

第二机能系统是信息处理系统，负责信息的接收、加工、存储和输出。该系统位于大脑皮层的后部，包括皮层的枕叶、颞叶和顶叶以及相应的皮层下组织。它的基本作用是接收来自机体内外的刺激（包括听觉、视觉、躯体感觉），实现对信息的空间和时间的整合，并把它们保存下来。

第三机能系统是行为调节系统，负责编制行为程序，调节和控制行为。它包括额叶的广大脑区，基本作用是产生活动意图，形成行为程序，实现对复杂行为的调节与控制。当这些脑区受到破坏时，患者将产生不同形式的行为障碍。例如，有研究证明，前额皮层受到损伤的患者将丧失计划与组织行动的能力，不能将行为的结果与原有计划、目的进行对照，也不能矫正自己的行为。

鲁利亚认为，人的各种行为和心理活动是三个机能系统相互作用、协同活动的结果。其中每个机能系统又起到各自不同

的作用。鲁利亚的研究，特别是关于心理机能定位的研究，丰富和发展了脑功能的理论，引起了各国心理学家和生理学家的普遍重视。

三、模块说

模块说（module theory）是20世纪80年代中期在认知科学和认知神经科学中出现的一种重要理论（Fodor，1983）。这种学说认为，人脑在结构和功能上是由高度专门化并相对独立的模块（module）组成的。这些模块复杂而巧妙的结合是实现复杂而精细的认知功能的基础（沈政，1997）。

模块说综合了定位说和整体说的优点：一方面认为人脑内部存在功能不同的神经组织（模块），这一点与定位说的观点类似；另一方面认为心理与行为依赖不同神经组织（模块）的协同合作，而不是单一模块的功能，这一点与整体说的观点类似。因此，模块说产生了广泛的影响。

认知神经科学研究对模块说提供了支持。例如，有些失语症患者不能对有生命的东西进行分类，特别是动物，而对非生命的东西或人造物的识别能力依然相对完好（Warrington & Shallice，1984）。这些患者和正常人一样，能命名图画中的人造物体（如工具、衣服等），但在命名熟悉的动物时，成绩比正常人差得多，这说明大脑中可能存在不同的功能模块，分别处理不同的词汇和概念。在句子理解的研究中也发现，句法和语义可能是两个不同的

功能模块，它们之间可能是相互独立的，也可能是相互作用的。

模块说面临的挑战是，如何精确地界定特定模块的结构边界和功能边界。不管是认知过程还是神经组织，往往都是连续的，而非离散的。

四、神经网络说

神经网络说的基础和依据是神经元学说。神经元学说认为，神经元是人脑的结构与功能的基本单元，而人脑有数以亿计的神经元，它们之间通过神经纤维相互联系，构成了复杂的神经网络。以神经元学说为基础，20世纪80年代，认知科学和人工智能领域兴起了神经网络技术，并发展出相应的认知建模方法及人工智能算法。在脑科学兴起后，神经网络技术也被应用于脑功能与脑结构研究，是探讨脑的奥秘的重要手段和途径。

神经网络说认为，脑功能的实现依赖神经元所构成的复杂的神经网络。巨量的神经元以特定的方式相互联系，形成复杂的网络。在脑网络分析中，神经元被看作网络中的节点。脑的认知功能是通过大量节点之间的连接权重和连接方式来实现的。近些年来，神经网络技术已被广泛应用于脑功能与脑结构分析，产生了重要影响。图2-21（见书前彩图）显示了几种常见的脑网络示意图。其中A是基于白质纤维追踪技术显示的脑结构连接图，图中红色、绿色和蓝色分别代表内外方向、前后方向和腹背方向的纤维束；B是由节点和连边构成的脑网络，连线的粗细代表连接的强度；C是单纯由节点构成的脑网络，节点的大小代表其居于网络核心（centrality）的程度。其中较大的节点（脑区）在网络连接中有更重要的作用，这些节点被称为集线器（hub）。

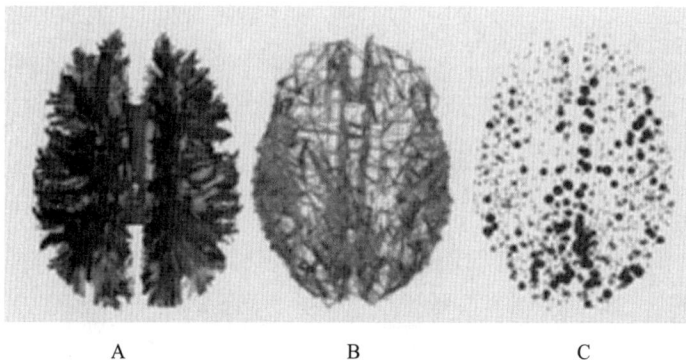

模块说和神经网络学说的关系

A　　　　　　B　　　　　　C

图2-21　常见的脑网络示意图

（资料来源：Sporns，2013）

第四节　神经系统的进化与脑的可塑性

人脑是自然界长期进化的产物。从没有神经系统的单细胞动物，到有复杂的神经系统的脊椎动物，再到有高度复杂脑的人类，经历了上亿年的发展。研究神经系统和脑的进化，不仅对揭示人脑的秘密有重要意义，而且对了解脑与心理、行为的关系有重要意义。

一、不同物种的神经系统

神经系统是伴随生命的出现和演化而产生的。根据科学家的推算，地球的年龄为 45 亿~46 亿年。而生命现象出现于 35 亿年前，仅是一些原核生物（如细菌、蓝藻等）。单细胞真核生物（如真菌、单细胞海藻）出现于 27 亿~16 亿年前。简单的多细胞动物（海绵动物）大约出现于 10 亿年前。腔肠动物出现于 7 亿年前，这类动物具有专门的神经细胞。动物又经历了从无脊椎动物到低等脊椎动物再到高等脊

椎动物的进化。鱼类和原生态两栖动物出现于 5 亿年前，昆虫出现于约 4 亿年前，爬行动物出现于约 3 亿年前，哺乳动物出现于约 2 亿年前。而第一个类人（古猿）的脑出现于 400 万~300 万年前，现代人脑出现于 20 万~10 万年前。神经系统和脑的进化为心理现象的产生与发展准备了物质基础。图 2-22 粗略地显示了生命起源和动物神经系统进化的时间。

早期的单细胞动物和简单多细胞动物没有专门的神经系统。像变形虫、草履虫等原生动物都是单细胞生物，其生理结构很简单，由一个细胞执行各种生理机能。但它们能对外界多种刺激做出反应，如趋向有利刺激（食物），避开有害刺激（玻璃丝），饱食以后不再对食物做出反应等。对刺激具有感应性代表了心理的萌芽。

在水螅、海蜇、水母等腔肠动物中，细胞功能开始分化，出现了感觉细胞、运动细胞和两者之间的神经细胞。在腔肠动物中，每个神经细胞都有丝状突起，联合成网，组成网状神经系统（net nervous

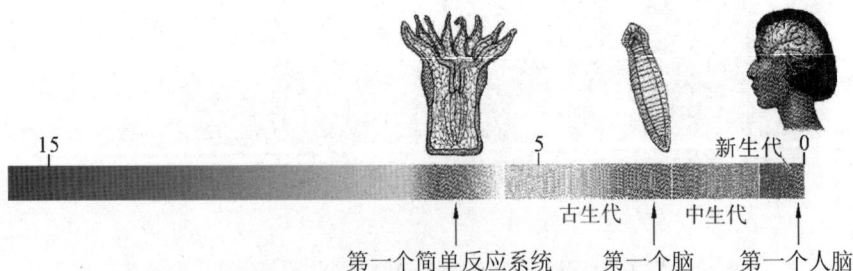

15　　　　　　　　　　　　　　　　5　　　　新生代　0

第一个简单反应系统　　　古生代　中生代　第一个脑　第一个人脑

图 2-22　生命起源和动物神经系统的进化

（图中的时间尺度分别为 15 亿年、5 亿年、0 亿年）

（资料来源：Kolb & Wbishaw，1996）

system），它们专门执行传递兴奋的功能。在网状神经系统中，神经细胞具有形态上相似的突起，相互连接形成一个疏松的网。神经细胞的兴奋可以向任何方向传导，刺激动物身体的任何一点都能引起全身性的反应。在环节动物（如蚯蚓）或节肢动物（如昆虫、蜘蛛）中，其神经系统属于链状神经系统或节状神经系统。链状神经系统由头部神经节和腹部神经节构成，节状神经系统由头部神经节、胸部神经节和腹部神经节组成。头部神经节是集中在头部的一群神经细胞。头部发达的神经节为脑的产生准备了条件。

脊椎动物的出现是动物进化史上的重要事件。脊椎动物的神经系统是管状神经系统（tube nervous system），与无脊椎动物的神经系统的主要区别是：①无脊椎动物的神经系统位于体内的腹侧，而脊椎动物的神经系统位于体内的背侧，故又称背式神经系统；②无脊椎动物的神经组织是实心的，脊椎动物的神经组织是空心的。管状空心的神经组织增加了空间和面积，有利于兴奋的传递和神经组织与外界物质的交换，因而使神经系统有可能向更高级和更完善的方向发展。

管状神经系统的出现为脑的形成准备了条件。在神经管的前端膨大部分首先形成脑泡，随后逐渐发展成为相对独立的五个脑泡：前脑、间脑、中脑、延脑和小脑。两栖动物的前脑已经发展成为两半球。爬行动物开始出现大脑皮层。大脑皮层的出现是神经系统演化过程的新阶段，它使脑真正成为机体的一切活动的最高调节者和指挥者。随着神经系统的进化，特别是脑的进化，各种感觉器官和运动器官也相应完善起来，并日趋专门化。与此同时，脊椎动物的行为也更加复杂。

二、哺乳动物的脑

哺乳动物是高等脊椎动物，包括啮齿类、食肉类和灵长类等动物。与其他脊椎动物相比，哺乳动物的神经系统更加完善，大脑半球开始出现了沟回，从而扩大了皮层的表面积，这为大脑皮层担负更重要的调节和指挥机能准备了物质基础。脑的各部位的机能日趋分化。大脑皮层是整个神经系统的最高部位，是动物全部心理活动的重要器官，是动物各种复杂行为的指挥中心。这些变化使哺乳动物的心理和行为发展到更高的水平。

哺乳动物发展到高级阶段，出现了灵长类动物，类人猿是它们的高级代表。类人猿的神经系统达到了相当完善的程度。它们的大脑在外形、细微结构和机能上都已接近人脑。大脑皮层对外界刺激的分析和综合能力大大提高了，不仅能用感知来控制行为，而且在某些复杂的活动中加入了表象的成分，有了最简单的概括能力。因此，在一定程度上，它们能认识事物之间的关系，具有解决问题的能力。图2-23是脊椎动物脑进化的示意图。

从低等脊椎动物（如鱼）到高等脊椎动物（如人类），脑的进化遵循以下方向。

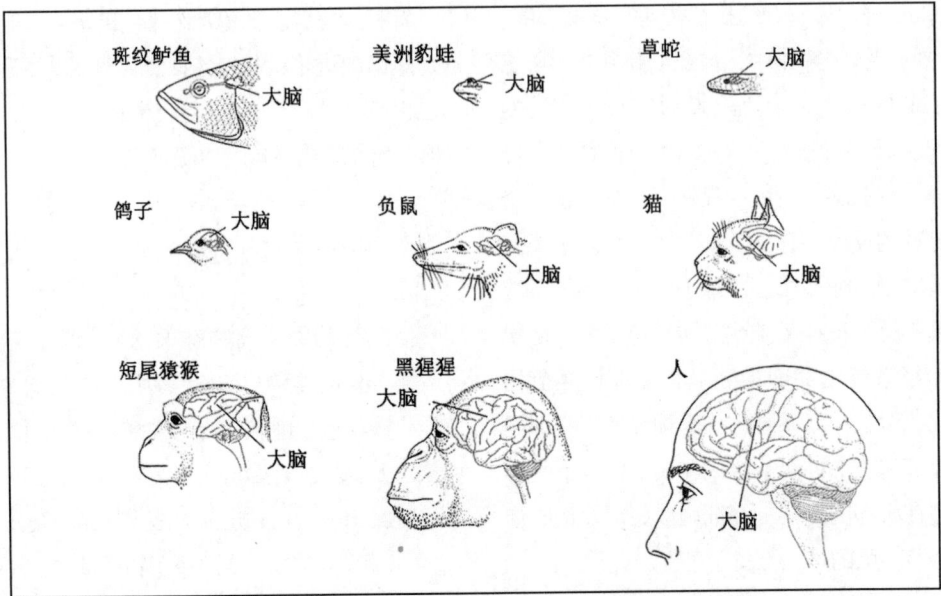

图 2-23　脊椎动物脑进化的示意图

（资料来源：Worchel & Shebilske，1989）

（一）脑的相对大小的变化

在动物进化史上，脑的大小与动物行为的复杂程度（或智力）相关。由于不同动物的体重不同，脑的大小也不同，因此必须用脑的相对大小，而不是绝对大小来衡量脑的进化水平。脑的相对大小可以用脑指数（encephalization quotient，EQ）来表示（Jerison，1973），即用脑的实际大小与预期大小的比值来表示。其中脑的预期大小考虑了脑重和体重的关系，可以根据已知动物的体重计算出来。

脑指数的计算公式为：

脑指数 = 脑的实际大小（克）/ 脑的
　　　　　预期大小（克）
　　　 = 脑的实际大小（克）/0.12 ×
　　　　　体重（克）$^{2/3}$

表 2-1 列出了几种常见的哺乳动物的脑重和脑指数。从表中可以看到，随着进化阶梯的上升，脑指数是逐渐上升的。

表2-1　几种常见的哺乳动物的脑重和脑指数

物种	脑重 / 克	脑指数
人类	1250~1450	7.4~7.8
瓶鼻海豚	1350	5.3
猩猩	330~430	2.2~2.5
非洲象	4200	1.3
狗	64	1.2
猫	25	1.0
老鼠	0.3	0.5
兔	11	0.4

既然可以用脑指数来预测不同进化阶段上动物的行为，那么能不能用它来预测

同一物种的行为或智力的差异呢？例如，人的智力的差异是否可以用脑重来预测呢？有人研究了狗的脑重与智力的关系，结果显示，两者的相关很小（见图2-24）。对人类来说，我们无法精确测量每个人的脑重，对智力的理解和测量也有不同的看法，这些情况使我们无法对脑重与智力的关系做出精确的判断。另外，研究也显示，成年女性的脑重比成年男性的脑重约轻10%，但没有任何证据说明，女性的智力比男性低。大家也都知道，爱因斯坦的脑的大小与普通人的一样，但他的智力超群，这也说明人脑的大小（重量）与智力间没有确定的相关关系。可见，用脑指数来说明脑的进化水平是合理的，但用脑重来预测同一物种的行为和智力就不合理了（Kolb & Whishaw，2001）。

（二）皮层面积的变化

在脊椎动物脑的进化中，新皮层面

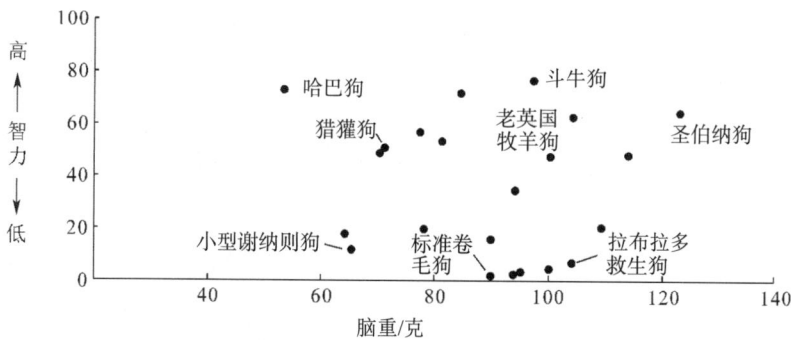

图2-24 狗的脑重与智力的关系

（资料来源：Kolb & Whishaw，2001）

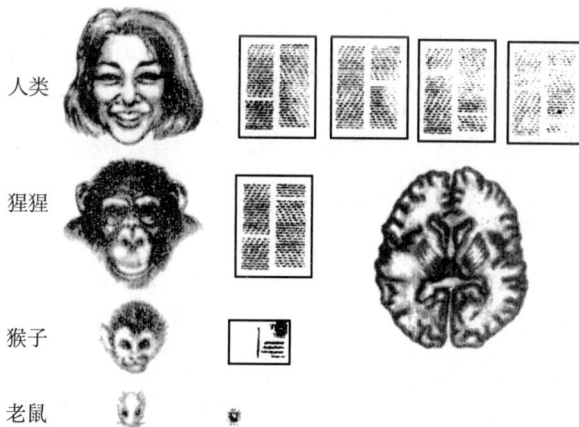

图2-25 人类、猩猩、猴子和老鼠的大脑皮层面积

（资料来源：迈尔斯，2003）

积的增加具有重要意义。图 2-25 显示了不同动物大脑皮层面积大小的变化。如果将大脑皮层展开，人类的大脑皮层约有四页书的面积，猩猩的大脑皮层约有一页书的面积，猴子的大脑皮层约有一张明信片的面积，而老鼠的大脑皮层只有一张邮票的面积。这说明，在从猿到人的转变过程中，其新皮层面积的增加大于其他灵长类动物新皮层面积的增加。

（三）皮层内部结构的变化

脊椎动物的大脑皮层可以分为不同的区域，分别执行听觉、视觉、运动觉等不同的功能。在不同的进化阶梯上，大脑皮层区的发展水平有显著差别。例如，松鼠有 4 个视觉区，猫有 12 个视觉区，枭猴（Owl monkey）有 14 个视觉区。人的视觉区的数量现在还不清楚，可能有 20 个。也就是说，人类大脑皮层的生长不仅表现为数量的增加，而且表现为功能的增加（Kolb & Whishaw, 2001）。

三、神经系统的发育和脑的可塑性

个体从受精卵到胚胎，再到出生后的脑发育，经历了一个从简单到复杂的过程。有人认为，个体脑发育的过程复现了脑的物种进化过程。这种观点被称为复演说。

神经系统的一个显著特点是神经细胞连接的高度准确性。在脑发育过程中，神经元的轴突向它的靶位方向生长，并以高度精确的方式选择正确的靶位。它离开某些细胞而选择其他细胞，与之形成永久的连接（Kuffler & Yoshikami, 1975；Shatz, 1996）。以视觉为例，在发育过程中，位于大脑视觉皮层的神经元要和位于外周的视网膜建立连接，这种连接是通过神经元的轴突向外生长，最后在视网膜上选定某个特定的靶位来实现的。靶子本身可能通过释放必要的分子引物引导轴突的生长；轴突也可能通过识别沿途细胞释放的大量特殊分子找到正确的靶位。当轴突达到正确的靶位后，还要选择正确的地址，并适当消除错误的选址。

在神经系统的发育中，一个有趣的发现是细胞突触的精简。对大鼠的神经肌肉接点进行的研究发现，在新生大鼠中，一条肌纤维由许多轴突支配，每个轴突都形成有效的突触。而在出生后两周左右，一些轴突就会失去它们的连接（Kuffler et al., 1975）。人类的生长发育中也存在突触精简的现象，这是成人的轴突密度小于婴幼儿的轴突密度的原因。

身体发育和经验可以引起神经系统的改变，学习训练也可以引起神经系统的改变，这种改变可以发生在神经系统的多种水平上，包括分子、突触、皮层、神经网络水平等（Buonomano et al., 1998）。知觉学习、动作学习、语言学习等都能引起大脑功能和结构的改变。例如，经过音乐训练，大脑两半球中央前回的长度与训练年限有一定的相关（Amunts, 1997）。美国被试在学习普通话声调两个星期后，原来没有活动的两个脑区——左脑 BA42 和右脑 BA44，在训练后得到激活。研究者认为，这是因为普通话声调的学习使大脑皮层功能进行了重新组织（Wang et al., 2003）。

四、人类文化对脑的塑造

文化是一种社会现象，是人群共同创造的物质文明和精神文明的总和。从生物进化的角度看，文化又是人群的一种共同的行为特点，如制造和使用工具、取火方式、通过语言进行交流、合作劳动、教育、舞蹈和艺术活动、烹调和饮食、求爱、身体装饰、发型、殡葬仪式、阅读和书写、数学运算、在群体中长幼有序等。由于人群的活动特点不同，不同人群的文化存在很大的差异，如地域差异、民族差异、国家差异等（Kolb & Whishaw, 2001）。

文化是人类的产物，在某种意义上也可以说是脑的产物。脑的进化为人类文化的产生奠定了物质基础。人脑创造文化，又在这种文化的影响和熏陶下得到发展。以语言和脑的关系为例，语言是进化过程的产物，是神经系统和脑进化到高级阶段时产生的。在许多低等动物身上，我们能看到各种不同的交际手段，如蚂蚁用触须和同伴交际；蜜蜂用舞蹈动作向其他蜜蜂通知食物的方向；鸟类的声音交际有高度的发展，形成了所谓"鸟语"；许多高等动物，特别是灵长类动物，不仅发展了躯体交际、表情交际和声音交际的能力，而且在人的训练下，能学会使用少量的词和人类交际。但是，除了人类之外，至今还没有一种动物能学会真正意义上的人类语言。研究者通过比较人类、猩猩和恒河猴的皮层连接发现，非人类灵长类动物没有或只有较小的弓形束—颞叶投射，而这种投射在人类大脑中是明显存在的。在人类中，左半球的额叶皮层通过弓形束与颞中回和颞上回（威尔尼克区的腹侧和前端）有很强的连接，而猩猩和恒河猴没有这种连接。脑的这种特异性可能与语言的进化有关（Rilling, 2008）。

在人脑的进化中，语言的确起了重要作用。脑的变化与语言的出现有着密切的关系。迪肯（1997）提出了语言与脑交互进化的观点。他认为，脑和语言都是为了解决认知与感觉运动方面的问题而进化的。随着前额叶面积的变大，处理符号就发展成为人类的重要能力。人类为了处理符号发展了语言技能以及相应的脑组织结构，而这些脑组织结构反过来又促进和发展了更高级的语言能力。一些研究发现，正是阅读和数学使人脑的某些脑区产生了处理文字信息与数学符号的能力，这不仅表现为脑的功能的变化，而且表现为脑的结构的变化（Deheane, 2007）。近年来，脑和人类文化的关系已是一个热门的研究领域。

什么是脑可塑性

本章内容小结

1. 神经元是具有细长突起的细胞，由胞体、树突和轴突三个部分组成。

2. 树突较短，负责接收刺激，将神经

冲动传向胞体。轴突一般较长，作用是将神经冲动从胞体传出，到达与它联系的其他细胞。

3. 神经元按突起的数目可以分为单极细胞、双极细胞和多极细胞；按功能可以分为感觉神经元（传入神经元）、运动神经元（传出神经元）和中间神经元。

4. 神经元与神经元之间有大量神经胶质细胞，为神经元提供支持、保护、营养的作用，同时对神经元的信息传递也有重要作用。

5. 神经冲动是指神经元受到外界刺激时，由静息的状态转化为活动的状态。在静息状态下，细胞膜内外的电压差（内负外正）约 70 毫伏，被称为静息电位。当神经元受到刺激时，细胞膜内外的电压差会发生迅速反转，变为内正外负，然后再恢复为静息电位，这一电位的变化被称为动作电位。

6. 神经冲动的传导有两种形式：电传导和化学传导。神经冲动的电传导是指神经冲动在同一细胞内的传导。这与动作电位的产生有密切的联系。神经冲动的化学传导是在细胞间通过突触进行的信息传递，是借助神经递质来完成的。

7. 神经冲动的传导服从全或无法则，即神经冲动要么发生，要么不发生。

8. 神经元与神经元通过突触建立联系，构成了复杂的神经回路；在通常情况下，神经回路是脑内信息处理的基本结构。

9. 反射弧是最简单的一种神经回路，一般由感受器、传入神经、神经系统的中枢部位、传出神经和效应器五个基本部分组成。

10. 神经系统分为中枢神经系统和周围神经系统。中枢神经系统包括脑和脊髓，周围神经系统包括躯体神经系统和自主神经系统。

11. 脑包括大脑、边缘系统、间脑、脑干和小脑等几个部分。

12. 大脑外表面有三条大的沟裂，即中央沟、外侧裂和顶枕裂，这些沟或裂将半球分为额叶、顶叶、枕叶和颞叶等几个区域。

13. 初级感觉区包括初级视觉区、初级听觉区和躯体感觉区，负责特定的感觉信息的输入和加工。初级运动区负责发出动作指令。

14. 除了初级感觉区和初级运动区，大脑皮层还有分布广泛的联合区。动物的进化水平越高，联合区在皮层上所占的面积越大。联合区和各种高级心理机能有密切的关系。

15. 感觉联合区是指与初级感觉区邻近的广大脑区。它从初级感觉区接收大部分输入信息，并对感觉信息进行进一步处理。感觉联合区受损将引起各种形式的失认症。

16. 运动联合区位于初级运动区的前方，负责精细运动和活动的协调。

17. 前额联合区位于初级运动区和运动联合区的前方，与动机的产生、行为程序的制定及维持稳定的注意有密切关系。

18. 割裂脑的研究发现，左半球主要负责言语、阅读、数学运算和逻辑推理等；右半球主要负责空间知觉、情绪和音乐等，在言语理解中也有一定的作用。两半球的分工是相对的，而不是绝对的。

19. 边缘系统控制某些本能活动，在情绪和记忆中起重要作用。

20. 丘脑是感觉信息加工的中继站；下丘脑在情绪和体内平衡中起重要作用，在生理性动机方面也发挥着重要作用。

21. 中脑包括顶盖和被盖两个主要的结构。顶盖的上丘、下丘分别是皮层下视觉反射中枢和皮层下听觉反射中枢。被盖中的黑质和红核与随意运动有关。

22. 脑桥对人的睡眠具有调节和控制的作用。延脑支配呼吸、排泄、吞咽、肠胃等活动，又叫"生命中枢"。

23. 小脑与运动控制和协调有关，也与某些高级认知功能有关。

24. 自主神经系统分为交感神经系统和副交感神经系统。自主神经系统的神经纤维支配胸腹部的脏器和血管的活动；调节平滑肌和腺体的活动。交感神经系统与活动的兴奋有关，而副交感神经系统与活动的抑制有关。

25. 研究脑的功能形成了几种不同的学说，即定位说、整体说、机能系统说、模块说和神经网络说。

26. 定位说认为，人脑存在不同的功能分区，而脑的不同功能由不同的脑区负责。

27. 整体说认为，人脑本身是一个整体，并通过整体的共同活动来实现不同的心理活动。早期支持整体说的证据来自法国生理学家弗洛伦斯的动物实验，之后美国生理学家拉什利基于白鼠学习和记忆的实验，提出了大脑功能的均势原理和总体活动原理。

28. 均势原理指大脑皮层的各个部位几乎以均等的程度对学习发生作用；总体活动原理指大脑是以总体发生作用的，学习活动的效率与大脑受损伤的面积大小成反比，而与受损的部位无关。

29. 鲁利亚认为脑是一个动态的结构，是一个复杂的动态机能系统。按照机能系统说，脑可以分成三个相互紧密联系的机能系统：①动力系统；②信息处理系统；③行为调节系统。

30. 动力系统负责调节激活与维持觉醒状态。该系统由脑干网状结构和边缘系统等组成，基本功能是保持大脑皮层的一般觉醒状态。

31. 信息处理系统负责信息的接收、加工、存储和输出。该系统位于大脑皮层的后部，包括皮层的枕叶、颞叶和顶叶以及相应的皮层下组织。它的基本作用是接收来自机体内外的刺激，实现对信息的空间和时间整合，并把它们保存下来。

32. 行为调节系统负责编制行为程序，调节和控制行为。它包括额叶的广大脑区，基本作用是产生活动意图，形成行为程序，实现对复杂行为形式的调节与控制。

33. 模块说认为，人脑在结构和功能上是由高度专门化并相对独立的模块组成的。这些模块复杂而巧妙的结合是实现复杂而精细的认知功能的基础。

34. 神经网络说认为，高级复杂的认

知活动是由巨量神经元构成的神经网络来实现的，其中节点之间的连接权重或连接方式尤为重要。

35. 人脑是自然界长期进化的产物。单细胞动物由一个细胞执行着各种功能。从多细胞动物开始，动物身体的各个部分为适应生活环境的变化而逐渐分化。

36. 低等多细胞动物已经有了专门接收某种刺激的特殊细胞，这些细胞逐渐集中，形成了专门的感觉器官和运动器官，同时出现了协调身体各部分的神经系统。

37. 神经系统的进化经历了网状神经系统、链状神经系统或节状神经系统、管状神经系统等几个主要的发展阶段。脑的出现在神经系统的进化史上有特别重要的意义。

38. 从低等脊椎动物到高等脊椎动物，脑的进化遵循以下方向：脑的相对大小的变化、皮层面积的变化和皮层内部结构的变化等。

39. 神经系统的一个显著特点是神经细胞连接的高度准确性。在脑发育过程中，神经元的轴突向它的靶位方向生长，并以高度精确的方式选择正确的靶位。

40. 在神经系统的发育中，一个有趣的发现是细胞突触的精简。

41. 文化是人脑的产物，脑的进化为人类文化的产生奠定了物质基础。人脑创造文化，又在这种文化的影响和熏陶下得到发展。

思考题

1. 什么是神经元？它的基本功能是什么？

2. 什么是神经胶质细胞？它的基本功能是什么？

3. 什么是神经元的电传导和化学传导？

4. 试阐释大脑皮层的基本结构和功能。

5. 什么叫割裂脑研究？它对揭示脑功能有何重要的作用？

6. 什么叫边缘系统？它由哪些脑组织构成？有什么功能？

7. 试说明脑干的组成成分及功能。

8. 试阐释脑功能的定位说和整体说的分歧及支持证据。

9. 什么是机能系统说？三个机能系统的关系如何？

10. 请比较模块说和神经网络说的差异。

11. 脑是怎样进化的？脑的进化有哪些一般的趋势？

第二编 人的信息加工

第三章
感 觉

多年前，加拿大的几位心理学家进行了一个非常有趣的实验——感觉剥夺实验（Bexton，Heron，& Scott，1954）。在实验（见图3-1）中，研究者要求被试安静地躺在实验室内的一张舒适的床上，被试的双手戴上手套，腿脚用夹板固定，使其触觉受到限制；戴上半透明的护目镜，使得被试的眼睛只能接收散射的光线，不能清晰地看到物体；用空气调节装置发出单调的声音使其听觉也受到限制。被试只能通过一个固定的器械来获得食物和饮料。总之，来自外界的刺激受到严格控制，或者说几乎被剥夺了。被试每天都能得到20美元的报酬。这种有吃、有喝、有报酬、躺着什么也不干、看上去"很舒服"的实验，却产生了意想不到的结果。随着实验的进行，被试变得焦躁不安，显得不耐烦，唱歌，吹口哨，自言自语，用两只手套相互敲打，或者用其去探索这间小屋，出现了种种幻觉，晚上也失眠了。在这种环境中，被试通常只能坚持2~3天，就会要求退出。这个实验说明，感觉剥夺是一件很痛苦的事情，来自外界的刺激对维持人的正常生存十分重要。

那么，什么是感觉？感觉有多少种？它是怎样产生的？不同的感觉在功能上有什么不一样？感觉在人类的生存和生活中有什么重要意义？这些就是我们这一章要讨论的问题。

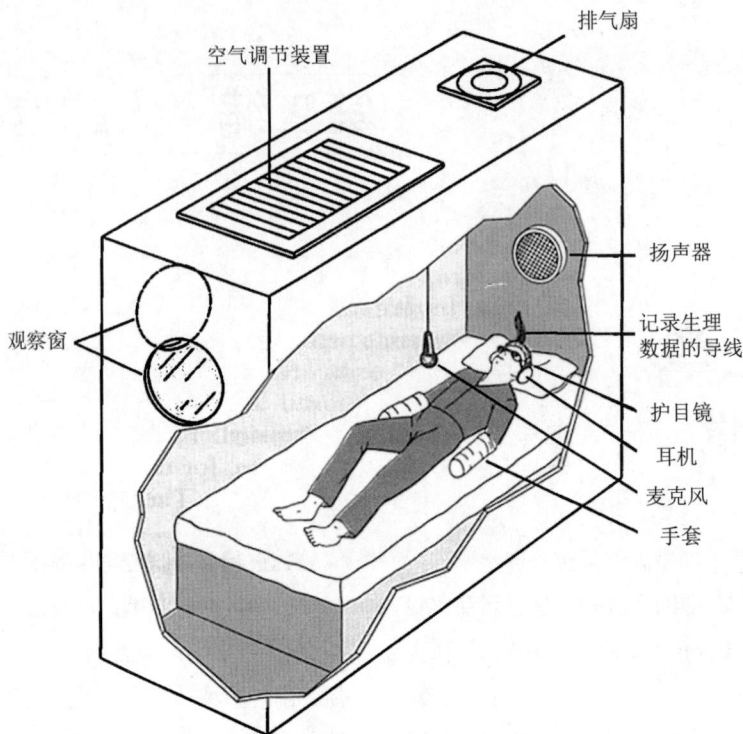

图 3-1 感觉剥夺实验示意图

第一节 感觉概述

一、什么是感觉

人对客观世界的认识是从感觉开始的，也就是从人的不同感觉器官接收各种刺激传递的信息开始的。例如，光作用于眼睛，可以使个体产生视觉；声音作用于耳朵，可以使个体产生听觉；不同的化学物质作用于口腔，可以使个体产生味觉。为了获取外部世界的信息，人的感觉器官必须将不同的物理能量转化为神经冲动，并在头脑中形成外部世界的特性和属性的主观映象，这就是感觉。换句话说，感觉是由刺激引起的，也是在头脑中产生的，传递了人类生存所需要的信息。

从上面这段简单的描述中，我们可以看到，感觉首先依赖刺激的特性，每种感觉都有自己适宜的特异性刺激物。例如，视觉的适宜刺激是光，是一种电磁波，由于有长波、中波和短波，我们才有了红、橙、黄、绿、青、蓝、紫 7 种不同的颜色感觉；听觉的适宜刺激是声音，由于声音具有不同频率和强度，我们才有了音高、音响和音色的感觉；味觉的适宜刺激是可溶于水的化学物质，由于它们的特性不同，我们才有了不同的味觉。

但是，刺激的物理能量并不能被人脑直接接收，并产生感觉。为了引起感觉，还必须借助感官的换能作用，也就是将不同刺激的物理能量转换为大脑能够识别和处理的神经信号或神经冲动。换句话说，眼睛是光的换能器，耳朵是声音的换能器，舌头是化学物质的换能器。经过这些感官的换能作用，外界刺激的特性和属性才能被大脑接收，并引起各种不同的感觉。

经过感觉器官的换能作用，神经冲动还需要经过传入装置到达大脑的不同部位，引起感觉。脑的不同部位加工不同的信息，产生不同的感觉，如视觉、听觉、嗅觉、味觉和肤觉等。由感官、传入装置、脑区构成的系统被称为感觉系统。不同的感觉赖以产生的感觉系统是不一样的。在后面，我们将介绍不同感觉系统的特点。

更准确地说，感觉依赖感觉系统的特性，即每种感觉系统具备不同的神经编码能力。不同物种的感觉系统的特性不同，它们的神经编码能力也有区别。鹰的眼睛和人的不同，能看清 1000 米以外的小动物，而人做不到；狗的鼻子和人的不同，能区分许多东西的气味，而人做不到。相反，人对颜色的视觉能力却远远高于许多动物。人能看到五颜六色的世界，而一些低等动物只能看到黑白的世界。感觉系统的特性是动物在漫长的物种进化过程中形成的。

19 世纪，德国生理学家缪勒（Johannes Müller）最早研究了感觉编码问题，提出了神经特殊能量学说（theory of specific nerve energy）。他认为，各种感觉神经都具有自己特殊的能量，在性质上是相互区别的。每种感觉神经都只能产生一种感觉，而不能产生另外的感觉，如视神经受到刺激产生视觉、听神经受到刺激产生听觉等。感官的性质不同，感觉神经具有的能量不同，由此引起的感觉也不同。在他看来，感觉是由感觉器官自身的神经特殊能量决定的，而与客观世界无关。

由于感觉依赖感觉系统的生物学特性，因此我们看到的颜色、听到的声音、尝到的味道都具有主观性，我们平日所说的颜色、声音、气味、轻重等物体的特性，实际上不是客观事物和现象自身的特性，而是物体的某些特性在人的特定感觉系统中产生的一种主观体验。但是，人的感觉又传递了客观刺激物的特性和属性所携带的信息，使人类能够认识世界，适应和改善周围的环境，保证了人类的生存和发展，因而感觉又是客观的，是人类认识世界的直接途径。缪勒的神经特殊能量学说只强调感觉的主观性，忽视了它的客观性，这是该学说的局限性。

感觉是神经系统对身体内外刺激的反应，它和其他心理现象一样，具有反射的性质。感觉包括感受器和效应器的活动。感受器与效应器的活动是紧密联系在一起的。感受器能接收身体内外的各种刺激，并将其转变为神经冲动，传达到中枢神经。效应器不仅执行神经中枢发出的指令，产生某种应答性活动，而且参与信息获得的过程。它能加强信息的输入，使感觉过程更合理、更有效。以视觉为例，为了得到清晰而稳定的视觉映象，不仅需要视觉感受器提供正确的信息，而且需要神经中枢在对输入的信息进行分析后，对感受器做出反射性调整。当物体的距离、观察角度、照明条件发生变化时，神经中枢对感受器的自动化调节对保证正确地感知外界事物有着重要意义。

二、感觉的种类及研究感觉的意义

俗话说，人有五官，因此有五种感觉，即视觉、听觉、嗅觉、味觉和肤觉。事实上，人的感觉远远不止五种。

人的感觉系统包括视觉、听觉、化学感觉和躯体感觉。其中视觉可分为颜色、明度等感觉，听觉可分为音高和音响等感觉，化学感觉可分为味觉和嗅觉，躯体感觉可分为触觉、温度觉和痛觉等。其中有些感觉接收外部世界的刺激，因而叫外部感觉；有些感觉接收身体内部的刺激，因而叫内部感觉或机体觉。

研究感觉具有重要的理论意义。感觉是一切较高级、较复杂的认识活动的基础，也是人的全部心理现象的基础。人的知觉、记忆、思维等复杂的认识活动，必须借助感觉提供的原始资料。人的情绪体验必须依靠人对环境和身体内部状态的感觉。人的态度和信念也是基于感觉经验才发展起来的。总之，没有感觉，一切较复杂、较高级的心理现象就无从产生。因此，研究感觉对理解知识的起源具有重要意义。

研究感觉也有重要的应用价值。感觉是人脑获取信息的唯一途径。通过感觉，人能够认识外界物体的颜色、明度、气味、软硬等，从而了解事物的各种属性。我们阅读书报，看手机上的信息，依赖视觉；和朋友交谈，欣赏电视中的音乐，依赖听觉；品尝各种美食佳肴，依赖味觉和嗅觉；参加篮球或羽毛球赛，依赖动觉和平衡觉等。感觉还提供了生存和安全的信息。在通过路口时，正是视觉提供的不同的灯光信息，使我们避免了交通事故的发生；凭借视觉和嗅觉，可以分辨食物的新鲜程度，避免误食过期、有毒的食物。通过感觉还能认识自己机体的各种状态，如饥饿、寒冷等，因而能实现自我调节，如饥则食，渴则饮。没有感觉提供的信息，人就不能根据自己机体的状态来调节自己的行为。亚里士多德说过，求知是人类的本性。我们乐于使用我们的感觉就是一个说明。

感觉编码

感觉器官及神经系统如何对输入的信息进行编码？有两种颇具代表性的理论。一种叫特异化理论（specificity theory）。该理论主张，不同性质的感觉是由不同的神经元来传递信息的。有些神经元传递红色信息，有些神经元传递甜味信息，当这些神经元被激活后，神经系统把它们的激活分别解释为"红"和"甜"。另一种叫模式理论（pattern theory）。这种理论认为，编码是由整组神经元的激活模式引起的。红光不仅会引起某种神经元的激活，而且会引起相应的一组神经元的激活，只不过某种神经元的激活程度较大，而其他神经元的激活程度较小，整组神经元的激活模式才产生了红色的感觉。20 世纪末以来的研究发现，在不同的感觉系统中，神经系统同时采用了特异化编码和模式编码（Goldstein, 1996；Rosenzweig, Leiman, & Breedlove, 1996）。

三、感受性、感觉阈限及其测定

感觉是由刺激物直接作用于某种感觉器官引起的，依赖刺激物的一定强度。刺激超过一定的强度能引起感觉；低于一定的强度，人就不能觉察到它的存在。这个刺激范围被称为感觉阈限（sensory threshold），与其相应的感觉能力被称为感受性（sensitivity）。

（一）绝对感受性和差别感受性

研究不同感觉系统的感受性，是心理学家的重要任务之一。感受性是一种主观体验，我们无法直接测量。于是心理学家采用了一种间接测量的方法：通过测量刺激量的大小（感觉阈限）来表示感受性的高低。一种感觉所需要的刺激量越小，说明它的感受性越高，即感觉能力越强。感受性和感觉阈限存在反比关系。

有两种不同的感受性，一种叫绝对感受性（absolute sensitivity）。我们平时看不见空气中的灰尘。但是，当细小的灰尘聚集成较大的尘埃颗粒，超过某个大小或重量时，我们不仅能看见它，而且能感觉到它落在皮肤上的压力。人的感官觉察这种微弱刺激的能力，叫绝对感受性，而这种刚刚能引起感觉的最小刺激量，叫绝对感觉阈限（absolute sensory threshold）。不同人的绝对感受性不同，有人能听到离自己6 米远的手表的嘀嗒声，而有人只能听到2 米处手表的嘀嗒声。

一般来说，人类各种感觉的绝对感受性都很高。人能嗅到 1 立方分米空气中散布的 1/10 万毫克的人造麝香的气味等。

另一种叫差别感受性（differential

sensitivity），即觉察两种刺激差异的能力。例如，几百人参加的大合唱，如果增加或减少 1 个人，你听不出声音的差别；如果增加或减少 10 个人，差别就明显了。这种刚刚能引起差别感觉的刺激物间的最小差异量，叫差别感觉阈限（differential sensory threshold）或最小可觉差（just noticeable difference，JND）。差别感受性是通过差别感觉阈限进行测量的。差别感觉阈限越小，即引起差别感觉的刺激间的差异量越小，差别感受性或感觉差异的能力就越强。不同人的差别感受性也是不同的。有人对刺激的差异很敏感，而有人对刺激的差异不敏感。上年纪的人听觉的差别感觉阈限变高了，他们常常不能区分年轻人能区分的声音差异，说明他们的听觉感受性下降了。

测量感受性有多种不同的方法。其基本原理是：引起感觉的最小刺激量或差异量都不是一个固定的数值，而是一个范围或区间。也就是说，从完全觉察不到刺激到很容易觉察到刺激，要经历刺激量的逐渐增加。因此，在实际测量时，我们都用 50% 觉察到刺激或刺激的差异来代表绝对感受性或差别感受性。

（二）韦伯定律

德国生理学家韦伯（Weber，1834）系统研究了触觉的差别感觉阈限。他让被试用一只手先后提起两个重量不大的物体，并判断哪个重些。用这种方法确定了刚刚能够引起差别感觉的最小刺激量。结果发现，对刺激物的差别感觉不依赖一个刺激物增加的绝对重量，而依赖刺激物的增量与原刺激量的比值。例如，如果手上原有的重量是 100 克，那么至少必须增加 2 克，人们才能感觉到两个重量（100 克与 102 克）的差别；如果原有的重量是 200 克，那么增加的重量必须达到 4 克；如果原有的重量是 300 克，那么增加的重量必须达到 6 克。可见，引起差别感觉的刺激的增量与原刺激量之间存在某种数量关系。这种关系可用以下公式来表示：

$$K = \Delta I / I$$

其中 I 为标准刺激的强度或原刺激量，ΔI 为引起差别感觉的刺激增量，即 JND。K 为一个常数。这个公式叫韦伯定律（Weber's law）。对不同的感觉来说，K 的数值是不同的，即韦伯分数不同（见表 3-1）。

根据韦伯分数的高低，可以判断某种感觉的敏锐程度。韦伯分数越低，感受性越高，感觉越敏锐。韦伯定律只在中等强度的刺激范围内适用。

四、刺激强度与感觉大小的关系

在刺激阈限之上，感觉的大小与刺激强度之间有什么关系？刺激物的物理强度的变化，是否会引起感觉产生等量的变化？

（一）对数定律

1860 年，德国学者费希纳（Gustav Theodor Fechner）在韦伯研究的基础上探讨了刺激强度与感觉大小的数量关系。这种研究被称为感觉的心理物理学研究。

表 3-1　不同感觉的最小韦伯分数

感觉类别	韦伯分数
重压（在 400 克时）	$0.013 \approx 1/77$
视觉明度（在 100 光量子时）	$0.016 \approx 1/63$
举重（在 300 克时）	$0.019 \approx 1/53$
响度（在 1000 赫兹和 100 分贝时）	$0.088 \approx 1/11$
橡皮气味（在 2000 嗅单位时）	$0.104 \approx 1/10$
皮肤压觉（在每平方毫米 5 克重时）	$0.136 \approx 1/7$
咸味（在每千克 3 克分子量时）	$0.200 = 1/5$

（资料来源：Boring，Langfeld，& Weld，1939）

知识应用

生活中的韦伯定律

我们在外出买东西时，对价格差异的感受常常不是由价格的绝对差异引起的，而是由价格的相对差异引起的，就像两个刺激的差异感觉不依赖一个刺激物增加的绝对重量，而依赖刺激物的增量与原刺激量的比值一样。这就是购买行为中的韦伯定律。有人做过这样的调查，有 A、B 两组顾客，他们都想买手机，A 组顾客在一家商店里看到一款手机的价格是 1000 元，在另一家商店里看到的同款手机的价格是 950 元，两家商店的差价是 50 元；B 组顾客在一家商店里看到的一款手机的价格是 5000 元，在另一家商店里看到的同款手机的价格是 4950 元，两家商店的差价也是 50 元。这两组顾客是否都会从一家商店换到另一家商店去购买手机呢？调查结果发现，A 组中近三分之二的顾客会选择去另一家商店购买；而 B 组中只有三分之一的人会选择去另一家商店购买。同样是 50 元的差价，为什么会造成顾客不同的购买行为？原因就是，尽管手机的差价都是 50 元，但是对 A 组来说，50 元的差价相对于 1000 元显得比较多，因而比较重视；而对 B 组来说，50 元的差价相对于 5000 元显得比较少，因而可以忽略不计。可见，人们在购买行为中对价格差异的感受不取决于价格变化的绝对值，而取决于变化的百分比。正是对价格差异的不同感受，引起了人们不同的购买行为。

费希纳认为，任何感觉的大小都可由在阈限上增加的最小可觉差来确定，而最小可觉差在主观上是相等的。根据这个假定，费希纳在感觉大小和刺激强度之间推导出一种数学关系式，叫对数定律（logarithmic law）。

$$P=K\lg I$$

公式中的 I 指刺激量，P 指感觉大小（感觉量），K 是一个常数，与某种感觉的韦伯分数有关；对于不同感觉，K 的数值不一样。按照这个公式，感觉大小（感觉量）是刺激强度（刺激量）的对数函数。如果我们已知某个光线的物理强度 $I=10$，而常数 $K=1$，那么由它引起的感觉强度（P）为 1。如果我们使刺激强度加倍，即 $I=20$，那么由此引起的感觉强度（P）为 1.3。可见，当刺激强度按几何级数增加时，感觉大小只按算术级数上升。图 3-2a 说明了刺激的物理量与由它引起的感觉量的关系。当刺激量迅速上升时，感觉量是

逐渐变化的。如果刺激量取其对数值，那么它和感觉量的关系可以表示为一条直线，见图 3-2b。

对数定律提供了度量感觉大小的一个量表，对许多实践部门都有重要意义。但它假定所有最小可觉差在主观上相等，已经为事实所否定。对数定律以韦伯定律为基础，由于韦伯定律只适用于中等强度的刺激，因此，对数定律也只对中等强度的刺激才适用。

（二）幂定律

20 世纪 50 年代，美国心理学家斯蒂文斯用数量估计法（magnitude estimation method）研究了刺激强度与感觉大小的关系。例如，给被试呈现一个中等强度的光刺激，并给它的明度指定一个数值，如 10（标准光）。然后，随机呈现不同强度的光刺激（比较光），要求被试根据自己的主观感受，给每种光刺激的明度确定一

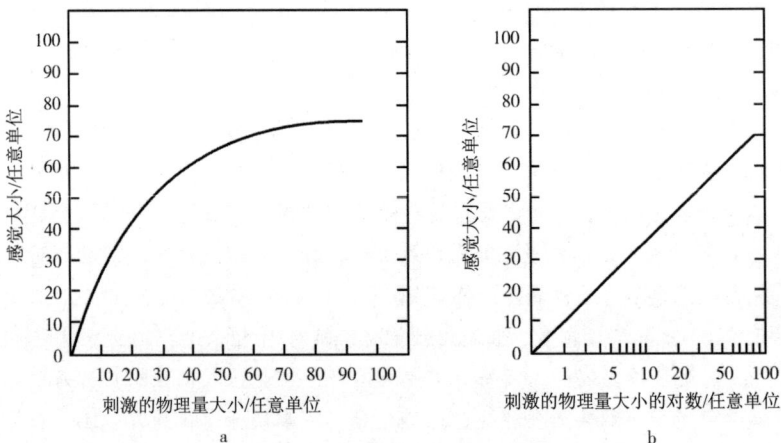

a

b

图 3-2　费希纳提出的刺激的物理量大小和感觉大小的关系

（资料来源：Dember & Warm，1979）

个数值，以表示它们的强弱。如果比较光看上去比标准光亮两倍，那么它的估计值可定为 20。如果比较光看上去只有标准光的一半亮，那么它的估计值就是 5。按照被试的估计，可以得到每种刺激强度与感觉大小（估计大小）的关系。表 3-2 是三种感觉通道实际测量的结果。从表中可以看到，在长度判断中，物理量的增加会引起心理量近似的变化。当物理长度增加到 10 倍时，看到的长度为 12.6 倍，两者的变化几乎是线性的。在明度判断中，看到的明度比实际的光强下降很多，当光强增加到 10 倍时，看到的明度只增加 2.15 倍，这种现象被称为反应压缩；而在电击判断中，感受到的电击比实际的电流强度增长很多，当电流强度增加到 10 倍时，

被试感受到的电击增加 3000 倍以上，这种现象被称为反应扩张。

根据这些实验，斯蒂文斯认为，心理量不随刺激量的对数的上升而上升，而是与刺激量的幂成正比。这种关系可用数学式表示为：

$$P=KI^n$$

公式中的 P 指感觉大小，I 指刺激的物理量，K 和 n 是某种感觉通过评定得到的常数。这就是斯蒂文斯的幂定律。

研究发现，对于某些感觉（如视觉、听觉），它们接收的刺激的能量变化范围较大，幂函数的指数（n）小，因而感觉量随着刺激量的增长而缓慢上升，如在双耳条件下，声强增加一倍，响度可能只增加二分之一；而对另外一些感觉（如

表 3-2　三种感觉通道的刺激强度与感觉大小的关系

物理量	心理量		
	明度	长度	电击
1	1.00	1.00	1.00
2	1.26	2.14	11.3
3	1.44	3.35	46.8
4	1.59	4.60	128
5	1.71	5.87	280
6	1.82	7.18	529
7	1.91	8.5	908
8	2.00	9.85	1450
9	2.08	11.2	2190
10	2.15	12.6	3160

（资料来源：Stevens，1961）

普通心理学

温度觉、压觉和痛觉），它们接收的刺激的能量变化范围较小，幂函数的指数较大，因而物理量增加后，感觉量的变化更明显。

斯蒂文斯的幂定律同样具有理论和实践的意义。在理论上，它可以根据刺激的物理强度的乘方来标定感觉的大小。在实践上，它可以为某些工程计算提供依据，如怎样合理设计摩托车，使驾驶员产生可接受的震动感觉。但是，用数量估计法所得到的幂定律取决于被试正确使用数字来恰当标记其心理—感觉量，因此可能受到被试的态度等因素的影响。

五、信号检测论

前文介绍了感受性的测定，它和被试对刺激信号的检测有关。人对信号的检测是否只依赖个体的感受性，答案是否定的。设想一下，两个人的听觉感受性完全相同，但是一个人期待着某种声音信号的出现，而另一个人则没有期待。结果会怎样呢？有期待的人可能会做出较多的"是"的判断，因而出现较多的"虚报"（没有信号时报告有信号）；而没有期待的人可能会做出较多的"否"的判断，因而出现较多的"漏报"（有信号时报告没有信号）。可见，人对信号的检测不仅依赖他的感受性，而且依赖他所设定的反应标准。信号检测论（signal detection theory, SDT）是一种数学方法，用来评价个体的感受性和他的反应标准对信号检测做出的不同贡献（Thomas & Bennett, 1978）。

根据信号有无和观察者的反应，信号检测论将被试的反应分为四种：击中（被试正确报告了信号的出现）、漏报（有信号，被试却没有报告）、虚报（没有信号，被试却报告有信号）和正确拒绝（没有信号，被试报告没有）。如果虚报率高，说明被试采用了较低的反应标准，容易将非信号报告成信号；如果漏报率高，说明被试采用了较高的反应标准，容易漏掉真正的信号。反应标准会受到很多因素的影响。除了前面提到的期待，被试的动机也可以改变反应标准。如果让被试听一个微弱的声音，在他进行反应时分别接受三种条件：①每击中一次得到 10 元奖励，那么他每次判断都会倾向于回答"是"，而不管他是否真的听到了；②每击中一次得到 10 元奖励，但如果虚报则被罚 5 元，这时他虚报的概率将明显减小；③每击中一次奖励 5 元，而虚报一次罚 10 元，那么他只有在非常确定的情况下才会回答"是"。这说明，不同的奖励激发了被试不同的动机水平，进而影响反应标准的改变。同样，对被试的注意水平也有影响。

可见，对信号检测论来说，心理物理学中所称的"绝对阈限"似乎并不存在。被试判断信号是否存在，依赖他在进行这个任务时的一系列非感官的心理因素。信号检测论允许我们在临界刺激的条件下，分离出非感觉的反应偏差对观察者反应的影响（施夫曼，2001）。

然而，这并不意味着我们应该取消感觉阈限的概念。我们有理由认为，阈限是

信号检测论的应用

信号检测论已经被实际应用于家庭、学校、工厂。例如，一个放射科医生要根据乳腺的影像判断一位女性是否患有乳腺癌。放射科医生知道某些特征，如特定大小和形状的阴影，与癌症有关。不过非癌变的特征与癌变的特征可能非常相似。放射科医生可能会按非常宽松的标准来做决策，并通过活检核查所有癌症的可能。这个决策减小了错过癌症的可能性，但也导致了许多不必要的活检。而按一个保守的标准可以减少不必要的活检，但可能会错过治好癌症的时机（夏克特等，2014）。

一个刺激值的范围，受环境和被试本人非感觉因素的影响。事实上，阈限还是一个非常有用的概念（高湘萍，2011）。

下面我们将分别介绍几种重要的感觉，如视觉、听觉、嗅觉、味觉、肤觉和各种内部感觉等，包括这些感觉的适宜刺激是什么，它们的感觉系统的特点以及由此产生的各种基本感觉现象等。

第二节　视　觉

视觉（vision）是人类重要的一种感觉，人类获得的外界信息 80% 来自视觉。视觉主要是由光刺激作用于人的视觉系统产生的。因此，要想了解视觉的特点，首先要知道视觉刺激和视觉系统的特点。

一、视觉刺激

要看见东西，就需要光。光是具有一定频率和波长的电磁辐射。它的频率范围为 $5×10^{14}$~$5×10^{15}$ 赫兹，换算成波长为 380~780 纳米。在电磁辐射中，可见光只是其中的一个狭窄的区域。

宇宙中能够产生光线的物体叫光源，如太阳和各种人造光源（如灯泡、蜡烛等），其中最重要的是太阳。人眼的许多视觉特性主要是长期适应太阳光的特性产生的。太阳光是一种由不同波长的光线混合而成的光。太阳光通过三棱镜的折射可产生由红到紫的各色光谱，这种现象叫色散。经过色散后不能再继续分解的光，叫单色光，如红、橙、黄等。它们具有单一的波长。如果把这些光汇合起来，就可以得到白光。

在我们周围的环境中，除光源外，大部分物体不能自行发光，只能反射来自太阳或人造光源的光。例如，月亮是一个不能发光的物体，我们看到的月光，是月球表面反射的太阳光。在正常情况下，我们接收的光线主要是物体表面反射的光线。

因此，光的特性既包括光源的特性，也包括具有反射作用的物体表面的特性。正是这些特性决定了人的视觉特性。

二、视觉系统的特点

视觉的生理机制包括折光机制、感光机制（换能）、传导机制和中枢机制。

（一）眼球

人眼是我们的视觉器官，形状近似于一个球。前端稍突出，前后直径约为 25 毫米，横向直径约为 20 毫米。它由眼球壁和眼球内容物构成。眼球的基本结构和功能见图 3-3。

人的眼球壁分为三层。外层为巩膜和

角膜。角膜有屈光作用，光线通过角膜进入眼内。中层为虹膜（iris）、睫状肌和脉络膜。虹膜在角膜后面、晶体前面，中间有一个孔，叫瞳孔（pupil）。瞳孔的大小由虹膜调节，可随光线的强弱而变化。内层包括视网膜和视神经内段。视网膜（retina）为一层透明薄膜，是眼球的感光部分，上面分布有感光细胞：视锥细胞（cone cell）和视杆细胞（rod cell）。

眼球内容物包括房水、晶状体和玻璃体。这些结构加上眼球前端的角膜，组成了眼睛的屈光系统。当眼睛注视外界物体时，由物体反射的光线经过角膜、房水、晶状体和玻璃体，使物像聚焦在视网膜中央凹的部位，这就是眼睛的光路系统。

（二）视网膜的构造和换能作用

视网膜是眼球的光敏感层。其神经元的细胞体位于三个不同的分层上：外核层是视锥细胞和视杆细胞，它最靠近视网膜壁；内核层有双极细胞（bipolar cell）

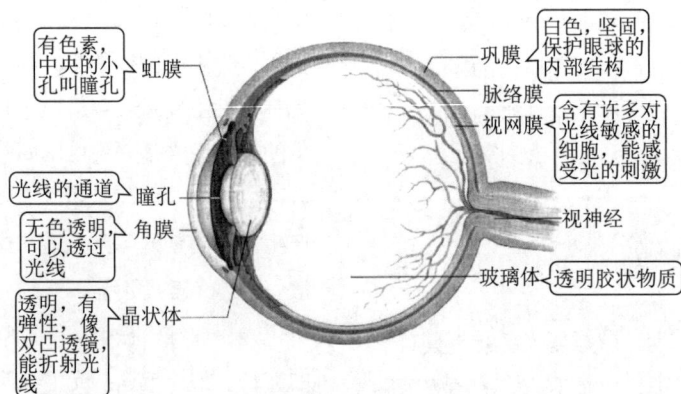

图 3-3 眼球的基本结构和功能

和其他细胞；以及神经节细胞（ganglion cell）层（见图3-4）。

人的视网膜上有视杆细胞和视锥细胞。这是眼睛中接收光刺激、完成换能作用的重要结构。两种细胞在形态、功能和空间分布上都有明显的区别。

在形态上，视杆细胞细长，呈棒状。视锥细胞短粗，呈锥形。

在空间分布上，在视网膜的中央凹处，只有视锥细胞，没有视杆细胞，这是视网膜上对光最敏感的区域。离开中央凹，视杆细胞急剧增加，在16°~20°视角处最多。在视网膜边缘，只有少量的视锥细胞（见图3-5）。在中央凹附近，有一个对光不敏感的区域，叫盲点（blind spot），来自视网膜的视神经节细胞的神经

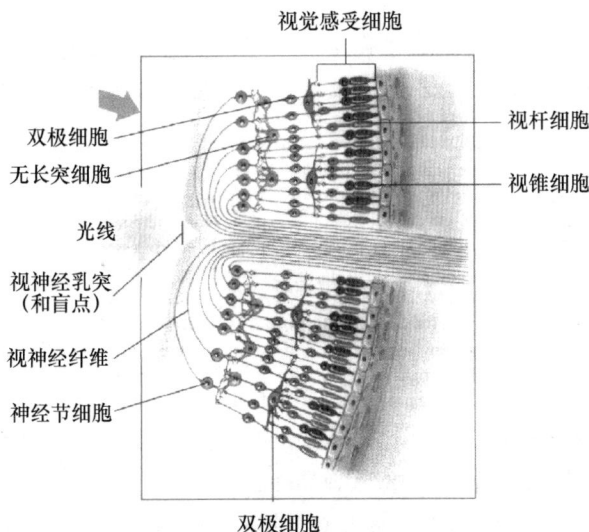

图3-4 视网膜的组织结构

（资料来源：Dowling & Boycott，1966）

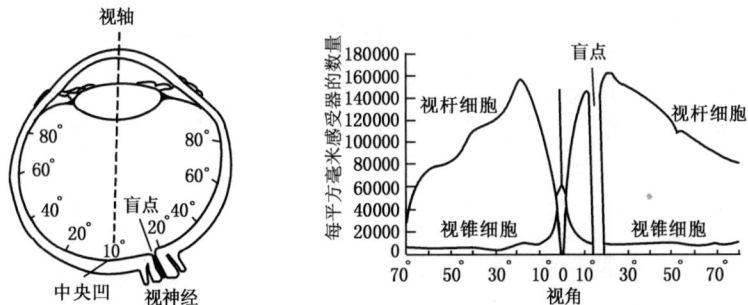

图3-5 视锥细胞与视杆细胞在视网膜上的分布

（资料来源：Pirenne，1967）

纤维在这里聚合成视神经。

在功能上，视杆细胞是夜视器官，在昏暗的照明条件下起作用，主要感受物体的明暗；视锥细胞是昼视器官，在中等和强的照明条件下起作用，主要感受物体的细节和颜色。

视觉的换能作用是在视杆细胞与视锥细胞中进行的。具有换能作用的物质叫视觉色素。当光线作用于视觉感受器时，视杆细胞与视锥细胞中的视觉色素的分子结构发生变化，它所释放的能量能激发感受细胞产生神经冲动，这就是视觉感受器的换能作用。视觉器官借助换能作用将光能转换成视神经的神经冲动，即神经电信号。20 世纪 60 年代以来的研究发现，人眼的视锥细胞中存在红、绿、蓝三种不同的视觉色素，它们分别对不同波长的光敏感，这对揭示颜色视觉的机制有重要意义。

（三）视觉的传导机制

神经冲动从感受器产生以后，沿着视

知识应用

测测你的盲点

盲点是视神经伸出眼球的地方，该点在视网膜上没有感光细胞，因此在视野中就产生了一个"缝隙"。但是为什么我们平时没有觉察到盲点的存在？这是因为我们的一只眼睛看不到的地方，另一只眼睛却可以看到，并且我们的大脑会为盲点补充上与背景匹配的信息。

如何发现自己的盲点呢？请用手捧着书本离眼睛一臂远，然后闭紧你的左眼，并用右眼注视图 3-6 中的小男孩，缓慢地将书本移近自己的眼睛。你会发现在某一个位置，右边的小球突然消失了。这是因为当时小球刚好落在你的盲点上。在你的视野中并没有出现一个"缝隙"，而是一片白色，这是因为大脑为你补充上了与背景匹配的信息。

图 3-6　小男孩与小球

神经传至大脑。视觉的传递机制由三级神经元实现：第一级神经元为视网膜双极细胞；第二级神经元为视神经节细胞，由视神经节发出的神经纤维在视交叉处实现交叉，鼻侧束交叉至对侧，和对侧的颞侧束合并，传至丘脑的外侧膝状体；第三级神经元的纤维从外侧膝状体发出，终止于大脑枕叶视觉中枢（见图3-7）。不同层级之间的神经细胞存在投射关系，实现对视觉信号的处理。

（四）视觉的中枢机制

视觉的直接投射区为大脑枕叶的纹状区（BA17、V1），这是实现对视觉信号初步分析的区域，也被称为视觉的初级加工区。当这个区域受到刺激时，人们能看到闪光；如果这个区域被破坏，患者会失去视觉而成为盲人。与BA17邻近的另一些脑区（BA18、BA19或V2、V3、V4、V5和V6）被称为视觉的次级加工区，负责进一步加工视觉的信号，产生更复杂、更精细的视觉，如认识形状、分辨方向和运动等（见图3-8）。如果这些部位受到损伤，患者将会失去对物体、空间关系、运动、人脸、颜色或视觉词汇的认识能力，产生各种形式的失认症。

从20世纪60年代以来，休伯和维泽尔对视觉感受野的系统研究对解释视觉的中枢机制产生了深远影响。由于在这个领域的重大贡献，他们共同荣获了1981年诺贝尔生理学或医学奖。

视觉感受野是由生理学家哈特兰（Hortline，1938）提出的一个重要概念，是指视网膜上的一定区域，当它受到刺激时，能激活视觉系统与这个区域有联系的各层神经细胞的活动。视网膜上的这个区

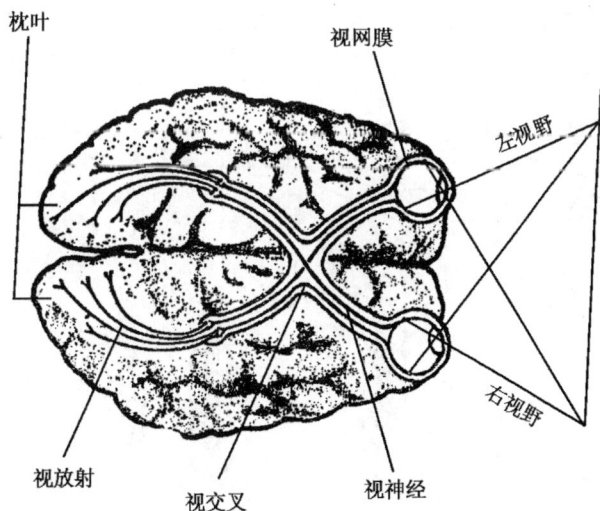

图3-7 人的视觉通道模式图

（资料来源：Lindsay & Norman，1972）

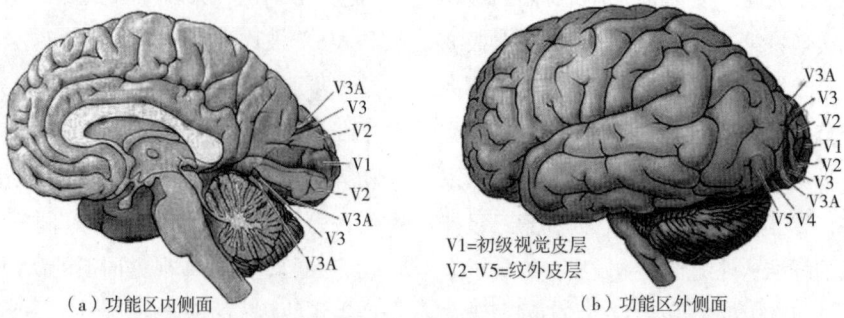

图 3-8　大脑枕叶的视觉区

（资料来源：Kolb & Whishaw，2001）

V1=初级视觉皮层
V2-V5=纹外皮层

（a）功能区内侧面　　　　　　（b）功能区外侧面

域就是这些神经细胞的感受野（见图 3-9）。从图 3-9 中我们可以看到，视网膜上一个较小的范围成为外侧膝状体上一个细胞的感受野。由于若干个外侧膝状体细胞共同汇聚到一个皮层细胞上，因此皮层细胞的感受野是视网膜上的一个更大的区域。

根据休伯和维泽尔的研究，外侧膝状体细胞的感受野呈圆形，其中心与周围具有对抗的性质。这种感受野使外侧膝状体细胞能对一个细小的光点做出反应（见图 3-10）。

皮层细胞的感受野同样具有性质对抗的两个区域：开区（兴奋区）和关区（抑制区），但两者为左右排列（见图 3-11）。休伯和维泽尔把皮层细胞分为简单细胞、复杂细胞和超复杂细胞，它们之间也存在

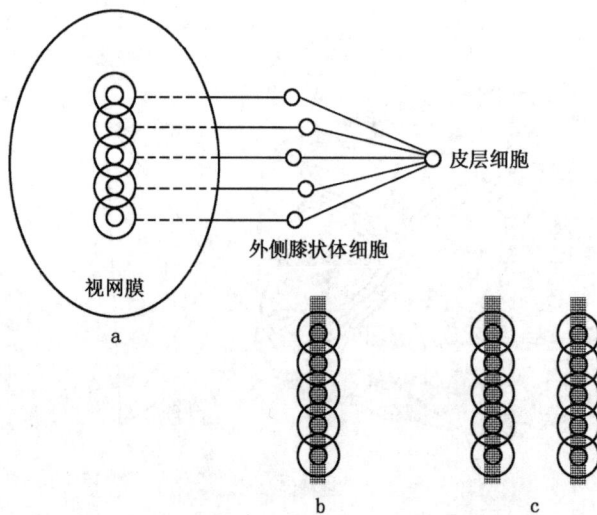

图 3-9　外侧膝状体细胞与皮层细胞感受野的关系

（资料来源：Huber & Wiesel，1962）

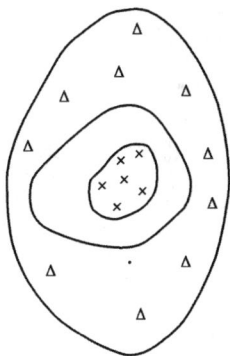

图 3-10　外侧膝状体细胞的感受野

（资料来源：Kuffler，1953）

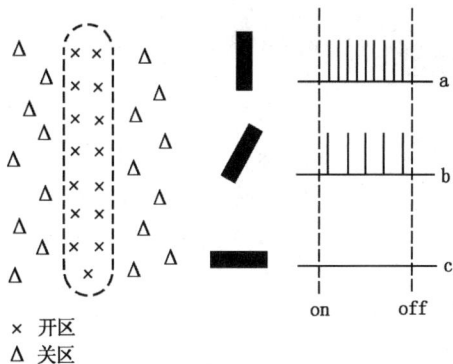

× 开区
△ 关区

图 3-11　皮层细胞的感受野

（资料来源：Hubel & Wiesel，1959）

汇聚的关系。这些细胞由于分工不同，形成了皮层上的功能柱。每个功能柱内的细胞具有相同的功能。人们加工视网膜上接收的各种视觉信号，是由每个功能柱内具有相同功能的细胞来实现的。

根据感受的研究，休伯等人认为，视觉系统的高级神经元能够对呈现在视网膜上的、具有某种特性的刺激物做出反应。这种高级神经元叫特征觉察器。人类的视觉皮层具有边界、直线、运动、方向、角度等特征觉察器，由此保证了机体能够对环境中提供的视觉信息做出选择性的反应。近年来，感受野研究进一步发现，视觉系统对运动方向的分析早在视神经节细胞的感受野中就已经开始，而不只是发生在视觉皮层上。

视觉的两条通路是 20 世纪视觉领域的一个重要发现。1983 年，米什金等人在猴子的纹状体皮层上发现 V1 皮层是皮层间两条通路的发源地。其中一条通向腹侧，沿着大脑皮层的颞枕叶分布，被称为

腹侧通路（ventral stream），也叫"what"通路，其主要功能是物体识别；另一条通向背侧，沿着枕顶叶分布，被称为背侧通路（dorsal stream），也叫"where"通路，其主要功能是空间位置和运动的识别（见图 3-12）。在此研究的基础上，他们提出了视觉的两条通路假设。在后面的章节中我们将会看到，这个假设对解释形状和运动知觉有重要意义。

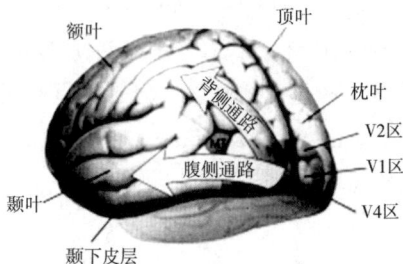

图 3-12　视觉的两条通路

但是，近年来有研究发现，在猴的视皮层，部分腹侧通路的神经元受到运动

戴维·休伯

戴维·休伯（David H. Hubel，1926—2013），当代著名的神经生物学家，哈佛大学医学院神经生物学教授。1926 年出生于加拿大安大略省。1947 年在加拿大蒙特利尔的麦基尔大学获得物理学学士学位。1951 年获得该校医学院医学博士学位。1954 年，休伯到了美国，在约翰斯·霍普金斯大学任助理住院医生，开始了神经学的研究。随后在沃尔特·里德军事医院工作，开始对猫进行初级视皮层的研究。1958 年回到约翰斯·霍普金斯大学，开始与维泽尔合作，发现了视觉皮层的朝向选择性与柱状组织。一年后受聘为哈佛医学院教授。1981 年因发现了视觉通路中细胞的感受野特性，他与维泽尔和斯佩里共享了诺贝尔生理学或医学奖。休伯的兴趣非常广泛，正如他在自传中所写的："我从 5 岁开始就花费了大量时间在音乐上，花了许多年学习钢琴，又学习直笛和长笛。我喜欢木工和摄影，有一个小望远镜用于天文观察。我滑雪、打网球和壁球。我喜欢学习语言，花费了无法计算的时间在法文、日文和德文词典上寻找单词。在实验室里，我几乎喜欢所有的事情，包括机械加工、摄影、计算机、外科手术，当然，更喜欢神经生理学。"

知觉的调节；反过来，背侧通路的许多神经元也受到形状知觉的调节。例如，由背侧通路支配的、对熟悉物体的伸手和抓握运动显得更加精确，就是由于它受到腹侧通路支配的物体识别的影响，这说明两条通路可能存在交互作用，或者说，两条通路更像是一个网络，分别执行不同的功能（De Haan & Cowey，2011；Harris，2014）。

三、视觉的基本现象

光线的基本特性有强度、空间分布、波长和持续时间。我们的视觉系统在编码光的这些特性时产生了一系列视觉现象。

（一）明度

明度是眼睛对光源和物体表面的明暗程度的感觉，是由光线强弱决定的一种视觉经验。一般来说，光线越强，看上去越亮；光线越弱，看上去越暗。由于我们看到的大多数光线都是经物体表面反射进入眼睛的，而不是直接从光源来的，因此，明度不仅取决于物体照明的强度，而且取决于物体表面的反射系数。光源的照度越高，物体表面的反射系数越大（最大为 1），看上去就越明亮。但是，光强与明度并不完全对应，如一个手电筒的亮光，白天显暗，夜晚显亮。可见，相同的光源强度可能会引起不同的明暗感觉。

在正常情况下，人的视觉系统能够对

多大范围的光强做出反应呢？经测定，这个范围从 10^{-6} 烛光 $/m^2$ 到 10^7 烛光 $/m^2$。超过 10^7 烛光 $/m^2$ 的光强对人眼有破坏作用；低于 10^{-6} 烛光 $/m^2$ 的光强，人眼就不能觉察了。后者为视觉系统对光强的绝对阈限。明度的差别感觉阈限在光强为中等强度时，符合韦伯定律，即 $K=\Delta I/I$，其数值近似于 $1/100$。在光刺激极弱时，韦伯比值 $\Delta I/I$ 为 $100/100$；在光刺激极强时，韦伯比值 $\Delta I/I$ 可缩小到 $1/167$。

在可见光谱范围内，人眼对不同波长的光线的感受性是不同的。这种情况可以用光谱敏感函数（或光谱光效率函数）来说明（见图 3-13）。图 3-13 右边的曲线代表视锥细胞对不同波长的感受性，左边的曲线代表视杆细胞对不同波长的感受性。

视锥细胞能吸收可见光谱所有波长的光，但对光谱的中央部分（约 555nm）最敏感，而对低于 500nm 和高于 625nm 的波长的感受性要差得多。从明度上来看，480nm 的光看上去只有 555nm 的光的 20%。

视杆细胞具有覆盖整个可见光谱的光谱光效率函数，但与视锥细胞相比，它们对较短的波长具有较高的感受性。视杆细胞的整个曲线向光谱较短的一端移动约 50nm。它们对短波一端较敏感，而对波长超过 620nm 的红光几乎不敏感。因此，当人们从视锥视觉（昼视觉）向视杆视觉（夜视觉）转变时，人眼对光谱的最大感受性将向短波方向移动，因而出现了明度的变化。在光强下降时，绿光会比红—橙光显得明亮得多。在日常生活中，我们也能见到这种现象。在阳光照射下，红花与蓝花可能显得同样亮，而当夜幕降临时，蓝花似乎比红花更亮些。这种现象叫普肯野现象。它说明在不同的光照条件下（白

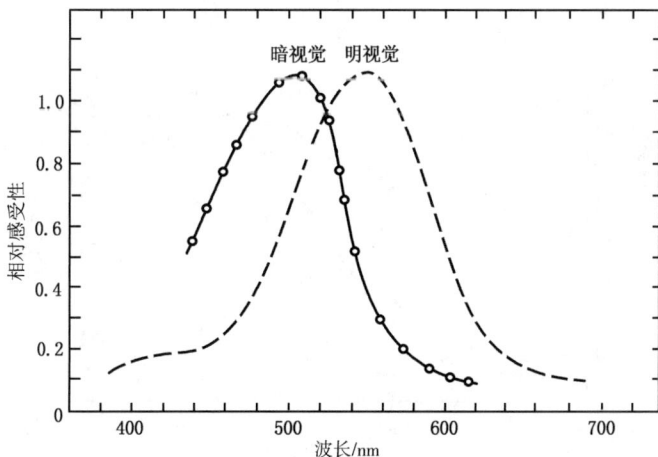

图 3-13　光谱敏感函数

（资料来源：Wald & Brown，1958）

天或夜晚），人们可能采用了不同的视觉机制。

（二）颜色

1. 什么是颜色

颜色是光波作用于人眼所引起的另一种视觉经验。它在人类生活中具有重要意义。在运输事业中，用不同的颜色信号来指挥车船的行驶；在染织工业中，要进行颜色色度的选择；在医疗事业中，为了诊断正确，要查明肿瘤、皮肤、眼底等的颜色；在铸造工业中，时常要用眼睛去判断金属熔化物的颜色（克拉甫科夫，1958）。

颜色具有三个基本特性，即色调、明度及饱和度。色调主要取决于光波的波长。对光源来说，占优势的波长不同，色调也就不同。例如，如果 700nm 的波长占优势，光源看上去就是红的；如果 510nm

的波长占优势，光源看上去就是绿的。对物体表面来说，色调取决于物体表面对不同波长的光线的选择性反射（见图 3-14）。如果反射光中长波占优势，物体就呈红色或橘黄色；如果短波占优势，物体就呈蓝色或绿色。

明度是指颜色的明暗程度。色调相同的颜色，明暗可能不同。例如，绛紫色与粉红色都含有红色，但前者显暗，而后者显亮。颜色的明度取决于照明的强度和物体表面的反射系数。光源的照度越大，物体表面的反射率越高，物体看上去就越亮。例如，黑纸的反射率低，明度小；而打字纸的反射率高达 80%，明度就大得多。氧化镁的反射率达 90% 以上，因而在相同的照明条件下，它比打印纸的明度要大些。

饱和度是指某种颜色的纯杂程度或

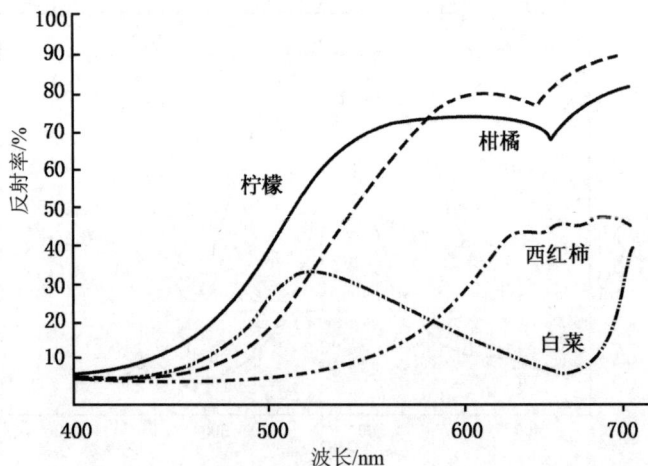

图 3-14　物体表面对不同波长光线的选择性反射

（资料来源：Clulow，1972）

鲜明程度。纯的颜色都是高度饱和的，如鲜红、鲜绿等。混入白色、灰色或其他色调的颜色都是不饱和的颜色，如绛紫、粉红、黄褐等。完全不饱和的颜色根本没有色调，如黑白之间的各种灰色。

每种颜色都有另一种颜色同它相混合而产生白色和灰色。这两种颜色被称为互补色。例如，红色和绿色、橙黄色和青色、黄色和蓝色等，都是互补色。一般来说，两个互补色的波长都相差很大。从光谱上任意取三个颜色，按一定比例混合起来，就可以产生一切彩色和非彩色。这三种颜色叫三原色。最好的三原色是红、绿、蓝三色。

2. 色觉缺陷

色觉缺陷包括色弱和色盲。

色觉正常的人可以用三种波长的光来匹配光谱上任何其他波长的光，因而被称为三色觉者。色弱患者虽然也能用三种波长来匹配光谱上的任一波长，但对三种波长的感受性均低于正常人。在光源较弱时，这些人几乎分辨不出任何颜色。色弱患者在男性中占6%，是一种常见的色觉缺陷。

另一种色觉缺陷为色盲。它又分全色盲和局部色盲两类。全色盲患者只能看到灰色和白色，丧失了对颜色的感受性，对他们来说，世界就像一部黑白电影。这种人一般缺乏视锥系统。无论是在白天还是晚上，他们的视觉都是"视杆视觉"。全色盲患者很少见，在人口中只占0.001%。局部色盲患者还有某些颜色经验，但体验到的颜色范围比正常人要小得多。其中红绿色盲是一种伴性遗传的色盲，其基因是一种位于 X 染色体上的隐性基因。由于女性拥有两条 X 染色体，因此即使其中的一条 X 染色体存在色觉缺陷基因，她们仍能拥有正常的颜色视觉；而男性只有一条 X 染色体，另一条是 Y 染色体。因此红绿色盲在男性中的占比为8%，而在女性中的占比小于1%（Hsia & Graham, 1997）。另一种局部色盲为蓝色盲。蓝色盲患者缺少蓝色锥体，难以区分短波和中波，而分辨红、绿、黄没有困难。蓝色盲与性别无关。平均来说，有问题的父母，其一半子女都会有问题，

知识应用

颜色的心理效应

颜色不仅是一种视觉现象，它还影响人的心理和行为。例如，红、橙、黄给人一种温暖的感觉，是暖色调，而绿、蓝、青给人以清凉与寒冷的感觉，是冷色调。颜色还可以给人以"轻""重"不同的感觉。例如，黑色使人感觉厚重，白色使人感觉轻快。颜色还会影响人的情绪。例如，红色使人兴奋，蓝色使人镇静，黑色与灰色都带有抑郁、悲伤的色彩。

（资料来源：林仲贤，2011）。

知识应用

检查色盲

从这幅图中你看到了什么呢？是很多点还是两个数字"26"（见图3-15及书前彩图）？如果你看到的是数字"26"，那么你的色觉很可能是正常的。如果你看到了其他图案，那么你很可能是色弱或者局部色盲。

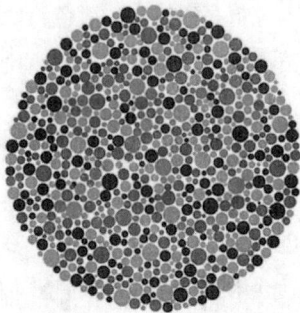

图3-15　检查色盲的图片

发病率从 1/1000 到 1/65000（Sharpe et al., 1999）。还有一种色觉缺陷是由脑损伤引起的，如腹侧视皮层 V4 受到损伤，也会导致色觉异常，因而被称为皮层性色觉缺陷，或获得性色觉缺陷（Bouvier & Engel，2006）。

3. 色觉理论

（1）三色理论

英国科学家托马斯·杨（Young, 1807）假定，人的视网膜有三种不同的感受器，分别负责感知红、绿、蓝三原色。每种感受器只对光谱的一种特殊成分敏感。当它们分别受到不同波长的光刺激时，就会产生不同的颜色经验。1860 年，赫尔姆霍兹放弃了一种感受器只对一种波长敏感的看法，认为每种感受器都对各种波长的光有反应，但红色感受器对长波更敏感，绿色感受器对中波更敏感，蓝色感受器对短波更敏感。因此，光刺激作用于眼睛，将在三种感受器中引起不同程度的兴奋。各种颜色经验是由不同感受器按相应的比例活动产生的。

三色理论得到了一些实验结果的支持（Marks，Dobelle，& MacNichol，1964）。在实验中，将直径为 2 μm 的光束聚焦在单一视锥细胞上，然后分析它们对光的吸收特性。结果发现，第一组视锥细胞能吸收波长约 450nm 的光（蓝），第二组能吸收波长约 540nm 的光（绿），第三组能吸收波长约 577nm 的光（近似红光）。这些视锥细胞分别被称为 S（短波）视锥细胞、M（中波）视锥细胞和 L（长波）视锥细胞，它们分别吸收一定比例的光，并有不同的吸收峰值（见图 3-16）。研究进一步发现，人眼视网膜上三种视锥细胞的数量不同，分布的情况也是不同的（Roorda & Williams，1999）。由于每种视锥细胞能接收的光刺激范围都很大，它们的光谱敏感曲线存在交叉，因此人眼对颜色的感觉是三种不同视锥细胞共同作用的结果。

但是，这个理论也有明显的缺陷。例

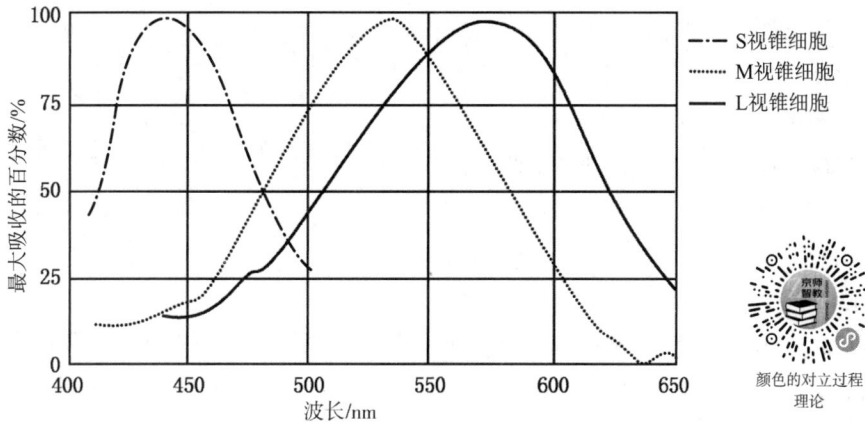

图 3-16　三种视锥细胞的不同感受性

（资料来源：Marks，Dobelle，& MacNichol，1964）

如，它不能解释红绿色盲。红绿色盲患者把光谱的短波部分看成蓝色，长波部分看成黄色，因而没有红、绿经验。按三色理论，这种患者应该缺乏感红和感绿的视锥细胞。由于三色理论假定黄是由红、绿混合产生的，因此，这种患者不应该具有黄色的经验，但是在光线足够强时，这种患者能看到不饱和的黄色，这和三色理论的预测不一致。

（2）对立过程理论

黑林（E. Hering）在 19 世纪晚期提出了对立过程理论，该理论也被称为四色说或者拮抗加工理论。黑林假定，存在红、绿、黄、蓝四种原色，并且视网膜存在三对对立的颜色过程：红—绿过程、黄—蓝过程、白—黑对抗过程。它们在光刺激的作用下表现为对抗的过程，也就是说，一对颜色过程对其中的一种颜色（如红色）进行反应，就会阻断对另一种颜色（如绿色）的反应。由于红—绿过程、黄—蓝过程、白—黑对抗过程的存在，因此我们看不到发红的绿、发黄的蓝和发白的黑。

对立过程理论还认为，视觉系统对一种颜色产生疲劳反应后，与之对立的颜色过程就会被激活。这就解释了为什么颜色的后像是负后像（看到原来颜色的互补色）。例如，为什么先看到红色，后像就是绿色；先看到黄色，后像就是蓝色。对立过程理论还可以解释颜色互补现象。由于红—绿是对抗的过程，等量的红光和绿光混合，红—绿过程的作用相互抵消，因此看到了白色或者灰色。同理，由于黄—蓝是对抗的过程，等量的黄光和蓝光混合，黄—蓝过程的作用相互抵消，因此看到了白色或者灰色。

从 20 世纪 50 年代末以来，生理学家先后在动物的视神经节细胞和外侧膝状体细胞内发现了编码颜色信息的对立机制。例如，斯瓦特金（Svatichin, 1956）发现，

在鱼眼视网膜中存在两种水平的细胞，一种对红光做出最大的正电位反应，对绿光做出最大的负电位反应，它们分别是＋红、－绿细胞；另一种对黄光做出最大的正电位反应，对蓝光做出最大的负电位反应，它们分别是＋黄、－蓝细胞。这两种细胞在功能上是对立的。德瓦洛伊（Devalois，1960）也发现，短尾猴的外侧膝状体细胞在功能上具有对立的性质。其中有些细胞对光谱一端的光产生兴奋性反应，即提高细胞的自发放电水平，而对光谱另一端的光产生抑制性反应，即降低细胞的自发放电水平。例如，＋蓝、－黄细胞对 450nm 的光的反应，表现为激活率上升，而对 580nm 的光，细胞的自发活动受到抑制。又如，＋绿、－红细胞对 510nm 的光表现为激活率上升，而对 600nm 的光表现为激活率下降。

（3）两阶段理论

基于上面的发现，学者将三色理论和对立过程理论统一起来，提出了视觉机制的两阶段理论（Walraven，1962；Cottaris & Devalois，1998）。该理论认为，颜色视觉加工是分阶段的，在光感受阶段，颜色加工符合三色理论：视网膜上存在三种视锥细胞，能分别对不同波长的光敏感。在信息传导阶段，颜色加工符合对立过程理论，即存在功能对立的细胞，颜色的信息加工表现为拮抗过程。三种颜色信息由视锥细胞处理后，分别被编码成两种对立的神经信号，再通过对立过程传输给更高层次的视觉中枢（见图 3-17）。

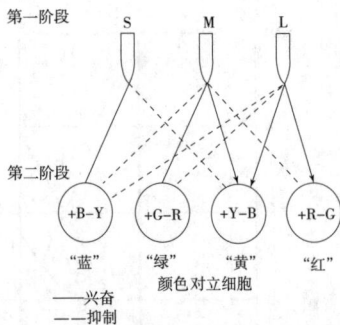

图 3-17　视觉机制的两阶段理论
（资料来源：施夫曼，2014）

四、视觉中的空间因素和时间因素

（一）视觉中的空间因素

1. 视觉对比

视觉对比是由光刺激在空间上的不同分布引起的视觉经验，可分为明暗对比与颜色对比两种。

明暗对比是由光强在空间上的不同分布造成的。例如，从同一张灰纸上剪下两个小的正方形，分别放在一张白纸和一张黑纸的背景上，这时人们看到，放在白色背景上的小正方形比放在黑色背景上的小正方形要暗得多，由于背景的灰度不同，对比的效果也不同（见图 3-18a）。可见，物体的明度不仅取决于物体的照明及物体表面的反射系数，而且受物体所在的周围环境的明度的影响。当某个物体反射的光量相同时，由于周围物体的明度不同，因此可以产生不同的明度经验。这种现象叫明度的对比效应。

颜色也有对比效应。一个物体的颜色会受到它周围物体颜色的影响而发生色调

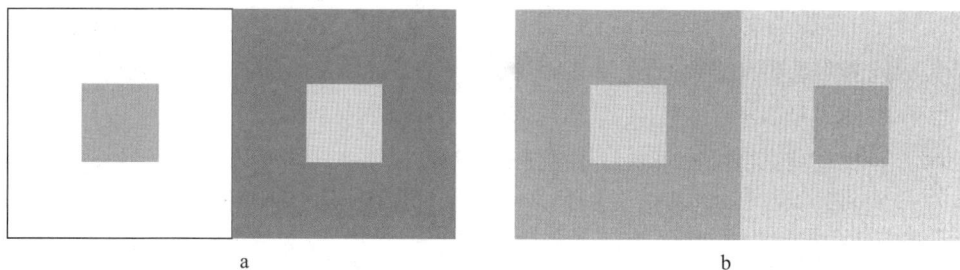

图 3-18　明暗对比和颜色对比

（资料来源：Kaufman，1979）

的变化。例如，将一个灰色正方形放在蓝色背景上，正方形将略显黄色；放在红色背景上，正方形将略显绿色。总之，对比使物体的色调向着背景颜色的补色方向变化（见图 3-18b 及书前彩图）。

研究视觉对比有实践意义。18 世纪初，在法国巴黎的一家制造毛毯的工厂里发生过这样一件事：工人们抱怨织进毛毯的黑色毛线的颜色，怀疑是由黑色染料造成的。后来，他们请教了一位化学家，经过研究发现，问题是由黑色毛线周围的颜色对比引起的，而与黑色染料的质量无关。直到今天，在纺织工业、印染工业和编织工艺中，视觉对比仍有重要意义。

2. 边界突出与马赫带

马赫带是指人们在明暗变化的边界

上，常常在亮区看到一条更亮的光带，而在暗区看到一条更暗的线条（见图 3-19a）。从刺激物的能量分布来说，亮区的明亮部分与暗区的黑暗部分和该区的其他部分相同（见图 3-19b 实线部分），而我们看到的明暗分布在边界处却出现了起伏现象（见图 3-19b 虚线部分）。研究发现，马赫带不是刺激能量的实际分布，而是神经网络对视觉信息进行加工的结果。

为了解释马赫带的产生，我们可以运用侧抑制（lateral inhibition）的原理。侧抑制是指相邻的神经元之间互相抑制的现象。哈特林和雷特里夫（Hartline & Ratliff，1956）用马蹄蟹（学名鲎）进行实验。他们将电极插入该动物的单个小眼的传入

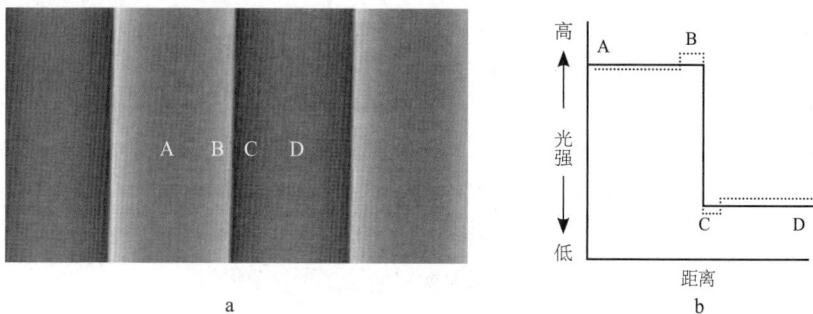

图 3-19　马赫带

（资料来源：Ratliff，1972）

纤维处，并记录在光刺激的作用下从这里记录到的神经冲动。结果发现，个别感受器的输入电信号和周围感受器的活动状态有关，当感受器受到刺激的时候，由此产生的神经冲动将对邻近部位的输入信号产生抑制性的影响。

怎样用侧抑制解释马赫带？我们用X、A、B、C、D、Y分别代表接收不同光刺激强度的 6 个感受器，X、A、B处在亮区，C、D、Y处在暗区（见图3-20）。它们在刺激的作用下分别产生 100 和 20 个单位的反应量。各感受器把神经冲动分别传递给与之对应的双极细胞。双极细胞间彼此存在侧抑制。现假定来自亮区和暗区的侧抑制强度为初始反应的 10%，即 10 和 2，那么双极细胞输出端由于侧抑制会发生怎样的变化呢？我们计算一下就会明白，结果得到了 80、80、88、8、16、16 的输出量分布，也就是亮区一侧出现了 88，而暗区一侧出现了 8 的分布，即亮区一侧出现了更加明亮的线条，暗区一侧出现了更加昏暗的线条，因而边界更加突出了。

研究边界突出对我们理解物体的轮廓知觉有重要意义。在后面将会看到，由于知觉到物体的轮廓，我们才能知觉到不同形状的物体。

（二）视觉中的时间因素

视觉系统不仅能分析视觉刺激的空间特性，而且能分析视觉刺激的时间特性。例如，在某个有限的时间范围内，视觉系统能把在不同时间内得到的刺激整合起来；在刺激作用停止以后，视觉感受器仍能在较短时间内继续活动等。

1. 视觉适应

适应是我们熟悉的一种感觉现象。它是由刺激物的持续作用而引起的感受性的变化。在视觉范围内，常见的有暗适应和明适应。

（1）暗适应

暗适应是指照明停止或由亮处转入暗处时视觉感受性提高的时间过程。例如，我们从阳光照射的室外进入电影院，或在夜晚由明亮的室内走到室外，都会产生暗适应过程。开始时觉得一片漆黑，什么也看不见，经过一段时间，眼睛开始能看清

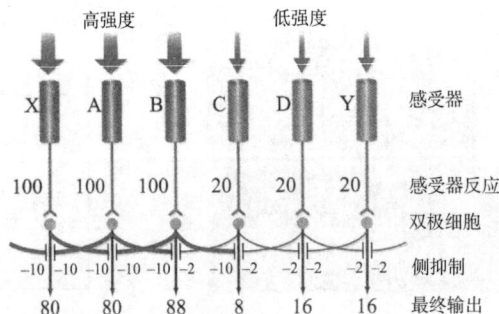

马赫带现象的产生机制

图 3-20　用侧抑制解释马赫带现象

（资料来源：Goldstein et al.，2018）

黑暗中的物体，说明视觉感受性提高了。研究发现，视网膜上的视杆细胞和视锥细胞都参与暗适应过程，但作用的大小及起作用的阶段，两者是不同的。在暗适应的最初 7~10 分钟内，感觉阈限骤降，而感受性骤升。之后，暗适应曲线改变方向，感受性继续上升，出现杆锥裂（rod-cone break）（见图 3-21）。如果在进行暗适应实验时，将红光投射在视网膜上，由于红光只使视锥细胞活动，而不能使视杆细胞活动，因此，只要视锥细胞参与暗适应过程，杆锥裂就没有了。可见，早期的暗适应是由视锥细胞与视杆细胞共同完成的。之后，视锥细胞完成暗适应过程，只有视杆细胞继续起作用。整个暗适应持续 30~40 分钟，之后感受性就不再继续提高了。

（2）明适应

明适应与暗适应相反，是指照明开始或由暗处转入亮处时人眼感受性下降的时间过程。当我们看完电影，从电影院出来时，开始觉得光线耀眼，但很快就恢复了正常状态，这就是明适应。暗适应时间较长，而明适应时间很短。明适应在 1 秒内，阈限值就显著上升，5 分钟左右，明适应就全部完成了。

研究视觉适应有重要的实践意义。人们利用它的规律可以提高视觉的效果，避免在异常情况下光线对眼睛的破坏作用。

例如，由于地震而在废墟中停留多时的人，在抢救出来后要注意保护他们的眼睛（见图 3-22）。这是因为他们在黑暗中长时间停留，强烈的地面日光会灼伤他们的眼睛。又如，值夜勤的飞行员和消防队员，在值勤以前，最好戴上红色眼镜在室内灯光下活动。由于红光不能漂白视杆细胞的视色素，因此在他们接到紧急任务时，可以加快眼睛的暗适应过程。

2. 后像

刺激物对感受器的作用停止以后，感觉现象并没有立即消失，它能保留一个短暂时间，这种现象叫后像。

后像分为两种：正后像和负后像。后像的品质与刺激物相同叫正后像；后像的品质与刺激物相反叫负后像。例如，在注视电灯光之后，闭上眼睛，眼前会出现灯的一个光亮形象，位于黑色背景之上，这

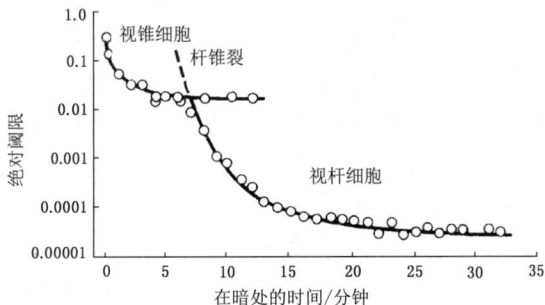

图 3-21 暗适应曲线

（资料来源：Hecht，1938）

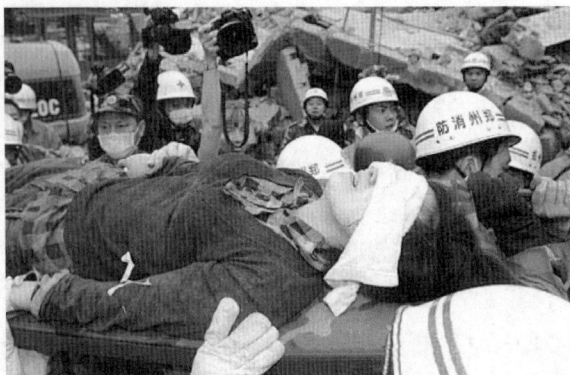

图 3-22　地震救援工作

是正后像；之后可能会看到一个黑色形象
出现在光亮背景之上，这就是负后像。颜
色视觉也有后像，一般为负后像，即看到
原来颜色的互补色。如果注视一朵绿花，
约一分钟，然后将视线转向身边的白墙，
那么在白墙上将看到一朵红花；如果先注
视一朵黄花，那么后像将是蓝色的（见图
3-23 及书前彩图）。

图 3-23　颜色后像

（资料来源：Gleitman，1999）

研究进展

视觉适应

　　人眼感受到的外界环境是不断变化的。我们的视觉系统必须根据外界环
境的变化做出适应性的调整，这就是视觉适应（Clifford，2007）。视觉适应
最显著的影响是能够改变我们对外观物体的知觉，有时甚至产生视错觉。因
此，视觉适应的研究对于理解神经系统如何加工外部视觉信息具有重要意
义。此外，视觉适应也是研究大脑可塑性的重要手段之一。一般认为，视觉
适应是短时程可塑性的一个代表（Kohn，2007）。视觉系统不仅对基本的刺
激属性，如亮度（明和暗）、对比度、运动、颜色等存在适应，而且对复杂
的、高级的刺激输入（如人脸）也存在适应。这暗示视觉适应可能是一种普
遍存在的机制，是视觉系统的内在功能。

（资料来源：高忆，鲍敏，2015）

第三节 听 觉

听觉是人类另一种最重要的感觉。人们通过听觉可以和别人进行言语交际，欣赏音乐，许多危险信号也是通过听觉传递的。因此，听觉在动物和人的适应行为中有重要作用。

一、听觉刺激

听觉的适宜刺激是声波。声波是由物体振动产生的，如人的语音是由声带振动产生的，提琴的声音是由琴弦振动产生的。物体振动时对周围空气产生压力，使空气分子做疏密相间的运动，这就是声波。声波通过空气传递给人耳，并在人耳中产生听觉。

用一个音叉和一个示波器，我们就可以从示波器上看到声波的形状。

声波的物理性质包括频率、振幅和波形。频率指发声物体每秒振动的次数（周/秒），单位是赫兹（Hz）。不同的声音，其频率也不同。成年男子的声音频率低，而女人和小孩的声音频率高。建筑工地上砸夯机的声音频率低，而工厂汽笛的声音频率高。人耳所能接受的振动频率范围为20~20000Hz。低于20Hz的振动叫次声波，高于20000Hz的振动叫超声波，它们都是人耳所不能接受的。

振幅是指振动物体偏离起始位置的大小。发声体的振幅大小不一样，它们对空气形成的压力大小也不一样。振幅大，压力大，我们听到的声音就强；振幅小，压力小，我们听到的声音就弱。测量声音的强度可以用声压水平（SPL），单位为分贝（dB）。

声波最简单的形状是正弦波。由正弦波得到的声音叫纯音，如用音频信号发生器和音叉发出的声音就为纯音。在日常生活中，人们听到的大部分声音都不是纯音，而是复合音，这是由不同频率和振幅的正弦波叠加而成的。例如，我们把一个频率为10Hz的正弦波与一个频率为20Hz的正弦波叠加在一起，我们就可以得到一个波形不同的复合音。

声波的这些物理特性决定了听觉的基本特性：音高、音响和音色。

根据发声体的振动是否具有周期性，声音还分为乐音和噪声。乐音是周期性的声波振动，噪声是不规则的、无周期性的声波。乐音有益于人体的健康，能帮助人消除疲劳，振奋精神，治疗疾病。太强的噪声一般有损于人体健康，使人头晕目眩，注意力分散，工作效率下降。

二、听觉系统的结构和功能

（一）耳的构造和功能

耳是人的听觉器官。它由外耳、中耳、内耳三个部分组成（见图3-25）。

外耳包括耳郭和外耳道。它的作用主要是收集声音。一些动物的耳郭形似喇叭，由肌肉控制它的运动，有助于对声音的定向。人的耳郭的运动能力退化了，但仍有收集声音的作用。

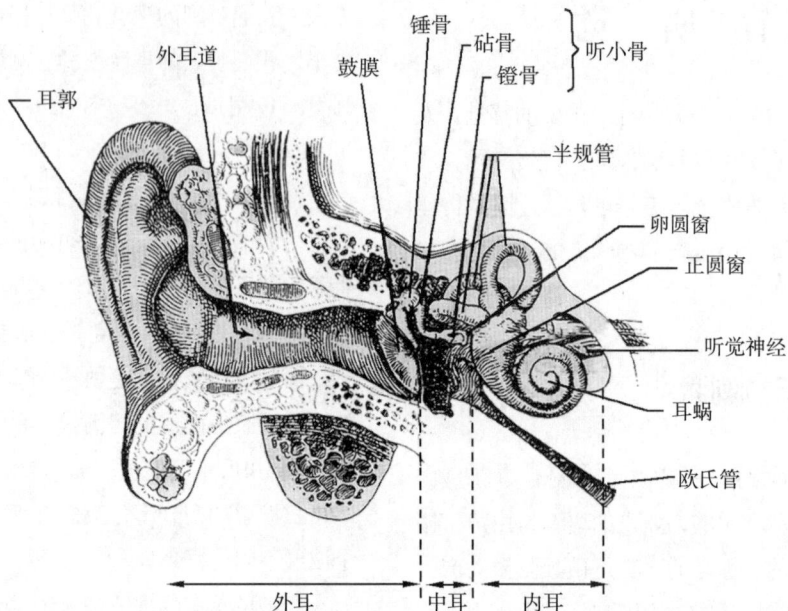

图 3-24　人耳的构造

（资料来源：张春兴，1991）

中耳由鼓膜、三块听小骨、卵圆窗和正圆窗组成。三块听小骨指锤骨、砧骨和镫骨。锤骨的一端固定在鼓膜上，另一端固定在卵圆窗上。当声音从外耳道传至鼓膜时，引起鼓膜的机械振动，鼓膜的运动带动三块听小骨，把声音传至卵圆窗，引起内耳淋巴液的振动。由于鼓膜的面积与镫骨覆盖的卵圆窗面积的比为 20：1，因此，声音经过中耳的传音装置，其声压提高 20~30 倍。声音的这条传导途径被称为生理性传导。

内耳由前庭器官和耳蜗组成。其中耳蜗是人的听觉器官。耳蜗分为三个部分：鼓阶、中阶和前庭阶。鼓阶与中阶以基底膜分开。基底膜在靠近卵圆窗的一端最狭窄，在蜗顶一端最宽，这一点对听觉有重要意义。基底膜上的柯蒂氏器包含大量支持细胞和毛细胞，后者是听觉的感受器，也是声音刺激的能量转换器。毛细胞的细毛突入由耳蜗液所充满的中阶内。声音经过镫骨的运动产生压力波，引起耳蜗液的振动，由此带动基底膜的运动，并使毛细胞兴奋，产生动作电位，从而实现能量的转换。

（二）听觉的传导机制和中枢机制

毛细胞的轴突离开耳蜗组成了听神经，即第八对脑神经。它先投射到脑干的髓质，再经过丘脑的内侧膝状体，最后到达大脑的听觉皮层（BA41）。

研究表明，听觉系统的单个神经元能编码声音的频率（或音调）。不同神经元对不同频率有不同的敏感性。一般来说，皮下神经核细胞对较高的频率敏感，它们的编码范围可能是2000~10000Hz，而更高层次的神经细胞则只对较低的频率敏感。

三、听觉的基本现象

（一）音高

音高（音调）主要是由声波频率决定的听觉特性。声波频率不同，我们听到的音高也不同。音乐的音高一般在50~5000Hz，言语的音高一般为300~5000Hz。人的听觉的频率范围为20~20000Hz。其中1000~4000Hz是人耳最敏感的区域，20Hz是人的音调的下阈，20000Hz是人的音调的上阈。当频率约为1000Hz、响度超过40dB时，人耳能觉察到的频率变化范围为0.3%。也就是说，人耳能够分辨1000Hz与1003Hz两种音高

的差别，这是音高的差别感觉阈限。

音高还受到其他因素的影响，如声音的持续时间、声音强度和复合音的音调等。

（二）人耳对声音频率的分析

人耳怎样分析不同频率的声音，产生高低不同的音高？自19世纪以来，科学家们提出了有关音高的不同理论。下面主要介绍位置理论、频率理论和神经齐射理论。

1. 位置理论

位置理论最初由赫尔姆霍茨在19世纪初提出，后来由贝克西（G. Von Bekesy）加以发展。赫尔姆霍茨认为，由于内耳基底膜的横纤维长短不同，靠近蜗底较窄，靠近蜗顶较宽，这些长度不同的神经纤维能够对不同频率的声音产生共鸣。声音的频率高，基底膜的短纤维发生共鸣；声音的频率低，基底膜的长纤维发

研究进展

听觉皮层的可塑性

莫山尼奇和他的同事（2001，2002，2003）相继发现，在动物发育的关键期内的声学环境对听觉皮层的发育具有决定性和持久的影响。将新生大鼠在出生后9~28天暴露在纯音环境中，并于30天后与在正常环境中生长的、同龄大鼠进行比较，发现暴露在纯音环境中的大鼠，其初级听皮层的代表区显著扩大，这种改变可以持续到成年。如果将大鼠在出生后9~28天暴露在噪声环境中，则会引起大鼠的听觉皮层的正常音频定位结构的紊乱。如果将其暴露在持续的噪声环境中，则会阻碍听觉皮层的正常发育。

（资料来源：张永海，熊鹰，2008）

生共鸣。基底膜的振动引起毛细胞的兴奋，因而产生不同的音高。赫尔姆霍茨强调基底膜的振动部位对辨别音高的作用，因而其理论被称为位置理论。

后来人们发现，用基底膜横纤维的长短对不同频率声音的共鸣来解释音高的辨别值得怀疑。因为人耳能够接受的声音频率范围为 20~20000Hz，最高频率与最低频率之比约为 1000∶1，而基底膜上横纤维的长短之比仅为 10∶1。可见，用基底膜长短纤维的共鸣不可能解释那么宽广的音高的辨别。

20 世纪 40 年代，生理学家贝克西根据研究发展和修订了赫尔姆霍茨的位置理

知识应用

听力丧失

听力丧失有两种主要的类型：传导性聋（conduction deafness）和神经性聋（nerve deafness）。传导性聋是由听觉系统传导机制的缺陷，特别是外耳道或鼓膜或中耳的小骨丧失功能导致的。神经性聋是毛细胞及其神经联系损伤的结果。当听觉系统的神经机制被破坏时，这种情况是不能恢复的。助听器不能使不复存在的细胞发生冲动。长期处于过度噪声水平，或服用某些药物（如链霉素），都会引起神经性聋。老年人会产生一种叫作老年性聋的神经性聋，这是正常的现象。老年性聋是对高频音丧失敏感性，而且逐年严重。一项早期的研究表明，人在 40 岁以后，他的听力上限每半年降低 80Hz（Wever, 1949）。在同是 6000Hz 的声波下，65 岁的老年人要把声音调高 40dB，才能知觉到同样的声响（见图 3-25）。

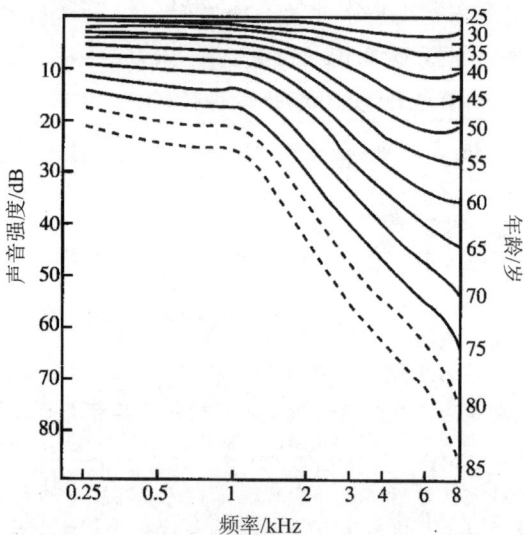

图 3-25　声音强度、年龄与频率的关系

（资料来源：Schulz & Salthouse, 1999）

论（其理论也被称为行波理论），其研究获得了 1961 年的诺贝尔奖。

贝克西做过一个著名的实验：在耳蜗管的管壁上钻一个小孔，从小孔向基底膜上撒些铝粉，然后用玻璃将孔盖上，并观察在不同声音振动时基底膜的运动。根据其研究，贝克西认为，声波进入内耳将引起基底膜像行波一样地振动。行波类似于绳子的一端固定在门上或墙上，人的手握住绳子的自由端进行摆动时出现的波动。声音频率不同，行波最大振幅所在的部位不同。声音频率越高，最大振幅越接近蜗底；声音频率越低，最大振幅越接近蜗顶（见图 3-26）。基底膜的某一部位振幅越

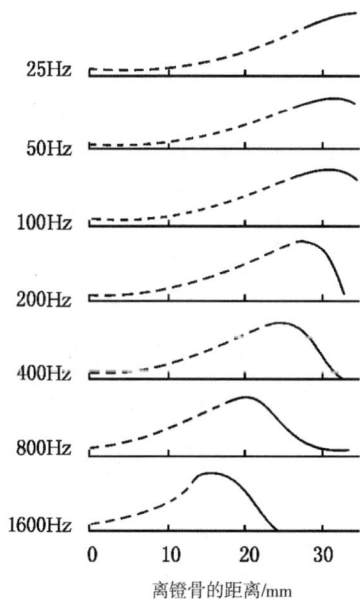

图 3-26 在 25~1600Hz 范围内基底膜
振动的模式

注：图中实线是实验的结果，虚线是推测的。
（资料来源：Bekesy，1960）

大，基底膜柯蒂氏器上的盖膜就越弯向那

个区域的毛细胞，因而使有关的神经元的激活率上升。正是这些激活率最大的成组神经元分析了声音频率的信息。

总之，位置理论认为，基底膜的位置实现了对声音频率的分析，使人们知觉到不同的音高。位置理论正确解释了 1000Hz 以上的声音音高的辨别，但难以解释 1000Hz 以下的声音音高的辨别。因为 1000Hz 以下的声音会引起基底膜非常广泛区域的振动，如此广泛区域的振动不可能为毛细胞提供足以区分不同音高的信息。

2. 频率理论

频率理论由拉瑟福德（William Rutherford，1886）提出。该理论认为，内耳的基底膜是和镫骨按相同频率运动的，基底膜上的毛细胞产生等频率的神经冲动。如果声音的频率低，镫骨的振动次数少，基底膜的振动次数也少，毛细胞神经冲动的频率也就低。如果声音的频率高，镫骨和基底膜都将发生较快的振动，毛细胞神经冲动的频率也就高。毛细胞神经冲动的频率实现了对声音频率的分析。基底膜与镫骨的这种关系类似于接听电话时送话机和收话机的关系。当我们向送话机说话时，它的膜片按话音的频率产生不同频率的振动，使线路内的电流出现变化。在另一端，收话机的薄膜因电流的变化而振动，并产生与送话端频率相同的语音。

频率理论可以解释 1000Hz 以下声音音高的辨别，但难以解释 1000Hz 以上声音音高的辨别，因为单个神经元不可能产

生每秒 1000 次以上的神经冲动。

3.神经齐射理论

20 世纪 40 年代末，韦弗尔（Wever, 1949）发展了频率理论，提出了神经齐射理论，试图解释 1000Hz 以上声音音高的辨别。这个理论认为，当声音频率较低时，单个毛细胞神经冲动的频率能够编码声音频率的高低，当声音频率较高时，多个毛细胞将按照联合活动或者齐射原则发生作用。也就是说，多个毛细胞以团队合作的方式对高频的声音进行反应。韦弗尔也指出，用齐射原则可以对 5000Hz 以下的声音进行频率分析。声音频率超过 5000Hz 时，位置理论是对频率进行编码的基础。

综上所述，频率理论能够解释 1000Hz 以下声音音高的辨别；位置理论和神经齐射理论都能够解释 1000~5000Hz 声音音高的辨别；超过 5000Hz 的声音音高的辨别由位置理论来解释。可见，人脑对声音频率的分析可能不是一个单一的机制。

（三）音响

音响是由声音强度决定的一种听觉特性。强度大，听起来响度高；强度小，听起来响度低。在日常生活中，我们熟知的声音响度有以下几种（见表 3-3）。

从表 3-3 中我们可以看到，对人来说，音响的下阈为 0 dB，上阈约为

表 3-3　不同声源的声压水平和对听力的影响

声源	声压水平 /dB	造成听力伤害的时间
火箭	180	立即
喷气机	140	立即
痛阈	140	立即
空袭警报器	130	3.75 分钟
摇滚乐（高声）	130	3.75 分钟
汽车喇叭	120	7.5 分钟
喷刷清洗机	110	30 分钟
直升机	105	1 小时
通过耳机高声播放 CD	100	30 分钟
重锤	100	2 小时
地铁	100	2 小时
尖叫的儿童	90	8 小时

续表

声源	声压水平/dB	造成听力伤害的时间
摇滚乐（中等）	90	8 小时
一般工厂	85	16 小时
嘈杂的饭店	80	—
闹钟	80	—
繁杂的交通	75	—
吸尘器	70	—
小汽车	70	—
洗碗机	65	—
普通谈话	60	—
一般家庭	50	—
图书馆	30	—
耳语	25	—

（资料来源：Feldman，2004）

130dB，它的物理强度约为下阈时物理强度的 100 万倍。声音在超过 140dB 时，将引起痛觉。从表 3-3 中我们还可以看到，不同强度的声音对人的听觉的伤害是不同的，在很大的摇滚乐声中，3.75 分钟就能造成对听觉的伤害。同样是 100dB 的声音，地铁的声音需要 2 小时才会伤害听觉，而通过耳机高声播放 CD，只需要 30 分钟就会造成对听觉的伤害。我们要保护听力，就要避免长时间受到强烈声音的影响。

（四）声音的掩蔽

一个声音由于同时起作用的其他声音的干扰而使听觉阈限上升，被称为声音的掩蔽。例如，在一间安静的房屋内，我们可以听到闹钟的嘀嗒声、暖气管内的水流声、电冰箱的马达声，而在人声嘈杂的室内或马达轰响的厂房内，上面这些声音就被掩蔽了。声音的掩蔽有几种：①纯音掩蔽，用一个纯音作为掩蔽音，观察它对不同频率的其他声音的影响；②噪声对纯音的掩蔽；③纯音和噪声对语音的掩蔽。

声音的掩蔽依赖声音的频率、掩蔽音的强度、掩蔽音与被掩蔽音的间隔时间等。研究发现，与掩蔽音频率接近的声音受到的掩蔽作用大；频率相差越远，受到的掩蔽作用就越小；频率太接近，会产生拍音。低频掩蔽音对高频声音的掩蔽作用，大于高频掩蔽音对低频声音的掩蔽作用。掩蔽音的强度提高，掩蔽作用也增强。

第四节　化学感觉

化学感觉是由化学物质作用于特定的感觉器官引起的，可分为嗅觉和味觉。

一、嗅觉

嗅觉是由有气味的气体物质引起的。

这种物质作用于鼻腔上部黏膜中的嗅细胞，产生神经兴奋，经嗅束传至嗅觉的皮层部位——初级嗅皮层和次级嗅皮层，包括前额皮层和边缘系统，因而产生嗅觉。图3-27说明了鼻腔的构造及嗅觉感受器的部位。嗅觉是各种感觉中唯一不经过丘脑的中继站，直接将信息传送到大脑中枢的。

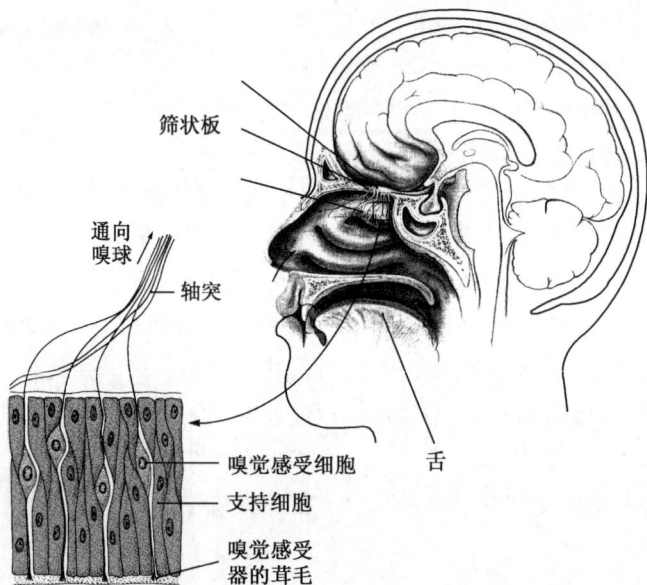

图 3-27　鼻腔的构造及嗅觉感受器的部位

人物介绍

阿克塞尔

阿克塞尔（Richard Axel）（见图 3-28）1946 年 7 月 2 日生于美国纽约。1967 年毕业于美国哥伦比亚大学，1970 年获美国约翰斯·霍普金斯大学医学博士学位，1978 年任美国哥伦比亚大学教授。1983 年，年仅 37 岁的阿克塞尔成为美国国家科学院院士。1984 年在哈佛大学医学研究所任研究员。后就职于美国哥伦比亚大学霍华德·休斯医学研究所，任生物化学、分子生物物理学和病理学教授。

图 3-28　阿克塞尔

嗅觉感受性受许多因素的影响。首先，对不同性质的刺激有不同的感受性。例如，乙醚的嗅觉阈限为 5~833 毫克 / 升空气，而人造麝香的嗅觉阈限为 0~0.0004 毫克 / 升空气。其次，它和环境因素、机体状态有关。例如，温度太高、太低，空气中的湿度太低，人患有鼻炎、感冒等疾病，都会影响嗅觉的感受性。再次，适应也会使嗅觉感受性明显下降。"入芝兰之室，久而不闻其香；入鲍鱼之肆，久而不闻其臭"，就是由于刺激物的持续作用而引起嗅觉感受性的下降。嗅觉感受性还存在性别和年龄的差异，女性的嗅觉比男性好，年轻人的嗅觉比老年人好。在 20~30 岁时，嗅觉达到一个巅峰，40 岁之后嗅觉功能缓慢衰退。最后，长期的职业实践也会提高嗅觉感受性。职业的香水和威士忌制造者可以辨别出的气味多达 10 万种。研究发现，人群中约有 1% 的人完全没有嗅觉（Gilbert & Wysocki，1987），这会给他们的生活带来很大的困难。

嗅觉的产生机理一直都是感官生理学中最难解开的谜团之一。在 20 世纪 80 年代，在哥伦比亚大学坎德尔教授（一位诺贝尔奖获得者）的影响下，阿克塞尔开始对神经生物学产生兴趣。1991 年，阿克塞尔和他的学生巴克联合发表论文，宣布他们发现了包括约 1000 种不同基因的一个基因大家族，以及和这些基因对应的相同数目的气味受体种类。之后两人独立进行研究，从分子层面到细胞组织层面清楚地阐明了嗅觉系统的工作原理，破译了相关的基因密码。根据这种密码，每个气味感受器都能识别多种气味，每种气味也都能被多个气味感受器识别。因此，气味感受器通过一种复杂的合作方式一起识别气味。由于这一重大发现，他们荣获了 2004 年诺贝尔生理学或医学奖。

嗅觉的重要性往往被人们忽略。嗅觉是评价某种食物是否能吃和是否好吃的重要机制。研究发现，我们吃东西时，从食物感知到的味道 90% 源自嗅觉。嗅觉在社会交往中也有重要意义。通过嗅觉传递信息是一种化学传递，可以调节动物在环境中的行为。某些动物分泌的化学物质——信息素（pheromone），对另一动物有重要作用。例如，引诱异性，指明应走的道路；标志物种所属的边界，证明是否是同窝动物；在危急时发出警报，使群体集合或解散等。一种化学信息也可以引起接收者的生理变化，如在生殖行为中，使一个没有发情的动物变成发情的动物。研究发现，嗅觉在人类的婚恋行为中也有重要意义。

研究不同气体对人体的作用，已被广泛应用于各个实践部门。例如，在工厂车间放一种芳香物质，可使人精神振奋，减轻疲劳，提高工作的效率；在病房中放天竺花香味，有镇静的作用，能使患者安然入睡；在剧院吹送某种气味（如海滨气味），会使人有身临其境的感受，增强剧情的感染力；利用气味还能帮助公安人员破案。

二、味觉

味觉的适宜刺激是溶于水的化学物质。如果用吸水纸或布将舌面擦干，将糖或盐撒在舌面上，起初没有味觉，只有当唾液将糖或盐溶化后，才能尝到它们的味道。

味觉的感受器是分布在舌头表面乳突内的味蕾（图 3-29)。人类最基本的味觉包括甜、酸、苦、咸。我们对这些基

研究进展

嗅觉丧失与疾病预测

美国梅奥医学中心的研究人员对 1400 多名心智健康的老年人进行了研究，这些老年人的平均年龄为 79 岁。研究人员跟踪了三年半，其中有 250 人出现了记忆障碍。在 231 名重度记忆障碍患者中，有 64 人发展成了阿尔茨海默病患者。研究人员以香蕉、巧克力、肉桂、汽油、柠檬、洋葱、油漆稀释剂、菠萝、玫瑰、肥皂、香烟与松节油 12 种气味进行测试。研究结果显示，辨识气味的能力越差，越容易发展为记忆障碍和阿尔茨海默病。研究人员指出，让老年人接受嗅觉测试，也许有助于辨别哪些人是记忆障碍的高风险群，以及哪些记忆障碍族群已逐渐发展成阿尔茨海默病患者。医疗人员可把嗅觉测试当成筛检工具，应用于临床诊断。

（资料来源：曹淑芬，健康报，2015-12-03）

本味觉的敏感程度依次为苦、酸、咸和甜（Coon, et al., 2016）。后来，研究者发现了第五种基本味觉，被称为鲜（umami; Chaudhari, et al., 2000）。鲜味是在诸如肉、牛奶、奶酪等富含蛋白质食物中发现的一种味道。鲜味还与味精调料有关，例如，在鸡汤中加入适量的味精调料会使味道更鲜美。味觉感受器具有广谱反应，一个味觉感受器能同时对几种味道做出反应，如对咸味和酸味敏感，而对甜味和苦味不敏感。因此，只有在大量具有不同反应模式的味觉细胞存在的情况下，大脑才能辨别不同的味道。

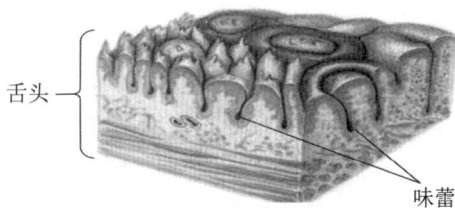

图 3-29　舌头中的味蕾

　　由味蕾发出的味觉信号最先传递到延髓背侧的味觉核团，然后到丘脑腹后内侧核，最后到达初级味觉皮层（脑岛与脑盖）和味觉的次级加工区（眶额皮层）。对品酒师和普通人进行的一项研究发现，在品尝各种酒的细微差别时，两组被试在初级味觉区的激活程度相似，而在脑岛、左半球眶额皮层和双侧背外侧前额叶，品酒师的激活程度明显高于普通人。这说明两类被试在决策和反应选择上可能有明显差异。

　　有许多因素会影响味觉感受性。首先，嗅觉对味觉的产生有重要影响。当一个人患重感冒、鼻子不通气时，吃多好吃的东西都会觉得味同嚼蜡，说明了嗅觉对味觉的影响。其次，温度对味觉感受性和感觉阈限有明显的影响。当温度从17℃逐渐上升时，对甜味的感觉阈限逐渐下降，在37℃时对甜味最容易觉察。在37℃时对咸味的感觉阈限低，随着温度的上升（可尝试的温度上限为42℃），对咸味的感觉阈限直线上升。在17℃时对奎宁的感觉阈限最低，之后随温度的上升迅速提高，在42℃左右时，对它的感觉阈限和对咸味的感觉阈限差不多。

　　味觉的个体差异很大，有的人味觉辨别能力较强，有的人味觉辨别能力较弱。味觉也可能存在民族差异，即不同民族间，人们的味觉感受性可能是不同的。

　　味觉的适应和对比作用都很明显。厨师做菜越做越咸，这是味觉适应的结果。人们吃过糖后再吃苹果，会觉得苹果发酸，这是味觉的对比作用。研究味觉对比对改进烹调技术有重要意义。同一顿饭，应该将哪些食物搭配在一起，哪道菜在先，哪道菜在后，这些都会影响进餐时人们的胃口。

第五节　躯体感觉

躯体感觉（somatic sensation）是由多种刺激作用于皮肤、肌肉和关节等人体组织或器官引起的，包括触压觉、温度觉、痛觉、动觉、平衡觉、内脏感觉等。躯体感觉能让我们感受到物体对皮肤的压力、各种伤害性刺激引起的疼痛、体温的变化和自己所处的位置等。与视觉和听觉不同的是，它的感受器分布于整个机体，而不是集中在身体上一个细小的部位；它接收的不是单一的刺激，而是多种不同的刺激。由于感受器的性质不同，神经传导的路径和脑区的活动不同，因此可以进一步分为不同的感觉。

一、触压觉

由非均匀分布的压力（压力梯度）在皮肤上引起的感觉，叫触压觉。触压觉分为触觉和压觉两种。外界刺激接触皮肤表面，使皮肤轻微变形，这种感觉叫触觉；外界刺激使皮肤明显变形，叫压觉。另外，振动觉和痒觉也属于触压觉的范围。但引起痒觉的刺激不仅有机械刺激，而且有化学刺激，如被蚊子、蚂蚁叮咬后，由于蚁酸的作用也会引起痒觉。

触压觉的感受器是分布于真皮内的几种神经末梢，如迈斯纳触觉小体、环层小体和梅克尔小体等。触觉感受器具有高度分化的特点，其中迈斯纳触觉小体负责编码轻微的接触；环层小体负责编码深层的接触；梅克尔小体负责编码一般性的接触。触觉的传导通路由三级神经元组成：第一级由触觉感受器发出的神经纤维到达脊髓后柱的薄束和楔状束；第二级由薄束、楔状束开始，经延脑、大脑脚到丘脑腹侧核；第三级从丘脑至大脑皮层中央后回的 BA1、BA2 和 BA3，这是触觉的初级皮层区。触压觉的皮层表征的相对大小与身体部位的相对重要性相关。身体某部位传递的触觉信息越多，该部位的皮层表征面积越大。

皮肤的不同部位具有不同的触觉感受性（见图 3-30）。实验发现，面部是身体对压力最敏感的部位，其次是躯干、手指和上下肢。女性的阈限分布与男性相似，但比男性略微敏感。

人们能够分辨皮肤上两个点的最小距离，叫两点辨别阈限。通常用两点阈量规进行测量。皮肤的部位不同，两点阈也不相同。手指的阈限值最低，说明手指能感知两点间的很小距离。

对落在皮肤上的物体的定位也是触压觉的一种形式。触觉的定位能力因身体的部位不同而显示出明显的差异。温斯坦（Weinstein，1968）指出，指尖和舌尖有准确的定位能力，平均误差在 1 毫米左右。身体的其他部位，如上臂、腰部和背部，其定位能力较差，平均误差在 1 厘米左右。一般来说，由精细肌肉控制的身体部位，其触觉定位比较敏感（见图 3-31）。

二、温度觉

皮肤表面温度的变化是温度觉的适宜

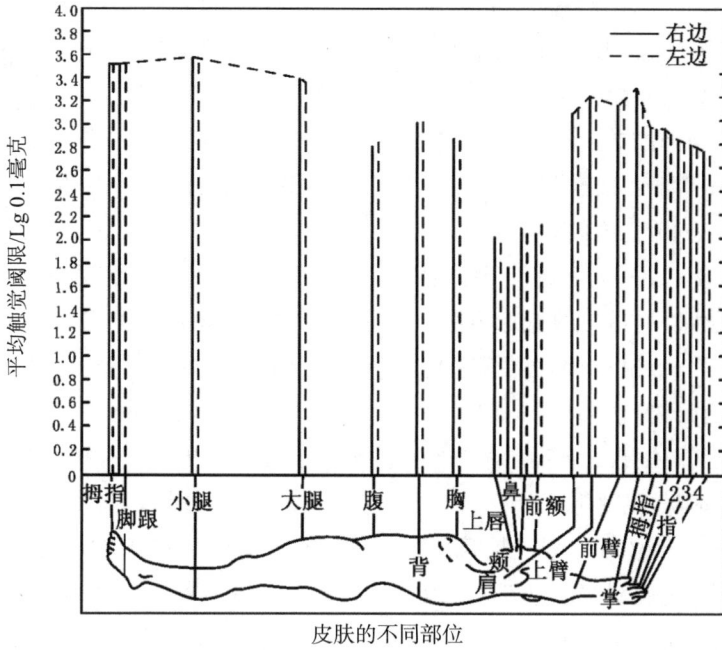

图 3-30 皮肤不同部位的触觉阈限

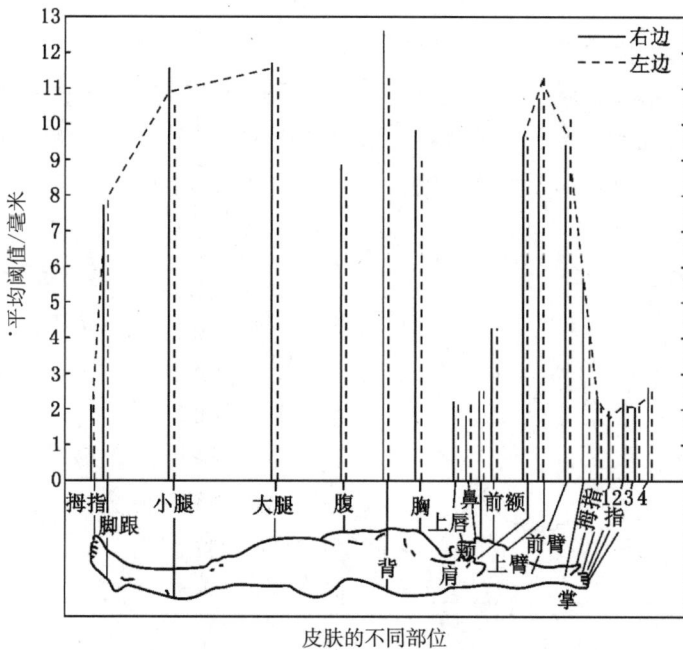

图 3-31 皮肤不同部位的触觉定位

刺激。温度刺激引起的感觉是由刺激温度与皮肤表面温度的关系来决定的。皮肤表面的温度被称为生理零度。刺激温度高于生理零度时，引起温觉；低于生理零度时，引起冷觉；等于生理零度时，不会引起温度觉。皮肤对冷、热刺激的接收分别由不同感受器来完成。一般来说，罗弗尼氏小体接收温的刺激，克劳斯氏球接收冷的刺激。更准确一点说，两种感受器都能反映较大范围的温度变化，但前者对40℃左右的温度更敏感，而后者对15℃左右的温度更敏感（见图3-32）。

身体的不同部位的生理零度不同，因而对温度刺激的敏感程度也不同。身体裸露的部位生理零度为28℃，前额为35℃，衣服内为37℃。入浴时，用手试水温，觉得不凉，等到水淋在身上，就觉得凉了。这是因为手部的生理零度较低，而躯体、背部的生理零度较高，所以对同一温度刺激会有不同的反应。温度觉还取决于受刺激的皮肤面积的大小。如果将左手的一个手指放入40℃的水中，而将整

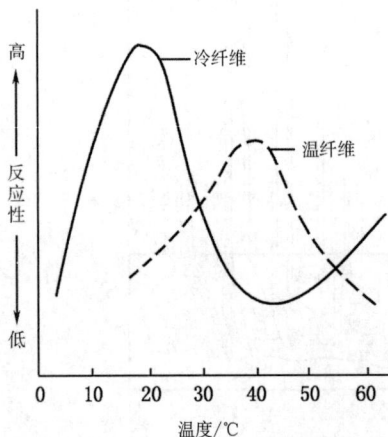

图 3-32　不同温度感受器的相对敏感曲线

个右手放入37℃的水中，那么你就会觉得右手更热些。

痛觉的门控理论

三、痛觉

引起痛觉的刺激物有很多。任何一种刺激在对机体具有损伤或破坏作用时，都能引起痛觉。由于引起痛觉的刺激很多，疼痛发生的部位也不一样，有头痛、牙痛、肚子痛、关节痛、皮肤烧伤后引起的疼痛等。痛觉传递了机体受到伤害的信息，因而具有保护机体的作用。因为脑袋疼，我们知道自己受凉了，或者过于疲劳了；因为肚子疼，我们知道自己吃多了，或者吃了不好的东西。这些痛觉信号都会让我们及早重视身体发生的病变，并采取应对的措施。

痛觉的感受器或伤害感受器是自由神经末梢，它分布在皮肤的表面，也存在于肌肉、肌腱、关节和内脏中。从这些纤维发出的神经冲动，经过脊髓后根到达后角的灰质，在这里交换神经元，然后沿脊髓—丘脑侧束，止于丘脑神经核，然后再从丘脑发出纤维至大脑皮层。

影响痛觉的因素非常复杂。它和刺激的强度有直接关系。一般来说，疼痛刺激的刺激量越大，引起的疼痛越剧烈。但是，痛觉阈限很难测定。这不仅因为不同刺激引起的痛觉阈限不同，而且因为在相同刺激下，个体的差异、文化的差异和疼痛发生时心理因素的差异导致痛觉的阈限是不同的。例如，当身体受到枪伤，需要

矛盾热现象

同时触摸温水和凉水，你的感觉是什么？是"热"。研究者认为，皮肤存在负责寒冷和温暖的两种神经纤维，大脑可能会使用这两种纤维的联合信息作为判断皮肤温度的根据。如果负责冷、热的两种神经纤维同时被激活，大脑通常会将其解读为"热"（Craig & Bushnell，1994），这种现象被称为矛盾热现象。

通过手术从体内取出子弹时，有些人咬住一根筷子，反而能减轻手术的痛苦，也就是通过增加一处的痛苦，提高另一处痛苦的阈限值。

痛觉的脊髓门控理论（spinal gate control theory）是现在用来解释痛觉的一种比较流行的理论。这种理论假定，脊髓中存在一种疼痛的门控系统，可以调节疼痛信息传递到大脑的数量。如果门控系统开启，人们将感知到疼痛；如果门控系统关闭，人们将感知不到疼痛（Melzack & Wall，1965，1983）。具体来讲，痛觉感受器把疼痛信息传递到脊髓，脊髓的神经纤维束包括传递大多数疼痛信号的直径较小的神经纤维（small nerve fibers）和传递诸如摩擦、揉捏等其他感觉信号的直径较大的神经纤维（large nerve fibers）。当机体组织受伤时，小神经纤维激活并开启门控系统，人们感知到了疼痛。而大神经纤维的激活可以关闭门控系统，阻止疼痛信号传递到大脑，从而避免产生疼痛感。这就是为什么机体某部位受伤后，揉捏其临近部位能够缓解疼痛的原因。另外，人的心理因素（例如，注意、情绪、期望、信念等）也能关闭门控系统。这是大脑通过"自上而下"的方式关闭门控系统实现的。例如，战场上受伤的士兵往往感知不到疼痛，这是因为在战场上，大脑关注了比疼痛

"没有痛觉"的痛苦生活

巴克斯特和奥尔谢夫斯基（Baxter & Olszewski，1960）报告了一例慢性疼痛不敏感症患者，该患者是一名22岁的女大学生。她看似正常，可是从未有过疼痛的体验。她从小就对疼痛不敏感，经常咬破自己的舌头，造成舌头永久性畸形。她受过许多伤害，如割伤、烧伤、冻伤、擦伤等，但都感觉不到痛。她还否认自己有过头痛、牙痛、耳朵痛和胃痛。23岁时，她开始瘸腿，臀部和脊柱出现病理性变化，如麻木和显著的肌无力。之后由于臀部大面积感染，于29岁去世。按照巴克斯特等人的观点，"她非常缺乏疼痛感，因此她遭受大量的皮肤和骨骼创伤，这是她死亡的直接原因"。

（资料来源：施夫曼，2014）

更重要的其他生死攸关的事情，关闭了门控系统，因此个体感知不到疼痛。总之，痛觉的脊髓门控理论认为，疼痛感觉是痛觉感受器输入的信息与皮肤中的非疼痛信息及大脑共同决定的。这里需要指出的是，脊髓的门控系统并非一个生理解剖结构，而是一种抑制传入疼痛信号的一种神经活动模式。

四、动觉

动觉也叫运动感觉，反映身体各部分的位置、运动以及肌肉的紧张程度，是内部感觉的一种重要形态。动觉感受器存在于肌肉组织、肌腱和关节中，分别被命名为肌梭、腱梭和关节小体。

动觉是随意运动的重要基础。人在行走、劳动、进行各种体育活动时，由肌肉活动的速度、强度和紧张度所产生的神经冲动不断向皮层发出运动信号，皮层分析综合了这些信号以后，又通过传出神经对肌肉进行调节和控制。人由于具有高度精确的动觉，才能实现动作协调，完成各种复杂的运动技能。

动觉在认识客观世界方面也有重要意义。动觉是主动触摸的重要成分，当我们用手沿物体的轮廓运动时，动觉和肤觉的结合给我们提供了物体形状、大小的信号。手在运动时肌肉紧张度的变化还告诉我们物体的种种属性，如弹性、软硬、光滑度等。用手提起物体时用力的大小能告诉我们物体的重量等。实验证明，当把各种形状的木块放在前臂的内侧面，或静止地放在掌心上时，被试不能判断木块的形状和大小；当用手主动触摸它们，或者用木棍、铅笔碰碰它们时，被试就能说出木块的形状和大小。这说明对形状或大小的判断和动觉的参与分不开。

五、平衡觉

平衡觉是由人体做加速度或减速度的直线运动或旋转运动时引起的。宇航员在执行航天飞行任务时，在失重的情况下，也会出现平衡觉的异常变化（见图 3-33）。平衡觉的感受器位于内耳的前庭器官。它包括三个半规管、椭圆囊和球囊。半规管是反映身体旋转运动的器官。当身体做加速或减速的旋转运动时，半规管内的感觉纤维（毛细胞）发生反应。椭圆囊和球囊是反映直线加速或减速的器官。椭圆囊和球囊中有一种细小的晶体，叫耳石。当人体做直线加速或减速运动时，耳石便改变自己与感觉细胞纤毛的位置，因而引起兴奋。

平衡觉与视觉、内脏感觉都有联系。当前庭器官兴奋时，视野中的物体似乎出现移动，人也出现呕吐、恶心等现象。人们熟悉的晕船、晕车现象，就是由前庭器官受刺激引起的。前庭器官活动的稳定性可以经过训练得到改进。

六、内脏感觉

内脏感觉属于机体觉，是由内脏的活动作用于脏器壁上的感受器产生的。这些感受器把内脏的活动及其变化的信息传入中枢，并引起饥渴、饱胀、便意、恶心、疼痛等感觉。

内脏感觉的性质不确定，缺乏准确的

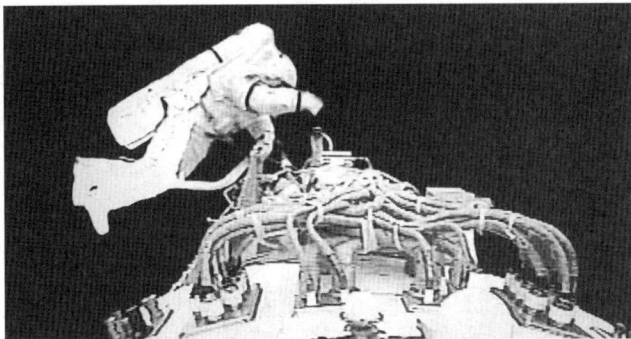

图 3-33　中国宇航员在太空行走时的失重状态

定位。当内部器官工作正常时，各种感觉便融合成人的一般自我感觉。在通常情况下，内部感觉的信号被外部感受器的工作掩蔽，不能在言语系统中反映出来，因而不能被意识到。只有在内脏感觉十分强烈时，它才能成为鲜明的、占优势的感觉。

本章内容小结

1. 感觉是由刺激引起的，也是在头脑中产生的，传递了人类生存需要的信息。为了引起感觉，还必须借助感觉的换能作用，也就是将不同刺激的物理能量转换为大脑能够识别和处理的神经信号或神经冲动。

2. 感觉依赖感觉系统的生物学特性，它是在特定感觉系统中产生的主观体验，因而是主观的。感觉又传递了客观世界刺激物的特性和属性，因而又是客观的。感觉是人类认识世界最直接的途径，对人类的生存和发展具有重要意义。

3. 通过感觉阈限可以度量感受性的大小。有两类感受性，即绝对感受性和差别感受性。刚刚能引起感觉的最小刺激量，叫绝对感觉阈限；人的感官觉察这种微弱刺激的能力，叫绝对感受性。刚刚能引起差别感觉的刺激物间的最小差异量，叫差别感觉阈限或最小可觉差。对这一最小差异量的感觉能力，叫差别感受性。

4. 韦伯发现，对刺激物的差别感觉取决于刺激的增量与原刺激量的比值。对不同的感觉来说，这个比值（韦伯分数）是不一样的。

5. 心理物理学是研究感觉量与刺激量的关系的一门科学。费希纳发现，感觉量是刺激量的对数函数，当刺激量按几何级数增加时，感觉量只按算术级数上升。斯蒂文斯采用数量估计法发现，心理量是刺激量的幂函数。换句话说，心理量不是刺激量的对数函数，而是与刺激量的幂成正比。

6. 信号检测论将个体的感受性和反应标准区别开来，因而比传统方法能更有效地测量到人的感觉能力。

7. 视觉的适宜刺激是光。光的性质决定了视觉的一系列特点。

8. 视觉系统由眼睛—视神经通路—脑的视觉区组成。眼睛是光的感受器，视网膜上的视锥细胞和视杆细胞是两种感光细胞，在这里完成将光的物理能量转换成神经冲动。视杆细胞是夜视器官，主要感受物体的明暗；视锥细胞是昼视器官，主要感受物体的细节和颜色。

9. 视觉感受野是指视网膜上的一定区域，当它受到刺激时，能激活视觉系统与这个区域有联系的各层神经细胞的活动。研究视觉感受野对解释视觉的中枢机制产生了深远影响。

10. 休伯和维泽尔的研究发现，视觉皮层的神经元能有选择地对不同的视觉信息做出不同的反应，这种高级神经元叫特征觉察器，能检测边界、直线、运动、方向、角度等特征。

11. 视觉的两条通路是视觉领域的一个重要发现。V1皮层是皮层间两条通路的发源地。其中一条通向腹侧，沿着大脑皮层的颞枕叶分布，被称为腹侧通路，主要功能是物体识别；另一条通向背侧，沿着枕顶叶分布，被称为背侧通路，主要功能是空间位置和运动识别。

12. 明度是由光线强弱决定的一种视觉经验。颜色是由光波作用于人眼所引起的一种视觉经验。它有三个基本特性，即色调、明度及饱和度。当人们从视锥视觉向视杆视觉转变时，人眼对光谱的最大感受性将从长波向短波方向移动，因而出现了明度的不同变化，这种现象叫普肯野现象。

13. 视觉的三色理论认为，人的视网膜有三种不同的感受器。各种颜色经验是由不同感受器按相应的比例活动而产生的。对立过程理论认为，视网膜存在三对对立的颜色过程：红—绿过程、黄—蓝过程、黑—白过程。它们在光刺激的作用下表现为对抗的过程。两阶段理论认为，在视网膜水平上，可以用三色理论解释；而在视觉系统更高的水平上，对立过程理论更加合理。

14. 在视觉现象中，有的是由刺激的空间特性引起的，如视觉对比和视敏度；有的是由刺激的时间特性引起的，如视觉适应、后像等。

15. 听觉的适宜刺激是由物体振动产生的声波。声波的物理性质有频率、振幅和波形，由此决定了听觉的基本特性：音高、音响和音色。人的听觉的频率范围为20~20000Hz。

16. 听觉系统由听觉器官、传导机制和中枢机制构成。耳朵是听觉器官。内耳基底膜上的柯蒂氏器包含着大量支持细胞和毛细胞，后者是听觉的感受器，也是声音刺激的能量转换器。

17. 位置理论认为，基底膜的位置实现了对声音频率的分析，使人们知觉到了不同的音高。频率理论认为，内耳的基底膜和镫骨按相同频率运动，与此相应，基底膜上的毛细胞产生等频率的神经冲动，因而分析了声音的频率。神经齐射理论认为，当声音频率较低时，单个毛细胞神经冲动的频率能够编码声音频率的高低，当声音频率较高时，多个毛细胞将按照联合活动或者齐射原则发生作用。

18. 音响是由声音强度决定的一种听觉特性。强度大，听起来响度高；强度小，听起来响度低。声音在超过140dB时，将引起痛觉。

19. 一个声音由于同时起作用的其他声音的干扰而使听觉阈限上升，被称为声音的掩蔽。声音的掩蔽依赖声音的频率、掩蔽音的强度、掩蔽音与被掩蔽音的间隔时间等。

20. 化学感觉是由化学物质作用于特定的感觉器官引起的。

21. 嗅觉的适宜刺激是有气味的气体物质。

22. 阿克塞尔和巴克的研究发现，每个气味感受器都能识别多种气味，每种气味也都能被多个气味感受器识别。因此，气味感受器通过一种复杂的合作方式一起识别气味。

23. 味觉的适宜刺激是溶于水的化学物质。人的味觉有甜、苦、酸、咸、鲜五种，负责它们的味蕾在舌面的分布是不一样的。

24. 躯体感觉是由多种不同的刺激作用于皮肤、肌肉和关节等人体组织或器官引起的，包括触压觉、温度觉、痛觉、动感觉、平衡觉、内脏感觉等。

25. 由非均匀分布的压力（压力梯度）在皮肤上引起的感觉，叫触压觉。外界刺激接触皮肤表面，使皮肤轻微变形，这种感觉叫触觉；外界刺激使皮肤明显变形，这种感觉叫压觉。

26. 温度觉是由皮肤表面温度的变化引起的感觉。皮肤表面的温度被称为生理零度。刺激温度高于生理零度时，引起温觉；刺激温度低于生理零度时，引起冷觉；刺激温度等于生理零度时，不会引起温度觉。

27. 痛觉是由刺激对机体造成的损伤或破坏作用引起的。痛觉的感受器或伤害感受器是自由神经末梢，它分布在皮肤的表面，也存在于肌肉、肌腱、关节和内脏中。痛觉可以用脊髓门控理论来解释。

28. 动觉也叫运动感觉，反映身体各部分的位置、运动以及肌肉的紧张程度，是内部感觉的一种重要形态。动觉是随意运动的重要基础，是主动触摸的重要成分，在认识客观世界方面也有重要意义。

29. 平衡觉是由人体做加速度或减速度的直线运动或旋转运动时引起的，其感受器是人耳的前庭器官。

30. 内脏感觉属于机体觉，是由内脏的活动作用于脏器壁上的感受器产生的。

思考题

1. 什么是感觉？感觉在人类的生活和工作中有什么意义？

2. 什么是神经特殊能量学说？如何评价？

3. 试说明感觉阈限与感受性的相互关系。

4. 视觉系统是怎样编码由外界输入的信息的？

5. 休伯等人在视觉领域做出了什么重大贡献？

6. 什么叫色觉的对立过程理论？它与三色理论有什么联系和区别？

7. 试说明暗适应与明适应的特点及其

机制。你在生活中遇到过哪些明适应、暗适应的现象？

8. 简要评述听觉的频率理论和位置理论。

9. 人的听觉能力为什么会衰退？应如何避免噪声对听力的伤害？

10. 阿克塞尔和巴克在嗅觉领域的重要贡献是什么？

11. 试说明味觉的特点。

12. 肤觉和痛觉在人类生活中有什么重要意义？

第二编　人的信息加工

第四章
知　觉

我们看下这张有趣的图片（见图4-1），它既可以被看成一个老妇人，也可以被看成一个漂亮的女孩。图片是通过人的视觉接收的，上面的线条和布局都没有变化，但为什么同样的刺激会产生不同的心理效应，引起不同的主观映象？原因就是，眼睛接收的视觉信息经过头脑的加工，对它进行了不同的解释，揭示了不同的意义。这种对感觉信息的解释就叫知觉。平日我们读书、看报，辨认不同的物体，判断物体的远近，估计一项活动的持续时间，看到大街上人流和车辆的运动，都是凭借知觉来进行的。在这一章中，我们将介绍知觉与感觉的联系和区别、知觉的基本特点、经验在知觉中的作用、各种不同形态的知觉以及知觉的一种特殊形式——错觉。如果说感觉还和物理事件交织在一起，那么知觉就是一种"纯粹的心理事件"（冯特，1865）。

图 4-1　两歧图形

第一节 知觉及其特征

一、什么是知觉

知觉（perception）是比感觉复杂的一种心理现象，是对感觉信息的解释，并赋予感觉信息某种特定的意义。例如，我们面前放着一个苹果，它的颜色、形状、气味通过不同的感觉通道刺激我们，在视网膜这里完成了换能作用，然后再通过不同的传导装置将神经冲动传送到大脑的不同区域，在这里实现了信息的整合和对信息的解释，使我们认识到这是一个苹果。由于形状、颜色和气味的差异，我们能够把它与香蕉、菠萝、西红柿区分开来。凭借过去的经验，我们还知道苹果是一种营养丰富的水果，可以直接食用，也可以制成苹果酱、苹果派、苹果干和苹果醋等。头脑中进行的这些活动都可以说是对感觉信息的解释，从而揭示刺激的意义，这就是我们关于苹果的知觉。知觉整合了感觉提供的各种信息，形成了对某个客体的整体映象或客体所处的状态（运动或静止）的认识。

从上面简要的描述中，我们看到知觉依赖两个方面。一方面是感觉输入的信息（感觉信息），即直接作用于感官的刺激物的特性，如光的波长与振幅、空气振动的频率与声压水平、物体的原始特征与线条朝向、物体的位移等。用信息加工的术语来表示，对这些特性的加工叫自下而上的加工（bottom-up processing）或数据驱动加工（data driven processing）。另一方面

是人的过去的知识和经验，包括知觉者对事物的需要、兴趣和爱好，或对活动的预先准备状态和期待，他的一般知识经验等（非感觉信息）。这种加工叫自上而下的加工（top-down processing）或概念驱动加工（concept driven processing）。在实际知觉过程中，两种加工是相互作用的，或者说，知觉是两种加工交互作用的结果。

在人的知觉活动中，如果由过去经验提供的非感觉信息多，他们所需要的感觉信息就可能减少，这时自上而下的加工占优势；相反，如果由过去经验提供的非感觉信息少，就需要更多的感觉信息，这时自下而上的加工占优势。例如，我们去火车站接人，如果是自己熟悉的朋友，我们不需要特别努力就能在人群中发现他，这是因为我们拥有的非感觉信息很多，对他的衣着、发型、年龄可以毫不在意；相反，如果是自己从未见过的人，那么对方在短信中提供的上述感觉信息就非常重要了。又如，在阅读书籍时，如果我们对课文的内容很熟悉，就可以一目十行，甚至忽略课文中的某些部分；如果对其内容很陌生，可能就要一字一句地阅读了。两种加工的协同活动决定了知觉的最终结果。

知觉作为一种活动、过程，包括相互联系的几种作用：觉察（detection）、分辨（discrimination）和确认（identification）（Moates，1980）。觉察是指发现事物的存在。例如，我们在马路上散步，忽然发现路旁有一个闪闪发亮的东西。这时我们只

是觉察到一个物体的存在，还不知道它是什么东西。分辨是指把一个事物或其属性与另一个事物或其属性区别开来。确认是指人们利用已有的知识经验和当前获得的信息确定知觉的对象是什么，给它命名，并把它纳入一定的范畴。例如，当我们走近路旁那个闪闪发亮的东西，经过仔细观看，看清它的形状是圆的，它光亮的表面能够反射出我们自己面部的形象……从而把它与其他事物区别开来，并断定它是一面镜子，这就是分辨和确认。

知觉是基于感觉产生的，因此知觉的神经机制是在感觉的神经机制的基础上实现的。但是，知觉中存在多种感觉信息的协同活动，存在自上而下的加工。因此，人们在研究知觉的神经机制时，更加关心不同脑区的协同活动与脑区间自上而下的调节作用，以及知觉学习和训练在知觉系统可塑性中的作用。

知觉中两种类型的加工

二、知觉的特征

（一）知觉的选择性

人在知觉客观世界时，总是有选择地把少数事物当成知觉的对象（object），而把其他事物当成知觉的背景（background），以便更清晰地感知一定的事物与对象。例如，在课堂上，教师的声音成为学生知觉的对象，而周围环境中的其他声音便成为知觉的背景。在这个意义上，知觉过程是从背景中区分出对象

的过程。

知觉的选择性和注意有关。人注意的事物容易成为图形，而不注意的物体就会成为背景。下面这张两歧图形（见图4-2）显示了注意在对象与背景分离中的作用。如果你注意图形中的白色部分，那么看到的将是一个杯子，而黑色部分就成为无意义的背景；相反，如果你注意图形中的黑色部分，那么看到的将是两个侧面人头，而白色部分就转化为无意义的背景。随着注意的变换，图形和背景是相互转换的。

图4-2　对象与背景

有人曾研究过盲人复明后的知觉，发现他们最先看到的是一些杂乱无章的东西，无法从背景中区分出对象。之后随着经验的积累，特别是视觉和触觉的结合，才能建立起对象与背景的关系。可见，从背景中区分出对象与人的经验有关。但也有人发现，刚出生的小鸡就能啄食它第一次见到的谷粒，这说明从背景中区分出对象的能力可能是一种先

普通
心理学

天的能力。

（二）知觉的整体性

在知觉活动中，整体与部分是相互依存的。人的知觉系统具有把个别属性、个别部分综合成整体的能力。我们从图4-3中可以看出，尽管这些点子没有用线段连接起来，但仍能看到一个三角形和一个长方形。在这里，我们的知觉系统把视野中的个别成分综合成一个有组织的整体结构。点子的数量不同，它们的空间分布情况不同，我们知觉到的几何形状也不同。可见，知觉的整合作用离不开组成整体的各个成分的特点。在知觉中，分析事物的特征及其结构关系十分重要。

图 4-3　点子图

我们对个别成分（或部分）的知觉依赖事物的整体特性。图4-4说明了部分对整体的依赖关系。同样一个图形"I3"，当它处在数字序列中时，我们会把它看成数字13；当它处在字母序列中时，我们会把它看成字母B。有人曾用对图片的感知说明部分对整体的依赖性。实验者先给被试呈现一张图片，上面画着一个身穿运动服、正在奔跑的男子，使人一看就断定他是正在锻炼的一个足球运动员。接着给被试呈现第二张图片，在那个足球运动员的前方，有一个惊慌奔逃的姑娘。这时被试断定他看到了坏人追逐姑娘的画面。最后实验者拿出第三张图片，在两个奔跑的人后面是一头刚从动物园里逃跑出来的狮子。这时，被试才明白画面的真正意思：足球运动员和年轻的姑娘为躲避狮子而拼命地奔跑。可见，离开了整体情境，离开了各部分的相互关系，部分就失去了它确定的意义。

研究进展

学习训练在对象背景分离中的作用

在2014年发表于《自然》子刊上的一项研究中，研究者训练猴子完成知觉轮廓的学习任务，同时在动物的视觉皮层上植入一组微电极，观察训练引起的神经元反应的动力学变化。研究发现，在初级视皮层V1区，神经元的群体编码能力随着每天的训练不断提高，这表现为，神经元编码轮廓成分的能力和对背景成分的抑制能力逐渐提高。换句话说，随着学习的进程，神经元能够越来越精细地区分轮廓和背景。该研究在神经元的功能水平上说明了图形与背景的分离，并显示了学习和训练在这种分离中所起的重要作用（Yan et al.，2014）。

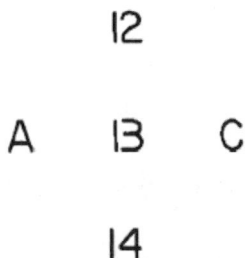

图 4-4 部分对整体的依赖关系

（资料来源：Atkinson et al., 1983）

在知觉活动中，人对整体的知觉可能优先于对个别成分的知觉。内温（Navon, 1977）用实验证明，给被试短暂地呈现由许多小字母组成的一个大字母，如由小字母"H"和"S"组成的大字母"H"，或者组成的大字母"S"。被试的反应有两种：局部反应（local response）和整体反应（global response）。在局部反应中，要求被试判断小字母（"H"或"S"）；在整体反应中，要求被试判断大字母（"H"或"S"）（见图4-5）。结果发现，当被试判断小字母时（局部反应），如果小字母与大字母不一致（如小字母为"S"，大字母为"H"），被试的反应时将变长；相反，当被试判断大字母时（整体反应），被试的反应时不受组成的小字母的影响。内温称这种现象为整体优先（global precedence）效应，即整体水平的加工先于局部水平的加工。如果在视觉呈现刺激图形后，让被试同时确定从听觉上接收的一个字母，结果显示，当听到的字母与视觉呈现的大字母一致时，反应时短；而当听到的字母与视觉呈现的小字母一致时，反应时长。这同样说明，被试对整体特征比对局部特征更敏感。可见，在提取事物的细节信息之前，我们对事物的整体可能已经有了粗略的了解。

图 4-5 整体优先效应的实验材料

（资料来源：Pomerantz, 1983）

（三）知觉的理解性

人的知觉与记忆、思维等高级认知过程有着密切的联系。在知觉过程中，人不是被动地认识知觉对象的特点，而是以过去的知识经验为依据，力求对知觉对象做出某种解释，使它具有一定的意义。知觉的这一特性可以用隐匿图形来说明（见图4-6）。

图 4-6 隐匿图形

（资料来源：Goldstein, 1996）

当人们第一次看到这张图片时，他们不是消极地观看图片上的那些黑白斑点，而是力求理解这些斑点的关系，提出种种假设，对它做出合理的解释。例如，"这是一块雪地吗？""雪地上有什么？""这里好像有一只动物。""它是什么？""是熊吗？""不是。""是狼吗？""不是。""是狗吗？""哦！我想起来了，它像一只生活在北极地带的狗。"人们根据知觉对象提供的线索提出假设，检验假设，最后做出合理的解释。当知觉的对象是我们熟悉的事物时，人们对对象的理解往往采取压缩的形式，知觉者能很快给对象命名，把它纳入一定的范畴，如说"这是一个三角形""这是一部电视机"等。

理解帮助对象从背景中区分出来。在图4-2中，如果我们事先知道图中是一个杯子，那么图形的中间部分就容易成为知觉的对象，并且使我们对它的知觉保持相对的稳定性；如果我们事先知道图中是两个侧面人头，那么图形的两侧就容易成为知觉的对象，而中间部分成为知觉的背景。

理解有助于知觉的整体性。人容易把自己理解和熟悉的东西当成一个整体来感知。相反，在不理解的情况下，知觉的整体性常受到破坏。在观看不完整图形时（见图4-7），理解能够帮助人们把缺少的部分补充出来。

理解还能产生知觉期待和预测。例如，熟悉英语词汇知识的人在读到字母"WOR"后，会预期出现 D、K、M、N 等字母，因为他们知道，只有这些字母才能与"WOR"组成一个英文单词。在这里，人们已有的知识结构在当前的感知中起着重要作用。当前环境激活的知识结构不同，产生的知觉期待也不一样。

图 4-7　不完整图形
（资料来源：Dember，1979）

（四）知觉的恒常性

我们周围的世界在不停地变化着，它向我们的知觉系统输送的刺激信息也在不停地改变。我们看到的物体有时离我们近，有时离我们远；有时在我们的正前方，有时在我们的两侧；有时处在阳光下，有时又处在阴影中。在这种不断变化的条件下，人能不能保持对物体的正确、稳定的知觉？回答是：能。由于经验在知觉中的作用，在进化过程中，人的知觉系统获得了一种重要的特性，即知觉的恒常性（perceptual constancy）。知觉的恒常性是指当知觉的客观条件在一定范围内改变时，我们的知觉映象在相当程度上保持着它的稳定性。恒常性是知觉的一种普遍特性，形状、大小、明度和颜色知觉都存在恒常性。

例如，当我们从不同的角度观察同一物体时，物体在视网膜上投射的形状是不断变化的。但是，我们知觉到的物体形状并没有表现出很大的变化，这就是形状的恒常性。图 4-8 是一扇从关闭到敞开的门，尽管这扇门在我们视网膜上的投影形状各不相同，但看上去都是长方形的。一般来说，看到的形状与物体的实际形状完全相同，叫完全恒常性；看到的形状与物体在视网膜上投影的形状完全一样，叫无恒常性。而知觉到的形状处于物体的实际形状和物体在视网膜上投射的形状之间，而偏于物体的实际形状，叫实际恒常性，习惯上也称其为知觉恒常性。

知觉恒常性是在一定的条件下发生的。例如，我们站在高楼上观看楼下街道上行走的人群，会发现这些人都变得很小。可见，超过一定的观察距离，大小恒常性就会消失。

人的知觉为什么会有恒常性？ 这和经验有很大关系。人类学家特恩布尔

（Turnbull，1961）在刚果的一次经历说明了经验在知觉恒常性中的作用。一个刚果青年肯格（Kenge）陪同特恩布尔去一个国家自然公园参观，看到一群野牛正在几英里外吃草。对于那样的距离，野牛投射到肯格视网膜上的感觉映象非常小。肯格问特恩布尔，它们是什么昆虫，特恩布尔回答说，那是野牛，这些野牛可能比肯格以前在丛林中看到的还要大。肯格立刻笑起来，认为特恩布尔在开玩笑，再次问那是什么昆虫。他还自言自语地说特恩布尔不够聪明，竟然把蚂蚁一样的昆虫说成野牛。肯格从小生活在丛林中，从来没有走出过丛林，没见过遥远的物体，因而没有形成物体大小的恒常性。也就是说，他不能把远一些的物体看成和近处的物体在大小上差不多。特恩布尔的发现说明，知觉的恒常性不是生来就有的，而是通过生活经验习得的，而生活经验又会受到我们居住地区的文化和环境的影响。

知觉的恒常性对于人的正常生活和工

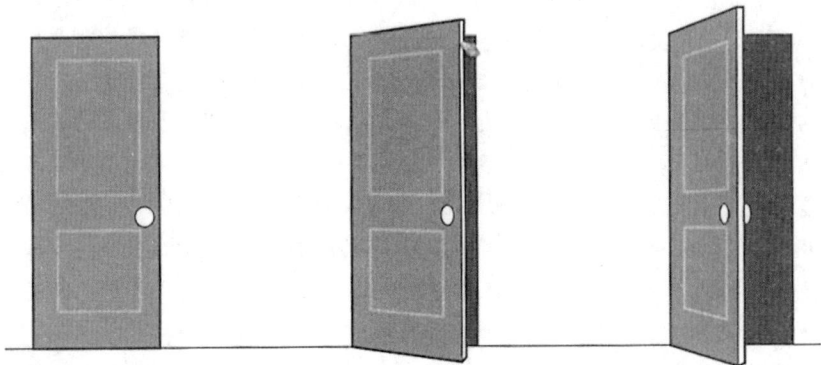

图 4-8 形状恒常性示意图

（资料来源：Atkinson，1983）

作有重要意义。如果人的知觉随着客观条件的变化而变化，我们会觉得周围的一切都杂乱无章，十分混乱，你的同学会时而很高，时而很矮，你穿的衣服的颜色会时而变深，时而变浅。在这种情况下，我们就不能获得任何确定的知识。研究恒常性还有助于建筑、艺术等实践部门的工作，促进人工智能研究的发展。现代的机器人有"视觉"可以看，有"听觉"可以听，但它们没有知觉恒常性。因此，当观察条件明显变化时，机器人就难以执行自己原来的任务。如果我们能够把人和动物具有的知觉恒常性赋予机器人，那么计算机将发挥更大的作用。知觉恒常性的变化也会影响

人的日常生活。研究表明，酒精会破坏大小和形状知觉的恒常性，这是酒后驾车事故率极高的原因之一（Farrimond, 1990）。

三、知觉的种类

根据知觉时起主导作用的感官的特性，知觉可以分为视知觉、听知觉、触知觉、嗅知觉、味知觉等，如对物体的形状、大小、距离和运动的知觉属于视知觉，对声音的方向、节奏、韵律的知觉属于听知觉。在这些知觉中，除了起主导作用的感官之外，还有其他感觉成分参与，如在视觉空间定向中，常常有听觉或

学术争鸣

经验论与先天论

在知觉研究中有两种相互对立的重要理论：经验论与先天论。物理学家赫尔姆霍茨是经验论的代表。他认为，知觉依赖人的知识和经验。人们在生活中学到的事物的各种联系在知觉中有重要作用。这种作用是通过无意识中进行的推理活动来完成的。例如，我们根据视网膜上成像的大小和物体的距离推测物体的实际大小，根据观察的角度推测物体的实际形状等，这是知觉恒常性产生的原因。他的理论因此被称为无意识推理理论。与经验论相反，另一些学者提出了知觉的先天论，认为知觉的某些特性是与生俱来的。在本书第一章中，我们介绍了吉布森用"视崖"进行的研究。用人类婴儿进行的实验发现，大多数婴儿都拒绝爬向"深渊"的一侧，而留在了"浅滩"上。用刚出生的小鸡、小山羊、小绵羊、小猫和小狗进行的实验也发现，它们同样拒绝走向"深渊"。用小老鼠进行的实验发现，它们似乎不在乎"深渊"，这和它们不大使用视觉有关。这些结果说明，人类婴儿和其他许多依赖视觉生存的小动物似乎都生来具有深度知觉，尽量避免掉进"深渊"。这种能力具有生物适应的意义。

触觉的成分参与；在物体形状和大小的视知觉中，也有触觉和动觉的成分参与；在言语听知觉中，常常有动觉的成分参与；等等。

根据事物的特性，知觉可以分为空间知觉、时间知觉和运动知觉。空间知觉处理物体的形状、大小、方位和距离等方面的信息，时间知觉处理物体的延续性和顺序性，运动知觉处理物体在空间上的位移等。知觉的一种特殊形态叫错觉。人在出现错觉时，知觉的映象常常不符合事物的客观情况。

根据意识在知觉中的参与程度，知觉可以分为阈上知觉和阈下知觉。阈下知觉（subliminal perception）也叫作无觉察知觉，是一种无意识的知觉。研究发现，刺激在没有被个体觉察时，也能对个体的行为产生影响，即个体可以在低于知觉阈限的情况下对刺激进行加工（Berry & Dienes，1993）。

第二节　空间知觉

空间知觉是对物体的形状、大小、距离、方位等空间特性的知觉。它包括形状知觉、深度与距离知觉、知觉定位等。空间知觉在人与周围环境的相互作用中有重要作用。如果人们不能认识物体的形状、大小、距离、方位等空间特性，就不能正常地生存。

一、形状知觉

形状是物体所有属性中重要的一种属性。大千世界，色形而已。我们要认识世界，就必须分辨物体的形状。

（一）什么是形状知觉

形状知觉是人类和动物共同具有的知觉能力。但是，由于劳动和社会生活的作用，人类具有特殊的形状知觉的能力，如文字识别能力、分辨各种劳动产品和复杂的社会表情的能力等。

形状知觉是视觉、触觉、动觉协同活动的结果。通过视觉，人们可以得到物体在视网膜上的投影形状；通过触觉和动觉，人们可以探索物体的外形。它们的协同活动提供了物体形状的信息。人的形状知觉主要有物体识别、面孔识别和文字识别三种。

物体识别是指对物体形状的知觉，包括将一个物体的形状与另一个物体的形状区别开来，确认一个物体，给物体命名等。研究发现，物体识别与视觉的腹侧通路有关，也就是与枕叶的 V1 和颞下回（IT）的神经通路有关。IT 区的某些神经元能排除颜色变化的干扰，对形状做出特异性的反应。IT 区的损伤能引起物体识别的障碍和精细分辨物体的障碍（高湘萍，

2011）。

面孔识别有别于物体识别。很多心理学的研究表明，面孔常常被表征为一个整体，面孔识别主要依赖眼睛、鼻子、嘴巴等的空间关系。人类自出生起就对面孔有着独特的偏好，不同文化背景下的面孔识别也存在差异。面孔识别还包括表情识别，我们通过人的面部表情就能了解他的喜怒哀乐等情绪状态。研究发现，面孔识别发生在腹侧的颞—枕联合区，也叫面孔识别区。这个脑区受到损伤的个体会出现面孔不识症。

文字识别在图形识别中也有其特殊性。无论看到的是印刷体还是手写体，无

研究进展

不同形状识别的脑机制

凯利等人（1998）在一项研究中，比较了不同形状识别的脑机制。研究采用了三种材料，词汇（如"hammer"）、可命名的物体线条图形（如"青蛙"）和不熟悉的面孔。要求被试有意识地记住（编码）所呈现的图形，并在随后的记忆测验中检查记忆的效果。结果发现，三种图形都激活了背侧额叶和颞中回，但不同模式在两半球间引起了不同的激活模式（见图4-9）。词汇显示了大脑左侧的优势，不熟悉的面孔显示了大脑右侧的优势，可命名的物体线条图形在大脑两半球引起了相同程度的激活。结果说明，词汇识别要求更多的左半球参与，面孔识别要求更多的右半球参与，而一般的物体识别要求两半球共同参与。

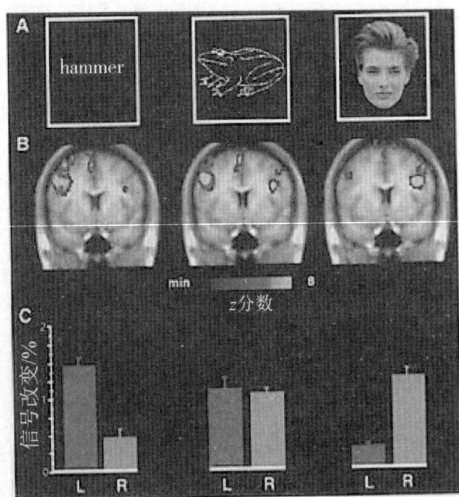

图4-9　实验结果

论每个词的字体、字号等在视网膜上的投射位置如何改变，人的视觉系统都可以毫不费力地在 250ms 内完成对一个字词的识别。文字识别是阅读活动的基础，因此在人的日常生活和智力发展中有重要意义。认知神经科学的研究发现，文字识别有专门的字形加工区（visual word form area，VWFA），即腹侧的左侧梭状回（McCandliss，Cohen，& Dehaene，2003）。在文字的作用下，该区的激活不受意识的控制，也不受左右视野呈现方式的影响（Dehaene et al.，2001）。

（二）人如何知觉形状

1. 轮廓与边界检测

知觉物体的形状需要把物体的轮廓区分出来，也就是要把图形从背景中区分出来。

什么是轮廓？图形可以定义为视野中的部分面积，它借助可见的轮廓而从其余部分分离出来。因此，在图形中，轮廓代表了图形及其背景的一个分界面，是在视野中邻近成分的明度或颜色突然变化时出现的。轮廓的作用可以用图 4-10 来说明。

图 4-10 是一只睡猫，由若干个线条组成。线条内外的明度相同，但是由于组成边界的黑色线段产生了明度的突然变化，因此使画面从白纸上分离出来。相反，如果我们将轮廓破坏，如在照相或放映时，没有对好焦距，使边界模糊，或将一个图形镶嵌在另一些更复杂的图形中，使前者的轮廓受到干扰，就会影响对物体

形状的知觉。在下面这幅由 4 个汉字组成的字画中（见图 4-11），由于"四海为家"的笔画交错在一起，字的朝向也有变化，干扰了字形轮廓，人们要识别它就困难多了。

图 4-10　睡猫图

（资料来源：Attneove，1954）

图 4-11　图形轮廓受到干扰

轮廓的形成与边界检测有关。视神经节细胞具有检测边界的功能，因而与轮廓的感知有关。研究发现，人类的视神经节细胞存在侧向连接的功能，由于不同细胞之间的相互作用，即通过侧抑制产生的影响，我们对边界的知觉进而产生和增强。一项研究（Chen et al.，2017）还发现，当猕猴的高级视皮层（V2）识别出轮廓信息后，会反过来调节初级视皮层（V1）的活动，这说明轮廓的形成受到视觉系统自上而下的调节。当视觉背景中存

普通心理学

面孔不识症（脸盲症）

　　1867 年，意大利医生报道了一位 54 岁的中风女病人丧失了对亲人面孔的认知能力，后来在世界各地积累了许多相似病例。1947 年确定该疾病名称为熟人面孔失认症（prosopagnosia）。面孔不识症有两种类型：熟人面孔失认症和陌生人面孔识别障碍。前者只不认识熟人的面孔，但对陌生人面孔的辨别能力保留完好。相反，后者认识熟人，只是对一些陌生人的面孔无法分辨，似乎所有陌生人的面孔都是一样的。两种类型的面孔不识症所涉及的脑结构不同，熟人面孔失认症是内侧颞叶受损，或内侧颞叶与枕叶的神经联系受损的结果，而陌生人面孔识别障碍则是枕叶受损造成的（沈政，林庶芝，1993）。

在大量干扰信息时，这种自上而下的调节作用更明显。这个研究解释了视觉系统为什么能从复杂的背景中发现和关注被隐藏的轮廓。

　　当客观上不存在刺激的梯度变化时，人在一个同质的视野中也能看到轮廓，这种轮廓叫主观轮廓（subjective contour）或错觉轮廓（illusory contour）。例如，在图 4-12a 中，我们会看到一个白色的三角形；在图 4-12b 中，我们会看到一个白色的长方形；在图 4-12c 中，我们会看到一个白色的圆形；在图 4-12d 中，我们会看到一个黑色的三角形。有人认为，主观轮廓表现了视觉系统的一个特点：当视野中出现不完整因素时，视觉系统倾向于把它们变得完整，变成比较简单、稳定、正规化的图形。也有人认为，主观轮廓是由图形提供的某些深度线索引起的。深度线索的变化或被破坏，会引起主观轮廓不同程

度的破坏（张厚粲等，1980）。

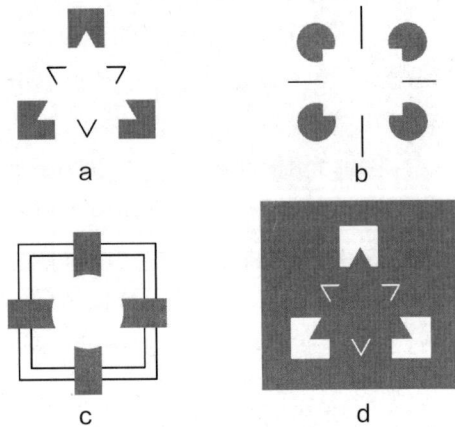

图 4-12　几种不同的主观轮廓
（资料来源：Coren，1972）

2. 知觉系统的整合和完善功能

　　知觉系统具有将个别特征进行整合的能力，这个过程也是形状知觉形成的过程。格式塔心理学家最先研究了特征的整合，提出了知觉组织的原则，之后许多心理学家又继续补充和发展了这些原则。这

些原则也被称为图形的组织原则。下面简要介绍这些原则。

①邻近性（proximity）。在其他条件相同时，空间上彼此接近的部分容易组成图形。在图 4-13a 中，右侧正方形的纵向距离大于横向距离，我们看到三行正方形；左侧正方形的纵向距离小于横向距离，我们看到四列正方形。

②相似性（similarity）。视野中相似的成分容易组成图形。在图 4-13b 中，我们看到的是三列"×"形和两列"○"形，

而不是三排形状不同的图形。这是由图形的相似性引起的。

③对称性（symmetry）。在视野中，对称的部分容易组成图形，见图 4-13c。左侧的黑色图形和右侧的白色图形均左右对称，因而容易被视为图形。

④良好连续（good continuation）。在图 4-13d 的左侧，具有良好连续的几条线段容易组成图形。而在右侧，图形的良好连续压倒了图形的相似性。正方形与圆点由于良好连续组合在一起，而不连续的另

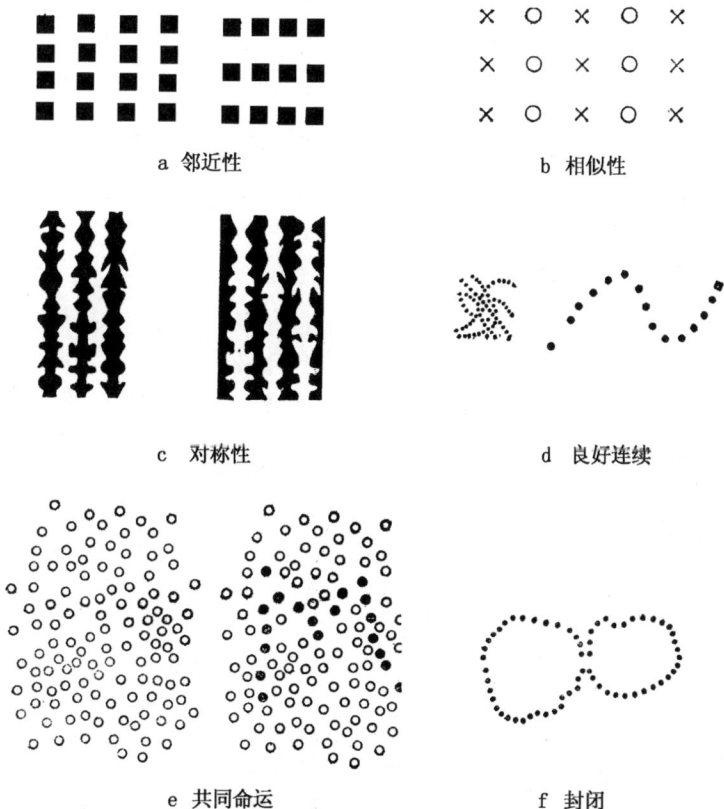

a 邻近性　　　　b 相似性

c 对称性　　　　d 良好连续

e 共同命运　　　　f 封闭

图 4-13　知觉的组织原则

（资料来源：Dember，1979）

一个圆点被分开了。

⑤共同命运（common fate）。图4-13e的左侧是一些随机排列的小圆圈。当其中某些成分按共同的方向运动或变化时，我们就会把它们看成一个英文字母"M"，见图4-13e的右侧。

⑥封闭（closure）。视野中封闭的线段容易组成图形，见图4-13f。

⑦线条朝向（line orientation）。在图4-14的左侧，两种图形的形状不同，但朝向相同，因此难以分开；而右侧的两种图形是同一种图形，但方向不同，因而容易分开。可见，线条朝向对图形组合也有重要意义。

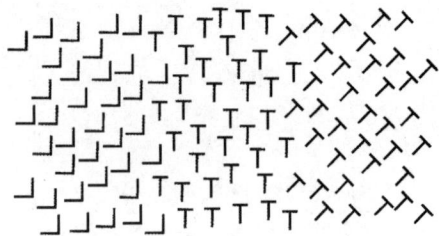

图 4-14　线条朝向

（资料来源：Beck，1966）

⑧简单性（minimum）。视野中具有简单结构的部分容易组成图形。在图4-15a中，我们看到的是一个长方形和一个三角形，而不是一个复杂的十一边图形；在图4-15b中，我们看到的是一个长方形和一个椭圆形，而不是三个不规则的图形（见图4-15c）。在图4-15d中，我们看到的是一个平面图形，而不是一个立方体，这都是由简单性造成的。

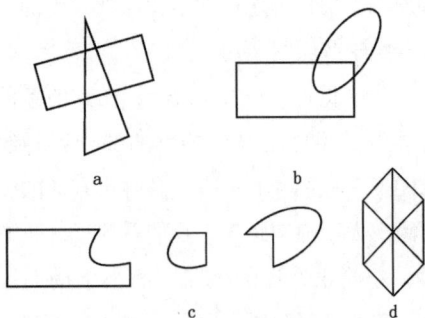

图 4-15　简单性

（资料来源：Hochberg，1953）

⑨均质连接性。研究发现，两个相连的点子更容易被看成一组，这是比相似性和邻近性更有效的一个知觉组织原则。在图4-16a中，相连的点子比邻近的点子更容易被看成一组；在图4-16b中，相连的点子比相似的点子更容易被看成一组。因此，均质连接性似乎优先于邻近性和相似性，对图形的整合起更重要的作用。

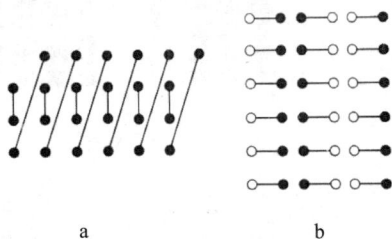

图 4-16　均质连接性

知觉系统还有补充和完善的功能，能实时地补充视觉刺激中缺失的信息，使我们的知觉印象趋于完善。前面我们介绍的主观轮廓，就是知觉系统补充完善功能的一个证据。另外，对图形的理解，即揭示它的意义，也能帮助我们把图形的缺失部分补充出来。

3.经验在形状知觉中的作用

在知觉过程中，过去的经验有重要作用，这可以用知觉定势和倒视来说明。

知觉定势（perceptual set）是指前面的知觉经验对后来知觉的影响。在图4-17中，处在中间的图形b是一张两歧图，既可以被看成一张妇女的面孔，也可以被看成一位萨克斯管的吹奏者。而左右两侧的图形（a和c）是没有歧义的。a图容易被看成一位萨克斯管的吹奏者；而c图容易被看成一张妇女的面孔。在实验时，如果你先看a图，再看b图，那么就容易把b图看成萨克斯管的吹奏者；如果你先看c图，再看b图，那么就容易把b图看成妇女的面孔。可见，发生在前面的知觉直接影响到后来的知觉，产生了对后续知觉的准备状态，这种现象叫知觉定势。

"倒视"是另一种有趣的现象。图4-18中的两张面孔是颠倒呈现的，乍一看，没有看出什么差异，但如果把图片顺过

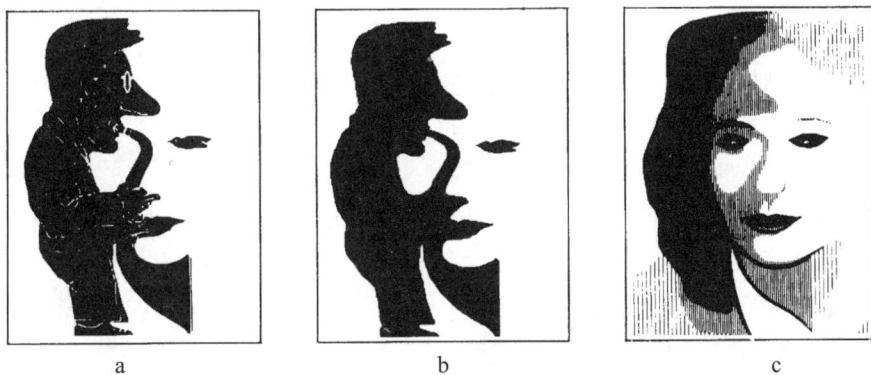

图4-17 知觉定势

（资料来源：Myer，1992）

来，你就会惊奇地发现，两张面孔的嘴巴和眼睛其实有明显的区别。原因是，人们平日都是按正常的方向知觉人脸的整体特征，这种经验会影响对面孔细节的知觉。

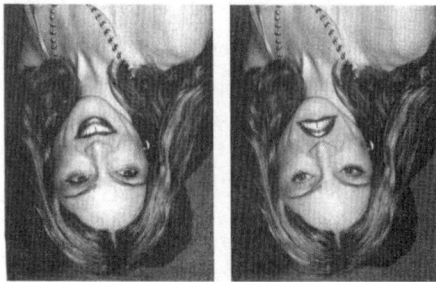

图4-18 倒视

（资料来源：津巴多，2002）

（三）形状知觉的理论

1. 特征分析理论

一些心理学家假定，物体形状的识别开始于对原始特征（primitive feature）的分析与检测。形状知觉是在感觉信息的基础上，通过特征分析和整合过程形成的。这些原始特征包括点、线条、角度、朝向和运动等（Marr，1980），由这些特征可以组成不同物体的形状，也可以组成人的面孔和文字。基于特征分析的这种知觉理论被称为知觉的特征分析理论，这是当代在学术界占优势的一种知觉理论。

在知觉研究中，有一个非常重要的理论问题，就是人脑如何将不同的特征联合在一起的问题。在神经科学和心理学中叫特征捆绑问题。现代的一些研究认为，注意在特征整合中起着非常重要的作用。在没有注意参加时，特征可能是游离的，因而可能产生错误的结合。注意就像胶水一样，把许多特征整合在一起，因而可能知觉到事物的整体。这就是著名的知觉特征整合理论（Treisman，1986）。

视觉系统对这些特征的检测是自动的，无须意识的努力。我们可以用一个视觉搜索（visual search）实验来证明这一点。给被试呈现一组图形，要求被试判断其中是否有目标图形，见图4-19。如果目标图形是"O"，而周围的图形是"V"，那么被试能很快发现目标图形，而且"V"的数目不会影响检测"O"的速度。这是因为目标图形为曲线图形，而背景图形为直线图形。它们的差别发生在原始特征的水平上。在这种情况下，视觉系统不需要

注视每个图形，图形的原始特征似乎是自动跳出来（pop out）的。

特征分析的假设得到了神经生理学研究的证实。正如我们在第三章中所说过的，休伯和维泽尔关于视觉感受野的研究发现，在视觉系统的不同层次上，存在特征觉察器，它们能分别检测点、线条、角度、朝向和运动等不同的感觉信息。这些信息是视觉形状知觉的基础。

图4-19 对图形的原始特征的分析
（资料来源：Treisman et al.，1985）

2. 成分识别理论

一些心理学家认为，物体识别基于对构成物体的基本成分（components）的分析，如三角形、圆柱形、锥形、弧形、端点、结合点等。知觉系统借助这些成分和它们之间的相互结合，就能识别众多物体的形状（Biederman，1990）。这些基本成分也叫几何元件。例如，茶杯和水桶的形状是由几何元件圆柱形和弧形构成的，但是在水桶中，弧形在圆柱形的上方，而在茶杯中，弧形在圆柱形的一侧。几何元件由于结合的方式不同，形成了不同物体的形状（见图4-20）。一些心理学家假定，复杂的物体比简单的物体有更多的几何元件，因而更容易被识别。这个假定得到了实验结果的支持。研究发现，当用0.1秒

的速度逐个呈现不同物体的图片（如飞机和杯子）时，构成物体的几何元件数越多，被试识别的速度越快，准确率也越高（Biederman，1987）。

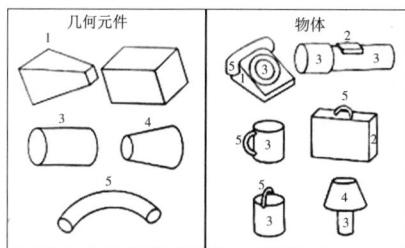

图 4-20 图形的组成成分与物体形状

研究还发现，人对物体的识别只需要根据物体少量的关键性成分，而不必确认其全部成分。在这些关键性成分中，结合点或某些特定的轮廓信息对物体的识别有重要作用。在图 4-21 中，a 有结合点，如杯子 a-1 上方的圆弧，壶 a-3 下方的底部轮廓；而对应的 b 没有结合点，因此识别 a 比识别 b 要容易。

3. 大范围优先的拓扑知觉理论

知觉研究中整体与部分的关系是一个重要的理论问题。20 世纪初，格式塔心理学家提出了整体大于部分之和的知觉理论，对传统心理学强调感觉是知觉的成分提出了挑战。但是这个理论缺少足够的证据来支持。20 世纪 80 年代，陈霖（Chen，1982）进一步质疑了知觉的特征分析理论，提出了大范围优先的拓扑知觉理论。在他看来，在视觉加工的早期，人的视觉系统不会提取物体的几何性质的特性（如点、线条、角、朝向等），而对刺激的整体性质（拓扑性质）更敏感，这些特性包括连通性、洞的数目等。陈霖解释说，"拓扑变换可以被想象为任何一种橡胶片式的扭曲，除了不能撕破或融合，什么形状的改变都可以发生。经过这种扭曲，连通性、洞的数目等将保持不变"。

在一个早期的实验中，他采用了三组不同的图形（见图 4-22），其中圆和正方形在形状上看上去很不一样，但它们都没有"洞"，因而是拓扑等价的；而圆环中有洞，圆盘没有洞，它们具有不同的拓扑性质。实验时要求被试注视两个图形中间的注视点，并报告注视点两侧的图形是否一样。结果显示，被试对拓扑性质不同的图形有较高的正确报告率，这说明被试对拓扑性质的差异更敏感。

图 4-21 结合点在形状识别中的作用

（资料来源：津巴多等，2002）

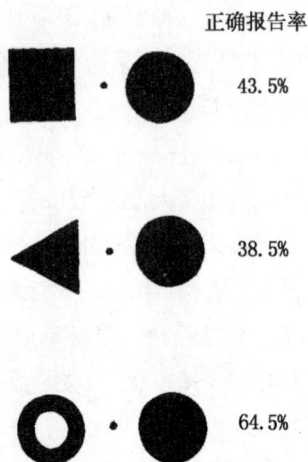

图 4-22　拓扑性质的检测

（资料来源：Chen，1982）

多年来，陈霖等人采用行为实验和脑成像技术系统研究了拓扑性质的加工，从多个方面检验和证明了自己的假设。他们还发现，在加工拓扑性质时，右利手者左半球占优势。例如，在一项研究中，王波等人（Wang et al.，2007）采用单视野快速呈现刺激的方法，研究了大范围拓扑性质和局部几何性质的加工差异以及大脑的一侧优势（见图 4-23）。在一个实验中，研究者给被试呈现拓扑性质不同和相同的图片，例如，图 4-23a 是拓扑性质不同的图形（三个 S 没有洞，一个 O 有洞）；图 4-23b 是拓扑性质相同而朝向不同的图形（四个 S 都没有洞，一个与其他三个朝向不同）。要求被试判断哪一个象限的图形与其他三个象限的图形不同。结果发现，左半球对拓扑性质的差异（a）更敏感，而右半球对朝向（b）更敏感。他们通过对比拓扑性质与其他几何性质（距离、对称性、平行性等）的差异，

也得到了相似的结果。这使他们相信，右利手者的大脑左半球对大范围拓扑性质的知觉占优势（Wang et al.，2007）。同时，他们还利用功能磁共振成像方法发现，拓扑性质分辨的任务引起大脑左半球颞叶一定区域的激活，揭示了拓扑性质知觉的脑机制，并支持了行为实验的结论（卓彦，2008）。

图 4-23　拓扑性质不同的刺激和拓扑性质相同的刺激示例

二、深度与距离知觉

人不仅能够知觉物体的形状，而且能够知觉物体的深度和距离。形状知觉属于二维空间的知觉，而深度知觉属于三维空间的知觉，即不仅能够知觉物体的高和宽，而且能够知觉物体的距离、深度、凹凸等。

300 多年以前，贝克莱在他的著作《视觉新论》（1709）中就曾提出："距离本身是看不见的……因为距离只是以其一端对着眼的一条直线，所以，它只能在眼底下投入一点。而且不论距离长短，这一点都是不变的。"贝克莱认为物体在视网膜上的映象不能提供距离的线索，距离和深度知觉都是经验的结果。

知觉到的距离和物体的大小与物体在视网膜上投影的大小有关。视网膜上投影的大小服从几何投影的规律：距离远，同

学术争鸣

知觉开始于特征分析还是大范围拓扑性质的提取

在形状知觉研究中一种占优势的理论是特征分析理论。这种理论认为，形状知觉或物体识别都开始于特征分析。这些特征既可以是点、线、角度、朝向等，也可以是三角形、圆柱形、长方形等。人识别物体是以这些特征为基础的。换句话说，特征分析在前，物体识别在后。先有局部，后有整体。但是在心理学中，也有另一种观点，即格式塔心理学家的观点，认为整体是先于局部的，整体不是局部的简单相加。但是，由于这种观点缺少系统实验结果的支持，因此研究停留在对现象的描述上，没有得到科学的证明。20世纪80年代，陈霖提出了大范围优先的拓扑知觉理论，经过30多年的持续研究，得到了大量实验数据，这些结果都一致地说明了人的知觉是从大范围到局部的这一特点。正如美国科学院院士德西蒙（Desimone, 2005）认为的，陈霖的从大范围到局部的知觉拓扑模型和神经生物学的体系是一致的，也和心理学行为实验的物体基本表征的证据是一致的。运动和形状知觉关系专家托德（Todd, 2005）指出："我赞成陈的整体研究方向。这开始于我第一次阅读到他在《科学》杂志上关于这个问题的论文。"

一物体在视网膜上的投影小；距离近，同一物体在视网膜上的投影大。用公式表示为：$a=A/D$。a指视网膜投影的大小，A指物体的大小，D指对象与眼睛的距离。公式的含义是，物体在视网膜上投影的大小与物体的大小成正比，而与距离成反比。因此，人们可以根据视网膜上成像的大小与距离的关系推测物体的大小。同理，也可以根据视网膜上成像的大小与物体大小的关系推测物体的距离。这种推测是在无意识中进行的，对人们判断距离有重要作用。

除视网膜上投影的大小外，下面这些线索对人的深度与距离知觉也有重要作用。

（一）肌肉线索（生理线索）

人眼在观看不同距离的物体时，会出现调节和辐合等一系列变化，对人们分辨物体的距离有一定的意义。

1.调节

调节指晶状体的形状（曲度）由于距离的改变而变化。例如，看近处的物体，眼睛的晶状体曲度变大；物体移向远方，眼睛的晶状体曲度变小。晶状体曲度的变化是由改变睫状肌的紧张度来实现的。睫状肌发出的动作冲动为分辨物体的距离提供了可靠的信息。睫状肌收缩，晶状体变厚；睫状肌扩张，晶状体变薄，从而报告了物体的远近。调节作用只能在较小的距离（1~2米）内起作用，当距离较大时，远近知觉就需要依靠其他线索了。

2. 辐合

辐合是指眼睛随距离的改变而将视轴汇聚到被注视的物体上。辐合是双眼的机能。由于辐合，物像落在两眼视网膜的中央窝内，从而获得清晰的视像。辐合可用辐合角来表示。物体近，辐合角大；物体远，辐合角小。根据辐合角的大小，人也能获得距离信息。

（二）单眼线索

单眼线索是指用一只眼睛就能感受到的深度线索。借助单眼线索，人能在一定程度上知觉深度和距离，甚至能开车、骑车、驾驶飞机。这些线索包括以下几种。

1. 对象的遮挡

对象的遮挡是判断物体前后关系的重要条件。如果一个物体部分地遮挡了另一个物体，那么被遮挡的物体就被看成远一些。图4-24是布勒松（1946）拍摄的作品，对象的遮挡提供了有效的距离线索。

图4-24　对象的遮挡
（资料来源：华国良等，1988）

2. 线条透视

两条向远方伸延的平行线看起来趋于接近，这就是线条透视。线条透视是由空间的对象在一个平面（眼的视网膜）上的几何投影造成的。物体在视网膜上投影的大小随物体与观察者距离的增加而变化。近处物体所占视角大，在视网膜上的投影大；远处物体所占视角小，在视网膜上的投影小，因而使两条向远方伸延的直线看起来趋于接近。图4-25是布勒松（1968）在法国拍摄的照片，说明了线条透视的作用。

图4-25　线条透视
（资料来源：华国良等，1988）

3. 空气透视

物体反射的光线在传送过程中是有变化的，其中包括空气的过滤和引起的光线的散射。结果，远处物体显得模糊，细节不如近物清晰。人根据这种线索也能推知物体的距离。在空气新鲜、阳光充足的条件下，人们常常觉得远山就在近处，这就是不能有效地利用空气透视的结果。图4-26是一幅北海风景照，由于空气透视，五龙亭隐约可见，说明它离得较远。

4. 相对高度

在其他条件相同时，视野中两个物体相对位置较高的那一个就显得远些。我们来看一张图片，图片上位置较高的个体常常给人以较远的感觉（见图 4-27）。

图 4-26 空气透视

（资料来源：张益福，1997）

图 4-27 相对高度

（资料来源：谢汉俊，1999）

5. 纹理梯度

纹理梯度是指视野中的物体在视网膜上的投影大小和投影密度发生有层次的变化。例如，当你抬头看一面砖墙时，墙上面的砖块在你的视网膜上的投影较小，而投影密度较大；下面的砖块在视网膜上的投影较大，而投影密度较小，从而形成视网膜上的纹理梯度。图 4-28 是亚当斯拍摄的火山景色，由火山口喷出的岩浆形成

的纹理梯度提供了有效的距离线索。

图 4-28 纹理梯度

（资料来源：谢汉俊，1999）

6. 运动视差与运动透视

当观察者与周围环境中的物体做相对运动时（包括观察者移动自己的头部，或观察者随运动着的物体而移动），远近不同的物体在运动速度和运动方向上将出现差异。一般来说，近处物体看上去移动得较快，方向相反；远处物体看上去移动得较慢，方向相同。这就是运动视差。当我们乘坐火车或汽车时，从车窗望去就会看到这种相对的运动，它提供了物体远近的线索。

运动视差是由于在同一时间内距离不同的物体在视网膜上运动的范围不同：近处物体的视角大，在视网膜上运动的范围大；而远处物体的视角小，在视网膜上运动的范围小，因而产生不同的速度印象。这可以用图 4-30 来解释：当眼睛从位置（1）移向位置（2）时，近处物体 A 在视

人物介绍

吉布森

吉布森（James Jerome Gibson，1904—1979）（见图 4-29），美国心理学家。1904 年 1 月 27 日生于俄亥俄州，1979 年 12 月 11 日卒于纽约州的伊萨卡。1928 年获美国普林斯顿大学哲学博士学位，擅长知觉心理学研究，其早期观点曾受格式塔心理学家考夫卡的影响。在第二次世界大战期间，曾在美国空军服役，研究有关飞行的知觉问题，战后任教于康奈尔大学直至去世。1950 年出版了专著《视觉世界的知觉》，书中提出环境信息

图 4-29　吉布森

直接产生知觉的理论，对知觉心理学有很大的影响。1961 年获美国心理学会的卓越科学贡献奖。

传统心理学的知觉理论认为，在知觉过程中，除了外界刺激之外，还必须有某些思维的内部环节的参与，如推理作用、联想作用、中介变量等。吉布森的知觉理论认为，知觉是人与外界环境直接作用的产物。它是外界物理能量变化的直接反映，不需要思维的中介过程。在距离知觉中，地面结构的变化便是深度信息，人在活动时周围环境的光流的不同分布，以及人在运动时周围景物的变化，都是重要的知觉信息。由于他试图用环境及物理光学刺激解释知觉现象，因此他的理论被称为生态光学。这一知觉理论对现代计算机视觉模拟有重大影响。

（资料来源：中国大百科全书，1991）

网膜上的投影从 A_1 移向 A_2；而远处物体 B 在视网膜上的投影从 B_1 移向 B_2，由于 $A_1A_2 > B_1B_2$，而移动的时间相同，因此产生 A 的移动快于 B 的移动的印象。

当观察者向前移动时，视野中的景物也会连续活动。近处物体流动的速度快，远处物体流动的速度慢，这种现象叫运动透视。图 4-31 显示了当飞机在机场降落时所观察到的运动透视。短的箭头代表远处的物体以缓慢的速度流动；长的箭头代表

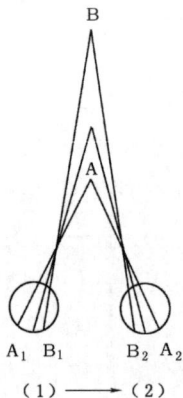

运动视差和运动
透视的区别

图 4-30　运动视差

（资料来源：Gibson，1950）

近处的物体以较快的速度流动。根据景物流动的不同速度可以判断物体的距离或远近。

图4-31 运动透视
（资料来源：Gibson，1950）

（三）双眼线索——双眼视差

由于人的双眼间隔一定的距离，物体在左右眼上的成像是有差异的，左眼看物体的左边多一些，右眼看物体的右边多一些，物体左右眼视网膜像的差异叫作双眼视差。人知觉物体的距离与深度，主要依赖双眼视差。人在知觉物体时，如果将双眼视网膜重叠起来，它们的视像应该重合在一起，即看到单一、清晰的物体。当视网膜像落在视网膜非对应部位而差别不大时，人将看到深度与距离；双眼视差进一步加大，人将看到双像。研究发现，人眼能觉察两个物体的视觉映象仅相差 1 微米（0.001 毫米）造成的景深（Yellot，1981）。还发现，视觉皮层中有一些细

学术争鸣

知觉的认知理论与直接理论

赫尔姆霍茨认为，人对物体大小和远近的知觉是在过去经验的基础上进行的无意识推理的结果，这是知觉的认知理论的前身。20世纪中叶，认知心理学诞生后，强调了知觉过程和知觉表征的研究，出现了知觉的认知理论。按照这个理论，人的知觉是一个假设检验的过程，在知觉中，观察者的经验对感觉信息的解释具有重要作用。我们在前文中引用了许多实验，支持了知觉的认知理论。但是20世纪中期，心理学家吉布森提出了一种新的观点：知觉的直接理论。在他看来，知觉是人对环境的一种积极的探索。当观察者在环境中活动时，视网膜上的刺激形式在时间和空间上都在不断变化。这些变化模式为我们认识不断变化的世界提供了直接的线索。世界是变化的，但来自环境的这些感觉信息却保持着相对的不变性或稳定性。按照吉布森的看法，我们如何认识这个世界，这个问题的答案其实很简单。你可以直接提取来自环境的感觉信息中的不变性或稳定性。例如，我们在前文中提到的运动透视，由于远近物体在视网膜上引起的运动速度不同，人们根据物体逼近或离开在视网膜上引起的不同的信息流，就能判断物体的距离。这里的距离线索是由环境直接提供的，不需要过去经验的作用。

胞专门负责探测左右眼视网膜像的视差（Cumming & Deangelis，2001）。

我们在电影院看到的立体电影就是根据这个原理制作的。把两台摄像机放在相距几厘米的地方同时进行拍摄，然后把两个视网膜像同时投射在电影屏幕上，观众戴上立体眼镜进行观看，由于左右眼看到的视网膜像略有不同，因此出现了立体视觉。与单眼线索相比，双眼线索对判断深度和距离有更大的作用。它的作用范围可达1300米。当距离超过1300米时，双眼视轴平行，双眼视差为零，对判断距离便不起作用了。

三、知觉定位

知觉定位（orientation）是指对物体的空间关系、位置和对机体自身所在空间位置的知觉。动物和人都有定位的能力，如蜜蜂飞出数里以外采蜜，能按照原来的方向返回自己的窝中；信鸽能传递千米以

外的信息，准确无误地飞抵自己的目的地；山鹰从高空俯冲而下，准确地捕获自己的猎物；人能分辨上下、左右、前后等。

知觉定位是各种感觉协同活动的结果。不同物种在知觉定位中凭借的感官不完全相同，如鸽子主要受到地球磁场的影响；猫头鹰主要根据两只耳朵接收信息的时间差来判断猎物的方位和距离；蝙蝠则主要根据飞翔时发出的声音，并利用收集到的回声进行定位。1979年，西蒙等人在《自然》上发表的文章称，蝙蝠能够在黑夜飞行时避开障碍物，有些障碍物只有人的发丝那么细，并且能够在相对高速飞行下，以几乎完美的精确定位来捕捉食物。

（一）视觉定位

当人们用眼睛环视周围环境时，环境中的物体就在视网膜上形成了不同的投影。例如，日光灯吊在房顶下，花盆放在窗台上，日历挂在墙中央等。这些物体在

知识应用

手掌上的洞是从哪儿来的

你把一张纸卷成一个筒。闭上左眼，把纸筒像望远镜那样放在你的右眼前。穿过纸筒，你可以看到远方的物体。保持这个姿势，然后用你的左手掌挡在左眼前方，距离眼睛约半个纸筒远。现在，睁开左眼，你会看到左手掌上有一个洞。只有我们的大脑和视觉系统才能自动地把两个视像如此完美地融合起来。专业摄影师的某些特技摄影不过是运用了这个原理。

（资料来源：库恩等，2007）

视网膜上投影的相对位置提供了它们的空间方位的信息。

人的视觉定位必须借助各种主客观的参照物。例如，太阳的位置和地球的磁场是人们判断东南西北的参照物，天空和地面是人们判断上下的参照物，人体和外物的关系是人们判断前后、左右的参照物。以上这些参照物叫作原始的参照物或参照系。

从原始参照物中分出更具体的定位指标，在视觉定位中也起重要作用。例如，根据太阳和地球磁场的方位，我们可以确定北京在中国的北方，天津在北京的东南方等。根据天空与地面的关系，我们可以确定天花板在上方，地板在下方；树梢在上方，树根在下方等。同样，根据人体和外物的关系，我们可以进一步确定书架在台灯的左方，人在台灯的右方等。

由于生活习惯的影响，不同国家、地区的人习惯采用的定位指标可能不一样。例如，我国南方人习惯用自己的身体定位。当你向他们问路时，得到的回答总是向左、向右等。而北方人则习惯将太阳作为定位指标。因此，在回答时总是说向西、向东、向南等。人们还习惯说北上、南下。这种说法常使一些幼儿不能理解为什么有由南向北的河流。

在视觉定位中，视觉、触觉、动觉、前庭觉的联合作用有重要意义。斯特拉顿（G. M. Stratton）的一个实验说明了这些感觉怎样通过学习联合起来决定着个体的视觉定位。斯特拉顿佩戴上自己设计的一副眼镜，这副眼镜使物体在视网膜上的投影反转和变位。也就是说，视野上方的物体投影在视网膜的上方，视野下方的物体投影在视网膜的下方等。戴镜后的头三天，由于视网膜的映象颠倒，视觉、触觉、动觉和前庭觉产生冲突，空间定位出现困难，让人觉得不舒服；三天之后，他开始可以看到自己的手在写字；第四天，他能在两手间进行正确的知觉选择；第五天，他能在房内从容地散步；第七天，他开始能欣赏散步途中的景色，原来不舒服的感觉也消失了。这说明，经过学习和适应，视觉、触觉、前庭觉等之间建立了新的联系，空间定位能力得以恢复。到第八天，他摘下了反转镜，这时看到的每件东西又都上下、左右颠倒了。几小时之后，空间定位能力才重新恢复正常。后来心理学家进行了许多类似的研究，同样发现几种感觉的联合作用对视觉定位非常重要。

（二）听觉定位

对人类来说，听觉在定位中有特别重要的作用。人耳能判断声源的方位，这是大家很熟悉的。例如，根据声源的方向，我们可以在人群中找到呼唤自己的朋友，可以在草丛中发现振翅鸣叫的蟋蟀。人耳为什么能分辨声源的方向？

1. 单耳线索

由单耳提供的距离信息，被称为听觉的单耳线索。研究发现，在判断声源的远近时，声波到达耳朵的强度和距离是一个重要线索。对一个固定的观察者来说，如果声音越来越响，会提示它离自己越来越近；如果声音越来越弱，会提示它正在远去。人对这两种声音的估计存在不对称性，对接近的声音出现高估，对离去的声音出现低估。在自然环境中，对声源远近的判断具有生物学的意义。声音越来越大可能预示着危险的临近，因而引起个体的重视；而声音越来越小可能预示着危险的消失，因而对个体相对不重要（施夫曼，2001）。

2. 双耳线索

人有两只耳朵，分别长在头部的左、右两侧，中间相隔约 27.5 厘米。这样同一声源到达两耳的距离不同，产生了两耳刺激的时间差和强度差。这是人耳进行声音定位的主要线索。

时间差是指声源从不同的方向传入两耳的时间差别。声源在正前方，与两耳的距离相等，声音同时传到两耳，时差为 0；随着声源偏离头部中切面的角度的增大，到达两耳的时差也增大，当声源在头部一侧 90° 时，两耳的时差最大。人脑利用这种时差可以对声源的位置做出准确的判断。

强度差是指同一声源从不同的方向传到两耳时，在两耳造成的强度差别。例如，当声源在头部一侧 90°，声音的频率为 10000 赫兹时，两耳的强度差可达 20 分贝。两耳的强度差随声音频率的不同而不同。低频声音的波长大于头宽，它的传播不受头部的阻挠，因而在两耳造成的强度差较小；而高频声音的波长小于头宽，在传递途中会受到头部的阻挠，因而两耳的强度差较明显。

3. 听觉优势效应

人的生活环境存在各种各样的声音，这些声音经过不同物体的反射（回声）影响人的耳朵。有趣的是，我们听到的第一个声音将决定自己对声音的定位，而其他声音将不同程度地受到抑制，这种现象叫听觉优势效应（precedence effect）。在一般情况下，第一个传送到耳朵的声音对定位的作用最大，而其他声音可能传递错误的信息。因此，听觉优势效应对人类和动物进行精确的声音定位非常重要。

4. 人类回声定位

前面我们说到，有些动物（如蝙蝠）具有高度发展的回声定位能力。人类是否也有这种能力呢？撒普拉等人（Supra，Cotzin，& Dallenbach，1944）早年的一个实验研究了人的回声定位能力。在实验时，用布蒙住视力正常的人的眼睛，让他们像盲人一样在一个通道中行走，要求他们尽可能走近一面墙，而不要碰到这面墙。在这种条件下，视力正常的被试能比较好地完成任务。但是，如果让被试戴上有背景音乐的耳机，或者塞住他们的耳朵，或者让他们穿上袜子，行走在很厚的地毯上，也就是说，尽可能剥夺他们可能使用的声音线索，被试避开障碍物的成绩就显著下降了。这说明，在躲避障碍物时，人有效地使用了回声信息。后来的研究发现，盲人敲击自己的手杖，从手杖与地面的接触中，就可以直接得到有关距离的信息，同时这种敲击带来的回声也能提供附近物体表面和障碍物的信息（Farmer & Smith，1997）。

在声音定位中，除了耳朵的作用之外，动觉和视觉也起作用。例如，在探测声源的方向时，头部朝向声源的方向，这是动觉的作用；在听东西时，人同时也注视着它，这是视觉的作用。例如，在一个四周安装了扩音器的报告厅听报告时，如果我们看着报告人，声音似乎来自前方；如果闭上眼睛，就会发现声音原来是直接从旁边的扩音器传来的，这说明视觉影响了对声源方向的判断。

研究进展

大脑定位系统

20世纪70年代，美国科学家约翰·奥基夫记录了小鼠脑内海马的一些神经元的活动，发现不同的神经元对应空间中的一个位置区域。当小鼠处于某个空间位置时，相应的神经元会得到最大限度的激活。这种神经元被称为定位细胞。2005年，挪威心理学家和神经科学家莫泽夫妇又发现脑内存在另一种神经元，可以产生一种坐标体系，从而使精确定位与路径搜寻成为可能。他们称之为网格细胞。由于这些发现，科学家揭示了"我们如何知道自己在哪里""怎样找到一条路径从一个地点到达另一个地点""我们如何存储这些信息，在下次需要寻找路径时，能立即利用它们"这样三个重大科学问题，从而解决了许多世纪来困扰哲学家和科学家的一个重大问题：大脑如何创造出周围的空间信息。研究具有应用价值，对防治某些疾病也有意义，如阿尔茨海默病，因为这种疾病的早期症状就是方向感的丧失。由于这一贡献，三位科学家共享了2014年诺贝尔生理学或医学奖。

人物介绍

爱德华·莫泽和梅-布里特·莫泽

爱德华·莫泽（Edvard Moser），梅-布里特·莫泽（May-Britt Moser）（见图4-32）。两人同为挪威心理学家、神经科学家，挪威科技大学卡夫利系统神经科学研究所和记忆生物学中心创始主任。由于和美国科学家约翰·奥基夫一起在大脑定位系统上的重大发现，他们分享了2014年诺贝尔生理学或医学奖。

北京时间 10 月 8 日凌晨，莫泽夫妇接受了中国财新网记者的视频采访。下面是梅-布里特和爱德华的两段谈话。

梅-布里特：首先我能想到的是，要想获得出色的工作成果，你得尊敬和你一起工作的人，你需要一流的同事，同时又要兴趣相投。同事之间的不同特点也会使你从共同的工作

图 4-32　爱德华·莫泽和梅-布里特·莫泽

中获益。我们平时会花许多时间和我们的团队成员交流，这是工作中的重要部分。我们需要把团队成员凝聚起来，让大家有创意地工作，帮助他们。

在科学研究中，每一次的发现成果都伴随着对更多发现的期待，科学家们在不断深入研究的同时会有越来越多的问题，永无止境。目前我们对这一系统的认知比大脑的其他系统要先进很多，因为可以容易地观察和测量某一独立的细胞的活动，所以在未来很长一段时间里，我们都可以借用这种方法来研究大脑的总体运转。

爱德华：我们现在所做的是试图去了解大脑是如何运作的，而这项工作从长远看来，会对与人脑相关联的一系列领域做出贡献，如神经学、心理学等。阿尔茨海默病是目前看来与这项工作连接最紧密的，从长期来看，这项工作会持续促进对于大脑的认知，人们曾经计算过有多少疾病是与大脑相关的，至少有三分之一，所以未来应用将会是非常广泛的。

我总是对这样的现象感到惊讶：大部分功能都从生命起始的时期就形成了，有多少是由基因决定的，有多少是结构性的、由大脑连接方式决定的，至少在我们研究的案例中，空间定位是这样的，也许还有更多的精神功能是大脑本身的产品，我就是为这样的问题所深深着迷。

（资料来源：崔筝，财新网，2014-10-08）

第三节 时间知觉与运动知觉

一、时间知觉

（一）什么叫时间知觉

事物和现象不仅存在于空间中，而且存在于时间中。它们具有自己的过去和现在、开始和终结。正如一年有 12 个月，一天有 24 小时一样，我们一天的工作和生活也是由一系列事件连接起来的。我们知觉到的客观事物或事件的连续性和顺序性就是时间知觉（temporal perception）。

时间知觉主要包括时序、时距和时间点知觉三种。我们能够分辨事件发生的前后顺序，就是时序知觉，如午饭后，会有客人来访。午饭在前，客人来访在后，两件事在出现的顺序上是不同的。能估计出事件存在的持续时间就是时距知觉。例如，这个声音响了半分钟，这节课进行了半小时等。时间点知觉也叫对时间的确认，是指知道某个事件发生的具体时间，如每年阴历八月十五日是中秋节，9 月 1日是学校开学的日子等。时间知觉还可以分为现在时间知觉、过去时间知觉和未来时间知觉。在心理学中，时距知觉得到了更多的研究，有许多有趣而重要的发现。

时间知觉和空间知觉与运动知觉不同，它不是某个特定感觉通道的功能，也没有特异性的时间刺激。人借助视觉、听觉、皮肤觉和触觉都能知觉到时间。各种感觉的适宜刺激都能提供时间信息，即事件的起点和终点、从一处运动到另一处的过程。时间知觉的参照物是多种多样的，其中自然界的周期性现象（如昼夜交替、月亮圆缺、四季变换等）和人体的各种节律性活动（如心跳、脉搏）都有重要的作用。霍格兰（Hoagland，1933）提出了内部生物钟的概念，认为人脑中存在一个生物钟，调节着机体新陈代谢的速度，进而影响时间知觉。人的时间知觉有时能意识到，有时不能意识到。它既可能是一种自动化加工，也可能是一种受意识控制的注意加工。

正确地估计时间在人类生活和工作中都有重要意义。一节成功的课应该能对时间做出恰当的安排。先进行什么，后进行什么，每个教学环节要花多少时间。相反，错误地估计时间必将给教学带来混乱的结果。准确地测量时间在心理学的研究中也有特殊意义。认知心理学的许多实验都是通过测定信息加工的时间来实现的。

（二）影响时间知觉的主客观因素

我们去一个陌生的地方玩，常常会有这样的体验，去时觉得远，花的时间多；回来时，觉得很快就到了。同样的距离，为什么会有不同的时间体验？原因是什么？哪些因素会影响我们的时间知觉？

1. 感觉通道的性质

在判断时间的精确性方面，听觉最好，触觉其次，视觉较差。例如，当两个声音相隔 1/100 秒时，人耳就能分辨出来；而触觉分辨两个刺激物间的最小时距为 1/40 秒，视觉为 1/10~1/20 秒。时间知觉的阈限也受感觉通道的影响，视觉的时间阈限是 113~124 毫秒，听觉的时间阈限是 10~50 毫秒。这是将相继的两个刺激知觉为持续刺激的最短时间。

2. 从事活动的兴趣以及在一定时间内事件发生的数量和性质

对于感兴趣的活动，就觉得时间过得快。例如，在日常生活中，我们会发现，一节课、一个报告如果内容丰富，听众会觉得时间过得很快；相反，报告的内容贫乏、枯燥，听众就会把时间估计得较长。在回忆往事时，情况相反。同样一段时间，经历越丰富，就觉得时间长；经历越简单，就觉得时间短。

奥恩斯坦（1969）在一个实验中研究了在一定时间内，事件数量对时间知觉的影响。实验安排了两个自变量：一个是时间间距，分为 9 分钟和 20 分钟两个水平；另一个是每种时距内包含的声音呈现次数，分别为每分钟 40 次、80 次 和 120 次。结果显示，在同一时距内，每分钟呈现 120 次声音比每分钟呈现 80 次声音，被试判断的时距更长；这两种条件又比每分钟呈现 40 次声音更长。可见，在一定时间内，刺激数量的增加使被试知觉到的时距延长。基于这些结果，奥恩斯坦认为，一段时间内发生的事件的数量、复杂程度，以及对这些信息进行编码、存储的效率等，都会影响信息加工的进程，进而影响人的时间知觉。黄希庭等人（1987）

在计算机屏幕上给被试依次呈现数量不等的色块，要求被试对不同的颜色进行按键反应，接着，让被试尽可能准确地在 T 键上再现这些色块的持续时间。结果表明，在单位时间内按键反应的次数越多，再现的时距也越长，结果支持了奥恩斯坦的结论。

博尔茨（Boltz, 1998）研究了任务的熟悉程度和可预测性对时间知觉的影响。当任务是结构化的、可预期的，知道活动执行的顺序时，时间知觉会比较准确。例如，邮政投递员按规定线路投递邮件，在一个熟悉的食品店购买东西等，都能较准确地感知时间。

3. 注意的作用

在日常生活中，我们都有这样的体验，对于需要付出较大努力的活动，或者参加需要高度集中注意的活动，如解决比较复杂、困难的问题，参加高考或研究生入学考试，有时我们会意识不到时间的流逝，因而觉得时间过得很快。相反，从事某些单调、乏味、不需要注意努力的任务，我们对时间的意识反而较强，觉得时间过得很慢。可见，时间的长短体验与注意有关，或者说与某段时间内信息加工的性质有关。基于这种现象，扎卡伊（Zakay, 1993）提出了时间知觉的认知—注意理论（cognitive-attentional theory）。该理论认为，人的信息加工系统包括两个相互独立的信息处理器：一个处理与时间无关的信息，叫非时间性的处理器；另一个处理与时间有关的信息，叫认知计时器。人的注意资源有限，需要在这两个处理器中进行分配，因而存在竞争。当一个人的注意指向信息加工的内容时，就会觉得时间过得很快；相反，当一个人的注意指向时间本身时，就会觉得时间过得很慢。换句话说，时间知觉与个体对时间的注意程度有关，对时间越注意，时间过得越慢，有趣的或困难的作业使个体感知到的时间缩短。

4. 时间知觉的年龄差异

随着年龄的增长，人的时间知觉和体验是不断变化的。年纪越大，会觉得时间过得越快。一个可能的解释是，我们对时间的感知是通过把这段时间和我们经历过的时间总量自动加以比较来进行的。也就是说，一个人一生已经经历的岁月，是感知一段特定时间的参照基础。例如，对一个4岁儿童来说，一年时间相当于他一生的25%，因而显得漫长。相反，对于一个60岁的老人，一年时间只是他一生经历的1/60，因而显得很短。年龄影响时间知觉，可能与人体内某些生物化学的变化有关。例如，神经递质多巴胺释放量的逐渐减少，可能是时间体验随年龄发生变化的原因（Mangan et al.，1997）。多巴胺的释放水平在整个成年期持续降低，50岁以后，下降的幅度更明显，处于这个年龄的大多数人开始发现时间过得比他们年轻时快了。

5. 疾病对时间知觉的影响

有些疾病会影响人的时间知觉。例如，抑郁症患者会觉得时间过得很慢，对未来的时间不敏感；精神分裂症患者会出现丧失时间知觉的情况，觉得时间似乎凝固了，只记得住院治疗以前的时间，而不记得住院之后的时间；而大多数躁狂症患者在发病期间报告时间过得很快。

6. 时间知觉与空间知觉的交互作用

人对时间的知觉有时受到空间知觉的影响，同样，人对空间的知觉有时也受到时间知觉的影响。

首先，空间知觉可以影响时间知觉。例如，三个灯泡 A、B、C 在一条水平线上排列（见图4-33）。灯泡按照排列顺序依次闪烁，研究者操纵相邻灯泡之间的距离，让被试判断 AB 和 BC 之间闪烁的时间间隔哪个更长。研究结果发现，尽管 AB 和 BC 之间闪烁的时间间隔是相等的，但是由于 AB 之间的距离大于 BC 之间的距离，被试判断 AB 之间间隔的时间更长。这种空间距离知觉影响时间知觉的现象被称为卡帕效应（Cohen et al.，1953，1955；Huang & Jones，1982）。

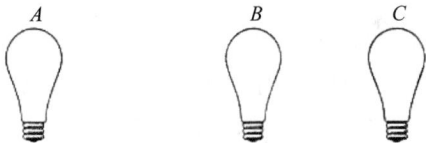
图4-33 卡帕效应

其次，时间知觉也可以影响空间知觉。例如，赫尔森等人（Helson & King，1931）做过一个实验，在三个空间等距的点 A、B、C 处刺激被试前臂的皮肤，然后使 A 和 B 之间的刺激时距大于 B 和 C 之间的刺激时距（见图4-34）。这时，被试将报告 A 和 B 之间的空间距离大于 B 和 C 之间的空间距离。换句话说，由于刺激的时距加大，被试觉得刺激物的空间间隔也增加了。这种效应被称为陶效应（tau effect）。

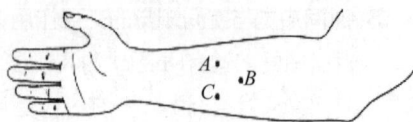

图 4-34 陶效应

二、运动知觉

（一）什么叫运动知觉

我们周围的世界是不断运动、变化着的，如鸟在飞、鱼在游、车马在奔驰、河水在流动等。物体的运动特性直接作用于人脑，为人们所认识，这就是运动知觉。

运动知觉对动物和人的适应性行为有重要意义。有些动物（如青蛙）只能知觉运动的物体，而对静止的东西没有反应。运动知觉为动物提供了猎物和天敌来临的信号。山鹰捕兔、巨蟒吞鼠，这些捕食活动不仅依赖对猎物的形状、方向、距离的感知，而且依赖对猎物运动速度的正确知觉。正确地估计物体的运动及其速度，也是人类生活和工作的重要条件。行人在穿过马路时，既要估计来往车辆的距离，也要估计它们行驶的速度。运动员在球场上送球、传球和接球，离了对物体运动速度的正确估计，也是不行的。

物体在运动时，人们怎样获得物体运动的信息呢？

一种简单的设想是，视网膜相邻的点受到连续的刺激是运动知觉的信息来源。例如，当物体从一处向另一处运动时，物体在空间的连续位移引起了视网膜上相应部位的连续变化。这种变化经过视觉系统的编码，就产生了运动知觉。1973年，格利高里（Gregory）把这种运动系统叫网像运动系统（见图 4-35a）。

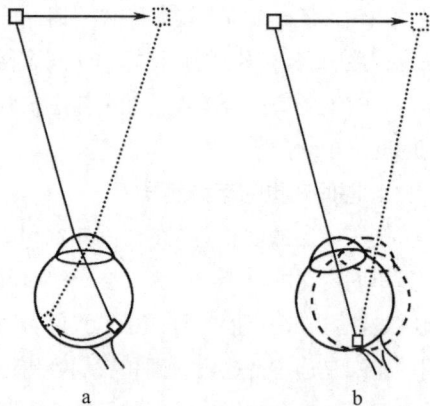

图 4-35　网像运动系统（a）和头—眼运动系统（b）

（资料来源：Gregory，1972）

但是，用网像运动系统不能充分解释运动知觉的复杂现象。人除了知觉到物体的位移引起的运动知觉之外，还有扫描和追踪运动。在扫描时，如阅读时人眼在字词上的扫描，人的头部和眼睛在运动，而文字是相对静止的。在追踪时，如看到眼前疾驰而过的汽车，人的头部在动，而汽车在视网膜上几乎是静止的，但人们看到了汽车的运动。如何解释这些情况呢？格利高里假设了一种机制，被称为头—眼运动系统（见图 4-35b），即中枢发出的一种动作指令，其作用是和网像运动系统的信息相互抵消或抑制。当物体运动而人眼相对静止时（注视），视网膜上出现的映象流没有被中枢发出的动作指令抵消，因而人能看到运动着的物体；同样，当人眼追踪运动着的物体时，只有中枢发出的动作指令，而无视网膜映象流与它相互抵消，因而人也能看到运动着的物体。可是，如果物体静止，而人移动自己的眼睛（如扫描），那么，人不仅得到了来自视网膜映象流的移动的视觉信息，而且得到了来自中枢动作指令的运动信息。这两种信息相互抵消，人看到的物体就是静止的了。

人脑对运动的检测与神经元中存在运动检测器有关。这些神经元只对出现在感受野中的某个方向的运动敏感。研究发现，大脑两半球的颞中回（medial temporal，MT）与运动检测有密切关系。MT 区域的所有神经元都具有强烈的方向选择性，并同时接收来自视皮层方向选择细胞的信息输入。不同的是，视皮层方向选择细胞只对感受野内狭小区域的局部运动产生反应，而大多数 MT 神经元对视野广大区域的整体运动都反应强烈（Movshon & Newsome，1992；Rosenzweig et al.，1999）。这表明，MT 神经元具有一些复杂的功能，可能和同时出现的几个不同方向的运动信息的整合有关（Salzman & Newsome，1994）。

对患者进行的临床观察也支持 MT 区域与运动知觉有关的假设。一位因为脑外伤使 MT 区域受损的患者，其他视觉功能（如视敏度、形状知觉）都正常，但丧失了运动知觉。她不能独自过马路，看不见行人和车辆的运动，也看不到她自己的运动。她往杯子中倒咖啡时，感觉液体好像是凝固不动的，她看不到咖啡在杯子中渐渐添满，也不知道什么时候该住手（Zihl et al.，1983）。

（二）真正运动知觉

真正运动（real movement）是指物体按特定的速度或加速度，从一处向另一处做连续的位移；或者物体静止，观察者朝向目标的运动。由此引起的知觉就是真正运动知觉。

1. 自身运动知觉

观察者知觉到自身朝向目标的运动叫自身运动知觉。这种运动知觉依赖视网膜上映象大小的变化，因此视觉在这种运动知觉中起重要作用。当我们从一定的距离外走向一个静止的目标时，这个目标在视网膜上投影的大小是不断变化的，在距离较远时，映象较小；随着距离的缩短，映象越来越大；越逼近目标，映象会越扩张。我们在本章讨论深度知觉时谈到了运动透视的作用。这是一个问题的两个不同方面。运动透视会影响距离判断，也会对运动知觉产生作用。研究发现，人脑能够检测到视网膜上映象的扩张，因而提供了自身运动的信息。用动物进行的研究发现，许多动物（如小鸡、猴子）都能对不断逼近的刺激产生躲避行为（Schiff，1965）。从未见过逼近刺激的新生婴儿也会出现躲避行为，这说明这一行为可能是与生俱来的。

用手取物或用手操纵物体是自身运动的另一种重要形式，也是心理学家非常关心的一个研究领域。研究发现，用手取物的运动可能包括两个不同的阶段，即最初用手伸向物体的大运动和最后抓取物体的小运动。有一位患者得了共济失调的神经性综合征，她能将手正确地伸向物体，但不能用手拿到物体。这说明她的大运动功能正常，而小运动功能受到了损伤。患者的视力正常，行走没有问题，问题出现在视觉对象的运动指引上（Damasio & Benton，1979）。

2. 物体运动知觉

物体运动知觉直接依赖对象的运动速度。物体运动的速度太慢，不能使人产生运动知觉。物体运动的速度可用单位时间内物体运动的视角大小来表示，即角速度（弧度/秒）。刚刚可以觉察的单位时间内物体运动的最小视角范围（角速度），是运动知觉的下阈。低于这个速度，人们只能看到相对静止的物体。如果物体运动的速度太快，超过一定的限度，人们就只能看到弥漫性的闪烁。例如，我们在看快速转动的飞轮或电扇的叶片时，就能获得这样的印象。看到闪烁时的速度是运动知觉的上阈。一项研究发现，在 2 米距离时，运动知觉的下阈为 0.66 毫米/秒，上阈为 605.2 毫米/秒。运动知觉的差别感觉阈限大致符合韦伯定律，测定结果约为标准速度的 20%（荆其诚等，1957）。技术熟练的棒球手、垒球手或板球手在知觉运动时，会表现出令人称奇的速度和准确性。当球离开投手时，击球手的大脑追踪着球的速度、旋转和方向，在眨眼的时间内必须做出计算，这个时间为 0.4 秒左右，之后在 0.15 秒之内（球消失之前）做出击打或者不击打的决定。当球的弧线划向外场地时，接球手的大脑会在不知不觉中计算出球的轨迹。这些研究结果表明，人类大脑两半球负责长期记忆编码的区域会根据编码材料的不同类型而不同程度地参与和激活，从而在球落地前能够准确接住（McBeath et al.，1995）。

3. 生物体运动知觉

人不仅能识别自身的运动和一般物体的运动，而且对有生命的物体（生物体）的运动特别敏感。例如，能从一个人的运动中看出他的年龄和性别，判断他是不是自己的朋友等，这种运动知觉被称为生物体运动（biological movement）知觉。它对人类识别有生命的物体、判断它对人类生存的影响有重要作用。

约翰森（Johanson，1975）研究了这种有趣的运动现象。在一间漆黑的房间内，研究者把一个个小灯泡分别绑在一个人的不同关节上，如髋关节、膝关节、踝关节、肩关节、腕关节、肘关节等，被试只能看到小的发光点，完全看不到人。结果发现，如果表演者一动不动地站在那里，被试就难以知道这些灯光代表了什么；但是只要表演者开始走动，被试就能知觉到一个人在运动（见图 4-36）。之后的研究还发现，当表演者行走时，被试能根据灯光的移动比较准确地判断出表演者的性别（Kozlowski & Cutting，1978）。

（三）似动

似动（apparent movement）是指在一定的时间和空间条件下，人们在静止的物体间看到了运动，或者在没有连续位移的地方看到了连续的运动。一些研究者认为，似动可能依赖低水平的方向选择细胞（direction selective cell）活动，

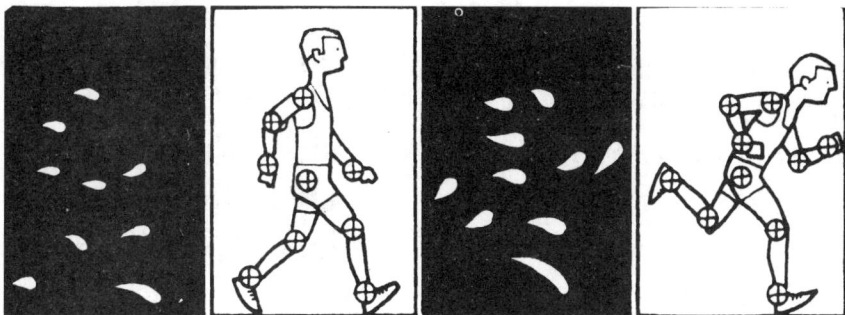

图 4-36　生物运动

（资料来源：艾森克，基恩，2006）

这些细胞对具有低空间频率的图像运动敏感。

似动的主要形式有以下几种。

1. 动景运动

当两个刺激物（如光点、直线、图形或画片）按一定的空间间隔和时间距离相继呈现时，我们会看到从一个刺激物向另一个刺激物的连续运动，这就是动景运动（stroboscopic movement）。例如，给被试呈现两条直线，一条水平，另一条垂直，或两条相互平行。当这两条直线的时距过短（低于 30 毫秒）时，人们会看到两条直线同时出现。当这两条直线的时距过长（超过 200 毫秒）时，人们会看到两条直线相继出现。当这两条直线的时距为 60 毫秒左右时，人们会看到从一条直线向另一条直线的运动（见图 4-37）。

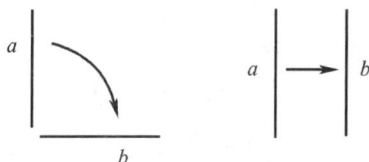

图 4-37　动景运动示意图

动景运动有时也叫最佳运动或 Phi 运动。我们看到的电影、电视、活动性商业广告都是根据动景运动发生的原理制成的。它在逼真性方面使人难以与真正运动区分开来。

似动产生的原因

2. 诱发运动

由于一个物体的运动使其相邻的一个静止的物体产生运动的印象，叫诱发运动（induced movement）。例如，夜空中的月亮是相对静止的，而浮云是运动的。可是，由于浮云的运动，人们看到月亮在动，而云是静止的。

诱发运动可在实验室内演示出来。如果在暗室内呈现一个发亮的框架和一个光点，并让框架向右运动。那么，我们似乎看到光点向左运动，而框架是静止的。一般来说，视野中细小的对象看上去在动，而大的背景则处于静止的状态。

3. 自主运动

在没有月光的夜晚，当我们仰视天空时，有时会发现一个细小而发亮的东西在天空中游动。我们会误认为它是一架飞

机,其实这是由星星引起的自主运动(autokinetic movement)。在暗室内,如果点燃一支熏香或烟头,并注视着这个光点,你就会看到这个光点似乎在运动。

4. 运动后效

在注视向一个方向运动的物体之后,如果将注视点转向静止的物体,那么就会看到静止的物体似乎朝相反的方向运动。如果你注视瀑布的某一处,然后看周围静止的田野,就会觉得田野上的一切都在向上飞升。我们在注视快速开过的火车后,会觉得附近的树木向相反的方向运动。这些都是运动后效(movement after effect)。

第四节　错　觉

一、什么叫错觉

当知觉条件变化时,知觉映象在一定范围内保持恒定,倾向于事物的真实状态和属性。知觉的这一特性对维持人的正常生存是必不可少的。但是,有时候人们也会产生各种各样的错觉(illusion),即我们的知觉不能正确地表达外界事物的特性,而出现种种歪曲。例如,太阳在天边和天顶时,它和观察者的距离是不一样的,在天边时距离远,在天顶时距离近。按照物体在视网膜上成像的规律,天边的太阳看上去应该小,而天顶的太阳看上去应该大。但人们的知觉经验正与此相反,天边的太阳看上去比天顶的太阳大得多。我国古书《列子》曾有记载——孔子东游,见两小儿辩斗,问其故。……一儿曰:"日初出大如车盖,及日中则如盘盂,此不为远者小而近者大乎?"一儿曰:"日初出沧沧凉凉,及其日中如探汤,此不为近者热而远者凉乎?"孔子不能决也。两小儿笑曰:"孰为汝多知乎?"这里所讲的近如"车盖",远似"盘盂"的现象,就是错觉现象。

研究错觉具有重要的理论意义。错觉虽然奇怪,但不神秘。产生错觉不仅有客观的原因,而且有主观的原因。研究错觉的成因有助于揭示人们正常知觉客观世界的规律。

研究错觉还有实践的意义。它有助于消除错觉对人类实践活动的不利影响。例如,飞机驾驶员在海上飞行时,由于远处水天一色,失去了环境中的视觉线索,容易产生"倒飞"的错觉。这可能会引起严重的飞行事故。研究这些错觉的成因,在训练飞行员时增加有关的训练,有助于消除错觉,避免事故的发生。人们可以利用某些错觉为人类服务。例如,我们在前面讲到的动景运动实际上就是一种运动错觉。人们掌握了动景运动的规律,就可以从连续呈现的静止图片中获得清晰的运动景象。

二、错觉的种类

自从 1885 年奥佩尔对错觉进行实验研究以来，已经发现的错觉有上百种。常见的有大小错觉、形状和方向错觉、倾斜错觉、运动错觉、时间错觉等。其中大小错觉与形状和方向错觉被统称为几何图形错觉。

（一）大小错觉

人们对几何图形大小或线段长短的知觉，由于某种原因而出现错误，叫大小错觉。

1. 缪勒-莱耶错觉

缪勒-莱耶错觉（Müller-Lyer illusion），也叫箭形错觉。有两条长度相等的直线，如果一条直线的两端加上向外的两条斜线，另一条直线的两端加上向内的两条斜线，那么前者就显得比后者长得多（见图 4-38a）。

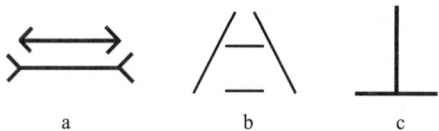

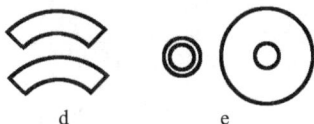

图 4-38　大小错觉

2. 潘佐错觉

潘佐错觉（Ponzo illusion），也叫铁轨错觉。在两条辐合线的中间有两条等长的直线，上面的直线看上去比下面的直线长些（见图 4-38b）。

3. 垂直—水平错觉

两条等长的直线，一条垂直于另一条的中点，那么垂直线看上去比水平线要长一些（见图 4-38c）。

4. 贾斯特罗错觉

两条等长的曲线，包含在图 4-38d 下图中的一条比包含在上图中的一条看上去长一些。

5. 多尔波也夫错觉

两个面积相等的圆形，一个在大圆的包围中，另一个在小圆的包围中，结果前者显小，后者显大（见图 4-38e）。

6. 月亮错觉

月亮在天边（刚升起）时显大，而在天顶时显小（见图 4-39）。

图 4-39　月亮错觉

（二）形状和方向错觉

1. 佐尔拉错觉

一些平行线由于附加线段的影响而被看成不平行的（见图 4-40a）。

2. 冯特错觉

两条平行线受附加线段的影响，其中间显得狭而两端显得宽，直线好像是弯曲的（见图 4-40b）。

3. 爱因斯坦错觉

在许多环形曲线中，正方形的四边略显弯曲（见图 4-40c）。

4. 波根多夫错觉

被两条平行线切断的同一条直线看上去不在一条直线上（见图 4-40d）。

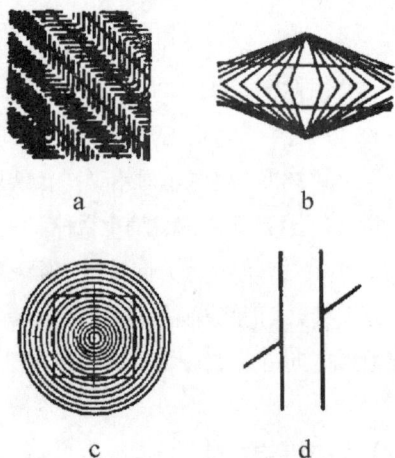

图 4-40　形状和方向错觉

（三）螺旋和运动错觉

螺旋错觉以弗雷泽螺旋最为典型，见

知识应用

艾姆斯小屋

在许多科学博物馆内，你会见到一个奇怪的小屋（见图 4-41），当你从屋子正面墙上的一个观察孔向里看时，如果你的一位朋友站在对面的左墙角处，你会觉得他很矮小；相反，如果他站在右墙角处，你会觉得他很高大。如果他从左向右走，你会觉得他变得越来越高大。原来这不是一个普通的房间，它的左边墙角离你远，而且很高，右墙角离你近，而且很矮，整个房间是倾斜的，因而产生了大小错觉。

图 4-41　艾姆斯小屋

图 4-42。其中黑色的一圈圈的弧看起来是一个螺旋，其实它们是由一组同心圆构成的。背景上每一个带有方向性的小单元格使之产生螺旋上升的知觉。更重要的是，黑色内切的线条起到了引导的作用。每一小段黑线是内切螺旋的，但整体却不是，许多小段的螺旋影响了大脑对整体的判断，产生了弗雷泽螺旋错觉。这种错觉的具体原理和成因尚在研究中。

图 4-42　螺旋错觉

如图 4-43 所示，当我们的目光注视在其中的一个圆环上时，会觉得其他圆环都在转动，其实这些圆环都是一些静态图片。这种错觉是由知觉判断造成的。每个圆环在图形中都存在一个动势，存在不同方向力的倾向，力的不均衡造成了各个圆环转动的视错觉。

图 4-43　运动错觉

三、人为什么会出现错觉

人为什么会出现错觉？这是一个科学难题。有人认为，当人们知觉某些几何图形时，眼睛运动的方向和范围会发生变化，因而引起知觉的错误。以垂直—水平错觉为例，眼睛做垂直运动比做水平运动困难，因而垂直线会比水平线看上去长些。也有人认为，观察者由于认同图形的某部分，并将自己的情感投射到图形上面，因此引起视觉变形。例如，在缪勒-莱耶错觉中，由于向外的箭头使人在情绪上体验为扩张，其间的线段因而显得较长，而向内的线段在情绪上体验为收缩，其间的线段因而显得较短。还有人认为，由于图形通过透视暗示着深度，因此导致图形大小知觉的变化。以潘佐错觉为例，两条斜线提供的线条透视暗示着距离的不同，上方的水平线看上去远些，因而显得长；下方的水平线看上去近些，因而显得短。但是，这些解释都只适用于某种错觉，无法解释其他错觉。直到今天，还没有一种解释适合所有的错觉现象。这是一个值得探索的问题，需要心理学家继续进行研究。

错觉产生的原因

本章内容小结

1. 知觉是比感觉较复杂的一种心理现象，是对感觉信息的解释，并赋予感觉信息某种特定的意义。知觉整合了感觉提供的各种信息，形成了对某个客体的整体映象或者客体所处的状态（运动或者静止）的认识。

2.知觉依赖两种加工。一种是对感觉信息的加工，叫自下而上的加工或数据驱动加工。另一种是对头脑中已经存储的信息的加工，叫自上而下的加工或概念驱动加工。知觉是两种加工交互作用的结果。

3.知觉的基本特征有选择性、整体性、理解性和恒常性。知觉的选择性是指人在知觉客观世界时，总是有选择地把少数事物当成知觉的对象，而把其他事物当成知觉的背景，以便更清晰地感知一定的事物与对象。人的知觉系统具有把个别属性、个别部分综合成整体的能力，叫知觉的整体性。人的知觉以过去的知识经验为依据，力求对知觉对象做出某种解释，使它具有一定的意义，这就是知觉的理解性。人的知觉系统还具有在变化的环境中保持知觉特性不变的特点，这就是知觉的恒常性。

4.知觉可以分为空间知觉、时间知觉和运动知觉，也可以按意识在知觉中的参与程度分为阈上知觉和阈下知觉。

5.形状知觉是人类和动物共同具有的知觉能力，是视觉、触觉、动觉协同活动的结果，主要包括物体识别、面孔识别和文字识别。

6.在形状知觉中，轮廓具有重要的作用。轮廓的形成与边界检测有关。研究发现，视神经节细胞具有检测边界的功能，因而与轮廓的感知有关。当一个物体的轮廓受到干扰或被掩蔽时，形状知觉会受到破坏。

7.知觉系统具有将个别特征进行整合的能力，这个过程也是形状知觉形成的过程。知觉组织的原则有邻近性、相似性、对称性、良好连续、共同命运、封闭、线条朝向、简单性、均质连接性等。

8.知觉系统还有补充和完善的功能，能实时地补充视觉刺激中缺失的信息，使我们的知觉印象趋于完善。在形状知觉形成中，经验具有重要的作用，这可以用"知觉定势"和"倒视"来说明。

9.形状知觉的特征分析理论认为，物体形状的识别开始于对原始特征的分析与检测。这些原始特征包括点、线条、角度、朝向和运动等。成分识别理论认为，物体识别基于对构成物体的基本成分的分析。知觉系统借助这些成分和它们之间的相互结合，就能识别众多物体的形状。大范围优先的拓扑知觉理论认为，对形的识别开始于对拓扑性质的检测。在视觉加工的早期，人的视觉系统不是提取物体的几何性质的特性，而对刺激的整体性质（拓扑性质）更敏感，这些特性包括连通性、洞的数目等。

10.深度与距离知觉主要有肌肉线索、单眼线索和双眼线索。肌肉线索包括调节和辐合。单眼线索包括对象的遮挡、线条透视、空气透视、相对高度、纹理梯度、运动视差与运动透视。双眼线索指双眼视差，人们知觉物体的深度和距离，主要依赖双眼视差。

11.人具有定位能力，它是各种感觉协同活动的结果，主要包括视觉定位和听觉定位。不同物种在定位中凭借的感官不完全相同。

12. 听觉在定位中起重要作用。听觉定位依赖单耳线索和双耳线索。由于同一声源到达两耳的距离不同，产生了两耳刺激的时间差和强度差，这是人耳进行声音定位的主要线索。听觉定位存在优势效应，即我们听到的第一个声音将决定自己对声音的定位，而其他的声音将不同程度地受到抑制。

13. 用动物进行的研究发现，大脑内存在一种神经元，可以产生一种坐标体系，从而使精确定位与路径搜寻成为可能。由于这一发现，科学家对大脑如何创造出周围的空间信息有了突破性的进展。

14. 时间知觉是对客观事物或事件的连续性和顺序性的认识。

15. 时间知觉依赖一系列主客观因素，如感觉通道的性质、从事活动的兴趣以及在一定时间内事件发生的数量和性质、注意的作用等。

16. 物体的运动特性直接作用于人脑，为人们所认识，这就是运动知觉。当一个运动着的物体移过视网膜时，它将依次刺激视网膜上的一系列感受器，并使相邻感受器受到连续的激发，从而提供运动的信息。为了知觉到运动，人们还需要由中枢神经系统发出动作指令。

17. 真正运动知觉包括自身运动知觉、物体运动知觉、生物体运动知觉等。观察者知觉到自身朝向目标的运动叫自身运动知觉。人脑能够检测到视网膜映象的扩张或收缩，提供了自身运动的信息。

物体运动知觉是由物体的位移引起的。物体运动的速度太慢或者太快，都不能使人产生运动知觉。人对生物体的运动特别敏感，这种运动知觉被称为生物体运动知觉。

18. 似动是指在一定的时间和空间条件下，人们在静止的物体间看到了运动，或者在没有连续位移的地方看到了连续的运动。似动的主要形式有：动景运动、诱发运动、自主运动和运动后效。

19. 错觉是知觉的一种特殊形式，即我们的知觉不能正确地表达外界事物的特性，而出现种种歪曲。

20. 错觉有大小错觉、形状和方向错觉等。其中大小错觉与形状和方向错觉被统称为几何图形错觉。

思考题

1. 什么是知觉？它与感觉的区别和联系是什么？

2. 请举例说明知觉对象与背景的关系。

3. 什么叫整体优先效应？它对理解知觉的特性有什么重要意义？

4. 什么叫知觉恒常性？想一想知觉恒常性是怎样产生的。

5. 用生活事例说明知觉是自下而上和自上而下两种加工交互作用的结果。

6. 什么叫形状知觉？它的基本类别有哪些？

7. 知觉组织的原则有哪些？哪些原则是由格式塔心理学家提出来的？

8. 知觉定势说明了什么?

9. 为什么说大范围优先的拓扑知觉理论是对特征分析理论的挑战?

10. 什么叫双眼视差? 怎样解释它在深度知觉中的作用?

11. 人的听觉定位有哪些规律与特点?

12. 什么叫时间知觉? 影响时间知觉的因素有哪些?

13. 真正运动知觉有哪几种形态?

14. 什么叫似动? 它是在什么情况下发生的?

15. 常见的视错觉有哪些? 研究错觉有什么意义?

第二编　人的信息加工

第五章
意　识

　　在舒缓的音乐中，催眠师正在对一名站立的男子进行催眠。催眠师一边轻柔地拍着男子的背部，一边说："现在你的全身开始变得僵硬，很硬很硬。"接着从上到下轻柔地拍，一直拍到腿部。男子突然向后倒下去，催眠师将他扶住，让他慢慢躺下来，然后继续对他说："你的身体变得像钢板一样硬，我点到哪里，哪里就变硬，脖子、手臂……"同时轻拍男子身体的各个部位。男子双眼紧闭，仿佛睡熟了一般。几个人把男子抬起，将他的背部和腿部各放在一张凳子上，腰部悬空。男子就直挺挺地躺在那里，纹丝不动。催眠师让一名观众站到男子身上，踩在男子悬空的腰部上。男子丝毫不受影响，仿佛真的变成了钢板。众人看得目瞪口呆。这是一场被称为"人桥"的催眠表演。有研究者认为，在被催眠后，人会进入一种特殊的意识状态。那么，什么是意识？意识可以分为哪些不同的状态？注意作为一种常见的意识状态，有哪些特点和分类？催眠状态有什么特殊之处？除了催眠，还有哪些比较特殊的意识状态？本章将对这些问题进行回答。

第一节 意识概述

一、意识的含义和理论

（一）意识的含义

意识（consciousness）通常被定义为"我们对自身或环境的主观觉知"（Koch, 2004）。意识作为一种主观体验，每个人都有切身体会。意识经验是一种个体独享的直接体验，其他人不能分享，但一般人会推测其他人有与自己类似的意识体验。人们在使用意识这一概念时，由于语境或研究领域不同，所表达的含义往往不同。对心理学而言，它可以从以下三个角度进行理解。

1. 意识是一种觉知

在这个意义上，意识意味着观察者觉察到了某种现象或事物。例如，老师刚修整的新发型、你的好朋友对你的文章的评价、从手机里传来的优美的音乐声等。你能觉察到这些外部事物的存在，说明你意识到了它们。人也能觉察到某些内部状态，如疲劳、眩晕、焦虑、舒服或饥饿等。

2. 意识是一种高级的心理功能

在这个意义上，意识对个体的身心系统起监测和调控的作用。这种监测和调控对身心系统的正常运行有重要作用。换句话说，意识不只是对信息的被动觉察和感知，还具有能动性和调节作用。

3. 意识是一种心理状态

心理状态可以分为不同的状态或水平，如从无意识到有意识再到注意是一个连续体。人们在睡眠并且没有做梦的情况下，通常不再对自身及环境的状态进行觉知或做出反应，因此处于一种无意识状态。人在清醒时会保持有意识的状态，而且清醒时的意识状态也会有一些变化。例如，刚睡醒时的意识蒙眬状态、浮想联翩的白日梦（daydream）状态、饮酒后或生病时的状态以及专心工作或学习时注意高度集中的状态。除了这些日常可以经历的意识状态之外，有些特殊的意识状态则需要用一定的方式或手段才能被诱发，如催眠或麻醉等。

意识两种理论的区别

（二）意识的理论

在很长一段时间内，意识被认为是主观的，很难进行客观研究。意识也一度被排除在心理学研究的范围之外。即使在认知心理学兴起后，内部心理过程重新被关注，人们在使用意识的概念时也格外小心。直到 20 世纪 90 年代末，在认知神经科学兴起后，情况才彻底发生改变。现在很多来自不同学科和领域的研究者都明确把意识作为研究对象，采用多种技术手段开展研究。意识现象的产生机制是怎样的？如何理解意识与信息加工的关系？围绕这些问题，研究者提出了不同的理论和观点。下面简要介绍其中有代表性的两种理论。

1. 全局工作空间理论

全局工作空间理论（global workspace theory）由美国心理学家巴尔斯（Baars,

学术争鸣

动物有意识吗

长期以来，人们倾向于认为意识是人类独有的现象，动物有心理活动，没有意识，但这种认识正在发生改变。2012 年 7 月 7 日，一些知名的认知神经科学家、神经药理学家、神经生理学家、神经解剖学家和计算神经科学家齐聚剑桥大学，签署了一份关于意识的宣言（被称为《剑桥宣言》），其中最引人注目的内容是宣称动物像人类一样也有意识。《剑桥宣言》列举的证据主要来自以下几个方面。①与意识有关的神经结构和神经环路，包括情绪体验和反应、注意等，并不是人脑所独有的，在动物中也普遍存在。②鸟类和哺乳动物的行为、神经生理和神经解剖等方面均提供了意识进化的重要证据。例如，非洲灰鹦鹉有非常接近人类的意识；鸟类和哺乳动物的情感网络与认知回路有共同的进化来源；有些鸟类，如斑胸草雀，在睡眠时的神经模式与哺乳动物非常类似，如同样存在快速眼动睡眠过程。③动物和人类在与意识有关的认知活动方面有惊人的相似性。在镜像自我认知中，类人猿、海豚和大象表现出的模式与人类的模式非常相似；在化学药物对意识活动的干扰方面，动物服用这些药物后的表现与人类服用药物后的表现非常相似。当然，《剑桥宣言》并不是问题的最终答案。动物是否有意识，现在仍然存在争议。

1998）提出。后来，法国认知神经科学家迪昂（Dehaene，2011）将其扩展到意识的神经机制研究中。该理论侧重说明意识的功能，把意识看作是一个容量有限的全局（公共）工作空间，在这里可以对各种平行的认知过程（通常是无意识进行的）进行信息交换和协调控制。为了形象地说明意识产生的机制，巴尔斯把意识的产生比喻成剧院中的一场演出：在容量有限的舞台上，有一些表演者（信息或心理内容），它们有多种来源，有的来自感官输入，有的来自记忆、想象和思考，其中聚光灯照亮的表演者就是进入意识的内容。舞台上无法容纳全部的表演者，只有那些

在竞争中胜出的才能成功登上舞台。舞台上被聚光灯照亮的部分就是意识或注意的中心，聚光灯亮区周围的部分则是意识的边缘。自我相当于导演，可以对舞台上的各部分心理活动进行主动控制，并能控制接下来让什么进入意识。当紧急的事情发生时，还可以中断和改变进入意识的内容，如同导演临时改变所上演的剧目。

按照全局工作空间理论，意识的产生涉及多种认知成分之间的相互合作和相互影响，其中感知觉和记忆提供信息的来源，而舞台相当于工作记忆，聚光灯相当于注意，聚光灯照亮的演员就是可以意识到的信息或心理过程。巴尔斯特别强调意

识工作机制的全局性，即意识可以统合和连接其他各种认知过程。巴尔斯的全局工作空间理论为研究者理解意识提供了一个形象的理论框架，直观地说明了意识的工作机制，在意识研究领域产生了广泛的影响。

2. 整合信息理论

美国神经科学家托诺尼（Tononi，2004）提出了整合信息理论（integrated information theory，IIT），认为意识经验的形成源自人脑在进行信息处理时产生的一种特殊的信息结构：整合信息。意识经验同时具有高度整合性和高度分化性的特征。高度整合性是指意识体验或意识状态在任何时候都是作为一个整体而存在的，无法被分割为部分。例如，一个人边听音乐，边欣赏窗外的风景，这时在意识经验中同时包含了风景和音乐，是一个整合的意识经验，而不是看风景的意识经验和听音乐的意识经验的简单相加。高度分化性是指意识经验有着极为丰富的存在状态和变化形式，在某种程度上，可以说人们在每时每刻的意识体验都是独一无二的，过后就不会再有完全相同的意识体验。人脑在处理相关信息时，神经结构的各个部分之间有大量的、复杂的相互作用，形成的是整合信息。这种整合信息的形成依赖各部分神经结构的共同参与，如果拿掉其中一部分神经结构，所产生的整合信息就会彻底改变。因此，整合信息是不能被分解成各个部分的。例如，我们看到一个红色的苹果，任凭怎么努力，也不能把它分解为单独的红色和单独的苹果形状两个部分。同时，整合信息的存在状态和形式又

是极为丰富多样的，刺激输入和神经系统状态的细微变化都会产生不同形式的整合信息。整合信息的不可分解性和丰富多样性可以解释意识经验的高度整合性与高度分化性。

按照整合信息理论，意识产生的神经基础是人脑的整个神经结构或神经网络，而不是全局工作空间理论所假设的特殊信息处理模块。与全局工作空间理论一样，整合信息理论也在意识研究领域产生了广泛的影响，并催生了大量实验或模拟计算研究，现在相关理论还在不断发展中。

二、什么是无意识

无意识（unconsciousness）又称潜意识，是相对于意识而言的，是个体未能觉察到的心理活动，或无法有效觉知自身或环境的心理现象。在无意识状态下，人无法准确觉知自身的状态或环境刺激，如处于深度睡眠，或休克、深度麻醉及植物人的状态时。按照精神分析学派弗洛伊德的观点，无意识包括大量的观念、愿望、想法等，这些观念和愿望因为与社会道德存在冲突而被压抑，不能出现在意识中。如果把人的心理比作一座冰山的话，那么人的意识便是露出水面的那一部分，只占人的心理很小的一部分，大部分的心理活动或过程是无意识的。

常见的无意识现象有以下几种。

（一）阈下知觉

环境刺激需要达到一定的强度，或

意识是否依赖一组特定的神经元或特定脑区

意识经验的产生是由一组数量有限的特定神经元负责吗？研究者对这个问题的回答有很大分歧，而分歧的部分原因是对"什么是意识"难以达成共识。《科学美国人》刊登了两位研究意识的认知神经科学家科赫（Koch）和格林菲尔德（Greenfield）之间的一次辩论。在科赫看来，意识意味着对特定事物或事件的觉知。某种特定的意识经验，如看到一个红色图案，见到外祖母，或感到愤怒等，依赖一组特定的神经元或特定脑区。因此，每一种意识经验的神经关联物都是独一无二的，对其神经元的干扰会导致相应意识经验的消失。与意识相关的神经元负责远距离的信息传递。这些神经元只占脑细胞的一小部分，也许只有一百万个左右。而格林菲尔德强调意识是一种状态，并不取决于任何特定的神经元或特定脑区，而是依赖大脑神经活动的一种整体功能状态或一种特定的加工模式。这种功能状态或加工模式与人的清醒和有意识的状态相联系，而与具体的意识内容无关。产生意识的基础可能是巨量神经元（如上千万神经元）在短时间内的同步放电或协同活动。

（资料来源：Koch & Greenfield，2007）

在一定的范围内才能引起感觉。例如，可见光的波长范围是 380~780 纳米，只有这个波长范围内的电磁波才能被人感知。能够引起听觉的声波频率是 20~20000 赫兹，低于或高于这个范围的振动频率的声音，人耳就听不到了。另外，刺激的强度过低，也不能引发相应的感觉，因而意识不到。阈下知觉是指个体尽管意识不到环境刺激的存在或特性，但刺激能引起或改变其行为或生理反应的心理现象。例如，研究者向被试呈现一些包含字母和数字的卡片，并调整被试和卡片之间的距离。随着距离的增大，被试会报告说看不到卡片上是什么，或者除了模糊的斑点之外，什么

也看不到，这说明在这种距离下，被试无法对字母或数字产生有意识的知觉。这时研究者如果改变任务，要求被试采用迫选法在几个不同的字母或数字中选出一个作为答案。结果发现，经历过上述实验的被试选择字母或数字的正确率会远远超过概率水平。这说明，尽管被试对呈现的字母或数字不能进行有意识的知觉，但仍发生了某种知觉过程，即阈下知觉。

（二）盲视

有一类对刺激的无意识知觉是由脑损伤引起的。例如，韦斯克朗兹（Weiskrantz，1986）曾报道过一个案例：一位

枕叶受损的患者，其视野的绝大部分变成了一个大的黑点。他无法觉察到，也报告不出呈现在这个大黑点内的刺激，但能对其中的不同刺激进行区分，正确率超过概率水平。这说明，尽管该患者"看"不到刺激，但可以对刺激进行一定程度的信息加工。这种现象叫作盲视（blind sight）。

什么是盲视

这是因为盲视患者的初级视觉皮层（V1区）受损，不能产生有意识的视觉体验，但部分视觉信息仍可通过皮层下通路传递至大脑其他区域，引发无意识反应。

（三）非注意视盲

当注意力分散，或注意被其他活动所占用时，一些本来能够意识到或显而易见的刺激或事物，却没有被意识到，这种现象被称为非注意视盲（inattentional blindness）。在一个经典的"看不见的大猩猩"实验中（Simons & Chabris，1999），研究者让被试观看一段视频，视频中有6个年轻人在舞台上传球，其中三个穿白色衣服，三个穿黑色衣服，要求被试观察穿白色衣服或者黑色衣服的三个年轻人共传了几次球。这期间有一只"黑色大猩猩"从舞台右侧走到舞台中间，并做了个拍胸脯的姿势，然后从左侧走下舞台。等视频结束后，问被试是否看到了"大猩猩"，结果有一半被试根本没有注意到"大猩猩"。

非注意视盲与阈下知觉的不同点是，在阈下知觉中，无意识往往是由刺激的大小或强度决定的，而在非注意视盲中，当给予注意后，原先未觉察或意识不到的刺激或事物会很容易被觉察到，而在阈下知觉中，即使集中注意力也意识不到相关刺激的存在。

（四）无意识行为

人们通常会认为自己的行为是完全受意识支配的，其实不然。人的一些行为，特别是那些已经自动化了的行为，不受意识的控制。例如，在骑自行车时，一个人可以毫无困难地思考其他问题，或与别人交谈，没有意识到自己是如何维持车的平衡的。在日常生活中，人们的许多小动作，如挠头皮等，也都是无意识的动作。如果把这些日常活动用录像带录下来，再播放给自己看，人们常常会对自己的许多无意识的行为感到惊讶。

需要说明的是，尽管人们没有意识到相关的刺激或事件，但这些事件对他们的行为仍然会产生影响。例如，在麦凯（McKay，1973）的一项研究中，用耳机向被试的两耳呈现不同的材料，要求被试只注意听其中一只耳朵（追随耳）的内容，而尽量避免听另一只耳朵（非追随耳）的内容。在要求被试听的材料中包含了一些歧义词，其含义不确定。例如，在句子"They threw stones toward the bank yesterday"中，单词"bank"是一个歧义词，可以指"银行"，也可以指"河岸"。每当"bank"一词呈现在追随耳时，给另一只耳朵呈现一个可以帮助确定歧义词词义的单词，如"money"或者"river"，随后要求被试解释所听到的句子的含义。尽管被试根本不记得呈现在非追随耳的单词是什么，但明显倾向于将歧义词解释为与该单词有语义联系的词。

三、生物节律的周期性与意识状态

人的意识状态会发生周期性的变化，这种变化是由人体的生物节律（biological rhythm），即身体功能的周期性变化决定的。人体的生物节律包括基本生理活动、体力和情绪状态等方面的周期性变化。这种周期性的变化源于环境的变化，如地球的自转、一天中光线和气温的变化、一年中季节的变化等。人体的生物节律与环境的周期性变化相适应，从而使人更好地适应环境。在一般情况下，生物节律以一天为一个周期。但有些生理活动的周期要短一些，如从前一次进食到感觉饿的周期通常为 4~5 小时。有的生理活动周期则要长一些，如女性的月经周期为 28 天左右。

大多数人都能意识到他们的精神状态、精力、心情在一天中的波动和变化，这些波动和变化与其身体内部生理过程的变化有关，如激素的分泌、体温、血压等的变化。对多数人来说，这些生理活动在下午或傍晚时达到最高水平，而在凌晨时水平最低。但生理活动水平在个体间存在很大的差异，不同个体的变化模式是不同的。一般来说，当体温及其他生理指标达到一天中的最高水平时，个体的工作效率最高。对于体力劳动者来说，这种联系尤其明显，而对于脑力劳动者来说，这种联系要弱一些。

位于下丘脑的视交叉上核对人体的生理功能及心理状态的周期性变化起关键作用。事实上，它像一个"超生物钟"，令其他的内部"生物钟"保持同步。这个神经核的活动可以促进或抑制松果体的活动。松果体分泌褪黑素。褪黑素是一种影响很广的激素，起镇静的作用，可以减少机体的活动，增加疲劳感，促进睡眠。

视交叉上核对视觉刺激输入敏感，白天的光线可以激活该神经核，抑制褪黑素的分泌；黑暗能增加褪黑素的分泌。因此，我们在白天会感到精力充沛，夜里则会感到疲倦。而当视交叉上核受损或它与眼睛的神经通路被破坏时，这种日夜交替的生理周期就会消失。盲人由于不能根据外界光线感受昼夜交替，因此他们的生物节律通常与太阳活动周期不同步，会出现夜间失眠或白天困倦的情况。适时、适量地使用褪黑素可以调整盲人的生物钟，使之能够白天不瞌睡，晚上睡得香（Sack, Brandes, Kendall, & Lewy, 2000）。人为地改变褪黑素的水平会影响个体的生物节律。另外，也可用褪黑素来治疗失眠，调整睡眠周期（Cajochen, Kräuchi, & Wirz-Justice, 2003）。

普通心理学

学术争鸣

生物节律被破坏与精神疾病的关联

确认精神疾病的病因是一项复杂的工作。精神疾病通常不是由单一的基因变异、环境诱发或发育缺陷导致的，而是由各种因素之间的复杂交互作用导致的。人们发现，生物节律被破坏，如倒班或倒时差，会诱发神经与行为方面的问题。动物研究则证实生物钟的破坏可以导致神经或脑功能的异常变化。而精神疾病患者在发病期也经常伴随着生物节律的破坏，生物节律被破坏究竟是精神疾病伴随的病理表现，还是导致精神疾病的病因呢？在一篇综述文章中，来自美国华盛顿州立大学的研究者（Karatsoreos，2014）对相关研究进行了总结。研究发现，用于治疗抑郁症的药剂可以改变生物节律的分子机制；同时，与核心生物节律相关联的基因若发生突变，则可能会导致类似于躁狂症的行为。这些证据显示，生物节律被破坏可能是导致精神疾病的病因而不仅仅是病理表现。

（资料来源：Karatsoreos，2014）

第二节　注　意

一、注意的基本概念

（一）什么是注意

注意（attention）是心理活动指向和聚焦于特定的对象或事物，同时忽略其他事物的心理现象。从信息加工的角度看，注意是个体主动地选择和处理环境中的特定信息，而忽略和抑制其他无关信息的过程。美国心理学家詹姆斯在他的专著《心理学原理》中对注意有如下解释："注意是心灵用清晰生动的形式，在一系列同时具备可能性的对象或想法中占有其中的一个。注意的实质是意识的聚焦与集中。注意意味着，将人们从一些事情上拉回来，去处理其他事情。"

注意是意识中最鲜明、清晰的一种状态。当人们处于注意状态时，意识内容比较清晰。人从睡眠到觉醒再到注意，其意识状态分别处在不同的水平上。人在睡眠时，意识不到外部的刺激或自己的活动，或不能清晰地意识到。从睡眠进入觉醒状态以后，人开始能意识到外部的刺激和自己的活动，并且能有意识地调节自己的行为。但是，即使人在觉醒状态下，也不能意识到所有的外部刺激、事件，而只能意识到其中的一部分。而在注意状态下，人的意识内容更为集中和清晰。

注意有两个特点：指向性与集中性。指向性是指人在某一时刻，他的心理活动选择了某个对象，而忽略了其他对象。例如，一个人在剧院看戏，他的心理活动选择了舞台上演员的台词、动作、表情、服饰，而忽略了剧场里的观众。对前者他看得清、记得牢，而对后者只能留下非常模糊的印象，甚至看完了戏，还不知邻座的观众是一个什么样的人。因此，注意的指向性是指心理活动在哪个方向上进行活动。指向性不同，人们从外界接收的信息也不同。当心理活动指向某个对象的时候，会在这个对象上集中起来，即全神贯注起来，这就是注意的集中性。例如，医生在做复杂的外科手术时，他的注意高度集中在患者的病患部位和自己的手术动作上，与手术无关的其他人和物便被排除在他的意识中心之外。注意集中性或者持续性时间的长短存在个体差异。

如果说，注意的指向性是指心理活动朝向哪个对象，那么，集中性就是指心理活动在一定方向上的强度或紧张度。心理活动的强度越大，紧张度越高，注意也就越集中。人在高度集中自己的注意时，注意指向的范围就会缩小。这时，他对自己周围的事物可能就"视而不见，听而不闻"了。从这个意义上说，注意的指向性和集中性是密不可分的。

（二）注意的外部表现

注意是一种内部心理状态，可以通过人的外部行为表现出来。例如，人在注视一个物体或倾听某种声音时，他们的感觉器官常常朝向所注意的对象，以便得到最清晰的印象。注意时，人的血液循环和呼吸都可能出现变化，如肢体血管收缩，头部血管舒张，呼与吸的时间比例发生变化：吸气变短而呼气相对延长等。当注意高度集中时，还常常伴随某些特殊的表情动作，如托住下颌、凝神远望、眼光似乎呆滞在某处等。注意的外部表现可以作为研究注意的客观指标。但是，注意作为一种内部心理状态，它和外部行为表现之间并不总是一一对应的。例如，当人的视线落在某个物体上时，他的注意可能指向另一个不同的物体。在课堂上，学生可能盯着教师，装出一副认真听讲的样子，而实际上，他的注意不在教师讲课的内容上，而指向与学习无关的其他事物。可见，只用注意的外部表现来说明一个人的注意状态，有时可能会得出错误的结论。

（三）注意的功能

注意的基本功能是对信息进行选择。周围环境给人们提供了大量的刺激，这些刺激有的对人很重要，有的对人不那么重要，有的毫无意义，甚至会干扰当前正在进行的活动。人要正常地生活与工作，就必须选择重要的信息，排除无关刺激的干扰。注意对信息的选择受许多因素的影响，如刺激的物理特性，人的需要、兴趣、情绪，过去的知识经验等。

除了选择功能之外，注意还具有维持功能，使心理活动在一定时间内保持在特定对象上。在注意指向某个对象之前，或有意识地加工某种输入的信息之前（前注意阶段），某些不受意识控制的、自动化的信息加工就已开始了。但这些过程并不能取代注意在人的心理活动和行为中的重要作用。注意指向并集中在一定对象之后会保持一定时间的延续，维持心理活动的进行。这时被选定的对象或信息居于意识的中心，非常清晰，人们容易对它做进一步的加工和处理。因此，注意的选择性和维持性是相辅相成、相互作用的。

注意还具有整合的功能。有人认为，人对外界输入信息的精细加工及整合作用都发生在注意状态下。在前注意状态下，人们只能对事物的个别特征进行初步加工；在注意状态下，人们才能对个别特征的信息进行精细加工并将其整合为一个完整的物体（Treisman，1980；1986）。近年来，我国学者通过研究发现，由多个维度特征（如颜色、形状）组成的客体在工作记忆中以整合的形式表征，即以完整的客体为单元进行存储。这一过程需要注意的参与（陈彩琦，付桂芳，金志成，2003）。

总之，注意保证了人对事物更清晰的认识、更准确的反应和进行更可控有序的行为。这是人们获得知识、掌握技能、完成各种智力操作和实际工作任务的重要心理条件。

二、注意的分类

（一）外源性注意和内源性注意

根据引起注意的线索来源，注意可以分为外源性注意（exogenous attention）和内源性注意（endogenous attention）两种。

外源性注意指由外部刺激或信息引起的注意，引起注意的线索来自外部。外源性注意也称不随意注意或无意注意，是一种被动的、不随意的、不费心神的注意。刺激本身的特征和人的主观因素都会影响外源性注意。刺激本身的特征包括刺激强度、刺激间的对比关系、运动变化和新异性等。刺激强度高、对比强烈、运动变化和新异的刺激都容易引起人的外源性注意。例如，上课时有人突然走进教室，会引起学生的外源性注意。影响外源性注意的主观因素包括人的需要、兴趣、情绪状态和知识经验等。感兴趣的事物更容易引起人的外源性注意。

内源性注意是由个体的行为目标或意图引起的注意，引起注意的线索来自内部。内源性注意也称随意注意或有意注意，是一种主动的、积极的、费心神的注意。内源性注意的持久性既受个体从事活动的性质等客观因素的影响，也受个体意志品质等主观因素的影响。

一般认为，外源性注意与知觉的自下而上的加工相联系，而内源性注意与自上而下的加工相联系。在心理学实验中，诱发内源性注意的常用方法是提供一个线索来提示刺激即将出现的位置，以增强参与者的预期；诱发外源性注意的常用方法是呈现新异刺激，或突然改变刺激的某些特征来吸引参与者的注意。

（二）选择性注意、持续性注意和分配性注意

根据注意在信息加工中的功能，注意可以分为选择性注意、持续性注意和分配性注意。

1. 选择性注意

选择性注意（selective attention）是个体在同时呈现的两种或两种以上的刺激中选择一种进行注意，而忽略另外的刺激。例如，在双耳分听实验中，用耳机分别向被试的双耳呈现不同的声音刺激，要求被试注意其中一只耳的刺激，而忽略另一只耳的刺激。用这种方法可以考察选择性注意。对选择性注意的研究，可以揭示人们如何有效地选择一类刺激而忽略另一类刺激，即信息选择的具体过程等。

目前，在选择性注意机制的研究中，选择性注意的抑制机制越来越受到研究者的重视。对目标信息的选择过程，也包含了对非目标信息或干扰信息的抑制过程，这就是选择性注意的抑制机制。负启动（negative priming，NP）现象反映了选择性注意的抑制机制的特点。

负启动是指当探测刺激与先前被忽略的启动刺激相同或有关时，对探测刺激的反应变慢或准确度下降。研究负启动通常采用以下方法（见图 5-1），首先给被试呈现两个不同颜色的字母（启动刺激），要求被试识别其中一个字母（目标字母，在图 5-1 中为实心字母），而忽略另一个字母（忽略字母，在图 5-1 中为空心字母）。紧接着呈现探测刺激，也是两个不同颜色的字母。在目标重复条件下，启动刺激中的目标字母 A 与探测刺激中的目标字母 A 是一致的；在忽略重复条件下，启动刺激中的忽略字母 A 与探测刺激中的目标字母 A 是一致的；在控制条件下，启动刺激（目标字母为 B，忽略字母为 C）与探测刺激（目标字母为 A，忽略字母为 D）都不相同。结果表明，在目标重复条件下识别探测刺激的目标字母比在控制条件下的字母要快，而在忽略重复条件下，识别目标字母则比识别控制条件下的字母要慢（Milliken et al., 1997）。前者被称为启动效应，后者被称为负启动效应。

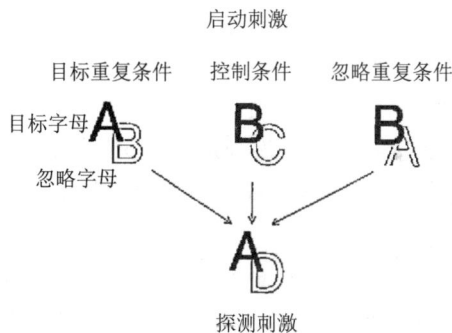

图 5-1　研究负启动现象的一般程序
（资料来源：Milliken et al., 1997）

对负启动效应的一般解释是：在对启动刺激进行加工时，注意在对目标字母进行选择和识别的同时，抑制了忽略字母的激活。当忽略字母成为探测刺激中的目标字母时有一个抑制解除的过程，因此使得反应时增加（反应变慢）了（Neill，1977；Tipper，1985）。负启动效应揭示了注意在认知活动中的复杂作用。

知识应用

注意瞬脱

假如你站在火车站的站台上，一列火车正从你面前缓缓驶过。这时你透过车窗突然发现车厢内有一张熟悉的面孔，没错，他是你的同学 A。A 的面孔随着列车的行驶很快就消失了。这时你并没有注意到，下一节车厢的相同位置上是你的另一个同学 B。你的注意力被 A 吸引，导致对随后出现的 B 视而不见。如果前面没有 A 的出现，你就更可能注意到 B。这种由于注意被先出现的刺激或事物吸引或捕获，因此对随后出现的刺激或事物视而不见的现象叫作"注意瞬脱"。

这种现象是布罗德本特等人（Broadbent et al.，1987）首先发现的。他们在实验中注意到，当个体对系列呈现的刺激进行识别时，对某个刺激的准确识别会影响到其后对特定时间间隔（一般为 500 毫秒以内）的刺激的识别，他们把这种现象称为"注意瞬脱"。

研究注意瞬脱通常采用快速系列视觉呈现范式（rapid serial visual presentation，RSVP）。在实验中，给被试快速地系列呈现一串刺激，这些刺激可以是字母、数字或图片，要求被试识别并报告是否出现了某些特定刺激。以图 5-2 为例，在系列呈现的字母串中，当出现字母 B 和字母 W 时，被试需要进行报告。如果被试已经准确报告出字母 B，那么再准确报告出字母 W 的概率就会降低。换言之，发现目标刺激 B 并做出反应会对其后的探测刺激 W 的探测和报告产生干扰，这就是注意瞬脱现象。

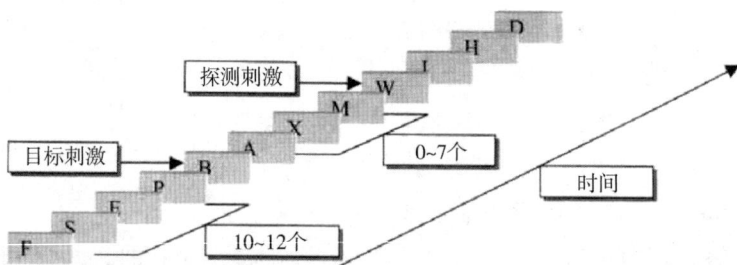

图 5-2　快速视觉呈现范式

（资料来源：杜峰，张侃，葛列众，2004）

2. 持续性注意

持续性注意（sustained attention）是指注意在一定时间内保持在某个客体或活动上，也叫注意的稳定性。例如，学生在上课时间内使自己的注意保持在与教学活动有关的对象上；外科医生在连续几小时的手术中聚精会神地工作；雷达观察站的观测员长时间地注视雷达荧光屏上可能出现的信号，这些都是持续性注意的表现。

注意的持续性是衡量注意稳定性这一品质的重要指标。它在人们的工作和生活中具有重要意义。学生必须具有稳定的注意，才能有效地接收教师传授的知识；工人必须具有稳定的注意，才能正确地进行生产操作，排除障碍，防止各种意外事故的发生，按质按量地完成生产任务。可以说，没有持续的注意，人们就难以完成任何实践任务。

持续性注意通常用警戒作业来测量。这种作业要求被试在一段时间内持续地完成某项工作，并用工作绩效的变化做指标。

注意的动摇不同于注意的转移，前者是指注意在短暂时间内的起伏波动的现象，而后者是指将注意从一个活动有目的地转移到另一个活动的现象；前者的注意内容并没有离开当前的活动，而后者的注意内容已经变成了新的活动。注意的动摇可以用图形演示出来（见图5-3）。当注视面前的这个棱台框架时，我们时而觉得小

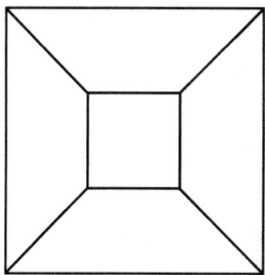

图5-3　注意的动摇

方框平面位于前方，大方框平面位于后方；时而又觉得小方框平面位于后方，而大方框平面位于前方。这种反复的变化是由注意的动摇造成的。

在比较复杂的认识活动中，注意的动摇总会发生。只要我们的注意不离开当前活动的总任务，这种动摇就没有消极的作用。但是，在某些要求对信号做出迅速反应的日常活动和实验任务中，仍有必要顾及注意的动摇。有人用实验测出，注意动摇（每一次起伏）的时间平均为8~12秒。如果在百米竞赛的预备信号之后，相隔太长时间才发出起跑信号，那么由于运动员注意的动摇就可能使成绩受到明显的影响。如果预备信号与起跑信号间只相隔2~3秒，注意的动摇的不良影响就可能被消除。

对于注意的动摇，有两种解释：一种解释认为，注意的动摇是感觉器官的局部适应使对物体的感受性交替而短暂地下降的现象；另一种解释认为，机体的一系列机能活动都具有节律性，如呼吸的节律、神经元活动的节律等，注意的动摇是由机体的这种节律性活动引起的。

3. 分配性注意

分配性注意（divided attention）是指个体在同一时间对两种或两种以上的刺激进行注意，或将注意分配到不同的活动中。例如，学生在课堂上一边听讲，一边记笔记；司机在驾驶汽车时手扶方向盘，脚踩油门，眼睛还要注意路标和行人等。

研究分配性注意最常用的方法是双作业操作，即让被试同时完成两种作业，观

察他们完成作业的情况。在实验室中，注意的分配可以用双手协调器来演示和测定（见图5-4）。在一块金属板上镂刻出一条弯曲的槽孔，槽孔内立着一根金属针。由左右两个旋转把柄带动金属针，可以在槽孔内做左右和前后的运动。在实验时，被试用左右两手分别握住旋转把柄，调节金属针在槽孔内由一端向另一端运动。如果双手配合不好，金属针碰上槽孔的边缘，就会接通电流而使警铃发声。记录被试调节金属针从一端到达另一端的时间，以及运行中出现的错误数量，就可以代表他们注意分配的情况。

图 5-4 双手协调器

注意的分配是完成复杂工作任务的重要条件。如果一个司机不能同时把注意分配在不同的活动上，就不能成为一个合格的司机。有些交通事故就是司机不能很好地分配注意造成的。对教师来说，注意的分配也很重要。有经验的教师在讲课的同时，还能较好地关注全班同学的活动，谁在看手机，谁在向邻座的同学递纸条，谁在偷看课外书籍，他们都一清二楚。可见，教师注意的分配直接关系到课堂教学组织的好坏。

注意分配的一个基本条件，是同时进行的几种活动的熟练程度或自动化程度。如果人们对这几种活动都比较熟悉，其中有的活动接近自动进行，那么注意的分配就较好；相反，如果人们对要分配注意的几种活动都不熟悉，或者这些活动都较复杂，那么分配注意就比较困难了。另外，注意的分配也和同时进行的几种活动的性质有关。一般来说，把注意同时分配在几种动作技能上比较容易，而把注意同时分配在几种智力活动上就难得多了。葛列众等人（1995）对双作业操作的研究发现，当两种作业难度增加时，作业完成的质量和水平将会下降。这说明作业难度增加后，每一种作业对注意的要求都将会更严格，注意的分配也都会更困难。

三、注意的认知理论

20 世纪 60 年代以来，心理学家对注意进行了大量研究，提出了一系列理论。这些理论有些侧重解释选择性注意，如过滤器理论和衰减理论；有些侧重解释分配性注意，如认知资源理论和双加工理论。这些理论加深了我们对注意的选择和分配的认识。

（一）过滤器理论

第一个比较有影响的注意选择理论是英国心理学家布罗德本特（Broadbent，1958）提出的过滤器理论（filter theory），其研究依据主要来自双耳分听实验。双耳分听实验是同时给被试的两个耳朵呈现不同的听觉刺激，要求报告其中一耳或两耳的内容。

在一项实验中，彻里（Cherry，1953）给被试的两耳同时呈现两种不同的听觉材料，并让被试大声追随从一只耳朵听到的内容，忽略另一只耳朵听到的内容。前者被称为追随耳，后者被称为非追随耳。研究者关心的是呈现于非追随耳的声音是否被听到和理解。结果发现，被试从非追随耳得到的信息很少，当呈现的句子由英语变为法语或德语时，或者将句子的顺序打乱后呈现，被试也很少能够发现。这个实验说明，从追随耳进入的信息，由于受到注意，因此能得到进一步的加工，而从非追随耳进入的信息由于没有受到注意，几乎没有得到加工。

布罗德本特进行了一系列双耳分听实验。例如，在一项实验中，被试通过耳机同时听一些数字，每三个数字为一组。例如，左耳：3，5，9；右耳：4，2，7。要求被试报告所听到的数字。结果发现，被试通常是先报告一只耳朵听到的内容，再报告另一只耳朵听到的内容，如"3，5，9；4，2，7"或"4，2，7；3，5，9"。正确率为65%。而实际上被试听到数字的顺序是3—4，5—2，9—7。如果要求被试按听到的顺序来报告，报告的正确率就下降到20%。布罗德本特的解释是：人的两耳是相互隔离的两个信息通道。感觉信息的处理是以通道为单位依次进行的。当处理一个通道的信息时，另一个通道的信息只能暂时存放在缓冲记忆中，而缓冲记忆中的信息会迅速衰退。当一个通道的信息加工完毕后，另一个通道的信息才被提取出来。

根据这些实验结果，布罗德本特提出了过滤器理论。该理论认为，神经系统在加工信息的容量方面是有限的，不可能对所有的感觉刺激同时进行加工。注意的作用就相当于一个信息过滤器，信息在通过各种感觉通道进入神经系统时，要先经过这个过滤器。过滤器以"全"或"无"的方式来工作，即被选择的信息进入高级的知觉分析阶段，没有被选择的信息就全部被过滤掉了。布罗德本特把过滤器比喻为一个狭长的瓶颈，当人们往瓶内灌水时，一部分水通过瓶颈进入瓶内，而另一部分水由于瓶颈狭小，通道容量有限而被留在瓶外了。这种理论有时也叫瓶颈理论或单通道理论。

（二）衰减理论

过滤器理论得到了一些实验的支持，但进一步研究发现，这种理论并不完善。格雷等人（Gray et al.，1960）在一项实验中，通过耳机给被试的双耳依次分别呈现一些字母音节和数字。例如，左耳：ob，2，tive；右耳：6，jec，9。要求被试追随一只耳朵听到的声音，并在刺激呈现之后做出报告。结果发现，被试在报告听到的内容时，既不是按照每只耳朵的信息依次报告，如ob，2，tive和6，jec，9，也不是按照声音的实际呈现顺序报告，如ob，6，2，jec，tive，9。被试报告的是objective。实验结果表明，来自非追随耳的信息并没有完全被过滤掉，而是仍然得到了加工。特瑞斯曼（Treisman，1960）在一项实验

普通
心理学

特瑞斯曼

特瑞斯曼（Anne Marie Treisman），认知心理学家，英国皇家学会会员。1935 年出生于英国约克郡，1957 年在英国剑桥大学获得心理学学士学位，1962 年从牛津大学博士毕业。此后曾在三一学院、贝尔实验室、牛津大学、斯坦福大学、不列颠哥伦比亚大学、加州大学伯克利分校等研究机构访学或任教。1993 年之后在普林斯顿大学从事研究工作。

特瑞斯曼的主要研究领域包括视觉注意、物体知觉和记忆。1980 年，特瑞斯曼与格拉德（G. Gelade）提出了注意的特征整合理论。根据这一理论，注意负责把客体的不同特征整合起来，形成一个整体。目前，特征整合理论是视觉注意领域非常主流的理论。

2002 年，特瑞斯曼获得威廉·詹姆斯研究员奖（William James Fellow Award）。颁奖词中写道："安娜·特瑞斯曼是目前国际上最有影响力的认知心理学家之一。在过去 40 多年的时间里，她一直致力于研究个体如何选择和整合信息这一基础问题。她的创造性和洞察力使研究者不再墨守成规，能够超越自身专业限制解决人类认知的难题。"

（资料来源：普林斯顿大学，特瑞斯曼主页）

中，要求被试通过双耳听两个不同的句子，并追随其中一只耳朵的信息。

追随耳：There is a house understand the word.

非追随耳：Knowledge of on a hill.

结果表明，尽管要求被试只追随其中一只耳朵的信息，但大多数被试听到的是 There is a house on a hill。而且他们认为信息来自同一只耳朵。这些实验表明，被试并非只注意追随耳中的信息，也注意到了另一只耳朵中的重要信息。

基于实验结果和日常生活观察，特瑞斯曼（Treisman，1964）提出了衰减理论

（attenuation theory）。衰减理论认为，当信息通过过滤器时，不被注意或非追随的信息只是在强度上减弱了，并没有完全消失，即过滤器并非按照"全"或"无"的方式来工作，没有被选择的信息只是在强度上减弱了，必要的情况下仍能得到进一步的加工。特瑞斯曼指出，不同刺激的激活阈限是不同的。有些刺激对人有重要意义，如自己的名字、火警电话号码等，它们的激活阈限低，容易被激活。因此，当它们出现在非追随的通道时，这些信息也可以进入高级的知觉分析阶段。

过滤器理论和衰减理论都强调过滤器位于高级的知觉分析之前，作用是选择一部分信息进入高级的知觉分析阶段，这些理论被称为早期选择理论。

有研究者认为，在知觉阶段，不管是追随耳还是非追随耳的信息都得到了充分的加工。只是在后期需要做出反应的阶段，如报告追随耳信息，只有追随耳的信息被选择进行输出（Deutsch et al.，1963）。换言之，信息选择的位置并非在知觉分析阶段之前，而是发生在知觉分析之后做出反应的阶段，这一理论被称作后期选择理论。也有研究者认为，信息选择既可能发生在早期知觉阶段，也可能发生在晚期反应阶段，这是由当前的任务需求和信息处理者的主动控制决定的（Johnston & Heinz，1978）。换句话说，信息处理者可以主动地控制在早期还是晚期进行信息选择，以更好地满足当前任务或情境的需要。

（三）认知资源理论

不同的认知活动对注意提出的要求是不同的。例如，对一个熟练的司机来说，开车是一件很容易的事，他可以毫无困难地一边开车一边和别人交谈。但是当交通非常拥挤时，他必须小心翼翼地开车，这时他和别人的谈话可能不得不停下来。注意的认知资源（cognitive capacity）理论又称中枢能量分配理论，把注意看成对刺激进行归类和识别的认知资源或中枢能量，不同的认知任务或认知活动对认知资源或中枢能量的需求是不同的，刺激越复杂或加工任务越复杂，占用的认知资源就越多。而认知资源在总体上有一定的限度，当认知资源完全被占用时，新的刺激将得不到加工。

图 5-5 是卡尼曼（Kahneman，1973）提出的中枢能量分配模型。在这个模型中，可用的认知资源的总量受到个体唤醒水平的调节。影响个体唤醒水平的因素有很多，包括当前的刺激、情境和个体的动机等。注意的功能是通过一定的分配策略把可用的认知资源分配到不同的任务或活动中。影响或决定分配策略的因素包括四个方面：①可用的中枢能量；②对能量需求的评估；③个人的长期倾向，即个体自身的特质或倾向，包括个性特点、兴趣爱好等；④当前的意愿。认知资源的分配受到个体的控制，可以优先被分配到重要的刺激或任务中。

（四）双加工理论

在认知资源理论的基础上，谢夫林等人（Shiffrin & Schneider，1977）进一步提出了双加工理论。该理论认为，人类的认知加工有两类：自动化加工（automatic processing）和受意识控制的加工（controlled processing）。其中自动化加工不受认知资源的限制，不需要注意，是自动进行的。这些加工过程由适当的刺激引发，发生比较快，也不影响其他加工过程。在习得或形成之后，其加工过程较难改变。而受意识控制的加工受认知资源的限制，需要注意的参与，可以随环境的变化而不断进行调整。

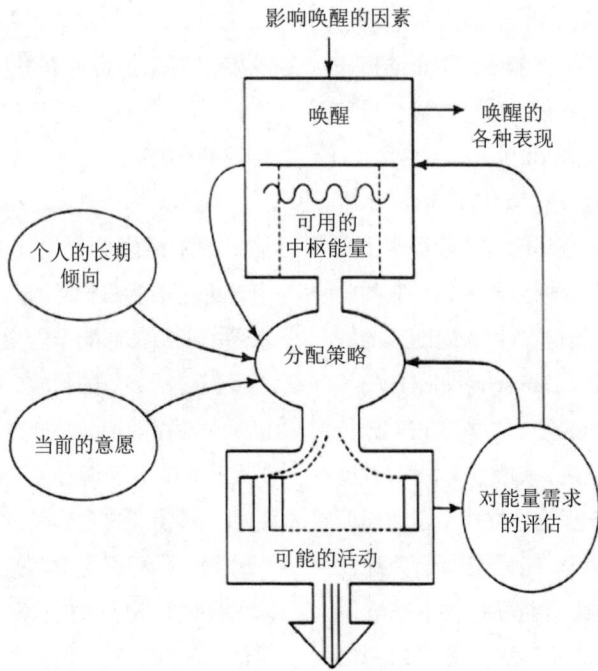

图 5-5　中枢能量分配模型

（资料来源：Kahneman，1973）

双加工理论可以解释很多注意现象。我们在生活中通常能够同时做几件事，像一边骑自行车一边欣赏路边的风景，或一边看电视一边织毛衣等。在同时进行的活动中，其中一项或多项是自动化加工（如维持自行车的平衡和织毛衣），不需要消耗认知资源，因此个体可以将注意集中在其他认知过程上。

受意识控制的加工在大量的练习后，有可能转变为自动化加工。例如，初学一种动作技能（如骑自行车）时，需要全神贯注，注意高度集中。在不断练习，已经熟练掌握这一技能后，就不需要占用太多的注意了。

四、注意的神经机制

注意的前提是个体处于清醒状态。人们保持清醒状态与脑干网状结构相关。脑干网状结构是指从脊髓上端到丘脑之间的一种弥散性的神经网络（见图 5-6）。网状结构的神经细胞形状很复杂，大小不等，它们的轴突较长，侧枝也较多。因此，一个神经元可以和周围的许多神经元形成突触，一处受到刺激就可以引起周围细胞的广泛的兴奋。来自身体各部分的感觉信号，一部分沿感觉传导通路（特异通路）直接到达相应的皮层感觉区；另一部分通过感觉通路上的侧枝先进入网状结构，然后由网状结构释放神经脉冲并投射到大脑皮层的广大区域，从而使大脑产生一般性的兴奋水平和觉醒水平，使皮层功能普遍得到增强。网状结构不传递环境中的特定信息，但它对维持大脑的一般性活动水平、保证大脑有效地加工特定的信号具有重要意义。

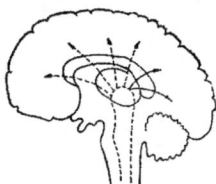

图 5-6 脑干网状结构示意图

人选择一些信息，而放弃另一些信息，是和脑的更高级的部分——边缘系统及大脑皮层的功能相联系的。边缘系统（limbic system）环绕大脑两半球内侧形成一个环状脑区，包括眶额回、扣带回、下丘脑、海马、杏仁核等脑区（见图 5-7）。其中，扣带回前部（anterior cingulate cortex，ACC）广泛地参与各种涉及注意的认知活动，负责监控行为或反应是否出现错误，以及是否存在冲突等（Botvinick et al.，1999）。例如，扣带回前部在 Stroop

任务中的活动明显增强。Stroop 任务是一种用来考察反应冲突的常见任务，通常给被试呈现一些不同颜色的字，如红颜色的"黄"或蓝颜色的"绿"，要求被试说出字体的颜色，而不是颜色字的名称。当字的读音和字体颜色不一致时，会产生冲突，这时会检测到扣带回前部的激活增强。当反应非常熟练，变为自动化以后，扣带回前部的激活就消失了。

注意的最高级部位是大脑皮层。大脑皮层不仅对皮层下组织起调节、控制的作用，而且是主动调节行动、对信息进行选择的重要器官。其中前额叶在意识特别是注意中发挥着重要作用。行为电生理学研究表明，猴脑的前额叶皮层具有与视觉选择性注意相关的神经元。这些神经元广泛存在于前额叶的一个叫作主沟（principle sulcus）的脑区及其相邻区域，并与颞叶和顶叶形成交互的纤维投射。当前额叶皮层向颞下回或后顶叶发出"自上而下"的反馈调控时，这些区域的神经元对视觉目标的反应出现高度的注意选择性（李葆明，2006）。神经心理学研究表明，前额

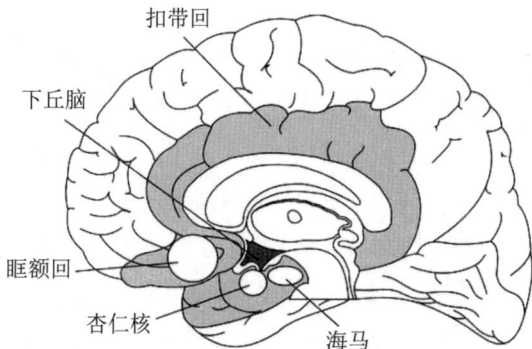

图 5-7 边缘系统结构图

人物介绍

克里克

克里克（Francis Harry Compton Crick，1916—2004）（见图 5-8），英国生物物理学家。1916 年 6 月 8 日出生于英国北安普敦。1937 年毕业于伦敦大学学院物理系，第二次世界大战期间进入海军部门研究鱼雷。1947 年开始生物学研究，两年后进入卡文迪许实验室，进行蛋白质结构的研究。1953 年与詹姆斯·沃森（James Watson）共同发现了 DNA 分子双螺旋结构，这一重大发现使他获得了 1962 年诺贝尔生理学或医学奖。20 世纪 70 年代，克里克的研究兴趣从分子生物学问题转到脑机制尤其是意识问题。在此后 30 余年的学术生涯中，克里克试图探讨意识的生物学基础。他主要致力于对屏状核（claustrum）的理论研究，他认为这一区域可能是一种控制意识的中央神经元结构。

图 5-8　克里克

克里克对意识的神经科学研究做出了巨大的贡献。他在科学史上第一次明确提出可以用自然科学的方法解决意识问题。在对意识的研究中，他注重从分子生物学、心理学、神经解剖学以及神经生理学，甚至哲学等多个领域的角度看待意识问题。2003 年，克里克在《自然》上发表了《意识的框架》一文，提出意识不是天生就有的，而是由神经元产生和控制的。他的著作主要有《生命：起源和本质》《狂热的追求：对科学发现的个人见解》《惊人的假说》。

（资料来源：Jonathan，2004）

叶严重损伤的患者的注意调控能力低下，很难将注意力集中在所接收的言语指令或特别指示的事物上，容易受无关刺激的干扰。患者的注意容易分散，有时也很难在不同事物或不同行为操作之间进行切换。

近些年来，科学家应用事件相关电位技术、脑磁图技术、正电子发射断层扫描术和功能性磁共振成像等新技术对意识与注意的神经机制，以及注意对大脑活动的影响进行了大量的实验研究。研究显示，大脑皮层各功能区之间存在复杂而广泛的双向纤维联系。在清醒状态下，这些功能区之间有高频神经电活动的振荡，以保持相应皮层功能区之间的动态联系。全麻药物可明显抑制扣带回后部、楔前叶和顶叶皮层之间的高频电活动，代之以高振幅、低频率的电活动；类似的电活动改变也见于植物人患者。因此，意识的维持与大脑皮层功能区的高频、低振幅电活动有关，这些高频、低振幅电活动在不同皮层之间往往是不同步的。而意识的丧失也与大脑皮层的低频、高振幅电活动相关，这些电活动在不同的皮层间往往是同步的（韩中胜，祁金顺，2016）。

第三节　睡眠和梦

一、睡眠及其阶段

睡眠是一种与觉醒对立的意识状态，也是我们日常生活中最熟悉的活动之一。人的一生中大约有 1/3 的时间是在睡眠中度过的。大家都知道，睡眠时的意识状态不同于清醒时的状态。但睡眠究竟是怎么回事呢？这个问题不容易回答，我们在睡着的时候，对自身和外界的事情几乎是一无所知的。在古代，人们认为睡眠和死亡很相似，是灵魂暂时离开了肉体。在睡梦中，一个人可以遇到已故的老友，到达从未去过的地方等。现在对睡眠的认识发生了很大的变化，心理学研究已大大加深了我们对睡眠的理解。

（一）睡眠时的脑电活动

当一个人从清醒状态进入睡眠状态时，其大脑的生理电活动会发生复杂的变化。通过精确测量这些脑电的变化并绘成相应的脑电图，我们可以很好地了解和揭示睡眠的本质。通常在进行睡眠研究时，研究者在志愿者的头上放置一些电极，用来记录其脑电的变化及身体各项功能指标的变化，如呼吸、肌肉强度、心率、血压等。这些指标的变化是研究睡眠的主要信息源。

研究显示，当大脑处于清醒和警觉状态时，脑电中有很多 β 波。β 波是一种频率较高、波幅较小的波，每秒有 14~30 个周期。当大脑处于安静和休息状态时，β 波由 α 波取代。α 波的频率较低，每秒 8~13 个周期，波幅稍大。在睡眠状态时，脑电则主要是 δ 波，δ 波的频率更低，而波幅更大。

（二）睡眠的阶段

根据脑电图的研究，睡眠可以分为不同的阶段（见图 5-9）。在第一阶段，脑电成分主要为混合的、频率较低的、波幅较小的脑电波。在这个阶段，个体处于浅睡状态，身体放松，呼吸变慢，但很容易被外部的刺激惊醒。其持续时间约 10 分钟。在第二阶段，偶尔会出现一种短暂爆发的，频率高、波幅大的纺锤形脑电

普通心理学

EEG 模式	特征
α波	α波在人们休息或昏昏欲睡时产生,比处于警觉状态或集中注意时的脑电波慢,但比睡眠状态时快。
第一阶段	轻度睡眠,大约持续10分钟。
第二阶段 —睡眠锭	其特征为间或出现睡眠锭,大约持续20分钟。
第三阶段	肌肉逐渐变得更为放松,脑电波更慢,大约持续40分钟。
第四阶段	深度睡眠阶段,这时睡眠者很难被唤醒。出现更大、更慢的δ波。
快速眼动睡眠阶段	脑电波与个体处于清醒并放松的状态时类似,绝大多数的梦发生在这一阶段。在第一个睡眠周期中大约持续10分钟,其后逐渐增加,可达1小时。

时间

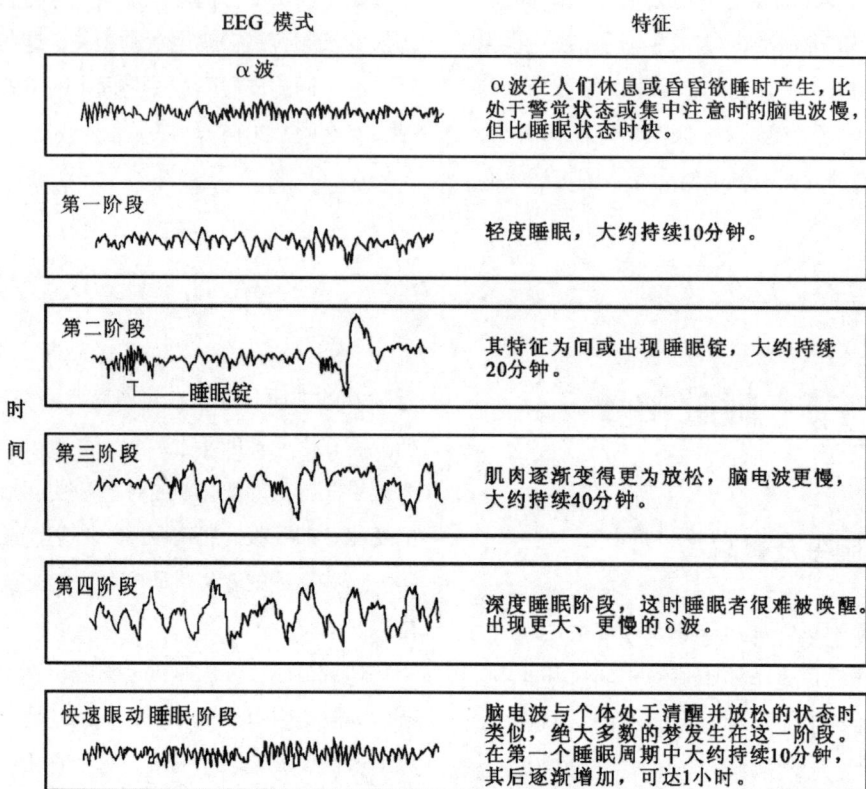

图 5-9　睡眠各个阶段的脑电波记录

波,被称为"睡眠锭"(sleep spindle)。出现"睡眠锭"是进入第二阶段睡眠的标志,在这一阶段,个体较难被唤醒,其持续时间约为 20 分钟。"睡眠锭"可能与个体的学习、注意等认知功能有关(Fernandez & Lüthi,2020)。在第三阶段,脑电的频率会继续降低,波幅变大,出现 δ 波,有时也会有"睡眠锭"。其持续时间约 40 分钟。当大多数脑电波开始变为 δ 波时,表明已进入睡眠的第四阶段,即深度睡眠阶段。在这个阶段,个体的肌肉进一步放松,身体功能的各项指标下降,有时发生梦游、梦呓、尿床等。第三、第四阶段的

睡眠通常被称为"慢波睡眠"(slow wave sleep,SWS)。几乎所有人的睡眠都会经历这四个阶段。如果睡眠模式异常,就预示着身体或心理功能的失调。

前四个阶段的睡眠大约需要 90 分钟,之后睡眠由深入浅,再次进入第三阶段和第二阶段。这时睡眠者通常会有翻身的动作,并很容易惊醒。接着会进入一个新的阶段,被称为快速眼动睡眠(rapid eye movement sleep,REM sleep)阶段。这时脑的生理电活动迅速改变,δ 波消失,高频率、低波幅的脑电波出现,与个体在清醒状态时的脑电活动很相似。睡眠者的眼

球开始快速做左右、上下运动，而且通常
伴随着栩栩如生的梦境。睡眠者在这个时
候醒来通常会报告说他正在做梦。另外，
心律和血压变得不规则，呼吸变得急促，
而肌肉则依然松软。

第一次快速眼动睡眠一般持续 5~10
分钟，在大约 90 分钟后，会有第二次快
速眼动睡眠，持续时间通常长于第一次。
在这种周期性的循环中，当黎明临近时，
第三阶段与第四阶段的睡眠会逐渐消失
（见图 5-10）。

总之，睡眠可以分为非快速眼动睡眠
阶段和快速眼动睡眠阶段，前者通常包括
四个阶段。每个睡眠周期一般持续 90 分
钟，每晚重复多次。深度睡眠（第四阶段
睡眠）的时间在前半夜远多于后半夜。大
多数快速眼动睡眠发生于睡眠的后期，持
续时间越来越长。第一次快速眼动睡眠
大约持续 10 分钟，而最后一次则长达 1
小时。

（三）睡眠的功能

睡眠有什么功能呢？研究者主要提出
了以下观点。

1. 功能恢复

睡眠的功能是使工作了一天的大脑
和身体得到休息与恢复。从神经元层面来
说，清醒期间的细胞新陈代谢会消耗大量
能量，产生一些对神经元有害的代谢物
质。在睡眠期间，神经元可以修复自己，
清除有害的代谢产物，同时修剪或削弱
未使用的神经纤维（Gilestro et al.，2009；
Siegel，2003；Vyazovskiy et al.，2008）。

2. 自我保护

睡眠是在长期的生存斗争中通过生物
进化形成的一种适应机制，能够使个体减
少能量消耗和避免受到伤害。例如，我们
的祖先不适应在黑暗中觅食，而且夜幕降
临后还可能受到老虎、狮子等大型肉食动
物的威胁，所以要在夜里躲到安全的地方
睡觉。随着生物的进化，睡眠演变为生理

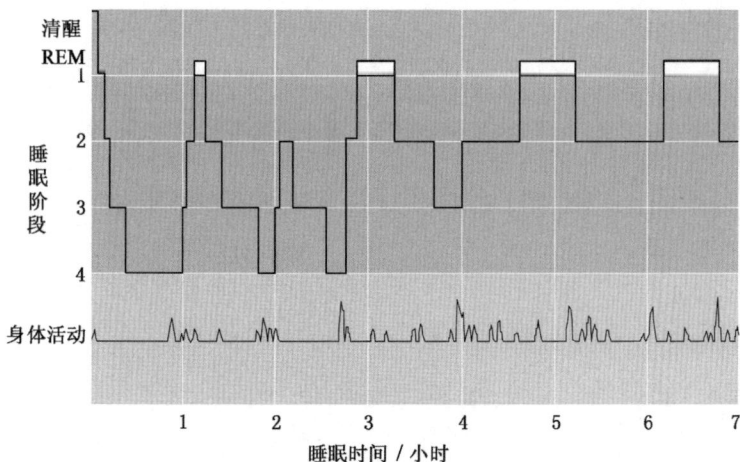

图 5-10　成年人的睡眠模式

（资料来源：Weiten，1989）

普通心理学

学术争鸣

每天的睡眠时间需要至少七小时吗

通常认为，古代的人类在进化过程中习惯日出而作，日落而息。随着生活节奏的加快，以及智能手机、电视屏幕的影响，人们的睡眠时间大大减少。

一项发表在《当代生物学》（*Current Biology*）上的研究对上述观念提出了挑战。该研究调查了三个不同的狩猎族群：非洲的哈扎人（Hadza）和桑人（San），以及南美洲的齐玛内人（Tsimané），这些族群基本上仍沿袭着几千年前的生活方式，也不会用电。但他们的睡眠时间与现代工业社会的人的平均水平并没有什么差别——如果一定说有的话，他们的睡眠时间甚至更少。这些族群的成员都睡在室外或简陋的小屋中，并没有在太阳下山后立刻去睡觉。通常，他们在日落后三到四小时里仍然清醒着，而且除了用于驱赶野生动物并在冬天聊以取暖的微弱火光之外，没有其他光源。一年中的大多数日子，他们都在日出前一小时左右起床。一般而言，他们每晚只睡六个半小时，比普通现代人还略少一些（Yetish et al.，2015）。

美国睡眠医学会和睡眠研究学会曾发布建议，指出成年人应保证至少七小时的日常睡眠时间。而睡眠经常不足七小时与不良健康后果相关，包括体重增加和肥胖、糖尿病、高血压、心脏病和中风、抑郁症和死亡风险增加等。但有研究显示，这些狩猎族群的身体却十分健康且身材健美。他们的日常能量消耗与大多数现代人差不多，这表明体力活动并非他们身体相对健康的原因。每天的睡眠真的需要至少七小时？否则就对身体有害？看来这个结论还需要继续小心求证。

（资料来源：O'connor，2015）

功能周期性变化的一个中性环节，是正常的脑功能变化的一部分。

3. 促进身体发育

在深度睡眠期间，脑垂体腺细胞开始活跃并释放一种生长激素，这种激素对身体发育非常重要。因此，幼儿和青少年需要有充足的、高质量的睡眠来保证其成长和正常发育。

4. 巩固和重建记忆

睡眠可以帮助人们巩固学习的知识和技能。研究发现，在睡眠期间，神经的记忆痕迹得以加强和巩固（Racsmány et al.，2010；Rasch & Born，2008）。睡眠能够帮助人们更好地记忆最近学习的材料，睡得越好，记住得越多（Drummond，2010）。

5. 激发灵感和创造性思维

科学家、文学家或艺术家从睡梦中得到启发的例子并不罕见。例如，我们比较熟悉的有化学家凯库勒在睡梦中得到启示，从而发现了苯环结构的故事。人们在工作中遇到问题时，睡一觉后比一直保持清醒更有可能提出创造性的解决方案（Wagner et al., 2004）。因此，睡眠有助于激发灵感和创造性思维。

除了上述观点之外，还有人认为睡眠有助于维护机体的免疫功能（Bese-dovsky et al., 2012）、改善心情等。这些不同的观点都得到了相应实验证据的支持，这可能意味着睡眠的功能不是单一的，而是具有上述多重功能（Krueger et al., 2016）。

二、梦

（一）如何研究梦

梦是睡眠中最生动、有趣又有些不可思议的环节。梦中常出现跳跃性的、栩栩如生的场景，实在是一种奇特的经历。在梦的研究中，一个重要的里程碑是发现了做梦与快速眼动睡眠的关联。研究者可以在被试做梦时随时打断他，并让他报告其梦境的内容，而不是等被试自然醒来后再报告。在后一种情况下，被试有时会忘记梦的内容。研究者通常会采用夜晚帽（nightcap）来对做梦进行研究。夜晚帽是一种"帽形"仪器，由一些传感换能器和一个微处理器构成，另外还包括一个安装在小盒子中的记忆器，能够记录个体在梦中的脑电变化及眼动情况。通过夜晚帽，研究者可以在家庭情境的正常睡眠中灵活方便地收集数据。将这些数据和个体的主观报告结合起来，可以大大加深人们对梦的理解。

（二）梦的功能

人为什么会做梦呢？梦具有什么功能？长期以来，对梦的功能的解释一直存在分歧。

1. 精神分析的观点

精神分析学家弗洛伊德和荣格等人认为，梦是潜意识中被压抑的冲动或愿望的显现，这些冲动和愿望主要是人的性本能与攻击本能的反映。在清醒状态下，由于这些冲动和愿望不被社会伦理道德接受，因此受到压抑和控制，无法出现在意识中。而在睡眠时，意识的警惕性有所下降，这些冲动和愿望就会在梦中以改头换面的形式表达出来。在弗洛伊德看来，通过分析精神病人的梦，可以得到一些重要的线索，以帮助发现病人的问题。

2. 生理学的观点

霍布森（Hobson, 1988）认为，梦的本质是个体对脑的随机神经活动的主观解释。一定数量的刺激对维持脑与神经系统的正常功能是必要的。在睡眠时，由于刺激减少，神经系统会产生一些随机活动。梦则是我们的认知系统试图对这些随机活动进行解释并赋予一定的意义。梦的产生与个体以往的记忆和经历有关，人们可以从梦的内容中了解个人情绪、情感和关注的事件等信息（Hobson, 2000）。布劳恩

睡眠对儿童不同类型学习的改善

睡眠能够巩固对新材料的记忆已经得到了很多研究的证实。与一直保持清醒相比，睡眠后的记忆成绩会有明显提升。对于外显记忆，不管是成人还是儿童，睡眠都能促进记忆效果。但对于内隐记忆和内隐学习，是否有同样的效果呢？一项研究比较了睡眠对儿童不同类型的学习的影响。被试为 33 名 6~12 岁的儿童，学习任务有两种（见图 5-11）。一种是学习动物名称，研究者准备了一些动物图片，包括 10 种动物，给每种动物都起了一个新名称。例如，兔子叫"Dax"，小猪叫"Jaala"，等等，让儿童记住动物的这些新名称。另一种是移动汉诺塔，任务开始前，左侧柱子上有 5 个大小不一、由大到小依次放置的圆盘，要求把这 5 个圆盘移到右侧的柱子上。规则是：①每次只能移动一个圆盘；②在移动的过程中，小圆盘只能放置在大圆盘上面；③可以借助中间的柱子临时放置圆盘。任务计分是统计儿童在完成任务时实际使用的移动次数，包括试错及拿起又放回（计为一次）的次数，而顺利完成任务需要发现潜在的规则。

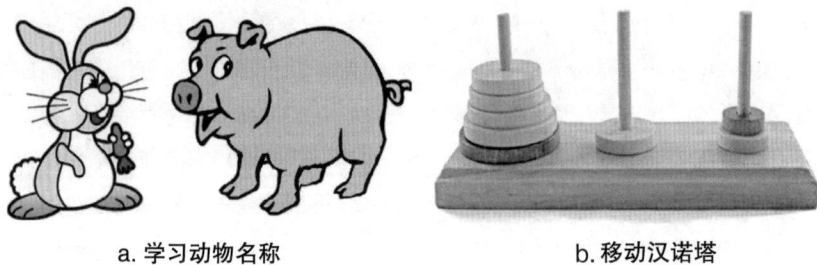

a. 学习动物名称   b. 移动汉诺塔

图 5-11　实验材料

对于两种任务，被试先进行一小时的训练。儿童被分为两组，第一组儿童（清醒—睡眠组）的训练时间是在早晨，白天保持清醒，晚上参加第一次测试，睡一晚后，第二天早上做第二次测试。第二组儿童（睡眠—清醒组）的训练时间是在晚上，睡一晚后，第二天早晨做第一次测试，然后在晚上做第二次测试。对两组儿童而言，第二次测试与第一次测试之间的间隔时间是相同的，差别是第一组在间隔期间有一晚的睡眠，而第二组则一直保持清醒。通过比较两组儿童第二次测试成绩的提高程度，来显示睡眠和清醒哪一种状态更有利于知识的保持。结果显示，第一组儿童的成绩的提高程度大于第二组儿童，即与清醒状态相比，睡眠能带来测试成绩的显著提高。在学习动物名称任务中，睡眠带来 14% 的显著改善；在移动汉诺塔任务中，睡眠带来 25% 的显著改善。这项研究表明，不管是外显学习还是内隐学习，睡眠都有利于知识的巩固和成绩的提高。

（资料来源：Ashworth et al.，2014）

等人（Braun et al.，1998）采用 PET 技术，考察了个体在快速眼动睡眠阶段的皮层激活情况。他们发现，在快速眼动睡眠阶段，视觉皮层与边缘系统之间的通路被激活，而前额皮层没有被激活。边缘系统与情绪、动机等心理活动有关，而前额皮层主要负责理性的思考、自我监控等。这能够解释梦的某些特征，如高度情感化、非逻辑性、荒诞性等。

3. 梦具有认知功能的观点

有研究者认为，梦担负着一定的认知功能。在睡眠中，认知系统依然对存储的知识进行检索、排序、整合、巩固等，这些活动的一部分会进入意识，成为梦境。福克斯（Foulkes，1985）认为，梦的功能是将个体的知觉和行为经验重新编码与整合，使之转化为符号化的、可意识到的知识。这种整合可以将新旧记忆联系起来。研究发现，对快速眼动睡眠的剥夺会导致学习与记忆能力的下降（Stickgold et al.，2000）。脑成像研究也显示，学习视觉分辨任务时活跃的脑区在快速眼动睡眠阶段会再次活跃（Maquet，2001）。由于绝大多数的梦都发生在快速眼动睡眠阶段，因此这些发现在某种程度上支持了梦具有认知功能的观点。

三、失眠

（一）失眠及失眠症

很多人都有过入睡困难、睡眠不好的经历，这种现象通常被称为失眠（insomnia）。失眠随着年龄的增长有次数增加的趋势，通常在女性中更为常见。对大多数人来说，失眠发生在一些特殊的时间或场合，如高考前夜、刚到一个新环境等。失眠现象在大学生中也比较常见。一项针对大学生睡眠质量的研究显示，女性比男性的失眠情况更为严重，大三学生比大一、大二学生的失眠情况更为严重。导致大学生失眠的主要因素是压力因素，尤其是学习压力和就业压力，应对失眠的方法包括听音乐、看书或看电影、调整作息等（刘静蓉等，2012）。

对于有些人来说，入睡困难的问题显得很有规律，并对正常生活有不良影响。这时候失眠就成为一种病症，被称为失眠症。一般来说，失眠症患者需要更长的时间才能入睡，或夜间经常醒来，每天的睡眠都没有规律。与正常人相比，失眠症患者在睡眠时的脑电记录更容易不正常，常出现 α 波，这是个体处于安静状态时的脑电波。

研究进展

失眠的性别差异何时出现

失眠存在性别差异，一般女性出现失眠的概率要高于男性。这种性别差异究竟在个体发展的哪个阶段开始出现呢？一篇发表在《睡眠》(Sleep)上的文章探讨了这个问题。研究者对 7507 名 6~17 岁的儿童、青少年进行了调查，按照生理发展成熟程度把他们分为五个阶段。阶段一对应的年龄为 0~9 岁，阶段二为 9~11 岁，阶段三为 11~12.5 岁，阶段四为 12.5~14 岁，阶段五为 14 岁以上。失眠症状的界定为以下三种情况之一，包括：①入睡困难；②持续睡眠困难；③过早醒来。若在一周内出现上述情况三次以上，则被视为失眠。结果显示，从阶段一到阶段三，失眠的性别差异不明显，这种差异出现于阶段四，即青春期的中后期。为什么这时女性开始出现更多的失眠症状呢？有多种可能。一种可能是这个发育阶段的女性比男性在面对生活中的不可控事件时，更容易产生压抑或沮丧的症状，因此可能影响了睡眠质量。另一种可能是男女不同的生理激素的影响。研究发现，作为神经内分泌系统的重要组成部分，下丘脑—垂体—肾上腺轴的活跃程度在青春期的中后期开始出现明显的性别差异，而对成年人而言，下丘脑—垂体—肾上腺轴的活跃程度与失眠有关。下丘脑—垂体—肾上腺轴的活跃程度越高，机体就越兴奋，就越容易出现失眠。

（资料来源：Zhang et al.，2016）

（二）失眠的原因及对策

生活中的压力是暂时性失眠的常见的原因。当压力消除后，睡眠会恢复正常。如果患者担心失眠，就会加重失眠的程度。失眠通常会伴随其他方面的问题，常见的是精神失调，如焦虑、精神抑郁等。失眠和精神失调两者相互影响，很难说清楚究竟谁是因、谁是果。在心理正常和异常时，失眠都可能发生。失眠对个体的生理功能及日常生活有一定的影响，如记忆力下降，常感到无精打采，脾气变差等。

如何处理失眠问题呢？对于有些类型的失眠，处理的关键是正确分析和确认导致失眠的原因。如果能针对失眠原因采取有效措施，失眠症状通常就会消失。除此之外，治疗失眠的常见方法包括药物治疗和非药物治疗。非药物治疗中常见的是认知行为疗法，即通过改变失眠者的一些错误认识、观念及非理性信念，以及不恰当的行为习惯，建立起正确的观念和恰当的行为习惯，从而达到改善睡眠的目的。认知行为疗法相对而言没有副作用，甚至比药物治疗的效果更好（Jacobs et al.，2004）。

失眠者常见的错误观念

1. 每天必须睡够一定的时间，如 7~8 小时。实际上每个人每晚需要的睡眠时间并不固定，很多人每天睡 5~6 小时就能保持日间旺盛的精力。有些人每天只睡 3~4 小时就可以应付日常繁重的工作。

2. 夸大失眠的后果。例如，认为白天精神萎靡不振就是没睡好造成的，其实很多时候是失眠所引发的焦虑、抑郁情绪导致的。失眠者多数伴有焦虑、抑郁情绪，这种不良情绪常常导致精神状态的异常并出现一些躯体症状。

3. 认为早上床、晚起床，在床上多躺会儿，更有利于睡眠。这种对策常常适得其反，越想睡越睡不着。正确的做法是等有睡意时再去上床睡觉，如果躺在床上睡不着，应该立即起床。等有睡意时再躺下，以便建立床和睡眠的条件反射。

第四节 意识的其他状态

一、催眠

（一）什么是催眠

催眠（hypnosis）是指催眠师向被催眠者进行引导或提供暗示，使被催眠者进入一种特殊的意识状态。在催眠状态下，人们的意识仍然是清醒的，但注意高度集中在催眠师的指令上，并按照催眠师的指令完成心理活动或做出相应的行为反应，而忽视周围环境中的其他事物或刺激。简单来说，人们在催眠状态下会轻易地对暗示做出反应。早在 18 世纪，奥地利医生麦斯麦（Franz Anton Mesmer）就曾用过催眠的方法治疗癔症患者，收到了明显的效果。麦斯麦相信星相学，认为星球的引力与人体的健康有密切关系，可以对人体内的液体或固体微粒产生影响，麦斯麦称这种影响为动物磁。治疗师可以将这种动物磁传给患者，从而减轻患者的症状。

催眠过程一般采取这样的步骤：首先，让被催眠者处于安静、舒适的状态，将外界的干扰降到最小；其次，催眠师要求被催眠者将注意集中在某些特定的事情上，如想象中的风景、表的嘀嗒声等；最后，催眠师用平和的语言引导或暗示被催眠者，如"放松""你现在感觉非常舒适"等，这样被催眠者就会慢慢进入完全放松的状态，顺从和接受催眠师的指示去做一些动作或事情，并相信催眠师的描述是真实的。

在旁观者看来，被催眠者进入催眠状态后好像是睡着了，其实并不是。在催眠状态下，个体的意识仍然是清醒的，而思维、言语和活动是在催眠师的指示或指引下进行的。催眠状态时的脑电记录与个体在清醒状态时是一样的。人在催眠状态下会有一些神奇的表现。例如，像本章开始提到的，被催眠者的身体可以变得像钢板一样僵硬，身体悬空，把头和脚分别放在支撑物上，形成一座人桥，甚至上面站一个人都没有问题。在催眠师的诱导下，痛觉也可以变得非常迟钝。这些表现常常会让旁观者目瞪口呆。

在很多催眠师看来，催眠并不神秘。人在催眠时的状态，其实在日常生活中也经常出现，只是不容易被觉察。例如，我们在入睡前，那种似睡非睡的状态就非常接近催眠时的状态。催眠师的作用只是在特定的时间、地点把这种状态再次诱发和展示出来而已。由于个体之间易受暗示的程度存在差异，因此，有些人容易被催眠，而有些人则很难被催眠。在人群中，有 10%~20% 的人很容易接受催眠。容易接受催眠的人通常有以下特征。

①经常做情节生动的白日梦。
②想象力丰富。
③容易沉浸于眼前或想象中的场景。
④注意容易集中或做事专注。
⑤对催眠的功能深信不疑。

一般来说，个体在上述几个方面的倾向越强，越容易被催眠。而掌握一定催眠技巧的人，也可以对自己进行催眠。

已发现的催眠的功能包括：减轻疼痛，如牙科治疗或分娩时的疼痛；在治疗成瘾方面有一定的效果；提高和恢复记忆，不过这方面的争议比较多，恢复的记忆不一定是真实的；强健体能和减少焦虑等。但催眠的功能不宜被夸大，而且需要被催眠者相信催眠有作用并积极配合。

现在催眠已被广泛应用于心理治疗、医学、犯罪侦破和运动等方面。在心理治疗方面，催眠被用于治疗酗酒、梦游症等。但是除非患者的动机很强，催眠一般不会立即产生明显的效果。如果能配合其他心理治疗，催眠的效果可能会更好。

（二）对催眠现象的解释

有关催眠现象的理论解释大致可以归结为两类：一类是特殊状态理论，认为催眠反映的是一种特殊的意识状态；另一类是非特殊状态理论，认为催眠状态并不特殊，与生活中的其他意识状态没有本质的差异。

1. 特殊状态理论

特殊状态理论认为，催眠状态是一种特殊的意识状态。个体经过催眠师的诱导（或自我诱导）进入这种特殊状态，就变得更容易接受暗示。比较有代表性的是希尔加德提出的意识分离理论（Hilgard，1991）。他认为在催眠状态下，人的意识功能会分离为两个层面。第一个层面的意识是在催眠师的暗示下产生的，有可能是扭曲或不完整的，个体在这个层面会自愿执行催眠师的指令或建议。第二个层面的意识隐藏在第一个层面之后，如同一个隐藏的观察者，能够知道真实发生的事情。

希尔加德认为，意识分离并非只有催眠才能诱发，在我们生活中也经常出现。例如，人们在开车时，可以根据路况自然做出转向、加油和踩刹车等动作，但事后记不起当时是如何做出反应的。在这种情况下，意识被分为两部分，一部分用来开车，另一部分用来想其他事情。

2. 非特殊状态理论

非特殊状态理论反对把催眠看成一种特殊的意识状态，而认为催眠是一种正常的基本心理过程，如态度、期望、动机以及社会互动等多种因素综合作用的结果。比较有代表性的是角色扮演理论。角色扮演理论认为，催眠的功能只是反映了催眠师和被催眠者之间所扮演的社会角色关系。一般来说，被催眠者事先对催眠已有所了解，知道催眠后会发生什么。在催眠中，他们只是扮演了一种特殊的社会角色——被催眠的人。这个角色意味着他将无条件地接受催眠师的指挥。由于角色的需要，被催眠者在进入催眠状态后，倾向于顺从催眠师的指示，做出特定的行为或产生特定的感受。需要指出的是，并不是说被催眠者在故意欺骗别人，他们的确相

信自己在经历另外一种意识状态，在这种状态下，顺从催眠师的指示是最合理和恰当的选择。

二、冥想

正念和冥想的关系

冥想（meditation）是一类自我调节方法或心理训练形式的总称，旨在通过身心调节和意识觉知训练来提升个体的自我觉察能力与对心理过程的控制能力，进而提升整体的心理幸福感，培养出诸如平和、专注等心理特征（Walsh & Shapiro，2006）。冥想有悠久的历史和庞大而复杂的体系，以不同的形式存在于各种文化中。有文献记载，大约3500年前在古印度就有关于禅定的心理训练，这大概是最早的冥想形式。而中国古代的道家有"心斋""守中""坐忘"等身心修炼方法，可以被看作中国早期的冥想形式。现在社会中的瑜伽等也是一种冥想形式。

练习冥想的基本方法大致可以分为两类：一类是专注式冥想，即将注意集中在特定的对象上，如呼吸或身体的某一部位（如丹田、鼻尖等），并保持持续的专注；另一类是开放监控式冥想，强调对正在发生的心理体验进行不评判、不卷入的监控，如正念（mindfulness）等。在刚进入冥想状态时，意识的觉察能力会增强，能够觉察到平时难以觉察的细微的心理活动和感受。随着冥想的不断深入，心理活动逐渐减少，意识会进入一种深沉的宁静状

态。这时个体的意识是清醒的，只是思维活动停止，躯体感觉消失，感受不到外界刺激的存在，常常伴随一种淡淡的安宁和喜悦。

正念是众多冥想形式中的一种，又称正念冥想，其特点是个体全身心地关注自己当下的体验，并对体验持一种非评判性的接受态度。所谓非评判性，是指不评判此时此刻的体验的好坏，而将所有的当下体验（如思维、情绪、感觉等）当作"是什么"来接受。正念的概念及思想最初源自佛教。1979年，乔·卡巴金博士（Jon Kabat-Zinn）将正念训练应用于医学临床治疗，发展出一种正念减压疗法（mindfulness-based stress reduction）。

大量的证据显示，练习冥想可以有效地促进个体的健康。在生理方面，冥想能够缓解慢性疼痛、提升免疫力、缓解患者的临床症状等。在心理方面，冥想可以降低抑郁症的复发率、缓解抑郁和焦虑情绪、缓解上瘾等，还可以提升人们的幸福感和活力（Creswell，2017）。研究发现，个体正念经验的水平越高，额部 θ 波和枕部 γ 波的波幅越大（Cahn et al.，2010）。θ 波是频率为 4~8 赫兹的脑电波，通常出现在人深度放松、浅睡眠、沉思和潜意识状态时。此时个体易受暗示，创造力、灵感突发，学习、记忆效率提高。γ 波频率在 35 赫兹以上，与记忆、整体思考等有关。正念训练中 θ 波和 γ 波的变化可能与正念能够促进个体的注意、记忆、学习的作用有关。

三、精神活性药物引发的意识状态改变

（一）精神活性药物的分类及作用

精神活性药物（psychoactive drug）是指那些通过影响大脑而改变个体心境和意识状态的化学物质。大部分精神活性药物在连续使用后，容易产生药物依赖，引起瘾癖，所以也被称为毒品。精神活性药物通常通过影响神经递质来发挥作用，主要包括抑制剂（depressant）、兴奋剂（stimulant）和致幻剂（hallucinogen）三大类。

抑制剂主要起镇静作用，能够使神经活动减弱，减缓个体的身体和心理活动。常见的抑制剂有巴比妥类药物、苯二氮䓬类安定药物、酒精等。这类药物若因治疗目的而短期服用问题不大，安全性相对有保障，若长期服用或滥用则可能产生耐受性和依赖性。

兴奋剂的作用与抑制剂相反，它能够加速中枢神经系统的活动，使身心活动水平提高。小剂量服用能使大脑皮层兴奋，使睡意消失，减轻疲劳，振奋精神，提高思维的敏捷性；剂量增加会使心率加快、呼吸急促及激动亢进等，对身体产生不良影响。常见的兴奋剂有咖啡因、尼古丁、可卡因等。

致幻剂能够改变个体对外部世界的感知，使思维和意识状态发生紊乱，产生幻觉，包括幻视、幻听、幻嗅和幻味等，神经症状表现为听到动人心弦的音乐声，看见稀奇怪异的颜色，闻到自己喜欢的气味等。致幻剂包括大麻、LSD（麦角酸二乙基酰胺，lysergic acid diethylamide）等。

（二）长期服用或滥用精神活性药物的危害和影响

长期服用精神活性药物会使一定剂量药物产生的改变意识的效果越来越小，神经系统对药物的破坏作用产生适应，服药者对精神活性药物产生耐受性。与耐受性相伴随的是对药物的依赖性。由于长期服用药物，神经递质受到药物的影响而发生改变，服药者需要这些药品，如果戒断会产生疼痛、恶心等身体上的不适应，表现出对药物的生理依赖。另外，长期服药还会导致对这些药物强烈的渴求，服药成为其生活的重要部分，这种情况叫作心理依赖。随着精神活性药物的反复使用，个体会对药物产生强烈的、不可抑制的渴望，这就是药物成瘾。

精神活性药物一旦进入脑中，就会直接作用于神经突触，阻断或激发信息在脑中的传递，进而影响个体的感知、记忆、情绪和行为。以兴奋剂为例，强烈的兴奋剂能够使呼吸和心跳频率加快，血糖增加，机体处于亢奋状态，由此可能会导致心脏骤停、呼吸衰竭。当药物的兴奋作用消退时，大脑中的多巴胺、5-羟色胺等能够引起愉悦感的神经递质已消耗殆尽，此时服药者通常会感到头痛、疲倦、易怒、沮丧。除此之外，当个体对药物成瘾后，会对药物产生不可抗拒的欲望，而将其他事物都置之脑后，判断能力降低，攻击性提高，道德感下降，荒废工作和学业，严重影响正常的生活。

滥用精神活性药物对人体的危害是多方面的，其基本心理机能会受到损害，包括记忆、意志、思维、性格等。例如，长期服用精神活性药物可使人的意志消沉，难以树立生活目标，失去努力上进和克服困难的精神和意志，甚至缺乏生活勇气；经常有幻觉、妄想、紧张、焦虑，分不清正确与错误，遇事不理智，性格怪异，无故产生敌意和攻击行为，易激动，好斗，社会破坏性极大。因此要对精神活性药物保持高度警惕，尽可能远离，千万不要因好奇而轻易尝试。

本章内容小结

1. 意识是我们对自身或环境的主观觉知。可以从三个角度进行理解：①意识是一种觉知；②意识是一种高级的心理功能；③意识是一种心理状态。

2. 意识的全局工作空间理论把意识的发生比喻成剧院中的一场演出，其中舞台上被聚光灯照亮的部分就是进入意识的内容。

3. 整合信息理论认为，意识经验的形成源自人脑在进行信息处理时产生的一种特殊的信息结构：整合信息。整合信息源自人脑神经结构各个部分之间的大量的、复杂的相互作用，本身是一个整体，不能分解成各个部分。

4. 无意识是相对于意识而言的，是个体未能觉察到的心理活动，或无法有效觉知自身或环境的心理现象。

5. 常见的无意识现象有：①阈下知觉；②盲视；③非注意视盲；④无意识行为。

6. 意识状态的变化与个体身体功能的周期性变化密切相关。人体的生物节律包括基本生理活动、体力和情绪状态等方面的周期性变化。

7. 位于下丘脑的视交叉上核对人体生理功能及心理状态的周期性变化起关键作用。它像一个"超生物钟"，令其他的内部"生物钟"保持同步。

8. 注意指心理活动指向和聚焦于特定的对象或事物，同时忽略其他事物的心理现象。注意是意识中最鲜明、清晰的一种状态。

9. 注意有两个特点：指向性与集中性。指向性是指人在某一时刻，他的心理活动选择了某个对象，而忽略了其他对象。集中性是指当心理活动或意识指向某个对象的时候，会在这个对象上集中起来。

10. 注意是一种内部心理状态，可以通过人的外部行为表现出来，但是它和外部行为表现之间并不总是一一对应的。

11. 根据引起注意的线索来源，注意可以分为外源性注意和内源性注意两种。外源性注意指由外部刺激或信息引起的注意，引起注意的线索来自外部；内源性注意是由个体的行为目标或意图引起的注意，引起注意的线索来自内部。

12. 选择性注意是个体在同时呈现的两种或两种以上的刺激中选择一种进行注意，而忽略另外的刺激。研究选择性注意常用的一种方法是双耳分听实验。

13. 负启动是指当探测刺激与先前被忽略的启动刺激相同或有关时，对探测刺激的反应变慢或准确度下降。负启动现象揭示了注意在认知活动中的复杂作用。

14. 持续性注意是指注意在一定时间内保持在某个客体或活动上。研究持续性注意常用的方法为警戒作业。

15. 分配性注意是指个体在同一时间对两种或两种以上的刺激进行注意，或将注意分配到不同的活动中。研究分配性注意常用的方法是双作业操作。

16. 注意分配的一个基本条件，是同时进行的几种活动的熟练程度或自动化程度。

17. 注意的过滤器理论把注意看成一个瓶颈或过滤器，当信息通过各种感觉通道进入神经系统时，要先经过这一过滤机制。

18. 衰减理论认为，当信息通过过滤装置时，不被注意或非追随的信息只是在强度上减弱了，并没有完全消失。

19. 注意的认知资源理论又叫中枢能量分配理论，认为注意可以被看成一种有限的认知资源。刺激越复杂或加工任务越复杂，占用的认知资源就越多。

20. 自动化加工是自动化进行的、不受认知资源的限制，不需要注意；意识控制的加工受认知资源的限制，需要注意的参与，可以随环境的变化而不断进行调整。

21. 人们保持清醒状态与脑干网络结构密切相关。脑干网状结构是指从脊髓上端到丘脑之间的一种弥散性的神经网络。

22. 人选择一些信息，而放弃另一些信息，是和边缘系统及大脑皮层的功能相联系的；产生注意的最高级部位是大脑皮层。

23. 睡眠阶段可以分为非快速眼动睡眠阶段和快速眼动睡眠阶段。其中非快速眼动睡眠又可以分为四个阶段：第一阶段主要为混合的、频率较低、波幅较小的脑电波；第二阶段偶尔会出现被称为"睡眠锭"的脑电波；第三阶段的脑电频率会继续降低，波幅变大，出现 δ 波；第四阶段的大多数脑电波为 δ 波。

24. 快速眼动睡眠阶段的脑生理电活动与个体在清醒状态时的脑电活动很相似。睡眠者的眼球快速做左右、上下运动，而且通常伴随着栩栩如生的梦境。

25. 对睡眠功能存在不同的解释：①功能恢复；②自我保护；③促进身体发育；④巩固和重建记忆；⑤激发灵感和创造性思维。

26. 对梦的解释有以下观点：①梦是潜意识中被压抑的冲动或愿望的显现；②梦是个体对脑的随机神经活动的主观体验；③梦担负着一定的认知功能。

27. 失眠是指入睡困难、睡眠不好的情况。失眠随着年龄的增长有增加的趋势，通常女性比男性更为常见。

28. 有些失眠处理的关键是正确分析和确认导致失眠的原因。如果能针对失眠原因采取有效措施，失眠症状通常就会消失。除此之外，治疗失眠的常见方法包括药物治疗和非药物治疗。

29. 催眠状态与睡眠不同，其脑电记录与个体在清醒状态时相同。

30. 对催眠存在不同的解释。特殊状态理论认为，催眠反映的是一种特殊的意识状态；非特殊状态理论认为，催眠状态并不特殊，与生活中的其他意识状态没有本质的差异。

31. 冥想是一类自我调节方法或心理训练形式的总称，旨在通过身心调节和意识觉知训练来提升个体的自我觉察能力与对心理过程的控制能力，进而提升整体的心理幸福感，培育出诸如平和、专注等心理特征。

32. 冥想可以分为两大类：一类是专注式冥想，即将注意集中在特定的对象上，并保持持续的专注；另一类是开放监控式冥想，强调对正在发生的心理体验进行不评判、不卷入的监控。

33. 正念是个体全身心地关注自己当下的体验，并对体验持一种非评判性的接受态度。

34. 精神活性药物可以通过影响大脑而改变个体心境和意识状态，它们通过影响神经递质来发挥作用。精神活性药物主要包括抑制剂、兴奋剂和致幻剂三大类。

35. 长期服用或滥用精神活性药物会产生对药物的耐受性和依赖性，并损害个体的生理和心理机能。

思考题

1. 结合意识的全局工作空间理论，谈谈你对意识的理解。

2. 举例说明生活中有哪些常见的无意识现象。

3. 简述意识与注意的区别与联系。

4. 什么是双耳分听实验？用它研究注意哪方面的特征？

5. 什么是负启动？负启动现象可以说明什么？

6. 列举两种注意的认知理论，并做出评价。

7. 什么是快速眼动睡眠？该阶段的睡眠有什么特点？

8. 你有过失眠的经历吗？结合自身经历说说改善睡眠有哪些途径。

9. 结合所学知识，谈谈你对催眠的认识。

10. 精神活性药物有哪些类型？滥用精神活性药物有哪些危害？

第六章
记　忆

　　在电视节目中，某记忆达人以 17 秒 59 的成绩记住了随机排列的 52 张扑克牌的顺序，打破了世界纪录。心理学专业大一学生小智看了这期节目之后不禁思考，为什么记忆达人可以在这么短时间内记住扑克牌的顺序？自己是否也能拥有这样的记忆？

　　经过"记忆"一章的学习，他认识到，如果经过合适的训练，自己也可以拥有这样超强的记忆力。除此之外，他发现生活中的很多现象都可以用学到的记忆知识来解释。例如，他可以回忆起小学同学的长相，回忆起小时候曾拽过前排女同学的马尾辫，但有时却想不起昨天中午吃了什么。这是因为同学的长相、拽马尾辫的情景都被存储在长时记忆里，而中午吃了什么并没有进入长时记忆。他发现朋友可以熟练地驾驶汽车，却说不出驾车的每个步骤，这是因为驾车已成为无须意识参与的程序性记忆。他发现自己考前突击复习课程的成绩没有经常复习课程的成绩好，这是因为分散复习的记忆效果优于集中复习。在本章中，我们将一起探究什么是记忆，记忆有哪些规律，我们为什么会遗忘以及如何提高记忆力等问题。科学探究是永无止境的，如果你学习完本章后有自己感兴趣的问题，希望你能够通过设计方案进行探索，也希望你能应用所学知识帮助自己和他人提高记忆的效果。

第一节　记忆概述

一、什么是记忆

记忆（memory）是在头脑中积累和保存个体经验的心理过程。例如，见过的美景、吃过的美食、思考过的问题、体验过的情感等，都会在你的头脑中留下不同程度的印象，其中一些印象能够保留相当长的时间。这个积累和保存经验的过程就是记忆。

运用信息加工的术语来说，记忆就是人脑对外界输入的信息进行编码、存储和提取的过程。心理学家认为，人脑的工作方式类似于计算机。计算机接收（输入）、存储、输出信息分别对应人脑记忆的编码（encoding）、存储（storage）、提取（retrieval）。

编码是获得个体经验的过程，相当于"记"的阶段。例如，当阅读这一章的内容时，你正在把书中的内容编码进入记忆中。编码有不同的方式，主要有视觉编码、听觉编码和语义编码等。

存储是把感知过的事物、体验过的情感、做过的动作等以一定的形式保持在人脑中。知识在人脑中的存储方式也叫知识的表征（representation），可以是图像，也可以是一系列概念组成的命题（proposition）。存储是编码和提取的中间环节，在记忆过程中发挥着重要作用。

提取是指从记忆中查找已有信息的过程，相当于"忆"的阶段。例如，考试时你要把平时学过的知识从记忆中提取出来。再认（recognition）和回忆（recall）是提取的基本形式。记忆的好坏通过提取表现出来，但是没有编码和存储，也就谈不上提取。总之，信息的提取与编码的程度、存储的牢固程度有着密切关系。也就是说，"记"得好，才能"忆"得好。

记忆作为一种基本的心理过程，是和其他心理活动密切相关的。例如，没有记忆的参与，你就不能分辨朋友和陌生人，不能解决问题，不能阅读和书写，也不能触景生情、睹物思人。由此可见，记忆是一种非常重要的心理活动。

记忆在个体的心理发展中发挥着重要作用。孩子要学会奔跑、跳跃和其他生存技能就必须保存动作的经验。人要发展语言和思维，就必须记住很多词汇。没有记忆，就谈不上经验的积累，也就没有心理的发展。另外，智力的发展、好习惯的养成、良好人格特质的培养，也都离不开记忆。

记忆对人类社会的发展有重要意义，在一定意义上也可以说，没有记忆和学习，就没有我们现在的人类文明。总之，记忆连接着心理活动的过去和现在，是人们学习、工作和正常生活的基本前提与保障。

二、记忆的分类

记忆可以从不同的角度进行分类。

（一）感觉记忆、短时记忆和长时记忆

心理学家根据信息保持时间的长短，

将记忆分为感觉记忆（sensory memory）、短时记忆（short-term memory）和长时记忆（long-term memory）。

当客观刺激停止作用后，感觉信息在极短的时间内被保存下来，这种记忆叫作感觉记忆，也称瞬时记忆或感觉登记（sensory register）。感觉记忆是记忆的开始阶段，持续时间为几秒。例如，当你看电影时，虽然电影胶片上是静止的画面，但是以一定的速度放映，你感觉到的就是一种连续的视觉印象，这是由于感觉记忆的存在，前后画面的映象在头脑中结合起来，从而形成连续的视觉印象。

短时记忆是感觉记忆和长时记忆的中间阶段，保持时间约 1 分钟。它的容量有限，为 7±2 个组块。编码方式以听觉形式为主，也存在视觉编码和语义编码，短时记忆的信息经过复述转入长时记忆。

长时记忆是指保持时间在 1 分钟以上的记忆。它保持的时间长，甚至终身难忘；容量没有限制；信息大部分源于对短时记忆内容的复述，也有由于印象深刻而一次获得的。

阿特金森和谢夫林（Atkinson & Shiffrin，1968）提出的记忆的三阶段模型说明了这三种记忆之间的关系。该模型认为，记忆由感觉记忆、短时记忆和长时记忆三个阶段组成，它们之间有着十分密切的联系。如图 6-1 所示，外界信息首先进入感觉记忆，其中那些引起个体注意的感觉信息会进入短时记忆，否则就会被遗忘。短时记忆一方面作为信息寄存器，用于暂时存储信息，另一方面作为加工器，通过复述把信息转入长时记忆中，而保存在长时记忆中的信息在需要时会被提取出来，进入短时记忆中。

近年来，心理学家修订了记忆的三阶段模型（见图 6-2）。修订的模型增加了自动化加工和工作记忆的概念。根据修订的记忆模型，一些信息可以经过自动化的、非注意的加工"走后门"溜入我们的长时记忆。模型还主张用工作记忆的概念代替短时记忆。工作记忆由多种成分构成，我们将在后面加以介绍。

在记忆分类方面，研究者进一步把长时记忆分为程序性记忆（procedural memory）和陈述性记忆（declarative memory）（Lum & Bleses，2012）。程序性记忆是指如何做事情的记忆，包括对知觉技能、认知技能和运动技能的记忆。这类记忆很难用语言表达出来，需要多次练习才能逐渐获得；在利用这类记忆时往往不需要意识的参与。例如，开车、打球、玩滑板车、打字、弹钢琴等都属于程序性记忆。程序

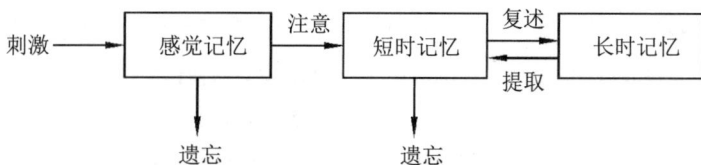

图 6-1 记忆的三阶段模型

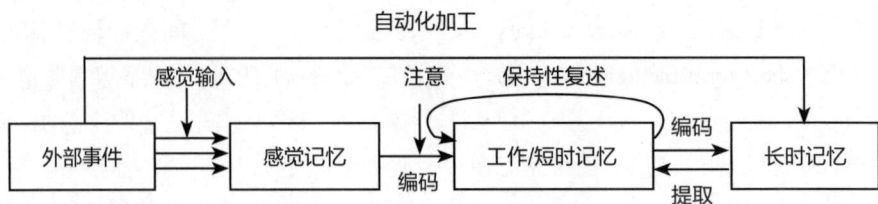

图 6-2　修订的记忆的三阶段模型

（资料来源：Myers，2013）

性记忆虽然需要多次练习才能形成，但是一旦形成，将会持续很长时间，甚至终生难忘。例如，你学会了游泳，即使多少年不游，也是不会忘记的。

陈述性记忆是指对有关事实和事件的记忆。它能够用语言表达出来，可以通过语言传授一次性获得，它的提取往往需要意识的参与。例如，我们在课堂上学习的书本知识、记住朋友的手机号码等都属于这类记忆。

图尔文（Tulving，1972）进一步将陈述性记忆分为情景记忆（episodic memory）和语义记忆（semantic memory）。

情景记忆是指对个人亲身经历的、发生在一定时间和地点的事件的记忆。这种记忆与个人的亲身经历相联系。例如，回想起与朋友一起聚餐时的情景，回想起收到大学录取通知书时的兴奋心情，回想起初恋的甜蜜，这些都是情景记忆。情景记忆与个人的亲身经历相联系，因此它是长时记忆中最为个人化的部分。正是因为情景记忆，我们才有了对初恋的美好回忆；正是因为情景记忆，我们才有了对创伤性事件刻骨铭心的记忆。

语义记忆是指人对一般知识和规律的记忆。例如，对公式、乘法口诀、法律条文、心理学的研究对象的记忆等都属于语义记忆。语义记忆像一本百科全书，你所知道的事实和概念、公式等全部都被存储在那里。语义记忆一般不会存储诸如在什么时间和地点学会某些知识的信息。

情景记忆和语义记忆都可以存储很长时间，除非事件特别重要或者事件能够引发强烈的情绪，否则，情景记忆还是比较容易被遗忘的。例如，你能够回想起半年前的今天在做什么吗？除非那天发生了重要的事件，否则你是回想不起来的。另外，情景记忆比语义记忆也更容易受到干扰。

（二）外显记忆和内隐记忆

近三十年来，记忆研究中一个引人注目的成就是将内隐记忆和外显记忆分离开来。

内隐记忆是指过去的经验对当前任务产生的无意识的影响，也称无意识记忆。早在 19 世纪后期，就有一些研究者报告了一些临床个案，说明了这种无意识记忆的存在。例如，一位遗忘症患者接受了针刺治疗，在治疗结束后，尽管她忘记了针刺治疗这件事，但拒绝和为她实施治疗的医生握手（LeDaux，1996）。类似，一位接受了电休克疗法的遗忘症患者尽管已经忘记了自己曾经受到过电击，但是当他再次看到电击仪器时，会表现出害怕的情绪。这些案例说明，尽管患者不能有意识地说出什么时候受到过针刺或者电击，但是他们对这些事件是有记忆的。在这里，过去的经验对个体现在的行为产生了影响，这种影响是无意识的，这种记忆就是无意识记忆，也就是内隐记忆。程序性记忆是内隐记忆的一种形式。自 20 世纪八九十年代开始，心理学家开始大量使用实验的方法研究内隐记忆。对内隐记忆的研究加深了人们对记忆的认识，进一步揭示了无意识对心理和行为的影响。

外显记忆是指过去的经验对当前任务产生的有意识的影响。它对行为的影响是个体能够意识到的，因此又叫有意识记忆。例如，你在英语的四、六级考试中回想一些单词的拼写、读音和意义；回想交作业的最后期限以及明天上什么课，这些都属于外显记忆。因为这些记忆都需要意识的参与。后面我们将介绍的采用再认和回忆的方法测量的记忆都是外显记忆。无论是再认还是回忆，个体都需要有意识地回想先前学过的内容。

内隐记忆和外显记忆的关系目前还存在较大的争论。两者之间的成绩存在一定的分离。例如，很久以前你学过数学公式，尽管现在写不出来了，换句话说，你不能有意识地回忆起它们（外显记忆），但是用别的测量方法可以证明，你对那些公式仍然是有记忆的（内隐记忆）。不能使用测量外显记忆的方法测量内隐记忆。

我们将在本章的第五节介绍一些内隐记忆测量的方法以及内隐记忆和外显记忆的不同。

（三）前瞻性记忆和回溯性记忆

有研究者把记忆分为前瞻性记忆（prospective memory）和回溯性记忆（retrospective memory）（Harris，1984）。前瞻性记忆是指对未来完成某项活动的记忆（Weiten，2017）。例如，记着下午上课时给同学带本书，晚上 8 点给朋友打个电话，后天该提交作业了，周末和同学一起看电影等。回溯性记忆是指对过去发生的事件或者以前学过的信息的记忆。例如，记住了自己高考的成绩，记住了老师昨天讲解的知识，记住了上周的社团活动是如何开展的等。需要说明的是，前瞻性记忆和回溯性记忆并不是两种独立的记忆系统，而是两种不同类型的记忆任务。以往记忆的研究多数集中在回溯性记忆领域，使用的实验范式和测量记忆的方法也主要是针对回溯性记忆的。

近二十年来，由于前瞻性记忆的重要性，前瞻性记忆逐渐成为研究的热点。一方面，前瞻性记忆对于人们维系正常生活具有重要的现实意义。另一方面，人们认识到前瞻性记忆的失败可能会导致非常严重的后果。例如，忘记赴约可能会导致亲密关系的受损或者商业合作的终止，忘记吃药可能会导致病情的加重，飞行员忘记执行指令可能会导致机毁人亡的后果等。由于前瞻性记忆的重要性，有关它的研究呈逐年递增的趋势，并深入心理学的各个领域，取得了一些重要成果。

前瞻性记忆的研究一般采用双任务的实验范式。在这种范式的研究中，被试要完成的首要任务通常是回溯性记忆任务，把前瞻性记忆任务插入首要任务中（Einstein & McDaniel，1990）。被试在完成回溯性记忆任务时，需要根据某一事件或者时间的线索把注意转移到将要做的事情上面，完成前瞻性记忆任务。例如，给被试呈现一系列词语，事先告诉被试要记住这些词语，记忆任务完成后进行回忆测验（首要任务），同时还告诉被试，当看到表示动物性名词的词语时需要按某个键（前瞻性记忆任务）。将按键的反应时或者正确率等指标作为测量前瞻性记忆的因变量。

研究发现，人们容易忘事，特别是当事情较多，面临较多的干扰和分心时更容易忘事；睡眠剥夺或者睡眠不足会增加前瞻性记忆失败的风险（Grundgeiger et al.，2014）；老年人在完成前瞻性记忆任务时会表现出更多的困难（Einstein et al.，1995）；提供容易辨别的事件线索可以促进前瞻性记忆（Einstein & McDaniel，1990）；频繁转换任务会增加遗忘当前任务的风险（Finstad et al.，2006）。

为防止前瞻性记忆的遗忘，可以为自己列出一个"要做的事情"的清单，并使用手机的提醒或日历的功能提醒自己完成；避免频繁转换任务，因为任务的转换会增加遗忘当前任务的风险。另外，为避免遗忘，重要的事情应该马上去做。

总之，前瞻性记忆涉及记忆、注意、计划等一系列认知过程，关于前瞻性记忆的研究对于更好地指导人们日常生活中的记忆、改善前瞻性记忆、更加全面地认识记忆具有重要价值。

三、记忆的生理机制

记忆如何存储在人脑中？人脑的哪些部位对记忆发挥着重要作用？对这些问题的研究，一方面可以揭示人脑记忆的奥秘，另一方面可以为记忆障碍患者改善记忆提供科学的依据。

一般认为，记忆存储在一个非常复杂的神经网络中，记忆的神经网络分布在不同的脑区，特别是在大脑皮层区域。当你记忆新的信息时，相关的神经网络或神经回路就会被激活；在你之后提取这些信息时，相关的神经网络就会被重新激活（Thompson，2005）。

（一）与记忆相关的神经网络

下面这些脑区的神经网络对记忆发挥着重要作用。

1. 海马和杏仁核

早期对大脑记忆功能的认识主要来自遗忘症患者。为控制一位叫 H. M. 的患者的癫痫病的恶化，医生切除了他大脑双侧的海马的一部分。手术后他看起来是正常的：记得自己的名字，保持着良好的语言能力和短时记忆能力，并记得一些手术前发生的事情。然而，他不能把短时记忆的信息转化成长时记忆。例如，他每天都和医生见面，并能和他们交谈，但就是记不住他们的名字；说过的话、做过的事转眼就忘掉了。这个案例说明了海马在短时记忆转化为长时记忆过程中的重要作用（Scoville & Milner，1957）。后来的研究发现，H. M. 能够学习一些新的技能，能够掌握这些技能，但是不知道这些技能是在哪儿学会的。这说明海马负责的是陈述性记忆的巩固，而非程序性记忆。

脑成像研究发现，伦敦的出租车司机的海马体积比公交车司机的大，而且开出租车的时间和海马的体积呈正相关（Magure et al.，2006）。这可能与伦敦街道的纵横交错、古老复杂有关，出租车司机必须记住更多的交通路线。这进一步证实了海马在记忆中的作用。

海马对空间记忆发挥着重要作用。空间记忆是有关物体的空间位置、方向等方面的记忆。例如，在水迷宫测验中（Morris, 1984），莫里斯把白鼠放到一个圆柱形的水池中，然后训练其找到隐藏在水下的平台。结果发现，白鼠能够利用环境中的空间线索找到隐藏在水下的平台。但是损伤这些白鼠的海马后，白鼠在水迷宫测验中的成绩受到了严重影响。

此外，海马在陈述性记忆的巩固方面发挥着重要作用，一旦记忆信息得以巩固，这些信息将被存储在额叶皮层（Mecklinger，2010）。

另外，杏仁核与情绪记忆特别是消极情绪的记忆有关。例如，遭受过暴力攻击的人那种挥之不去的痛苦的记忆可能与杏仁核的激活有关。杏仁核对外显记忆编码效果的影响是通过对海马的调控实现的（Hamann，2001）。

2. 前额叶

前额叶在情景记忆、工作记忆、空间记忆、时间顺序记忆以及记忆的编码、存储和提取过程中都发挥着重要作用（Gazzaniga & Heatherton，2003）。

前额叶损伤的患者分不清事件发生的前后顺序。这说明他们对时间顺序的记忆受到了破坏。

前额叶和情景记忆有关。当被试回忆有关情景记忆的问题，如"上周六你做了什么"时，前额叶的激活程度增加（Mecklinger，2010）。

前额叶还和工作记忆有关。工作记忆是对信息进行暂时存储和加工的容量有限的记忆系统。背外侧前额叶在加工和监控信息方面发挥作用，而腹侧前额叶在存储信息方面发挥作用（Wager et al.，2003）。

研究还表明，人脑左侧额叶的言语运动区受损，将造成言语记忆的缺陷，患者能记住别人的面孔，但记不住单词；相反，当右侧额叶受损后，非语言刺激的记忆会出现困难，而对言语记忆的影响不大。

（二）记忆的生物化学机制

记忆被存储在复杂的神经网络中的观点，为理解记忆的生理基础提供了宏观的框架。一些研究者进一步从神经元的微观层面揭示了记忆的生物化学机制。

坎德尔（Kandel）等人因为发现突触变化在记忆中的作用获得了 2000 年的诺贝尔生理学或医学奖。他和他的同事在一种海洋软体动物海兔（Aplysia）身上进行了一系列研究。之所以选择海兔，是因为它的神经系统比较简单，同时它的神经元较大，容易进行研究。他们在一项研究中，训练海兔形成条件反射。首先，往海兔身上喷水，使它习惯化，即不再对喷水反射性地缩回鳃（gill）。其次，在给海兔喷水的同时，施加轻微的电击，这时海兔会反射性地缩回鳃。最后，当再次往海兔身上喷水，但不施加电击时，它也反射性地缩回鳃，即形成了条件反射。

坎德尔等人观察到，当条件反射形成后，有更多的神经递质被释放到了控制鳃缩回反应的神经元间（Kandel et al.，1982）。更多神经递质的释放提高了突触传递信息的效率，增加了突触连接的强度。坎德尔等人的研究在微观层面揭示了记忆的生物化学机制，特别是突触的变化在记忆过程中的作用。

波里斯等人（Bliss & Lomo，1973）首先发现了长时程增强（long-term potentiation，LTP）现象，即短暂的高频电刺激传入后，引发兔子的海马神经元兴奋性突触后电位的振幅增大，潜伏期缩短，这种易化作用能持续几小时至 2 个月。通俗来讲，长时程增强是指传递信息的神经元和接收信息的神经元之间突触连接强度的增强，是突触传递功能可塑性的反映。突触连接强度的增加意味着神经元之间能够更加高效地传递信息。长时程增强与突触前成分释放更多的神经递质有关，也与突触后成分的反应增强有关。后续的大量研究表明，长时程增强是人类学习和记忆的神经基础（Whitlock et al.，2006）。利用长时程增强机制，海马能对新习得的信息进行持续数周的加工，并将这种信息传输到大脑皮层中一些相关部位做更长时间的存储。因此，在微观层面，长时程增强在短时记忆向长时记忆转化的过程中起关键作用。

但是长时程增强是直接负责记忆的巩固，还是通过提高唤醒水平和注意力间接影响学习过程，仍是一个有待解决的问题（Shors & Matzel，1999）。

研究进展

神经激活模式的一致性与记忆效果

有效学习和记忆需要对学习材料的有效编码与多次重复，但是重复对提高记忆效果的神经机制还不清楚。

薛等人（Xue et al.，2010）采用功能性磁共振成像方法发现，同一项目多次重复之间的神经激活模式一致性是有效学习和记忆的神经基础。

他们使用人脸和词语作为实验材料，每一个项目都重复出现四次，然后采用再认和回忆的方法，把材料分为记住的和没有记住的两种类型。首先比较记住的和没有记住的材料在神经激活模式上的差异，其次比较四次重复出现的项目在神经激活模式上的相似性。

结果发现，相对于没有记住的材料，记住的材料大脑相关区域的激活更明显；更为重要的是，记住材料的神经激活模式的相似性高于没有记住的材料神经激活模式的相似性。

这一研究结果表明，重复学习会使相同的神经表征重复激活，从而使得编码更加有效，即神经激活模式越相似，记忆效果越好。

（资料来源：Xue et al.，2010）

第二节　感觉记忆

感觉记忆是记忆的开始阶段，是对外界信息进一步加工之前的暂时登记，为下一步的加工做准备。其保持的时间非常短暂，也称瞬时记忆、感觉登记。视觉感觉记忆能保持约 1 秒，听觉感觉记忆能保持 5~10 秒。它类似于事物的快照，非常清晰，但可能很快就会被另一张快照取代。例如，闪电结束后你仍能短暂保存闪电的形象，这就是感觉记忆。

一、感觉记忆的编码和容量

感觉记忆按照刺激的物理特征进行编码，甚至能和原始刺激完全一致。它有较大的容量。感觉记忆中的信息大部分因为来不及加工而迅速消退，一部分信息由于

受到注意得到了进一步加工，从而进入短时记忆。

各种感觉均存在感觉记忆。视觉的感觉记忆也叫映象记忆（iconic memory），是指眼睛短暂保持视觉图像的过程，保持时间约为 1 秒。斯伯林（Sperling，1960）利用巧妙的实验证实了视觉感觉记忆的存在及其容量。

在一个实验中，斯伯林给被试呈现一个包含 12 个英文字母的矩阵。矩阵一共 3 行，每行 4 个字母（见图 6-3）。矩阵呈现的速度非常快，只有 50 毫秒的时间，然后让被试报告他们能够记住的字母。这种采用整体报告法（whole report procedure）的实验发现，被试平均能记住 4.3 个字母。为什么记住得这么少？斯伯林设想，在感觉记忆中所保持的信息可能比报告的多些，只是由于方法的限制未

能被检测出来，于是他设计了部分报告法（partial report procedure）进行实验。

$$
\begin{array}{cccc}
X & M & R & J \\
C & N & K & P \\
V & F & L & B
\end{array}
$$

图6-3　字母排列方式

在部分报告法中，刺激和刺激呈现的时间和整体报告法是一致的，但报告的方式有差异。具体来说，字母矩阵呈现后并不要求被试报告所有看到的字母，而是根据声音信号的提示报告其中的某一行。例如，字母矩阵呈现后如果出现了高音，那么报告第一行；如果出现了中音，那么报告第二行；如果出现了低音，那么报告第三行。即要求被试根据声音信号，报告相应一行的字母（部分报告法）。被试事先需要熟悉三种音调不同的声音，声音呈现的时间为0.5秒。由于三种声音信号的出现是随机的，被试在声音信号出现之前不知道要报告哪一行。这样就可以根据被试对某一行的回忆成绩来推断他对全部字母的记忆成绩。结果表明，当字母刺激消失后，立即给予声音信号，被试能报告的字母数平均为9.1个，这比采用整体报告法增加了一倍多。但当字母刺激消失1秒后再呈现声音信号，回忆的成绩就和整体报告法没有差别了（见图6-4）。根据实验结果，斯伯林认为，存在一种感觉记忆，它具有相当大的容量，但是保持的时间非常短暂。那么，为什么在采用整体报告法的实验中，人们平均只能报告4.3个字母？

因为报告这些字母花了时间，等报告完后，其他字母的映象已经消失了。

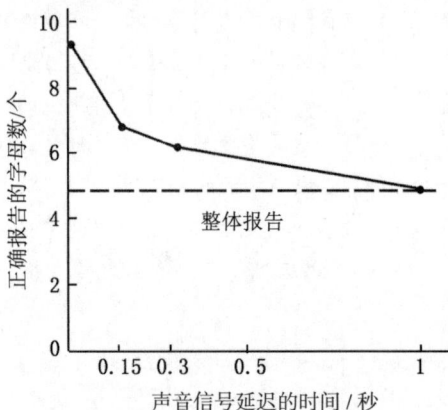

图6-4　刺激消失后各时间间隔下局部报告的保存量

（资料来源：Sperling，1960）

听觉感觉记忆也被称为声像记忆（echoic memory）或者回声存储，是指声音刺激结束后，短暂地保持声音的映象，保持时间为5~10秒（Cowan，Lichty & Grove，1990）。莫瑞（Moray，1965）的研究证明了听觉感觉记忆的存在。他模仿斯伯林的部分报告法，在一个房间的4个角放置了4个扬声器，被试坐在中间可以从4个不同的声源处听到声音，并且能区分声音发出的位置。实验时可以通过2个、3个或4个声源同时呈现1~4个字母，刺激呈现之后，要求被试根据视觉提示报告出他所听到的字母。实验也采取了整体报告法和部分报告法，结果表明，部分报告法的成绩要优于整体报告法，这说明听觉系统中存在感觉记忆。

格兰斯（Gallace，2008）对触觉感觉记忆进行了研究。他们给被试身体的7个位置随机呈现不同数量的触觉振动刺激，数量为1~6个，呈现的时间为200毫秒，7个位置上都有一个LED灯，被试前面安放的镜子使他们能清楚地看到灯的位置。实验分为两部分，在第一部分中，触觉刺激出现后，要求被试报告有几个触觉刺激，这种方法类似于视觉感觉记忆的整体报告法。在第二部分中，触觉刺激出现后，会随机有一个LED灯亮起，被试判断该位置是否出现过触觉刺激，这种方法类似于视觉感觉记忆的部分报告法。研究发现，使用整体报告法，被试最多能正确报告3个刺激，即呈现1~3个刺激时的正确报告率超过随机猜测的水平。但使用部分报告法的结果发现，当呈现的刺激在5个以内时，某一LED灯亮起处，被试报

告出现过刺激的正确率高于随机猜测的水平。当呈现的刺激为6个时，无论是整体报告还是局部报告，被试的成绩都处于随机猜测的水平。该研究证明了触觉感觉记忆的存在以及触觉感觉记忆可能的容量。对于触觉感觉记忆保持的时间，他们的研究发现，当呈现的刺激为5个时，只有延迟1秒呈现LED灯，报告的成绩才处于随机猜测的水平。但当呈现的刺激为2~4个时，只有延迟5秒呈现LED灯，报告的成绩才处于随机猜测的水平。因此，触觉感觉记忆保持的时间与刺激呈现的数量有关。

二、感觉记忆的存储

　　前面说过，感觉记忆存储的时间十

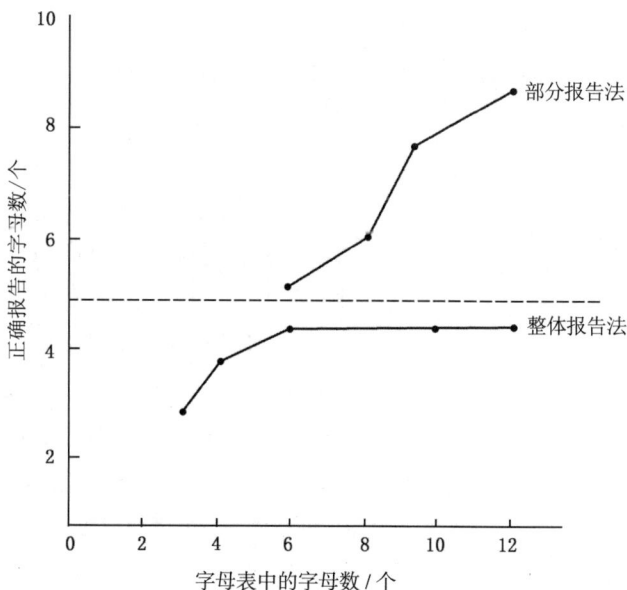

感觉记忆的容量

图6-5　部分报告法和整体报告法的比较

（资料来源：Sperling，1960）

分短暂。它是如何随时间迅速变化的呢？为了研究这个问题，斯伯林改变了刺激与声音信号之间的时间间隔。结果发现，当视觉刺激消失后立即呈现声音信号时的回忆率约为80%，当声音信号延迟到300毫秒后，回忆成绩下降到55%，当延迟超过0.5秒后，部分报告法的成绩就接近整体报告法的成绩（见图6-4）。图6-5比较了立即呈现声音信号条件下部分报告法和整体报告法的成绩。结果显示，当字母表中的字母数为6时，部分报告法和整体报告法的成绩差别不大；而当字母表中的字母数继续上升时，两者的差别就很明显了。

另外，达文等人（Darwin et al.，1972）对声像记忆的性质进行了研究，发现声像记忆的容量比图像记忆小，平均约有5个字母；声像记忆的保持时间比图像记忆长。

三、感觉记忆向短时记忆的转换

当外界刺激输入之后，它们首先进入感觉记忆。感觉记忆中只有引起个体注意的信息，才有机会进入短时记忆。相反，那些没有受到注意的信息，由于没有进入短时记忆，很快就消失了。例如，当你浏览一串长长的名单，注意到某个人的名字时，它就进入了你的短时记忆，其他没有注意到的人名很快就忘记了。

第三节　短时记忆和工作记忆

短时记忆是指保持时间一分钟以内的记忆。在记忆的三阶段模型中，短时记忆处在感觉记忆和长时记忆之间，其功能是暂时存储和加工信息，以使信息进入长时记忆。

短时记忆的存储时间非常短暂，在没有复述的情况下，信息保持15~30秒。皮特森等人（Peterson et al.，1959）在实验中要求被试记住以听觉形式呈现的3个字母，为了阻止被试进行复述，在呈现字母之后马上让被试对一个数字进行连减3的计算，直到主试发出信号再回忆刚才呈现的3个字母。结果发现，被试的回忆正确率是从字母呈现到开始回忆之间的时间间隔的递减函数（见图6-6）。当时间间隔为3秒时，被试的回忆正确率达到80%；当时间间隔延长到6秒时，回忆正确率迅速下降到55%；而时间间隔延长到18秒时，回忆正确率就只有10%了。这个实验说明短时记忆信息存储的时间很短，如果得不到复述，将会被迅速遗忘。

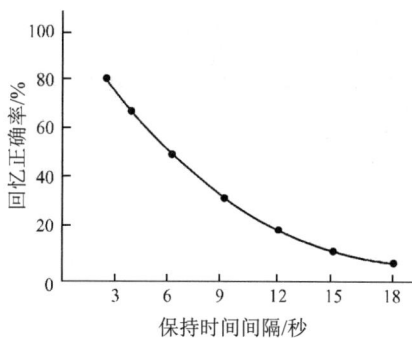

图 6-6　阻止复述后的短时记忆遗忘速率

（资料来源：Peterson，1959）

一、短时记忆的编码方式

短时记忆的编码方式可以分为听觉编码、视觉编码和语义编码。一般来说，听觉编码占主导地位，特别是对于言语材料来说更是如此。

（一）听觉编码

人们通过研究语音相似性对回忆效果的影响，证实了听觉编码方式的存在。康拉德（Conrad，1964）在研究中用视觉的形式依次呈现 B、C、P、T、V、F 等辅音字母，要求被试严格按顺序进行回忆。结果发现，在视觉呈现条件下，发音相似的字母（如 B 和 V，F 和 S）容易发生混淆，而形状相似的字母（如 E 和 F）很少发生混淆。这说明人们在记忆字母时以听觉的形式进行了编码，所以在回忆阶段才出现了音似字母的混淆错误。因此，听觉编码是短时记忆的一种编码方式。

（二）视觉编码

短时记忆中还存在视觉编码。研究者（Posner，1969）让被试判断两个字母是否是同一个字母。两个字母的呈现方式分别为同时呈现和先后呈现。两个字母的关系有两种：一种是两个字母的音和形都一样（AA），为同形关系；另一种是两个字母的音一样，而形不一样（Aa），为同音关系。结果发现，当两个字母同时呈现时，同形关系的字母反应更快；当两个字母先后间隔一两秒呈现时，同形关系和同音关系的反应时没有差异（见图 6-7）。根据实验结果，研究者认为，由于同形关系比同音关系具有形的优势，因此只有在依靠视觉编码进行的作业中才会出现这一优势。由此可以推断，在短时记忆的最初阶段存在视觉编码，之后才逐渐向听觉编码过渡。

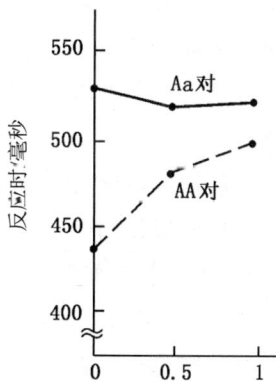

图 6-7　反应时是字母间隔时间的函数

（资料来源：Posner，1969）

（三）语义编码

短时记忆也存在语义编码。舒尔曼（Shulman，1972）在实验中首先给被试以一定的速度逐个呈现一个由 10 个词语组成的词表，之后呈现一个探测词，要求被试判断探测词是否与词表中的某个词匹配。匹配分为两种情况：一种是同一匹配，即判断探测词是否在词表中出现过；另一种是同义匹配，即判断探测词是否与词表中的某个词同义。结果发现，当做同一匹配时，如果探测词是词表中某个词的同义词，被试就更容易出现错误。例如，前面词表中出现的是"思索"这个词，被试更有可能把探测词"思考"误认为在前面词表中出现过，因为两者的意义相似。实验结果说明，在短时记忆中存在语义编码，即把刺激转换为意义存储在头脑中。

二、短时记忆的容量

短时记忆的突出特点是其容量的有限性。正常成年人的短时记忆容量为 5~9 个单元，平均为 7 个单元。心理学家米勒（Miller，1956）发表了《神奇的数字 7±2：我们信息加工能力的限制》一文，该文总结了前人使用数字、字母、单词等诸多材料所做的大量实验的结果，提出了短时记忆的容量为 7±2 个组块（chunk）。后来人们利用数字、单词、字母、几何图形等材料得到的结果都和米勒的结果一致。但采用随机图形和无意义音节作为实验材料时，由于材料无意义，且比较复杂，短时记忆的容量减小了（Cavanaugh，1972）（见表 6-1）。

表 6-1　不同类别材料的短时记忆容量

不同类别材料	短时记忆容量
数字	7.70
颜色	7.10
字母	6.35
单词	5.50
几何图形	5.30
随机图形	3.80
无意义音节	3.40

下面你可以亲自体会一下短时记忆容量的有限性。请你以每秒一个的速度阅读下面的数字，读完一行后按照顺序回忆，检查能够记住哪一行数字。

5 8 9 5 3 6
4 9 0 2 9 3 7 1 5
3 8 4 0 1 9 4 8 2 3 7 4 8 2 7

组块是指一个有意义的信息单元（Anderson，1996）。组块的大小随个人知识经验的不同而有所不同，它既可以是一个数字、一个字母，也可以是几个数字、几个字母。因此，我们可以利用已有的知识经验，通过扩大每个组块的信息量来达到增加短时记忆容量的目的。例如，数字 1、9、1、9、5、4，熟悉中国近代史的人可以把它们看作一个组块 191954，即五四运动爆发的时间；而不熟悉中国近代史的人则可能把一个数字看作一个组块。又如 CCTV，我们可以把四个字母看作一个组块，而不是把一个字母看作一个组块。

蔡斯和西蒙（Chase & Simon，1973）

对象棋大师、一级棋手与业余新手对棋局的记忆能力进行了研究。结果发现，对一个随机摆放的棋局，象棋大师、一级棋手和业余新手的回忆正确率没有差别；而对一个真实的棋局，象棋大师的回忆正确率为 64%，一级棋手为 34%，业余新手只有 18%。研究者认为，之所以产生这种差别，是因为在真实的棋局中，高水平的象棋大师和一级棋手可以利用丰富的经验发现与建立棋子之间的关系，形成组块，而在随机摆放的棋局中，象棋大师的经验就很难发挥作用了。由此可见，个体的知识经验对组块有着很重要的影响。

总之，短时记忆的容量是有限的，它就像一个小型的书架，容纳不了太多的书籍。我们可以通过增加每个组块信息量的方法扩大短时记忆的容量。

三、短时记忆信息的存储和遗忘

（一）复述

复述（rehearsal）是短时记忆信息存储的有效方法。对信息的复述，一方面可以使信息保持在短时记忆中，另一方面能够使信息进入长时记忆。复述分为两种：一种是机械复述或保持性复述（maintenance rehearsal）；另一种是精细复述（elaborative rehearsal）。机械复述是指将信息不断地简单重复。这种复述的方法尽管也能使信息进入长时记忆，如你通过不断地背诵记住了某个公式，但是，一般来说，简单的机械复述并不能产生非常好的记忆效果。例如，克瑞科和沃金斯（Craik & Wathins，1973）的研究让被试听若干个单词，并要求被试记住其中最后一个以某个特定字母（如 K）开头的单词。在单词系列中，有几个以 K 开头的单词，但实验只要求被试记住最后一个以 K 开头的单词，因此当被试听到下一个以 K 开头的单词时，就可以放弃前面的那个以 K 开头的单词了。由于在这些以 K 开头的单词之间间隔的单词数不等，因此每个以 K 开头的单词得到复述的机会是不等的。实验结束后，研究者出其不意地要求被试回忆所有以 K 开头的单词，结果发现，这些以 K 开头的单词的回忆成绩并没有差异。实验结果说明，简单的机械复述并不能导致好的记忆效果，即死记硬背的东西容易被忘掉。

精细复述是指把短时记忆中的信息和已有的知识经验联系起来进行复述，它是存储信息最有效的方法。蔡斯等人（Chase & Ericsson，1981）曾报道了一个关于 B. F. 的个案，他可以回忆 80 个数字。B. F. 原来是一名长跑运动员，他记忆数字时，把那些随机数字组成各种长跑距离所需要的时间来记。例如，他把"3，4，9，2，5，6，1，4，9，3，5"记作"3分49秒2——跑1英里，56分14秒——跑 10 英里，9 分 35 秒——慢跑 2 英里"，这样他通过和长时记忆建立联系的方法，将无意义的随机数字转化成有意义的、便于记忆的组块，因而大大提高了记忆的成绩。这个案例说明，精细复述是短时记忆转换为长时记忆更为有效的复述策略。

在精细复述时，要尽量把记忆的材料

和长时记忆中的知识经验建立联系，也可以给那些要记忆的数字、字母等信息人为地赋以一定的意义。例如，525可以根据数字的谐音记忆为"我爱我"；你可以人为地赋予银行卡或者网银的账户和密码一定的意义以帮助你记忆。通过精细复述，信息才能更好地转入长时记忆中。在平时记忆时，要尽量采用精细复述的形式把学习的知识和已有的知识经验联系起来。例如，记忆一个概念时哪怕是简单地举出一个例子帮助你记忆，也比机械地不断背诵这个概念的记忆效果要好。

（二）短时记忆的遗忘——干扰还是消退

短时记忆的信息在得不到复述的情况下会很快被遗忘。那么是什么原因导致了短时记忆的遗忘呢？一种观点认为，短时记忆的遗忘是由于记忆痕迹的自然消退，即记忆痕迹没有得到巩固，随着时间的推移自然消退了；另一种观点则认为，遗忘是短时记忆中的信息受到其他无关信息的干扰造成的，记忆痕迹并没有消退。沃和诺尔曼（Waugh & Norman，1965）利用一个设计巧妙的实验将"消退"和"干扰"这两个因素分离开来。

他们让被试听由若干个数字组成的数字序列，在数字序列呈现后，伴随着一个声音信号呈现一个探测数字，这个探测数字曾经在前面出现过一次。被试的任务就是回忆在探测数字后边是什么数字。从回忆数字到探测数字之间是间隔数字，呈现这些间隔数字所需的时间为间隔时间。在实验中，他们采用了两种速度来呈现数字：一种是快速的，每秒4个；另一种是慢速的，每秒1个。这样，就可以在间隔数字不变的情况下改变间隔时间，从而把信息保存时间和干扰信息这两种因素分离开来。结果发现，在快、慢两种呈现速度下，被试的回忆正确率都随间隔数字的增加而降低，而不受间隔时间的影响（见图6-8）。这一研究结果支持了干扰说，说明短时记忆的遗忘主要是由干扰引起的。尽管如此，许多研究者认为，记忆痕迹的消退在短时记忆的遗忘中也是发挥作用的（Altmann & Schunn，2002）。

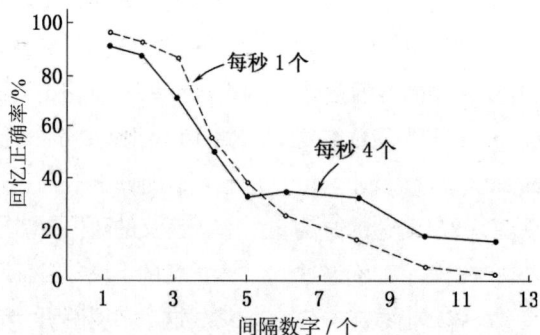

图6-8 干扰项目数量对短时记忆信息保持的影响

（资料来源：Waugh & Norman，1965）

四、工作记忆

自 20 世纪 70 年代以来，巴德利等人主张用工作记忆（working memory）的概念扩展短时记忆的概念（Baddeley & Hitch，1974；Baddeley，1986；Baddeley，2000），并提出了工作记忆的理论模型。

在阿特金森和谢夫林（Atkinson & Shiffrin，1968）提出的记忆的三阶段模型中，外界信息首先进入感觉记忆，其次进入短时记忆。短时记忆既是信息暂时寄存器，也是信息加工器，即短时记忆作为一个单一的记忆系统既负责存储信息，也负责加工信息，最后信息进入长时记忆。但是记忆的三阶段模型遇到了一些无法解释的问题。首先，有研究发现，短时记忆受损的患者在学习、理解等方面并没有什么问题。根据记忆的三阶段模型的观点，短时记忆受损必然会影响信息进入长时记忆，因此与长时记忆相关的学习和理解活动也会受到影响。其次，如果短时记忆既负责存储信息，也负责加工信息，那么，短时记忆出现问题，如短时记忆的存储空间被占用，被试完成推理等复杂的认知活动就会受到消极的影响。这就好像一个生产车间，原材料把车间堆满了，就难以腾出空间加工生产了。但巴德利等人的研究发现，事实并非如此。例如，他们在一项研究中，让被试在记住 0~8 个数字的同时，完成语言推理的任务（例如，阅读句子"B does not follow A"，然后判断 A → B 是否正确）。结果发现，随着记忆负荷量的增加，被试完成推理任务的反应时增加，但是推理的正确率并没有受到记忆负荷量大小的影响。为了更好地解释这些现象，巴德利等人提出了工作记忆的理论模型，用于强调工作记忆在复杂认知加工中的作用。

工作记忆是指对信息进行暂时存储和加工的容量有限的记忆系统。例如，要完成口算任务 $2 \times 4 \times 5 \times 6$，你首先必须记住 2×4 等于 8；接着还必须记住 8×5 等于 40，这样才能顺利进行下一步的计算，这里 8 和 40 就被存储在工作记忆中。假如工作记忆出了问题，记不住 8 和 40，就不可能计算成功。从这个例子中可以看出，工作记忆是一种当前工作状态的记忆，想短暂地存储当前的信息，还要对这些信息进行加工。工作记忆保持信息的时间通常是 20~30 秒。工作记忆为复杂的认知活动提供空间，用于存储和加工信息，从而保证复杂的认知活动的完成。

（一）工作记忆的成分及其各自的功能

巴德利等人认为，工作记忆不是一种单一的成分，而是由多种成分组成的。在他们最初提出的工作记忆模型中，工作记忆包括语音环路（phonological loop）、视觉空间模板（visual-spatial sketchpad）和中央执行系统（central executive system）三种成分（Baddeley & Hitch，1974）。后来巴德利对三成分模型进行了修订（2000），增加了情景缓冲器（episodic buffer）这一成分。因此，工作记忆包括四种成分（见图 6-9），不同的成分具有不同的功能。

语音环路用于存储和加工以语音或者

声音为基础的信息。例如，阅读课文、听他人讲话等都涉及语音环路。语音环路由语音存储和发音复述（articulatory rehearsal）两个部分组成。语音存储保存语音的信息，保持时间非常短，大约两秒就会消退。发音复述有两个功能：一是通过默读复述使语音信息保持下来；二是把视觉形式的信息转化为语音信息，从而使其进入语音存储。

许多实验支持语音环路成分的存在。例如，康拉德等人（Conrad et al.，1964）发现了语音类似性效应，即对语音类似的刺激，回忆的效果差，证明了语音环路的存在。由于语音环路保存的是语音信息，语音相似的刺激容易被混淆，因此回忆的效果差。词长效应则证明了发音复述过程的存在。例如，当词长从1个音节增加到5个音节时，记忆的成绩降低了。由于词长增加，发音就长，复述花费的时间也相应增长。因此，在给定的时间内复述的次数会减少，回忆量也会减小。

视觉空间模板用于存储和加工视觉与空间信息。信息可以直接进入视觉空间模板，也可以以表象的方式进入视觉空间模板。例如，看到墙上的一幅画，这幅画就直接进入了视觉空间模板。如果你闭上眼睛，从记忆中产生这幅画的表象，那么这一信息是间接进入视觉空间模板的。

情景缓冲器用于存储来自语音环路和视觉空间模板与长时记忆中的信息，这些信息既可以是单维度的（如视觉的信息），也可以是多维度结合的信息（如视觉、语音结合的信息），它为不同信息间的相互作用提供了一个界面（interface）。总之，情景缓冲器作为一个容量有限的存储系统，允许来自不同渠道的信息在这里合并，并暂时性地存储这些信息，以备中央执行系统使用。

中央执行系统是一个注意资源有限的控制系统，是工作记忆中的重要成分。它的功能主要有：协调语音环路、视觉空间模板和情景缓冲器的活动，负责加工由上面三种成分和长时记忆传入的信息，负责注意资源的分配、选择性的注意以及在不

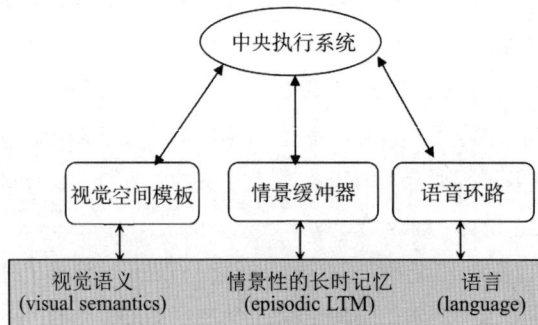

图6-9　工作记忆的理论模型

注：图中阴影的部分代表长时记忆中的知识；双箭头直线代表把两者连接在一起。

（资料来源：Baddeley，2000）

同的任务中进行转换等。

工作记忆和短时记忆不同。首先，在阿特金森和谢夫林（Atkinson & Shiffrin，1968）的记忆的三阶段模型中，短时记忆是一种单一的成分，既用来存储信息，也用来加工信息。而工作记忆是由不同成分构成的，语音环路、视觉空间模板和情景缓冲器各有不同的功能，中央执行系统负责协调三种成分的关系，加工由上面三种成分和长时记忆传入的信息源等。工作记忆和短时记忆的这一差异就可以解释，短时记忆受损的患者为什么在学习和理解等方面并没有什么问题。这是因为这种患者的记忆存储功能虽然受损，但学习和理解等方面的功能仍可依靠中央执行系统来完成，中央执行系统可以使用长时记忆中的信息完成学习和理解等认知活动。又如，为什么被试在记住多个数字的同时，还能完成推理任务。这是因为记住数字主要是由语音环路来完成的，而推理任务主要是由中央执行系统来完成的，因此，在记住多个数字的同时依然可以完成推理任务。

其次，和短时记忆相比，工作记忆是一个更加主动的过程，负责注意资源的分配，协调各成分之间的关系，和长时记忆相连，并能处理由长时记忆传入的信息，强调对信息的加工过程。

最后，工作记忆强调其功能，为复杂的认知活动提供空间，强调其在复杂的认知活动中的作用，而短时记忆强调对信息的短时存储。

需要说明的是，虽然后来巴德利（2000）增加了情景缓冲器这一成分，但对这一成分的研究比较少。一些书中仍沿用最初的三成分模型。

（二）工作记忆在高级认知活动中的作用

大量研究表明，工作记忆在许多高级认知活动中，如问题解决、空间认知、语言习得和加工等方面，发挥着重要作用，是人类高级认知活动的基础。

研究发现，语音环路能促进语言的理解。因为语言理解是一个过程，不管是阅读理解还是口语理解，都需要在语音环路中保持前面读过或者听到的信息才能形成完整的意义。如果在阅读的同时给被试附加一个发音的任务，阻止使用语音环路对阅读的内容进行复述，阅读理解的成绩就会受到不利的影响。例如，你一边阅读本书，一边不断地说"可口可乐"，想想看是否会影响你的理解。语音环路在词汇习得方面发挥着非常重要的作用。例如，语音环路受损（不能很好地复述语音信息）的患者在学习新词或者非词（nonword）时会表现出困难（Baddeley et al., 1998; Gathercole et al., 1992），儿童使用语音回路进行发音复述的能力能够预测其母语或二语的词汇量以及词汇习得速度等（Nicolay & Poncelet, 2013）。

中央执行系统负责接收和加工由其他成分传入的信息，协调各成分之间的关系；接收和加工由长时记忆传入的信息；选择性注意那些需要注意的事物；在不同的任务中进行注意的分配和注意的转换；抑制无关的信息等。来自脑损伤患者的研究表明，中央执行系统的功能主要是由前额叶来完成的，而前额叶受损的患者难以修正语言理解的错误，不能很好地理解句法歧义句（Novick et al.，2009；Vuong & Martin，2015）。这些研究都说明了中央执行系统在语言理解中的重要作用。

工作记忆容量的测量

（三）工作记忆容量的测量方法

工作记忆容量有很多不同的测量方法，下面介绍两种方法。

1. 阅读广度测验

阅读广度测验最早是由德纳曼等人编制的（Daneman & Carpenter，1980）。测验时，给被试呈现不同数量的句子，要求被试认真阅读，并记住每个句子的尾词。一般来说，最少 2 个句子为一组，最多 6 个句子为一组，每组都有 5 套句子，共有 100 个句子。测试从 2 个句子组开始，逐渐增加，直至 6 个句子组。一组句子呈现完毕后，首先会呈现一个判断句，要求被试判断句子的意思是否与刚才呈现过的某个句子的意思一致，然后按句子呈现的顺序回忆尾词。根据回忆尾词的总数计算工作记忆的容量。

2. 操作广度测验

操作广度测验要求被试在完成数学

人物介绍

巴德利

巴德利（Alan Baddeley）（见图 6-10），英国心理学家。1962 年获剑桥大学博士学位。曾任苏格兰斯特灵大学、剑桥大学和英国布里斯托尔大学教授，现为英国约克大学教授。曾获美国心理学会颁发的杰出科学贡献奖。

巴德利对心理学的突出贡献表现在，他和他的同事希契于 1974 年提出了著名的工作记忆模型。他们认为工作记忆包括语音环路、视觉空间模板、中央执行系统三种不同的成分。2000 年，巴德利修订了原来的模型，增加了情景缓冲器这一成分。工作

图 6-10　巴德利

记忆模型解释了许多有关信息短暂存储和加工方面的研究结果。多年来研究者一直将工作记忆作为关注的热点问题，取得了非常重要的研究成果。巴德利还参与了一些神经心理测验量表的编制，如儿童非词重复测验、自传体式记忆的测验及语言加工速度和容量的测验。

巴德利发表了大量的学术论文，出版了有影响的学术著作。主要著作有《记忆障碍手册》《工作记忆、思维和行动》《记忆》等。

运算题的同时，记住字母（Unsworth et al.，2005）。例如，计算机屏幕上呈现："（1+3）×2 = ？"的算式要求被试计算，计算完成后点击鼠标进入答案确认页面，屏幕上出现一个数字，如"8"，以及"正确"和"错误"选项。被试选择完成后，出现一个字母要求被试记忆，如此反复进行下去。实验材料最少 3 个运算题一组，最多 7 个运算题一组。每组有 3 套运算题，总共有 75 道运算题和 75 个字母。根据回忆字母的总数计算工作记忆的容量。

第四节 长时记忆

长时记忆是指保持时间一分钟以上的记忆。保持时间可以是几小时、几周、几月，甚至终生难忘。长时记忆存储着我们所有的知识经验，存储着经历的喜怒哀乐、悲欢离合，存储着我们的过去和现在，为心理活动提供了必要的知识基础。长时记忆的容量没有限制。信息的来源大部分是对短时记忆内容的加工，也有由于印象深刻而一次性获得的。

长时记忆中的信息是有组织的知识系统。这种有组织的知识系统对学习和行为决策有重要意义。它能使人有效地对新信息进行编码，以便更好地记忆，也能使人迅速有效地从头脑中提取有用的信息，以解决问题。例如，我们理解语言和解决问题等，都需要提取头脑中各种有关的信息。知识系统的组织程度不同，提取的速度不同，语言理解和问题解决的速度也就不同。

一、长时记忆的编码

研究表明，长时记忆主要是语义编码，即把信息转换成意义存储在人脑中。

例如，一项实验中先让被试学习 41 个单词，5 分钟后进行再认测验。在再认测验中，有 9 个词是学过的词的同义词，9 个词与学过的词没有语义上的联系。结果发现，被试更容易把同义词误认为是前面学过的词。这说明人们在编码时更多利用了单词的意义信息（Gross & Eagle，1970），即采用了语义编码的方式。

为了进一步理解长时记忆的语义编码，请你讲一个故事给你的朋友听，一天后让他讲给你听。分析一下，他讲的故事有什么特点。可能的结果是，他记住了故事的大概意思，却忽略了很多细节。这也说明长时记忆主要采用的是语义编码。需要提醒的是，长时记忆除了语义编码之外，还存在视觉编码和听觉编码。

编码效果受许多因素的影响，如觉醒状态和加工深度等。觉醒状态即大脑皮层的兴奋水平，直接影响记忆编码的效果。

大量研究表明，在剥夺睡眠或者睡眠不足及个体觉醒水平低的情况下，记忆的成绩会下降。加工深度也是影响编码效果的另一重要因素。例如，一项研究中将被试分为两组：第一组被试要记住一些"主—谓—宾"结构的句子；第二组被试要用句子中的主语和宾语另造句子。测验时给被试呈现主语，要求回忆宾语。结果表明，第一组的回忆正确率为 29%，第二组的回忆正确率为 58%。这是因为第二组被试的句子是自己编造的，他们对句子的主—谓—宾关系做了较深入的分析，对材料的加工深度比第一组被试要深，因而记忆的效果好。在学习过程中，把新的信息纳入已有的知识框架；把材料归类，形成一定的组织系统；将无意义的信息人为地赋予一定的意义，这些方式都可以增加对信息的加工深度，因此有助于长时记忆。

二、长时记忆中信息存储的动态变化

长时记忆中信息的存储是一个动态变化的过程。在存储阶段，保持的经验会发生变化。这种变化表现在量和质两个方面。在量的方面，存储信息的数量随着时间的推移逐渐减少。这是由于一些信息，特别是一些不重要的信息随着时间的推移被遗忘了。在质的方面，由于每个人的知识经验不同，对当前信息或者事件的记忆会受到个体先前的知识经验和事后接触到的信息等因素的影响，记忆的内容可能会出现质的变化。这些变化表现在：①内容

变得简略和概括，不重要的细节将趋于消失；②内容变得更加完整、合理和有意义；③内容变得更加具体，或者更加夸张和突出；④内容出现错误。

巴特利特（Bartlett, 1932）的研究（见图 6-11）说明了这种变化。他给第一个被试呈现一张图片，要求第一个被试根据自己的记忆画出来，然后把画出来的这张图片交给第二个被试看，并让第二个被试根据自己的记忆画下来，再交给第三个被试……这样依次进行下去，直到第 18 个被试。这时，被试凭借自己的记忆所画出的图片与原图片相比发生了很大变化。

图 6-11　记忆过程中图形的变化
（资料来源：Bartlett, 1932）

后来，大量的研究发现，人们会发生错误记忆（false memory）或者记忆错觉（memory illusion），表现为人们对过去事件的报告与事实出现严重的偏离（Roediger, 1996），或者人们记住了根本没有发生过的事情。

巴特利特（Bartlett, 1932）最早通

过实验对错觉记忆进行研究。例如，在一个实验中，他给剑桥大学的本科生看一篇北美的民间故事，然后让他们间隔不同的时间进行回忆。结果发现，被试对一些内容的回忆发生了变化，如省略了原故事的一些细节，使故事情节变得更加合理，回忆出的故事内容更加符合自己的文化背景等。该研究结果说明，个体先前的知识经验会影响对新信息的记忆。这种知识经验的作用有可能使个体对新信息的记忆出现错误。

心理学家洛夫特斯等人（Loftus & Palmer，1974）对目击者的记忆进行了大量研究，发现目击者的记忆容易受到提问方式、事后接触到的信息等多种因素的影响，目击者的记忆并不完全可靠。这些研究同样说明了错误记忆的存在。

洛夫特斯等人在研究中，让被试观看相同的交通事故的电影片段，然后把被试随机分组，询问他们与电影片段相关的问题。问第一组被试，"两车撞毁时，车速是多少"；问第二组被试，"两车相撞时，车速是多少"。提问中只有"撞毁"和"相撞"一词的差别。结果发现，第一组被试对车速的判断平均为 65 千米 / 小时，第二组被试对车速的判断平均为 55 千米 / 小时。一周后，请被试回忆在上次观看的电影片段中，车窗玻璃是否被撞碎了。事实上，电影片段中车窗玻璃并没有被撞碎。结果发现，以"撞毁"字眼被提问的被试更多地回忆车窗玻璃被撞碎了。这一研究说明目击者的回答受到了他人提问方式的影响，并非完全真实可靠的（Loftus & Palmer，1974）。

在另一项研究中，被试观看一段与一辆白色跑车有关的交通事故的短片，然后回答一些问题。对于其中一半被试，问题是"白色跑车行驶在乡间道路上，它经过谷仓时的速度有多快"；对于另一半被试，问题是"白色跑车行驶在乡间道路上的速度有多快"。一周后，让被试回答一些问题。其中一个问题是"你是否在上次交通事故的短片中看见一个谷仓"，事实上，在交通事故的短片中并没有出现谷仓。但回答前一轮提到谷仓的问题的被试更多地回答"是"。这说明目击者的回答还受到了提问中错误信息的干扰，并非完全真实可靠的（Loftus，1975）。后来，大量研究发现了记忆的错误信息效应（misinformation effect），即我们的记忆容易受误导性信息的影响而出错，误导性信息越多，记忆出错的可能性就越大。而且这种错误信息效应很强大，能够影响人们之后对某事物的态度和行为（Bernstein & Loftus，2009）。

洛夫特斯等人的研究说明，个体事后接触到的信息会影响个体对先前发生事件的记忆。由于这种事后信息的影响，目击者的回答并非完全真实可靠的，因此案件庭审需要综合考虑其他物证。这些研究对司法实践产生了深远影响。

现在，DRM 范式（DRM 是 Deese、Roediger、McDermott 三个人名首字母的缩写）是研究错误记忆的常用范式。在这种范式中，记忆包括学习和测验两个阶段。在学习阶段学习一些语义相关的词

普通
心理学

洛夫特斯

洛夫特斯（Elizabeth Loftus）（见图 6-12），美国心理学家。1970 年获斯坦福大学博士学位。任华盛顿大学、加利福尼亚大学尔湾分校等大学教授。2003 年获得美国心理学会颁发的杰出心理科学应用奖，2009 年获得美国心理学—法学联合会（American Psychology-Law Society）颁发的心理学—法学杰出贡献奖。世界多所大学授予其名誉博士学位，是 20 世纪最有影响力的心理学家之一。

图 6-12　洛夫特斯

洛夫特斯对心理学的突出贡献表现在，她和她的同事对目击者的记忆进行了大量研究。她的研究发现，目击者的记忆受到提问方式的影响，不一定是对事件真实准确的回忆。进一步研究发现，目击者的记忆会受到问题中错误信息的影响，即错误地提供一定的信息会影响目击者对事件的记忆。这些研究说明，记忆是一个建构的过程，受很多因素的影响。20 世纪 90 年代后，她的研究进一步发现，错误记忆可以被植入，即可以人为地诱导出一些错误记忆来。

洛夫特斯等人的研究极大地推动了心理学知识的应用。她运用自己的研究成果，探讨司法程序中目击证人证词的可信度，培训美国法律从业人员，参与美国多个司法案例的庭审工作，她的研究紧密联系社会实际，对司法公正产生了深远影响，对心理治疗领域治疗师如何对待来访者恢复的记忆（recovered memory）也产生了重要影响。

洛夫特斯发表了大量的学术论文和著作。主要著作有《目击者的证词》《被压抑记忆的虚构性》等。

语，如飞机、大炮、坦克等与武器相关的词语，在测验阶段进行回忆或者再认。结果发现，与上述词语存在意义关系的关键诱饵词（如子弹），尽管在学习阶段没有出现过，但很容易错误地认为出现过。这是因为在学习阶段学习的词语直接激活了意义相关但未出现在学习词表中的词语，这是一个自动化的过程，人们觉察不到。因此，到了测验阶段，这些被激活的词语很容易被错误地再认或者回忆为前面出现过的词语。罗德格等人（Roediger & McDermott，1995）的研究发现，关键诱饵词的错误回忆率可达到 40%。

总之,错误记忆的研究说明记忆是一个动态的建构过程。对当前信息或者事件的记忆会受到个体先前的知识经验和事后接触到的信息等因素的影响。在记忆建构的过程中,新旧信息发生了整合,因此可能导致记忆的错误。

三、长时记忆的信息提取

长时记忆的信息提取有两种基本形式,即再认(recognition)和回忆(recall)。

(一)再认

再认是指人们当感知过、思考过或体验过的事物再度呈现时,仍能认识的心理过程。例如,好友重逢,一眼就认出了对方;旧地重游,处处有熟悉之感。

再认的效果随再认的时间间隔而变化。从学习到再认的间隔时间越长,效果越差。谢波德(Shepard,1978)给被试依次呈现 612 张图片,让被试学习,然后从这些图片中选出 68 张,并与从未学习过的图片混在一起,进行再认测验。时间间隔为 1 小时、2 小时、3 天、7 天,直至 12 天。结果表明,间隔 2 小时的再认成绩最好。再认效果随时间的延长而逐渐下降,如图 6-13 所示。

再认有时会出现错误,对熟悉的事物不能再认或认错对象。引起错误的原因有很多,如记忆痕迹不巩固,受到刺激的干扰,情绪紧张等。脑损伤也能引起再认错误,如各种不识症等。

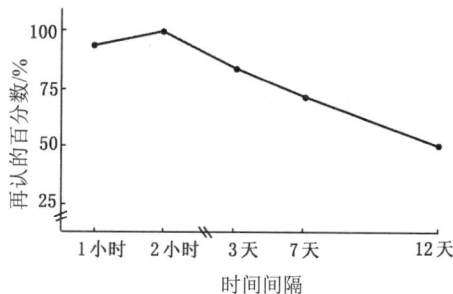

图 6-13 时间间隔对再认的影响

(资料来源:Shepard,1978)

有人认为,再认基于两个方面的信息:一是基于对刺激的熟悉感(familiarity-based recognition);二是基于对刺激的回想(recolletion)(Yonelinas,2002)。熟悉感是一种快速的、自动化的过程,根据当前的刺激和前面呈现的刺激的类似性做判断,对特定刺激没有真实的记忆细节,只是感觉似曾相识;回想则是一种相对较慢、需要注意参与的过程,能够回想出刺激出现的情境或者特定细节等,如刺激出现在词表上的位置等。有研究证明,熟悉感和回想是再认的两种不同形式(Yonehinas,2002)。

(二)回忆

回忆是人们经历过的事物以形象或概念的形式在头脑中重新出现的过程。例如,考试时学生根据考题回忆起以前学过的知识,节日的情景使人们想起远方的亲人等。

在回忆过程中,人们经常会提取困难,这可能是由干扰引起的。例如,考试时,有人明明知道考题的答案,但是由于当时情绪紧张,一时想不起来,这种明明知道而当时又回忆不起来的现象叫"舌尖现象"（tip of tongue），即话到嘴边又说不出来。克服这种现象的简便方法是停止回忆，经过一段时间再进行回忆，这时可能就会想起来了。

再认比回忆简单、容易。这是因为对于回忆，你需要在头脑中先找到答案，然后确定其正确性；而对于再认，你只需要确定答案的正确性。例如，在完成选择题时，几个备选答案是给出的，你只需要确定一个正确的选项；但是对于简答题这类考查回忆能力的题目，你需要自己寻找问题的答案。

（三）长时记忆信息提取的线索

研究发现，情境、生理或心理状态是长时记忆重要的提取线索。所谓情境依存性记忆（context-dependent memory），是指提取信息时的情境和编码时的情境越相似，越有助于记忆的现象。情境依存性记忆也称编码特异性原则（encoding specificity principle）。例如，在一项有趣的研究中，研究者让潜水员分别在海滩和几米深的海水中学习一些单词，然后研究者对他们进行回忆测试。回忆的地点与他们学习（编码）的地点相同或者不同。结果发现，当回忆的地点与学习地点相同时，回忆的成绩更好（Godden & Baddeley，1975），如图6-14所示。在另一项研究中，研究者首先让学生记忆一系列单词，然后分别在两种地点进行回忆。一种与学习的地点相同，另一种与学习的地点不同。结果发现，回忆地点和学习

的地点相同时，回忆的效果更好（Smith et al.，1978）。这些研究结果都支持了编码特异性原则。

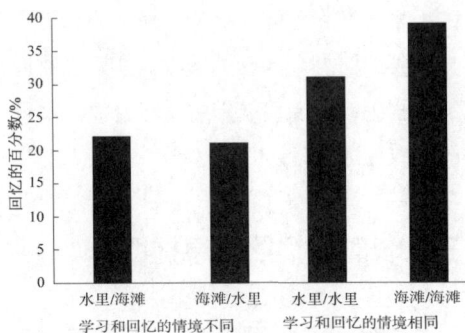

图6-14　学习和回忆时情境的相似性对记忆效果的影响

根据上面的研究结果推测，如果你在平常学习时的教室参加考试，比在陌生的地方参加考试，成绩会好些。同理，警察侦查案件时，带证人回到案发的情境中，这也有助于证人回忆当时发生的事件。之所以产生情境依存性记忆，是因为学习时的情境因素连同学习内容一起被编码进入长时记忆中，这些情境因素会成为有效的提取线索，从而帮助人们回忆学过的内容。

所谓状态依存性记忆（state-dependent memory），是指提取信息时的生理或心理状态和编码时的状态越相似，越有助于记忆的现象。例如，研究发现，在高兴状态下学习的词语，在高兴状态下回忆的成绩比在悲伤状态下好。同样，在悲伤状态下学习的词语，在悲伤状态下回忆的成绩比在高兴状态下好（Bower，1981），如图6-15所示。艾奇等人（Eich et al.，1997）在一项研究中，以躁狂—抑郁两极情绪素

乱的患者为对象进行实验。这些患者在没有明显外在原因的情况下，情绪不断在兴高采烈和抑郁间变化。结果显示，这些患者在兴高采烈时，更多回忆出高兴的事件，而在抑郁时，更多回忆出不高兴的事件。

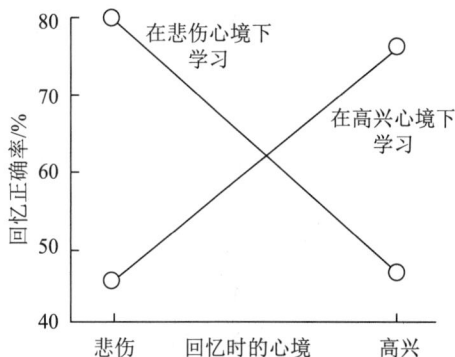

图 6-15　学习和回忆时心境的相似性对记忆效果的影响

（资料来源：Bower，1981）

同外部情境一样，学习时的生理或心理状态也会被编码进入长时记忆，这些状态作为一种提取线索能促进记忆信息的提取。

上面这些研究告诉我们，尽量在记忆编码阶段建立各种记忆的线索，如记忆的时间、地点以及记忆时的心境等，在提取时利用这些线索进行回忆，这在一定程度上会提高记忆成绩。

四、长时记忆中信息的遗忘

（一）遗忘的一般概念

记忆保持的最大变化是遗忘。遗忘和保持是矛盾的两个方面。记忆的内容不能保持或者提取时有困难就是遗忘，如识记过的事物，在一定条件下不能再认和回忆，或者再认和回忆时发生错误。遗忘有各种情况：能再认不能回忆叫不完全遗忘；不能再认也不能回忆叫完全遗忘；一时不能再认或回忆叫临时性遗忘；永久不能再认或回忆叫永久性遗忘。

（二）遗忘的进程

德国心理学家艾宾浩斯（Ebbinghaus）最早研究了遗忘的发展进程，受费希纳的《心理物理学纲要》的启发，采用实验的方法对记忆进行了研究。他采用无意义音节作为记忆材料，以自己为被试，采用重复背诵的方法对词表进行系列学习，当达到刚刚能够背诵的程度时便停止，然后间隔不同的时间再次进行学习，直到达到和第一次相同的记忆标准。

保持量的测量采用节省法，又叫重学法，即学习材料达到一定的标准后，间隔不同的时间再重新进行学习，直到达到和第一次相同的记忆标准，然后根据两次学习所用的时间或背诵次数计算节省的百分数。节省的百分数的计算公式是：

节省的百分数 =［（初学所用时间或次数 - 重学所用时间或次数）/ 初学所用时间或次数］× 100

例如，第一次学习用了 10 遍，第二次学习用了 6 遍，那么节省的百分数是（10-6）/10×100 = 40，即第二次重学比第一次学习节省了 40%，它说明了学习的效果。为了避免在间隔时间内对学过的材料进行回忆，他还在间隔时间内为自己安排了其他材料的学习任务。利用这种研究方法，艾宾浩斯检验了在不同时间间隔内遗忘量的变化趋势（见表 6-2 和图 6-16）。

从表 6-2 中可以看到，遗忘在学习之后立即开始，遗忘最初进展得很快，之后逐渐变得缓慢。例如，在学习 0.33 小时之后遗忘就达到了 41.8%，而在 744 小时之后遗忘仅达到 78.9%。根据研究，艾宾浩斯认为遗忘是时间的函数，遗忘的进程是先快后慢。他将实验的结果绘成曲线，即艾宾浩斯遗忘曲线（保持曲线）（见图 6-16）。

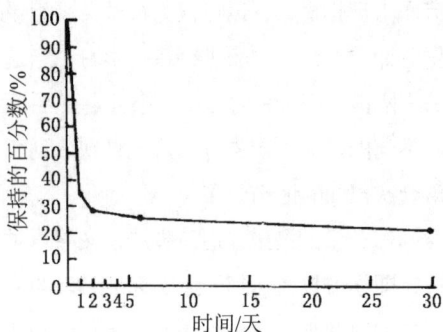

图 6-16　艾宾浩斯遗忘曲线

（资料来源：查普林，克拉威克，1983）

为什么在艾宾浩斯的研究中遗忘会发生得如此之快？这可能与下面两个因素有关：一是记忆材料没有意义；二是艾宾浩斯同时记忆了许多无意义音节词表，这些词表之间会产生相互干扰。

后来人们用有意义的材料作为实验材料进行研究，结果发现，遗忘趋势和艾宾浩斯遗忘曲线相同，但保持量要高一些。

遗忘的进程不仅受时间因素的影响，而且受其他因素的影响，主要有以下几个方面。

1. 识记材料的性质与数量

在一般情况下，对形象的材料比对抽象的材料遗忘得慢；对有意义的材料比对无意义的材料遗忘得慢；记忆有韵律的材料比记忆无韵律的材料效果好；在学习程度相同的情况下，识记的材料越多，忘得越快。

2. 学习的程度

一般认为，对材料的识记没有一次能达到准确背诵的程度，被称为低度学习；如果达到恰能背诵之后还继续学习一

表 6-2　不同时间间隔条件下保持的百分数

次序	时距 / 小时	保持的百分数 /%	遗忘的百分数 /%
1	0.33	58.2	41.8
2	1	44.2	55.8
3	8.8	35.8	64.2
4	24	33.7	66.3
5	48	27.8	72.2
6	144	25.4	74.6
7	744	21.1	78.9

艾宾浩斯

　　艾宾浩斯（Hermann Ebbinghaus，1850—1909）（见图6-17），德国心理学家。1873年获得哲学博士学位，曾先后在德国柏林大学、布雷斯劳大学工作，1905年后任职于哈雷大学。

　　1885年，艾宾浩斯出版了《记忆》一书，系统地总结了他在记忆领域的一系列开创性的研究成果。在研究中，为了选择难度相等的材料，并避开过去经验对记忆保持量的干扰，他采用无意义音节作为记忆材料。无意义音节由两个辅音中间加一个元音构成，如 SOD、TEB 和 WUX，这样辅音、元音组合后得到了 2000 多个无意义音节。他以自己为被试，采用重复记忆的方法对一系列词表进行学习，当达到恰能一次背诵的程度时便停止。然后间隔 20 分钟、1 小时、2 小时等不同的时间再次学习该词表，直到达到和前一次相同的记忆程度，并测量记忆的保持量。经过研究，他绘制了记忆的遗忘曲线。艾宾浩斯还比较了学习材料的不同长度对学习速度的影响，以及集中学习和分散学习的效果。

　　艾宾浩斯对记忆的研究是一种开创性的工作，使记忆这种复杂的心理现象得到了数量化研究，这大大促进了记忆心理学的发展，具有历史性意义。

　　1902年和1908年，他还分别出版了《心理学原理》和《心理学纲要》。

图6-17　艾宾浩斯

段时间，被称为过度学习。实验证明，低度学习的材料容易被遗忘，而过度学习的材料比恰能背诵的材料记忆效果要好。当然，过度学习有一定的限度，花费在过度学习上的时间太多，会造成精力与时间的浪费。

3. 识记材料的系列位置

　　学习阶段材料的呈现顺序对记忆效果有重要影响。在一项实验中，研究者要求被试学习 32 个单词的词表，并在学习后进行回忆，回忆时可以不按原来的先后顺序。结果发现，最后呈现的词最先回忆起来，其次是最先呈现的，而最后回忆起来的是词表的中间部分。在回忆正确率上，最后呈现的词最高，其次是最先呈现的词，中间部分最低。这种学习材料出现的位置影响记忆效果的现象叫系列位置效应（serial position effect）。最后呈现的材料最易回忆，叫近因效应；最先呈现的材料较易回忆，叫首因效应。系列位置曲线（见

图 6-18）中间的部分被称为渐进线，这部分材料的回忆成绩最差。记忆的系列位置效应已被许多实验证实。该效应提示我们，在学习知识的过程中，要对材料的中间部分加强学习。这是因为中间位置的信息容易受到前后信息的干扰发生遗忘。

4. 识记者的态度

识记者是否想记住以及识记材料的重要性、趣味性等，对遗忘的快慢也有一定的影响。一般来说，识记者想记住的材料更容易被记住，重要的、有趣的材料也更容易被记住。

（三）遗忘的原因

对遗忘的原因，有各种不同的看法，归纳起来有以下四种。

1. 衰退说

衰退说认为，遗忘是记忆痕迹得不到强化而逐渐减弱，以致最后消退的结果。

在感觉记忆和短时记忆的情况下，未经注意或重复的学习材料可能由于记忆痕迹的消退而被遗忘。但衰退说很难用实验证实，因为在一段时间内保持量的下降，可能是其他材料的干扰造成的。有研究证明，即使在短时记忆的情况下，干扰也是造成遗忘的重要原因（Waugh & Norman，1965）。

2. 干扰说

干扰说认为，遗忘是在学习和回忆之间受到其他刺激的干扰所致的。一旦干扰被排除，记忆就能恢复。干扰说可用前摄抑制（proactive inhibition）和倒摄抑制（retroactive inhibition）来说明。

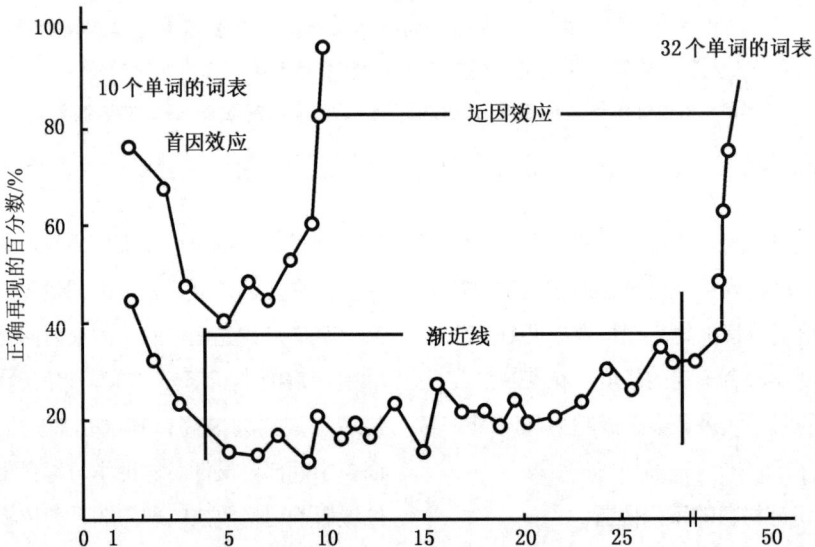

图 6-18　自由回忆的系列位置曲线

（资料来源：Zimbardo，1985）

前摄抑制是指先学习的材料或者从事的活动对识记和回忆后学习的材料的干扰作用。这种现象为安德伍德（Underwood，1949）的实验所证实。实验者要求两组被试学习词表：第一组被试在学习前先学习其他材料；第二组被试没有学习。结果表明，第二组被试的学习成绩好于第一组被试。有研究发现（Slamecka，1968），前摄抑制随之前学习材料数量的增加而增强。

倒摄抑制是指后学习的材料或者从事的活动对识记和回忆先学习的材料的干扰作用。在一项实验中，被试识记无意义音节后，休息 5 分钟，再进行回忆，结果回忆正确率为 56%。如果被试在识记和回忆间从事其他活动，回忆正确率只有 26%。这项实验说明了倒摄抑制的作用。

在另一项实验中，研究者让被试学习两个小故事：一个故事学习结束后，让被试休息 10 分钟；另一个故事学习结束后，让被试玩 10 分钟的游戏。在学习结束后的 15~30 分钟内及 7 天后分别进行回忆。结果发现，在两个测试时间段，休息条件下的回忆成绩均优于玩游戏条件下的回忆成绩。研究者认为，学习之后的休息有利于记忆痕迹的巩固，从而提高记忆的成绩（Dewar et al.，2012）。

还有研究者在实验中要求被试识记一些无意义音节，达到一次能背诵的程度。然后让一部分被试睡觉，让另一部分被试正常工作。结果表明，正常工作组的被试，其回忆效果差于学习后睡眠组的被

试。后来的研究进一步说明，睡眠前记忆的内容更容易被记住（Scullin & McDaniel，2010）。因为睡眠阻断了倒摄抑制，有助于记忆信息的巩固。

倒摄抑制受前后两种学习材料的类似程度、难度、时间安排以及识记的巩固程度等因素的影响。如果前后学习的材料完全相同，后学习即复习，不产生倒摄抑制。在学习材料由完全相同向完全不同逐渐变化时，倒摄抑制开始逐渐增强，材料的相似性减小到一定的程度，抑制作用最大，之后抑制作用逐渐减小，当先后识记的材料完全不同时，抑制作用最小。

另外，前面谈到的记忆系列位置效应，其产生的原因也可能与这两种抑制的作用有关。材料的中间部分由于同时受到前摄抑制和倒摄抑制的影响，因此识记与回忆均较困难，而首尾材料仅受到某一种抑制的影响，因此识记与回忆的效果较好。

3. 压抑说

压抑说认为，遗忘是由情绪或动机的压抑作用引起的，如果这种压抑被解除，记忆也就能恢复。这种现象首先是由弗洛伊德在临床实践中发现的。他在给患者施行催眠术时发现，许多人能回忆起早年生活中的一些事情，而这些事情平时是回忆不起来的。他认为，这些经验之所以不能回忆，是因为它们会使人痛苦，于是被拒绝进入意识，而被存储在无意识中。在日常生活中，由情绪紧张而引起遗忘的情况也是常有的。例如，考试时，由于情绪

学术争鸣

由提取诱发的遗忘—基于抑制还是基于竞争

由提取诱发的遗忘（retrieval-induced forgetting）是指回忆部分记忆材料时，往往会导致对其他相关记忆材料回忆率的降低。例如，首先在一定时间内对一些项目进行配对学习，如"水果—香蕉""水果—柠檬""水果—橘子""水果—荔枝""动物—猎豹""动物—棕熊""动物—老虎""动物—狮子"。然后根据线索对属于同一范畴的一半项目进行提取练习，如"水果—香？水果—柠？"而对属于同一范畴的另一半项目不进行提取练习，如"水果—橘子""水果—荔枝"等。提取练习结束后，对学过的项目全部进行回忆。结果发现，属于同一范畴的经过提取练习的"水果—香蕉""水果—柠檬"的回忆成绩最好，而属于同一范畴的未经过提取练习的"水果—橘子""水果—荔枝"的回忆成绩，要比那些未经过提取练习的另一范畴的项目，如"动物—老虎""动物—棕熊"的回忆成绩差。这种现象就是由提取诱发的遗忘。

为什么会产生由提取诱发的遗忘？基于抑制的理论和基于竞争的理论给出了不同的解释。基于抑制的理论认为，在提取练习阶段，与线索相关的非目标项目也被激活了，这些非目标项目的激活与目标项目产生了竞争。因此，为了提取目标项目，需要对非目标项目进行抑制，抑制导致了遗忘（Anderson, 2003；Storm & Levy, 2012）。例如，当出现提取线索"水果—香？""水果—柠？"时，"橘子""荔枝"也被激活了。为了成功提取"香蕉""柠檬"需要抑制"橘子""荔枝"，因此导致了对"橘子""荔枝"较差的回忆成绩。

基于竞争的理论认为，提取练习导致了一些项目的可提取性增强，这些项目干扰了其他未经过提取练习的项目，因此妨碍了这些项目在回忆阶段的成功提取，抑制不是必需的（Raaijmakers & Jakab, 2012）。例如，提取练习导致了"香蕉""柠檬"的可通达性增强，因此在回忆阶段，当提取属于同一范畴的"橘子""荔枝"时会受到前面提取内容的干扰，故回忆成绩较差。两种理论目前各有证据，两者也不一定完全对立。但这两种理论给我们的启示是，记忆的遗忘是由于信息受到了抑制或者受到其他信息的干扰，因此在我们的学习过程中，为提高学习效率，要尽量避免所学材料受到抑制或者干扰。

过分紧张，一些学过的内容怎么也想不起来。

压抑说考虑到了个体的需要、欲望、动机、情绪等因素在记忆中的作用，这是前面两种理论都没有涉及的，因此它也是值得重视的一种理论。

4. 提取失败说

有的研究者认为，存储在长时记忆中的信息是不会丢失的，我们之所以遗忘，是因为在提取有关信息的时候没有找到适当的提取线索。例如，我们常常有这样的体验，明明知道对方的名字，但就是想不起来。提取失败的现象提示我们，从长时记忆中提取信息是一个复杂的过程，而不是一个简单的"全或无"的问题。如果没有适当的提取线索，我们可能就无法想起曾经记住的信息。这就像在一个图书馆的书库中找一本书，如果我们不知道它的检索编号，即便它就放在书库中，我们也很难找到。

五、提高记忆效果的记忆策略

上面我们学习了记忆的一些基本知识，那么，应用这些知识能够提高记忆效果吗？答案是肯定的。由于记忆包括编码、存储和提取三个阶段，下面分别从这三个阶段入手，介绍一些有助于提高记忆效果的记忆策略。

（一）编码阶段

1. 在清醒状态下去记忆

前面我们介绍过，觉醒状态会影响编码的效果。因此，根据自己的生物钟，在大脑最为清醒的状态下去记忆，将会使你事半功倍。

2. 集中注意去记忆

注意是感觉记忆转换短时记忆的前提条件。但即使信息进入了短时记忆，也仍然需要集中注意去记忆相关的信息。只有经过注意的信息才能很好地进行意义层面的加工，否则"心不在焉"，记忆效果会大打折扣。因此，排除干扰，在允许集中注意的情境中学习，或者主动把注意集中在需要记忆的信息上，会有助于提高记忆成绩。

3. 进行深层次的意义加工

克雷克等人提出的记忆加工水平理论（level of processing model）认为，信息保持时间的长短与对信息加工的深度有关（Craik & Lockheart，1972）。如果对记忆材料的加工涉及更多的分析、理解、比较，也就是涉及更多意义层面的加工，那么记忆的效果就会更好。例如，给你呈现"善良""勇敢""勤奋""敏锐""坚韧""机智""果断""严谨""认真""骄傲"这些词语。第一种条件是请你找出两个汉字都是左右结构的词语，然后回忆这些词语。第二种条件是请你指出哪些词语适合描述自己，然后回忆这些词语。对比一下是不是在第二种条件下回忆得多。这是因为在第一种条件下，你对词语进行了更多字形层面的浅加工，而在第二种条件下，你需要对这些词语进行更多的分析、评价，看哪些词语适合描述自己，加工的深度要比第一种条件深。因此，记忆效果会好得多。

根据记忆加工水平理论，在日常生活中，在设置手机、电脑、银行卡、邮箱、微信支付等的密码时，可以人为地给这些密码赋予一定的意义，这非常有助于你的长久记忆。

4. 把记忆的材料形象化、韵律化

记忆形象的材料要比记忆抽象的材料效果好；记忆有韵律的材料要比无韵律的材料效果好。因此，采用一定的方法，如画图、动画、使用谐音等形式把要记忆的材料形象化、韵律化，有助于提高记忆效果。

（二）存储阶段

复述是短时记忆转化为长时记忆的条件，为防止遗忘，需要进行有效的复习。

1. 及时复习、经常复习

根据艾宾浩斯遗忘曲线，复习要及时。这是由于刚刚学过的内容，很容易被遗忘，因此及时复习可以防止信息的快速遗忘。另外，记忆的巩固需要一个过程，一般来说，学习的材料需要多次复习才能进入长时记忆，因此需要经常复习。

2. 使用精细复述

精细复述是短时记忆转换为长时记忆最为有效的复述策略。因此，为提高记忆效果，尽量把要记忆的材料和已有的知识经验联系起来；可以把一些要记忆的字母组合、数字等无意义的信息人为地赋予一定的意义；还可以把要记忆的信息分类、列成提纲等。这些精细化的复述方式都可以提高你的记忆效果。

3. 正确分配复习的时间

连续不断进行的复习被称为集中复习（集中练习）（massed practice），前后间隔一定时间的复习被称为分散复习（分散练习）（spaced practice）。例如，你可以连续复习 60 分钟，这是集中复习；你也可以把这 60 分钟分为两次，中间间隔 10 分钟，这是分散复习。又如，你考前突击，把所有学过的内容集中在考前复习 3 遍，这是集中复习；但如果把这 3 遍分别安排在学期的前、中、后进行，则是分散复习。集中学习容易导致疲劳和注意力不集中，不利于记忆的巩固。

大量研究表明，分散复习优于集中复习（Carpenter et al.，2012）。例如，在一个实验中，研究者让小学一年级、三年级、六年级的学生分别学习一些词语。其中，有些词语是连续出现的（集中复习或学习的条件），有些词语是间隔 3 个词语或者 6 个词语出现一次（分散复习或学习的条件）。不同条件下词语学习的总次数是相同的。例如，马车、马车、马车、灯笼、电视、火车、摇篮、灯笼、树木、台灯、窗户、灯笼，这里对"马车"的学习就属于集中学习，对"灯笼"的学习就属于分散学习。学习完成后进行自由回忆。实验结果表明，分散学习的效果优于集中学习（Toppino & DeMesquita，1984）（见表 6-3）。另一项研究以七年级学生为被试，采用他们数学课程中的数学问题作为实验材料，也发现分散复习优于集中复习（Rohrer et al.，2014）。

根据这些研究，为了提高记忆效果，在学习过程中应该分散复习或者分散学习。例如，把复习时间分散在若干天，而不是集中在一天；前后复习之间要有一定的休息时间等。

表6-3　不同学习条件下的回忆正确率 /%

年级	间隔 0 个词语	间隔 3 个词语	间隔 6 个词语
一年级	35.3	46.3	50.0
三年级	37.0	53.7	57.3
六年级	46.3	64.7	68.7

4. 阅读与回忆交替进行

阅读与回忆交替进行可以提高复习的效率。也就是说，对于记忆的材料，阅读一定的时间后，尝试去回忆，然后再次阅读。例如，当你背古诗词时，阅读几遍后可以尝试进行回忆，然后再次阅读。回忆能提高学习者的积极性，发现问题和错误，有利于及时纠正，使复习更具有目的性。

5. 适当地过度学习

过度学习是指在记住的基础上再次学习一段时间。例如，20 个英文单词，如果 20 分钟刚好记住，再花几分钟的时间记忆这些单词，这几分钟就是过度学习的时间。研究表明，过度学习有助于信息的保持，减少遗忘。因此，适当地过度学习有助于记忆，也有助于个体减轻考试焦虑，从而在考试时更加自信。

（三）提取阶段

1. 利用编码特异性原则

提取和编码时的情境越相似，回忆效果越好。因此，在提取阶段，尽量利用编码阶段建立的各种情境或者线索帮助我们回忆。如果可行，可以回到记忆的地点进行回忆。

2. 利用测试效应帮助记忆

大量研究发现了测验效应（Yang et al., 2021）。该效应是指在学习某一内容后，进行再认和回忆等提取测试比简单的重复学习能够更好地提高记忆的效果。例如，在罗德格等人的一项实验中，他们让三组被试以三种不同的学习方式记忆同一段科学小品文。学习完成 5 分钟后测验一次，一周之后再测验一次。三种学习方式分别是：重复阅读 4 次，不回忆；重复阅读 3 次，回忆测试 1 次；阅读 1 次，回忆测试 3 次。结果发现，学习完成 5 分钟后的测试，重复阅读的记忆效果最好，阅读 1 次，回忆测试 3 次的效果最差。但一周后的测试成绩却出现了反转，阅读 1 次，回忆测试 3 次的效果最好；重复阅读 4 次，不回忆的效果最差；重复阅读 3 次，回忆测试 1 次的效果居中（Roediger & Karpicke, 2006）。这一研究告诉我们，在记忆过程中，当我们学习某些内容后，可以采用回忆测试的方式帮助我们提高记忆成绩。在课堂上，老师可以通过回忆测试的方式增强学生对学习内容的记忆。后来，研究者进一步证实了测试效应的可靠性（Zaromb &

记忆术

记忆术的关键是把要记忆的信息和个体已有的知识经验联系起来。记忆术训练可以在一定程度上创造记忆的奇迹。记忆术有很多,下面介绍几种方法。

一、位置记忆法

位置记忆法是把要记忆的项目和熟悉的位置或者方位联系起来进行记忆。为了说明这种方法,现在请你想象一下你居住的房间,从进门到窗户选取几个你熟悉的位置,然后使用位置记忆法把要记忆的项目依次放到你熟悉的位置上。例如,你要到超市购买苹果、葡萄、牙膏、毛巾、洗发水等,现在想象把苹果放到床上,把葡萄堆在桌子上,把牙膏挂在电视上,把毛巾拴在椅子上,把洗发水放在窗台上。等到超市买东西时,你需要在头脑中依次回忆熟悉的位置和相应的物体。位置记忆法把熟悉的位置和具体的某种形象相结合,把记忆信息和已有的经验相联系,从而提高记忆效果。

二、视觉形象记忆法

视觉形象记忆法是把要记忆的材料想象成某种形象,或者把要记忆的材料和某种形象联系起来进行记忆。例如,你可以把汽车、天空、树木、海洋、道路、电脑、老虎等需要记忆的单词编成一段话,这段话能够形成离奇、独特的视觉形象,视觉形象越离奇、越夸张,记忆效果越好。离奇、夸张的视觉形象可以使要记忆的信息更具独特性,提取起来也更容易。

三、编故事记忆法

编故事记忆法要求把要记忆的信息编成一个故事,比较适用于记忆一系列意义无关的词汇。通过编故事,增加记忆信息的编码深度,因此有助于我们的记忆。

四、首字母缩略词法

首字母缩略词法是指通过组合每个词的首位字母,构成词汇或者专有名词的形式来进行记忆。例如,CCTV、MTV、UN、WTO 等都利用了首字母缩略词法帮助我们记住短语或者组织机构的名称。

五、谐音法、韵律法

我们可以利用汉字、数字或者字母的谐音进行记忆,也可以把要记忆的信息编成顺口溜或者有韵律的片段进行记忆。例如,8825 使用谐音法可以记忆为"爸爸爱我"。

Roediger，2010）。研究还发现，采用回 （Rawson & Zamary，2019）。
忆测试比采用再认测试，测试效应更强

研究进展

学习后间隔4小时进行锻炼，有助于记忆

锻炼身体可以提高记忆成绩吗？一项研究揭示，学习结束后的体育锻炼有助于记忆，但不是学习后立即进行锻炼，而是间隔一段时间。

在这项研究中，研究者首先让被试利用 40 分钟左右的时间记忆一些实验材料，即记忆图片和位置的联系，然后马上进行回忆测验。测验完成后，把被试随机分成三组。第一组在学习后立即进行锻炼，第二组在学习 4 小时后进行锻炼，第三组不锻炼。第一组和第二组的锻炼形式都是 35 分钟的自行车间歇式骑行训练，训练要求被试的心率达到最强心率的 80%，两组被试只是开始运动的时间不同。48 小时后，所有被试再次返回实验室进行回忆测验。结果发现，在第一次测验时，三组被试的记忆成绩没有差异。但在第二次测验时，与学习后立即锻炼或不锻炼的被试相比，学习后间隔 4 小时进行锻炼的被试的记忆成绩最好，其他两组被试的记忆成绩没有差异。

研究者认为，学习后间隔几小时进行锻炼促进了脑源性神经营养因子、去甲肾上腺素、多巴胺等物质的释放。这些物质对突触可塑性的塑造具有重要作用，能促进记忆的巩固，进而提高记忆成绩。而学习后立即进行锻炼，此时刚刚学习完，大脑还处于一个理想的激活状态。此时即使锻炼促进了去甲肾上腺素、多巴胺等物质的释放，也不会对大脑产生多大的影响，因此记忆成绩未受到锻炼的影响。

这一研究结果告诉我们，学习后间隔一段时间进行锻炼可以在一定程度上提高我们的记忆成绩，运动作为一种教育干预和临床治疗的手段具有很大的潜力。

需要注意的是，研究者并没有连续操纵间隔时间这一变量，因此间隔 1 小时、2 小时后锻炼是否有效，学习后间隔多长时间进行锻炼，记忆效果最佳，这些问题的答案还不得而知。另外，本研究测量的是陈述性记忆，对于程序性记忆，其研究结果是否有效，这也是需要进一步探讨的问题。

（资料来源：van Dongen et al.，2016）

第五节　内隐记忆

一、内隐记忆的一般概念

内隐记忆是相对较新的记忆研究领域。20世纪70年代，有学者（Warrington & Weiskrantz, 1974）在对遗忘症患者的研究中发现，这些患者虽然不能回忆刚学过的单词，但利用一些特殊的测验方法可以发现，他们对这些单词仍存在一定形式的记忆。例如，让遗忘症患者学习一些常用单词，然后进行回忆或再认测验，他们的作业成绩很差。但如果给出那些单词（已学过的）的前几个字母，要求遗忘症患者把这些字母补全成一个词（词干补笔），结果发现，他们倾向于把这些字母填写成刚学过的单词，而不是其他单词。这表明遗忘症患者存在一种自动的、不需要意识参与的记忆。其特点是，人们没有意识到自己有这种记忆，也没有有意识地去提取它，但它却在特定的任务中表现了出来，如词干补笔任务。

后来，许多研究者都发现了这种记忆，并把它称为内隐记忆，即过去的经验对当前任务的无意识的影响。由于这种记忆对行为的影响是自动发生的，个体无法意识到，因此又被称为无意识的记忆。

将内隐记忆从外显记忆中分离出来，是当代记忆心理学研究的一个重要突破。相对于内隐记忆，外显记忆是指过去的经验对当前任务的有意识的影响。个体有意识地收集有关经验，用于完成当前的任务，这时的记忆就是外显记忆，也被称为有意识的记忆。

二、内隐记忆与外显记忆的差异

内隐记忆与外显记忆之间有许多不同之处，具体体现在以下几个方面。

（一）加工深度对内隐记忆和外显记忆的影响不同

研究发现，对刺激项目的加工深度不影响内隐记忆的成绩，但影响外显记忆的成绩。例如，在一项实验（Graf et al., 1984）中，在学习阶段，研究者让被试对一组大写单词完成单词喜欢程度的评定任务，即采用5点量表逐一评定对单词的喜欢程度；对另一组大写单词完成字形层面的加工任务，即让被试数出每一个单词中各字母具有的T形交叉点个数的总和。例如，FLYER这个单词，T形交叉点的个数是6，其中F有2个交叉点、L有1个交叉点、E有3个交叉点。很显然，相比于字形层面的加工任务，单词喜欢程度的评定任务要求被试对单词有更深层次的加工。在测试阶段，要求被试完成：①线索回忆任务，即给出每个单词的前三个字母，要求回忆出刚才学过的单词，目的在于考查外显记忆；②词干补笔任务，即给出每个单词的前三个字母，要求被试写出第一个想到的单词，目的在于考查内隐记忆。结果发现（见图6-19），内隐记忆的成绩并未受到任务类型的影响，而外显记忆则明显受到了影响。

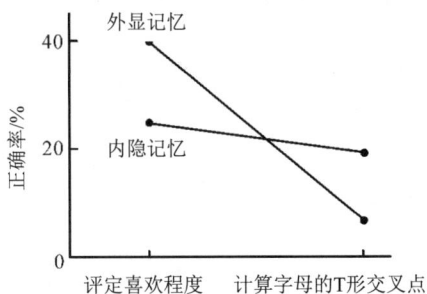

图6-19　加工深度对内隐记忆和外显记忆的
影响

（资料来源：Graf et al., 1984）

（二）内隐记忆和外显记忆的保持时间不同

在外显记忆的研究中，人们发现回忆量会随着学习和测验之间时间间隔的延长而逐渐减少。但是，内隐记忆在这方面则表现出不同的特点。图尔文等人（1982）在一项研究中利用再认任务和词干补笔任务，对外显记忆和内隐记忆的保持特点进行了对比研究。词干补笔任务是一种用来测量内隐记忆的方法，通常包括两个阶段：在学习阶段要求被试学习一些项目，如"cognition"，在测验阶段不要求被试回忆刚才学过的项目，而是给出学过项目的词干，如"cog"，并要求被试用想到的第一个词来完成填空，然后检查被试在学习阶段获得的信息是否会影响这一任务的成绩。结果发现，在一周之后，被试的再认成绩出现了显著下降，而词干补笔任务的成绩没有显著变化，这表明内隐记忆能够保持较长时间。

朱滢等人（1989）利用汉字的速示辨认任务与再认任务对内隐记忆和外显记忆的遗忘进行了比较研究。结果发现，速示辨认任务的成绩不随时间的延长而下降或下降很少，再认任务的成绩则下降很多（见图6-20）。

（三）记忆负荷量的变化对内隐记忆和外显记忆产生的影响不同

记忆的项目越多，越不容易记住。但是研究表明，这一规律仅适用于外显

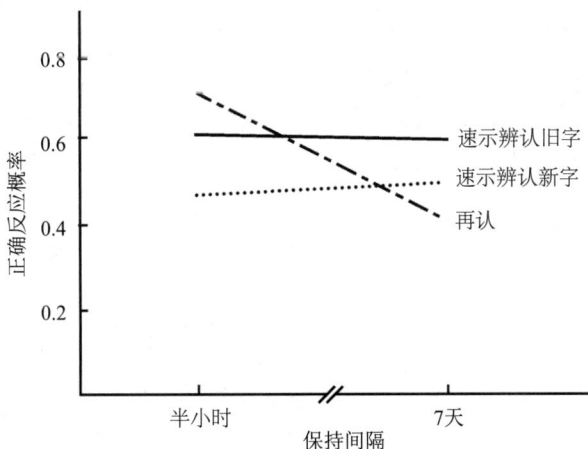

图6-20　速示辨认与再认的结果

（资料来源：朱滢等，1989）

记忆，而内隐记忆则不然。罗德格等人（Roediger et al.，1993）研究了记忆负荷量对内隐记忆和外显记忆的影响。结果发现，用再认任务测量的外显记忆成绩随着所学词汇数目的增加而逐渐下降，而用知觉辨认任务测量的内隐记忆成绩并没有受到词汇数目增加的影响。马正平和杨治良（1991）利用汉语字词进行的研究也证明了这一点。在实验中，先让被试学习第一个字表，并进行回忆测量。然后让被试看第二个字表，并用这个字表上的字组词。其中要求一组被试在组词时必须利用第一个字表上的字；而另一组被试则没有这样的要求，他们只要完成填字组词就可以。结果发现，无论字表上有多少字，填字组词的被试的作业成绩都没有明显变化，而以第一个字表为线索进行组词的被试的作业成绩受到了字表字数的影响（见表6-4）。

（四）呈现方式的改变对外显记忆和内隐记忆的影响不同

雅各比等人（Jacoby et al.，1981）在研究中发现，以听觉形式呈现的刺激以视觉形式进行测验时，这种感觉通道的改变会严重影响内隐记忆的成绩，而对外显记忆没有影响。马正平和杨治良（1991）在研究中也发现了这种感觉通道效应（modality effect）。在实验中，给被试先后呈现两个字表，呈现方式有两种：一种是两个字表都以视觉方式呈现；另一种是两个字表分别以听觉和视觉方式呈现。结果发现，在填字组词测验中，被试的内隐记忆成绩在改变感觉通道时出现了明显下降；而在线索回忆测验中，被试的外显记忆成绩并没有受到感觉通道变化的影响（见表6-5）。

（五）干扰因素对外显记忆和内隐记忆的影响不同

外显记忆很容易受到其他无关信息的

表6-4 不同负荷量水平上的内隐记忆和外显记忆的成绩对比

任务类型	负荷量水平		
	8	16	48
填字组词（内隐记忆）	49.04	52.68	48.55
线索回忆（外显记忆）	75.78	64.06	45.68

表6-5 不同呈现方式下的内隐记忆和外显记忆的成绩对比

任务类型	呈现方式	
	视觉／视觉	听觉／视觉
填字组词（内隐记忆）	61.51	42.92
线索回忆（外显记忆）	54.17	56.50

干扰，前摄抑制和倒摄抑制现象很好地说明了这一点。但是，内隐记忆的情况则有所不同。

陈世平和杨治良（1991）利用汉字进行的一项研究发现，内隐记忆不易受到干扰。在实验中先让被试进行词对联想学习，同时利用干扰词对该词对进行干扰。之后利用线索回忆作业测量外显记忆的成绩，利用词对补全作业测量内隐记忆的成绩。结果发现，干扰词对外显记忆的成绩影响较大，对内隐记忆的成绩影响较小。

虽然早在艾宾浩斯利用节省法对记忆的遗忘规律进行研究时就已经接触到了内隐记忆，但是对内隐记忆的广泛研究是在20世纪70年代后进行的。进入80年代后，许多研究进一步证明了过去的经验可以无意识影响人的行为。内隐记忆的研究不仅扩充、丰富了记忆研究的方法、技术和内容，而且使我们对人类记忆的本质有了更加深入的认识。

内隐记忆和外显记忆的关系仍然存在争论。有研究者认为，两者是完全不同的记忆系统。来自脑损伤患者的证据支持了这种观点，如海马损伤患者的外显记忆受到破坏，但不影响内隐记忆。但也有研究者不同意内隐记忆和外显记忆属于不同记忆系统的观点。这一问题仍然需要进一步的研究。

本章内容小结

1. 记忆是人脑对外界输入的信息进行编码、存储和提取的过程。记忆连接着人们的心理活动的过去和现在，是人们学习、工作和正常生活的基本前提保障。

2. 编码、存储和提取是记忆的三个基本过程。编码是指获得个体经验的过程，相当于"记"的阶段；存储是把感知过的事物、体验过的情感、做过的动作等以一定的形式保存在人脑中；提取是指从记忆中查找已有信息的过程，相当于"忆"的阶段。

3. 记忆的编码包括视觉编码、听觉编码和语义编码等。个体的觉醒水平和对信息的加工深度影响编码的效果。

4. 提取包括再认和回忆等形式，记得牢固是顺利提取的前提条件。

5. 记忆的三阶段模型认为，记忆由感觉记忆、短时记忆和长时记忆三个阶段组成。这三个阶段之间存在密切的联系。修订的记忆的三阶段模型主张用工作记忆的概念代替短时记忆。

6. 陈述性记忆是指有关事实和事件的记忆，可以通过语言传授而一次性获得；程序性记忆是指如何做事情的记忆，包括对知觉技能、认知技能和运动技能的记忆，这类记忆往往需要通过多次练习才能逐渐获得。

7. 情景记忆是指对个人亲身经历的、发生在一定时间和地点的事件的记忆。语义记忆是指人们对一般知识和规律的记忆，与特殊的地点时间无关。

8. 记忆存储在一个非常复杂的神经网络中，记忆的神经网络分布在不同的脑区，特别是在大脑皮层区域。海马负责陈述性记忆的巩固，对空间记忆的保持也起着重要作用。杏仁核与情绪记忆有关。

9. 前额叶在情景记忆、工作记忆、空间记忆、时间顺序记忆以及记的编码、存储和提取过程中发挥着重要作用。

10. 在微观层面，突触的变化，即突触传递信息效率的提高，对记忆有着重要影响。长时程增强是指传递信息的神经元和接收信息的神经元之间突触连接强度的增强，是突触传递功能可塑性的反映。长时程增强在短时记忆向长时记忆转化的过程中起关键作用。

11. 感觉记忆是记忆的最初阶段，大量的感觉信息在极短时间内会保存在感觉记忆中；之后会有少量信息因为受到注意而进入短时记忆。

12. 各种感觉均有感觉记忆，感觉记忆按照刺激物的物理特征进行编码。

13. 视觉的感觉记忆的保持时间约为 1 秒。听觉的感觉记忆的保持时间为5~10 秒。

14. 斯伯林采用部分报告法的实验，证明了感觉记忆的存在，而且感觉记忆容量较大。

15. 所谓部分报告法，是根据一定的提示线索，报告实验材料中的部分刺激，如根据声音提示报告字母矩阵中的某一行的刺激是什么。部分报告法可以用来研究视觉、听觉、触觉等感觉记忆的容量等问题。

16. 短时记忆是指保持时间在一分钟之内的记忆。保持信息的容量有限（7±2 个组块），在没有复述的情况下，信息保持的时间很短。

17. 我们可以利用已有的知识经验，通过扩大每个组块的信息量来达到增加短时记忆容量的目的。

18. 复述可以分为机械复述和精细复述。精细复述是短时记忆转换为长时记忆非常有效的复述策略。

19. 短时记忆的遗忘可能是由于其他信息的干扰或者记忆痕迹没有巩固。

20. 工作记忆是对信息进行暂时存储和加工的容量有限的记忆系统。它包括语音环路、视觉空间模板、情景缓冲器和中央执行系统四种成分。

21. 语音环路用于存储和加工以语音或者声音为基础的信息；视觉空间模板用于存储和加工视觉与空间信息。情景缓冲器用于存储来自语音环路和视觉空间模板与长时记忆中的信息，这些信息既可以是单维度的，也可以是多维度结合的信息。中央执行系统是一个注意资源有限的控制系统，协调语音环路、视觉空间模板和情景缓冲器的活动，负责加工由上面三种成分和长时记忆传入的信息，负责注意资源的分配、选择性的注意以及在不同的任务中进行转换等。

22. 阅读广度测验和操作广度测验等方法可以测量工作记忆的容量。

23. 工作记忆在许多复杂的认知活动中都发挥着非常重要的作用，它是人类高级认知活动的基础。

24. 长时记忆是指一分钟以上的记忆。容量没有限制，主要采用意义进行编码，良好的编码能够改善信息在长时记忆中的存储和提取。

25. 长时记忆存储的信息会发生量和质两个方面的变化。

26. 错误记忆是指人们对过去事件的报告与事实严重偏离的记忆现象。DRM范式是当前研究错误记忆的常用范式。

27. 记忆是一个动态的建构过程，受个体的知识经验以及事后接触到的信息等多种因素的影响。

28. 目击者的记忆并非完全可靠的，目击者的记忆容易受到提问方式、事后接触到的信息等多种因素的影响。

29. 再认基于两个方面的信息：一是基于对刺激的熟悉感；二是基于对于刺激的回想。

30. 提取信息时的情境和编码时的情境越相似，越有助于记忆；提取信息时的生理或心理状态和编码时的状态越相似，越有助于记忆。

31. 艾宾浩斯发现，遗忘的进程是先快后慢。遗忘除了受时间因素的影响之外，还受识记材料的性质与数量、学习的程度、识记材料的系列位置及识记者的态度等因素的影响。

32. 记忆痕迹的衰退、干扰、压抑和提取失败等是遗忘发生的原因。

33. 记忆加工水平理论认为，信息保持时间的长短与对信息加工的深度有关。在理解意义的基础上进行记忆，有助于记忆成绩的提高。

34. 及时复习、经常复习，使用精细复述，正确分配复习的时间等都可以提高记忆的成绩。

35. 回到记忆的地方进行回忆，对记忆内容进行回忆测试等有利于记忆。

36. 记忆术包括位置记忆法，视觉形象记忆法，编故事记忆法，首字母缩略词法，谐音法、韵律法等。

37. 内隐记忆是指过去的经验对当前任务产生的无意识的影响；外显记忆则是指过去的经验对当前任务产生的有意识的影响。

38. 外显记忆经常采用再认和回忆的方法进行测量，这些方法都需要有意识地搜寻先前学过的内容，因此可以测量外显记忆。

39. 内隐记忆可采用词干补笔、知觉辨认、填字组词、词对补全等任务进行测试，完成这些任务不需要有意识地回想先前学过的内容，因此可以测量内隐记忆。

40. 内隐记忆和外显记忆的成绩存在分离，影响它们的因素不同。

41. 和外显记忆相比，内隐记忆受加工深度、记忆负荷量和干扰因素的影响较小，但呈现方式对内隐记忆的影响较大。

思考题

1. 什么是记忆？记忆的种类及各自的特点有哪些？

2. 说明海马和前额叶皮层在记忆中的作用。

3. 什么是感觉记忆？部分报告法说明了什么？

4. 短时记忆的特点是什么？如何扩大短时记忆的容量？

5. 简述工作记忆的含义、成分及其各成分的功能。

6. 长时记忆信息存储的动态变化有什么特点?

7. 什么是错误记忆? 它产生的原因是什么?

8. 影响遗忘的因素有哪些?

9. 遗忘的理论有哪些? 各自的观点分别是什么?

10. 根据所学知识,说明如何提高记忆效果。

11. 什么是内隐记忆? 研究内隐记忆有什么意义?

12. 内隐记忆和外显记忆的不同表现在哪些方面?

第七章

思　维

试想当你回到寝室时，发现里面空无一人，灯还开着，电脑也没关。这时已是晚饭时间，你猜测室友可能吃饭去了，于是做自己的事情。可 3 小时过去了，她还没有回来，你有些担心，室友不是那种长时间出门会忘记关灯和关电脑的人，是不是出了什么事情？你掏出手机给她打电话，可电话无人接听。

你担心室友发生了什么意外，犹豫着要不要给其他同学打个电话。当你决定要打电话时，突然听到钥匙开门的声音，开门的正是那个"失踪"的室友。原来她出去吃饭了，恰巧遇到了一个好朋友，两人一起去看了电影，所以才出门这么久。

思维是从问题开始的，发现室友不在，而且迟迟不归就是一个问题。而解决问题要提出假设和对假设进行检验，会使用不同的策略，并做出判断和决策。在前面的例子中，你怀疑室友可能发生了意外，这就是一种启发法策略。我们利用启发法策略有时能够快速找到问题的答案，但有时也会出错。

问题解决是一种思维过程。除了问题解决之外，思维过程还包括概念形成、推理、决策等形式。在本章中，我们首先介绍思维的定义和种类；其次介绍表象和概念，思维是借助表象、概念等心理表征形式实现的；最后介绍推理、问题解决和决策等方面的研究成果。

学完本章后，你将知道在日常生活中人们是如何形成概念的；解决问题时，一般会采用什么样的策略；有哪些因素影响问题解决的效率以及人们在面对得失时是如何决策的。总之，学完本章希望你能够掌握思维的一些基本知识，帮助你更好地解决问题，更好地进行决策和判断。

第一节　思维概述

在日常生活中，我们几乎每时每刻都离不开思维。我们用它学习知识，解决问题；辨别真伪，区分美丑；探索未知，创造未来。人类和动物的最大区别之一在于人类具有高度发达的思维。正是有了这种高度发达的思维，人类才能克服感官的局限，创造出辉煌灿烂的现代文明。由于思维的重要性，多少年来，心理学家对人类智慧上的这颗明珠进行了长期不懈的研究。这些研究为揭示思维活动的奥秘留下了非常宝贵的证据。

一、思维的定义及特征

有关思维的定义，心理学家的侧重点不同。一些心理学家侧重从思维过程本身定义思维，把思维看作对表象、概念等心理表征进行操作的过程。例如：

思维是在问题空间中进行搜索的过程（Newell & Simon，1972）。

思维是一种认知过程。在这一过程中，脑利用来自感觉、情绪、记忆的信息创造和操控像概念、表象、图式等这样的心理表征（津巴多，2008）。

思维是对语言、概念、表象等心理表征进行操作的过程（Coon & Mitterer，2016）。

从上述这些定义可以看出，心理学家把思维看作对语言、概念、表象等心理表征进行操作的过程。这里的心理表征是指知识在头脑中的存在方式，既可以是某种形象，也可以是抽象的意义。例如，"狗"这一概念在头脑中既可以表征为狗的形象，也可以表征为"会汪汪叫的、嗅觉和听觉都很敏锐的犬科动物"的意义。

另外一些心理学家对思维的定义侧重思维这种高级的认知活动和感觉、知觉活动的区别，强调思维是对客观事物概括和间接的认识，能揭示事物的本质特征和内部联系。

综合上述观点，我们把思维定义为：思维是借助语言、概念、表象等实现的，对客观事物概括的、间接的反映。它能揭示事物的本质特征和内部联系，是认识的高级形式。

思维是一种复杂的认知活动，是从问题开始的，也贯穿在问题解决的过程中，其目标也指向问题解决。思维包括概念形成、推理、问题解决、决策等不同的形式。概念形成是发现事物本质属性的过程；推理是根据已知条件推论出新的结论或者从具体的事物归纳出一般规律的过程；问题解决是通过一系列的操作实现目标的过程；决策则是在几种备选方案中做出选择的过程。这几种思维形式尽管存在差别，但它们都是对语言、概念、表象等心理表征进行操作的过程，因此都属于思维。

思维不同于感觉、知觉和记忆。感觉、知觉是直接接收外界刺激的输入，并对输入的信息进行初级加工，形成感性的认识。记忆是对输入的刺激进行编码、存储、提取的过程。而人脑对感性认识的结果不断加工，特别是经过多次的抽象和概括，逐渐达到对事物本质特征的认识，这就是思维过程。因此，思维是对输入的刺激进行更深层次的加工，是认识的高级形式，能揭示事物的本质特征和内部联系。例如，世界上有各种不同的树，我们通过感觉、知觉可以获得关于这些树的大小、高矮、形态的信息。但不管是什么树，它们都是木本植物，这种本质特征就是通过思维概括出来的。

思维虽然不同于感觉、知觉和记忆等活动，但又离不开它们所提供的信息。只有在大量感性信息的基础上，在记忆的作用下，人们才能进行推理、解决问题和做出决策，进而揭示事物的本质特征和内部联系。

思维具有以下特征。

（一）概括性

概括性是指在大量感性材料的基础上，把一类事物的共同特征和规律抽取出来，加以概括。例如，"凡是电脑都有中央处理器"，这里"中央处理器"就是计算机的共同特征，它是思维概括的结果。概括在人们的思维活动中起着重要作用。一方面，它能使人们透过事物的表面现象掌握事物的内部联系和本质特征；另一方面，概括是思维活动迁移的基础，概括水平越高，越有可能把解决问题的方法迁移到新的情境中。概括是随认识水平的深入而不断发展的。人的认识水平越高，对事物的概括水平也越高。

（二）间接性

间接性是指人们借助一定的媒介或已有的知识经验对客观事物进行间接的认识。人类虽然还没有弄清宇宙形成的奥秘，但可以根据宇宙中存在的种种现象以及知识经验来推测它的成因。科学家虽然看不见病毒，但可以借助显微镜等媒介研究它的致病机理等。由此可见，由于思维的间接性，人们可以超越感知觉的限制，认识那些看不见、摸不着的事物，揭示事物的本质和规律。从这个意义上说，思维所认识的领域要比感知觉所认识的领域更广阔、更深刻。

二、思维的种类

思维可以从不同的角度进行分类，下面是几种常见的分类方法。

（一）直观动作思维、形象思维和抽象思维

这是根据思维过程凭借心理表征的形式来划分的。

1. 直观动作思维

直观动作思维是指人们凭借实际的动作来解决问题的思维活动。例如，寝室的灯不亮了，你可能要检查一下开关、灯管等部件，以判断哪里出了问题。3 岁前的孩子，他们的思维属于直观动作思维。他们"骑大马""开汽车"的思维活动是通过"骑大马""开汽车"的动作完成的。成人也有动作思维。

2. 形象思维

形象思维是指人们凭借头脑中的形象（表象）来解决问题的思维活动。假如

有人邀请你为某企业设计 Logo，想想看，你是不是要利用头脑中的形象，并结合企业的文化特色等设计出一个形象来，这样的思维就是形象思维。形象思维在问题解决中具有重要意义。艺术家、作家、导演、设计师等更多地运用形象思维。例如，2022 年北京冬奥会的吉祥物"冰墩墩"就是形象思维的结果。

3. 抽象思维

抽象思维是指人们运用概念、判断、推理等形式来解决问题的思维活动，也称逻辑思维。抽象思维可以脱离具体的形象来进行，是思维的高级形式。例如，学生学习抽象的概率知识，程序员编写复杂的计算机程序，经济学家预测宏观经济发展的趋势等，都需要运用抽象思维。相比于直观动作思维和形象思维，个体的抽象思维出现得较晚，个体间的发展水平也存在较大差异。

（二）辐合思维和发散思维

根据思维探究结果的方向性，美国心理学家吉尔福特（Guilford，1967）把思维分为辐合思维和发散思维。

辐合思维是指人们根据已知的信息，利用熟悉的规则解决问题，也就是从给予的信息中产生合乎逻辑的结论，是一种有方向、有范围、有条理的思维方式。例如，甲 > 乙，乙 > 丙，其结果必然是甲 > 丙。

发散思维是指人们沿着不同的方向思考，重新组织当前的信息和记忆系统中存储的信息，产生多个解决问题的方法的思维活动。例如，如何缓解大城市的交通压力？回答这样的问题人们可以从不同的方向思考，想出诸如大力发展城市交通设施、发展公共交通、错时上下班、提高交通参与者的素质、单双号限行等措施。运用这种思维解决问题，可以产生多种答案、结论或假设。但究竟哪些可行，则需要经过检验。

发散思维具有流畅性（fluency）、变通性（flexibility）、独特性（originality）的特点。吉尔福特设计了"不寻常用途测验"（unusual uses test）来测量这些特点。测验要求人们在给定的时间内尽可能多地说出某个物体的用途，通过说出物品用途的数量、维度、独特性等方面来衡量发散思维的特点。

流畅性是指单位时间内发散项目的数量。发散思维能力好的人能在短时间内说出较多的项目。例如，要求被试在给定的时间内说出红砖的用途，说得越多，说明发散思维的流畅性越好。你也可以进行类似的测试，如给自己 3 分钟的时间说出手机的用途，完成后数一数你总共说出了几个。需要注意的是，流畅性好并不一定意味着发散思维能力就好，还需要结合其他指标进行衡量。

变通性是指发散项目的范围或维度。范围越大，维度越多，变通性越好。变通性也就是触类旁通、随机应变的能力。例如，如果一个人说出红砖可以盖房子、铺路、垒墙、盖教室、盖厨房、垒烟筒等，由于这些用途都被局限在建筑方面，说明他的变通性较差；如果他还能说出压纸、打狗、支书架、钉钉子、磨红粉、当尺子用、当座位用、当枕头用、健身、防身等用途，那么说明他的变通性较好。

独特性是指对问题能提出超乎寻常的、独特新颖的见解。例如，如果一个人说出的红砖的用途绝大多数人都没有想到，那么就说明他的思维具有独特性。吉尔福特还采用命题测验来衡量发散思维的独特性。这种测试要求被试给一段故事情节加上一个适当的标题，通过标题的新颖性来衡量发散思维的独特性。例如，有这样一个故事情节：一对夫妻，妻子本是哑巴，经医生的治疗能像正常人一样说话了。但是妻子说话太多，整天与丈夫吵，丈夫非常痛苦，最后只好要求医生设法把自己变成了聋人，家中才恢复了安宁。对这样一个故事情节，一些被试的命题为"丈夫与妻子""医学的奇迹"等，另一些被试的命题为"无声的幸福""开刀安心"等。吉尔福特认为，后面的被试比前面的被试的思维更具独特性。

（三）常规性思维和创造性思维

这是根据思维的创新程度来划分的。

常规性思维是指人们运用已获得的知识经验，按现成的方案或程序解决问题的思维活动。例如，学生运用公式解决同一类型的问题。这种思维的创造性水平低，属于常规性思维或再造性思维。

创造性思维是重新组织已有的知识经验，提出新的方案或程序，创造出新成果的思维活动。例如，当下流行的"网购""微信支付""扫码点单"等都是随着时代的发展，人们创造性思维的产物。

创造性思维是多种成分的综合体现。吉尔福特认为，发散思维是创造性思维的主要成分。但仅有发散思维，人们不可能从众多的方案中选出最适合的方案，还需要利用辐合思维做出选择。所以辐合思维也是创造性思维的成分。

创造性思维还与想象有关。想象是对头脑中已有的形象进行加工改造，形成新形象的过程。想象具有补充知识经验、预见未来和替代的功能，还可以对生理活动进行调节。想象分为再造想象和创造想象等不同的形式。再造想象是根据言语描述或者图形示意形成新形象的过程。例如，根据言语描述想象大海波澜壮阔的景象，就是再造想象。再造想象的创造性水平较低，而创造想象是根据一定的目的在头脑中独立地创造出某种新形象的过程。例如，国际大型比赛吉祥物的形象，都是创造想象的结果。利用创造想象，人们可以创造出现实生活中不存在的形象或者故事情节。例如，《盗梦空间》《阿凡达》《流浪地球》等电影作品都是创造想象的结果。

创造想象往往是通过对头脑中已有形象的黏合、夸张、典型化、联想等方式实现的。黏合是把事物中从未结合过的属性、特征结合在一起，形成新形象的过程。例如，通过黏合的方法创造出"美人鱼""猪八戒""狮身人面像"等形象。夸张是通过改变事物的特征，或者突出某些特征形成新形象的过程。例如，通过夸张的方法创造出"千手观音""九头鸟"的形象。典型化是综合一类事物的共同特征创造出新形象的过程。例如，小说中人物形象的刻画，往往是作家综合某些人物的特点运用典型化的方法创造出来的，如"阿Q"人物形象的创造。联想是利用一个事物想到另一事物，从而创造新形象或者新事物的过程。例如，法国医生雷奈克通过联想到孩子们玩耍时敲击圆木的声音能够从一端传至另一端，发明了听诊器。

文学艺术的创造需要创造想象，科学研究也需要创造想象。爱因斯坦说过"提出一个问题往往比解决一个问题更重要"，而提出有价值的研究问题需要创造想象。

三、思维的生理机制

思维是一种复杂的心理活动，包括概念形成、推理、问题解决、决策等不同的形式。额叶在思维活动，特别是在问题解决和决策活动中具有重要作用。额叶与大脑皮层的其他部位及皮层下组织具有紧密的联系。在思维过程中，由大脑皮层其他部位加工过的信息要传递到额叶进行更复杂的加工，编制成行为的程序，进而调节与控制人的行为和心理过程，同时还要将行为的结果与最初的目的进行对照，以保证活动的完成。当额叶受到损伤时，思维活动就会受到破坏，产生问题解决等方面的障碍。

在一项采用功能性磁共振成像技术的研究中，研究者让被试完成某种任务，这种任务比较复杂，需要经过仔细地思考才能完成。结果发现，被试开始完成这种任务时，额叶明显被激活。但随着任务越来越熟悉，额叶的激活水平下降，海马的激活水平上升。海马的激活水平上升，说明随着任务越来越熟悉，被试不再依赖问题解决的技巧，而是依赖记忆系统完成任务了（Bernstein，2016）。这一研究结果说明了额叶在问题解决过程中的作用。

有研究发现，额叶最前部的额极皮层（frontopolar cortex）参与推理和决策过程（Koechlin & Hyafil，2007）。还发现眶内侧前额皮层（orbital and medial prefrontal cortex）的激活越强，决策的框架效应越小，说明该区域与理性的决策有关（De Martino et al.，2006）。

大脑半球左侧颞叶和顶—枕叶与问题解决有密切关系。当左侧颞叶受损时，言语听觉记忆出现障碍。这种患者口头作业完成得很差，书面作业完成得好些。顶—枕叶受损，表现为综合信息的能力受到破坏，特别是空间综合能力受到的破坏最明显。

总之，思维活动涉及额叶、颞叶以及顶—枕叶的活动，是多个脑区联合活动的结果，其中额叶发挥着重要作用。

第二节 表象和概念

思维是借助表象、概念等心理表征形式实现的。人们在思维过程中，经常伴有感性的直观形象，这些直观形象是思维活动的感性支柱，有助于思维活动的顺利进行；思维过程更离不开概念，借助概念，人们能够更好地进行抽象思维。

一、表象

（一）什么是表象

表象（image）是指人们在头脑中出现的关于事物的形象。从信息加工的角度来说，表象是指物体或事件的一种像图画一样的心理表征。例如，现在请你想象如何从教室走回寝室，你的头脑中是不是出现了一幅行走在校园道路上的画面，这就是表象。

根据表象产生的感觉通道来划分，表象可分为视觉表象（如想起朋友的笑脸）、听觉表象（如想起某首歌曲的旋律）、味觉表象（如想起苹果的味道）、触觉表象（如想起触摸小猫的手感）、运动表象（如想起舞蹈的动作）等。

（二）表象的特征

1. 直观性

表象是以具体的形象在头脑中出现的。人头脑中产生某种事物的表象，就好像直接看到或者听到这种事物的某些特征一样。例如，有研究发现，儿童可能会有一种"遗觉象"（eidetic image）。给儿童呈现一张图片，30秒后把图片移开，让其看灰色的屏幕，这时他会看见同样一张清晰的图片。儿童还能根据当时产生的表象准确地描述图片中的细节，就好像图片仍在眼前一样。

表象是在知觉的基础上产生的，因此，表象和人们看到的物体具有相似性，但是表象和看到的物体又有所不同。看到的物体鲜明生动，表象比较暗淡模糊；看到的物体持久稳定，表象不稳定；看到的物体完整，表象不完整，时而出现这一部分，时而出现那一部分。例如，树的表象不如看到的树的形象鲜明、完整。

2. 概括性

表象是人们多次知觉的结果，反映了事物的大体轮廓和主要特征，具有概括性，是一种概括化的形象。例如，大象的表象一般是长着大耳朵、长鼻子、深灰色的毛皮，有着庞大身躯的形象。大象的表象代表了大象的一般的、概括的形象，而不是某一次你在动物园里见过的大象。可见，表象是关于某类事物概括化了的形象。

3. 可操作性

人们可以在头脑中对表象进行操作，这种操作就像人们通过外部动作操作物体一样。

表象的可操作性可以用心理旋转（mental rotation）实验来说明。在库伯等人（Cooper et al., 1973）的研究中，每次给被试呈现一个旋转角度不同的字母 R，有些是正写的，有些是反写的（见图7-1）。被试的任务是判断字母是正写的还是反写的。结果表明，当呈现的字母为垂直状态时（0°或360°），反应时最短，随着旋转角度的增加，反应时也随着增加，当字母旋转180°时，反应时最长（见图7-2）。

上述结果说明，被试在完成任务时对表象进行了心理操作，即他们倾向于把倾斜的字母在头脑中旋转到直立位置，然后再做出判断。在实验中，由于180°的R旋转到直立位置在头脑中所经历的路径最长，因此反应时最长。由于表象具有操作性，因此人们可以借助它进行形象思维，利用它为概念的形成、问题的解决服务。

（三）与表象有关的双重编码理论

加拿大心理学家佩维奥（Paivio，1971；1991）提出的双重编码理论（dual coding theory）认为，人脑中同时存在言语和非言语符号的双重编码系统。言语符号系统负责处理语言的信息；非言语符号系统，即表象系统，负责处理非语言的或者形象的信息，如图片。两个系统的功能是相互独立的，但也存在一定的联系。功能独立表现为一个系统的激活不以另一个系统的激活为前提，或者两个系统可以平行被激活。联系表现为一个系统的激活能够引起另一个系统的激活，两个系统存在相互作用。例如，"狗"的图片可引发表象系统的活动，产生"狗"的表象，又可

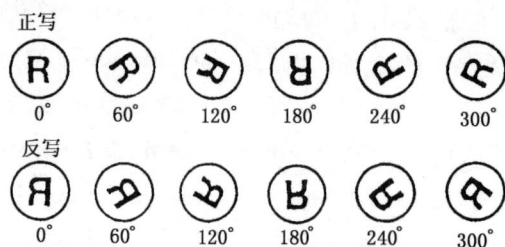

图 7-1　心理旋转实验的字母图形

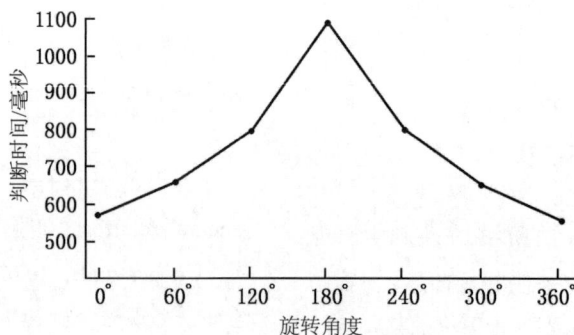

图 7-2　字母旋转角度与被试判断的反应时

（资料来源：Cooper & Shepard，1973）

引发言语符号系统的活动，如激活"狗"的名称。同理，"狗"这个单词符号可引发表象系统的活动，产生"狗"的表象，又可引发言语符号系统的活动。

由于两个系统既相互独立，又相互作用，因此，如果对于某个刺激能够采用两种方式编码，那么就会比采用一种方式编码具有认知加工上的优势。例如，研究发现，具体词的记忆效果要比抽象词的记忆效果好。根据双重编码理论的观点，加工具体词的这种优势是由于对具体词既进行了言语编码，也进行了表象编码，或者说它既有言语的表征，又有表象的表征；而抽象词较难引发表象，因为它主要是依靠言语编码进行的。

综上所述，双重编码理论认为，表象是人类知识的重要表征方式，在人类的记忆、思维、语言等认知加工中发挥着非常重要的作用。双重编码理论得到了大量实验的支持（Paivio, 1991）。在日常生活中，恰当地利用表象可以帮助人们更好地解决问题。

（四）表象在思维中的作用

1. 表象为概念的形成提供了感性基础

表象既有直观性，又有概括性。表象离开了具体的事物，摆脱了感知觉的局限性，因而为概念的形成奠定了感性的基础。例如，对"动物"这个概念，孩子们常常用猫、狗、鸡、鸭等具体形象来说明。有了表象做支持，儿童更容易形成抽象的概念。在教学过程中，可以利用表象帮助学生掌握抽象的概念。

2. 表象有助于问题的解决和推理

表象是思维的基本单位，形象思维主要是借助表象进行的，表象也有助于抽象思维。表象在问题解决中的作用早为人们所认识。例如，小学低年级学生在解决数的运算问题时，在很大程度上要有表象的参与；中学生在解决几何问题时，要依赖表象的支持；成人在利用概念进行抽象思维时，也需要表象的帮助与支持，如建筑师在审阅设计图纸时，在头脑中利用建筑物的形象来帮助思维。

在推理时，表象也有重要作用。休腾洛切尔等人（Huttenlocher et al., 1968）给被试两个命题，如"汤姆比迪克高些""哈里比汤姆高些"，要求被试说出谁最高、谁最矮，这时被试头脑中可能出现不同高度的圆柱体，并用它们代表汤姆、迪克和哈里。根据对表象的比较，被试直接说出了答案。

二、概念

（一）概念的定义、功能和种类

1. 概念的定义、功能

概念是具有共同属性的一类事物的总称。例如，鸟就是"有羽毛，无齿有喙"一类动物的总称。概念包括内涵与外延两个方面。内涵是指概念的共同属性，外延是指具有这些属性的事物。例如，"脊椎动物"概念的内涵是有生命和有脊椎，外延包括一切有脊椎的动物，如鸟、鱼、蛇、狼、豹等。概念的内涵增大，外延就变小了。

概念是人类知识经验的概括和总结，只有掌握了相当领域的概念，才能更好地解决问题。例如，你所学的心理学课程中有大量的概念，只有掌握了这些概念，你才能运用心理的知识思考和解决现实生活中人们遇到的各种心理问题。概念把一类事物和另一类事物区分开来，具有分类或者范畴化（categorization）的功能。由于概念具有分类的功能，因此它有利于我们对事物的认识，简化认知过程。例如，有些水果你从来没有见过，但只要告诉你这是水果，你就知道它具有水果的属性。概念也是人类交流的基础，人利用概念可以有效地进行交流。试想，如果你不知道"恋爱""约会""浪漫""甜蜜""羞涩"这些概念的含义，你该如何和朋友交流初恋的体验呢？

概念是一个层级系统，包括上位概念、基本水平的概念和下位概念等层级，由它们构成一个概念家族。以"水果"概念为例，水果是上位概念；苹果、梨、香蕉、桃、葡萄等是基本水平的概念；红富士苹果、黄元帅苹果、鸭梨、雪花梨、水蜜桃、油桃等则是下位概念。

研究表明，基本水平的概念是人们描述物体时经常使用的概念，是最容易被激活的概念，也是儿童首先习得的概念。想一想，儿童是先学会了"狗"的概念，还是先学会了"吉娃娃狗"的概念，显然是前者。

概念是用词来表达、巩固和记载的，是指词的意义方面。概念的形成是借助词和句子来实现的。但是，概念与词并不是一一对应的关系。同一个概念可以由不同的词来表示，同一个词也可以表达不同的概念，如"医生"与"大夫"两个词表达了同一个概念，而"千金"一词表达了"女儿""珍贵"等不同的概念。

2. 概念的种类

根据不同的标准，概念可以分为不同的类型。

（1）合取概念、析取概念和关系概念

合取概念是指两个或者两个以上的特征必须同时具备的概念，即"此和彼"的概念。例如，"毛笔"这个概念必须同时具有两个属性，即"用毛制作的"和"写字的工具"。合取概念是较为普遍的概念，如鸟类、水果、动物等都属于这种概念。析取概念是指多个可能的特征中，至少具备一个特征的概念，即"此或彼"的概念。例如，对"好学生"这个概念可以有不同的解读，如"学习成绩好""热爱集体、关心他人""孝敬父母"的学生都是好学生。一个学生同时具有这些特征固然是好学生，但如果只具有其中一个特征也是好学生，所以"好学生"是一个析取概念。关系概念是指根据事物之间的相互关系形成的概念，如高低、上下、左右、大小等。

（2）人工概念和自然概念

人工概念是指根据一套规则或者定义性特征来定义的概念，也称正式的概念（formal concepts）。定义性特征是定义一个概念必要且充分的特征。例如，三角形就是有三个边和三个角，且内角之和为180°的封闭的二维图形，不具备这些定义性特征的图形就不是三角形。我们在课堂中学过的概念大多属于人工概念。由于人工概念的内涵和外延都比较清晰，因此，实验室里研究概念的形成过程常常采用人工概念。但在日常生活中，许多概念的内涵都比较模糊，很难用一套规则来定义这些概念。例如，什么是"爱"，什么是"诚实"，什么是"游戏"，这些概念不能用规则或者定义性特征来定义，每个人对"爱""诚实""游戏"都有自己的理解。这些在日常生活中自然而然形成的概念被称为自然概念。自然概念的内涵和外延都比较模糊，很难用一套规则或者定义性特征来限定，而是更多使用典型性特征或特有特征（characteristic features）来说明。典型性特征是指一个概念表现出的典型特点，但并非概念的所有成员都具备这一特征。例如，"会飞"是鸟这一概念的典型性特征。

在日常生活中，人们更多使用自然概念来思考事物。需要注意的是，一个概念既可以是人工概念，也可以是自然概念。例如，对你而言，水果是一个自然概念，但对植物学家而言，如果他是根据严格的定义来区分概念的，那么水果就是人工概念。

（二）概念形成的理论

概念形成（concept formation）是指个体掌握概念的过程，具体来说，是把一定的信息归类的过程，又称概念掌握。由于自然概念的形成涉及许多因素，它的形成是一个较长的过程，因此用实验的方法研究自然概念的形成过程难度很大。为了克服这一困难，有的心理学家使用人工概念进行研究。

1. 人工概念形成的研究简介

20 世纪 50 年代以后，布鲁纳等人（Bruner et al.，1965）对概念形成的研究最具代表性。

布鲁纳等人通过图片选取的方法探讨概念的形成过程。他们设计了 81 张图片（见图 7-3），图片上的属性按性质分为四类。①图形：有圆形、方形、十字形。②图形数目：每张图上的图形数目分别为 1 个、2 个、3 个。③颜色：有绿、黑、红三种（实际操作时卡片从左至右依次为上述三种颜色）。④边框：每张图片的边框数目分别为 1 条、2 条、3 条。

81 张图片的属性的不同结合可以构成许多人工概念，如概念"3 个黑色圆形"包括圆形、3 个、黑色这三个属性，不包括边框这个属性，属于合取概念，代表这一概念的图形有 3 张。又如，概念"3 条边框的图片"可以指不同形状和数量的图片，也可以指不同颜色的图片，属于析取概念，代表这一概念的图片有 27 张。

在实验时，将 81 张图片呈现给被试，说明图片都有哪些属性，以及怎样将图片属性结合成概念。然后指着一张图片告诉被试："我现在头脑中有一个概念，这张图片是这个概念的肯定实例。下面请你按自己的想法，每次指一张图片给我看，我来反馈'对'与'错'，最后请你发现我头脑中的概念。"例如，主试出示给被试的图片是"单边一个黑色圆形"，主试心

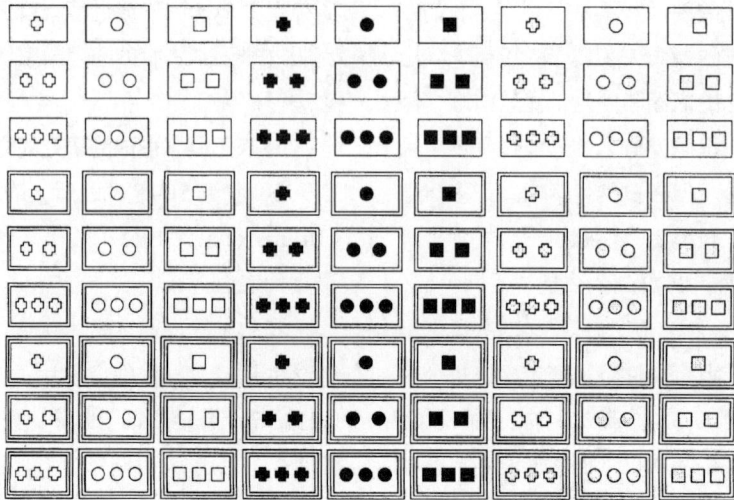

图 7-3　布鲁纳等人关于概念形成的实验材料

（资料来源：Bruner，Goodnow，& Ausgtin，1965）

中的概念是"黑色圆形"，被试可能按下列顺序发现主试心中的概念。

被试选择的图片	主试反馈
①单边一个红色圆形	错
②单边一个黑色方块	错
③双边一个黑色圆形	对
④单边三个黑色圆形	对

实验进行到此，被试说："我想你头脑中的概念是'黑色圆形'。"主试说："对。"这时被试就发现了主试头脑中的概念。

2. 概念形成的理论

（1）假设检验说

布鲁纳等人的假设检验说认为，概念形成的过程是不断提出假设、验证假设的过程。被试根据对实验材料的选择与主试提供的反馈，形成了概念包含属性的假设。如果某种假设被证明是正确的，概念也就形成了。以布鲁纳的实验为例，图片中的一些属性是相关的，如圆形、黑色；另一些属性是无关的，如单边、双边、红色。被试先假设所要形成的概念的某些属性，经过主试的反馈，检验这一假设的正确性，最后发现了相关的属性，排除了无关的属性，形成了概念。

（2）原型理论

茹什（Rosch，1973）对假设检验说提出了怀疑，因为假设检验说建立在人工概念研究的基础上，而人工概念和自然概念有很大的差别。例如，自然概念不像人工概念那样有准确的定义，其内涵和外延都很模糊。因此，用人工概念研究得到的结果不一定适合描述自然概念的形成过程。

茹什提出的原型理论认为，在掌握概念时，不是掌握它的一个或者几个定义性特征，而是通过接触具体的实例形成概念的原型。原型是指概念范畴中最能代表该范畴的典型成员。想想看，"鸟"概念的原型是什么？"水果"概念的原型是什么？前者更可能是"麻雀"，而不是"企鹅"；后者更可能是"苹果"，而不是"柠檬"。原型和范畴其他的成员更相似。例如，和企鹅相比，麻雀与其他的鸟更相似。

原型理论认为，形成概念就是在头脑中形成概念的原型。在归类时，把某一具体实例与原型进行比较，根据实例和原型相似度，判断具体实例是否属于某一概念范畴。原型理论强调原型在概念形成过程中的作用，对解释自然概念的形成具有很大的启发作用。

有关概念组织的理论

（三）概念组织的理论

我们掌握了大量的概念，这些概念是被杂乱无章地存储在记忆中，还是按照一定的原则组织起来的？如果概念是有组织的，那么它们是如何组织在一起的？下面介绍有关概念组织的两种理论。

1. 层次网络模型

层次网络模型（hierarchical network model）是由柯林斯等人（Collins et al., 1969）针对言语理解的计算机模拟提出的，后来被用来说明概念组织。在这个理论中，概念本身以节点的形式被存储在概念网络中，每个概念由语义特征来定义，这些特征实际上也是概念。各类属概念间按逻辑的上下位关系组织在一起，概念间通过连线表示它们的类属关系，这样彼此具有类属关系的概念组成了一个概念的网络。在网络中，层次越高的概念，其抽象概括的水平越高。

每个概念的特征实行分级存储，即每一层概念的节点上只存储该概念的独有特征，而同层各概念共有的特征则被存储在上一层的概念节点上。例如，"金丝雀""会飞"，因此，这一特征被存储在上一层"鸟"概念的节点上，而"黄颜色""高个子"分别是"金丝雀""鸵鸟"的独有特征，这些特征分别被存储在自己的节点上（见图 7-4）。层次网络模型认为，提取概念的意义就是网络搜索的过程。搜索的距离越长，反应时间越长，搜索距离的长短用连线的长短来表示。

层次网络模型得到了一些实验的支持。例如，柯林斯等人（1969）在研究中让被试阅读句子并判断句子意义的合理性。结果发现，判断"金丝雀是鸟"的时间比判断"金丝雀是动物"的时间要短。这是因为核实"金丝雀是鸟"在网络中搜索的距离比核实"金丝雀是动物"搜索的距离短，这符合层次网络模型的预期。

层次网络模型简洁地说明了概念间的关系，但是它所概括的概念间的关系类型较少。而且许多实验发现，这种严格按照类属概念上下位关系组织概念的方式不一定具有心理现实性。例如，陈宝国（1993）的研究显示，"麻雀是鸟"和"海鸥是鸟"，虽然在概念网络中搜索的距离相等，但是句子意义合理性的判断时间并不相同，表现为前者较短；又如，"企鹅是鸟"和"麻雀是动物"，在概念网络中，前者的搜索距离要短于后者，但句子意义合理性的判断时间反而长于后者。这说

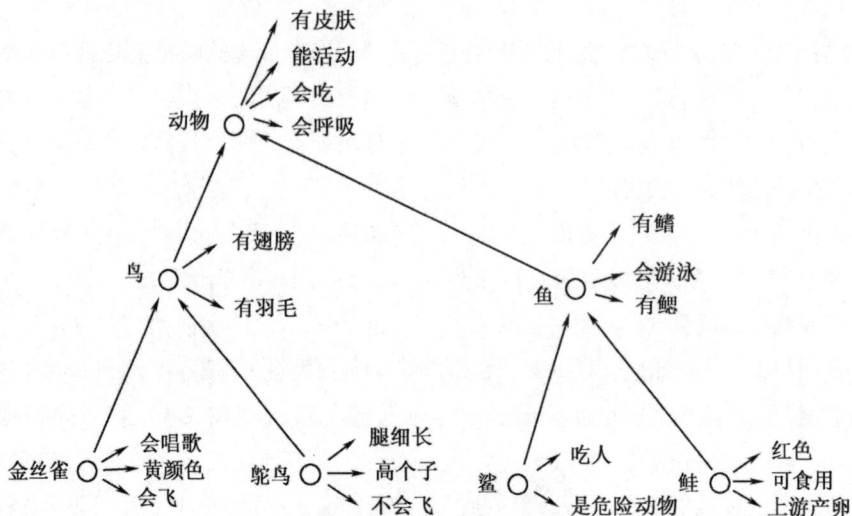

图 7-4　层次网络模型示意图

明，概念意义提取的时间并非完全取决于
网络上连线的长短。作者认为，人们对概
念的熟悉度会影响概念意义的提取时间。
人脑中的概念可能并非严格按照逻辑的上
下位关系来组织的。

2. 激活扩散模型

柯林斯等人（Collins & Loftus，1975）
在层次网络模型的基础上提出了激活扩散
模型。

该模型放弃了概念按照逻辑的上下位
关系组织起来的观点。该模型认为，由于
经验的作用，概念组成一个相互联系的概
念网络，概念网络以语义相关性（seman-
tic relatedness）为基础，意义相互联系的
概念组织在一起，如图 7-5 所示。在概念
网络中，连线的长短表示概念联系的紧密
程度，连线越短，概念间的联系越紧密。
例如，"苹果"与"梨"的联系程度比"苹
果"与"樱桃"的联系程度要高。

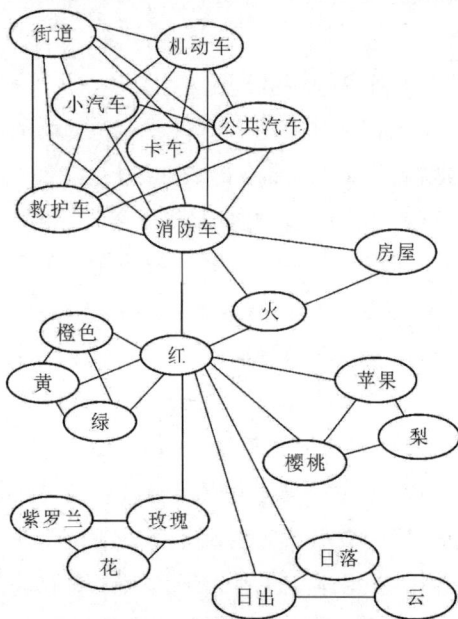

图 7-5　激活扩散模型示意图

激活扩散模型还假定，当一个概念被
加工时，其意义激活会自动传递到相关概
念，使相关概念的意义也得到激活，而且
激活的强度随着传递距离的增加或者传递

时间的延长而降低。例如，呈现"苹果"的概念会较强地激活"梨"的概念，也会激活"红"的概念，但对"红"的概念的激活强度要弱些。

激活扩散模型不仅较好地说明了概念的组织，而且成功地解释了心理学研究中的一个重要现象：语义启动效应（semantic priming effect）。例如，短暂地呈现词语"医生"比短暂地呈现"奶油"，加速了对随后呈现的词语"护士"的识别。这是因为在呈现词语"医生"时，与其有意义联系的词语"护士"得到了自动激活，因此加速了对"护士"的识别。而在呈现词语"奶油"时，并没有自动激活"护士"的概念。

概念是有组织地被存储在记忆中的，希望你在学习知识时能对知识加以组织和分类，这有利于知识的保存，也有利于日后知识的提取。

启动实验范式和
启动效应

第三节 推理和问题解决

推理和问题解决都是思维过程的体现，思维水平的高低在一定程度上反映在推理和问题解决的能力上。

一、推理

推理是指根据一般原理推出新结论，或者从具体事物或现象中归纳出一般规律的思维活动。前者叫演绎推理（deductive reasoning），后者叫归纳推理（inductive reasoning）。例如，人们根据"金属受热会膨胀"的原理，推出"铁是金属，铁受热会膨胀"的结论，这属于演绎推理。人们根据"铜受热会膨胀""铁受热会膨胀""锡受热会膨胀"，得出"金属受热会膨胀"的结论，这属于归纳推理。

推理反映思维过程，在日常生活中人们利用推理解决问题。心理学侧重研究推理的过程和影响推理准确性的因素。下面重点介绍一些有关演绎推理的心理学研究。

（一）三段论推理

三段论推理是由两个假定真实的前提和一个可能符合，也可能不符合这两个前提的结论组成。例如，下面有 4 个三段论式：①所有 A 都是 B，所有 B 都是 C，因此，所有 A 都是 C；②所有 A 都不是 B，所有 B 都是 C，因此，所有 A 都不是 C；③所有 A 都是 B，所有 C 都是 B，因此，所有 A 都是 C；④有些 A 是 B，有些 B 是 C，因此，有些 A 是 C。

从图 7-6 中我们发现，上述 4 个论断中只有第一个结论是正确的。论断②③④由于存在图解中的情况，因此结论并不正确。但是，在实际生活中，许多人认为这

4 个结论都是正确的。这说明人们的推理会出错。

伍德沃思等人（Woodworth et al., 1935）认为，在三段论中，前提所使用的逻辑量词（所有、一些……）产生了一种气氛，使人们容易接受包含同一逻辑量词的结论，但这一结论不一定是正确的。具体来说，两个全称的前提使人倾向于得出全称的结论，两个特称的前提使人倾向于得出特称的结论。同样，两个肯定的前提使人倾向于得出肯定的结论，两个否定的前提使人倾向于得出否定的结论。而一个全称的前提和一个特称的前提使人倾向于得出特称的结论。例如，有些 A 是 B，有些 B 是 C，人们受前提气氛的影响，倾向于得出有些 A 是 C 的错误结论。这种效应被称为气氛效应（atmosphere effect）。伍德沃思等人的研究对后人相关的研究产生了重要影响。

查普曼等人（Chapman et al., 1959）认为，对前提理解的错误导致了推理的错误。如果你认为，"所有 A 都是 B"等于

①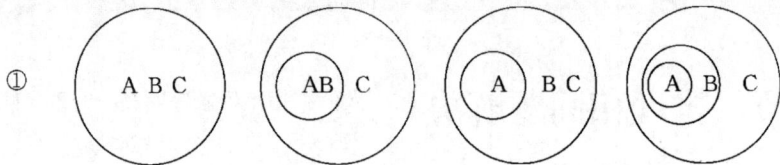

所有 A 都是 C，在各种情况下都是正确的

②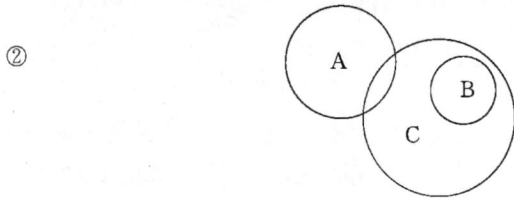

所有 A 都不是 C，是错误的

③

所有 A 都是 C，是错误的

④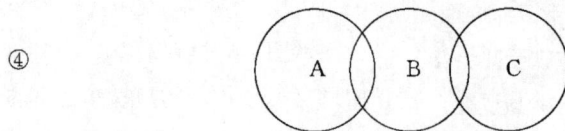

有些 A 是 C，是错误的

图 7-6　三段论例①～④可能的图解

"所有 B 都是 A"，你就错误地理解了前提。例如，"所有的白菜都是蔬菜"并不等于"所有的蔬菜都是白菜"。前提理解错了，推理就会出现错误。例如，"所有 A 都是 B""有些 B 是 C"，因此"有些 A 是 C"。这个结论本来是错误的，但如果你认为，"所有 A 都是 B"等于"所有 B 都是 A"，就会得出"有些 A 是 C"是"正确"的结论。

约翰逊-莱尔德（Johnson-Laird，1983；1991）认为，人们推理的过程就是创建并检验心理模型的过程，即首先根据前提条件创建一个心理模型，并得出一个有待证明的结论，然后根据前提条件搜寻其他可能创建的心理模型。这里的心理模型是指人们在理解前提时，会产生一种与前提有关的，类似于人们所感知或想象的某种事件或者情景。如果建立的各模型间没有冲突，就接受开始得出的结论，否则，就拒绝开始得出的结论。例如，根据下面给定的前提，判断结论是否正确。

超市的货架上摆满了各种水果，其中：

①香蕉在苹果的右边；

②菠萝在香蕉的左边；

③葡萄在菠萝的上面；

④橘子在香蕉的上面。

结论：葡萄在橘子的左边。

根据上述前提，假如被试首先建立了心理模型 1。根据该心理模型，可以得出"葡萄在橘子的左边"的结论。然后被试根据前提搜寻其他可能的情况，建立了心理模型 2。这个心理模型也支持"葡萄在橘子的左边"的结论。由于两个心理模型

都得出了相同的结论，因此"葡萄在橘子的左边"的结论是成立的。

心理模型 1			心理模型 2		
葡萄	橘子		葡萄		橘子
苹果	菠萝	香蕉	菠萝	苹果	香蕉

但是，假如给定的前提条件是这样的：

①香蕉在苹果的右边；

②菠萝在香蕉的左边；

③葡萄在菠萝的上面；

④橘子在苹果的上面。

结论：葡萄在橘子的左边。

假如被试首先建立心理模型 1。根据该心理模型，可以得出"葡萄在橘子的左边"的结论。然后被试根据前提搜寻其他可能的情况，建立了心理模型 2。但心理模型 2 不支持"葡萄在橘子的左边"的结论。由于两个心理模型得出了不同的结论，因此"葡萄在橘子的左边"的结论是不成立的。

心理模型 1			心理模型 2		
葡萄	橘子		橘子	葡萄	
菠萝	苹果	香蕉	苹果	菠萝	杳蕉

约翰逊-莱尔德等人认为，推理中出现错误，是由于人们受工作记忆容量的限制，只根据前提创建了一个心理模型，而没有考虑建立更多的心理模型，而且推理所需建立的心理模型越多，推理就越困难。

总之，在三段论推理时，前提所使用的逻辑量词、对前提理解的错误以及工作记忆容量的限制等都可能导致推理的错误。为此，正确理解前提，尽量做出全面

考虑，才能使我们减少推理的错误。

（二）条件推理

条件推理（conditional reasoning）是指人们利用条件性命题进行的推理。例如，"如果明天下雨，球赛就停止""明天有雨，所以球赛停止"。

在条件推理中，研究者发现了一个有趣的现象，就是人们倾向于证实某种假设或规则，而很少去证伪它们，这种现象被称为证实倾向（confirmation bias）。

以沃森（Wason，1966；1968）的"四卡片选择作业"（four cards election task）为例，在实验中，他给被试看四张卡片，卡片的一面写有字母，另一面写有数字（见图7-7）。同时给被试提出一个规则："若卡片的一面是元音字母，则另一面为偶数。"要求被试说出为证实这一规则的真伪，必须翻看哪些卡片。结果发现，只有约4%的被试做出了正确选择，即选择翻看卡片"E"和"7"。46%的被试选择翻看卡片"E"和"4"；33%的被试选择翻看卡片"E"。这里，"E"是应该被翻看的，因为如果后面是偶数，则肯定该规则，如果是奇数，则否定该规则；"F"不需要被翻看，因为无论后面是奇数还是偶数，都与该规则的检验无关；卡片"4"

也是不需要被翻看的，因为该规则只是说"若卡片的一面是元音字母，则另一面为偶数"，但并没有说，"若卡片的一面是偶数，则另一面为元音字母"，因此无论其后面是不是元音字母，都不能证明该规则的真伪。卡片"7"是应该被翻看的，因为如果后面是元音字母，则可以证伪该规则。

根据上面的分析，正确的选择应该是翻看卡片"E"和"7"。如果"E"后面是奇数，"7"后面是元音字母，那么就证明这一规则是错误的。但是多数人选择"E"或者"E"和"4"，而不选择能够证伪规则的卡片"7"。根据这一实验，沃森等人认为，在检验规则或假设的过程中，人们有一种强烈的对规则的证实倾向，较少寻求证据证伪。

后来的研究发现，人们确实存在证实其假设的倾向。也就是说，人们更愿意寻找和接受那些支持他们假设的证据，忽视那些与自己假设不一致的证据（Bernstein，2016）。证实倾向有时会误导我们的判断。例如，你结识了某位新朋友，通过几次接触你认为他是一个外向的人，此后你就有可能寻找他外向的证据，但实际上他是一个比较内向的人。又如，侦查人员更可能寻找嫌疑人犯罪的证据，尽管嫌疑

| E | F | 4 | 7 |

图 7-7　选择作业的刺激卡片

（资料来源：Wason，1966）

人可能是无辜的。很显然，证实倾向可能会导致我们的误判。因此，在现实生活中，要学会多方位考虑问题，以减少证实倾向可能带来的不利影响。

二、问题解决

在现实生活中，人们会遇到各种各样需要解决的问题。例如，学生要完成作业，教师要指导学生论文，心理医生要治疗心理疾病，警察要侦破案件。又如，你迷路了，没有手机导航，没有人可以问路，你该如何找到正确的方向？

根据问题的明确程度，问题可分为定义良好的问题和定义不良的问题。前者是指初始状态、目标状态以及由初始状态如何达到目标状态的一系列过程都很清楚的问题；后者是指问题的初始状态或目标状态不清楚，或者对两者都没有明确说明。例如，几何证明题就是定义良好的问题，而"提高你的魅力"就是定义不良的问题，因为魅力的含义是模糊的，可以有多种理解。现实生活中遇到的很多问题都是定义不良的问题。例如，如何提高人的主观幸福感，如何处理好人际关系等。

根据问题解决者是否有对手，问题可分为对抗性问题与非对抗性问题。在解决对抗性问题时，人们不仅要考虑自己的想法，而且要考虑对手的想法。例如，象棋、围棋、桥牌等都属于对抗性问题。在解决非对抗性问题时，没有对手的参与。

根据问题解决者具有的相关知识的多少，问题可分为语义丰富的问题和语义贫乏的问题。例如，解决心理疾病方面的问题对心理治疗专家来说属于语义丰富的问题，而对初学心理学的人来说属于语义贫乏的问题。

问题类型的划分是相对的，不同类型的问题，其解决的难度可能不同。例如，定义不良的问题解决起来可能要难一些。

问题解决是一种重要的生存技能，是一种高级认知能力。问题解决的能力体现了思维的水平，影响着个人的生活质量和工作质量。由于问题解决的重要性，心理学家很早就对问题解决进行了研究。

19 世纪末，桑代克（E. L. Thorndike）用猫进行了著名的迷笼实验，将一只饿猫放入笼内，笼外放着食物。猫为了吃到食物，起初在笼内乱冲乱撞。偶尔一次，猫碰到了扳动装置，打开门吃到了食物。之后再将它放入笼内，经过多次这样的练习，猫的错误行为越来越少，最后学会了开门。根据实验，桑代克认为，动物解决问题的过程是一个尝试错误（trial and error）的过程。

在第一次世界人战期间，格式塔学派的代表人物苛勒对黑猩猩的思维进行了长达 7 年的研究。他设计了黑猩猩"取香蕉"的实验，根据实验结果，他认为，动物解决问题的过程并不是尝试错误的过程，而是对问题情境的一种顿悟（insight），即通过对原来知觉情境的改造，将已有的知识经验重新组合，突然找到问题解决的方法。

20 世纪 60 年代以后，受认知心理学的影响，心理学家把人类问题解决的过程和计算机问题解决的过程进行类比，并用计算机模拟了人类问题解决的行为。以纽厄尔和西蒙（Newell & Simon，1972）为代表的研究者提出了问题解决的通用策略，把问题解决看作在问题空间中进行搜索，以找到从初始状态到目标状态的路径。这些观点和方法为问题解决的研究注入了新活力，大大加深了人们对问题解决的认识。下面简要介绍一些心理学家对问题解决的看法和研究成果。

（一）问题解决的概念

问题解决（problem solving）是指根据一定的问题情境，按照一定的目标，应用一系列的认知操作，使问题得以解决的过程。例如，医生治疗疾病的过程就是一个问题解决过程，患者的疾病构成了问题解决的情境，医生根据患者的症状，应用其知识经验，采用一定的方法，最后治愈疾病，使问题得以解决。

纽厄尔和西蒙使用问题空间的概念说明问题解决的过程。问题空间包括问题的初始状态和目标状态，以及由初始状态转化为目标状态可能采取的操作（operator）等。他们认为，问题解决就是经过一系列的操作把问题的初始状态转换为目标状态的过程。例如，在解答数学题时，已知条件和求证的结果分别是问题的初始状态和目标状态，你利用学过的定律、公式等知识求证的过程就是操作。

问题解决的策略

（二）问题解决的策略

问题解决的策略是影响问题解决效率的重要因素。好的策略有利于问题的解决。例如，9+3+2+7+8+1= ？人们可以按顺序进行加法运算，但解决问题的效率较低，且易出现错误。如果采用前后凑 10 的办法，就能迅速准确地解决问题。

纽厄尔和西蒙（1972）认为，算法和启发法是通用的问题解决的策略。

1. 算法

算法（algorithm）是根据一定的规则或者程序等一步一步地解决问题的方法。算法策略并不是随机地尝试错误，它类似于一些公式和程序，如果运用得当，就能一步一步地解决问题。例如，一只密码箱有 3 个转钮，每个转钮有 0~9 十个数字，如果采用算法策略找出密码打开箱子，就要根据一定的规则逐个尝试 3 个数字的组合，如 001，002，003，……，直到最后找到密码为止。又如，你的钥匙忘记放哪里了，利用算法策略，你需要搜索房间的每个位置，直到找到它为止。一般来说，计算机都是使用算法策略解决问题的。

采用算法策略的优点是能够保证问题的解决，但是采用这种策略解决问题有时费时费力，而且当问题复杂时，人们很难依靠这种策略来解决问题。另外，有些问题没有现成的算法或尚未发现其算法，这时采用算法策略都是无效的。

2. 启发法

启发法（heuristic）是根据一定的知识经验，在问题空间内进行较少的搜索，以解决问题的一种方法。例如，警察在侦破案件的过程中，根据各种线索和办案的经验，对犯罪嫌疑人的特征和犯罪动机进行推测，然后在短时间内缩小侦破的范围，这里采用的就是启发法策略。在寻找钥匙时，你不是寻找房间的每个位置，而是根据放置习惯寻找你最有可能放置的地方，这也是启发法策略。

启发法是一种走捷径的、凭经验解决问题的策略。虽然使用启发法不能保证问题解决的成功，但解决问题的效率较高。在日常生活中，人们解决问题通常采用的是启发法策略。

下面是几种常用的启发法策略。

（1）手段—目的分析法

手段—目的分析法（mean-end analysis）就是将需要达到的问题的目标状态分成若干个子目标，通过实现一系列的子目标最终达到总目标。它的基本步骤是：①比较初始状态和目标状态，提出第一个子目标；②找出完成第一个子目标的方法或操作；③实现第一个子目标；④提出新的子目标。如此循环往复，直至问题解决。以汉诺塔问题为例（见图7-8），在一块板上有3根柱子，在柱子1上有自上而下大小渐增的三个圆盘A、B、C。要求被

试将圆盘移到柱子3上，且仍保持原来放置的大小顺序。移动的条件是每次只能移动一个圆盘，且大盘不能放在小盘上，在移动时可利用柱子2。解决这一问题，目前最重要的差异是C不在柱子3上，要消除这一差异，选择的操作是把C移到柱子3上，但根据条件，当C上没有其他圆盘时才可移动，现在C上有B和A，因此建立的第二个子目标是先移动B。由于移动B的条件不成熟，因此另一个子目标是先移动A，现在移动A的条件成熟，因此把A移到柱子3上，把B移到柱子2上，再把A移到柱子2的B上，此时可把C移到柱子3上。这时当前状态与目标状态的差别是B不在柱子3上，要消除这一差别，需建立另一个子目标，先将A移到柱子1上，完成这一操作后，再把B移到柱子3上，最后把A移到柱子3上。至此达到了问题所要求的目标状态。

手段—目的分析法是一种不断减小当前状态与目标状态之间的差距而逐步前进的策略。但有时人们为了达到目的，不得不采取迂回的方法暂时扩大目标状态与初始状态的差距，以便最终达到目的。

在日常生活中，人们经常采用手段—

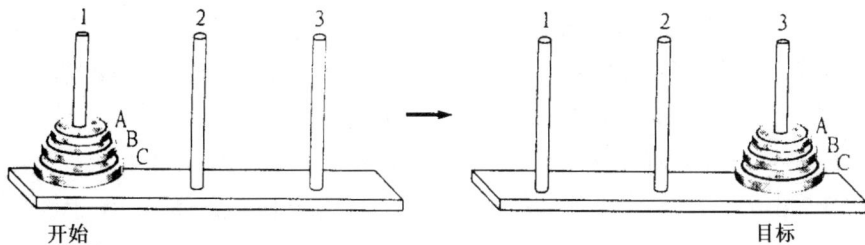

图7-8 汉诺塔问题

（资料来源：Best，1998）

目的分析法来解决问题。例如，你计划外出旅行，如何实现这一目标？你可能首先要考虑去什么地方，旅行目的地确定后还要考虑出行的方式，如是乘坐飞机或高铁，还是自驾。出行方式确定后，还要考虑住宿、饮食、出游等事宜。这种一步一步解决问题的策略就是手段—目的分析法。手段—目的分析法对解决复杂的问题有着重要的应用价值。根据这一策略，我们在解决问题时，应该把大目标分解为可以实现的小目标，然后实现小目标，最后实现大目标。

（2）逆向搜索法

逆向搜索法（backward search）就是从问题的目标状态开始搜索直至找到通往初始状态的通路或方法。例如，警察在侦破案件时，以案发现场为起点，根据犯罪嫌疑人留下的线索和现场目击证人的陈述，逐渐缩小侦查的范围，最后抓获犯罪嫌疑人。

逆向搜索法更适合解决那些从初始状态到目标状态只有少数通路的问题，一些几何类问题较适合采用这一策略。例如，已知长方形 $ABCD$ ，求证对角线 $AC = BD$ 。运用逆向搜寻解决这一问题的思路是：要证明 $AC = BD$ ，必须首先证明 $\triangle ACD \cong \triangle BDC$ ；要证明两个三角形为全等三角形，必须证明 $\angle ADC = \angle BCD$ ，$AD = BC$ 。由于已知 $ABCD$ 为长方形，这些条件都满足，因此 $AC = BD$ 。

（3）爬山法

爬山法（hill climbing method）是类似于手段—目的分析法的一种解决问题的策略。它是指逐步缩短初始状态和目标状态的距离，以实现问题解决的一种策略。即一步步通过完成子目标，最后完成总目标的一种策略，这就好像登山者，为了登上山峰，需要从山脚一步一步登上山峰。

爬山法与手段—目的分析法的不同在于手段—目的分析法存在这样一种情况，即有时人们为了达到目的，需要通过迂回暂时扩大目标状态与初始状态的差距，以便最终达到目的；但爬山法是一步一步前进的策略。

（三）影响问题解决的因素

有些人能快速解决问题，有些人却不能，是什么因素影响了问题解决的成败和效率？研究发现，问题解决除了受策略因素影响之外，还受到其他很多因素的影响，包括个体的知识因素以及心理因素等。有些因素促进了问题的解决，有些因素则阻碍了问题的解决。

1. 知识因素

有关专家和新手问题解决的研究表明，知识在问题解决中发挥着重要作用。专家是指在某一领域具有丰富知识的人，如数学家、物理学家、心理学家、象棋大师等，他们比新手解决专业领域的问题要容易。专家和新手在知识数量上以及知识组织方式上的差别是造成问题解决效率不同的主要原因。

（1）专家与新手在知识数量上的差异

德格鲁特（De Groot，1965）在一系列实验中比较了国际象棋大师（象棋专家）和新手的差异。在一项研究中，给象

西 蒙

西蒙（Herbert Alexander Simon，1916—2001）（见图7-9），美国心理学家。1943年获芝加哥大学政治科学博士学位。曾任美国卡内基－梅隆大学心理系和计算机系教授。1983—1987年任中美学术交流委员会主席。1972年以来，他多次来中国访问。1983年与中国科学院心理研究所进行科学合作，并系统讲授认知心理学。他是中国科学院心理研究所名誉研究员，北京大学、西南大学、天津大学和中国科学院管理学院的名誉教授。

图7-9 西蒙

西蒙知识渊博，研究领域广泛。他在经济学的贡献尤为突出，并于1978年获诺贝尔经济学奖。在心理学研究中，他把心理学与计算机科学结合起来，开创了人工智能的研究，并致力于人类思维的计算机模拟。在20世纪50年代，他和同事首先设计了计算机模拟下象棋的程序，这一工作在当时被认为是开创性的。在20世纪70年代，他对汉诺塔问题进行了计算机模拟。通过对问题解决的计算机模拟，西蒙等人提出了通用问题解决者模型，这一模型对问题解决的过程、策略等给出了详细的阐述。西蒙等人把出声思考（loud thinking）用于问题解决的研究，并提出了问题行为图的概念。问题行为图能使人们直接看到在问题解决过程中所进行的各种操作的序列。西蒙认为，认知系统是一种模块化的结构，由许多模块组成，每个模块负责解决不同类型的问题，不同功能的模块相互结合，采用和解决简单问题一样的解题策略，就能解决复杂的问题。

西蒙出版了大量的学术著作，主要有《管理行为》《人工科学》《人类问题的解决》《人类的认知：思维的信息加工理论》《科学发现》等。

（资料来源：《中国大百科全书·心理学》，1991）

棋专家和新手看实际比赛的棋局各5秒，然后打乱棋子的位置，让他们重新恢复棋局。结果发现，象棋专家正确恢复棋子的数量是20~25个，而新手只有6个。但当象棋专家和新手所看棋局为随机排列的棋局时，他们恢复的棋子的数量没有差别，都是6个。蔡斯等人（Chase et al.，1973）的实验也发现了类似的结果。蔡斯等人利用"组块"的概念解释了上述结果。他们认为，当棋局随机排列时，象棋专家与新手把每个棋子当作一个组块，因此恢复的棋子的数量没有差别。而当棋局是实际比赛的棋局时，象棋专家的组块包含更多的棋子，所以恢复的棋子的数量比新手要多。象棋专家与新手相比，存储的熟悉的棋局模式多。例如，象棋专家在记忆中存储了大约5万种棋局模式，而新手几乎没有存储什么棋局模式（Bedard & Chi，1992）。这些研究说明，专家与新手在知识数量上存在很大的差别。

（2）专家与新手在知识组织方式上的差异

专家与新手不仅在知识数量上，而且在知识组织方式上也存在差异。

蔡等人（Chi et al., 1982）对专家和新手的知识组织方式进行了研究。他要求专家（物理学博士研究生）和新手（学过一学期力学的大学生）对24个物理问题进行分类。结果发现，新手往往根据问题的表面结构特征进行分类，如把插图中有斜面的问题归为一类。而专家则根据问题的深层结构进行分类，即把解题时运用相同定理的问题归为一类。

在另一项实验中，他们让专家和新手对40道物理题进行分类。实验过程分四步。第一步，被试只需对这些问题分组。第二步，将原来的分组再划分为亚组。第三步，对划分出的亚组再进行详细的划分。第四步，被试重新检查最初划分的组，并应用合适的原则把它们合并起来。实验结果如图7-10所示。

圆形代表最初分的组，正方形和六边形代表亚组，三角形代表合并的结果，图形中的数字代表归入该组问题的数量。

结果表明，两位专家都能运用某种一致性的原则对40个问题进行分组。例如，一位专家把20道题合并为守恒定律的问题，把另20道题合并为运动方程的问题。而在两位新手中，只有一位能够确定上位类别，而且只能解释40个问题中的14个。这表明专家的知识是按层次结构的方式组织起来的，这种组织方式是专家长期解题经验积累的结果。

关于专家与新手的研究告诉我们，拥有相关领域的知识有助于问题的解决。要想成为某一领域的专家，不仅需要积累大量的专业知识，而且需要练习解决大量的问题。经过多年的辛勤努力和付出才有可能成为某一领域的专家。

2. 问题表征的方式

根据纽厄尔等人的观点，问题表征是指问题空间，包括问题的初始状态和目标状态，以及由初始状态转化为目标状态可能采取的操作等（Newell & Simon，1972）。解决问题时首先根据问题情境建立一个问题表征，即已知条件是什么，要达到什么目标，有可能采取什么方法达到目标等。问题表征涉及对问题的理解。问题表征不同，问题解决的效果就会不同。例如，在解答高考数学题时，如果你把问题理解错了，那么解题就会失败。

问题表征的方式受人已有知识的影响，也受问题呈现方式或者表述方式的影响。例如，在下面的例子中，已知一个圆的半径是2cm，问圆的外切正方形的面积有多大（见图7-11）。图中用不

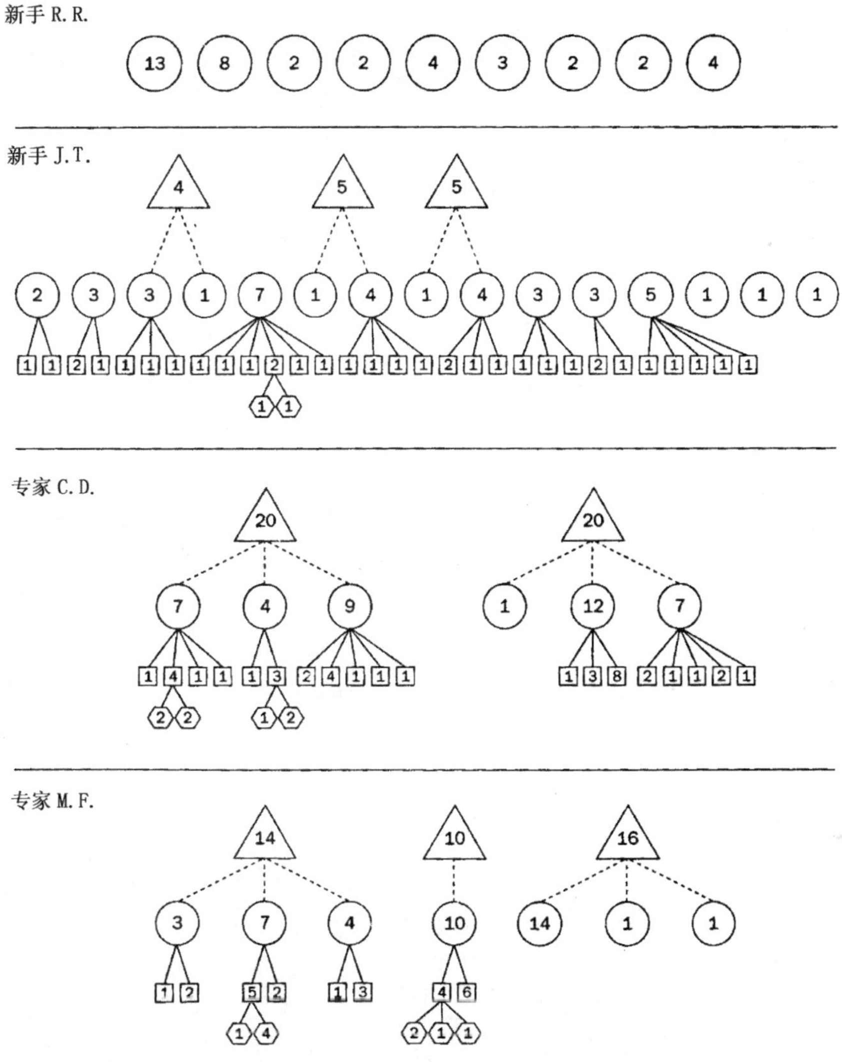
新手 R.R.
新手 J.T.
专家 C.D.
专家 M.F.

图 7-10　专家和新手在分类作业中的分组情况

（资料来源：Chi，Glaser，& Rees，1982）

同的方式画出了圆的半径。图 7-11a 与图 7-11b 比较，由于从图 7-11a 中较难看出圆的半径与正方形边长的关系，因此，利用图 7-11a 较难计算圆的外切正方形的面积。

由此可见，在问题解决过程中，正确分析问题、理解问题，在一定条件下重新表征问题对问题解决至关重要。

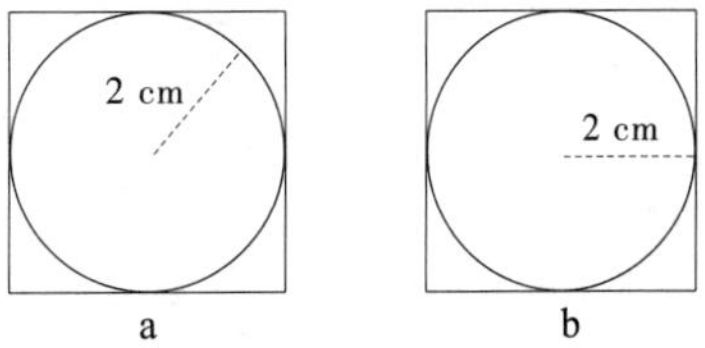
2 cm
2 cm
a
b

图 7-11　a 图和 b 图有不同的表征方式，产生不同的问题解决结果

3. 无谓的限制

有效的问题解决需要明确问题的已知条件或者限定条件，但有时我们会受到并不存在的限定条件的影响。例如，九点连线图的问题（见图 7-12），该问题要求人们用一笔连续画四条直线把图中的九个点连在一起。

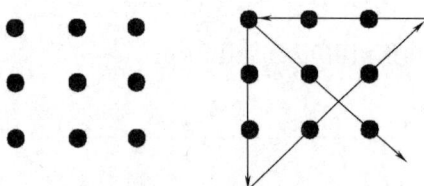

图 7-12 九点连线图

人们常常不能成功地解决这一问题，原因在于，人们总是试图在点子组成的方形中连线。如果告诉人们，连线时可以突破方形的限制，成绩就会有很大提高。在该问题给定的条件中，并没有限定连线不能突破方形的框框，但人们人为地给自己设定了不必要的限制，阻碍了问题的解决。因此，在解决问题时，明确问题的条件，去除不必要的条条框框，去除不必要的自我设限，将有助于问题的解决。

4. 定势

定势（set）是指重复先前的心理操作所引起的对当前活动的准备状态。它是运用先前解决问题的方法来解决新问题的倾向，对问题解决既有积极的作用，也有消极的作用。积极的作用表现为，在条件不变的情况下，运用先前的方法能够快速解决问题；消极的作用表现为，运用旧方法解决新的问题，阻碍新方法或者简单方法的发现和运用，阻碍创新。陆钦斯（Luchins，1942）在一个实验中要求被试用大小不同的容器量出一定量的水，用数字进行计算（见表 7-1）。被试被分为两组，实验组从第 1 题做到第 8 题，控制组

表 7-1 定势对问题解决影响的实验材料

题目序列	容器的容量			要求量出的容量
	A	B	C	D
1	21	127	3	100
2	14	163	25	99
3	18	43	10	5
4	9	42	6	21
5	20	59	4	31
6	23	49	3	20
7	15	39	3	18
8	28	59	3	25

（资料来源：Luchins，1942）

只做第 6、第 7、第 8 题。结果实验组在解第 1~8 题时，大多用 B-A-2C 的方法进行计算，被称为间接法。而控制组在解第 6、第 7、第 8 题时，采用了简便的计算方式：A-C 或 A+C，被称为直接法。这说明实验组多数人在做第 6、第 7、第 8 题时受到了定势的影响，只有 17% 的人不受影响，而采用了直接法（见表 7-2）。

定势使人的思维活动刻板化，使人局限于某个解决问题的方法或者思路不能自拔。而顿悟能够帮助人们打破定势，使人茅塞顿开，豁然开朗。顿悟为创造性思维打开了一扇窗口，历史上许多重要的发明创造都源于顿悟。由于顿悟的重要性，心理学家很早就对其进行了研究。但由于问题的复杂性，近一个世纪以来，有关顿悟的认知机制仍然没有得到很好的解释。

一种观点认为，顿悟源于对问题心理表征的变换，它与分析推理式的问题解决有着质的不同（Ohlsson，2011）。顿悟是因为人们重新表征了问题，采用新的角度来看待问题。例如，要求你用六根火柴摆成四个等边三角形。开始时，你可能没有完成这个任务，因为你是在平面内摆放的。如果你能转换思路，考虑到立体摆放，摆放成一个类似于金字塔的形状，那么问题就迎刃而解了。这里的顿悟就涉及问题表征的变换。开始时，你是在同一平面内思考问题的，后来转换为在立体的空间内思考问题，问题表征的变换导致了顿悟的发生。

另一种观点认为，顿悟与分析推理式的问题解决不存在质的差异，顿悟也需要以知觉、注意、记忆等心理过程为基础，只不过问题解决者没有意识到问题解决的过程，似乎突然解决了问题。也就是说，顿悟和分析推理式的问题解决一样，也是从问题的初始状态一步一步地达到目标状态的过程，只是人们没有意识到这个过程。单纯地重新表征问题对顿悟是不够的，顿悟也需要分析的过程（Chuderski，2014）。

一项研究考察了工作记忆和推理能力在顿悟过程中的作用。研究者假设，如果工作记忆和推理能力与顿悟成绩的关系不大，那么就说明顿悟式的问题解决和分析推理式的问题解决存在质的差异；如果工作记忆和推理能力能够在很大程度上解释顿悟成绩的差异，那么就说明顿悟式的问题解决和分析推理式的问题解决不存在

表 7-2　定势对问题解决影响的实验结果

组别	人数	采用间接法正确解答率 /%（D=B-A-2C）	采用直接法正确解答率 /%（D=A+C 或 D=A-C）	方法错误者 /%
实验组	79	81	17	2
控制组	57	0	100	0

（资料来源：Luchins，1942）

研究进展

顿悟的神经生理机制

顿悟是一种突发式的解决问题的过程，那么在顿悟发生时，哪些脑结构参与这一过程？顿悟的脑机制是否与顿悟的问题有关？围绕这些问题，研究者开展了一系列研究。

有研究者采用"啊哈谜语"作为实验材料，通过提供谜底答案研究顿悟的脑机制。研究发现，顿悟发生时激活了扣带回前部和左半球外侧前额叶皮层。扣带回前部可能与顿悟过程中认知冲突的觉察有关，外侧前额叶皮层可能参与认知冲突的解决（Luo et al.，2004）。

还有研究者采用火柴棒拼接的问题研究顿悟的神经生理机制。火柴棒拼接问题要求被试通过对火柴棒的移动，构造出一个新的拼接模式。如果拼接成功，就说明被试克服了思维定势的影响。结果发现，拼接成功时，右半球腹侧前额叶、左半球额中回和额极的激活非常明显。这说明，双侧的前额皮层在突破思维定势方面发挥着重要作用（Goel et al.，2005）。

另外，采用汉字字谜材料的研究发现，左侧额下回、额中回与顿悟过程中原有思维定势的打破和新异联系的建立有关（Qiu et al.，2010）。

在一项采用元分析方法的研究中，研究者分析了远距离联想任务、原型启发任务和汉字字谜三种顿悟任务中激活的脑区。结果显示，不同类型的顿悟任务激活了不同的脑区。这说明顿悟加工的神经机制可能与顿悟问题的类型有关，这在一定程度上解释了前人结果的分歧（Shen et al.，2016）。

总之，顿悟是一种非常复杂的认知活动，由于它涉及原有思维定势的打破和新异联系的建立过程，因此，必然有多个脑区参与这一复杂的认知过程。但由于研究方法的局限性，顿悟的认知神经机制仍是未解之谜。不管是采用谜语还是字谜研究顿悟，都人为地提供了一定的启发线索来引发顿悟，这种顿悟和现实生活中的顿悟存在一定的差别。希望未来能够出现更加具有生态效度的方法，进一步研究顿悟脑机制的未解之谜。

质的差异。结果发现，工作记忆和推理能力联合解释了顿悟成绩三分之二的个体差异，也有两者不能解释的个体差异。这说明顿悟需要分析性思维，也需要创造性思维，前面两种观点联合起来更可能解释顿

悟的认知机制（Chuderski，2014）。

5. 功能固着

功能固着（functional fixation）是指人们把某种功能赋予某种物体的倾向。它是一种特殊类型的定势，是对物体特定功

能的固着，即没有看出具有某种特定功能的物体还有其他的用途。例如，只知道盒子是装东西用的，不知道它还可以当支架用等。在解决问题的过程中，人们能否灵活运用物体以适应新的情境，常常成为能否解决问题的关键。在功能固着的影响下，人们不容易发现物体新的功能，直接影响到人们灵活地解决问题。邓克（Duncker，1945）的实验证实了这种影响。实验要求被试使用五种熟悉的工具解决五个新的问题。实验组在解决问题前对工具的习惯用法进行了练习，增强了功能固着的倾向；控制组没有练习，直接解决问题。结果控制组的成绩大大超过了实验组（见表7-3）。

邓克（Duncker，1945）在另一个实验中给被试呈现蜡烛、火柴、图钉等一些物品（见图7-13），要求被试利用这些物品把蜡烛安装在一块垂直于地面的木板上，而且能够正常燃烧。其中一半被试分到的物品是装在盒子里的；另一半被试分到的物品是没有装在盒子里的，即蜡烛和火柴都摆在了盒子的外面。结果发现，当把物品装到盒子里时，被试很难解决这一问题，而把物品放在盒子外时，被试则相对容易解决这一问题。你想到解决问题的方法了吗？正确的做法是，把盒子作为一个支架，用图钉把盒子钉在木板上，然后把蜡烛点燃固定在盒子上。为什么当把物品装在盒子里时，被试很难解决这一问题，这是因为被试认为盒子是装东西用的，受到了功能固着的影响，没有想到盒子的其他用途。

表7-3 功能固着对解决问题的影响

组别	工具	事先练习工作	变更使用、解决新问题	人数	成绩/%
实验组	钻子 箱子 钳子 秤砣 曲别针	钻洞 装物品 打开铁丝结 称重量 夹纸	支撑绳索 做垫脚台 支撑木板 击钉入木 做挂钩	14 7 9 12 7	71 43 44 75 57
控制组	同上	—	同上	10 7 15 12 7	100 100 100 100 86

（资料来源：Duncker，1945）

头脑风暴法

当问题解决陷入困境时，我们不妨尝试一下头脑风暴法。

头脑风暴法是一种思维方法，鼓励团体中的每一个人尽可能多地说出自己解决问题的方法。头脑风暴法的精髓在于尽可能多地提出问题解决的方法或者观点，避免对说出的方法或者观点进行即时评论，鼓励发散性思维。通俗地讲，头脑风暴法就是让大家针对某一个问题畅所欲言、各抒己见，把想到的都说出来，然后从中寻找解决问题的最佳方法。当然，头脑风暴法也可以在个人身上实施。

成功地实施头脑风暴法，需要遵循以下原则。

1. 避免在说出想法的阶段对产出的各种方法、方案进行评价，评价要在之后的阶段进行。

2. 鼓励对说出的方法、想法进行自由组合、修改。

3. 在说出想法的阶段，尽可能多地说出你的想法，数量比质量更重要。

4. 张开你想象的翅膀，标新立异，与众不同。

5. 记录各种想法。

6. 细化和完善最有希望的方法、方案。

（资料来源：Coon et al., 2016）

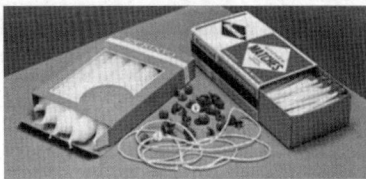

图 7-13　蜡烛问题

功能固着的形成与已有的经验有很大的关系。例如，儿童比成人较少受到功能固着的影响（German & Defeyter, 2000）。克服功能固着需要人们灵活地使用已有的工具或材料，使之服务于问题解决的目的，这被称为功能变通。功能变通与功能固着的作用相反。要具有这种能力：一方面要有丰富的知识，熟悉物体的不同功能；另一方面要具有思维的灵活性，能够从多个方面考虑物体的用途。

6. 动机和情绪

人们对活动的态度、社会责任感、认识兴趣等，都可以成为发现问题的动机，影响问题的解决。动机的强度不同，影响的大小也不同。心理学实验表明，在一定的限度内，动机的强度和解决问题的效率成正比，但动机太强或太弱都可能降低解决问题的效果。

情绪对问题解决也有一定的影响，紧张、焦虑、烦躁、压抑的情绪会阻碍问题

有利于问题解决的方法

研究者总结前人的研究成果，提出了有利于问题解决的 10 种方法。

1. 增加相关领域的知识。

2. 使问题解决中的一些成分自动化。

3. 制订比较系统的计划。

4. 做出推论。在解决问题之前，要根据问题中给定的条件做出适当的推论。这样既可避免使问题解决陷入死胡同，又可消除对问题的错误表征。

5. 建立子目标。

6. 逆向工作。

7. 寻找矛盾点。在诸如回答"有可能……"或"有什么方法……"这类问题时，可采用寻找矛盾点的方法。

8. 寻找当前问题与过去相关问题的联系性。要积极考虑当前问题与曾经解决的问题或者熟悉的问题的相似性，利用类似的方法解决当前问题。

9. 发现问题的多种表征。当问题解决遇到障碍时，回到问题的初始状态，重新形成问题的表征。

10. 多多练习。对于解决代数、物理和写作等课堂中遇到的问题，多练是一种良好的方法。

（资料来源：Ashcraft，1998）

的解决，而乐观、平静、积极的情绪会有助于问题的解决。

7. 人际关系

人处在一个复杂的社会中，解决问题不仅受个人心理因素的影响，而且受人们之间相互关系的影响。团体内的相互协作和相互帮助是使问题得以迅速解决的积极因素；相反，互不信任、人际关系紧张则会阻碍问题的解决。

当前有关问题解决的研究结果大多来自实验室中定义良好问题的研究。西蒙等人认为，解决现实生活中的问题和解决实验室的问题，基本过程是一样的，两者有共同之处。但不可否认的是，现实生活中的问题往往更加复杂，解决起来更不容易，这就希望你在未来的生活中能够利用所学知识，结合问题情境和他人的观点，更好地解决现实生活中存在的各种问题。

第四节　决　策

一、什么是决策

决策是指在几种备选的方案中做出选择的过程。在日常生活中，决策时时发生，并影响着人们的行为。例如，购买汽车时，买什么牌子，什么价位，什么颜色的汽车；高考选择大学时，选择什么学校，是国外大学，还是国内大学；投资时，是选择 A 产品投资，还是 B 产品投资。这些都需要进行决策。

决策的好坏直接影响行动的效果。例如，企业领导者决策的好坏直接影响企业的效益，国家的宏观决策直接影响国民经济的发展。因此，研究人们如何决策，决策受到哪些因素的影响，如何克服决策中的偏差等一系列问题具有重要的现实意义。

决策可分为确定性的决策和风险决策。

确定性的决策是指在确定的条件下，对备选方案做出选择的过程。例如，购买运动鞋时，是买 A 还是 B。目前已知两种运动鞋的价格、款式、颜色、性能等，你只需要根据自己的喜好选择一双就可以了。这种决策就是在比较确定的条件下做出的。

风险决策是指在不确定的条件下做出选择的过程。在风险决策中，决策者不仅对各种备选方案成功的概率未知，而且对存在哪些备选方案可能也不清楚。例如，

在产品研发中，研发什么样的产品能赢利，就属于风险决策。相对于确定性的决策，风险决策更难，心理学的研究更多是针对风险决策进行的。

二、决策的理性观

人的理性观是决策理论与研究的基础，不同的决策理论对此有不同的观点。

（一）古典决策理论

古典决策理论认为，决策者具有完全的理性能力。这种理性观与"经济人假设"相联系，假设决策者总是追求个人利益的最大化。

决策者具有完全的理性能力，具体表现在以下方面。

①知道要解决的问题和达到的目的。

②能得到所有有关的信息。

③对解决问题的方案"无所不知"。

④深知各方案实施后的结果，并能对这些方案的结果进行评价。

⑤决策者能够追求最优方案。

古典决策理论的理性观建立在"经济人假设"的基础上，没有考虑人的认知、情绪等因素在决策过程中的作用，而且，上面提到的这些方面在真实决策中是很难实现的。例如，在决策过程中，很难得到所有的信息，各个方案的结果也是很难预知的。

（二）行为决策理论

20 世纪 60 年代以后，认知心理学得

到了很大发展。西蒙从心理学的角度研究了决策问题，提出了行为决策理论。西蒙认为，决策是对行动目标与手段的探索、判断、评价，直至最后选择的过程。例如，对于如何提高经济增长的速度，没有一个现成的答案，行动的目标和手段都是探索和选择的过程。

行为决策理论认为，决策者的理性是有限的理性。因为人的认知能力是有限的，加之决策情境的复杂性，决策者不可能找到所有备选方案，不可能准确预测所有方案的结果等。例如，购买股票时，你无法准确预测哪只股票涨，哪只股票跌。因此，决策者是介于完全理性和非理性之间的"有限理性"的个体。

由于决策者无法找到解决问题的所有方案，也不可能准确预测各种方案的结果，因此，最优决策是不太可能实现的。西蒙等人提出决策的标准是满意性原则。它是指决策时，个体并不考虑所有可能的选项及其可能的结果，而是根据一定的标准，考虑几个选项，一旦感到满意，就会做出决策。这就好像购买汽车，你不可能对所有的汽车逐一进行选择，一般是设定一定的标准，在一定的范围内选择。一旦发现自己满意的汽车，就会做出决策。

西蒙等人还认为，决策要考虑决策的时效性，以及决策的后果。不考虑后果的决策，有可能造成严重的后果。

西蒙等人认为，人们一般根据以往的经验进行决策，不是根据建立在逻辑推理基础上的、考虑到各种条件后的算法进行决策。由于西蒙对决策领域的开创性研究，他于 1978 年获得了诺贝尔经济学奖。

三、决策的相关理论

卡尼曼等人进一步发展了西蒙等人的理论，提出了决策的前景理论（prospect theory）（Kahneman & Tversky, 1979）。研究发现，人在不确定的条件下进行的决策往往是非理性的，而且做出决策的偏差是有规律的，人更多是根据启发法进行决策和判断的。下面我们将简要介绍决策的期望效用理论和前景理论。

（一）期望效用理论

在早期的决策理论中，冯·诺依曼和摩根斯坦（Von Neumann & Morgenstern, 1947）的期望效用理论（expected utility theory）认为，期望效用值可用下面的公式来表示：

$$EU=\sum P_i \times U(X_i)$$

X 是指一个概率事件；$U(X_i)$ 是指结果 X_i 的效用；P_i 是指结果（X_i）出现的客观概率，即一个结果出现的可能性有多大。

期望效用理论采用严格的数学的方法来说明决策者对效用的偏好问题，而且该理论假设决策者追求效用的最大化。但是后来的许多研究发现，人们的实际决策并非完全符合期望效用理论的观点（Kahneman & Tversky, 1984）。例如，下面的两种方案请你选择。

方案一：你有 80% 的概率赚 8000 元，20% 的概率不赔不赚。

方案二：你肯定会赚 6000 元。

你选择方案一，还是方案二？根据期望效用理论，人们应该选择方案一，因为方案一的效用更高。但研究发现，多数人会选择方案二。

$$方案一的期望效用 =80\% \times 8000$$
$$+20\% \times 0$$
$$=6400 元$$
$$方案二的期望效用 =100\% \times 6000$$
$$=6000 元$$

再看下面的两种方案，请你选择。

方案一：你有 80% 的概率赔 8000 元，20% 的概率不赔不赚。

方案二：你肯定会赔 6000 元。

你选择方案一，还是方案二？根据期望效用理论，人们应该选择方案二，因为方案二的损失少一些。但实际上多数人会选择方案一。

$$方案一的期望效用 =80\% \times（-8000）$$
$$+20\% \times 0$$
$$=-6400 元$$
$$方案二的期望效用 =100\% \times（-6000）$$
$$=-6000 元$$

很显然，人们实际进行的选择不能用期望效用理论来解释。

（二）前景理论

卡尼曼等人在大量研究的基础上，提出了决策的前景理论。该理论没有说明人们的决策应该遵循什么样的原则，而是力图描述人们是如何进行决策的。

前景理论的内容非常丰富，其中包括的观点有：大多数人在面临获得的时候是风险规避的，而在面临损失的时候是风险偏好的。这一观点很好地解释了前面例子中的决策行为。为什么人在面临损失时会出现风险偏好？前景理论提出了损失厌恶的概念，即人们对损失比对获得更敏感。例如，丢失 100 元时的痛苦感要高于捡到 100 元时的快乐感。

研究发现，结果表述的方式会影响决策。例如，卡尼曼等人（Kahneman & Tversky，1979）在一项研究中使用了下面的例子。

设想某地区暴发了一种罕见的疾病，预计将有 600 人染病。目前有两种方案，对这两种方案的治疗效果的评估表述如下。

表述方式 1

如果采用方案 A，可以救活 200 人。如果采用方案 B，有 1/3 的可能全部救活 600 人，但也有 2/3 的可能 600 人全部死亡。

表述方式 2

如果采用方案 C，有 400 人死亡。如果采用方案 D，有 1/3 的可能使 600 人无一人死亡，但也有 2/3 的可能 600 人全部死亡。

研究发现，在表述方式 1 下，多数人（72%）选择了方案 A，在表述方式 2 下，多数人（78%）选择了方案 D。但实际上，方案 A 和方案 C、方案 B 和方案 D 的结果是一样的，只不过表述方式不同。这种把相同的信息用不同的方式来表达，进而影响决策的现象，被称为框架效应（framing effect）。

决策中的框架效应产生的认知机制

相同信息的不同表述方式会影响决策结果，这种现象被称为框架效应。为什么会产生框架效应？

单过程理论（single-process theory）认为，框架效应是单个分析性的推理系统作用的结果。在决策过程中，方案的选择受注意的调节，即偏爱哪种选择与你注意事物特征的先后顺序有关或者花费在某一特征上的时间有关。例如，在购买汽车时，如果你最关注的是质量，你可能会决定购买某一品牌的汽车。但是，如果你最关注的是价格，你就可能购买另一品牌的汽车了。决策时间上的压力能够改变注意的过程。例如，时间压力会使人们注意不同特征的时间发生改变，结果导致决策行为的变化。研究发现，如果决策存在时间上的压力，框架效应就会减弱（Svenson & Benson，1993）。这一研究支持了单过程理论。由于时间紧迫，不允许过多的思考，因此决策较少受到信息表达方式的影响。

有研究（Guo et al.，2017）却发现，在存在时间压力的情况下做决策，会增强框架效应。研究者使用的材料和前人的研究类似，即一种是"获得"框架下的描述，另一种是"损失"框架下的描述。被试在有时间压力（例如，在 1000 毫秒内做出选择）和无时间压力的情况下做出选择。结果发现，在有时间压力的情况下，在"获得"框架下，被试更多地选择风险规避的选项，在"损失"框架下，被试更多地选择风险偏好的选项。研究结果符合双过程理论的预期（Guo et al.，2017）。

双过程理论（dual-process theory）认为，框架效应与直觉性推理和分析性推理的相互作用有关。直觉性推理是一个快速的、自动化的过程，是情绪性的推理系统；分析性推理是一个相对缓慢的过程，建立在分析、理性思维的基础之上。与单过程理论不同，双过程理论认为，框架效应的产生主要是直觉性推理发挥作用的结果。在前面的研究（Guo et al.，2017）中，被试在有时间压力的情况下，分析性推理来不及发挥作用，他们可能更多使用直觉性推理，因此产生了更强的框架效应。

综上所述，单过程理论认为，框架效应是分析性推理发挥作用的结果。在决策过程中，方案的选择受注意因素的调节，决策时间上的压力不允许人们过多地进行分析性推理，因此决策时间上的压力会减弱框架效应。但双过程理论认为，框架效应与分析性推理和直觉性推理都有关系，其中起主要作用的是直觉性推理。如果你对这一问题感兴趣，可以尝试直接操纵分析性思维的水平或者情绪变量进一步考察这一问题。

使用外语思考问题能减少决策偏差

世界上数以亿计的人在学习和使用外语。和母语相比，外语使用起来不熟练，认知负荷比较重，那么使用外语思考问题会对决策产生影响吗？会产生怎样的影响？一项研究揭示，使用外语思考会消除决策中的框架效应，降低损失厌恶。

科斯达等人（Keysar et al., 2012）研究给英—日、韩—英、英—法双语被试呈现和卡尼曼等人（Kahneman & Tversky, 1979）研究中类似的实验材料，如下。

近来，一种新的传染病开始流行，如果不开发新的药物，预期将有 60 万人死亡。为了治疗疾病，现准备开发两种药物。

在"获得"框架下的表述为：

如果选择药物 A，预期救活 20 万人。

如果选择药物 B，有 1/3 的可能全部救活 60 万人，但也有 2/3 的可能 60 万人全部死亡。

在"损失"框架下的表述为：

如果选择药物 A，预期死亡 40 万人。

如果选择药物 B，有 1/3 的可能使 60 万人无一人死亡，但也有 2/3 的可能 60 万人全部死亡。

上述材料给一部分被试用母语呈现，给另一部分被试用外语呈现，要求对备选方案进行选择。结果发现，当被试使用母语时，在"获得"框架下，倾向于风险规避（多数人选择药物 A）；在"损失"框架下，倾向于风险偏好（多数人选择药物 B），表现出典型的框架效应。但是，这种效应在使用外语表述的情况下就消失了，即无论是"获得"框架下还是"损失"框架下的表述，被试的选择都没有差异。实验还发现，使用外语来表述问题还能降低损失厌恶。

作者认为，外语提供了一种有益的"认知距离"，可以促使人们谨慎思考。另外，和母语相比，外语能够减少情绪的唤醒，因此，使用外语思考问题降低了情绪因素对决策的影响。

正如作者所言，这一研究有重要的现实意义，因为当今社会越来越多的人在学习和使用外语，使用外语进行思考可能有助于人们减少决策偏差。

（资料来源：Keysar et al., 2012）

在方案 A 中，救活相当于"获得"，在面临获得时，人们规避风险，因此少有人选择带有风险的方案 B（表述方式 1 为"获得"框架）；在方案 C 中，死亡相当于"损失"，在面临"损失"时，人们偏好风险，因此更多人选择了带有风险的方案 D（表述方式 2 为"损失"框架）。

框架效应也是前景理论的重要内容之一，说明了相同信息的不同表达方式会影响决策。例如，在前面例子中的"获得"框架下，人们倾向于选择风险规避的选项，在"损失"框架下，人们倾向于选择风险偏好的选项。它提示我们，表达的方式会影响人们的选择。在现实生活中，想一想该如何表达你的观点才能收到良好的效果。

四、决策过程中的启发法策略

卡尼曼等人认为，人在决策和判断时采用的是启发法策略，主要有代表性启发法（representativeness heuristics）、易得性启发法（availability heuristics）和锚定与调整启发法（anchoring and adjusement heuristics）。利用这些启发法可以使人们快速做出决策和判断，但也可能导致决策和判断的失误。

什么是代表性启发法呢？请看下面这个例子。

心理学家对 100 位成功人士进行了访谈和人格测验，其中 30 人是工程师，70 人是律师。现从中随机抽出关于某个人的描述，请你判断他更有可能是工程师还是律师。

"杰克，男，45 岁，已婚，有子女。他比较保守，谨慎，有进取心，对政治、社会问题没有兴趣，大部分休闲时间从事他喜欢的活动，包括家庭木艺和猜数字谜语。"

研究发现，多数被试认为杰克是一位工程师（Kahneman & Tversky，1973）。但是这个例子中，杰克更有可能是律师。因为在 100 人的总体中有 70 人是律师，律师的基础概率为 70%。为什么多数人认为杰克是工程师，而不是律师，这是因为受到了代表性启发法的影响。

（一）代表性启发法

代表性启发法是指人们倾向于根据事物或者人代表某范畴的程度来判断其是否属于某范畴（Pastorino & Doyle-Portillo，2013）。具体来说，事物或者人越能代表某范畴，就越容易被归入该范畴，但忽视了它们（他们）发生的基础概率。例如，在上面的例子中，杰克的特点与工程师的人格特征很相似，如"谨慎，有进取心，对政治、社会问题没有兴趣"等。因此，在上述例子中尽管工程师的基础概率较低（30%），但人们仍然把杰克归入工程师的范畴。

代表性启发法能够帮助我们在很多时候做出正确的判断。例如，一个动物越像鸟，那么它就越可能是鸟。但是，仅仅根据事物的代表性来做判断，忽略事物发生的基础概率等因素，可能会导致错误的判断。

卡尼曼

卡尼曼（Daniel Kahneman，1934— ）（见图 7-14）出生于以色列的特拉维夫市。1961 年获美国加州大学伯克利分校心理学博士学位。曾任加州大学伯克利分校教授等职务，现为普林斯顿大学教授。曾获美国心理学会颁发的心理学杰出终生成就奖。2002 年因其在决策领域的卓越研究获得了诺贝尔经济学奖。

图 7-14　卡尼曼

卡尼曼的研究领域广泛，其学术生涯的早期主要从事视知觉和注意等方面的研究，提出了注意的认知资源理论，把注意看作一种有限的认知资源。20 世纪 70 年代后，卡尼曼和美国斯坦福大学特沃斯基（Tversky）教授长期合作，对不确定条件下的决策和判断进行了深入研究，于 1979 年提出了决策的前景理论。他们还提出了决策过程中的几种启发法。这些研究对于深入认识不确定条件下决策的特点具有重要的理论意义。20 世纪 90 年代后，卡尼曼的部分研究兴趣转向快乐心理学（hedonic psychology），并提出了"关注点错觉"（focusing illusion）的概念，即人们关注某一个影响幸福感的因素时，倾向于夸大这一因素对幸福感的影响，而忽略另外一些影响幸福感的重要因素。

卡尼曼发表了许多优秀的学术论文，出版了大量的学术著作，代表著作有《思考，快与慢》《不确定性状况下的判断：启发式和偏差》《幸福安宁：快乐心理学的基础》《选择、价值与决策》等。

接下来请你对下面的问题做出判断。

"英文中以 R 开头的单词多，还是第三个字母是 R 的单词多？"

人们通常认为以 R 开头的单词多，但实际上后者比前者多。这是因为人们更容易从记忆中找到以 R 开头的单词。卡尼曼等人把这种启发法称为易得性启发法。

（二）易得性启发法

易得性启发法是指人们倾向于根据事件或现象在记忆中获得的难易程度来评估其发生的概率，即根据事件或现象容易回忆的程度来做判断。事件越容易提取，越容易高估其发生的概率。易得性启发法简便易行，有时能使人们做出正确的判断，但有时也可能使人们产生判断的偏差。例如，媒体大量的报道以及飞机坠毁时颇具视觉冲击力的电视画面容易使人们高估乘坐飞机旅行的危险性。

（三）锚定与调整启发法

锚定与调整启发法是指人们根据给定的信息做出最初的估计后，根据当前的问题对最初的估计做出调整，但是调整的幅度不大。这里最初的估计值相当于锚定，之后的调整是在锚定基础上的微调。根据锚定与调整启发法，最初的估计是非常重要的。

下面请你把下面 A 行的数字呈现给你的一位朋友，把 B 行的数字呈现给你的另一位朋友，请他们在 5 秒内估计数字的乘积。

A.1×2×3×4×5×6×7×8

B.8×7×6×5×4×3×2×1

你发现了什么？尽管两行数字的乘积是一样的，但是在短时间内你的朋友更可能把 B 行的乘积估计得更高。在特沃斯基和卡尼曼（Tversky & Kahneman，1982）的研究中，被试对 A 行数字的平均估计值是 512，而对 B 行数字的平均估计值是 2250。为什么会出现这种情况？因为在时间紧迫的情况下，多数被试往往是先计算前几步，得到一个初始的计算值（锚定），然后在此基础上进行调整。B 行比 A 行的初始值高，因此估计得就会偏高些。但是这些估计值和数字乘积的实际值（40320）比起来相差很远，因此即使对初始值有所调整，调整的幅度也不大。这种启发法被称为锚定与调整启发法。

以上三种启发法对决策和判断都是有帮助的，但是也可能导致决策和判断的失误。

本章内容小结

1. 思维是借助语言、概念、表象等实现的，对客观事物概括的、间接的反映。它能揭示事物的本质特征和内部联系，是认识的高级形式。

2. 思维具有概括性和间接性。概括性是在大量感性材料的基础上，把一类事物的共同特征和规律抽取出来，加以概括；间接性是指人们借助一定的媒介或已有的知识经验对客观事物进行间接的认识。

3. 思维分为直观动作思维、形象思维和抽象思维，辐合思维和发散思维，常规性思维和创造性思维等不同的形式。

4. "不寻常用途测验"可以测量发散思维的流畅性、变通性、独特性。

5. 创造性思维是重新组织已有的知识经验，提出新的方案或程序，创造出新成果的思维活动。发散思维、辐合思维和创造想象等都是创造性思维的成分。

6. 想象是对头脑中已有的形象进行加工改造，形成新形象的过程。它分为再造想象和创造想象等不同的形式，具有补充知识经验、预见未来和替代的功能。

7. 额叶负责编制行为的程序，调节与控制人们的行为和心理过程，在问题解决中发挥着重要作用；左侧颞叶和顶—枕叶与问题解决也有密切的关系。

8. 额叶最前部的额极皮层参与推理和决策过程，眶内侧前额皮层与理性的决策有关。

9. 表象是指人们在头脑中出现的关于事物的形象。

10. 表象具有直观性、概括性、可操作性等特点。库伯等人的心理旋转实验说明了表象具有可操作性。

11. 双重编码理论认为，人脑中同时存在言语和非言语符号的双重编码系统。言语符号系统负责处理语言的信息；非言语系统，即表象系统，负责处理非语言的或者形象的信息。

12. 表象为概念的形成提供了感性基础，有助于问题的解决和推理。

13. 概念是具有共同属性的一类事物的总称，包括内涵与外延两个方面，概念因其抽象概括的程度不同而具有不同的层级。

14. 概念是思维的基本单位之一，具有分类、简化认知过程等的功能。

15. 概念是一个层级系统，包括上位概念、基本水平的概念和下位概念等层级。基本水平的概念是人们描述物体时经常使用的概念，是最容易被激活的概念，也是儿童首先习得的概念。

16. 概念是用词来表达、巩固和记载的，但是，概念与词并不是一一对应的关系。

17. 假设检验说认为，概念形成的过程是不断提出假设、验证假设的过程。原型理论认为，在掌握概念时，不是掌握它

的一个或者几个定义性特征，而是通过接触具体的实例形成概念的原型。

18. 层次网络模型认为，概念按照逻辑的上下位关系组织在一起，网络具有层次性，但不一定具有心理现实性。

19. 激活扩散模型认为，由于经验的作用，概念组成一个相互联系的概念网络，概念网络以语义相关性为基础。连线的长短表示概念联系的紧密程度。一个概念被激活，其语义相关的概念也会被激活。

20. 推理是根据一般原理推出新结论，或者从具体事物或现象中归纳出一般规律的思维活动。演绎推理与归纳推理是推理的两种形式。

21. 在三段论推理时，前提所使用的逻辑量词形成的气氛、对前提理解的错误以及工作记忆容量的限制等都可能会导致推理的错误。

22. 人们在条件推理时，存在一种对规则进行证实的倾向。

23. 问题解决是指根据一定的问题情境，按照一定的目标，应用一系列的认知操作，使问题得以解决的过程。

24. 问题解决的策略包括算法、启发法。算法是根据一定的规则或者程序等一步一步地解决问题的方法。启发法是根据一定的知识经验，在问题空间内进行较少的搜索，以解决问题的一种方法，包括手段—目的分析法、逆向搜索法、爬山法等。

25. 专家与新手的知识数量不同，知识组织方式不同，这些差异会影响问题解

决的效率。

26. 问题解决的效率除了受知识因素的影响之外，还受问题表征的方式、无谓的限制、定势、功能固着、动机和情绪、人际关系等因素的影响。

27. 定势是指重复先前的心理操作所引起的对当前活动的准备状态。功能固着是定势的一种表现形式。

28. 决策是指在几种备选方案中做出选择的过程，可分为确定性的决策和风险决策。确定性的决策是在确定的条件下，对备选方案做出选择的过程。风险决策是在不确定的条件下做出选择的过程。

29. 行为决策理论认为，决策是对行动目标与手段的探索、判断、评价，直至最后选择的过程。决策者的理性是有限的理性，遵循满意性的原则，决策时主要采用启发法。

30. 前景理论认为，大多数人在面临获得的时候是风险规避的，在面临损失的时候是风险偏好的；人们对损失比对获得更敏感；决策受内容表述方式的影响。

31. 相同信息的不同表述方式会影响决策结果，这种现象被称为框架效应。

32. 人们倾向于根据启发法进行决策和判断，启发法包括代表性启发法、易得性启发法、锚定与调整启发法。

33. 代表性启发法是指人们倾向于根据事物或者人代表某范畴的程度来判断其是否属于某范畴。

34. 易得性启发法是指人们倾向于根据事件或者现象在记忆中获得的难易程度来评估其发生的概率。事件越容易提取，越容易高估其发生的概率。

35. 锚定与调整启发法是指人们根据给定的信息做出最初的估计后，根据当前的问题对最初的估计做出调整，但是调整的幅度不大。

36. 利用启发法可以使人们快速做出决策和判断，但也可能导致决策和判断的失误。

思考题

1. 什么是思维？思维有哪些特征？
2. 为什么说思维是一种高级的认知活动？
3. 简述表象的含义、特点以及它在思维中的作用。
4. 简述概念的含义及其功能。
5. 评述有关概念形成的假设检验说和原型理论。
6. 简述激活扩散模型的观点。
7. 简述推理错误的原因。
8. 问题解决过程中可采用哪些策略？
9. 论述问题解决的影响因素。
10. 简述定势的含义及其对问题解决的影响。
11. 说明行为决策理论对决策的认识。
12. 简述前景理论的主要观点。
13. 简述决策中几种启发法的含义。

第八章
语　言

　　在一些纪录片中，我们可能看到过这样的场景：蚂蚁群秩序井然，齐心协力地拖着超过自身体重很多的大树叶缓缓前行；海豚们相互配合，围猎鱼群；猴群中猴子们的行为则更为复杂，并且等级明确，亲疏有别。这些社会性很强的动物都有一套自己的交流系统，帮助它们进行交流和社会活动。与这些动物类似，人类也有一套自己的交流系统，能够沟通信息和组织社会活动。但是，人类的这套交流系统与动物的交流系统有很大区别，具有一些独有的特征。人类特有的这套交流系统被称为语言。可以说，在人类进化史上，语言的出现是一件非常了不起的事情，标志着人类的智能达到了一个新的高度。语言的独特性和人脑的进化是密不可分的。此外，语言还与人的其他认知能力有着非常密切的关系。

　　本章首先介绍什么是语言，通过分析语言的特征和结构，了解语言的特点，语言与其他认知能力的关系，以及语言加工在人脑中是怎样实现的。其次分别介绍口头语言和书面语言的认知加工过程。最后讨论一种非常普遍的语言现象——双语，即一个人能够同时使用两种或两种以上的语言这一现象。我们将介绍双语在人脑中是如何进行表征和加工的，以及双语可能带来的各种优势和劣势。

第一节 语言概述

一、什么是语言

语言是人类通过高度结构化的声音、文字或手势等构成的一种用于交流的符号系统，同时也指使用这种符号系统进行交流的能力。语言使我们能够交流思想、抒发情感；保存和学习前人积累起来的社会历史经验；分享丰富多彩的人类科学文化知识，进而创造出前所未有的事物。可见，无论是对个体还是对人类社会来说，语言都非常重要。

研究语言有助于深入了解人类心理现象的特点和规律，因而有重要的理论意义。人类不仅会走、会跑、能完成各种复杂的动作，而且具有使用和操纵符号的能力。正因为有了语言，人类不仅可以接受各种具体刺激的作用，而且可以接受词的作用，形成意识，通过语言有意识地调节自己的行为。人类的心理在本质上不同于动物的心理，人类有语言并能够运用语言进行交际。因此，认识语言的规律，才能更深入地认识人类心理活动的特点。

研究语言还有重要的实践意义。首先，对语言的认识有助于了解儿童心理的发展规律，因为儿童自我意识、元认知能力以及逻辑思维能力的发展都离不开语言能力的发展。其次，在当今的信息时代，语言日益成为人机交互的工具，对资料检索、机器翻译和人工智能的研究在很大程度上依赖正确地理解与表达语言。最后，语言研究也有助于区别不同类型的语言障碍患者，指导他们的康复和治疗，帮助他们更好地适应社会。

二、语言的特征

与动物的交流系统相比，人类的语言有哪些独特之处呢？

（一）结构性

语言中的语音、词汇以及句子等都是按照一定的规则组织起来的，包括将语音组织起来的语音规则、将词素组织起来的构词法规则等。只有符合规则的语言，才能被人们理解，并用于交流和传递信息。例如，"我吃饭"符合语法，能够表达明确的意义，而"我饭吃""吃饭我"就不符合语法，无法准确地传递意义。

在语言中，句法规则是最重要的规则之一，有一些非常重要的属性。例如，根据有限数量的句法规则，能够生成无限数量的句子，并用于语言交流。此外，在句法规则中，词序有很重要的作用。例如，在汉语中，很多句子都是名词＋动词的顺序。如果一个句子不符合这个词序，那么别人理解起来就可能有一些困难。因此，句法规则是表明语言为人类所特有的关键证据之一（Pinker & Jackendoff，2005）。

（二）指代性

语言的指代性包括四个方面的含义。首先，语言中的实词或句子都有一定的意义，可以指代一种具体的事物（如计算机、电视）、一个动作（如跑、打）或者

世界上有多少种语言

关于语言的数量，目前较权威的结论来自世界语料库。他们记录了6909种不同的语言。与人口一样，语言在世界各个地区的分布都是不均匀的。在世界语料库记录的6909种语言中，只有230种在欧洲使用，有2197种在亚洲使用。世界上语言种类最多的地区是巴布亚新几内亚地区。那里的390万人口使用了832种语言，平均约每4700人就使用一种语言。

据统计，语言的数量正在逐渐减少。例如，在北美，原来有165种印地语，但是现在使用者超过1000人的印地语只有8种。有75种仍然在一些老人中使用。当一种语言消失的时候，与这种语言相联系的文化也会随之消失。

（资料来源：Anderson，2012）

一种性质（如红色、方形）。其次，语言还可以用来指代现实生活中的抽象事物（如道德、印象）。再次，语言符号与其所代表的意义之间并没有必然的、逻辑的联系，而是使用同一种语言的人们在长期的社会生活中形成的社会性约定，是约定俗成的结果。最后，语言能够突破具体的时间和空间限制，用来指代当前看不见的、听不到的人或物，或者现在没有但是过去曾经有，或者未来可能有的某种人或物，如科幻小说《三体》中描述的三体人就属于这一类。

（三）创造性

语言的创造性是指使用数量有限的词汇和组织词汇的规则，人们能够创造并理解无限多的句子，其中有一些句子甚至可能是从未说过或听过的。语言的创造性在幼儿身上表现得最为明显。幼儿在出生后很短的时间内就能学会使用语言。有时候幼儿能够说出大人从未说过、他们自己也从未听过的句子，表现出很高的语言创造能力。单靠模仿他人是无法在这么短的时间里学会语言的。虽然经过训练，猩猩等灵长类动物也能使用某些符号来表达一定的意义，但是它们不能根据特定的情境灵活地、创造性地使用这些符号。

（四）社会性

语言交流发生在社会生活中。一个人说话时所使用的词汇和句式常常会受到别人的影响。久而久之，长期在一起生活的人就会形成约定俗成的语言形式，这说明语言是社会活动的产物。在使用语言进行交流时，人们只能使用社会上已经形成的词汇和组织词汇的句法规则，否则在与人交流时就会有困难。不同的社会群体可能有不同的社会习惯，经常使用的词汇和句法规则可能会有一定的区别，这体现了不同社会文化的特点，也反映了语言与文化之间的密切关系。

三、语言的结构和组织规则

语言是按照一定的层次结构组织起来的。人们按照这些规则可以将音位组成语素，然后由语素组成词，再由词组成短语和句子。

（一）语言的层次结构

1. 音位

音位是能够区别意义的最小语音单位。例如，在英语中，单词 home 包括三个音位：/h/、/o/、/m/。这三个音位中的任何一个发生改变都会使词义发生变化。例如，将 /h/ 替换为 /r/，这时单词就变成了 rome；将 /o/ 替换为 /i/，单词就变成了 hime；将 /m/ 替换为 /p/，单词就变成了 hope。一般来说，音位和字母相对应。但是，也有这种情况存在，即一个字母在不同的单词中可以代表不同的音位，如字母 "a" 在单词 fat 和 fate 中分别代表不同的音位。另外，几个字母合并在一起也可以代表一个音位，如 "ee" 在单词 feet 中就代表一个音位。

2. 语素

语素是语言中最小的音义结合单位，是词的组成要素。语素的种类较多。有一些语素可以独立成词，也可以同其他语素组合成词，这种语素被称为自由语素。例如，汉语中的 "人" 和英语中的 "back"（背面）既可以独立成词，也可以同其他语素组成 "人民"、"人格"

和 "backboard"（打篮球的篮板）。因此，"人" 和 "back" 都是自由语素。另外，还有一些语素只有与其他语素组合在一起才能成为词，被称为黏着语素。例如，汉语中的 "阿""者" 等，英语中的 "bio"（生物、生命）、"er"（从事某工作的人）等都是黏着语素。

3. 词

词是语言中可以独立运用的最小单位。在日常口语和书面语言的交际过程中，人们自由使用的单位都是词。在口语中，词是语音和语义的结合体，同时还传递着构词法与句法的信息。在书面语言中，词还具有词形的信息。因此，词是形、音、义、构词法与句法五种信息的复合体。词的不同组合可以构成不同的语言成分，如名词短语、动词短语、介词短语等。

4. 句子

句子是独立表达比较完整的语义的语言单位，是语言表达的基本形式。句子是由词组成的，但是并不是词的任意组合都能成为可以被理解的句子。例如，"男孩山洞" 和 "男孩发现" 都不是句子，而 "男孩发现了山洞" 就是一个句子。每一个熟练的语言使用者都具有内隐的母语句法知识，能判断哪些句子是可以被接受的，哪些句子是不可以被接受的，也就是通常所说的语感。

（二）语言的组织规则

1. 语音规则

语音规则是将一个个单独的音位组合

成音节的规则。例如，辅音不能单独构成音节，但是元音可以。在大多数语言中，音节的结构一般是元音（例如，"鹅"/é/）、辅音＋元音（例如，"你"/nǐ/）或者辅音＋元音＋辅音（例如，"缸"/gāng/）的形式。违反这些规则就不能准确地传达意义，或者听起来就不像是语音（例如，/agh/ 在汉语中就不符合语音规则）。

2. 正字法规则

对书面语言来说，文字是传递信息的符号。因此，这些文字符号的拼写或书写方式要符合一定的规则才能被使用者识别。这种将字母或笔画、偏旁部首组合成文字的规则，就被称为正字法规则。例如，在汉字中，以日、月、皿三个部件为例，它在二维平面上至少可以有 20 种组合，但是只有一种组合合乎正字法规则，即"盟"字。又如，在汉字中，"亻"通常出现在汉字的左侧，而"刂"则通常出现在汉字的右侧。如果违反这个规则，那么人们就无法识别这样的汉字。正字法规则是人们识别字词时必须依靠的一种内隐知识。

3. 句法规则

在语言交流过程中，人们很少使用单个的语音或词汇进行交流，而更多是按照一定的规则，将词或短语组织起来，构成句子。将词或短语组织起来构成句子的规则就是句法规则。例如，"男孩发现了山洞"这句话中包含很多语言成分，"男孩"是一个名词，"发现了山洞"是一个动词短语，这个短语又可以进一步被切分为一个动词（发现）和一个名词（山洞）。

四、语言与其他认知能力的关系

语言与其他认知能力之间有非常密切的关系。关于这个问题，有一个非常著名的假设叫作萨丕尔-沃尔夫假设（Sapir-Whorf hypothesis）（Whorf & Carroll, 1956），也称语言相对论假设。这个假设认为，语言决定了人们的思维以及知觉世界的方式。

这种极端的观点受到许多人的反对。后来，经过修订的语言相对论假设认为，语言会影响而非决定人们的思维和知觉世界的方式。近年来，这种观点得到了诸多研究的支持。一项研究比较了俄语组和英语组被试对蓝色的知觉差异（Winawer et al., 2007）。与英语不同，俄语中的浅蓝和深蓝分别对应两个词语。研究者用介于浅蓝和深蓝之间的蓝色作为刺激，让被试完成颜色辨别任务，即同时呈现三种颜色的正方形，让被试从下面的两个正方形中找出和上面的正方形的颜色相同的那一个。结果发现，俄语组被试对来自不同范畴的颜色（浅蓝和深蓝）的辨别速度要快于来自相同范畴的颜色（都是浅蓝或者都是深蓝）的辨别速度，而英语组被试没有表现出这种效应。张积家等人（2008）比较了纳西语组和汉语组被试在颜色相似性判断任务、分类学习任务和迫选再认任务中的表现。材料采用蓝—绿边界周围的颜色。纳西语中尽管有表示"蓝"和"绿"的词语，但在实际生活中，纳西人经常不区分这两种词语。但是在汉语中蓝、绿是有明确区分的。结果发现，在这三个任务

人物介绍

乔姆斯基

乔姆斯基（Noam Chomsky）（见图 8-1），美国语言学家、认知学家、政治活动家。他于 1955 年获美国宾州大学博士学位，之后在麻省理工学院任教，是该院资深教授和荣誉退休教授，并任美国科学促进会会员、美国科学院院士、美国文理科学院院士。乔姆斯基被称为"现代语言学之父"。

乔姆斯基在大学时代学过数学、哲学，后攻读语言学。他于 1957 年和 1965 年分别出版了《句法结构》和《句法理论的若干问题》两本书。20 世纪 70 年代末和 80 年代初，乔姆斯基提出了普遍语法理论。他认为，语言能力一部分是先

图 8-1　乔姆斯基

天的，是生物遗传和进化的结果。所有的语言都遵循普遍语法。儿童习得语言是生来具有的语言获得装置（language acquisition device，LAD）发挥作用的结果。同时，不同的语言之间存在的具体差异可以通过在普遍语法的基础上增加具体参数来描述。这些参数是在语言习得的过程中通过接触母语习得的。乔姆斯基不断地修订他的理论，同时始终强调普遍语法的重要性。

乔姆斯基的语言学理论引起了很多争议，但也加深了人们对语言实质的理解。许多研究都以他的理论为参照。因此，乔姆斯基的理论对语言学、哲学、心理学甚至当代的认知神经科学都产生了广泛而深远的影响。

（资料来源：McGilvary，2022）

中，纳西语组被试的成绩均低于汉语组被试的成绩。研究者认为，可能是语言影响了颜色知觉和记忆。

此外，不同的语言在描述时空关系时也存在不同。例如，英语主要用 ahead of（前）和 behind（后）等代表水平方向的词来表示时间，而汉语虽然也用"前""后"来表示时间，但更常见的是用"上""下"等竖直方向的词来表示时间（Scott，1989）。

母语为汉语的人即便是用英语进行思考，也倾向于在竖直方向指代时间（Boroditsky，2001）。

沃尔夫假设

五、语言的神经基础

人脑是如何加工和表征语言的呢？目前主要有两种观点。

我国的语言使用状况调查

采用文献分析和调查访问的方式了解一下我国目前有多少种语言或方言。分析一下近 100 年来我国语言或方言数量的变化,以及这种变化与经济、社会和文化发展的关系。

(一)语言的定位观

人脑有两个半球,每个半球都包括不同的脑区。因此,语言功能可能定位在某些特定的脑区,这种观点被称为语言的定位观。语言的定位观主要有两个部分的内容,一部分是语言与特定脑区之间的关系问题,另一部分是语言与左右两个半球之间的关系问题。

1. 威尔尼克−格施温德模型

19 世纪 60 年代,法国医生布洛卡曾报道过两具中风死者的尸体解剖结果。患者都是右侧瘫痪,并患有严重的失语症——发音运动异常。布洛卡从尸体解剖中发现,患者左半球额叶部位的组织有严重的病变。之后,这个脑区被命名为布洛卡区。如果布洛卡区受损,就会破坏发音程序,进而产生发音运动障碍或者运动性失语症,表现为说话费力、不流畅等(Davis et al.,2008)。在布洛卡区病变的情况下,患者不能使用复杂的句法结构。例如,当被问到与牙科医生预约的情况时,患者迟疑地回答:"是的……星期一……爸爸和迪克……星期三……9 点钟……10 点钟……大夫……和……牙齿。"(鲁利亚,1983)此外,布洛卡区在语言理解中也发挥着重要作用(Grodzinsky & Santi,2008)。例如,布洛卡区受损的患者很难理解冠词、连词以及其他功能词的含义,他们在说话时常常会省略这些词。

与语言活动有关的另一个脑区是威尔尼克区,是 1874 年由德国学者威尔尼克发现并得名的。威尔尼克区位于大脑左半球颞上回的后部,主要作用是分辨语音、形成语义。威尔尼克区受损会引起威尔尼克失语症或感觉性失语症。威尔尼克失语症的一种较轻的形式叫词盲。这种患者可以听到声音,但不能分辨构成语言的复杂声音模式,正如一位患者所说的:"有声音,但不是单词。我可以听到声音,但是不能把单词分离出来。"威尔尼克失语症的另一种表现是对词义做出错误的估计。例如,让患者指一把汤匙,她嘴里说,"汤匙,对了",手却指向一件无关的物体。在她抓鼻子的时候,她回答,"新闻、鼻子",然后一动不动地待在那里(鲁利亚,1983)。

与患有运动性失语症的患者相反,患有威尔尼克失语症的患者谈吐自由、语速很快,但他们的话语没有意义,几乎不能提供任何信息。切断或损伤将威尔尼克区与布洛卡区联系起来的神经纤维束——弓形束,也将产生同样的结果。

这种患者语言流畅，发音清晰，但理解语义的能力丧失或部分丧失。在这种情况下，布洛卡区仍在工作，但它没有接收来自威尔尼克区的信息，因而患者说出的话在意义上会发生畸变。

从上面的介绍中可以看到，布洛卡区、威尔尼克区以及把它们联系起来的弓形束对语言的产生和理解都有重要意义。它们在各自具有特定功能的基础上彼此协同活动，共同执行着人类特有的语言功能。威尔尼克和格施温德通过总结相关研究，提出了主要包括上述这些脑区和纤维束的经典语言加工神经环路，因而被称为威尔尼克-格施温德模型（Wernicke-Geschwind model）。

2. 语言的半球优势假说

对于大多数患者来说，失语症与大脑左半球某些脑区的病变有密切的关系。例如，布洛卡和威尔尼克分别发现，左侧额下回布洛卡区和颞上回威尔尼克区的损伤会导致语言障碍，而右侧相同位置的损伤则通常不会导致语言障碍。因此，研究者提出了语言的半球优势假说，即左半球是语言功能的优势半球（Gazzaniga et al.，2011）。

研究发现，语言功能的半球优势可能与脑结构的偏侧化有关。在脑灰质方面，威尔尼克区位于左脑的颞平面（planum temporale），该区域比右脑的对应区域大三分之一（Geschwind et al.，1968）。布洛卡区的神经元数量和细胞体积均比右侧的相应区域大（Alexander et al.，2007）。在脑白质方面，左脑的弓形束在体积、长度和纤维密度方面均高于右脑的对应部分（Matsumoto et al.，2019）。在此基础上，有研究者进一步提出了三元模型，认为胼胝体、灰质和左右半球内的白质纤维束在左右脑上的不对称性相互作用，共同决定了脑功能的偏侧化（Ocklenburg & Gunturkun，2017）。

此外，语言的半球优势也会受到利手和性别的影响。张玉梅等人（2005）的报告发现，在母语为汉语的人群中，右利手被试的语言优势半球多为左半球，少数为右半球；非右利手被试的语言优势半球仍多为左半球，极少数为右半球。普罗佩尔（Propper et al.，2010）的一项研究发现，在脑功能方面，只有右利手和双利手被试在布洛卡区与威尔尼克区的激活表现出显著的左侧优势，而左利手被试没有表现出任何一侧的优势；在脑结构方面，研究者专门分析了弓形束的体积，发现只有右利手被试表现出显著的左侧优势，而另外两组被试则没有表现出任何一侧的优势（见图 8-2 及书前彩图）。其他研究还表明，相对于男性来说，女性颞横回的大小更加对称，其语言功能更为双侧化（Chiarello et al.，2009）。

此外，一些研究还发现，不只是人类，某些鸣禽、啮齿类、哺乳类、灵长类动物中也存在脑功能和结构的不对称性（Kolb & Whishaw，2008）。因此，大脑半球一侧优势效应可能并不是语言功能所特有的。但是，相对于其他认知功能来说，语言功能的一侧优势效应是最强的。

（二）语言的脑网络观

近年来，随着语言研究的进一步深入，人们认为，语言的定位观可能并不能很好地解释语言与脑的关系。首先，语言的加工不只局限于左半球的布洛卡区和威尔尼克区等脑区，而是分布在更广泛的脑区中，包括右半球的部分脑区。其次，即便是在左半球，也不只有布洛卡区和威尔尼克区与语言有关，其他脑区在语言加工中也发挥着重要作用。例如，声调的产生需要腹侧运动皮层喉部表征区，语义和概念表征需要颞叶前部，字形加工需要颞叶腹侧的梭状回等。最后，单个脑区的损伤不一定会导致语言功能的完全丧失。例如，布洛卡区损伤后，其周边其他脑区的代偿能够在一定程度上使语言功能恢复到正常水平。可见，这些经典的语言区对语言功能来说可能并不是不可或缺的，其功能也不是那么明确和绝对的。因此，人们认为语言功能可能不是由某个或几个孤立的脑区单独表征或加工的，而是由很多不同的脑区组成的脑网络实现的，这就是语言的脑网络观。在后面几节中，将在相关部分分别介绍与口头语言、书面语言以及双语的认知加工有关的脑网络。

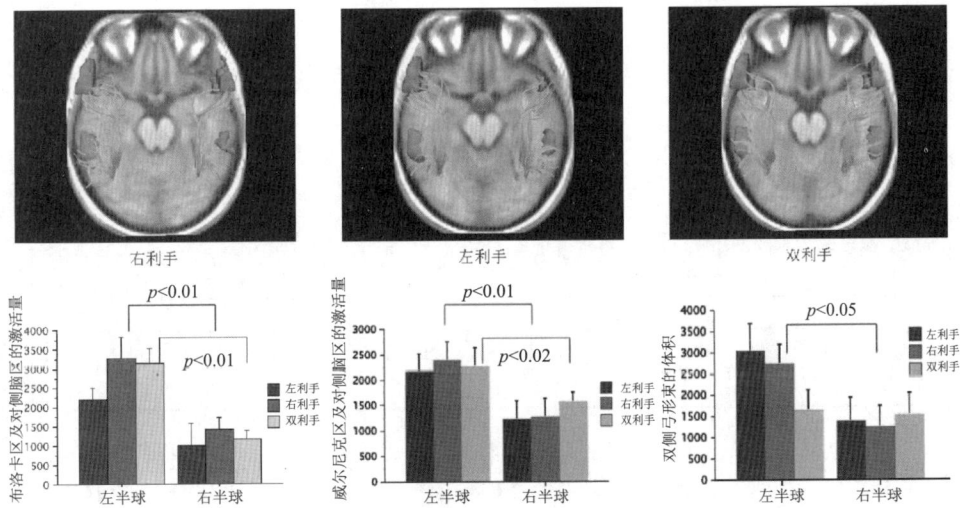

图 8-2 布洛卡区、威尔尼克区以及弓形束的一侧优势效应

注：在图的上半部分中，三个图分别代表右利手、左利手和双利手被试在布洛卡区（脑图上边的蓝色区块）、威尔尼克区（脑图下边的蓝色区块）与对侧区域的激活程度以及双侧弓形束的体积（黄色）。之后对三组被试的结果进行了统计检验，图的下半部分中的三个图分别代表布洛卡区的激活程度、威尔尼克区的激活程度、弓形束的体积。蓝色柱、红色柱和绿色柱分别代表左利手、右利手和双利手被试的结果。

普通心理学

知识应用

你知道哪只手是你的利手吗

爱丁堡利手量表

下面列出了一些日常活动,请在相应的方框内打钩以表明你在使用左右手时的偏好。如果你在一项日常活动中对左手或者右手的偏好非常强烈,除非被迫,否则几乎从来都不用另外一只手,那么请在所用手下面的两个方框内都打钩。如果你更经常地使用其中一只手,但是偶尔也会使用另外一只手,那么请在所用手下面的方框内打钩。如果你在任何情况下都无所谓用哪一只手,那么请在所用手下面的左列和右列方框内各打一个钩。

后面三项(8~10)的活动可能同时使用两只手,按照括号内的要求确定所用的手,再根据前面的要求在左手和右手对应的方框内打钩。

请你尽力回答所有的问题,只有在你从来没有从事过这些活动的情况下才能留下空白,如表8-1所示。

表8-1 测试量表

	左手		右手	
1. 写字	☐	☐	☐	☐
2. 画画	☐	☐	☐	☐
3. 扔东西	☐	☐	☐	☐
4. 用剪刀	☐	☐	☐	☐
5. 拿牙刷	☐	☐	☐	☐
6. 拿筷子	☐	☐	☐	☐
7. 拿勺子	☐	☐	☐	☐
8. 拿扫帚(拿上面的手)	☐	☐	☐	☐
9. 划火柴(拿火柴棍的手)	☐	☐	☐	☐
10. 开瓶子(拿盖子的手)	☐	☐	☐	☐

差【右手-左手】	和【左手+右手】	结果【(差÷和)×100】

说明:分别统计打钩的方框总数,将其作为左手和右手的总分。将总分输入计算公式中,得到利手分数。将分数与下面的分数等级对比,就可以得到利手程度的结果了。

结果>+40 右利手

结果< -40 左利手

-40 ≤结果≤+40 双利手

总评: 左利手☐

右利手☐

双利手☐

(资料来源:Oldfield,1971)

第二节　口头语言的加工

语言可分为口头语言和书面语言。在人类进化史和儿童个体发展过程中，口语都比文字出现得更早。

在口头语言中，人们借助听觉输入的语音，在头脑中主动、积极地建构意义的过程叫作口语理解。通过发音器官发出语音，把所要表达的思想说出来的心理过程则叫作口语产生。例如，我说"狗"，你通过声音接收到语音信息，知道这是指一种会汪汪吠叫的动物；我说"吃饱了"，你知道这是指机体的一种状态。我说的过程就是口语产生的过程，而你对这些词或句子理解的过程则是口语理解的过程。本节将分别介绍口语理解和口语产生两个部分。

一、口语理解

（一）口语理解的特点

1. 瞬时性

语音是口语理解的媒介。单个音位出现的时间非常短暂。通常来说，汉语母语者每秒能说出 4 到 5 个音节，相当于 20 个左右的音位。每个音位的持续时间只有 50 毫秒左右。因此可以说，语音加工是在瞬间完成的。

2. 即时性

书面文字可以保存很长时间，看完一遍以后通常也不会消失，我们可以慢慢地阅读，甚至反复阅读。但是在口语中，语音出现之后就消失了。如果不借助设备，听者通常就没有机会反复地听、有选择地听，或者倒回去听。所以口语理解是即时性的。

3. 连续性

书面文字的书写形态通常能够提示词汇、短语或句子的组成成分信息。例如，我们知道"天气变得越来越凉了"这句话是由 9 个汉字组成的，其中有名词"天气"、动词短语"变得越来越凉了"。但是当通过听觉来呈现这句话的时候，9 个汉字的语音是紧密连接在一起的，中间并没有特殊的标记将其分开，也没有明显的外在线索提示如何对词汇和短语进行切分。

4. 变异性与不变性

虽然语音的发音方式是固定的，但是在自然的连续发音过程中，有些语音会受到前后语音的影响而改变声学特征。此外，有的语音会在语速很快时脱落，有时还会把整词或整句说得很含糊，甚至有些词被别的词或插入的咳嗽声等代替。这就是口语的变异性。但是，语音的上述变异并不影响我们对口语的理解，这就是口语理解的不变性。

口语理解的语音识别

（二）口语理解的过程

1. 语音识别

口语理解开始于对语音的知觉分析，目的是获得语音的知觉表征。

知觉分析的第一步是语音感知，即对语音的基本物理属性进行正确感知。这些属性包括音调、音强、音长与音色。音调是指语音的高低。语音的高低取决于声带的长短、厚薄。一般来说，成年男性的声带长而厚，语音低；成年女性和小孩的声带短而薄，语音高。语音的高低还由声带的松紧程度来决定。声带松，发出的声音就是低音；声带紧，发出的声音就是高音。在一个音节的发音过程中，声带是可以时松时紧的。音强是指语音的强弱，它取决于发音时呼出的气流量的大小。气流量大，对发音器官的压力大，声波振幅大，声音就强；气流量小，对发音器官的压力小，声波振幅小，声音就弱。音长是指语音的长短，它取决于发音体振动持续时间的长短。振动的持续时间长，声音就长，反之就短。在一般情况下，元音比辅音持续的时间更长；不同的辅音，其音长也有差异。音色是指语音的特色。语音的音色由声波的波形来决定。例如，汉语中 a、o、i 的波形不同，音色也就不同。我们听到的各种声音由于音色的不同而区别开来。

人的听觉器官可以将语音感知为基本的语言单元，即音位，这个过程叫作音位识别。根据发音器官发音时的生理属性，音位可以大致分为两大类：元音和辅音。气流从肺部发出，振动声带，顺利通过声道而不受任何阻碍，然后从口腔（有时同时从鼻腔）出去，这样发出的声音就是元音，如汉语中的 a、o、i、u 等。气流在发音通道上受到阻碍而发出的声音叫辅音，如汉语中的 b、p、m、f、zh、ch、sh 等。辅音又分为清音和浊音，气流使声带振动而发出的辅音叫浊辅音，气流没有振动声带而只是在发音通道上受阻产生的辅

音叫清辅音。根据语音的发音部位、发音方式和发音体的不同（清浊音），可以确定每个音位的一些特征。根据这些特征可以描述各种不同的音位，并将不同的音位区别开来。

在语音知觉分析的基础上，我们会按照一定的规则对语音进行切分，从而识别音节，获得语音的知觉表征。这是语音识别的一个重要阶段。语音切分的一个重要规则是，切分出来的语音要能够组成词。如果切分完成之后，剩下的一些语音无法组成词，那么这个切分就是无效的（Norris et al., 1997）。例如，如果听到"fillagreenbucket"组成的一串语音，我们更倾向于将其切分为"fill a green bucket"，而不是"fillagree n bucket"。因为后者剩下了一个"n"无法成词，这种切分就是无效的。

2. 词汇识别

通过将语音的知觉表征（音节）与心理词典中的词条进行匹配，进而通达词汇和语音、语义，被称为词汇识别。心理词典是指保存在人脑中的一部词典。它存储了大量的词条，每个词条又包括词的语音、语义以及词类等各种知识。心理词典中的词条并不是杂乱无章的，而是按照一定的方式组织起来的。例如，按词的使用频率来组织：高频词排在前面，提取较容易；低频词排在后面，提取较困难。因此，词汇识别就是在知觉分析的基础上在心理词典中查找对应的词条，并获取语音、语义等信息的过程。

一旦某一个词条与语音的知觉表征匹

学术争鸣

口语的遗传和进化基础

根据人类学研究，在 300 万～200 万年前，智人的脑容量和脑结构的复杂度发生了显著改变。特别是，现代人在加工语言时最重要的脑区之一——布洛卡区——在 200 万年前的早期智人的大脑中可能就已经存在了。随着人类的不断进化，人脑头盖骨的形状逐渐发生变化，并在大约 6 万年前开始接近现代人的结构，从而使人类能够准确地发出各种复杂的语音。当然，这种进化是有一定代价的。例如，喉部结构的改变虽然使人类能够发出各种语音，但是同时也使人类比其他灵长类动物更容易被食物卡住。

此外，与口语有关的遗传基因非常复杂。就像口语不是一下子就出现的一样，口语也不是某一种和几种遗传基因决定的。研究发现，有些基因对口语的某些方面有比较明确的影响。例如，在某些动物中，FOXP2 基因可能负责处理各种感觉和运动信息，协调复杂的序列动作。在人类中，FOXP2 基因异常会影响儿童获得口语的能力。分子遗传学研究发现，人类的 FOXP2 基因存在突变，这种突变发生的时间可能不会超过 10 万年。这种突变进一步增强了布洛卡区的功能，提高了协调和处理更为复杂的序列运动信息的能力，可能使人类具备产生语音的能力。人们甚至认为，智人的数量和活动范围在大约 4 万年前迅速扩张，以及人类现代文明所拥有的各种科学技术和文化艺术的诞生，可能都与 FOXP2 基因的突变有密切关系。

但是，也有人认为，单个基因的突变不足以解释口语活动这么复杂的过程。未来的研究有望进一步揭示口语、脑以及遗传基因之间的复杂关系。

（资料来源：Harley，2014）

配成功，该词条的状态就会发生变化，由原来的基线状态改变为激活状态。根据词条与语音知觉表征的匹配程度，词条被激活的水平有时候比较高，有时候比较低。如果高到一定程度，超过了阈值，那么这个词条就会被选定为可能与该知觉表征对应的词条，并被知觉为相应的词（Frauen-felder & Tyler，1987）。接着，跟该词有关的各种信息，包括语音的、语义的、词类的、语用的信息等，都会被激活。在词汇识别完成后，我们就可以进一步加工短语和句子了。

（三）影响口语理解的因素

1. 信噪比的影响

语音识别的效果与语音强度（信号强度）有直接关系。当语音强度为 5dB 时，可觉察语音的存在，但不能分辨；强度增

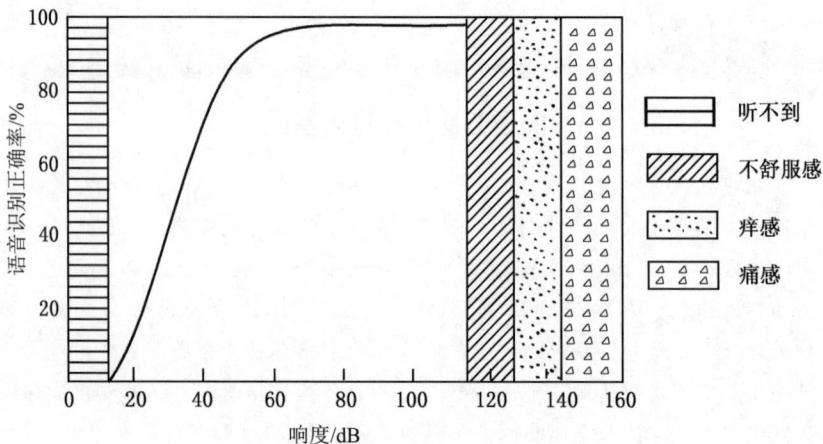

图 8-3　语音强度与语音识别的关系

加，词的清晰度增加；当强度为 20~30dB 时，清晰度为 50%；当强度为 40dB 时，清晰度达 70%；当强度为 70dB 时，清晰度接近 100%；强度超过 130dB 时，则会引起不舒服，甚至产生压痛感（见图 8-3）。

语音与噪声同时出现，会对语音识别造成干扰。这里的噪声可能是白噪声，没有意义，此时对语音识别造成的影响主要来自噪声和语音在物理属性方面的重叠。噪声也可能是有意义的其他语音，对语音识别造成的影响既来自物理属性的重叠，

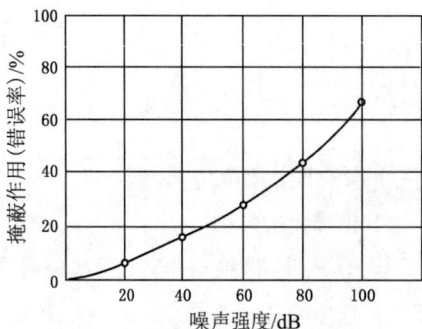

图 8-4　噪声对语音的掩蔽作用

也来自语音、语义等语言学层面的干扰。在图 8-4 中，横坐标为噪声强度，纵坐标为掩蔽作用，它以在噪声的干扰条件下，能被感知的语音错误率为指标。从图中可以看到，噪声强度越大，对语音的掩蔽作用越大。

2. 语境的作用

语境对口语理解有非常重要的作用。语境是指语言使用的环境。从广义上说，语境是指语言活动出现的情境，包括说话的场合、社会环境、时代背景等；从狭义上说，语境是指语言活动的前言后语。

语音的前后关系在语音知觉中有重要的作用。音位的范畴知觉现象能够反映词汇语境对语音知觉的影响。具体来说，如果某个音位在某个发音特征上出现一些微小的变化，人们不会把它知觉为不同的音位，且依然会把它与没有变化前的音位知觉为同一个音位。只有当发音特征的变化程度超出一个边界后，它们才会被知觉为不同的音位。这种现象被称为音位范畴知

觉（见图 8-5）。因此，在范畴内，分辨有细微差异的语音会很困难，但是在范畴间却很容易。例如，/k/ 和 /g/ 属于两个范畴，如果给被试听和 /k/ 或 /g/ 发音类似的语音，那么被试就会把听到的声音或者归为 /k/，或者归为 /g/，并且在 /k/ 和 /g/ 之间会有一个范畴边界（见图 8-5）。但是，当把音位放到特定的词汇中时，这个范畴边界会受到词汇的影响而发生偏移。例如，呈现一个介于 /k/ 和 /g/ 之间的模棱两可的语音刺激，如果在这个声音后面添加一个后缀 "-iss"，那么知觉边界就会向 /k/ 一端偏移，因为 "kiss" 是一个词，而 "giss" 不是。这种现象叫作词汇偏移效应，即当人们感知语音时，会倾向于将听到的语音

信号解释为他们熟悉的词汇，这体现了词汇语境对语音知觉的影响作用（Ganong，1980）。

　　同样，句子语境对语音识别也有影响。例如，先让被试听一些语句，如 "There was time to * ave"，句中 * 处的字母为咳嗽声或其他声音，然后让被试把听到的音位恢复出来。结果发现，句子语境不同，被试在 * 处所恢复的音位也不同，如 w、sh、s 等（Warren，1970）。在这种情况下，被试将句子提供的听觉信息先存储起来，直到能够根据语境确定失去的那个音位，这种现象叫作音位恢复效应。它说明人们对个别音位的知觉受上下文句子语境的影响。

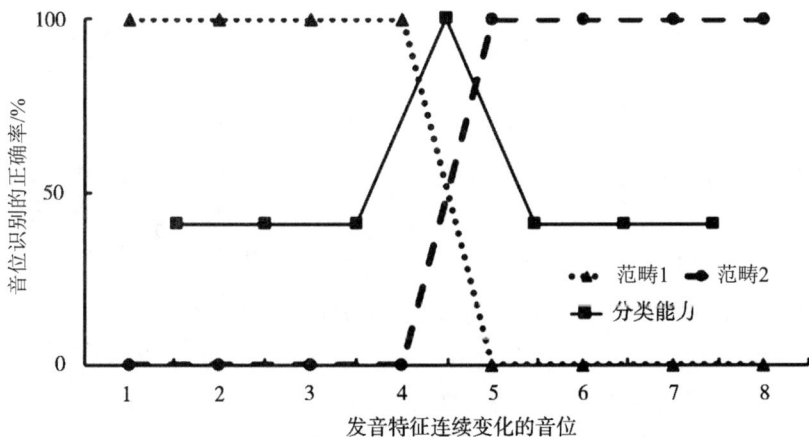

图 8-5　音位的范畴知觉

注：两条虚线分别代表对音位的识别成绩在范畴内和范畴间的变化。当音位从一个范畴（横坐标的 1~4）变化为另一个范畴时（横坐标的 5~8），识别为第一类的概率就会显著降低（语音被识别为第二类），反之亦然。实线代表对相邻两个发音特征略有不同的音位进行分辨的成绩，在范畴内（横坐标的 1~4），如果让被试分辨 1 和 2、2 和 3 或者 3 和 4，分辨成绩处于随机水平，因为 1~4 属于同一个范畴，分辨非常困难。但是在范畴间（横坐标的 4~5），因为 4 和 5 分别属于不同的范畴，所以分辨成绩能达到最高水平 100%。

3. 视觉信息对口语理解的影响

在口语理解过程中，特别是在面对面对话的时候，我们不仅听到说话者的声音，还会看到说话者的口型。研究发现，视觉信息会影响口语的理解。例如，当人们听 /ba/ 这个音节，同时看一个人发 /ga/ 的口型时，人们报告听到了 /da/。这种效应被称作麦格克效应（McGurk 效应），它是指当人们接收到的语音信号与看到的口型不一致时，大脑会整合这两种矛盾的信息，产生一个新的、不同于单一感官输入的结果。这一效应是心理学家麦格克等人（McGurk & MacDonald，1976）首先发现的，是一种典型的跨模态感知现象。该效应挑战了传统上语音知觉仅依赖听觉的观点。

麦格克效应表明，口语理解并非仅由听觉输入决定，而是由视觉、听觉信息的动态整合而产生的。例如，在电话交流时，由于缺乏视觉线索，人们可能更容易误解发音相近的单词（如 "bath" 和 "path"），而在面对面交流时，口型信息会大大减少这种错误。此外，该效应也解释了为什么影视剧中的配音不同步（如外语片配音口型不匹配）会让人感到别扭——大脑会因视、听冲突而产生认知上的不适应。总之，麦格克效应表明，口语理解是一种多模态信息整合的过程，而不是一个简单的听觉加工过程。

二、口语产生

口语理解的对象是语音，而语音是由人的发音器官发出来的。因此，了解口语产生的过程对了解口语理解的过程是有帮助的。下面将简要介绍口语产生的过程。

口语产生是指人们通过发音器官把所要表达的想法说出来的心理过程。它是一个快速和高度浓缩的过程，是按时间维度展开的，可以分为若干个阶段。这里我们主要介绍词汇产生的过程。词汇产生有两个过程：计划过程和发音运动过程。每个过程都包括若干个阶段。下面分别介绍这两个过程。

（一）计划过程

词汇产生的计划过程包括两个阶段（Levelt，1992；Schmitt et al.，1999）。第一个阶段是激活心理词典中的语义表征，然后选择对应的词条，即词条选择。第二个阶段是获取词条的音韵表征，进行语音计划，为发音做准备，即音韵编码。有人认为，这两个阶段是相互独立的（Levelt，2001）；也有人认为，这两个阶段是交互激活的（Dell，1986）。

勒韦（Levelt，2001）认为，在词汇选择阶段，说话者需要根据交流的情境决定所想要表达的词汇概念。例如，当看到一匹马的时候，我们可以说 "horse"、"stallion" 或者 "animal"。但是，当旁边有一群牛的时候，我们更愿意说一匹马是 "horse"。这里的 "horse" 就是词汇概念。接下来就是在心理词典中选择与词汇概念对应的词条，如 "horse"，并进入下面的阶段。

在音韵编码阶段，前面被选择的词条激活了与之相对应的语音代码，而其他语音代码则不会被激活。例如，"horse"所对应的语音代码就包括 /h/、/o/、/r/、/s/ 这些语音片段。这些语音片段会按照一定的语音规则组合在一起，并划分成不同的音节。音节划分的过程会受到语境的影响。

通过音韵编码最后到达音位编码，即形成一系列的发音运动模式。例如，在发出 /s/ 音时，需要把嘴角展开，把舌尖移动到口腔的最前端，贴着牙齿的背面，同时肺部压缩导致气流冲出。由发声器官执行一系列发音模式，即发音运动。

勒韦还认为，口语产生过程伴随着对某些加工阶段的自我监测，既包括对发音前的监测（内部监测），也包括对发音过程的监测（外部监测）。通过自我监测能发现口语产生过程中可能出现的错误、不流畅或者其他问题。

这两个加工阶段虽然有联系，但是又相对独立。这可以用舌尖现象来说明。这种现象也就是常说的"话在嘴边却说不出"的感觉，是指一种能回忆起目标词的一个或多个特点，如其中的一个字，或者与目标词有相似读音或相似意思的词语，但不能从记忆中提取该目标词的现象。该现象显示，在词条的句法形式等信息已经通达的情况下却无法提取该词条的语音代码。

（二）发音运动过程

当口语产生所需要的语音计划过程结束后，就会生成发音运动所需要的发音模式指令，并由大脑发送给发音运动系统来执行。以上喉器官为例，大脑发送给肌肉的指令主要是指定将发音器官的某个部分（如舌）移动到口腔中的某个位置。如果需要发出的音是 /b/，那么接受指令的主要是唇；如果需要发出的音是 /g/，那么接受指令的主要就是腭。因此，可以把发音模式的指令想象成把各个部分移动到声道的一系列目标位置上。

总之，虽然语言产生的研究已有几十年的历史，但是由于这个问题非常复杂，我们对它的了解还很少，其复杂机制还需要更多的研究来揭示。

三、口语理解的神经机制

人们不仅关心口语加工的认知过程，而且还想知道这些认知过程是怎样在人脑中实现的，即口语加工的神经机制。由于口语产生的神经机制非常复杂，争论比较多，因此，这里只介绍口语理解的神经机制。

在总结大量的脑成像和脑损伤研究的基础上，希科克和珀佩尔（Hickok & Poeppel, 2007）提出了关于口语理解的双通路理论。这个理论认为，口语理解是一个包含多种认知成分和多个加工阶段的过程，左右半球的多个脑区都参与其中。

通过外周听觉系统输入的语音首先被双侧颞上回加工，完成基本的音位和音节分析。这个阶段的加工同时涉及左右两个

普通
心理学

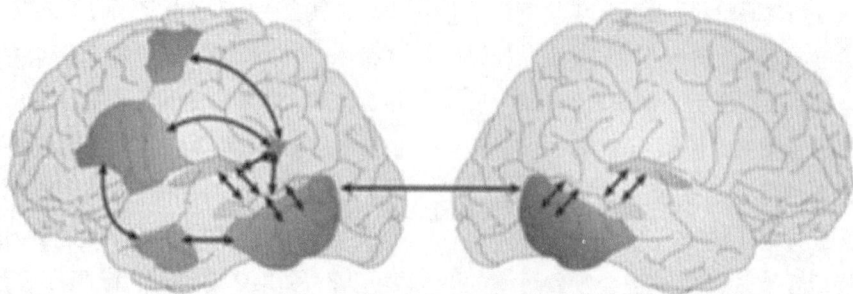

图 8-6　口语理解的双通路模型

注：左侧为左脑，右侧为右脑。不同的颜色代表不同的脑区和对应的口语加工过程。绿色代表
　　初级听觉区，负责声学特征分析；黄色代表颞中回上部和颞上沟，负责进行语音分析；紫色代
　　表颞中回下部、颞下回以及颞下沟，负责通达词汇的语义；蓝色代表颞顶联合皮层、运动皮层
　　以及额下皮层，负责对语音的发音动作特征进行分析（Hickok & Poeppel，2007）。

半球，可能没有明显的左脑偏侧化，也可
能左脑和右脑分别加工语音的不同成分。
例如，左脑的颞上回主要负责加工音位的
区别性特征，并将音位组织成音节，对音
节进行切分等；而右脑的颞上回主要负责
加工音调和语调等成分。

　　接着，口语理解被分成了两条通路。
其中一条通路从颞上回向上，经角回、缘
上回到达运动区和额下回背侧。这条背侧
通路通过弓形束、上纵束进行连接，主要
负责将语音转化成发音运动指令，对语音
包含的运动计划、运动控制等信息进行解
码，并将口语理解与口语产生联系起来。
其中，额下回背侧和运动区可能也会给颞
上回一些反馈信息，借助发音运动的反馈
促进对语音的分析。另一条通路从颞上回
向下，经颞中回、颞下回前部到达额下回

腹侧。这条腹侧通路通过下纵束、钩束等
纤维束连接起来，主要负责将语音映射到
心理词典，并通达语义（见图 8-6 及书前
彩图）。

　　可见，口语理解并不是由单一脑区来
完成的，而是由多个脑区通过相互协作来
共同完成的。这些脑区共同组成了口语理
解的脑网络。网络中的每个脑区可以被称
为这个网络的节点，不同的节点分别在口
语理解的不同加工阶段发挥着重要作用。
在早期的语音识别阶段，颞上回是主要被
激活的脑区，可能没有明显的左侧优势。
而在从音到义和从音到运动计划的转换过
程中，运动区、额下回分别成为主要被激
活的脑区，这些脑区可能有明显的左侧优
势效应。因此，口语理解的左侧优势可能
只发生在某个加工阶段。

第三节　书面语言的加工

书面语言的加工包括书面语言的理解和产生两个部分。人们借助视觉输入的文字，在头脑中主动、积极地建构意义的过程叫作书面语言的理解，而通过书写的方式，把所要表达的思想写出来的心理过程则叫作书面语言的产生。关于书面语言产生的研究较少，因此本节主要介绍书面语言的理解。

一、书面语言理解的特点

（一）持久性

书面语言理解的持久性是相对口语理解的即时性而言的，主要与它们各自的载体有关。与口语相比，书面语言可以保存较长时间。只要书面语言的载体不被破坏，它就可以永远存在。因此，人们有充分的时间对书面文字反复进行加工和理解，还可以不受时间和空间的限制来传播语言。

（二）离散性

在口语理解过程中，无论是词汇还是句子，它们的语音都是紧密连接在一起的，中间没有特殊的标记将其分割开，也没有明显的外在线索提示如何对其进行切分。因此听起来是连续的。但是在书面语言的理解过程中，特别是汉字的阅读理解，涉及对一个个在形态上离散的汉字进行字形加工，然后才能通达语音和语义。

从这个角度来说，书面语言的理解是从对离散的文字进行加工开始的。

（三）变异性

在不同的语言之间，口语的差异相对较小，而书面语言的差异则很大。例如，不同的口语都用相似的发音特征区分元音和辅音；但是同样的意思，不同的书面文字却用非常不一样的书写方式来指代，像"English""汉语""Deutsch"等都表示语言，但是书写形式却差别很大。

（四）稳定性

在同一种语言内部，不同个体的口语有比较大的变异，如方言。但是，为了保证不同的读者都能识别书面文字，在同一种书面语言内部，文字的书写形态相对来说是比较固定的。虽然不同的人在笔迹、字体等方面也会不同，并造成视觉形态的差异，但是我们仍然将其知觉为相同的视觉符号，不会影响阅读。

二、词汇识别

（一）词汇识别的过程

书面语言的词汇识别是指通过对词形的视觉感知，通达词汇意义的过程。

1.词形加工

词形加工是从对字词的视觉特征的感知和分析开始的。首先，对汉语来说，汉字是由不同的笔画或部件按照一定的规则结合起来的。对英语来说，词汇是由字母按照一定的规则拼写而成的。可见，虽然组成成分可能不同，但无论是汉字中的笔画还是英语词汇中的字母等，都必须按照一定的规则组合起来才能被人们识别，这个规则就叫作正字法规则。

尽管人们在识别字词时不一定能意识到正字法规则，但是正字法规则在字词识别中起着重要作用。例如，Peng 等人（1995）在一项研究中给被试呈现 48个左右结构的双部件人造汉字（假字和非字）与相同数量的真字，要求被试做真假字判断。人造汉字按照字的左右部件的位置是否符合正字法规则分成四组。它们是：①左右部件的位置都符合正字法规则；②左部件的位置符合正字法规则，右部件的位置不符合正字法规则；③左部件的位置不符合正字法规则，右部件的位置符合正字法规则；④左右部件的位置都不符合正字法规则。结果发现，对四组刺激做出拒绝反应的反应时，按长短排列依次是第一组、第三组、第二组、第四组。这是由于第一组材料符合正字法规则，被试容易误认为是真字，因此需要较长的时间拒绝它；第四组材料完全不符合正字法规则，因此被试最容易拒绝它；第三组材料的拒绝时间长于第二组，这说明左右部件相比，汉字的右部件是否符合正字法规则对汉字识别起着更大的作用。这一实验说明，正字法规则是人们识别字词必须依靠的一种内隐知识，字词识别不仅依靠对笔画、部件或字母的检测，而且要检测这些成分的结合规则。

此外，字词不同部位的信息和形态结构信息也会影响词形的识别。在拼音文字中，词是由字母拼写而成的。单词中的起首字母与结尾字母在单词辨认中有重要作用。汉字是由基本笔画构成的方块图形，处在不同部位的笔画和偏旁在汉字辨识中有不同的作用。研究发现，左右结构的汉字较上下结构、独体结构的汉字，再认较容易（彭瑞祥，喻柏林，1983）。在部件方面：①单个部件对包含该部件的汉字的识别有促进作用（如夫—规），但是，这种效应只出现在低频字中；②当启动刺激和目标刺激只存在视觉上的相似而非部件时（如之—砭），上述效应就会消失；③当启动刺激和目标刺激共有相同位置的部件时，启动刺激对目标刺激的促进作用很显著（如躯—枢）；而当部件的位置不同时（如欧—枢），则没有这种效应；④完全相同的部件，但是位置不同时（可换位的字，如"杏"和"呆"），会引起抑制效应，这种效应只出现在低频字中（Ding et al.，2004）。可见，在相同的位置包含相同的部件，对词形的识别有显著的促进作用。

2.形音转换

在词形加工的基础上，人们会进一步通达词汇的语音。对于拼音文字（如英文）中符合发音规则的词，人们可以按照形—音对应规则毫不费力地读出来，如"beef"。同样，对于符合发音规则，但是从未遇到过的假词，如"nate""smeak""fot"，由于它们符合形—音对应规则，因此只要根据规则读出来就可以了。

对于那些不符合形—音对应规则的词，其通达语音的方式与规则词不同。例如，"have" 中的 "a" 的发音和 "gate" "fate" 等词中 "a" 的发音不同。因此，"have" 是不规则词。由于不规则词的发音不符合形—音对应规则，其语音的通达需要借助心理词典中的词条来完成，即通过字形通达词条后提取语音，或者通过字形通达语义，再提取语音。

总之，对于那些规则词或者符合发音规则的假词，人们需要经过亚词汇的路径通达语音；对于不规则词，人们需要经过词汇的路径通达语音，这就是阅读的双通路模型的主要观点（Coltheart et al., 2001）。

汉字的形音转换规则主要体现在声旁的规则性和一致性上。声旁的规则性是指声旁本身的读音和整字读音之间的相似程度。声旁与整字读音相似程度高者被称为读音规则的形声字，相似程度低者被称为读音不规则的形声字。通常，读音规则字比读音不规则字的命名时间更短，准确率更高。声旁的规则性受字频的调节。在低频字中，与整字读音一致的声旁对整字读音有明显的促进作用，而在高频字中，这种促进作用不明显（舒华，张厚粲，1978；张积家，王惠萍，2001）。

声旁的一致性是指声旁相同的家族成员的读音相似程度。声旁家族是指包含同一声旁的形声字及声旁本身所组成的整体，如"乐、铄、泺、烁、轹、砾"为一个家族。各个家族成员的读音不完全一致（杨珲等，2000）。一致性体现了同一家族内其他字的读音对形声字的读音的影响，一致性高的字比一致性低的字反应时更

短，准确率更高（舒华，张厚粲，1978）。

形音转换受到正字法深度（orthographic depth）的影响。正字法深度是指词的形态结构与音位结构的一致程度，是一个由浅至深的连续体。如果语言的正字法与音位发音之间的一致性较高，人们很容易由形知音，那么则为浅层正字法；如果语言的正字法同音位发音的关系复杂，人们很难由形知音，那么则为深层正字法。正字法深度对字词的识别很重要。和拼音文字相比，汉字属于深层正字法。但不同类型的汉字的正字法深度可能存在一定的差异。例如，规则形声字和不规则形声字、多音字和单音字的正字法深度可能存在差异。有研究发现，规则形声字的正字法深度最浅，所以语音通达的时间也短；多音字的正字法深度大于单音字，命名多音字的反应时也显著长于命名单音字，这些结果都说明正字法深度影响字词的命名（杨群等，2015）。

总之，形声字的读音受诸多因素的影响。首先，声旁会影响汉字的读音，特别是不常见的汉字，人们常常通过声旁来读音。其次，家族成员的读音一致性会影响汉字的读音，即含有某个声旁的形声字家族，其读音一致性越高，其成员的读音越容易。最后，汉字的正字法深度会影响汉字的读音，即越容易由形知音，或者形—音一一对应，汉字读音就越容易。

3. 语义通达

书面语言理解的最终目的是通达语义。在听觉输入的词汇理解中，语音在语义通达中的作用毋庸置疑。但是在视觉输

入的词汇理解中，语义通达是否需要语音的帮助，这是研究者非常感兴趣的一个问题，也是研究语义通达的一个重要问题。

语音中介启动范式是考察语音作用的一种重要方法。启动的方法最早是由梅耶尔等人（Meyer & Schvaneveldt，1971）提出的。在典型的启动实验中，首先给被试短暂呈现一个词语（启动词），接着呈现另一个词语（目标词），被试的任务是判断目标词是否为词，或者命名目标词。当启动词与目标词有语义关联时，被试能更快、更好地识别目标词。例如，先呈现"护士"再呈现"医生"，比先呈现"面包"再呈现"医生"，被试判断"医生"是词的反应时要快。这种效应被称为语义启动效应。语义启动效应的一种变式就是语音中介启动范式。在这种范式中，启动词是与目标词语义关联词的同音词。例如，选定单词"nut"（坚果）为目标词，其语义关联词为"beech"（山毛榉树），语义关联词的同音词为"beach"（海滩）。现在用"beach"一词去启动"nut"，这就是语音中介启动。"beech"和"beach"都对目标词"nut"的命名有促进作用，而"bench"（语义关联词的形似词）没有促进作用。这说明语音在语义获取过程中有非常重要的作用（Rastle & Brysbaert，2006）。

那么，语音在汉字的语义通达中是否也有重要作用呢？有研究采用语音中介启动范式发现，"洁净"可以启动"卫生"，但是它的同音词"捷径"却对"卫生"没有启动效应，这说明语音在汉字语义通达

中的作用是有限的（周晓林，1997）。当然，语音在汉字语义通达过程中的作用问题还存在较大争议，需要进一步研究。

由于汉字的同音字较多（如"既""寄""继"的读音都是 /jì/），因此，字的语义通达受到字形的约束较大，而不像拼音文字那样受到语音的约束较大。汉字中包含很多形声字，容易让人望文生义。这是因为对形声字的理解会受到与其在意义上有联系的部件的影响，即义符或义旁。研究表明，义符在汉字的语义提取中有重要作用。在单字词和双字词的识别中，只要字词中包含与其意义一致的标明它所属的类别的义符，这种义符就会对形声字的语义提取有促进作用，如"姐"包含义符"女"，提示它属于女性人称，"喜鹊"的"鹊"包含义符"鸟"，提示它属于鸟类；而不一致的义符可能对语义提取带来阻碍，如"妙"（张积家等，1990；1991）。研究还发现，与词义一致的义符加速了词的定义性特征语义的提取（如判断鸟类是否有羽毛），但义符对词的特有特征语义的提取无作用（如判断鸟类是否会唱歌）（张积家，彭聃龄，1993）。除了义符的一致性之外，义符的熟悉性、家族大小等对语义通达也有一定的影响（张积家等，2014）。

（二）影响词汇识别的因素
1. 词汇的使用频率
词的使用频率（简称词频）是指词汇在所有文字材料中出现的频率。出现的频率越高，词的使用频率就越高。使用频率

越高，词汇就越容易被识别，识别的时间就越短，这就是词汇识别中的频率效应。此外，不仅整词的频率，而且词语中个别字的频率（简称字频）对词语理解也有一定的影响（Yan et al.，2006）。

2. 字母长度或笔画数量

在词汇识别过程中，一个词所包含的字母、音位或者音节数越多，这个词的识别时间就越长，这就是词长效应（word-length effect）（New et al.，2006）。并且，词长效应是独立于词的频率效应的。汉字是由笔画组成的。有关汉字识别的研究发现，词汇识别的时间随着笔画数量的增加而增长，即笔画数效应（彭聃龄，王春茂，1997）。因此，拼音文字的词长效应和汉字的笔画数效应可能是词汇识别过程中的普遍现象。

3. 语义特征

词的语义特征也会影响词汇的识别。多义词（如包袱）比单义词（如手续）的识别时间较短，错误率也较低，存在多义词的识别优势效应。这说明词的语义信息自上而下地影响了汉语词汇的识别；语义越丰富，这种影响就越大（彭聃龄，2006）。

此外，具体词和抽象词也会影响词汇的识别。具体词是指代具体物体或事件的词，如"苹果"；抽象词是指代比较难以解释或复杂概念的词，如"心灵"。研究发现，加工具体词比加工抽象词更快、更准确。

4. 词汇的习得年龄

与词频有密切关系的一个概念是习得年龄，是指以口语或者书面语言的形式接触到这个词并且理解其意义的初始年龄。卡罗尔等人（Carroll & White，1973）首先提出，词汇的习得年龄是影响词汇理解的重要因素。早期习得的词汇比晚期习得的词汇要更容易加工，这就是词汇的习得年龄效应（age-of-acquisition effect）。后来，有关拼音文字的大量研究都发现了习得年龄效应，而且这种习得年龄效应不能归因于频率、词长等因素导致的差异（Bonin et al.，2004）。陈宝国等人（2004；2007）采用汉语词汇的研究表明，词汇的习得年龄是影响汉语词汇识别的重要因素，表现为早期习得的词汇比晚期习得的词汇更具有加工的优势。词汇习得的年龄效应表现在词汇形、音、义加工的各个层面上，即字形、语音和语义的加工均存在习得年龄效应（Chen et al.，2007；You et al.，2009）。

5. 语境

词汇的识别也会受到语境的影响。研究表明，相关语境能够促进词汇的识别，而无关语境则会抑制词汇的识别（朱晓平，1991）。在相关语境中，有的语境使人对某个词的出现有很强的预期，但是有的语境则没有那么强的预期，分别被称为高预期和低预期语境。研究发现，高预期语境会促进对目标词的加工，而低预期语境则会阻碍对目标词的加工（刘宏艳，胡治国，2011）。电生理的研究发现，高预期语境的促进效应体现在词汇加工的不同阶段，表现为促进早期阶段的词汇通达以及晚期阶段的语义整合（Lee et al.，2012）。

此外，语境效应的产生还依赖句法、语义等高层次的语言学表征。当句子或短语不符合句法时，语境的效应很弱（李俏等，2000）。

三、句子理解

句子理解是在词汇加工的基础上，通过对组成句子的各个成分进行句法分析和语义分析，获得句子意义的过程。句子理解的过程非常复杂，受到多种因素的影响。

（一）句子理解的过程

人们首先根据句法规则对句子进行切分。例如，句子"落雨天留客天留我不留"，它既可以被切分为"落雨天，留客天，留我不，留"，又可以被切分为"落雨天留客，天留，我不留"。由于切分方式不同，句子的意义完全不同。

人物介绍

迪 昂

迪昂（Stanislas Dehaene）（见图 8-7）是神经科学家、认知科学家、教育家，先后获得美国心理学会杰出贡献奖等奖项。他先在巴黎高等师范学校学习数学，毕业后跟随认知心理学家迈勒（Jacques Mehler）学习认知心理学，并获得了博士学位，接着跟随脑科学家波斯纳（Michael Posner）等人做博士后研究。2005 年起，担任法兰西学院实验认知心理学分院的主席。

图 8-7　迪昂

他的研究兴趣非常广泛，包括语言、数学和计算、推理的脑机制。他的团队使用各种实验手段，包括磁共振成像、正电子发射断层扫描术、高密度电极的头皮脑电等方法以及神经计算和建模等，试图在分子和细胞、生理过程、脑皮层以及认知和行为之间建立一个较为完整的证据链，从而深入理解人类认知与行为的脑机制。

迪昂的一个非常重要的贡献是和库恩（Laurent Cohen）一起揭示了文字阅读的脑网络，并且发现了左侧颞枕皮层的一个位置——词形识别区——在词汇识别中的核心作用。另一个重要贡献是揭示了数字加工的神经基础，即发现顶叶内侧一个叫作顶内沟的脑区在理解数量和算数方面发挥着非常重要的作用。

（资料来源：迪昂的实验室网站）

那么，人们是如何对句子进行切分的呢？当人们看到一句话时，通常不会等到看完一个完整的短语、从句甚至整句话才开始加工，而是从看到第一个词就开始加工了。例如，前面我们在词汇识别部分提到，一旦词条被识别，与它相关的各种语义、句法信息都会被通达，并不断地整合在一起来表征句子。因此，句子理解的过程也是不断增加新的词汇、不断调整和补充句子表征的过程（Traxler & Pickering，1996）。

（二）句子理解的影响因素

句子理解除了受句法分析的影响之外，还受到下面一些因素的影响。

1. 语义和语用信息

句子切分的过程不仅需要句法信息，而且需要语义信息的补充。在一项眼动实验中，研究者操纵了动词与其后宾语的关系，设置了三种条件：第一种条件，动词的后接词虽不是真正的宾语，但它是宾语的合法修饰语，如"练习钢笔书法"中的"钢笔"是"练习"的合适宾语"书法"的修饰词；第二种条件，动词的后接词不是真正的宾语，也无法作为宾语的修饰词，如"栽种钢笔书法"中的"钢笔"不能修饰"栽种"的真正潜在宾语（如"树木"）；第三种条件，动词后接正常的宾语。结果发现，被试在阅读第一种和第二种条件下的句子时，阅读"钢笔"需要更长的反应时间和注视时间（石东方等，2000）。这些结果表明，词汇所包含的句法和语义信息都会参与到句子理解过程

中。研究还表明，汉语的句法分析和语义分析之间存在一定的相互作用（彭聃龄，刘松林，1993）。具体来说，句法分析首先对句子进行切分，并给出各种可能性，而语义信息则在多种切分可能性中即时地选择一种语义合理的切分方式。

在句子阅读过程中，有时候会出现跟预期不一致的词。例如，"可口的姚明是明星"，这个句子的语义不连贯，"可口的"让我们预期下面出现的应该是可以吃或者可以喝的东西，但是"姚明"显然不是可以吃或喝的。当读到"矮小的姚明是明星"时，虽然在语言学各个层面上都没有任何问题，我们也能理解其意义，但是根据我们已有的知识经验，这个句子表述的内容不符合事实，因而会影响我们的阅读。可见，我们在句子理解过程中，不仅要通达词汇的意义，而且还要激活语用知识，根据已有的知识经验来判断句子是否符合真实情况。在句子理解中，词汇通达及其与语用知识的整合都是即时进行的（金花等，2009）。

2. 对句子成分的预测

我们还会一边加工句子一边对后面将要出现的句子成分进行预测。在一项研究中（Kamide et al.，2003），研究者先给被试呈现一张图片，图片中画着一个男性和一片面包。然后给被试呈现一个句子："The man will spread the butter____"，此时被试的眼睛会注视在面包上，表明被试期待下一个出现的词可能是面包。但是，如果给被试呈现的句子是："The man will slide the butter____",那么被试的眼睛会更多地注视男性,而不是面包。可见,在句子加工中,语言学信息会与视觉场景信息进行交互,从而在更高的认知水平上进行信息整合(Altmann & Kamide,2009)。

四、语篇理解

语篇理解是语言理解的最高水平。它是在词汇和句子理解的基础上,运用推理、整合等方式揭示语篇意义、形成连贯的心理表征的过程。

(一)语篇理解的过程

在语篇理解的过程中,读者会建立起三个层次的表征,分别是字词水平的表层表征、语义水平的文本基础表征和语篇水平的情境模型(van Dijk & Kintsch,1983)。其中,表层表征指对文章中的字、词、句法进行的表征;文本基础表征指对文章所提供的语义及等级层次结构关系所形成的表征,它表征句子和文章意义的一系列命题,而不是具体的字词和句法;情境模型指读者根据自己的背景知识对文章的信息进行整合而形成的整体的、连贯的表征,它表征关于文本的内容或由文本明确陈述的信息与背景知识相互作用而建立的微观世界,是比表层表征和文本基础表征更深层次的表征。因此,文本理解就是形成各个层次心理表征的过程。

在自然阅读过程中,如果没有特定的阅读要求,那么阅读到的文本信息就不会引发任何焦点的注意,此时读者进行的就是连贯阅读(莫雷等,2012)。如果阅读材料引发了读者的专门关注,则形成了阅读的焦点,这时的阅读就是焦点阅读。在一项研究中(Morow et al.,1989),研究者先让被试学习一座建筑物的平面图,然后让被试阅读一篇记叙文,文章描述了主人公参观建筑物的路线和标记物。在阅读过程中,研究者给被试呈现两个物体,让其判断这两个物体是否来自建筑物里相同的房间。结果发现,如果两个物体都跟主人公正在注意和参观的房间有关,那么被试判断的速度就更快;反之,如果是主人公先前注意和参观过的房间,现在已经不在注意焦点上了,那么被试判断的速度就会慢一些。这表明读者站在主人公的立场,会形成阅读焦点,因而引发焦点阅读。

(二)影响语篇理解的因素

1. 推理

推理可以在语篇已有信息的基础上增加信息,或者在语篇的不同成分间建立联结,因此在语篇理解中具有非常重要的作用。例如,下面有这样一段话:"自从石油危机以来,商业变得呆滞了。好像没有人再需要那些高级的东西。突然,门开了,一个衣着讲究的人走进了展览室。约翰带着真诚、友好的表情朝这个人走去。"读完后,你很自然地会做出一系列的推理:约翰是个商人,当时商业正处于不景气的状态,他可能在卖高级轿车,一个人想买轿车，约翰想做这笔买卖等（张必隐，1991）。

2. 图式和策略

图式是对先前经验的一种积极组织，说明了一组信息在头脑中最一般的排列方式或可以预期的排列方式。例如，我们平时所听到或看到的故事都是按照故事图式组织起来的。它一般包括事件发生的背景、主题、情节和结局等内容。图式是由空位组成的，只有将一个个具体的内容，包括具体的背景、人物、环境等内容，填充到空位中去，文本才能被理解。因此，图式能够预期各种空位的存在，对记忆中的各种信息进行有效组织，并对新输入的信息进行选择性加工。研究发现，当故事按故事图式组成时，人们较易理解；相反，如果将故事图式打乱，如故事的主题不是出现在情节前而是出现在情节后，被试只有读完故事的情节和结局，才能得知故事的主题，这时他们对故事的理解就困难一些（鲁忠义，彭聃龄，1990）。

对图式的有效使用可以看作阅读的一种策略。阅读策略不仅可以促进当前语篇的阅读，而且可以迁移到其他语篇的阅读理解中去。例如，有的文本中会出现频率较高的关键词，那么快速扫读的策略就能尽快地激活相应的图式；有的文本有明显的体裁特点，如人物简历、议论文、说明文等，那么在阅读前应先思考该体裁文本的结构和内容特点，激活相应的图式，然后再阅读，则更容易理解，速度也更快。

莫雷等人（2001）的研究发现，使用策略能明显地促进阅读文章后的信息保持；无论前后所阅读的文章的内容是否有关，只要它们都适合使用同一策略，策略就可以发生迁移。

五、书面语言理解的神经机制

从 20 世纪 80 年代末期开始，研究者开始采用现代脑成像技术对书面语言理解的神经机制开展研究。经过大量研究，研究者认为，书面语言理解可能与广泛分布的众多脑区有关（Pugh et al., 2001）。阅读过程中的形、音、义加工都会激活这些广泛分布的脑区，但是，在特定的加工任务中，发挥优势作用的脑区却有所区别，这就是优势激活区假设（彭聃龄，2006）。

这些广泛分布的脑区形成了前后两个阅读系统。其中，前阅读系统位于左侧额下回的布洛卡区，主要与形—音映射有关，负责对输入词汇的语音进行编码。后阅读系统分为腹侧和背侧两条通路。腹侧通路主要包括视觉词形识别区，位于颞叶和枕叶交界处一个叫作梭状回的脑结构上。因为这个脑区在加工字形时，相比于加工面孔、房屋、无意义字符串等刺激时表现出更强的特异性激活，所以被命名为视觉词形识别区。背侧通路则包括颞中回、颞上回、角回、缘上回等。其中，颞上回、角回、缘上回主要与语音分析有关，颞中回则主要与语义分析有关。

此外，还有研究发现，后阅读系统的背侧通路主要负责规则词的加工，所以也被称为亚词汇通路，腹侧通路则主要负责不规则词的加工，因而也被称为词汇通路。在视觉词汇信息经过视觉感知后，亚词汇通路通过形—音转换完成词汇的语音加工，而词汇通路则通过正字法表征激活心理词典完成词汇的语义加工。阅读障碍的研究也表明，语音阅读障碍患者的亚词汇通路受损，但是其词汇通路正常，表现为识别真词的速度快于识别非词；而表层阅读障碍患者则是词汇通路受损而亚词汇通路正常，他们命名规则词和命名非词的速度快于命名不规则词的速度（Wang & Yang，2014；Ricketts et al.，2016）。

第四节　双语的加工

如果一个人能同时说两种或多种语言，我们就说这个人是一个双语者或多语者，他所讲的两种或多种语言就被称为双语或者多语。其中，先学会的语言叫作母语（L1），后学会的语言叫作第二语言（简称二语，L2）或第三语言（简称三语）等。

据估计，世界上有超过一半的人口或多或少都能使用两种或两种以上的语言。相对于多语来说，双语更为常见。双语现象在某些国家和地区非常普遍。例如，加拿大的很多城市都是英语区和法语区混杂的。美国的很多城市都有来自非英语国家的移民，这些移民一般在家里讲自己原来国家的母语，在学校或者工作场所则讲英语。随着世界经济的发展，不同文化之间不断交流与融合，双语现象会越来越普遍，双语者也会越来越多。因此，了解双语现象及其背后的心理学规律对于提高个人的发展潜力、促进不同民族和国家的文化交流与理解都有很重要的意义。

一、双语的类型

根据双语者学习二语的时间和熟练程度，双语者可以分为以下三种类型。

①在大致相同的时间开始学习两种语言，两种语言的熟练程度也差不多，这种双语者被称为平衡双语者。

②先学习母语，然后学习二语，但是学习二语时的年龄相对比较小，这种双语者被称为早期双语者。

③先学习母语，然后学习二语，但是学习二语时的年龄相对比较大，这种双语者被称为晚期双语者。早期双语者和晚期双语者的母语都要比二语更加熟练，他们的两种语言在熟练度上是不平衡的，所以他们被称为非平衡双语者。

由于双语者主要是根据学习二语的时

间和熟练程度进行分类的，因此这种分类对探讨语言经验在语言习得中的作用具有重要意义，对如何按照熟练程度的不同开展语言教学工作也有重要意义。

二、双语的心理表征

前面我们提到过心理词典的概念，心理词典用来存储语言中的词条，每个词条都有与其对应的词形、语音、语义以及词类等信息。那么，对于双语者来说，两种语言的信息是如何表征的呢？对于这一问题，研究者先后提出了多种理论假设，并对这些假设进行了大量的实验研究。这里仅介绍其中一种较有代表性的理论。

无论是熟练双语者还是非熟练双语

知识应用

你是哪一种双语者

请统计一下你所认识的人中有多少是双语者，有多少是单语者。根据双语者的类型划分，这些双语者分别属于哪一种双语者？

人物介绍

克罗尔

克罗尔（Judith F. Kroll）（见图 8-9）是一位心理学家、语言学家、美国科学促进会会士、美国心理学会会员，《双语：语言与认知》（*Bilingualism：Language and Cognition*）的创刊主编之一。她在纽约大学获得学士学位，在布兰迪斯大学获得博士学位。先后就职于斯沃斯莫尔学院、罗格斯大学、蒙特霍利约克学院、宾夕法尼亚州立大学，并于2016 年转到加州大学河滨分校。克罗尔对同一个大脑如何表征和加工两种语言的问题非常感兴趣，是双语研究领域著名的学者之一。她认为，双语为

图 8-9　克罗尔

我们研究语言与一般认知的关系提供了一个特别有效的工具，可以探讨很多在单语者身上无法探讨的有趣问题。例如，她和她的同事深入探讨了双语者如何同时使用两种语言，不仅丰富和发展了经典的双语加工模型，而且提出了修正层级模型。此外，她主持了一项国际科学研究和教育联盟项目，旨在搭建一个国际科学研究平台，并提供培训计划，用来帮助各个层次的语言学者（包括本科生、研究生、博士后等）在国外开展双语研究。

（资料来源：克罗尔的实验室网站）

者，从二语翻译到母语的速度总是比从母语翻译到二语的速度快。因此，克罗尔等人基于前人的研究提出了一个有关双语表征和加工的修正层级模型（revised hierarchical model）（见图8-8），用来描述双语表征形成和发展的动态过程（Kroll & Stewart，1994）。在修正层级模型中，两种语言的表征分为词汇表征和概念表征两个层次，词汇（字形和语音）是分开表征的，概念则是共同表征的。

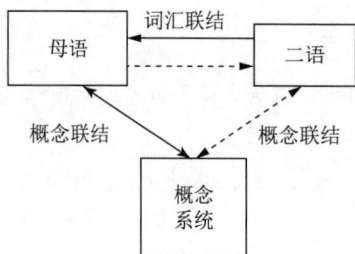

图8-8　修正层级模型

注：实线代表较强的联结，虚线代表较弱的联结。

双语者掌握的二语单词一般少于母语单词。因此，二语的词库比母语的词库小。在词汇层面，从二语到母语的词汇联结要强于从母语到二语的词汇联结。在概念层面，母语词汇与概念表征系统的联结强度大，二语词汇与概念表征系统的联结相对较弱。低熟练水平的二语者需要通过母语词汇的中介通达概念表征系统。但随着二语熟练程度的提高，二语词汇与概念表征系统的联结强度会逐渐增大。高熟练的二语者可以直接通达概念表征系统。

该模型还假定，从母语到二语的翻译路径利用了"概念中介"，即从母语的词汇表征到概念表征，再到二语的词汇表征，这是一条间接的路径；而从二语到母语的翻译路径则利用了"词汇中介"，即从二语的词汇表征到母语的词汇表征，因而是一条直接的路径。翻译路径的不对称性使得两个方向的翻译速度表现出不对称性，从母语到二语的翻译基于语义的加工，速度较慢；从二语到母语的翻译基于形式的加工，属于自动化加工，速度较快。

三、双语加工的抑制控制机制

双语者在加工一种语言时，另一种语言也会在一定程度上被自动激活。前者被称为目标语言，后者被称为非目标语言。在这种情况下，非目标语言的信息会干扰目标语言的加工，从而延长加工时间。为了控制这种干扰，以便更好地加工目标语言，需要有一种与执行功能相关的控制机制来参与双语者的语言加工过程。执行功能是指当无法依靠自动化加工或者直觉对刺激做出反应时，个体所依赖的一系列自上而下的加工过程。执行功能能够帮助个体做出正确的反应或者实现特定的目标，包括抑制、工作记忆和认知灵活性等不同的成分（Miyake et al.，2000）。

双语加工的抑制控制模型（inhibitory control model，ICM）认为，双语者通过对非目标语言的抑制控制实现对目标语言的选择（Green，1998）。具体来说，双语者或多语者的两种或多种语言在产出过程

如何理解双语表征
的修正层级模型

中都会被激活，这导致不同语言之间产生竞争。为了避免这种跨语言的竞争，双语者对激活的非目标语言要进行抑制控制，阻止非目标语言的通达，从而成功地产出目标语言。例如，汉—英双语者如果使用英语词汇命名苹果（apple），那么就需要抑制汉语"苹果"一词的干扰。抑制控制模型有两个重要假设。第一，对某种语言的抑制程度与该语言的熟练程度或者激活强度成正比，即越熟练的语言，当其处于非目标语言时，被抑制的程度越高。第二，重新激活之前受到抑制的非目标语言的难度与其受抑制的程度成正比，即非目标语言之前受到的抑制程度越高，解除这种抑制就越难，重新激活也越困难。

考察抑制控制机制的常用范式是双语转换范式。在这个范式中，通常要求双语者根据线索提示，使用不同的语言对图片或数字进行命名。实验包括两个条件：其一，前、后两个命名试次中的目标语言是不一样的（如 L1-L2 或 L2-L1），叫作转换条件；其二，前、后两个命名试次中的目标语言是一样的（如 L1-L1 或 L2-L2），叫作非转换条件。根据抑制控制模型，在转换条件下，如果当前刺激所要求加工的目标语言在前一个试次出现时已经受到抑制，要解除这种抑制就需要额外的认知资源，由此引起的行为反应上的差异就是转换付出的代价，被称为转换代价。此外，当两种语言熟练程度不同时，它们作为非目标语言时的激活程度会不同，需要的抑制程度也不同，从而可能导致两种语言的转换代价的不对称。在通常情况下，加工非优势语言（二语）需要对优势语言（母语）进行较强的抑制。当下一个试次转换到母语时，需要解除之前对母语的强抑制，抑制越强，解除抑制越困难，从而产生比较大的母语转换代价，即在语言产生任务中，L2-L1 的转换代价大于 L1-L2 的转换代价，这就是语言转换代价的不对称性。

京师智教

语言转换的研究范式
及其转换代价

四、双语加工与其他认知加工的关系

（一）双语经验对执行功能的促进作用

很多研究表明，学习两种语言会提升双语者的执行功能，如认知灵活性、抑制能力和工作记忆（Lehto et al.，2003；Miyake et al.，2000），这就是双语认知优势效应。但是对这一问题的研究还存在较大的争论。

1. 认知灵活性

很多研究采用卡片分类任务考察了双语者跟单语者的认知灵活性是否存在差异这一问题。结果发现，在控制了年龄、性别等因素后，双语儿童的成绩显著高于单语儿童（Adi-Japha et al.，2010）。同样，双语成人的成绩也高于单语成人（Costa et al.，2010）。在日常生活中，双语者经常依据语境的变化转换到合适的语言，以顺利表达自己的想法。可能正是这种特有的语言转换经验使双语者在转换任务中表现出某种优势。

研究进展

双语优势的脑机制

研究者采用功能性磁共振成像等技术，探讨了双语优势的脑机制。研究发现，双语学习不仅能够改变大脑的功能激活强度，而且能够改变大脑的结构，如增加大脑灰质的密度和白质的体积等（Mechelli et al., 2004；Mohades et al., 2012）。

为了控制社会经济地位、移民背景、文化差异等混淆因素对实验结果的影响（Paap et al., 2014），研究者通过纵向设计考察了短期或长期的双语训练对认知控制的影响。康等人（Kang et al., 2018）采用功能性磁共振成像考察了为期 8 天的短期双语转换训练对非平衡双语者语言控制的影响。结果发现，经过训练，被试在对训练材料进行双语转换时，其左侧额下回、右侧扣带回前部、双侧尾状核和左侧顶上小叶的激活显著下降，下降的程度与行为表现显著相关。并且，这种训练效应能够迁移到没有训练的材料上去。这就说明训练提高了非平衡双语者语言控制的效率，因而不需要更强的激活来控制转换过程。

2. 抑制能力

很多研究都发现双语儿童能够更好地抑制无关信息的干扰。在一项研究中，一组被试进行双语转换训练，时间为一周；另一组被试不进行双语转换训练，只进行单语产生的训练。在训练前和训练后，测试被试非语言的一般性抑制控制能力和监控能力。这里的监控能力是指通过一系列自上而下的心理加工过程，对当前的刺激进行评估，确认是否存在冲突或干扰，以及冲突或干扰的程度有多大。结果发现，与单语组相比，接受了双语转换训练的被试在一般性抑制控制能力上有显著提高，而在监控能力上没有显著提高（Timmer et al., 2019），这说明双语转换训练有利于提高非语言的一般性抑制控制能力。

3. 工作记忆

目前直接考察双语与工作记忆关系的研究还比较少。一项研究采用事件相关电位技术，考察了双语者和单语者完成复杂记忆任务时的脑电成分。研究发现，双语者比单语者产生更大的 P300。这种脑电成分与认知资源的分配有关，说明双语者能够以较少的努力和较高的效率完成复杂的任务（Morrison et al., 2019）。

（二）双语经验对认知老化的延缓作用

加拿大的一批研究者（Bialystok et al., 2007）分析了一所医院中 184 位阿尔茨海默病患者的病历。他们通过采访患者和家属排除各种可能的因素，包括年龄、性别、教育、经济状况、移民状态等之后发现，双语者被诊断为阿尔茨海默病的平均年龄要比单语者晚 4 年左右。为了验证和重复这一发现，2010 年，这批研究者又收集了 211 位阿尔茨海默病患者的数据，做了更加严格的控制，发现阿尔茨海默病患者中有双语或多语经验的人的发病年龄比单语者要晚 5 年左右。基于这些发现，他们认为双语的经验可能会延缓阿尔茨海默病的发病年龄。

虽然很多研究都发现终生双语经验可以延缓老年认知衰退，但是其背后的机制仍然存在很大的争议。一种观点认为，可以用双语经验带来的"认知储备"来解释这一现象。这一观点认为，大脑的发育与衰老是一种储备与提取的过程。如果个体在年轻时有丰富的双语经验，那么大脑的容量就会更大、神经细胞数量更多，并且神经细胞的活动水平和能力也更高。相应地，双语者大脑的认知储备就会越多。到年老时，特别是在出现认知衰退和脑损伤时，双语者的这种认知储备能够延缓其认知衰退或阿尔茨海默病的发病年龄（Scarmeas et al.，2006）。

另一种观点认为，双语的经验无法阻止阿尔茨海默病患者出现的生理病变，但是可以弥补其受损的功能，从而延迟双语患者表现出认知衰退的时间（Bennett et al.，2003），这种效应被称为补偿效应。例如，很多双语者在加工二语时，左右两个半球都可能参与。与单语者相比，双语者还有额外的、与执行功能有关的脑区参与。双语者部分脑区的退化或病变可能影响某些语言区的功能，但是语言网络上的其他脑区，包括右脑的部分脑区，可能会更多参与到认知加工中，这些都可能弥补部分脑区的功能退化。但是，目前直接支持这一假设的研究不多，未来还需要更多的研究对这个假设进行检验。

（三）双语经验的不利影响

除了上述有利影响之外，有一些研究也发现了双语学习和经验带来的一些不利方面。例如，双语者在给物体命名时需要更长的时间，他们的语言流畅性较差，舌尖现象较多（Ivanova et al.，2008）。这可能是由于双语者的两种语言会平行激活，双语者需要持续地抑制非目标语言的干扰，由此加工目标语言的难度会变大。此外，与单语者相比，双语者两种语言的词汇量都比较小，使用频率都比较低，可能也会增加目标语言的加工难度。

五、双语的神经表征

在双语研究中，人们还想知道两种语言在人脑中到底是由不同的脑区加工的，还是由相同的脑区加工的。一项早期研究采用功能性磁共振成像技术研究了早期双语者与晚期双语者分别用母语和二语不出声地描述在某个特定时间发生的事情时的脑活动情况。结果发现，早期双语者的母语和二语激活了布洛卡区的相同区域，而晚期双语者的母语和二语则激活了布洛卡区的不同区域。可见，早期双语者能够利用加工母语的脑区来加工二语，而晚期双语者可能需要开发与加工母语不同的其他脑区来加工二语（Kim et al.，1997）。

在一些脑损伤患者中，如果右半球受损，那么双语者就更容易出现二语失语问题。这可能是因为双语者，特别是晚期双语者的右半球更多参与了二语的加工。一项脑电研究考察了 19~22 个月的英语—西班牙语双语幼儿在加工词汇时的脑活动，发现优势语言比非优势语言更早出现左半球优势（Conboy & Mills，2006）。可见，与单语者相比，双语者，特别是晚习得的、低熟练度的双语者，其二语加工的偏侧化程度更低。与母语或单语者相比，他们的两半球可能均衡地参与了二语的加工，右半球参与得更多一些。

本章内容小结

1. 语言是人类通过高度结构化的声音、文字或手势等构成的一种用于交流的符号系统，同时也指使用这种符号系统进行交流的能力。语言具有结构性、指代性、创造性和社会性的特征。

2. 语言是按照一定的层次结构组织起来的。语言表达的基本形式是句子。句子的下面可以进一步分为短语、词、语素和音位等不同层次。每个层次又都包含一定的语言成分和将这些成分组织起来的规则。

3. 语言与其他认知能力之间有非常密切的关系。语言相对论假设认为，语言会影响而非决定人们的思维和知觉世界的方式。

4. 语言的定位观主要强调语言与特定脑区或半球之间的关系，包括威尔尼克－格施温德模型和语言的半球优势假说。语言的脑网络观认为，语言功能可能不是由某个或几个孤立的脑区单独表征或加工的，而是由很多不同的脑区组成的脑网络实现的。

5. 语言可分为口头语言和书面语言。口头语言加工的是语音，书面语言加工的则是文字。

6. 在口头语言中，人们借助听觉输入的语音，在头脑中主动、积极地建构意义的过程叫作口语理解。通过发音器官发出语音，把所要表达的思想说出来的心理过程则叫作口语产生。口语理解具有瞬时性、即时性、连续性、变异性与不变性的特点。

7. 口语理解开始于语音识别。语音识别从对声音的基本物理属性的感知开始。通过加工语音的各种物理属性，感知到不同的音位，进而通过将不同的音位进行组织来识别音节。当语音识别完成之后，语音的知觉表征会与心理词典中的词条进行匹配，成功匹配就能识别词汇，并通达跟该词汇有关的各种信息,这个过程就叫作词汇识别。

8. 语境对口语理解有非常重要的作用。从广义上说,语境是指口语活动出现的具体情境,包括说话的场合、社会环境、时代背景等;从狭义上说,语境是指口语的前言后语。

9. 口语产生过程可以分为不同的阶段。以词汇产生过程为例,它包括词汇选择阶段和音韵编码阶段。前者根据目的确定要表达的思想,激活多个有关的词汇概念,最后聚焦在某一个词汇概念上,通达与之对应的词条;后者提取与词条对应的语音代码,并对语音代码进行音节化和音位编码,获得发音模式,最后进行发音。

10. 关于口语理解的神经机制,双通路理论认为,口语理解是一个包含多种认知成分和多个加工阶段的过程,左右半球的多个脑区都参与其中。其中,背侧通路负责将语音转化成发音运动指令,对语音包含的运动计划、运动控制等信息进行解码,并将口语理解与口语产生联系起来。腹侧通路主要负责将语音映射到心理词典,并通达语义。

11. 书面语言的加工包括书面语言的理解和产生两个部分。人们借助视觉输入的文字,在头脑中主动、积极地建构意义的过程叫作书面语言的理解,而通过书写的方式,把所要表达的思想写出来的心理过程则叫作书面语言的产生。

12. 书面语言的理解具有持久性、离散型、变异性、稳定性的特点。书面语言的理解可以分为词汇、句子、语篇三种水平。

13. 词汇识别包括词形加工、形音转换、语义通达等过程。词汇识别受词汇的使用频率、字母长度或笔画数量、语义特征等因素的影响。

14. 句子理解是在词汇加工的基础上,通过对组成句子的各个成分进行句法分析和语义分析,获得句子意义的过程。句子理解受到多种因素的影响,包括语义和语用信息的作用以及对句子成分的预测等因素。

15. 语篇理解是在词汇和句子理解的基础上,运用推理、整合等方式揭示语篇意义、形成连贯的心理表征的过程,是语言理解的最高水平。在语篇理解过程中,读者会建立起三个层次的表征,分别是字词水平的表层表征、语义水平的文本基础表征和语篇水平的情境模型。语篇理解受推理、图式和策略等因素的影响。

16. 与口语理解相似,书面语言理解的神经机制也涉及广泛分布的脑区。这些脑区组成了前后两个阅读系统。

17. 根据双语者学习二语的时间,双语者可以分为以下三种类型:平衡双语者、早期双语者和晚期双语者。双语者的类型不同,双语表征和加工的方式可能存在一些区别。

18. 双语表征和加工的修正层级模型认为，两种语言的词汇是分别表征的，概念则是共同表征的。在词汇层面，从二语到母语的词汇联结要强于从母语到二语的词汇联结。在概念层面，二语词汇与概念表征系统的联结相对较弱，但随着二语水平的提高，二语词汇与概念表征系统的联结会逐渐增强。

19. 双语者在加工一种语言时，另一种语言也会在一定程度被自动激活。双语加工的抑制控制模型认为，双语者通过对非目标语言的抑制控制实现对目标语言的选择。考察抑制控制机制常用的范式是双语转换范式。

20. 一些研究表明，学习两种语言会提升双语者的执行功能，包括认知灵活性、抑制能力和工作记忆，对认知老化也有延缓作用，但是也有不一致的证据。

21. 与单语者相比，双语者，特别是晚习得的、低熟练度的双语者，其二语加工的偏侧化程度更低。与母语或单语者相比，他们的两半球可能均衡地参与了二语加工，右半球参与得更多一些。

思考题

1. 试述语言的含义及其特征。
2. 举例说明语言与其他认知功能的关系。
3. 简述口语理解的特点。
4. 口语理解的影响因素有哪些？
5. 口语产生的认知过程是怎样的？
6. 试述词汇识别的过程及影响因素。
7. 试述句子理解的过程及影响因素。
8. 语篇理解的影响因素有哪些？
9. 对比分析书面语言理解与口语理解过程的区别和联系。
10. 简述双语表征和加工的修正层级模型的主要观点。
11. 简述有关双语加工的抑制控制模型的观点。
12. 什么叫双语认知优势效应？学习双语可能的好处是什么？

第三编　行为调节和控制

第九章
动　机

　　一个男孩在出生后 8 个月时得了视网膜母细胞瘤，视力彻底丧失。长大后他却成为一位才华横溢的盲人歌手，登上了舞台，并夺得某年度的总冠军。他为什么能够成功？在他 1 岁多时，他的父母就训练他用触觉和听觉感知世界，使他对世界充满了好奇。从 5 岁起，父母开始培养他对音乐的兴趣和他独立生活的能力。逐渐地，这个男孩有了和健全人一样的人生愿望，有了强烈的学习需要和兴趣，并且磨炼出了坚强的意志。

　　这位盲人歌手所具有的好奇、愿望、需要、兴趣和意志等，都是动机心理学探讨的问题。本章首先论述动机的含义和功能；其次介绍人类拥有的各种不同的动机，如生理性动机和社会性动机；最后介绍几种重要的动机理论，如本能论、驱力理论、诱因理论等。动机是一个十分重要的研究领域，掌握了动机形成和发展的规律，就可以掌握人们行为的规律，提高活动效率，更好地从事各个领域的实践活动。

第一节　动机概述

一、动机的含义和功能

（一）什么是动机

人们除了睡眠之外，都在从事各种各样的活动。有些活动是短暂的，如喝一杯水、打一次电话等；有些活动是比较长久而持续的，如开发一个新产品、解决一个新问题等。这些活动都有一定的原因。同时，人们在同一活动中的行为表现方式和参与活动的积极性也是有差别的。例如，上课时，有的学生认真听课，有的学生则低头玩手机。为什么会有不同的表现，人们仅从行为的外部观察不可能了解，必须从行为的内部寻找原因。这种直接推动行为的内部动因就是动机。

动机是一种十分复杂的心理现象。从动物的本能行为到人类高级的决策行为都离不开动机，因此，研究者对于动机的概念或定义有着各种各样的看法。当代心理学家认为，动机是一种由目标或对象引导、激发和维持个体活动的内部动力（Pintrich & Schunk，1996）。也就是说，动机是一种内在心理动力，由一定的目标或对象引导，或者说由某种刺激引导，并能激发和维持个体的活动或行为。这种内部动力的源泉与基础是人的各种需要和环境中的各种诱因。例如，对一个要上学的孩子来说，学校是外部诱因，在成人的引导或同龄小朋友的影响下，孩子对学校有了一定的认识，进而产生了入学的愿望或要求，也就是有了入学学习的需要，这种需要后来转化为孩子上学的动机。

动机可分为内部动机和外部动机。内部动机是由个体内在的需要、兴趣、爱好等引发的，外部动机是由外在的刺激（如表扬、奖励、酬金）、要求等引发的。一般来说，内部动机对行为的驱动力更强，外部动机也起作用，两者共同影响个体的行为。

动机的一个显著特点是它的隐蔽性。动机是一种内部心理过程，人们不能直接观察到它的存在，但是可以通过个体对任务的选择、努力的程度、对活动的坚持性和言语表达等外部行为间接地推断，进而了解动机强度的大小。例如，在周末，一个学生早晨去了图书馆，在那里聚精会神地阅读文献、翻阅资料。根据这个学生的行为表现，我们可以初步推断他具有较强的学习动机。

动机又是和活动密切联系的。它不但通过活动表现出来，还通过活动达到它的目的。动机涉及心理活动和身体活动。其中心理活动主要有认知活动，如计划、组织、监督、决策、解决问题和评估，也有情绪活动的参与，如高兴、悲伤等。身体活动反映出个体活动的努力和坚持，并且负责一些外在的行为。只有身心协同活动，个体才能实现动机所追求的目标，满足自身的需求。

（二）动机的功能

动机具有激活功能、指向功能、维持和调整功能。

1. 激活功能

动机是个体能动性的一个主要方面，具有发动行为的作用，能推动个体产生某种活动，使个体由静止状态转向活动状态。例如，为了消除饥饿而吃饭，为了获得好成绩而努力学习，为了取得他人的赞扬而勤奋工作等。动机激发力量的大小是由动机的性质和强度决定的。一般认为，在完成某种具体任务时，中等强度的动机有利于任务的完成。

2. 指向功能

动机不仅能激发行为，而且能将行为指向一定的对象或目标。例如，在学习动机的支配下，学生会去图书馆或教室；在休息动机的支配下，人们会去电影院、公园；在成就动机的支配下，人们会选择具有挑战性的任务等。可见，动机不同，个体活动的方向和所追求的目标也不一样。

3. 维持和调整功能

动机具有维持功能，表现为行为的坚持性。当动机激发个体的某种活动后，这种活动能否坚持下去，同样受动机的调节和支配。动机的维持作用是由个体的活动与他所预期的目标的一致程度来决定的。当活动指向个体所追求的目标时，这种活动就会在相应动机的支配下维持下去；相反，当活动背离了个体所追求的目标时，活动的积极性就会减弱，或者活动完全停下来。人们在成功的概率较小时，有时也会坚持某种行为，这时人的长远信念起着重要作用。

二、动机与需要

动机是在需要的基础上产生的。当某种需要没有得到满足时，它会推动人们去寻找满足需要的对象，从而产生行动的动

动机和需要的关系

机。也就是说，当需要推动人们去行动，并把行动引向某一目标时，需要就成为人的动机。例如，天气炎热时，人们会寻找比较凉爽的地方；饥饿时，人们会寻找食物并奔向有食物的场所。这时，需要就成为人们行动的动机。

（一）什么是需要

需要（need）是机体内部的一种不平衡状态，表现为机体对内部环境或外部生活条件的一种稳定的要求，并成为机体活动的源泉。这种不平衡的状态包括生理的和心理的不平衡。例如，血液中水分的缺乏，会使个体产生喝水的需要；社会秩序不好，会使个体产生安全的需要等。在需要得到满足后，这种不平衡的状态会暂时得到消除；当出现新的不平衡时，个体就会产生新的需要。

需要是个体活动的基本动力，是个体行为动力的重要源泉。人从事的各种活动，从吃饭、喝水、睡眠到物质资料的生产、艺术作品的设计、科学技术的发明与创造，都是在需要的推动下进行的。

需要的产生受许多因素的影响，包括生理状态、情境和认知因素等。例如，人体的血糖含量减少，就可能产生饥饿感，

从而产生进食的需要。情境是需要产生的外界刺激，即满足个体需要的对象。它会促使个体进行活动，并使个体的需要得到满足。例如，食物的色、香、味会促使人们产生进食的需要。个体的认知因素在交往需要、成就需要等社会性需要的产生过程中发挥着重要作用。例如，成就的需要往往和个体对成就的认知有很大的关系。

（二）需要的特性

需要具有对象性、独特性、阶段性和社会性。

需要是由个体对某种客观事物的要求引起的。这种要求可能来自个体的内部，也可能来自个体周围的环境。例如，喝水的需要是由个体内部的需求引起的；父母"望子成龙"使孩子积极向上，这种需要是由外部要求引起的。当人们感受到这些 要求，并引起某种内在的不平衡状态时，要求就转化为某种需要。需要总是指向能满足某种需要的事物，不指向任何事物的需要是不存在的。所以，需要具有对象性。

人的需要既有共性，又有独特性。由于遗传、环境等因素不同，每个人的需要都有自己的独特性。年龄、身体、经济条件不同的人在物质和精神方面可能会有不同的需要。所以，需要具有独特性。

人的需要随着年龄的增长而变化，也就是说，在发展的不同时期，个体的需要的特点不同。例如，婴幼儿主要是生理的需要，少年开始发展出对知识的需要，青年发展出对恋爱、婚姻等方面的需要。所以，需要具有阶段性。

人不仅有先天的生理需要，而且在社会实践过程中发展出许多社会需要。这些社会需要受时代、社会因素的影响。在经济落后、生活水平低下的时期，人们更多寻求的是温饱的需要；在经济日益发展、生活水平不断提高的时期，人们不仅需要丰裕的物质生活，而且需要高雅的精神生活。所以，需要具有社会性。

（三）需要的种类

人的需要是多种多样的，按起源可分为自然需要和社会需要，按指向的对象可分为物质需要和精神需要。

1. 自然需要和社会需要

自然需要也称生物学需要，包括饮食、运动、休息、睡眠、性的需要等。这些需要是由机体内部生理的不平衡状态引起的，对机体维持生命、延续后代有重要意义。社会需要有劳动、交往、成就、社会赞许、求知的需要等，反映了人类社会的要求，对维系人类社会生活、推动社会进步有重要作用。

2. 物质需要和精神需要

物质需要指向物质产品，并以占有这些产品而获得满足，如对日常生活必需品的需要等。精神需要指向各种精神产品，如对文艺作品、报刊、电视、电影等的需要。

（四）马斯洛的需要层次理论

在现有的需要理论中，比较著名的是马斯洛（A. H. Maslow）的需要层次理论

（hierarchical theory of needs）。该理论对人类的基本需要、需要之间的关系、需要的发展顺序等问题进行了较为系统全面的论述，对于我们理解人类的需要、激发人的行为动机具有重要的理论意义。

马斯洛（1968）认为，人的基本需要是由以下五个等级构成的（见图9-1）。

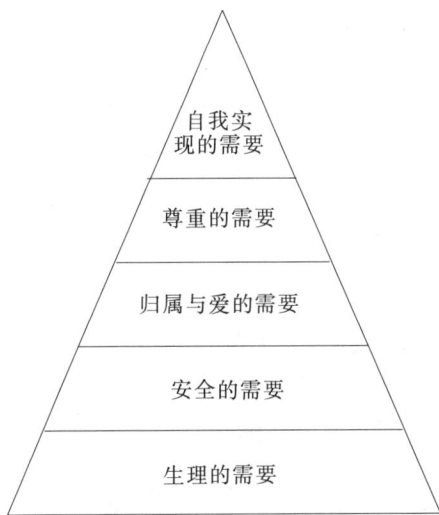

图9-1 人类需要的层次
（资料来源：Maslow，1968）

生理的需要（physiological need）。人对食物、水分、空气、睡眠、性的需要等在人的所有需要中是最重要的，也是最有力量的。例如，当人落水之后，在为得到空气而拼命挣扎时，就能体会到自尊的需要是多么不重要了。

安全的需要（safety need）。它表现为人们要求稳定、安全、受到保护、有秩序、能免除恐惧和焦虑等。例如，人们希望得到一份较安定的职业，愿意参加各种保险，这些都表现了他们对安全的需要。

归属与爱的需要（belongingness and love need）。一个人要求与其他人建立感情的联系，如结交朋友、追求爱情、参加一个团体并在其中获得某种地位等，就是归属与爱的需要。

尊重的需要（esteem need）。它包括自尊和希望受到别人的尊重。自尊的需要的满足会使人相信自己的力量和价值，使人在生活中变得更有能力，更富有创造性。相反，缺乏自尊会使人感到自卑，没有足够的信心去处理面临的问题。

自我实现的需要（self-actualization need）。人们追求自己的能力或潜能的实现，并使之完善化。在人生道路上，自我实现的形式是不一样的，带孩子的妇女或开卡车的妇女、一个在流水线上工作的男人或做炊事工作的男人，他们都有机会去提高自己的能力，满足自我实现的需要。

马斯洛认为，这五种需要是人的最基本的需要。这些需要是天生的、与生俱来的，构成了不同的等级或水平，并成为激励和指引个体行为的力量。

关于低级需要与高级需要的关系，马斯洛认为，需要的层次越低，它的力量越强，潜力越大。随着需要层次的上升，需要的力量相应减弱。

在需要满足的顺序方面，必须先满足低级需要。只有在低级需要得到满足或部分得到满足以后，高级需要才有可能出现。例如，当一个人饥肠辘辘，或担心自己的安全而感到恐惧时，他是不会追求归属与爱的需要的。因此，在从动物到人的进化中，高级需要出现得较晚。所有生物都需要食物与水分，但是只有人类才有自我实现的需要。

在个体发展过程中，高级需要出现得较晚。例如，婴儿有生理的需要和安全的需要，但自我实现的需要则要在成人后才出现。低级需要直接关系到个体的生存，因而也叫缺失需要。当这种需要得不到满足时，将直接危及个体的生命；高级需要不是维持个体生存所必需的，因此，这种需要的满足可以稍作延迟。但是，满足高级需要能使人健康、精力旺盛，能扩展人的经验，充实人的生命。在这个意义上，高级需要也叫生长需要。高级需要比低级需要复杂，因此，满足高级需要必须具备较好的外部条件，如社会条件、经济条件和政治条件等。

马斯洛的需要理论也存在一些问题，受到许多心理学家的批评。主要的问题是他认为人的需要源于先天的本能，这模糊了人的生物需要与社会需要之间的差异；马斯洛根据需要出现的早晚来划分需要发展的层次，这种划分有一定的依据和研究价值，但它没有充分说明各种需要之间的内在联系。

马斯洛的需要层次理论的核心是，只有满足个人最基本的需求，才能激发他们实现更高层次的需求。基于这个理论，教师在教学中不仅要关心学生的学习态度和学习成绩，而且要关心学生的身体状况是否健康、生活是否安定、家庭是否和睦、父母是否离异、同学关系怎样等。只有了解了这些情况，帮助学生满足需要，才能更好地调动他们学习的积极性。同样，管理者在管理工作中不仅要关心员工的工作绩效，而且要在工作绩效之外的其他方面支持他们，如提供灵活的工作时间、让员工有时间关注他们的家庭、确保他们得到公平的报酬以获得经济上的稳定等。

三、动机与行为

（一）动机与行为的关系

动机与行为的关系十分复杂。同一种行为可能有不同的动机，即各种不同的动机通过同一种行为表现出来，不同的行为也可能有同一种或相似的动机。例如，在同一个班级中，学生的学习动机是各种各样的。有的学生是为了得到老师和同学的称赞；有的学生希望学好本领，将来为建设祖国服务等。这些不同的动机都表现在同一种学习行为中。学习动机不同，学习效果也不一样。另外，同一种动机也可以产生不同的行为。例如，在休息动机的支配下，有的人去看电影，有的人去散步，有的人去公园等。

在同一个人身上，动机也是多种多样的。其中有些动机占主导地位，为主导动机；有些动机处于从属地位，为从属动机。例如，一个学生的主导动机是学习知识，同时他也有成为优秀生、报答父母养育之恩的愿望，这些动机则处于从属的地位。主导动机和从属动机的结合组成个体的动机体系，推动个体的行为。所以，个体的活动往往不是受单一动机的驱使的，而是由他的动机体系所推动的。

马斯洛

马斯洛（A. H. Maslow，1908—1970）（见图 9-2），美国社会心理学家、人格理论家、人本主义心理学的主要发起者。1908 年，马斯洛出生于纽约市的一个犹太家庭，先后就读于纽约市立学院、康奈尔大学、威斯康星大学。起初马斯洛受行为主义的吸引，师从赫尔研究动物的学习行为，后来成为威斯康星大学哈洛的第一个博士生，并于 1934 年获威斯康星大学心理学哲学博士学位。1935 年，由于他的表现非常出色，学习理论家桑代克邀请他在其所在的哥伦比亚大学教师学院担任学习心理研究工作的助理。

图 9-2 马斯洛

之后，由于对格式塔心理学和精神分析心理学的了解日益增多，他对行为主义的热情减退。他的第一个孩子的出生更让他逐渐意识到用基于动物研究结果的行为主义来解释人类的行为是不切实际的。1937 年，他在纽约市布鲁克林学院担任心理学副教授时，结识了格式塔心理学家韦特海默、文化人类学家本尼迪克特、精神分析心理学家霍妮等，进一步促使他放弃行为主义，开始探索和研究自我实现的人。

1951 年，马斯洛应邀出任布兰迪斯大学心理学系主任，成为心理学第三势力的领袖。1954 年，他首次提出了人本主义心理学的概念，出版了《动机与人格》。1961 年创办了《人本主义心理学期刊》。1962 年发起并成立了美国人本主义心理学会。1964 年出版了《宗教、价值观和高峰体验》。1967 年，马斯洛当选为美国心理学会主席。

马斯洛在批判精神分析与行为主义的基础上提倡性善论和对健康人格的研究，重视人的潜能、自由、责任和尊严，强调人性与社会价值的统一，他提出的需要层次理论和自我实现论的影响深远，被誉为"人本主义心理学之父"。

（资料来源：杰瑞·伯格，2014）

（二）动机与行为效果的关系

动机与效果的关系非常复杂。这里的效果是指行为的社会效果。一般来说，良好的动机会产生良好的效果；反之，不良的动机则会产生不良的效果，这就是动机与效果的统一。但是，在实际生活中，动机与效果不统一的情况时有发生。例如，一个孩子想帮父母干点家务活，但不小心

一种新的需求层次理论

肯里克等人（Kenrick et al., 2010）提出要以变化的形式看待需要层次。需要层次受三个方面的主观因素的影响，即功能水平的分析（functional level of analysis）、近端水平的分析（proximal level analysis）和发展水平的分析（developmental level of analysis）。

功能水平的分析以基本需求，如生存和繁殖为基础，激励人们去寻求生命的必需品，如食物、水、温暖和庇护等动机。只有满足这些动机才会引起社会性的需求。近端水平的分析是聚焦在能马上影响动机的事件、物体、诱因和威胁刺激上，如诱人的食物引起饥饿的动机，或正在看书时，有人喊"着火了"，会立刻引起恐惧和自我保护的动机。这些近端刺激能短暂地改变人们平常的动机层次。发展水平的分析展示在整个生命周期中动机的优先级是如何改变的。在婴儿期，饥饿和接触安抚处于中心地位，到了成年，社会认可成为需求层次的主导动机。所以个体的动机层次不是固定的，会受到近端刺激和发展水平的影响。

（资料来源：津巴多等，2016）

打碎了玻璃杯。动机是好的，但由于其他因素的影响，却产生了不好的效果。

（三）动机与行为效率的关系

动机与行为效率的关系主要表现在动机强度与行为效率的关系上。心理学研究表明，在解决具体问题时，动机强度与行为效率之间的关系不是一种线性关系，而是倒 U 形曲线的关系。中等强度的动机最有利于任务的完成。也就是说，动机强度处于中等水平时，工作效率最高，一旦动机强度超过了这个水平，对行为反而会产生一定的阻碍作用。例如，学习动机太强、急于求成，会产生焦虑和紧张，干扰记忆和思维活动的顺利进行，使学习效率降低。考试中的怯场现象主要是由动机过强造成的。

心理学家耶克斯和多德森（Yerkes & Dodson，1908）的研究表明，各种活动都存在一个最佳的动机水平。动机不足或过强，都会使工作效率下降。研究还发现，动机的最佳水平随任务性质的不同而不同。在比较容易的任务中，工作效率随动机的提高而上升；随着任务难度的增加，动机的最佳水平有逐渐下降的趋势，也就是说，在难度较大的任务中，较低的动机水平有利于任务的完成。这就是耶克斯-多德森定律（Yerkes-Dodson Law），如图 9-3 所示。

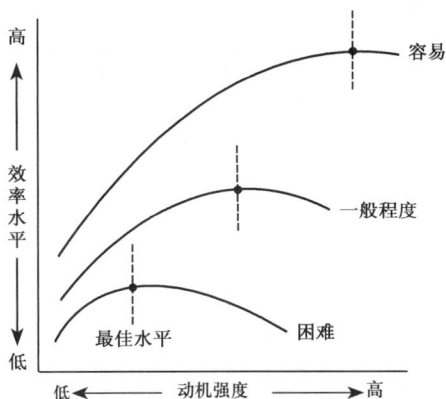

图 9-3　耶克斯 - 多德森定律

四、动机的神经机制

关于动机的神经机制的研究最早是在动物身上进行的。20 世纪 50 年代，美国心理学家通过对动物的脑实施电刺激，发现了下丘脑处主管愉快的区域（Olds & Milner, 1954）。近年来，随着认知神经科学的发展，以及相关技术的出现，人们对于动机的神经机制有了更深入的了解。

越来越多的证据表明，与动机相关的大脑区域可以分为三个不同的神经网络：奖励回路、价值决策的路径和目标导向控制的神经网络（Kim, 2013；Rangel et al., 2008）。

（一）奖励回路

我们日常生活中的大部分行为是由奖励决定的，因此奖赏的大脑机制得到了广泛的研究。研究表明，参与奖赏处理的神经回路包括中脑腹侧被盖区、杏仁核以及腹侧纹状体。腹侧纹状体内包括尾状核和伏隔核等（见图 9-4）。它们通常在期

待和受到各种奖励时被激活（Aron et al., 2005；Salim et al., 2011）。

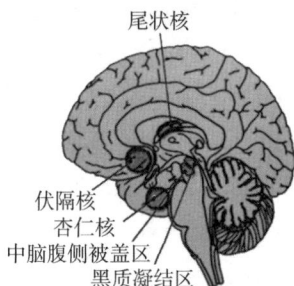

图 9-4　奖励激活的大脑区域

（资料来源：Kim et al., 2016）

（二）价值决策的路径

决策时时发生，如今天午饭吃什么，明天要不要拜访朋友等。个人的选择是一个有效的动机行为指标。决策过程是在几个方案中选择价值最高的行动或目标，在动机中发挥着核心作用（Kim, 2013）。

价值决策的神经基础包括前额叶皮层、纹状体、杏仁核、岛叶在内的皮层和皮层下结构的广泛网络（Rangel et al., 2008）。其中，眶额皮层和腹内侧前额叶皮层是参与价值决策的主要脑区（见图 9-5）。

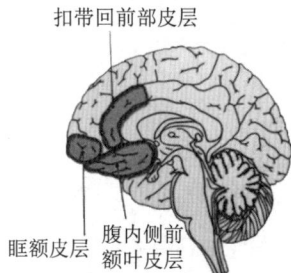

图 9-5　参与价值决策过程的大脑区域

（资料来源：Kim et al., 2016）

（三）目标导向控制的神经网络

　　参与认知控制过程的两个核心脑区是扣带回前部皮层和背外侧前额叶皮层（见图9-6）。在检测到错误或冲突时，扣带回前部皮层会被激活（Botvinick et al., 2004），而背外侧前额叶负责工作记忆和执行功能（Miller, 2000）。目标导向控制的神经网络的主要功能是维护目标相关信息，规划和监控目标相关信息的实现过程。

　　总体来说，动机的神经机制可以理解为在腹侧纹状体和杏仁核接收由中脑腹侧被盖区发出的各类奖赏信息之后，眶额皮层和腹内侧前额叶皮层做出价值判断与目标导向的决策，并把相应信息传送到扣带回前部皮层和背外侧前额叶皮层，从而在认知控制层面维持目标导向的行为。

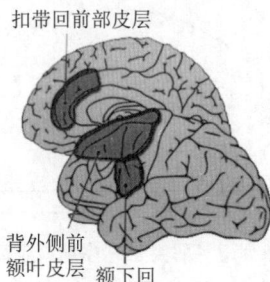

图9-6　与目标导向控制有关的脑区

（资料来源：Kim et al., 2016）

第二节　生理性动机

　　生理性动机是为了维持生命所必须满足的动机，如饥、渴、性欲、睡眠、排泄等动机，都是生理性动机。它推动人们去活动，从而满足生理的需要。当这种生理的需要得到满足时，生理性动机便趋于下降。

饥饿感的来源

一、饥饿

（一）饥饿与体内平衡

　　饥饿是由体内缺乏食物或营养引起的一种生理的不平衡状态，表现为一定程度的不安，从而形成个体内在的紧张压力，并使个体产生求食的行为。

　　在一项实验中，坎农（Cannon, 1934）让被试把一个气球吞进胃里，然后往气球内充气。结果发现，当气球充气引起胃壁收缩时，被试便出现饥饿感。这似乎说明胃壁收缩与饥饿状态有关（见图9-7）。

　　但是，有研究发现，通过外科手术把胃完全切除后，患者不能感受到胃壁

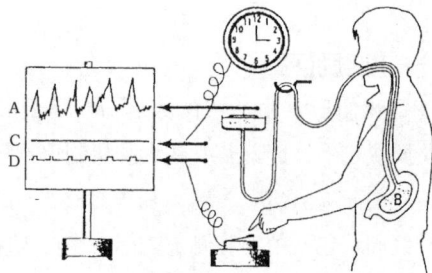

图9-7　胃壁收缩与饥饿的关系

（资料来源：Cannon, 1934）

的收缩，但仍有饥饿的体验（Janowitz & Grossman，1950；Woods et al.，2000）。这说明胃部收缩不是产生饥饿感的必要条件，饥饿感的产生可能还有其他原因。

（二）饥饿与体内化学物质

有研究发现，从饿了几天的狗身上抽取血液，注射到刚吃饱的狗身上，这些狗又会继续吃食，好像已经饿了几天一样（Templeton & Quigley，1930）。这说明血液中某些化学成分的变化有可能会引起饥饿感。

后来发现饥饿感的一个重要指标是血糖（Campfield et al.，1996）。人和动物都能自动调节热量的摄入，防止能量的不足，保持体重的稳定，这种调节涉及的化学物质是血糖。如果体内的血糖浓度下降，饥饿感就会增强。然而血糖并不是调节饥饿感的唯一的化学物质，与饥饿感有关的激素还有瘦素（leptin）和饥饿激素（ghrelin）等，前者能降低食欲，后者能增加食欲。这些激素是从脂肪细胞和胃肠道中释放出来的。

（三）饥饿与下丘脑

饥饿的产生除了胃排空后的收缩、血液中某种营养物质（如血糖浓度）的减少等原因之外，还可能和中枢神经系统的下丘脑的功能有关。在 20 世纪 50 年代中期，生理学家用电刺激法在实验动物的下丘脑中发现了所谓"饥饿中枢"和"饱食中枢"（见图 9-8）。

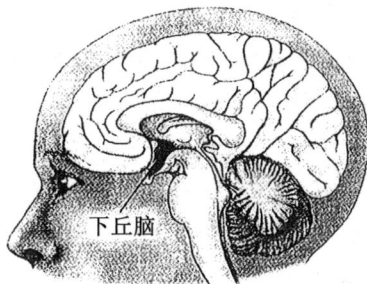

图 9-8　下丘脑

（资料来源：Coon & Mitterer，2007）

下丘脑有两个区域控制饥饿。一是下丘脑背外侧。如果它受到刺激，个体就会产生饥饿感。它会分泌一种引发饥饿的激素——增食激素（orexin）。当给老鼠注射这种激素后，它们会变得狼吞虎咽（Sakurai et al.，1998）。下丘脑的这个区域被称为"饥饿中枢"。二是下丘脑腹内侧。如果它受到刺激，个体就会产生饱腹感。下丘脑的这个区域被称为"饱食中枢"。如果破坏这个区域，动物会大量进食，最终导致异常肥胖（Duggan & Booth，1986；Hoebel & Teitelbaum，1966）。

（四）进食的偏好

人有进食的偏好，即喜欢吃什么，不喜欢吃什么。人类在长期进化过程中形成了对甜和脂肪的偏好，因为甜食是好的热量来源。大多数甜食是碳水化合物类的，是葡萄糖的重要来源，能为人体提供能量。脂肪中含有人体所需的成分，也是身体不可缺少的。一般来说，人们爱吃甜的、高脂肪的食物（Lucas & Sclafani，1990）。

同样，人类在进化过程中也学会了避开营养少和有毒的食物（Gacia & Koelling，1966；Garcia et al.，1968；Nachman，1970）。恶心是避免食物中毒的保护机制。例如，孕妇遇到某些食物感到恶心，可能是为了保护胎儿，这些食物可能不会伤害母亲，但可能会伤害胎儿（Pinker，1997）。

另外，不同种族或地区的个体具有不同的进食偏好。例如，我国北方人爱吃面，南方人爱吃米，山西人爱吃醋，重庆人爱吃辣等。

（五）进食障碍

当不正常的瘦身动机超过正常体内平衡的压力时，心理对进食的影响就会异常明显。近年来，过度节食而导致神经性厌食症的患者逐渐增多。神经性厌食症是一种自己有意节食造成的食欲减退、体重减轻、以厌食为特征的进食障碍。它常引起营养不良、代谢和内分泌障碍及躯体功能紊乱。在神经性厌食症的基础上可能产生贪食症。贪食症患者存在不可抗拒的摄食欲望，可在短时间内一次进食大量食物，有时会采取呕吐、间断禁食等方法以抵消发胖的效果。例如，一个14岁的女孩因为同学说她胖，买裙子时别人说她腿粗，便开始节食。每日仅吃50~100克的主食或副食，一段时间之后体重下降，减轻了10千克。但她还认为自己太胖、腿粗，继续拒绝正常进食，以致造成后来大便秘结、闭经、情绪不稳、烦躁等。后来，她又一反常态，以体重不达标不能升学为由

而贪食、暴食。

神经性厌食症和贪食症的产生与心理因素有密切的关系，产生这些进食障碍的原因之一是患者对自己的身材有不切实际的想法，对发胖过分恐惧。如果请他们评价自己的体重，往往会高估25%以上，他们认为自己很胖，实际上并不胖，吃得也不多（Gardner & Bokenkamp，1996；Polivy & Herman，2002）。这些问题的出现与一些媒体的误导有关，如用不同的方式宣传"以瘦为美"。遗传也可能会影响进食障碍的易感性，如同卵双生子同时患进食障碍的概率比异卵双生子大一些（Fairburn et al.，1999）。进食障碍者的某种神经递质可能异常，因而他们会感到焦虑或抑郁（Fava et al.，1989）。

二、渴

渴是由体内水分不足引起的一种生理的不平衡状态，是比饥饿更强的驱动力。我们可以几天不吃食物，但是几天不喝水就难以存活。若慢性缺水，久而久之，人体的新陈代谢就会紊乱，出现不同症状的营养障碍代谢病，包括慢性呼吸道疾病、糖尿病等。

渴与下丘脑有关。研究表明，在两种生理状态下刺激下丘脑会引起渴的感觉。一种渴是由细胞脱水和血液容量减少引起的。因为血液容量减少，血压降低，引起肾脏分泌高压蛋白酶原，它释放血管紧张素进入血管，刺激下丘脑前部的渴觉中枢，引起喝水行为，被称为低血容量性

渴（hypovolemic thirst）。另一种渴是由体液内的盐类浓度过高引起的，即体液内的盐类浓度增加，使血管渗透压升高，引起下丘脑的渗透压感受器兴奋，影响下丘脑前部的渴觉中枢，使机体产生渴感，引起喝水行为，被称为渗透性渴（osmometric thirst）。

三、性

性动机是一种比较强有力的动机。它的产生是以性的需要为基础的。性动机和饥、渴动机不一样，它不是个体生存和维持生命所必需的。性动机与个体的性成熟有密切关系。

人类的性动机与性激素的分泌有关，但不像影响动物的性动机那么直接（Crooks & Baur，2005）。性激素有两种作用：一种是引导性特征的发展；另一种是激发性行为。当男性达到性成熟的年龄时，位于大脑基底部的脑垂体刺激睾丸分泌雄性激素，进入血液。这种雄性激素使其性动机提高，并使男性产生第二性征。在男性达到性成熟年龄后的短时期内，雄性激素的浓度最高，之后保持在相对恒定的水平上。因此，男性的性动机没有明显的生物学周期。当女性达到性成熟的年龄时，脑垂体刺激卵巢分泌雌性激素，提高女性的性动机。由于雌性激素的分泌具有生物学周期，因此，女性的性动机有一定

的周期性。性激素对人的性行为的影响不如在动物身上明显。性激素并不是产生性动机的唯一基础。戈尔茨坦（Goldstein，1957）对狗进行的实验发现，在公狗性成熟以前，对其进行阉割，其性行为的发展将会停止；相反，如果阉割手术在性成熟以后进行，公狗将继续出现性反应。卡尔森（Carlson，1977）发现，摘除卵巢后的妇女仍有很强的性动机。可见，性激素对性行为的发展是必要的，但它不能控制成熟后的性动机。而外界刺激和学习对人类性动机的影响往往超过性激素的作用。

四、睡眠

睡眠是机体为恢复精力而产生的一种驱力，使个体由活动状态趋于休息状态，这和其他动机推动机体趋向活动是不同的。它受人类自身的生物钟的调控，同时受地球自转周期的昼夜节律（circadian rhythm）的影响。

睡眠的特征是机体对刺激的敏感性降低，肌张力下降，对外界刺激的反应减弱等，但睡眠时还保持着自主神经系统的调节功能。

睡眠对于机体消除疲劳、恢复体力具有重要作用，对人的心理活动也有重要影响。它对于记忆的形成和巩固、形成新的神经连接及修整旧的神经连接、维护大脑健康等发挥着重要作用。

第三节　社会性动机

社会性动机是以人的社会文化需要为基础的。人有权力、交往、成就和认识的需要等，因而产生了相应的权力、交往、成就和认识的动机等。这些动机推动人们与他人交往，获得社会和他人的赞许，参与某种社会团体，并能在其中获得某种地位等。

一、成就动机

成就动机是人们希望从事有重要意义、有一定困难、具有挑战性的活动，并能取得优异的成绩，超过他人的动机。例如，一位大学生努力学习，希望毕业时考上研究生；一位作家努力工作，希望创作出反映时代重大主题的作品。这些都属于成就动机。

研究发现，在智商大体相同的情况下，成就动机高的人比成就动机低的人更可能获得成功。在学校里，成就动机高的学生的表现可能较好；在事业上，成就动机高的职工有可能取得较好的成绩。

有关成就动机研究的真正开始是以麦克兰德和阿特金森（McClelland & Atkinson）于 1953 年合著的《成就动机》一书的出版为标志的。下面介绍他们的理论和研究。

（一）麦克兰德等人有关成就动机的研究

麦克兰德是研究成就动机的著名学者。他从 20 世纪 40 年代起就对成就动机做了深入研究。

麦克兰德（1953）认为，衡量成就行为要遵循三个标准：是否有一个卓越的社会目标；是否以独立的方式来完成；是否能坚持不懈地努力。麦克兰德研究了成就动机的形成及影响因素、成就动机与社会经济发展的关系等问题，于 20 世纪 60 年代出版了《追求成就的社会》一书，指出父母的教养方式会影响儿童成就动机的形成，而且成就动机水平的高低决定了经济的发展。他发现，养育者对孩子独立性的训练与成就动机呈正相关，即对孩子进行独立性的训练，能提高其成就动机的水平（McClelland，1955）。父母允许孩子独立活动，让他们自己去决定做什么事情，并给予奖励，将有利于孩子的成就动机的发展。可见，发展独立性是培养成就动机的一条重要途径。

麦克兰德（McClelland，1955）认为，成就动机的高低会影响人们对职业的选择。成就动机低的人愿意选择风险较小、独立决策较少的职业；而成就动机高的人喜欢毛遂自荐，喜欢具有一定风险的、富有开创性的工作，并在工作中敢于做出决策。

后人有研究表明，个体的成就动机水平与父母的教养方式有关。例如，大学生的成就动机与他们父母的教养方式有密切关系，专制型、溺爱型和忽视型的教养方式与成就动机呈显著负相关，而民主型的教养方式对大学生的成就动机有积极影响，能提高学生追求成功的动机，降低避免失败的动机。

我国学者探讨了我国家庭中父母的训练方式对儿童成就动机的影响，研究采用了余安邦（1990）所编制的父母训练方式量表、余安邦和杨国枢（1987）所编制的成就动机量表。结果表明，由母亲进行的独立训练和成就训练对儿童个人取向的成就动机的影响最为显著，而由父亲进行的成就训练对儿童社会取向的成就动机的影响最为显著。这说明父母的训练方式对儿童的成就动机的形成有影响，而且父亲的训练和母亲的训练的影响又有差异（郭德俊等，1993）。

（二）阿特金森的成就动机理论

阿特金森（Atkinson，1964）的成就动机理论认为，成就动机是由成就需要、成功的可能性、成功的诱因值三个因素决定的。用公式表示为：$T=M×P×I$。其中，T 代表成就动机的倾向，M 代表成就需要，P 代表成功的可能性，I 代表成功的诱因值。成就需要是一个人追求成功的相对稳定的特质，是"成就中体验到自豪的能力"（Atkinson，1964）。成功的可能性来自个体对情境或任务的认知，也就是个体对完成某项任务可能性的认知。成功的诱因值，即成功给个体带来的价值感和满足感。阿特金森认为，成功的诱因值是情感性的，与成功率呈反比的关系，即容易的任务，成功率高，诱因值低，而困难的任务，成功率低，诱因值高。

阿特金森把成就动机分为两种：力求成功的动机和避免失败的动机。成就动机涉及对成功的期望和对失败的担心两者之间的情绪冲突，因此，成就动机是期望成功和害怕失败之间情绪冲突的结果。在一定的情境中，如果个体力求成功的动机强于避免失败的动机，那么个体就倾向于追求成功。相反，如果避免失败的动机强于力求成功的动机，那么个体就倾向于避免失败。

阿特金森根据这两种动机在个体动机体系中所占的强度，把个体区分为力求成功者和避免失败者。力求成功者倾向于追求成功，较少害怕失败，行为的目标定位于获得成功。在任务选择方面，他们倾向于选择中等难度的任务。因为中等难度的任务不仅可能取得成功，而且能体会到成功后的自豪感。避免失败者害怕失败，较少追求成功，行为的目标定位于避免失败。在任务选择方面，他们倾向于选择容易或者很难的任务。选择容易的任务易于成功，从而避免了失败；选择很难的任务，是因为他们知道很少有人能够完成，因此，即使失败了，他们也可以把失败归因于任务难度，这样就减弱了失败感。

阿特金森的成就动机理论是一种综合的动机理论，综合考虑了影响成就动机的诸多因素，对动机理论的建立和发展有着深远意义。但这一理论也有不完善之处，如它没有关注外部社会生活条件对人的成就动机的作用，对情感如何影响成就活动的认知缺乏清晰、具体的阐述等。

二、权力动机

权力动机是指人们具有某种支配和影响他人以及周围环境的动机。权力动机强者常常表现为主动参与社会事务，并试图在其中起支配和领导作用；权力动机弱者虽然也能参与社会事务，但主动性不强，缺乏在群体中起支配、领导作用的欲望。

温特（Winter，1973）认为存在两种权力动机：积极的权力动机和消极的权力动机。前者通常表现为竭力去谋求在组织社会中的权力；后者通常表现为害怕失去权力，为自己的声望忧虑。

按照个体行为的目标，权力动机可分为个人化权力动机（personalized power motive）和社会化权力动机（socialized power motive）。持个人化权力动机的个体，寻求权力的目的是满足个人的私欲或利益。持社会化权力动机的个体，寻求权力主要是为了他人，在行为上表现为关心社会，关心他人，以个人的知识、观念等方式影响他人。研究表明，不同类型的权力动机在对他人想法、意见的接受程度上不同。以个人化权力动机为主的个体，其权力的提升往往使个体更加追求自我导向的目标，更加关注自己的利益，忽视他人的想法、意见。以社会化权力动机为主的个体，其权力的提升使得个体更加追求社会责任相关的目标，更加关注他人的想法、意见。

三、交往动机

交往动机是在交往需要的基础上发展起来的一种重要的社会性动机。交往需要表现为人们愿意归属于某个团体，喜欢与人来往，希望得到别人的关心、友谊等。这种需要促使人们结交朋友、寻找支持、参加某个团体等。当交往需要得到满足后，人们会感到安全、有依靠；相反，人们会因孤独、寂寞而产生焦虑和痛苦。

交往需要经历了一个进化过程（Ainsworth，1989；Baumeister & Leary，1995）。社会交往使人们分享资源，因而有利于建构和维持与社会的联系，有利于人类的生存和发展。为了生存，个体更愿意和他人在一起（Rofé，1984）。有人指出，进化的选择机制可能是一种相互作用的机制，引导个体进入一个社会群体并和它建立永久的关系。个体从社会接触和社会关系中体验到了愉快与积极的情绪。如果剥夺了个体的社会接触或社会关系，个体可能就会体验到痛苦（Baumeister，1995）。

随着互联网的发展，网络交往成为一种新型的交往形式。它的形式越来越多样化，如微博、电子邮件、社交网站、微信等，网络交往已成为人们重要的交往方式。

四、兴趣

兴趣是以认识或探索外界的需要为

基础，推动人们认识事物和从事活动的动机，表现为人们对事物、活动的选择性态度和积极的情绪反应。研究表明，兴趣能促使人们的思维过程积极化，表现出积极探索、大胆猜测、深入研究、刻苦钻研问题的倾向，还能使人们思维活跃，灵活运用知识，迅速地调动已获得的知识和技能去解决各种问题。

兴趣可以分为直接兴趣和间接兴趣两种。直接兴趣是对活动过程本身感兴趣。例如，学生对学习英语本身感兴趣。间接兴趣是对活动的目的和结果感兴趣。例如，通过学习英语可以取得相关的证书。间接兴趣在自觉组织的活动中占有重要地位。

兴趣还可以分为个体兴趣和情境兴趣。个体兴趣是指个体长期指向一定客体、活动和知识领域的一种相对稳定的兴趣。这种兴趣与个体的情感和价值观相联系。个体兴趣与引起积极情绪的客体或活动相联系。愉快和投入是个体兴趣中的典型情绪。它是在特定的人—对象关系中产生的。例如，有的人对滑雪、攀岩或某一特定主题感兴趣。个体兴趣是比较稳定的。情境兴趣是指个体由环境刺激所激发的即时注意和情感反应，在个体对当前活动没有任何个体兴趣的情况下，也能维持个体的动机和行动。例如，舞台上杂耍的表演引发的兴趣。情境兴趣具有即时性、自发性等特点，且易受外部条件的影响。

五、学习动机

学习动机是人类重要的社会性动机，是推动人们学习的内部动力。它对学习起积极推动的作用。

有研究者认为，知识价值观、学习兴趣、学习能力感、成就归因是学习动机的主要内容（陈琦，刘儒德，1997）。知识价值观反映人们对学习内容是否有用的看法。学习兴趣是人们对学习的一种特殊偏好，促使人们积极地参与学习活动，同时伴随着相应的情绪体验。学习能力感是指人们对学习的自信心，有人称之为自我效能感。它影响着人们学习的坚持性，激发、维持向困难挑战的精神和达到学习目的的耐力。成就归因是指对学习成败原因的主观分析。

学习动机对学业成绩有着直接影响，同时还受多方面的制约。研究发现，中学生的学习动机与学业成绩之间呈显著正相关，学习动机除了对学业成绩有直接影响之外，还通过学习策略间接影响学业成绩（刘加霞等，2000）。大学生的学习动机对其学业成绩有一定的预测力，特别是学生自我提高的驱动力和认知的驱动力对学业成绩的影响较大（张宏如，沈烈敏，2005）。

印象管理——交往动机在人际关系中的体现

在交往动机的驱动下，人们常常希望给别人留下良好的印象。这种试图控制自己在别人心目中的印象的过程叫作印象管理。

对自己的印象进行管理，有助于人际交往。例如，求职者在面试前都会精心选择服饰，斟酌言语表达，以展现自己的最佳形象。不仅个人的往来如此，而且国家与国家之间的往来也常常通过隆重的仪式、盛大的欢迎、热情的款待等印象管理手段来表达自己对对方的友好和尊重，为双方间的友好往来打下良好的基础。

在人际交往中，常见的印象管理策略包括以下几种。

第一，取悦他人。这是一种能使别人喜欢自己的重要策略。取悦他人之所以能达到效果，是因为人类的本性如此，他们喜欢被赞美，愿意从别人那里得到对自己观点的认同，喜欢那些喜欢自己的人（Odom，1993）。卡耐基在其《如何赢得朋友及影响他人》一书中提出了6条取悦他人的方法：①真诚地对别人感兴趣；②微笑；③记住对方的名字；④当一个好听众，鼓励别人谈论他们自己；⑤谈论别人感兴趣的事；⑥真诚地让别人感受到他是重要的。

第二，自我宣传，即个体表现出一种令人称道、受人赞许的形象。有人指出，自我宣传者希望被他人看作有能力的，希望别人跟自己打交道（Giacalone & Rosenfeld，1986）。恰当地宣传和展示自己是必要的。不过，在自我宣传时一定要适当，因为过度的自我表现容易使他人感受到威胁和压力，反而会对沟通与交往造成负面影响。

第三，哀兵之计。这种办法是利用自己的弱点来影响别人，给他人留下需要被帮助的印象（Becker & Martin，1995）。这种策略试图激活一种强有力的社会准则，我们应该帮助那些需要帮助的人。例如，完成任务的最后期限已到，某位员工的工作还没有完成，于是他摆出一副弱者的姿态寻求他人的帮助。这种策略虽然有一定的效果，但效果是有限的。

第四，表里一致。在印象管理的众多策略中，表里一致最为重要。人们不信任那些言不由衷、出尔反尔的人，会避免与这些人深入交往。

（资料来源：郭德俊等，2005）

知识应用

激发动机的策略

激发动机的策略有设定目标、创设问题情境、及时反馈、激励性评价、奖惩有度、开展竞赛和树立榜样等。

设定目标。设立目标能够影响个体的注意力分配、努力程度、坚持性水平和任务策略的运用。在个人能力允许的范围内，目标越高，坚持性越强。由此可见，目标对个体的行为具有导向作用。因此，在教学与管理工作中，应帮助学生或员工确立学习或工作的目标，目标应该是他们经过努力可以达到的，不宜过高或过低。力争每个人都能达到目标，让他们获得成功感，从而提高学习和工作的积极性。同时，目标达到后要逐渐给他们增加学习和工作的难度，让他们不断努力，达到新的目标。

创设问题情境。它是指创设一个人们熟悉，但又不能利用现有知识来解决的问题情境。这样的情境能唤起人们的好奇心，激发探索和解决问题的欲望。为此，激励者要充分了解学生或员工已有的生活经验、思维、情感等特点，让问题情境与他们已有的知识水平保持适当的距离，这样才能激发他们解决问题的积极性。

及时反馈。人们在接受考试或者考核后，是否知道结果对学习动机和工作动机的激发效果有很大的差别。成功会给人们带来喜悦，激励人们更加努力地学习和工作；失败虽然会给人们带来不快，但可从中吸取教训，及时修正错误。因此，在教学与管理工作中，对考试或考核的结果要及时反馈。若不及时反馈，反馈的作用就会减弱。

激励性评价。在学生或者员工取得成绩后及时给予其激励性评价，肯定他们的进步，有利于增强学习动机和工作动机。激励性评价可以是口头表扬、赞赏，也可以是充满期待、鼓励的眼神或肢体语言。教师在批改学生作业、实验报告和试卷时，有针对性地写一些评语，也是一种很好的激励手段。

奖惩有度。在教学和管理工作中，对学生或员工的成就要有适度奖励，对他们的错误要有适度惩罚。掌握好奖励和惩罚的程度与频率，实事求是，公平合理。

开展竞赛。竞争是一种激发动机的有效手段。它给人以压力和动力，能最大限度地激发人的潜能。在教学和管理工作中，可以开展各样的竞赛活动，制定合理的规则，公平竞争。

树立榜样。树立榜样是选择有突出成绩的个人或集体加以肯定、表扬、宣传，以激发团体成员积极性的一种策略。在教学和管理工作中，树立榜样可以有效地激励他人更加努力地学习和工作。

普通
心理学

第四节　动机理论

动机是一个较古老的研究课题，已经有一百多年的研究历史。人们对动机的实质进行了多方面的探讨，提出了不同的看法，从而形成了不同的理论。

一、本能论

19世纪末20世纪初，在达尔文进化论的影响下，许多心理学家相信，人类的大部分行为都是由本能控制的。所谓本能（instinct），是指生物体趋向于采取某一特定行为的内在倾向。其固定的行为模式是"不学而能"的。本能论主张人的行为由本能支配，不受环境、经验、学习或其他后天因素的影响。本能论的倡导者是美国心理学家麦独孤（McDougall，1871—1938）。他认为，人类的所有行为都是以本能为基础的，本能是人类一切思想和行为的基本源泉与动力，包括能量、行为和目标指向三种成分。个人和民族的性格与意志也是由本能逐渐发展形成的。他认为人类有18种本能，如逃避、拒绝、好奇心、好斗、获取、自信、生殖、合群性、自卑、建设等（McDougall，1926）。20世纪20年代末，本能论开始受到人们的怀疑与批评，因为它不能确切地解释行为差异的原因，且有循环论证之嫌。

本能论虽然受到了批评，但仍在一些研究领域占统治地位。一个是弗洛伊德的精神分析理论，它建立在本能论的基础上，认为人的心理活动的原动力是由人类生来固有的本能驱力决定的，这种本能驱力使人产生一种紧张状态，驱使人采取行动，并通过消除紧张来获得满足。弗洛伊德的精神分析理论还认为，人类最基本的本能是生的本能与死的本能，它们是人类行为的两种基本动力。另一个是马斯洛的需要层次理论，认为人类的需要都是先天的，行为是由生来固有的自我实现的潜能决定的。

二、驱力理论

由于本能论在解释人类行为时遇到了困难，20世纪20年代，武德沃斯提出了以驱力（drive）概念代替本能概念，认为驱力是推动行为的力量。所谓驱力，是指个体由生理需要（如食物的需要、性的需要）而产生的一种紧张状态，驱动个体的行为以满足需要，消除紧张，从而恢复机体的平衡状态。赫尔是驱力理论的集大成者，他的理论被称为驱力降低理论（drive-reduction theory）。赫尔认为，个体要生存，就要有需要。需要产生驱力，驱力为行为提供能量，从而推动个体从事某种行为满足需要。需要得到了满足，驱力水平就会下降，所以寻求驱力水平的降低就成为个体行为的动机。例如，口渴使人产生紧张感（驱力），这种紧张感促使人去饮水，饮水后紧张感就降低了。所以寻求紧张感的降低就成为饮水的动机。

赫尔认为，有些驱力来自个体内部，不需要习得，被称为原始驱力（primary drive），如饿的驱力、渴的驱力等。这些原始驱力维持着人类的生存。后来为解释个体行为的复杂性，赫尔又提出了获得性驱力的概念，也称二级驱力（secondary drive）。获得性驱力是通过学习和经验的作用形成的。例如，人们对金钱、荣誉和地位的追求就是获得性驱力。根据赫尔的观点，这种获得性驱力是先前学习的结果，即过去某个时候人们学会了把金钱、荣誉和地位这些外在的刺激与原始驱力联系起来，因此这些刺激成为获得性驱力。

赫尔认为，个体行为反应的潜能（P）是由驱力强度（D）和习惯强度（H）两个因素决定的，用公式表示为：

$$P=D \times H$$

习惯强度是指刺激和反应之间的联结的力量，制约着行为的方向。根据这一公式，如果内驱力为零，那么反应的潜能将是零。在习惯强度一定的情况下，行为反应的潜能与驱力的强度呈正比。

赫尔的驱力理论能够在一定程度上解释人的生理行为，但是很难解释复杂的社会行为。例如，为什么一个人可以通宵达

人物介绍

赫 尔

赫尔（Clark Hull，1884—1952）（见图9-9）生于美国纽约州的阿克隆，1913年毕业于密西根大学，1918年获威斯康星大学哲学博士学位。此后十年间他在该校相继任心理学助理教授、副教授和教授。1929年任耶鲁大学人类关系研究所教授。他在该校任教期间，培养出了许多心理学家，如斯彭斯（K. W. Spence）、米勒（N. E. Miller）、吉布森（E. J. Gibson）等。1936年，赫尔当选为美国科学院院士。

图9-9　赫尔

赫尔是美国新行为主义的重要代表人物，重视需要和驱力，构建了一套假设—演绎行为主义（hypothetico-deductive behaviorism）体系，把学习定律加以数量化，坚持和发展了严格客观的行为主义路线。其学说是20世纪30年代至60年代影响最大的学说之一。他是动机驱力理论的主要代表人物，认为由机体的需要产生驱力，驱力能激发机体的行为。赫尔对强化、驱力、消退和泛化的解释已经成为后来的研究者讨论这些概念的标准理论框架。其主要著作有《行为的原理》《行为要义》《一个行为体系》等。

旦地工作？为什么政治家可以绝食数日？而且，有时候即使是对于生理行为，驱力理论也不能很好地解释，如人为什么会过度进食等。另外，驱力理论也不能解释为什么有时候我们的行为恰恰是为了唤起紧张，如看恐怖电影、蹦极等。

三、诱因理论

驱力理论强调个体的活动来自内在动力，但忽略了外在环境在引发行为中的作用。针对这种缺陷，人们提出了诱因（inducement）的概念。诱因是指能满足个体的需要，驱使个体产生一定行为的外在因素，具有激发或诱使个体朝向目标的作用。例如，诱人的美食能激发人的进食欲望，漂亮的时装能引起人的购买欲望，具有挑战性的任务能激发人的成就需要。诱因可以是物质的，如食物、时装等；也可以是精神性的，如获得名誉等。凡是人们希望得到的、有吸引力的刺激都可能成为诱因。诱因有积极和消极之分，有吸引力的刺激物被称为积极诱因，个体回避的刺激物（如痛苦、贫困、失败等）被称为消极诱因。

诱因与驱力是分不开的，诱因是由外在目标激发的，只有当它变成个体的内在需要时，才能推动个体的行为，并具有持久的推动力。

后来，赫尔接受了诱因这一因素对动机的影响，并修改了自己的公式，在其中增加了诱因（K）这一因素，即 $P=D \times H \times K$。根据这一公式可以看出，人类的动机受内部驱力和外在诱因等多种因素的影响。

四、唤醒理论

人类的活动有时不是为了减少驱力，而是为了增加驱力，如冒险探究新环境、参加惊险的竞技比赛等。针对人类的这种行为，赫布（Hebb，1949）和柏林（Berlyne，1960）等人提出了唤醒理论（arousal theory）。这一理论认为，人们总是被唤醒，并维持着生理激活的最佳水平，不是太高，也不是太低。对唤醒水平的偏好是决定个体行为的一个重要因素。一般来说，个体偏好中等强度的刺激水平，因为它能引起最佳的唤醒水平，而对于过低或过高水平的刺激，个体是不喜欢的。

研究表明，当人们进入感觉剥夺状态，如蒙上眼睛，塞上耳朵，不能移动，或者进入刺激单调的情境时，他们会变得烦躁和渴望刺激。研究还表明，当在强烈光线或噪声的作用下，人们会尽量使自己降到一种较低的唤醒水平上（Bexton，Heron，& Scott，1954）。在日常生活中，人们在安静的办公室里工作了一天后，回到家里总喜欢放首歌曲放松一下；而负责管理孩子的老师在工作了一天后，回到家里常常愿意安静一点。

唤醒理论提出了三个原理。第一个原理是人们偏好最佳的唤醒水平。研究发现，每个个体都有自己的最佳唤醒水平，高于这个水平时就需要减少刺激，低于这个水平时就需要增加刺激。刺激水平和偏好之间的关系呈倒 U 形曲线（见图 9-10）。

第二个原理是简化原理，即重复进行刺激能使唤醒水平降低。例如，一首新的流行歌曲，大家很爱听，人人都唱它，它的唤醒水平是最佳的。之后，经过多次重复，人们的喜欢程度可能就下降了，由它引起的激活水平也就降低了。过了几年，人们又唱了起来，觉得很好听，这首歌曲的唤醒水平又恢复到了较佳状态。

第三个原理是个人经验对于偏好的影响。研究表明，富有经验的个体偏好复杂的刺激，如有经验的音乐爱好者喜欢欣赏复杂的音乐。

五、动机的认知理论

现代认知理论认为，个体对来自外界的信息进行编码、存储、提取等加工过程，在头脑中形成了各种不同的观念。这些观念在刺激和行为之间起中介作用，既能引起行为，又能改变行为。在这个意义上，认知具有动机的功能。近年来，动机的认知理论深受人们的重视，这些理论强调认知因素在动机产生过程中的作用。

（一）期待价值理论

期待价值理论是动机心理学中最有影响的理论之一。新行为主义者托尔曼的期待价值理论是动机的早期认知理论，这种理论把个体对达到目标的期待看作行为的决定因素。他将期待定义为刺激与刺激之间的联系或反应与刺激之间的联系（Tolman，1932）。例如，看见闪电，期待雷声，这是由刺激引起的期待；平时努力学习，期待在考试中取得好成绩，这是由反应引起的期待。期待能帮助个体完成目标，因而对行为的影响很重要。

期待价值理论的基本思想是，个体完成任务的动机是由他对任务成功可能性的期待及对任务所赋予的价值决定的。如果

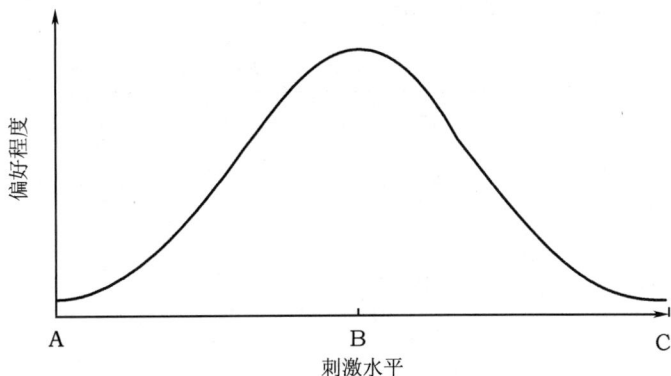

图 9-10　刺激水平与偏好的关系

（资料来源：Arkes，1982）

个体认为达到目标的可能性大，从中获取的激励值也大，那么个体完成任务的动机就越强。人们基于过去的经验会对完成目标的难度做出估计。如果相信能够完成目标，并得到期望的回报，动机就会增强；如果不想得到回报，或者不相信自己的努力能够完成任务，动机就会减弱。按照这种理论，教师或管理者在教学或管理的过程中，就是要帮助学生或员工设定可实现的目标，并提供有吸引力的奖励。例如，表扬、晋升都可能会调动他们学习和工作的积极性，增强他们学习和工作的动机。

（二）动机的归因理论

归因是指从人们行为的结果寻求行为原因的过程。海德（Heider，1958）指出，当人们在工作和学习中体验到成功或失败时，会寻找成功或失败的原因。一般来说，人们会把行为的原因归结为内部原因和外部原因两种。内部原因是指个体自身的因素，如能力、努力、兴趣、态度等。外部原因是指环境因素，如任务难度、外部的奖励与惩罚、运气等。有研究者进一步把人区分为内控型和外控型。内控型的人认为成败是由自身的原因造成的，而外控型的人则认为成败是由外部因素造成的（Rotter，1966）。

韦纳（Weiner，1971）提出了动机的归因理论，认为成功和失败的归因是成就活动过程的中心因素。这些因素分别是能力、努力、身心状况、工作难度、运气、外界环境等。韦纳进一步将这些因素纳入三个维度，即内外因、稳定性和可控性，从而形成动机归因的三维度模式，见表9-1。

韦纳等人认为，我们对成功和失败的归因会对以后的行为产生重大影响。例如，如果把考试失败归因为缺乏能力，那么以后的考试就还会期望失败；如果把考试失败归因为运气不佳，那么以后的考试就不大可能期望失败。韦纳还发现，归因会使人出现情绪反应。如果把成功归结为内部原因，那么在成功时会感到满意和自豪，在失败时就会感到内疚和羞愧。但是，如果把成功归结为外部原因，那么就不会产生太突然的情绪反应。根据韦纳的

表 9-1　归因的三维度模式

因素	内外因	稳定性	可控性
能力	内部	稳定	不可控
努力	内部	不稳定	可控
身心状况	内部	不稳定	不可控
工作难度	外部	稳定	不可控
运气	外部	不稳定	不可控
外界环境	外部	不稳定	不可控

归因理论，在教学或管理工作中，要寻找成败的原因，对学生或员工提供反馈，让他们知道失败是可以改进的，以及如何改进，防止他们将失败归因于稳定因素、不可控因素和内部因素；并且指导他们，只有努力工作，才可能成功。

（三）自我决定理论

自我决定理论（self-determination theory）是由美国心理学家德西和瑞安（Deci & Ryan，1975）共同创立的。自我决定理论强调自我决定在行为选择和个人发展中的作用，认为人们拥有内在的自我决定的倾向性。这种倾向性

自我决定理论

引导人们从事感兴趣的、有利于能力发展的活动，灵活地控制自我和社会环境的相互作用，自由选择行动的目标，并通过一系列活动完成目标。自我决定是行为的决定性因素，而非强化、驱力和外在的力量；自我决定是外部环境和内部心理资源（如兴趣、价值、目标等）相互作用的结果。

自我决定理论把动机划分为内部动机、外部动机和无动机三种。由无动机到外部动机再到内部动机是一个连续体。无动机行为缺乏目的性、自主性。外部动机源自外在环境的要求，如行为是为了获取奖励、荣誉或者避免受到惩罚等。只有自我决定的动机才是内部动机。由无动机到

人物介绍

韦 纳

韦纳（Bernard Weiner，1935— ）（见图9-11），美国心理学家、动机归因理论的奠基人。1963 年获密歇根大学博士学位，1963—1965 年任明尼苏达大学助教，1965 年至今任加州大学洛杉矶分校教授。曾先后到纽约大学、德国马克思－普朗克研究所、密歇根大学、华盛顿大学等做访问教授。1990 年获美国心理学会社会心理学分会颁发的卓越研究贡献奖。1994 年获美国教育研究会出版奖。1991 年获德国比勒费尔德大学荣誉博士学位，2000 年获芬兰图尔库大学荣誉博士学位。历任《认知与情绪》《教育心理学》《人格与社会心理学杂志》《人格研究杂志》《动机与情绪》《人格与社会心理评论》等杂志顾问编辑。其发表论著 10 余部，学术论文 150 余篇。

图 9-11 韦纳

内部动机经历了复杂的内化过程。

自我决定理论从基本心理需要、外部动机内化、环境事件的理解等方面来理解行为的自我决定性，阐述了外部环境因素促进内部动机，以及外部动机内化的过程，极大地加深了我们对行为动机的理解。

（四）自我效能理论

班杜拉认为，人类的行为不仅受行为结果的影响，而且受人对自我行为能力与行为结果期望的影响（Bandura，1977）。

班杜拉把期待分为结果期待和效能期待两种。结果期待是人们对自己的某一行为会导致什么结果的推测，效能期待是个体对自己实施某一行为的能力的主观判断。班杜拉认为，人的行为既受结果期待的影响，也受效能期待的影响。他提出了自我效能感（self-efficacy）的概念，自我效能感是指个体对自己在特定的情境中是否有能力得到满意结果的预期。

班杜拉认为，在自我效能感的形成与发展的过程中，个体的成败经验、替代性经验、言语劝说、生理和情绪状态等都是自我效能感的来源。其中个体的成败经验对自我效能感的影响最大。人们也可以通过观察他人的行为而获得间接的经验或者通过他人，包括说服性的建议、劝告以及自我规劝的方式等来影响自我效能感。个体的生理和情绪状态也会影响自我效能感。例如，高度焦虑、紧张、恐惧等会降低自我效能感水平。

自我效能感的作用主要是调节和控制行为，表现在对行为的选择和坚持性、努力程度和对困难的态度、思维方式和行为效率上。自我效能感水平高的人倾向于选择符合自己能力水平又富有挑战性的任务，自信，勇于面对困难和挑战，把注意集中在积极分析问题和解决困难上，使思维与解决问题的能力得以超常发挥；而自我效能感水平低的人恰恰相反，他们倾向于选择容易的任务，怀疑自己的能力而在困难面前犹豫不决，纠结于个人缺陷和潜在困难，行为效率比较低（Bandura，1997）。

自我效能感是可以培养和提高的，在教学或管理工作中可以采用一些方法提高学生或者员工的自我效能感。首先，帮助他们制定切实可行的目标，积累成功的经验。其次，引导他们观察他人，通过榜样的作用获得替代性经验。再次，寻求积极的肯定，听取别人的积极反馈。最后，寻找减轻压力和消极情绪的方法，帮助他们树立自信心。

（五）成就目标理论

20世纪80年代，尼科尔斯（Nicholls，1984）和德韦克（Dweck，1988）等人将成就目标概念引入成就动机领域。成就目标是指个体对从事成就活动的目的或者意义的知觉，表明个体从事成就活动的目的和理由。该理论把成就目标分为两种。一种是掌握目标（mastery goals），个体的目标定位在掌握知识和提高能力上，认为达到了上述目标就是成功；另一种是成绩目标（performance goals），个体的目标定位在取得好名次和好成绩上，认为只有赢了才算成功。

研究发现，不同的成就目标对应不同的动机和行为模式。具有掌握目标的个体往往会采取主动、积极的行为，如选择适当的具有挑战性的任务，并使用深层加工

表 9-2　两类成就目标的特点

对任务的取向	掌握目标	成绩目标
成功	提高、进步、掌握、创新	高成绩，比他人有更好的表现，在标准化测量中取得相当的成就，不惜一切代价取胜
价值	努力，挑战困难的任务	避免失败
满足感的产生	进步、掌握	成为最好的，低努力的成功
喜欢的工作环境	有助于个人潜能的成长、学习	能建立不同的成绩等级
努力的理由	活动内在的、个人的意义	证明个人的价值
评价依据	绝对标准，进步的证据	社会比较
错误	成长过程的一部分	失败，缺乏能力和价值的证据
能力	通过努力发展的	天生的、固有的

研究进展

3×2成就目标模式

埃利奥特等人主张以能力为基础的目标来定义目标定向。他们将个体行为的原因和目的分开，阐述了个体行为目标定向中的目标成分，并根据能力评价使用了三个参照标准（即任务、自我及他人），再加上两个效价维度（趋近／回避）提出了6种目标：任务趋近目标、任务回避目标、自我趋近目标、自我回避目标、他人趋近目标、他人回避目标。

任务趋近目标是指学习者以工作为参照，强调了解、学习与掌握工作；任务回避目标是指学习者以工作为参照，避免了解、学习与掌握工作；自我趋近目标是指学习者以自己为参照，希望自己现在的表现比从前好；自我回避目标是指学习者以自我为参照，希望自己现在的表现不比从前差；他人趋近目标是指学习者以他人为参照，希望自己有能力，能维持自我优越感；他人回避目标是指学习者在学习与工作时，避免让人觉得自己无能或愚笨。

（资料来源：Elliot, Murayama, & Pekrun, 2011）

策略等；而具有成绩目标的个体往往有较高的焦虑水平，有时不敢接受挑战性的任务，遇到困难容易退缩。安德曼和梅尔总结了两类成就目标的特点（Anderman & Maehr，1994），见表 9-2。

一般认为，掌握目标更能激发人们的内在动机，产生持久的推动力，促进人们取得更大的成就。因此，在组织教学或管理工作中，为学生或员工创建自我成长的环境，就要有意识地创建具有掌握目标的课堂气氛或工作情境，减少竞争气氛，努力建构有利于发展学生或员工的自尊及创造性的环境。在避免与他人比较、竞争的前提下，对他们的肯定或奖赏最好是个别进行，引导他们对能力形成自我参照的觉知。对个体的进步给予奖励，注意让所有人有均等接受奖励的机会。为了培养掌握目标的动机，最好进行个别的学习任务或工作任务。当学习情境不适合采用个别任务时，也可采用小组合作任务。合作学习不仅能使个体相互帮助，而且能使个体的学习或工作更为有趣。

本章内容小结

1. 动机是一种由目标或对象引导、激发和维持个体活动的内部动力。

2. 动机具有激活功能、指向功能、维持和调整功能。

3. 需要是机体内部的一种不平衡状态，表现为机体对内部环境或外部生活条件的一种稳定的要求，并成为机体活动的源泉。需要具有对象性、独特性、阶段性

和社会性。需要可分为自然需要和社会需要、物质需要和精神需要等。

4. 马斯洛认为，人的基本需要是由生理的需要、安全的需要、归属与爱的需要、尊重的需要和自我实现的需要五个等级构成的。在高级需要出现之前，必须先满足低级需要。

5. 动机与行为的关系是十分复杂的。同一种行为可能有不同的动机，不同的行为也可能有同一种或相似的动机。动机强度与行为效率之间呈倒 U 形曲线关系。

6. 与动机相关的大脑区域可以分为三个不同的神经网络：奖励回路、价值决策的路径和目标导向控制的神经网络。

7. 饥饿是由于体内缺乏食物或营养引起的一种生理不平衡状态。引起饥饿除了胃排空后的收缩、血液中营养物质（如血糖浓度）的减少等原因之外，还与中枢神经系统的下丘脑功能有关。研究发现了"饥饿中枢"和"饱食中枢"。

8. 渴是由体内水分不足引起的一种生理的不平衡状态。在两种生理状态下刺激下丘脑会引起渴的感觉。一种是由细胞脱水和血容量减少引起的，也就是体液的体积过少，使机体产生渴感，被称为低血容量性渴。另一种是体液内的盐类浓度增加，使渗透压升高，使机体产生渴感，被称为渗透性渴。

9. 性动机与个体的性成熟有着密切的关系。人类的性动机与性激素的分泌有关。

10. 睡眠是机体为恢复精力而产生的一种驱力。

11. 成就动机是人们希望从事有重要意义、有一定困难、具有挑战性的活动，并能取得优异的成绩，超过他人的动机。成就动机的高低影响到人们对职业的选择。人们的成就动机是在生活环境的影响下形成的。

12. 麦克兰德的研究发现，父母的教养方式会影响儿童成就动机的形成。

13. 阿特金森把成就动机分为力求成功的动机和避免失败的动机。

14. 权力动机是指人们具有的某种支配和影响他人以及周围环境的动机。权力动机可以分为个人化权力动机和社会化权力动机。

15. 交往动机是在交往需要的基础上发展起来的一种重要的社会性动机。交往需要表现为人们愿意归属于某个团体，喜欢与人来往，希望得到别人的关心、友谊等。

16. 兴趣是以认识或探索外界的需要为基础，推动人们认识事物和从事活动的动机，表现为人们对事物、活动的选择性态度和积极的情绪反应。兴趣可以分为直接兴趣和间接兴趣，还可以分为个体兴趣和情境兴趣。

17. 学习动机是推动人们学习的内部动力。知识价值观、学习兴趣、学习能力感、成就归因是学习动机的主要内容。

18. 本能论认为，人类行为是在进化过程中形成、由遗传固定下来、不学而会的、固定的行为模式。

19. 驱力是指个体由于生理需要而产生的一种紧张状态，驱动个体的行为以满足需要，消除紧张，从而恢复机体的平衡状态。动机的唤醒理论认为，人们总是要求达到一种生理激活的最佳水平。

20. 诱因是指能满足个体的需要，驱使个体产生一定行为的外在因素，具有激发或诱使个体朝向目标的作用。诱因有积极和消极之分。诱因是由外在目标激发的，只有当它变成个体的内在需要时，才能推动个体的行为，并具有持久的推动力。

21. 期待价值理论认为，个体完成任务的动机是由他对任务成功可能性的期待及对任务所赋予的价值决定的。

22. 动机的归因理论认为对行为的归因影响动机。韦纳提出了动机的归因理论，构建了归因的三维度模式。

23. 自我决定理论强调自我决定在行为选择和个人发展中的作用，认为人们拥有内在的自我决定的倾向性。这种倾向性引导人们从事感兴趣的、有利于能力发展的活动。自我决定是行为的决定性因素。

24. 班杜拉认为，人类的行为不仅受结果期待的影响，而且受效能期待的影响。自我效能感的形成受个体的成败经验、替代性经验、言语劝说、生理和情绪状态等因素的影响。

25. 成就目标是指个体对从事成就活动的目的或者意义的知觉，表明个体从事成就活动的目的和理由。

思考题

1. 什么是动机？它有哪些功能？

2. 试评述马斯洛的需要层次理论。

3. 简述耶克斯 - 多德森定律。

4. 什么是成就动机？它对人们的生活和工作有什么意义？

5. 驱力理论与诱因理论各自的特点是什么？

6. 简述动机的唤醒理论。

7. 期待价值理论的基本思想是什么？

8. 阿特金森的成就动机理论的主要观点是什么？

9. 简述韦纳的动机归因理论。

10. 自我决定理论的基本思想是什么？

11. 什么是自我效能感？它受哪些因素的影响？

12. 简述成就目标理论。

第三编 行为调节和控制

第十章
情 绪

2008 年 5 月 12 日 14 时 28 分，四川汶川发生 8.0 级地震。人们惊恐、害怕、哭泣、悲伤、痛苦。这场罕见的自然灾害带给人们巨大的伤痛和无尽的悲哀，但它不会让人们退缩。面对震灾，人们用爱心筑起了精神的长城。解放军战士和武警官兵夜以继日、争分夺秒地展开生命大营救；教师在余震中往返教室多次疏散学生……地震给人们带来的是痛苦，而震后的救援带来的是感动。在灾难面前，人们的心理受到极大的冲击，特别是恐惧、害怕、悲伤等消极情绪会给人们身心的发展带来不良的影响。因此，在震后有许多心理学家赶赴灾区，帮助人们缓解心理压力、消除恐慌情绪。

地震中人们所产生的惊恐、害怕、悲伤、痛苦等情绪，都是情绪心理学探讨的问题。本章首先介绍情绪的定义、功能、维度和基本分类；其次介绍几种主要的表情，即面部表情、姿态表情和语调表情；最后介绍情绪理论和情绪调节等内容。良好的情绪能促进身心健康，长期的消极情绪则可能有损身心健康。了解情绪调节的规律对身心健康有着重要意义。

第一节　情绪概述

一、情绪的定义与功能

（一）情绪的定义

情绪是指个体对外界刺激的一种生理和心理的反应，由主观体验、外部表现和生理唤醒三种成分组成（Izard，1977）。例如，偶遇久别的好朋友，你感到兴奋、激动，喜悦之情溢于言表，这就是情绪。日常生活中我们所说的喜怒哀乐等都属于情绪。

主观体验是情绪的核心成分，是个体对不同情绪状态的自我感受。例如，"我今天特别高兴""我今天挺难受""我好郁闷""我烦死了"等都是人的主观体验，是达到意识水平的一种感受。如果说表情是情绪的外显行为，主观体验则是情绪的心理实体。

每种情绪都有不同的主观体验，代表了人的不同感受，构成了情绪的主体。人们很难找到客观的标准来确定什么刺激产生什么样的情绪体验，不同的人对同一刺激可能会产生不同的情绪体验。因此，研究情绪体验一般会采用自我报告的方法，即让被试描述自己在某种情境下的情绪体验。例如，有研究者以大学生为对象，要求他们针对四种假想的情境，描述自己可能产生的情绪反应，并且对产生的情绪强度进行评定。其中强度分为轻微、温和、强烈三个等级，数字越高，代表情绪越强烈（Schwartz & Weinberger，1980）。研究结果见表10-1。

结果发现，尽管四种假想的情境似乎都应该引起积极的情绪反应，但实际上产生了多种消极的情绪反应，其中焦虑的强度还比较高。这说明情绪是一种非常复杂的主观体验。

生理唤醒是指情绪引起的生理反应，涉及广泛的神经结构，如中枢神经系统的脑干、中央灰质、丘脑、杏仁核、下丘脑、松果体、前额皮层及周围神经系统等。生理唤醒是一种生理的激活状态。不同情绪的生理唤醒模式存在差异，如恐惧

表 10-1　不同情境下的情绪体验

引起情绪的假设情境	快乐	哀伤	恐惧	焦虑	忧伤
你考上了理想的大学	4.18	1.14	1.96	3.04	1.09
你从一所理想的大学毕业了	4.09	2.74	2.57	3.40	2.36
你受到人的关爱	4.78	1.28	1.19	1.57	1.19
你正与异性热恋中	4.58	1.20	2.00	3.06	1.33

（资料来源：Schwartz & Weinberger，1980）

或暴怒时，心跳加速，血压升高，呼吸频率增加，甚至出现间歇或停顿；痛苦时，血管容积缩小等。

人能觉知到自己的情绪，但不能完全控制情绪引发的生理唤醒，因为控制情绪生理唤醒的自主神经系统通常不受个人意志的控制。自主神经系统包括交感神经系统和副交感神经系统，两者的功能相反，前者在机体处于紧张状态时发挥作用，后者在机体处于平静状态时发挥作用。

测谎仪就是根据情绪状态下个人不能控制其生理唤醒的原理设计的。它主要测量呼吸、汗腺及心跳等个体不能自主控制的反应。各种反应都需要经过一定的装置记录在定速运行的纸带上（见图10-1）。测试者根据被试回答问题时的各种指标的变化，推测其是否说谎。

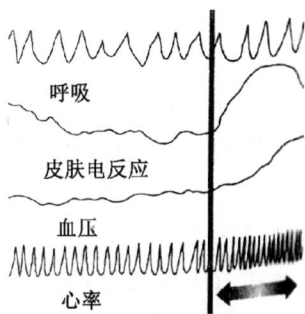

图 10-1　测谎仪记录
（资料来源：Raskin，1982）

情绪的外部表现通常被称为表情。它是在情绪出现时可以观察到的某些行为特征，包括面部表情、姿态表情和语调表情。面部表情是面部肌肉变化所形成的模式，如高兴时额眉平展，面颊上提，嘴角上翘。面部表情能精细地表达不同性质的情绪，因此是鉴别情绪的主要依据。姿态表情是指面部以外的身体其他部分的表情动作，包括手势、身体姿势等，如人在痛苦时捶胸顿足，愤怒时咬牙切齿等。语调也是表达情绪的一种重要形式。语调表情是通过言语的声调、节奏和速度等方面的变化来表达的，如高兴时语调高、语速快，痛苦时语调低、语速慢。

（二）情绪的功能

情绪具有适应功能、动机功能、组织功能和社会沟通功能。

情绪是机体适应生存和发展的一种重要方式。例如，人遇到危险时的紧张呼救，就是求生的一种手段。婴儿出生时，还不具备独立的生存能力和言语交际能力，这时主要依赖情绪来传递饥、渴等方面的信息。成人正是通过婴儿的情绪反应，及时为他们提供各种照料。在成人的生活中，情绪与人的适应行为有关，如愤怒时产生的攻击行为、害怕时产生的躲避行为等，这些行为能帮助我们更好地适应周围的环境（Plutchik，2003）。情绪直接反映人的生存状况，是人的心理活动的晴雨计，如愉快表示处境良好，痛苦表示面临困难等。

情绪是动机的源泉之一，能够激励人的行动。适度的紧张和焦虑能促使人积极地思考与解决问题。同时，情绪对于生理内驱力具有放大信号的作用，成为驱使人们行动的强大动力。例如，人在缺氧时，会产生渴求氧气的需要，如果这时伴随恐慌感和急迫感，就会放大与增强内驱力，使之成为行动的强大动力。

情绪的组织功能表现在对其他心理过程的影响上。研究发现，情绪状态可影响学习、记忆、思维、社会判断和创造力（Forgas，1995；2000）。人们在加工信息时，那些和个人目前的情绪状态一致的材料更容易受到注意并得到深加工（Gilligan & Bower，1984）。另外，情绪的组织功能还表现在对人的行为的影响上。当人们处在积极的情绪状态时，其行为比较开放，愿意接纳外界的事物；而当人们处在消极的情绪状态时，会放弃自己的愿望，或者产生攻击性行为。

情绪的社会沟通功能主要是通过情绪的外部表现，即表情来实现的。表情是思想的信号，如用微笑表示赞赏，用点头表示默认等。表情也是言语交流的重要补充，如微笑、语调等能使言语信息表达得更加明确。情绪在社交活动中具有广泛的功能，既可以作为社会交往的黏合剂，使人们接近某些人，也可以作为社会交往的阻断剂，使人们远离某些人。例如，见到某人暴怒，你可能会躲避。由此可见，人所体验到的情绪对其社会行为有重要影响。

二、情绪的维度与两极性

（一）什么是情绪的维度与两极性

情绪的维度是指情绪所固有的特征，如动力性、激动性、强度和紧张度等。这些特征的变化具有两极性，即存在两种对立的状态，如情绪的动力性有增力和减力两极，情绪的激动性有激动和平静两极，情绪的强度有强和弱两极，情绪的紧张度还有紧张和轻松两极等。情绪维度的确定对于理解情绪的性质和情绪的测量有重要意义。下面介绍几种主要的情绪维度理论。

（二）情绪维度理论

1. 三维理论

19世纪末，冯特（Wundt，1896）提出了情绪的三维理论，认为情绪是由三个维度组成的，即愉快—不愉快、激动—平静、紧张—松弛。每一种具体情绪都分布在三个维度两极之间的不同位置上。这种观点为情绪的维度理论奠定了基础。

20世纪50年代，施洛伯格（Schloberg，1954）根据面部表情的研究提出，情绪有快乐—不快乐、注意—拒绝和激活水平三个维度。他建立了一个三维模式图（见图10-2），其中椭圆切面的长轴为快乐维度，短轴为注意维度，垂直于椭圆面的轴则是激活水平的维度，三个维度不同水平的整合可以得到各种情绪。

20世纪70年代，普拉切克（Plutchik，1970）提出，情绪具有强度、相似性和两极性三个维度，并用一个倒锥体来说明三者之间的关系。锥体截面划分为8种原始情绪，相邻的情绪是相似的，对角位置的情绪是对立的，锥体自下而上表示情绪由弱到强的变化（见图10-3）。

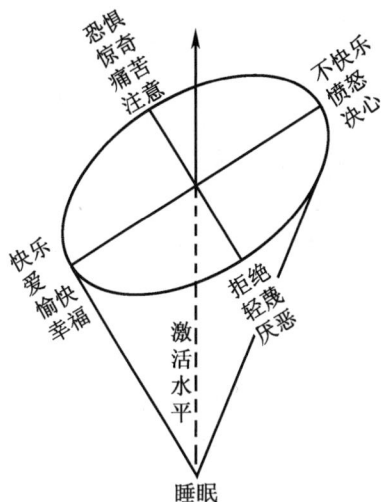

图 10-2 施洛伯格的情绪三维模式图

（资料来源：克雷奇等，1981）

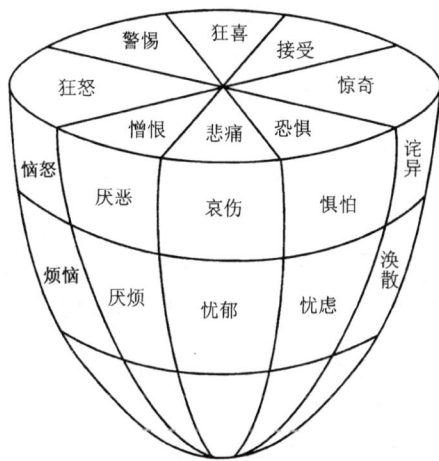

图 10-3 普拉切克的情绪三维模式图

（资料来源：斯托曼，1986）

2. 四维理论

美国心理学家伊扎德（Izard，1977）提出了情绪的四维理论，认为情绪有愉快度、紧张度、激动度和确信度四个维度。愉快度表示主观体验的享乐色调；紧张度

表示情绪的生理激活水平，包括肌肉紧张和动作抑制等成分的激活水平；激动度表示个体缺乏预料和缺乏准备的程度；确信度表示个体胜任、承受情绪的程度。它在认知水平上的表现为个体能报告出对情绪的理解程度，在行为水平上的表现为个体能报告出自身动作对情境适宜的程度。

3. 二维理论

情绪的二维理论是罗素在 20 世纪 80 年代提出的一种情绪理论，认为情绪是由愉悦度和唤醒度两个维度构成的（Russell，1980）。

第一个维度是愉悦度（或效价），在愉悦（积极）与非愉悦（消极）之间变化；第二个维度是唤醒度，是指与情绪状态相联系的机体能量激活的程度，在平静与兴奋之间变化。

图 10-4 代表情绪二维理论的环形结构模式（Russell，2003）。其中愉悦度和唤醒度分别是圆环上的两个主轴，横轴从不愉悦到愉悦，即愉悦度；纵轴从不激活到激活，即唤醒度。各种情绪都较为均匀地分布在圆环中。例如，快乐是一种中等唤醒度的、高愉悦度的情绪体验。该理论是目前占有主导地位的一种情绪维度理论。

情绪的动机维度模型

以往对情绪维度的划分更多关注其愉悦度和唤醒度，而忽略了情绪的动机作用。盖布尔等人研究了情绪的动机因素对注意、记忆等认知加工可能产生的影响，提出了情绪的动机维度模型（Gable & Harmon-Jones, 2010）。

盖布尔等人把动机视为情绪的一个独立维度，包括动机方向和动机强度两个方面。动机方向分为趋近和回避，动机强度指动机的动力大小。结合上述两个维度，他们将情绪分为四种类型：高动机强度的积极情绪（如欲求和渴望）、高动机强度的消极情绪（如厌恶、恐惧和焦虑）、低动机强度的积极情绪（如愉悦和宁静）、低动机强度的消极情绪（如悲伤和抑郁）。

盖布尔等人（2008）采用不同的视频片段（如搞笑视频——低趋近动机、美食视频——高趋近动机）引发不同动机强度的积极情绪。结果发现，高趋近动机组表现出注意范围的窄化。后来，他们（2010）继续研究了具有不同强度的趋近动机的积极情绪对记忆的影响。结果表明，高趋近动机的积极情绪提高了被试对屏幕中心刺激的记忆，阻碍了对屏幕四周刺激的记忆；而低趋近动机的积极情绪提高了被试对屏幕四周刺激的记忆，阻碍了对屏幕中心刺激的记忆，即高趋近动机的积极情绪缩小了记忆范围，低趋近动机的积极情绪拓宽了记忆范围。这些研究说明，动机强度在情绪对认知加工的影响中起到了调节作用。

（资料来源：邹吉林等，2011）

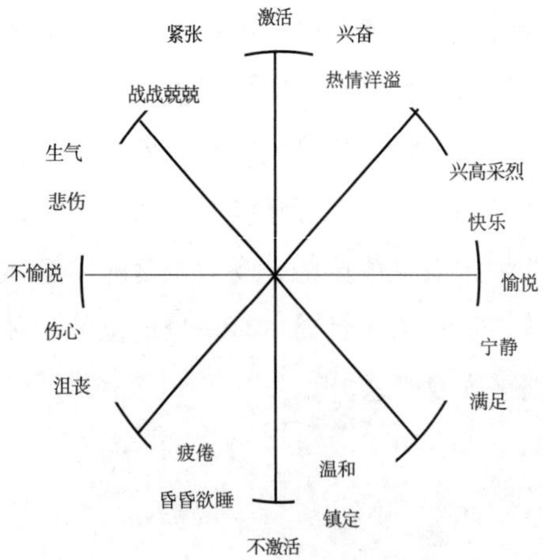

图 10-4　罗素的情绪二维模式图

三、情绪与情绪状态的分类

（一）情绪的分类

情绪可以分为基本情绪和复合情绪，其中基本情绪又可分为积极情绪和消极情绪。

1. 基本情绪和复合情绪

从生物进化的角度看，人的情绪可分为基本情绪和复合情绪。基本情绪是人与动物所共有的，是先天的，每一种基本情绪都具有独立的生理机制、内部体验和外部表现，并有不同的适应功能。复合情绪则是由基本情绪的不同组合派生出来的。换句话说，复合情绪是由两种或者两种以上的基本情绪组合而成的情绪复合体。

基本情绪有哪些这一问题还存在争议。艾克曼（Ekman）认为基本情绪包括以下七种，即快乐、惊奇、愤怒、厌恶、恐惧、悲伤和轻蔑。普拉切克（Plutchik，2003）提出了恐惧、惊讶、悲伤、厌恶、愤怒、期待、快乐和信任八种基本情绪，每一种基本情绪都可以根据强度上的变化细分。例如，强度高的愤怒是狂怒，强度低的愤怒可能是生气（见图10-5）。有研究者认为，还有些情绪可以归为基本情绪，如柔情。它是与记忆有关的体验，与看护的爱相对应，可以与愉悦分开，又与爱和共情不同（Kalawski，2010）。还有研究者认为，嫉妒和对父母之爱也可被归入基本情绪（Sabini & Silver，2005）。

一种基本情绪可能与相邻的情绪混合产生某种复合情绪，也可能与相距较远的情绪混合产生某种复合情绪，如恐惧与期待的混合会产生焦虑。社会性情绪基本上是复合情绪，如爱与依恋、自豪、羞耻与内疚、敌意、焦虑等。

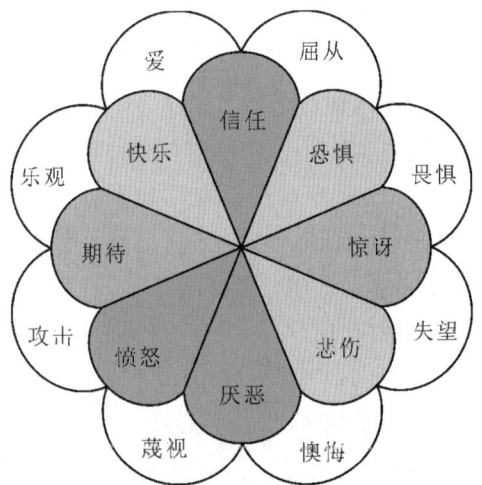

强度低	基本情绪	强度高
兴趣	期待	警觉
宁静	快乐	狂喜
接受	信任	赞赏
忧虑	恐惧	恐怖
分心	惊讶	惊愕
忧伤	悲伤	悲痛
厌烦	厌恶	憎恶
生气	愤怒	狂怒

图 10-5 基本情绪和复合情绪

（资料来源：Plutchik，2003）

2.积极情绪和消极情绪

情绪还可以分为积极情绪和消极情绪。积极情绪是与接近行为相伴随产生的情绪，而消极情绪是与回避行为相伴随产生的情绪。

（1）积极情绪

积极情绪是当事情进展顺利、某种需要得到满足时的愉快的感受，如快乐、兴趣、满足和爱等。

积极情绪有三个重要的适应功能，即支持应对、缓解压力、恢复被压力消耗的资源。有研究者认为，积极情绪能拓宽注意范围、提高行动效率，有助于机体获得身体、智力和社会的资源（Fredrickson，1998）。积极情绪会影响思维过程，促进高效率地思考和解决问题。它还对人的社会行为有积极作用，如改善人际关系等。

（2）消极情绪

消极情绪是指生活事件对人们心理上所造成的不愉快的感受，如痛苦、悲伤、愤怒、恐惧等。适度的消极情绪是有益的，如在适度的焦虑情绪下，思考效率提高，反应加快。但强烈、持久的消极情绪对人的身心健康和社会适应是有害的。它能使人的认识范围缩小，不能正确评价自己行动的意义及后果，自制力减弱，工作和学习效率降低。如果消极情绪长期得不到疏导，而个人的心理适应能力又不强，就可能引起心理疾病。

（二）情绪状态的分类

情绪状态是指在某种事件或情境的影响下，在一定时间内所产生的情绪，其中较典型的情绪状态有心境、激情和应激三种。

1.心境

心境是指比较平静而持久的情绪状态。它具有弥漫性，即不是关于某一事物的特定体验，而是以某种情绪体验对待一切事物。

心境的持续时间有很大差别。一些心境可能持续几小时，另一些心境可能持续几周、几个月或更长的时间。心境的持续时间依赖引起心境的客观刺激的性质。例如，失去亲人往往使人产生较长时间的痛苦心境，取得好成绩（如金榜题名、获得国家奖学金等）在一段时间内会使人处于积极、愉快的心境中。人格特征也会影响心境的持续时间。同一事件对一些人心境的影响较小，而对另一些人的影响则较大。性格开朗的人往往事过境迁不再记挂，而性格内向的人则容易耿耿于怀。

心境产生的原因是多方面的。生活中的顺境和逆境、工作中的成功与失败、人际关系是否融洽、个人健康状况、自然环境的变化等，都可能引起某种心境。

心境对人的生活、工作、学习等有很大的影响。积极、乐观的心境，可以提高人的活动效率，增强信心，使人对未来充满希望，有益于健康；消极、悲观的心境，会降低认知活动的效率，使人丧失信心。长期处在消极心境状态下，有损健康。人的世界观、理想和信念决定着心境的基本倾向，对心境有着重要的调节作用。

2. 激情

激情是一种强烈的、爆发性的、为时短促的情绪状态。这种情绪状态通常是由对个人有重大意义的事件引起的。成功之后的狂喜、失败后的绝望、亲人突然离世引起的极度悲哀、突如其来的危险所带来的异常恐惧等，都是激情。激情对人的生理、心理和行为都会产生较大的影响。

在生理层面，激情往往伴随着较为强烈的生理唤醒和明显的外部表现。例如，暴怒时心跳加快，血压升高，呼吸频率增加，全身肌肉紧张，双目怒视，怒发冲冠，咬牙切齿等；狂喜时心跳加快，眉开眼笑，手舞足蹈等。极度恐惧、悲痛和愤怒可能使个体晕倒甚至出现休克现象。

在心理和行为层面，从积极方面来看，激情可以激发动机，增强幸福感，提高实践活动的效率。从消极方面来看，在激情状态下人往往会出现"意识狭窄"的现象，即认识范围缩小，理智分析能力减弱。在这种情况下，人容易冲动、失控，做出一些鲁莽甚至遗憾终身的行为。因此，要采用一定的方法控制激情可能造成的消极影响。

3. 应激

应激是指人对某种意外的环境刺激所做出的适应性反应。应激是一种紧张而带有不愉快色调的情绪状态。例如，当驾车时突遇险情，个体必须动员自己的全部力量，迅速采取有效的行动以避免危险的发生，这时个体产生的害怕、紧张、心跳加速的情绪反应，就是应激。应激的产生与个体面临的情境及个体对自己能力的估计有关。一个人在意识到自己无力应对当前情境的要求时，就会处于应激状态。

人在应激状态下会出现一系列生理唤醒，如肌肉紧张度、血压、心率、呼吸以及腺体活动都会出现明显的变化，这些变化有助于机体适应急剧变化的环境。加拿大学者塞里把这种变化称为适应性综合征，并指出这种综合征包括警觉、抵抗和衰竭三个阶段（Selye，1936）。警觉阶段是指机体在面临有威胁性的外界刺激时，会通过自身生理机能的变化来进行适应性的防御。抵抗阶段是指机体通过心率和呼吸加快、血压升高、血糖增加等方面的变化，充分调动潜能，以应对环境的突变。衰竭阶段是指引起威胁、紧张的刺激继续存在，抵抗持续下去，此时必需的适应能力已经用尽，机体会被其自身的防御力量损害，最终出现适应性疾病。可见，人长期处在应激状态下，会损害他们的身体健康。

日常生活中的应激源有很多，包括大的灾难、生活中发生的重要事件、人际冲突以及生活中的各种烦恼等。霍姆斯和拉厄（Holmes & Rahe，1967）测量了不同的应激源对人的健康的影响。他们人为地赋予结婚 50 个单位的生活变化值，然后让被试将其他的事件和结婚进行比较，给出相应的数值。根据调查结果，霍姆斯和拉厄编制了社会再适应量表。在该量表中，每一个生活事件都相对于结婚被赋予了一个数值，被称为生活变化单位。生活变化单位的数值越高，表明该生活事件给人造成的压力越大。

霍姆斯和拉厄认为，如果把一个人在过去一年中所遇到事件的生活变化单位的数值相加，分值为 0~150 分，表示没有明显的问题；分值为 150~200 分，表示有轻度生活危机；分值为 200~300 分，表示有中度生活危机；分值为 300 分以上，表示有重度生活危机。研究发现，分值越高，生病的可能性也就越大。

20 世纪 90 年代，米勒和拉厄更新了社会再适应量表（Miller & Rahe，1997）。研究者采用同样的程序进行了研究，结果见表 10-2。从表中数值的变化可以看到，人们在 90 年代体验到的压力水平明显高于 60 年代。

表 10-2　不同生活事件的生活变化单位

编号	生活事件	生活变化单位（1965）	生活变化单位（1995）
1	丧偶	100	119
2	离婚	73	98
3	夫妻分居	65	79
4	服刑	63	75
5	亲人死亡	63	92
6	重伤或重病	53	77
7	结婚	50	50
8	失业	47	79
9	婚姻和解	45	57
10	退休	45	54
11	家人的健康或行为发生改变	44	56
12	怀孕	40	66
13	性生活障碍	39	45
14	增加新家庭成员	39	57
15	工作的重大调整	39	62
16	经济状况的改变	38	56
17	好友死亡	37	70
18	改行	36	51
19	夫妻争吵增多	35	51

续表

编号	生活事件	生活变化单位（1965）	生活变化单位（1995）
20	抵押或贷款超过 1 万美元	31	44
21	负债未还，抵押被没收	30	61
22	工作职责的变化	29	43
23	子女长大后离家	29	44
24	与亲家发生矛盾	29	38
25	个人的杰出成就	28	37
26	配偶找到或失去工作	26	46
27	入学或毕业	26	38
28	生活条件的变化	25	42
29	个人习惯的改变	24	27
30	与上司闹矛盾	23	29
31	工作时间或环境的改变	20	36
32	搬家	20	41
33	转学	20	35
34	娱乐方式的改变	19	29
35	宗教活动的改变	19	22
36	社会活动的改变	18	27
37	抵押或贷款少于 1 万美元	17	28
38	睡眠习惯的改变	16	26
39	家人团聚次数的改变	15	26
40	饮食习惯的改变	15	27
41	度假	13	25
42	过圣诞节	12	30
43	轻度违法	11	22

（资料来源：Miller & Rahe，1997）

四、情绪与脑

达格利什等人（Dalgleish et al., 2004）总结了以往的研究成果，提出了"情绪脑"的概念，它包括杏仁核、前额叶、扣带回前部、腹侧纹状体、脑岛和小脑等结构。

情绪的识别、产生和控制过程主要依赖两个神经网络的功能：一个是腹侧系统，包括杏仁核、脑岛、腹侧纹状体和前额叶腹侧区，主要负责情绪的识别和产生，以及情绪的自动调节；另一个是背侧系统，包括海马、扣带回前部和前额叶背侧区，主要负责情绪的调控（见图10-6及书前彩图）。

在情绪的感知与识别阶段，感觉系统首先将信息传递到边缘系统中的情绪相关区域（如杏仁核）进行快速加工。这一过程是自动化的，处于意识层面之下。通过这一加工，人们可以觉察到环境中的各种信息，并尽快做出反应，这对生存和适应具有重要意义。

大脑皮层对情绪的加工有重要作用。前额叶皮层与皮层下的杏仁核等区域之间有着双向连接。前额叶腹侧区主要包括眶额叶和腹内侧前额叶，它们参与情绪和反应抑制等加工过程。前额叶腹侧区对情绪行为进行无意识的自动调节，以抑制杏仁核等脑区对情绪刺激产生过度反应，实现机体的自我保护功能；前额叶背侧区负责对情绪行为进行有意识的认知调控，运用先前的情绪反应经验，引导当前的情绪状态朝着目标状态发展，使得个体的情绪体验和情绪行为符合当

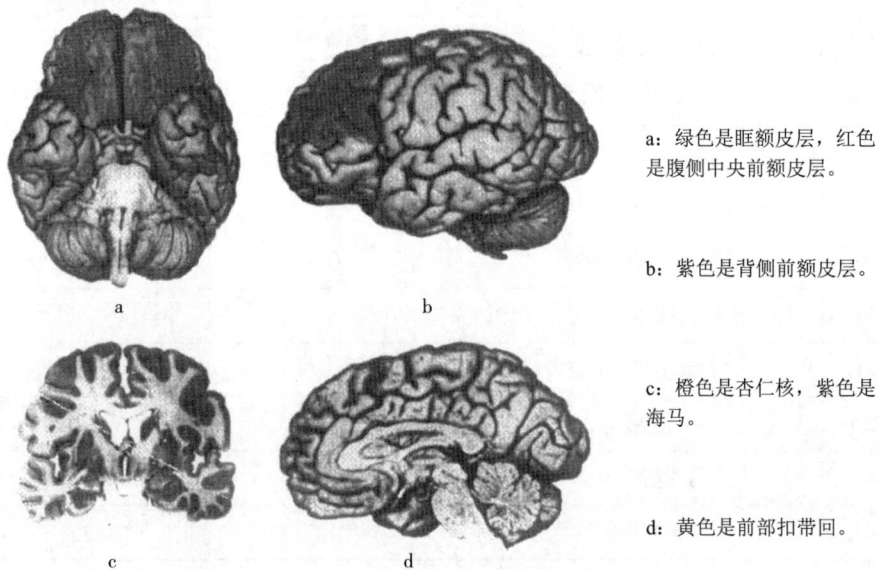

a：绿色是眶额皮层，红色是腹侧中央前额皮层。

b：紫色是背侧前额皮层。

c：橙色是杏仁核，紫色是海马。

d：黄色是前部扣带回。

图10-6　情绪和情绪调节的神经回路的关键成分

研究进展

情绪的具身观：情绪研究的新视角

情绪的具身观认为，情绪是包括大脑在内的整个身体的情绪。身体的活动方式、身体的感觉和运动体验等都能决定我们怎样感知、表达、理解、加工情绪。它既重视情绪对身体的影响，也重视身体对情绪的影响。在加工情绪信息时，个体会激活身体相应的感觉运动系统和神经系统；反过来，身体的感觉运动系统和神经系统的活动也会影响个体对情绪信息的加工。个体的身体状态在知觉、理解和体验别人的情绪时均有重要作用。

哈瓦斯等人在一项研究中探讨了身体状态在情绪语言理解中的作用。研究中给被试呈现表达愉快情绪和消极情绪的句子，要求被试在不同表情条件下对句子的情绪效价（积极还是消极）进行判断。结果表明，在笑的条件下（用牙齿咬着铅笔，这是一种笑的表情），被试对积极句子的判断快于对消极句子的判断；而在不笑的条件下（用嘴唇含着铅笔，这是一种不笑的表情），被试对消极句子的判断快于对积极句子的判断（Havas et al., 2007）。

在另一个实验中，研究者探讨了情绪体验的具身性。实验中给被试呈现能够引起积极情绪或消极情绪的图片，要求被试快速推动胸前的杠杆，对图片的情绪效价做出反应。实验安排了两种条件，一种是把杠杆拉向自己，另一种是把杠杆从胸前推开。结果发现，在把杠杆拉向自己时，被试对积极图片的反应快于对消极图片的反应；而在把杠杆从胸前推开时，被试对消极图片的反应快于对积极图片的反应。这说明被试的运动方向（拉近或推开意味着接受还是拒绝）会直接影响他们的情绪体验（Effron et al., 2006）。

情绪的具身研究进一步揭示了身体状态在情绪产生中的作用，加深了人们对情绪产生机制的认识，因而具有重要的理论意义；同时由于情绪是具身的，只有人际交往的双方才能达到共情状态。这种研究也为观察学习提供了证据。但是由于情绪的异常复杂性和情绪体验的主观性，这种研究目前还存在许多困难和问题，因此需要通过研究来不断完善。

（资料来源：刘亚，王振宏，孔风，2011）

前情境的需要。此外，海马在情绪加工过程中也有独特的作用，主要与情绪性记忆相关。

第二节　情绪的外部表现——表情

情绪是一种内部的主观体验，但在情绪发生时，又总会伴随着某种外部表现，即可观察到的某些行为特征，这些外部表现叫表情。

一、面部表情

面部表情是指通过眼部、颜面和口部肌肉的变化来表现各种情绪状态。眼睛是最善于传情的，不同的眼神可以表达不同的情绪。例如，高兴和兴奋时"眉开眼笑"，气愤时"怒目而视"，恐惧时"目瞪口呆"。口部肌肉的变化也是表现情绪的重要线索。例如，憎恨时"咬牙切齿"，紧张时"张口结舌"。

艾克曼和弗里森（Ekman & Friesen，1975）的研究发现，人脸的不同部位具有不同的表情作用。例如，眼睛对表达忧伤最重要，嘴对表达快乐与厌恶最重要，前额能提供惊奇的信号，眼睛、嘴和前额等对表达愤怒的情绪很重要。还有研究表明，口部肌肉对表达喜悦、怨恨的情绪比眼部肌肉重要，而眼部肌肉对表达如忧愁、惊骇的情绪比口部肌肉重要。

面部表情的展现是一个动态的过程：面部表情开始是中性的，然后出现表情肌肉的动作，动作逐渐增强，达到一定的程度后保持一段时间，随之达到表情的最大幅度，之后表情肌肉开始放松，表情动作消退，恢复到中性。在日常生活中，完成这一肌肉环路的时间是 0.5~4 秒（Matsumoto & Hwang，2011）。

汤姆金斯（Tomkins，1970）假定存在八种原始情绪（兴趣、愉快、惊奇、痛苦、恐惧、羞愧、轻蔑、愤怒），并假定每种情绪都有相应的面部表情的模式（见表 10-3）。

达尔文（Darwin，1872）认为，不同的面部表情都是天生的、固有的，并且能为全人类所理解。当代的一些研究者为上述观点提供了有力支持。艾克曼等人向来自 10 个不同国家和地区的被试呈现了 30 张不同情绪面孔的照片，要求他们辨认每张图片的情绪。结果表明，被试在识别这些情绪照片时出现了高度的一致性（Ekman et al.，1987），这说明表达基本情绪的面部表情具有跨文化的一致性。关于面部表情是天生固有的观点，也得到了近期一些研究结果的支持。研究发现，当母亲

表 10-3 不同情绪的面部模式

情绪	面部模式
兴趣	眉眼朝下、眼睛追踪着看、倾听
愉快	笑、嘴唇朝外朝上扩展、眼笑（环形皱纹）
惊奇	眼眉朝上、眨眼
痛苦	哭、眼眉拱起、嘴朝下，有泪、有韵律地啜泣
恐惧	眼发愣、脸色苍白、脸出汗、发抖、毛发竖立
羞愧	眼朝下、头低垂
轻蔑	冷笑、嘴唇朝上
愤怒	皱眉、眼睛变狭窄、咬紧牙关、面部发红

和 10 周的婴儿进行交流时，婴儿会出现高兴、恐惧、悲伤和愤怒的表情（Izard，1991），见图 10-7。

但是，有研究发现面部表情的识别有地域、种族等文化差异。日本被试的表情识别正确率比美国被试的表情识别正确率要低（Shioiri et al., 1999）。被试对群体内成员的表情识别正确率要高于对群体外成员的表情识别正确率，即具有群体内的识别优势（Elfenbein et al., 2007）。我国的研究者也不同程度地发现了表情识别的异族效应（汤艳清等，2011）。

情绪识别能力对种族的生存有重要意义。识别某些情绪比识别另一些情绪更重要，如知道某人在生气比知道某人愉快更有意义（见图 10-8）。汉森兄弟在这方面进行了研究，他们要求被试在许多面部表情（如愉快、中性或发怒）图片中寻找某一种表情的图片。结果表明，被试指出发怒的面孔比指出愉快的和中性的面孔速度快（Hansen & Hansen，1988）。

艾克曼的面部
表情跨文化研究

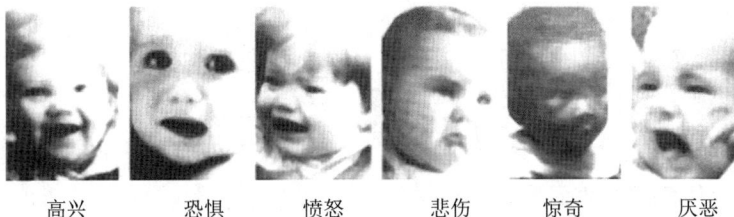

| 高兴 | 恐惧 | 愤怒 | 悲伤 | 惊奇 | 厌恶 |

图 10-7 婴儿的面部表情

（资料来源：Izard，1991）

图 10-8　愤怒的面部
注：左边的面孔比右边的显得更愤怒。
（资料来源：Aronoff et al.，1992）

人的面部有 80 块肌肉，可以产生7000 多种不同的表情。为了测量这些肌肉的自主活动与情绪的关系，许多人在研究中使用了面部肌电图仪。研究结果表明，愉快、感兴趣和有吸引力等积极情绪会增加面部肌肉的活动；而发怒、沮丧、恐惧等消极情绪会增加前额区和眉间的活动。研究还发现，微笑有两种，一种是真的，另一种是假的。艾克曼等人的研究发现，当人们表达真心的微笑时，面颊上升，堆起眼周围的肌肉，同时大脑左半球的电活动增多。而当人们假笑（出于礼貌，并不愉快）时，只有嘴唇肌肉的活动，下颚下垂，大脑左半球的电位活动不明显（Ekman et al.，1990）。艾克曼等人对脸部肌肉群的运动模式及对表情的控制进行了研究，开发了面部动作编码系统，该系统能够比较准确地把面部肌肉模式和不同的表情对应起来。艾克曼还提出了微表情的

概念，微表情持续的时间很短，不容易辨别，但利用微表情能够较为准确地捕捉到情绪反应。他将面部动作编码与微表情结合，用于测谎的实践，为心理学的应用做出了重要贡献。

二、姿态表情

姿态表情可分为身体表情和手势表情两种。身体表情是表达情绪的形式之一。人在不同的情绪状态下，身体姿态会发生变化，如高兴时捧腹大笑，恐惧时紧缩双肩，紧张时坐立不安等。

手势表情常常是表达情绪的另一种重要形式。手势通常和言语一起使用，表达赞成还是反对、接纳还是拒绝、喜欢还是厌恶等态度。手势也可以单独用来表达情感、思想，或做出指示，在无法用言语沟通的条件下，单凭手势就可表达开始或停止、前进或后退、同意或反对等。"振臂高呼""双手一摊""手舞足蹈"等手势分别表达了个人的激愤、无可奈何、高兴等情绪。研究表明，手势表情是通过学习得来的。它不仅存在个别差异，而且存在民族或团体的差异，同一种手势在不同的民族中可用来表达不同的情绪。

三、语调表情

除了面部表情、姿态表情之外，语调表情也是表达情绪的重要形式。语调表情通过声音的高低、响度等组合模式来表达不同的情绪（Bruck et al.，2013）。人们高

艾克曼

艾克曼（Paul Ekman）（见图10-9），美国心理学家，出生于华盛顿，主要研究领域为情绪及其生理机制、人际欺骗等。1991年获美国心理学会颁发的杰出科学贡献奖，并被列为20世纪百位最有影响力的心理学家之一。

艾克曼在芝加哥大学和纽约大学接受本科教育，1958年获纽约市阿德菲大学博士学位。1958—1960年任职于新泽西州迪克斯堡美国陆军参谋部，1972年任加州大学旧金山分校心理学教授，2004年退休。

图10-9　艾克曼

艾克曼对脸部肌肉群的运动及对表情的控制作用进行了深入研究，开发了面部动作编码系统，该系统对表情的捕捉准确率高达90%。艾克曼的另一重要成果是发现了微表情，它最短可持续1/25秒，能较准确地捕捉情绪反应。他将面部动作编码与微表情结合起来用于测谎的研究和实践，为心理学的应用做出了重要贡献。

主要著作有《情绪的解析》《心理学家的面相术：解读情绪的密码》《识破谎言——如何识破政界、军界、商界及婚姻中的骗局》等。

兴时，说话的音调一般更高，响度更大，语速更快；而悲伤时的音高更低，语速更慢。例如，当世界杯比赛进球时，解说员的声音尖锐、急促、声嘶力竭，表达了一种紧张而兴奋的情绪；而当新闻联播主持人播报领导人逝世的讣告时，语调缓慢而深沉，表达了一种悲痛而惋惜的情绪。

总之，面部表情、姿态表情和语调表情构成了人类的非言语交往形式，这些被统称为"体语"。人与人之间除了使用语言符号交流之外，还可以通过由面部、姿态及语调等体语来交流。在许多场合中，人们无须使用语言，只要看看脸色、手势、动作，听听语调，就能知道对方的意图和情绪。

四、表情识别

表情只有当人们能够识别时才具有交流的作用。人们是如何识别他人的表情的，这是情绪研究的重要课题。

表情符号

1982 年 9 月 19 日，美国卡耐基−梅隆大学的斯科特·法尔曼教授在电子公告板上第一次输入了这样一串 ASCII 字符："：-）"。人类历史上第一张电脑笑脸就此诞生。从此，网络表情符号在互联网世界开始风行起来。许多人开始应用更生动的小图案来表示心情，这种表情符号在人们的生活中得到了广泛的应用。例如，在图形设计中（见图 10-10），利用表情的各种变化，加以艺术的创造，把丰富的表情元素融入图形的包装设计中，能给包装设计注入鲜活的感染力。

图 10-10　图形设计

（一）表情识别的含义

表情识别是指从静态图像或动态视频中分离出特定的表情状态，确定被识别对象的情绪的过程。例如，我们要识别恐惧表情，就需要把恐惧面孔的知觉信息与我们头脑中有关恐惧的知识联系起来，判断此种表情的类型；有时还要考虑与周围环境的关系，才可能判断出此种表情。表情识别要快速存储和提取相应的情绪信息，对环境做出快速的适应性反应，这是一个自动化加工过程（Yanti & Johnson，1990）。表情识别是情绪理解的基础。

（二）面部表情的识别

面部表情是人们传递情绪信息和协调人际关系的重要方式。面部表情的识别具有重要的理论意义和实践意义，目前它已成为心理学、智能机器人、智能监控、虚拟现实及合成动画等领域研究的热门课题。

1971 年，艾克曼等人（Ekman & Friesen）对面部表情的识别做了开创性的工作。他们首先定义了六种基本表情：愤怒、恐惧、厌恶、悲伤、高兴、惊讶（见表 10-4）。然后，他们根据面部肌肉的类型和运动特征定义了基本动作单元。将人的各种面部表情分别对应到各个动作单元上，分析表情特征信息，这样就可以根据面部动作单元描述人脸表情的变化。在此基础上他们开发了面部动作编码系统。这个系统得到了广泛的认可，为后来很多面部表情识别的研究奠定了基础。

好地理解情绪。姿态表情可以通过头部、躯干、四肢等部位来表达，其中最重要的是躯干姿势。

（三）姿态表情的识别

识别他人的表情还可以通过身体姿势（De Gelder，2006）。姿态表情的识别不仅可以面对面进行，而且可以较远距离进行，这拓宽了我们情绪交流的范围。同时，采用身体姿势的线索，可以使我们更

卡尔逊采用计算机生成的人体躯干姿态模型图，要求被试把六种基本表情分别对应到人体躯干姿态模型图上。结果表明，姿态表情的识别成绩与语调表情的识别成绩相当（Coulson，2004）。姿态表情识别的研究一般采用身体姿态表情图片和

表 10-4　六种基本表情相关的脸部运动描述

表情	额头和眼眉	眼睛	下半脸
愤怒	眼眉皱在一起，并被压低，两眉靠近，其间出现竖直皱纹	下眼帘绷紧，有可能抬起，上眼帘绷紧，有可能被压低	嘴紧闭，嘴唇合拢成一条缝或张开，鼻孔可能张大
恐惧	眼眉抬起，并靠拢皱在一起，眼眉内侧抬起幅度可能大于外侧，额头出现横向皱纹，并集中于额头中部	上眼帘抬起，下眼帘绷紧并被向上抬起	嘴张开，嘴唇可能轻微绷紧，两嘴角向外移动，嘴被拉长
厌恶	眼眉压低	由于脸颊推动，下眼帘上移，它的下面出现横纹，但不绷紧	上嘴唇明显抬起，下嘴唇随上嘴唇向上抬起，但幅度小于上嘴唇，鼻子皱起，面颊抬起
悲伤	眼眉内侧抬起，并可能相互靠拢，额头中部出现皱纹	内眼角处的上眼帘由于眼眉运动而被抬高	两嘴角向下拉
高兴	眼眉稍微下弯，但不明显	下眼帘被抬高，下眼帘下面可能出现皱纹	嘴角向后向上运动，嘴可能张大，牙齿露出，鼻子两翼皱纹可能出现，面颊可能抬高
惊讶	整个眼眉被抬起，以致变高、变弯，可能出现分布于整个额头的横向皱纹	眼睛睁大，上眼帘上移，下眼帘下移	下颚下移，嘴张开，双唇明显分开，嘴形变成垂直椭圆状

（资料来源：Ekman & Friesen，1978）

视频。有研究者采用全身运动姿态的光点图进行研究。结果发现，人们很容易从这种生物运动模式中识别出情绪（Clarke et al.，2005）。

对姿态表情的识别是自动发生的。研究发现，肢体弯曲会导致腿部运动和姿态变化，这对恐惧和愤怒姿态表情的识别很重要，而头部的倾斜对悲伤表情的识别尤为关键（Roether et al.，2009）。

第三节　情绪理论

一、情绪的早期理论

（一）詹姆斯-兰格情绪理论

美国心理学家詹姆斯和丹麦生理学家兰格（Carl Lange）分别于 1884 年、1885 年提出了内容相似的情绪理论，他们强调情绪的产生是自主神经系统活动的产物。后人称他们的理论为情绪的外周理论，即詹姆斯-兰格情绪理论。

詹姆斯根据情绪发生时引起的自主神经系统的活动和由此产生的一系列机体变化提出，情绪就是对身体变化的知觉。他说："情绪，只是一种身体状态的感觉，它的原因纯粹是身体的。"又说："人们通常认为先产生某种情绪，之后才有机体的变化和行为的产生，但我的主张是，先有机体的生理变化，而后才有情绪。"当一个情绪刺激物作用于我们的感官时，立刻会引起身体的某种变化，激起神经冲动，传至中枢神经系统而产生情绪。在詹姆斯看来，悲伤乃由哭泣而起，愤怒乃由打斗而致，恐惧乃由战栗而来，高兴乃由发笑而生。

兰格认为，情绪是内脏活动的结果。他特别强调情绪与血管变化的关系："情绪，假如没有身体的属性，就不存在了。""血管运动的混乱、血管宽度的改变以及各个器官中血液量的改变，乃是激情产生的真正的最初原因。"兰格以饮酒和药物为例说明了情绪变化的原因。酒和某些药物都是引起情绪变化的因素，它们之所以能够引起情绪变化，是因为饮酒、用药都能引起血管的活动，而血管的活动是受自主神经系统控制的。自主神经系统的支配作用加强，血管舒张，就产生了愉快的情绪；自主神经系统的活动减弱，血管收缩或器官痉挛，就产生了恐惧的情绪。因此，情绪取决于血管受神经支配的状态、血管容积的改变以及对它的意识。

兰格与詹姆斯在情绪产生的具体描述上虽有不同，但他们的基本观点是相同的，即情绪刺激引起身体的生理反应，而生理反应进一步导致情绪体验的产生（见图 10-11）。

詹姆斯-兰格情绪理论揭示了情绪与

机体变化的直接关系，强调了自主神经系统在情绪产生中的作用，这有其合理的一面；但是，它忽视了中枢神经系统的调节和控制作用，因而引起了很多争议。美国生理学家坎农（Cannon，1927）首先反对詹姆斯－兰格情绪理论，并提出了自己的理论。

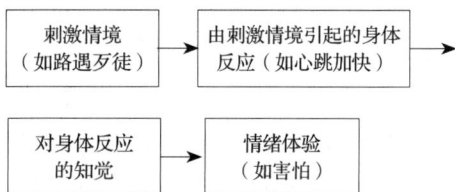

图 10-11　詹姆斯－兰格情绪理论图解

（二）坎农－巴德学说

坎农（1927）对詹姆斯－兰格情绪理论提出了三个疑问。第一，机体的生理变化在各种情绪状态下并无多大差异，因此根据生理变化很难分辨各种不同的情绪。第二，机体的生理变化受自主神经系统的支配，这种变化缓慢，不足以说明情绪瞬息变化的事实。第三，机体的某些生理变化可由药物引起，但药物（如肾上腺素）只能使生理状态激活，不能产生某种情绪。坎农认为，情绪中枢不在周围神经系统，而在中枢神经系统的丘脑。

坎农进一步描述了这一神经系统的活动过程，由外界刺激引起感觉器官的神经冲动，通过传入神经传至丘脑；再由丘脑同时向上、向下发出神经冲动，向上传至大脑，产生情绪的主观体验，向下传至交感神经，引起机体的生理变化，如血压增高、心跳加速、瞳孔放大、内分泌增多

和肌肉紧张等，使个体在生理上进入应激状态。例如，某人遇到一只熊，由视觉感官引起的冲动经传入神经传至丘脑处，在此更换神经元后，同时发出两种冲动：一种冲动经躯体神经系统和自主神经系统到达骨骼肌及内脏，引起生理应激状态；另一种冲动传至大脑，使某人意识到熊的出现。这时大脑可能会产生两种意识活动：其一，认为熊是驯养的动物，并不可怕，因此，大脑将抑制丘脑的活动，进而控制自主神经系统的活动，使应激状态受到压抑，恢复平静；其二，认为熊是可怕的，会伤害人，大脑不抑制丘脑的活动，使自主神经系统活跃起来，加强身体的应激生理反应，并采取行动尽快逃避，于是产生了恐惧情绪。因此，情绪体验和生理变化是同时发生的，它们都受丘脑的控制。

坎农的情绪理论得到了巴德（Bard，1934；1950）的支持和发展，故后人称坎农的情绪理论为坎农－巴德学说（Cannon-Bard theory）。

二、情绪的认知理论

（一）阿诺德的评定－兴奋学说

美国心理学家阿诺德（Arnold）在20世纪50年代提出了情绪的评定－兴奋学说。这种理论认为，刺激情境并不直接决定情绪的性质，从刺激的出现到情绪的产生，要经过对刺激的评定和估量，情绪产生的基本过程是刺激情境—评估—情绪。同一刺激情境，由于对它的评估不同，会引起不同的情绪反应。评估的结果可能

认为对个体"有利"、"有害"或"无关"。如果是"有利"的，就会引起肯定的情绪体验，并试图接近刺激物；如果是"有害"的，就会引起否定的情绪体验，并试图躲避刺激物；如果是"无关"的，人们可能就会忽视它。

阿诺德认为，情绪的产生是大脑皮层和皮下组织协同活动的结果，大脑皮层的兴奋是情绪行为的重要条件。她提出了情绪产生的理论模式，即引起情绪的外界刺激作用于感受器，产生神经冲动，通过传入神经送至丘脑，在丘脑更换神经元后，再送到大脑皮层，在大脑皮层上，刺激情境得到评估，形成一种特殊的态度（如恐惧及逃避、愤怒及攻击等）。这种态度通过传出神经将皮层的冲动传至丘脑的交感神经，进而发放到血管或内脏，所产生的变化使大脑皮层获得外周的反馈信息，在大脑皮层中把认知评价和外周生理反馈结合起来，使认识经验转化为被感受到的情绪。这就是评定－兴奋学说。

沙赫特－辛格的情绪理论和实验证据

（二）沙赫特－辛格情绪理论

20世纪60年代初，美国心理学家沙赫特（Schachter）和辛格（Singer）提出，对于特定的情绪来说，有三个因素是必不可少的。第一，个体必须体验到高度的生理唤醒，如心率加快、手出汗、胃收缩、呼吸急促等。第二，个体必须对生理唤醒进行认知性的解释。第三，相应的环境因

人物介绍

阿诺德

阿诺德（Magda Blondiau Arnold，1903—2002）（见图10-12），美国心理学家，1942年在加拿大多伦多大学获博士学位。

阿诺德是情绪的评定－兴奋学说的创始人。她强调对环境影响的评价是情绪产生的直接原因，即愉快或不愉快等情绪的发生取决于对感觉刺激的评估。她举例说，在树林里看到一只熊会惧怕，但在动物园里看到一只熊就不会惧怕。这个区别显然在于对情境的认知评估。评估是在大脑皮层

图10-12　阿诺德

中进行的，因此，皮层兴奋是情绪行为的基础。阿诺德认为，情绪反应包括内脏和骨骼肌的自主变化，从外周而来的反馈信息是以大脑皮层的评估为前提的。外来信息在脑的加工中引起的生理激活模式和产生的认知评价作用，是加强或削弱情绪的机制。

素必不可少。其中，认知因素发挥着关键作用。

为了检验这个假定，他们进行了实验研究。研究者把大学生被试分成三组，给他们注射同一种药物，并告诉被试注射的是一种维生素，目的是研究这种维生素对视觉可能发挥的作用。但实际上注射的是肾上腺素，这是一种对生理唤醒具有重要影响的激素，因此，三组被试都会处于一种典型的生理激活状态。然后主试向三组被试说明药物注射后可能产生的副作用：告诉第一组被试，注射后会出现心悸、手颤抖、脸发烧等症状（正确告知组）；告诉第二组被试，注射后会出现脚有点麻、身体有点痒、有些轻微的头痛等症状（错误告知组）；对第三组被试不做任何说明（未告知组）。副作用持续的时间为 15~20 分钟。

接着主试告诉被试，为了使药物更好地发挥作用，需要在完成视觉测试前等待 20 分钟左右。然后把三组被试带入预先设计好的实验情境中休息。在惹人发笑的愉快情境中，实验助手做各种滑稽表演。然后通过行为观察和自我报告的方法测查被试的情绪反应。例如，在 0~4 的评定等级上让被试评定其愉快程度，评分越高，表示越愉快。

研究者预期，如果情绪受生理唤醒因素的影响，那么，三组被试的情绪反应应该是一样的。但结果发现，错误告知组和未告知组，无论是在行为表现上还是在自我评定的报告上，都比正确告知组表现出了更多的愉快反应。

在惹人愤怒的情境中，实验助手带领被试一起填写问卷。问卷不仅长，而且很多问题涉及个人隐私，最后实验助手变得非常愤怒，拒绝继续回答问题。在这种情境中，包括正确告知组和未告知组两组被试。研究者采用和愉快情境同样的方法测查被试的情绪反应。结果发现，未告知组比正确告知组表现出了更多的愤怒反应。

研究者认为，错误告知组和未告知组由于对自身的生理唤醒没有合理的解释，因此受到环境中实验助手行为的影响，把生理唤醒解释为由"愉快"或"愤怒"的情境带来的，并表现出相应的情绪反应，而正确告知组由于知道生理唤醒是正常的药物反应，因此表现出较少的情绪反应。

实验结果说明，人对生理反应的解释决定了最后的情绪反应。这个结论并不否定生理变化和环境因素对情绪产生的作用。事实上，情绪状态是环境因素、生理因素、认知因素在大脑皮层中整合的结果。环境中的刺激因素通过感受器向大脑皮层输入外界信息；生理因素通过内部器官、骨骼肌的活动向大脑输入生理状态变化的信息；认知因素是对生理唤醒的解释和对当前情境的评估。来自这三个方面的信息经过大脑皮层的整合作用，产生了某种情绪体验。

（三）拉扎勒斯的认知-评价理论

拉扎勒斯（Lazarus，1970）是情绪认知理论的另一位代表，他发展了阿诺德的情绪理论，认为情绪是人与环境相互作用的产物。在情绪活动中，人不仅接收环境中的刺激事件对自己的影响，而且调节自己对刺激的反应。也就是说，情绪活动必须有认知活动的指导，只有这样，人们才可以了解环境中刺激事件的意义，才可能选择适当的、有价值的行为反应。按照拉扎勒斯的观点，情绪是个体对环境事件知觉到有害或有益的反应。因此，在情绪活动中，人们需要不断评价刺激事件与自身的关系。具体来说，有三个层次的评价：初评价、次评价和再评价。

初评价是指人确认刺激事件与自己是否有利害关系，以及这种关系的程度。只要人们处在清醒的状态下，这种评价就会随时随地发生，这是人的生存适应的一个重要方面。拉扎勒斯（1993）列出了 15 种情绪及其核心相关主题，见表 10-5。

次评价是指人对自己反应行为的调节和控制，主要涉及人们能否控制刺激事件，以及控制的程度，也是一种控制判断。当对刺激事件做出行为反应时，人们必须根据主观条件和客观社会规范来考虑行为的后果，从而选择有效的措施和方法。例如，当人们受到侵犯、伤害时，是采取攻击行为还是防御行为，这取决于人

表 10-5　情绪及其核心相关主题

情绪	核心相关主题
发怒	对我及我的所有物的贬低或攻击
焦虑	面对不确定的条件
害怕	一种直接的、真实的、巨大的危险
内疚	道德上的违反
害羞	过错归咎于自己
悲伤	体验到不可挽回的丧失
羡慕	想得到别人所有的东西
嫉妒	憎恨他人得到别人的爱，希望他人不会进步
厌恶	接近令人讨厌的物体、人
高兴	追求一个真正的目标
骄傲	由于自己的成就得到别人的承认或认同而使自我感增强
放松	令人沮丧的情境得到改善
希望	害怕坏的结果，想要更好的结果
爱	经常渴望情感而不要回报
同情	被他人的遭遇感动而愿意帮助他

们对刺激事件的判断。在这种评价过程中，经验起着重要作用。

再评价是指人对自己的情绪和行为反应的有效性、适宜性的评价，实际上是一种反馈性行为。如果再评价的结果表明行为是无效的或不适宜的，人们就会调整自己对刺激事件的次评价，甚至初评价，并相应地调整自己的情绪和行为反应。

三、情绪的动机−分化理论

情绪的动机−分化理论以伊扎德为代表。伊扎德是美国情绪心理学家，他在情绪领域的研究始于 20 世纪 60 年代，于 70 年代初形成了情绪的动机−分化理论，明确提出了情绪是基本动机的观点。情绪的动机−分化理论的主要观点如下。

首先，情绪是人格系统的成分之一。伊扎德认为，人格系统由体内平衡系统、内驱力系统、情绪系统、知觉系统、认知系统和动作系统六个子系统组成。其中情绪系统是人格系统的组成部分，也是人格系统的核心动力。情绪系统具有动机的作用，其中主观体验是发挥动机作用的心理机制，是驱动机体采取行动的力量。情绪系统通过与认知系统、动作系统等人格子系统建立联系，实现与其他系统的相互作用。人格系统的发展是这些系统的自身发展与系统之间的联系不断形成和发展的过程（Izard，1989）。

其次，情绪的分化是进化过程的产物。伊扎德从进化的角度出发，认为情绪的进化和分化与大脑新皮层体积的增长和功能的分化、面部骨骼肌肉系统的分化是平行的、同步的。伊扎德认为，情绪是分化的，具有不同体验和功能的具体情绪，又称基本情绪。这些具体情绪有动机的特征。他假定存在 11 种基本情绪，即兴趣、愉快、惊奇、悲伤、愤怒、厌恶、轻蔑、恐惧、害羞、自罪感与胆怯，它们组成了人类的情绪系统。每种基本情绪的体验都有其独特性。不同的情绪具有不同的内部体验，这种内部体验对认知与行为会产生不同的影响，具有灵活多样的适应功能，在机体的适应和生存中起着核心作用。也就是说，每种基本情绪都有其发生的渊源和特定的适应功能。

最后，情绪包含着神经生理、表情、情绪体验三个子系统，它们相互作用和联结，并与情绪系统之外的认知、动作等人格子系统建立联系，实现情绪与其他系统的相互作用（Izard，1989）。

伊扎德认为，情绪活动涉及广泛的神经结构，包括脑干中央灰质、丘脑、杏仁核、下丘脑、蓝斑、松果体、前额皮层等。表情行为包括神经肌肉的活动和感觉反馈信号的活动两个部分，表现为脸部、言语、躯体姿势、手势等活动。神经化学活动通过一些内在的程序激活模式化的脸部和躯体的活动，这些活动的反馈信号进入意识状态，就会形成情绪体验。情绪体验预示着某种行动倾向或行为准备状态，具有动力特性（Izard，1991；1989）。

伊扎德的动机−分化理论是一个比较完整的情绪理论，内容涵盖了情绪的功

人物介绍

伊扎德

伊扎德（Carroll Ellis Izard, 1923—2017）（见图 10-13），美国著名心理学家，创建了情绪的动机-分化理论。就读于密西西比大学和耶鲁大学，1952 年在锡拉丘兹大学获博士学位。毕业后任范德堡大学的心理学教授，开展了人类情绪的研究。1976 年到特拉华大学担任临床心理学教授直到退休。1989 年获得弗朗西斯艾莉森奖。

主要著作有《人类的情感》《测量婴儿和儿童的情绪：第一卷》《情绪、认知和行为》《情绪心理学》《情感的面孔》。

图 10-13　伊扎德

能、成分和分类等诸多方面，加深了人们对情绪的认识。

伊扎德的情绪理论

学术争鸣

情绪与认知的关系

1980 年，扎伊翁茨（Zajonc）在发表的一篇关于情绪和思维的文章中提出，情绪在一定程度上独立于思维，情绪可以先于思维而发生，从而引发关于情绪与认知关系问题的激烈争论。

争论的中心问题是，在情绪产生过程中，情绪占首位还是认知占首位。扎伊翁茨从种系发生和个体发生的角度出发，认为情绪反应是首因，同时认为情绪与认知有着独立的神经解剖结构。然而，拉扎勒斯（Lazarus, 1982; 1984）认为，认知评价是所有情绪状态构成的基础，或者说认知评价是情绪反应中生理唤醒、外部表现和主观体验的先决条件，认知评价先于情绪唤醒。

近年来，拉扎勒斯认为，情绪和认知两者应该是一种相互依存的关系。这种观点得到了情感神经科学研究的支持。杰里米（Jeremy，2002）等人用功能性磁共振成像进行的研究表明，有些情绪加工与认知加工发生在前额叶皮层相同的区域，前额叶皮层可能是一个认知信息加工与情绪信息加工的重要集中地；即使是负责加工情绪的"边缘系统"（如杏仁核），也具有一定的认知功能。情绪与认知的关系正在被一种更加复杂的观点取代。

（资料来源：许远理，郭德俊，2004）

第四节 情绪智力与情绪调节

一、情绪智力

情绪智力（emotional intelligence，EQ）的研究始于萨洛维和梅耶发表的《情绪智力》一文（Salovey & Mayer，1990）。后来，戈尔曼（Goleman，1995）撰写的《情绪智力》和巴昂（Bar-On，2000）主编的《情绪智力手册》等书籍，标志着情绪智力的研究进入了一个繁荣发展的新阶段。

（一）情绪智力的概念和理论

梅耶和萨洛维在1990年将情绪智力定义为"个体监控自己及他人的情绪和情感，并识别、利用这些信息指导自己的思想和行为的能力"（Mayer & Salovey，1990）。情绪智力是一种能力，包括监控、识别自己和他人的情绪，对情绪进行评估和调节，利用情绪促进思维发展等方面的能力。

1997年，梅耶和萨洛维提出了情绪智力的四因素理论模型。这四个因素分别是：情绪知觉、评价和表达的能力；情绪对思维的促进能力；理解、分析情绪，运用情绪知识的能力；对情绪自我调节的能力（见表10-6）。

在这个模型中，情绪智力具有层次结构：情绪知觉、评价和表达的能力处于最底层，是最基本的能力。其他能力在它的基础上不断递进，前一种能力是后一种能力的基础。

（二）情商

情商是"情绪商数"的简称，代表

普通
心理学

表 10-6　情绪智力的结构

情绪知觉、评价和表达的能力	情绪对思维的促进能力	理解、分析情绪，运用情绪知识的能力	对情绪自我调节的能力
1. 从自己的生理状态、感情与思想中确认情绪的能力。 2. 通过语言、声音、外貌和行为，从他人、各种设计和艺术作品中确认情绪的能力。 3. 精确表达情绪和与这些情绪相关的需要的能力。 4. 区分表情的精确性和真实性的能力。	1. 情绪促进思维，将注意指向重要信息的能力。 2. 产生有效情绪的能力，从而有助于情感判断与记忆。 3. 当心境从乐观转向悲观时，促使个体从多个角度考虑问题的能力。 4. 在不同的情绪状态下，个体采用特定的问题解决方法的能力。	1. 标识情绪的能力。 2. 解释情绪所传递的意义的能力。 3. 理解复杂感情的能力。 4. 识别情绪转换的能力。	1. 对各种情绪保持开放心态的能力。 2. 根据对信息的判断，支配情绪的能力。 3. 控制自己和他人情绪的能力。 4. 通过减少消极情绪和增加积极情绪以调节自身与他人情绪的能力。

（资料来源：Mayer & Salovey，1997）

了一个人情绪智力的指数。第一个使用情商概念的人是巴昂，他在 1988 年编制了一份测量情商的问卷。根据他的定义，情商包括能影响我们适应环境的情绪及社交能力。

戈尔曼（Goleman，1995）认为，情商是个体重要的生存能力，是一种发掘情绪潜能、运用情绪能力影响生活各个层面和未来人生的关键品质。他认为，在个体成功的要素中，智力因素是重要的，但更为重要的是情绪因素。他发现，一个人的情商会影响他的职场表现。对某些工作来说，如行销业务以及客户服务等，情商对职场表现的影响更明显。

戈尔曼针对职场的工作表现，提出了

情商架构。经过不断测试和修正，目前戈尔曼的情商架构的内容共有 4 大项 18 小项（见表 10-7）。

如果一个人在这 18 项能力中占有 5~6 项，而且能平均分布在 4 个大项中，那么他的情商就会很突出，他在职场上的表现也会很好。

目前工作情境中情商的测量使用比较广泛的是情绪胜任力问卷（emotional competence inventory，ECI），总共有 110 个题目。该问卷收集资料的方法很特别，不仅问当事人，而且也问他的领导、下属和同事，这样会使结果更加客观和准确。

表 10-7 戈尔曼的情商架构

自我察觉	自我管理	社交察觉	人际关系管理
1. 意识到自己情绪的变化。 2. 解读自己的情绪，认识到情绪的影响。 3. 能精确进行自我评估，了解自己的优点和不足。 4. 有自信，掌控自身的价值及能力。	1. 情绪自控力，能够克制冲动及矛盾的情绪。 2. 能坦诚相待，展现诚实及正直。 3. 值得信赖，具有适应力，弹性强，可以适应变化的环境。 4. 具有成就动机，有强烈的提升能力的动机，追求卓越的表现。 5. 有冲劲儿，能抓住机会，随时准备采取行动。	1. 同理心，即能感受到其他人的情绪，了解别人的观点，并积极关心他人。 2. 团体意识，能解读团体中的趋势、决策网络及政治运作。 3. 服务，即能感知到客户及其他服务对象的需求，并有能力加以满足。	1. 领导能力，以独到的愿景来引导及激励他人。 2. 影响力，能说服他人接受自己的想法。 3. 通过反馈及教导来提升他人的能力。 4. 引发改变，能激发新的想法。 5. 冲突管理，减少意见分歧，达成共识的能力。 6. 建立联系，能培养及维持良好的人际关系；团队能力，与他人合作的能力；懂得团队运作模式。

二、情绪调节

（一）情绪调节的一般概念

1. 什么是情绪调节

情绪调节是指个体对情绪体验、生理唤醒及表情进行监控、调整和修正，以达到动态平衡的过程，从而保证个体良好的适应性。它有两个方面的含义，即情绪调节的功能和情绪调节的过程。从情绪调节的功能上来说，它是指个体通过内部和外部的因素，重新定向、控制、调整和修正唤醒了的情绪，从而使得个体在情绪唤醒情境中适应性地发挥作用（Cicchetti et al.，1991）。从情绪调节的过程上来说，它是指个体对具有什么样的情绪、情绪什么时候发生、如何进行情绪体验与表达施加影响的过程（Gross，2001）。

2. 情绪调节的性质

首先，情绪调节可以是自主进行的，也可以是外部给予的。前者被称为自我调节，如调节情绪的发生时间、持续时间、行为表达、心理体验、生理反应等；后者被称为外部调节，是他人对自己的影响和调整的过程（Eisenberg & Spinrad，2004）。例如，在儿童早期，情绪调节主要依赖外部调节——养育者给予的影响。随着儿童的发展，其情绪的自我管理、调整、控制、协调的能力逐渐增强。

其次，情绪调节可以是有意识的调

节，也可以是无意识的调节。后者在内隐的或生理水平上进行改变，是一种自动化的加工（Williams et al.，2009）。

再次，情绪调节可以是对情绪效价的调节，也可以是对情绪动力性特征的调节。例如，通过一定的方法改变其效价，使消极情绪转换为积极情绪，或者调整情绪反应的强度、紧张性等，如降低愤怒情绪的强度，降低恐惧的紧张性，使个体恢复平静，或者提高愉快的感受等。

最后，情绪调节还可以分为稳定的特质性情绪调节与暂时的状态性情绪调节。情绪调节涉及一些长期存在的具有稳定性的情绪的改变，如改变悲观、消极心境，或改变焦虑、抑郁水平等，都属于稳定的特质性情绪调节。这种调节需要运用一些系统的方法，如行为训练、认知改变等，使其恢复到积极健康的状态。对于当前的情绪状态和发生过程进行调整，以达到动态平衡，则属于暂时的状态性情绪调节。

（二）情绪调节的理论

1. 防御机制理论

防御机制理论是精神分析学派提出的一种情绪调节理论。该理论认为情绪是冲动的，具有破坏性，是精神问题出现的根源。个体情绪的调节就是要通过行为和心理上的控制来降低消极情绪的体验，使个体尽可能不受到消极情绪的影响。在他们看来，情绪调节仅仅是降低消极情绪体验的防御机制。

2. 情境理论

情境理论认为情绪调节是为了个体更好地适应环境。个体在面对刺激情境时，能使用不同的情绪调节策略更好地适应环境。

有研究者把情绪调节分为两种类型：一种是以问题为中心的应对（problem-focused coping），即个体面对问题情境，经过努力解决了问题，从而降低了情绪的紧张程度或压力；另一种是以情绪为中心的应对（emotion-focused coping），即采用行为或认知调节策略，降低个体的情绪压力，如行动上回避，转移注意等（Lazarus & Folkman，1984）。在一般情况下，当情境可控时，采取以问题为中心的应对，可以直接解除刺激对情绪的压力；而当情境不可控时，采取以情绪为中心的应对，通过改变主体的认知或行为，降低情境对情绪的消极影响。

3. 过程理论

过程理论把情绪调节看成一个过程，情绪调节的两阶段过程模型认为，情绪调节发生在情绪反应的不同阶段。发生在情绪反应之前的，是先行关注情绪调节；发生在情绪反应之后的，是反应关注情绪调节。前者主要是从认知上改变个体对情绪事件的理解，从而改变其情绪体验，被称为认知重评。后者主要是对将要发生或正在发生的情绪表达进行抑制，调动个体的自我控制能力，控制情绪的表达，被称为表达抑制（Gross，1998）。

三、情绪调节的策略与方法

（一）情绪调节的策略

情绪调节的策略主要有以下几种。

1. 回避和接近策略

回避和接近策略是通过选择有利情境、回避不利情境来实现的，也叫情境选择策略。这是情绪调节的一种常用策略，在面临冲突、愤怒、恐惧、尴尬、窘迫等情绪时，离开这个情境寻找一个能使自己平静下来的场所，运用这种策略是非常有效的。例如，当我们与某人发生争执，而且僵持不下时，可以离开这个争吵的情境，找一个安静的地方或出去走一走，冷静地想一想自己的问题，让情绪平静下来，从而比较理智地处理这个问题。

2. 控制和修正策略

控制和修正策略是通过改变情境中各种不利的情绪事件来实现的，从而控制情绪的过程或结果，这是一种更为积极的策略。例如，给哭闹的孩子玩具，就可以帮助他们调节情绪。

3. 注意转换策略

注意转换策略可分为分心和专注两种策略。分心是将注意集中于与情绪无关的方面，或者将注意从目前的情境中转移；专注是对情境中的某一个方面长时间地集中注意，这时个体可以进入一种自我维持的状态。例如，孩子对陌生人的焦虑可以用转移对陌生人的注意、注视母亲等方式来减弱。

4. 认知重评策略

认知重评策略是通过改变对情绪事件的理解和评价进行情绪调节。例如，一件事情失败了，我们可以把它看得很严重，也可以把它看成事情的一个转机，这就是认知重评。当我们遇到挫折时，如果只看到事情的消极面，就会产生消极情绪；如果把它当成教训，就会振作起来。认知重评试图以一种更加积极的方式来理解负性的情绪事件，是一种有效的情绪调节方式。

5. 表达抑制策略

表达抑制策略是指调动自我控制能力，抑制将要发生或正在发生的情绪行为，启动自我控制过程以抑制自己的情绪行为。例如，当遇到不高兴的事情时，为了不影响人际关系，我们常常会抑制自己不满的表现。当遇到非常高兴的事情时，为了照顾他人的感受，我们也会抑制自己的表现。这也说明表达抑制是基于社会需求的一种策略。当然，在人际交往中，个体并非一定要压抑自己的情绪，有时也需要通过一定的方式恰当地表达出来，如通过言语表达出来。当然，这种言语表达是有一定策略的表达。

6. 合理宣泄策略

合理宣泄策略即承认不良情绪并把它适当地表达出来。宣泄有直接表达和间接表达两种。直接表达是指面对激发情绪的事物或人，直接表达自己情绪的一种调节方式。例如，当人们受到人身攻击或侮辱时，直接用言语或武力进行反击，以释放自己愤怒的情绪。间接表达是通过一些替代物使情绪得到释放的一种调节方式。例如，通过倾诉、跑步、哭泣等方式宣泄不快的情绪，从而使情绪回到平静的状态。

当遇到烦恼时，可以找朋友或老师、同学倾诉，或者找亲人大哭一场，还可采用写信、写日记、听音乐、看书、看电视、和朋友聊天、运动、逛街等方式进行调节。情绪宣泄的方式存在文化差异，西方文化倾向于直接表达，而东方文化则倾向于间接表达。

此外，在实际生活中，一个成熟的个体会选择更多的方式来调节自己的情绪。人们在实际生活中总结出来的这些情绪调节的策略是非常有效的，不仅有益于增进个体的身心健康，而且有益于增进团体的幸福。

（二）情绪调节的方法

情绪调节的方法有很多，这里仅介绍正念冥想、自我暗示、音乐调节和建立社会支持系统等方法。

1. 正念冥想

正念冥想是个体有意识地把注意维持在当前内部或外部因素上，并对其不做任何判断的一种自我调节方法。

正念冥想有三大要素：有意识的觉察、专注当下、非评判性。有意识的觉察是指人们要去觉察自己正在做的事情，清晰地知道事情进行的过程，即使中途走神了，也要注意它，并能把注意拉回来。专注当下是指尽可能地专注当下这一刻，不要去想过去和未来的事情，这样才能更好地把握自己的思维，更快地从不良情绪的影响中走出来。非评判性是指觉察正在发生的事情，如实地接纳它正在发生的事实。在这个过程中，不要因为某些事情的发生而不开心或开心，也就是要同等对待"好"与"不好"的事情。如果出现了对事情评判的某些想法，也只需要觉察它，并任它自行消逝。个体在正念状态下的注意朝向具有好奇、开放和接纳的特点（Kabat-Zinn，1994；Bishop et al.，2004）。

下面简要介绍一下正念减压疗法。该方法是由乔·卡巴金博士于1979年创立的。

正念减压疗法采用团体训练课程的形式。每位进入减压诊所的患者都需要参加一个为期8周的团体训练班，每周一次，每次3小时左右。具体方法为：首先，被试为自己选择一个注意的对象，可以是自己的呼吸、身体感觉等；其次，舒服地坐着，闭上眼睛，进行简单的腹部呼吸放松练习（不超过一分钟）；最后，调整呼吸，将注意集中在所选择的注意对象上。如果被试在训练过程中，头脑中出现了一些其他想法或注意转移了，只需要将注意简单地返回到注意的对象或呼吸上来就可以，不要做任何评判。这样训练10~15分钟之后，静静地休息1~2分钟，然后再从事其他正常的工作或活动。

从训练过程中我们可以看到，正念冥想是通过人们专注于呼吸或专注于感受其他事物，来训练自己的头脑，让头脑进入清晰和专注的状态，从而摆脱负面情绪对自己的纠缠。可以这样来理解，冥想是坐下来专注于头脑，而正念是指带着这种清晰的念头去做事。

2. 自我暗示

自我暗示是指通过语言和想象等进行自我刺激的心理过程，从而达到改变行为的目的。自我暗示是一种能在短时间内改变我们对生活的态度和期望的技巧。

自我暗示可以通过下面几个方面进行。

首先，语言的自我暗示。如果一个人总说"我心情不好"，他的心情可能就真的不好了。在情绪调节中，语言暗示要积极正面、简单有力、具有可行性并富有一定的情感。例如，为了提高自信心，可以对自己说"我勇敢，我成功"；忙碌了一天，回到家可以说"忙了一天，现在真轻松"；当紧张、焦虑时，可以暗示自己"我不紧张，我一定可以做到"；在遇到挫折时，可以暗示自己"我一定能战胜它"或者"可能会失败，但失败是成功之母"等。语言的自我暗示一般是用不出声的内部语言来进行的，也可以通过自言自语等方式暗示自己。

其次，动作和表情的自我暗示。动作和表情有非常强烈的自我暗示的作用。微笑能给我们带来好心情。每天多一点微笑，就会多一点快乐。

最后，环境的自我暗示。自然环境有暗示的作用。例如，见到大海，我们会心胸开阔；见到高山，我们会感到庄严和宁静。同样，社会文化环境也有暗示的作用。因此，选择适当的自然环境或社会环境也能调节自己的情绪。

自我暗示应选择在情绪稳定、放松的时候进行。因为在情绪激动时，不容易进行自我暗示。如果在心情紧张的情况下进行自我暗示，要先让自己平静、放松下来，还要排除杂念、专心进行，才会有好的效果。

3. 音乐调节

音乐是表达人类情感的抽象艺术，由音高、音长、音强、音色等基本要素组合而成。音乐的速度、节奏、音调等都能引起人们不同的情绪。例如，贝多芬的交响曲《命运》听起来让人感到威严、雄壮、激烈。人能在音乐中获得释放与宣泄，强化积极情绪，减少消极情绪。

音乐调节分为主动调节和被动调节。主动调节是指被试主动参与音乐活动，大多采取合作的方式，成立合唱团或演奏团，演唱自己喜欢的歌曲，演奏自己喜欢的乐器，在演唱或演奏中放松心情，调节情绪。被动调节是指让被试欣赏音乐。这时要考虑环境因素和音量的控制，谨慎地选择曲目。通过播放选好的音乐，边听边进行引导，让被试想象，在不知不觉中调节情绪。

在通常情况下，低沉、轻缓、婉约、悠扬的曲目可以安定精神，而节奏快、旋律佳、音色美的曲目可以振奋精神。例如，为了缓解抑郁情绪，可以选择《步步高》《喜洋洋》《喜相逢》等；为了缓解焦虑情绪，可以选择《梅花三弄》《春江花月夜》《流水》等。

4. 建立社会支持系统

人有归属的需要，即需要相互支持和帮助。人们通过与朋友、家人、同事或其他支持团体建立联系来满足这一需要。因此，社会支持在情绪调节中有重要作用。

研究发现，社会支持能够降低人们对威胁的反应。例如，在一项研究中，告诉女性被试脚踝可能会偶尔受到电击。在实验过程中，第一种条件是被试握住丈夫的手，第二种条件是被试握住不熟悉的人的手，第三种条件是被试没有手可握。在等待偶尔出现的电击时，握住丈夫的手的被试，应对威胁的那些脑区表现出较低的激活（Coan et al., 2006）。社会支持能使人们平静下来，降低血压（Hostinar et al., 2014；Uchino et al., 1996）。社会支持也有助于增强免疫功能（Cohen, 1997；2004）。

建立良好的个人社会支持系统可以帮助人们缓解压力，促进心理健康。良好的个人社会支持系统是指个人在社会网络中所获得的来自他人的物质和精神上的双重支持。在个人社会支持系统中，家庭具有重要地位。父母、兄弟姐妹、夫妻之间的支持是其他类型的支持取代不了的。同学和朋友的支持也非常重要。除了这些，还可以通过一些非正式团体、暂时性的社会交往等获得支持，这类支持在情绪调节中也起作用。

总之，处理好人际关系，打造一个属于自己的社会支持系统会使我们的情绪调节更加顺利。

本章内容小结

1. 情绪是指个体对外界刺激的一种生理和心理的反应，包括主观体验、外部表现和生理唤醒三种成分。

2. 情绪具有动力性、激动性、强度和紧张度等特征，被称为情绪的维度。每种特征都具有两种对立的状态，被称为两极性。

3. 冯特认为，情绪具有愉快—不愉快、激动—平静、紧张—松弛三个维度；施洛伯格提出，情绪有快乐—不快乐、注意—拒绝和激活水平三个维度；普拉切克提出，情绪有强度、相似性和两极性三个维度。伊扎德提出，情绪有愉快度、紧张度、激动度和确信度四个维度。罗素认为，情绪有愉悦度和唤醒度两个维度。

4. 情绪可分为基本情绪和复合情绪。基本情绪是先天固有的、具有独立的神经生理机制、内部体验和外部表现。复合情绪则是由基本情绪的不同组合派生出来的。基本情绪可以分为积极情绪和消极情绪。积极情绪是与接近行为相伴随产生的情绪，而消极情绪是与回避行为相伴随产生的情绪。

5. 从情绪状态划分，有心境、激情和应激等。心境是指比较平静而持久的情绪状态；激情是一种强烈的、爆发性的、为时短促的情绪状态；应激是指人对某种意外的环境刺激所做出的适应性反应。

6. 情绪的识别、产生和控制过程主要依赖两个神经网络系统的功能：一个是腹侧系统，包含杏仁核、脑岛、腹侧纹状体和前额叶腹侧区，主要负责情绪的识别和产生，以及情绪的自动调节；另一个是背侧系统，包含海马、扣带回前部和前额叶背侧区，主要负责情绪的调控。

7. 情绪发生时，总伴随着某种外部表现，包括面部、姿态及言语的变化，统称为表情。它的主要功能是为人们提供非言语信息。

8. 表情包括面部表情、姿态表情和语调表情。

9. 面部表情是指通过眼部、颜面和口部肌肉的变化来表现各种情绪状态。姿态表情可分成身体表情和手势表情两种。身体表情是通过身体姿态的变化来表达，手势通常和言语一起使用，表达赞成还是反对、接纳还是拒绝等；语调也是表达情绪的重要形式。

10. 表情识别是指从静态图像或动态视频中分离出特定的表情状态，确定被识别对象的情绪的过程。艾克曼等人开创了著名的面部动作编码系统。

11. 詹姆斯提出情绪是对身体变化的知觉，兰格认为情绪是内脏活动的结果，他们的理论被称为情绪的外周理论。

12. 坎农认为，情绪产生于丘脑，并且强调大脑对丘脑的控制，以及身体的生理反应在情绪产生过程中的作用。坎农的情绪理论得到了巴德的支持，被称为坎农－巴德学说。

13. 阿诺德的评定－兴奋学说认为，情绪产生的基本过程是刺激情境—评估—情绪。

14. 沙赫特和辛格认为，情绪状态是由认知因素、生理因素和环境因素在大脑皮层中整合的结果。

15. 拉扎勒斯认为，情绪是个体对环境事件知觉到有害或有益的反应，是人与环境相互作用的产物。

16. 情绪的动机－分化理论认为，情绪具有动机的功能，情绪系统是人格系统的组成部分，情绪的分化是进化过程的产物。情绪系统通过与认知系统、动作系统等人格子系统建立联系，实现与其他系统的相互作用。

17. 情绪智力是一种能力，包括监控、识别自己和他人的情绪，对情绪进行评估和调节，利用情绪促进思维发展等方面的能力。

18. 梅耶和萨洛维提出情绪智力的四因素理论模型：情绪知觉、评价和表达的能力；情绪对思维的促进能力；理解、分析情绪，运用情绪知识的能力；对情绪自我调节的能力。

19. 情商是"情绪商数"的简称，代表了一个人的情绪智力的指数。戈尔曼工作情商内容包括自我察觉、自我管理、社交察觉、人际关系管理。

20. 情绪调节是指个体对情绪体验、生理唤醒及表情进行监控、调整和修正，以达到动态平衡的过程，从而保证个体良好的适应性。

21. 情绪调节既可以是自我调节，也可以是外部调节；既可以是有意识的调节，也可以是无意识的调节；既可以是对情绪效价的调节，也可以是对情绪动力性特征的调整；既有稳定的特质性情绪调节，也有暂时的状态性情绪调节。

22. 情绪调节的理论有防御机制理论、情境理论、过程理论等。

23. 情绪调节的策略包括回避和接近

策略、控制和修正策略、注意转换策略、认知重评策略、表达抑制策略和合理宣泄策略等。

24. 情绪调节的方法有很多，包括正念冥想、自我暗示、音乐调节和建立社会支持系统等。

思考题

1. 什么是情绪？用自己的亲身经历说明情绪的功能。

2. 简述情绪的二维理论。

3. 情绪分类的依据是什么？它在情绪研究中有什么作用？

4. 什么是表情？举例说明表情识别在人们生活中的作用。

5. 詹姆斯－兰格情绪理论对于情绪心理学的研究和发展有什么意义？

6. 坎农－巴德学说在情绪理论中有什么地位与作用？

7. 阿诺德的评定－兴奋说与拉扎勒斯的认知－评价理论的共同点和区别点是什么？

8. 沙赫特－辛格的情绪理论的基本思想是什么？

9. 情绪的动机－分化理论的主要观点是什么？

10. 简述情绪智力在人们生活中的作用。

11. 什么是情绪调节？有哪些基本理论？

12. 举例说明日常生活中你应用了哪些策略和方法调节情绪。

第四编 人的心理特性

第十一章
智 力

陶哲轩（Terence Chi-Shen Tao），1975年出生于澳大利亚阿德莱德，1996年获普林斯顿大学博士学位，后任教于美国加州大学洛杉矶分校，24岁时被聘为正教授。这位31岁就荣获数学领域最高荣誉菲尔兹奖的澳籍华人数学家，其智商估值超过200。陶哲轩在智力方面的"天分"早在幼年时期就表露无遗。还在上幼儿园时，陶哲轩已经在母亲的指导下完成了几乎全部小学数学课程。7岁时，他开始自学微积分，8岁半升入中学。8岁零10个月时，陶哲轩参加了一项数学才能测试，得了760分的高分。在美国，十七八岁的学生中只有1%能够达到750分，而8岁的孩子里面还没有人超过700分。10岁、11岁、12岁时，他参加了三次国际数学奥林匹克竞赛，分别获铜牌、银牌和金牌。

看到这里我们可能都会惊叹，智力水平高就是好啊。那么问题来了：到底什么是心理学家眼中的智力？要怎样才能测出一个人的智商？是不是智商越高，将来越可能成为"成功人士"呢？在这一章，我们首先对智力的概念进行介绍，讲解不同取向的智力理论，并辨析智力与能力、成就的关系；在此基础上，我们从一百多年前心理测验的诞生开始，讲解智力测验的产生及其发展过程，以及智商的含义，并着重介绍目前常用的智力测验；其次会谈到智力发展的一般趋势和个体差异；最后探讨遗传和环境，及个体的主观能动性在智力发展中的作用。通过本章的学习，希望大家能回答前面提到的一系列问题。

第一节　智力的概念和理论

一、什么是智力

如果找 10 个人，让他们用一个简单的句子概括"什么是智力"，并让他们列举出高智力者的特征，那么你可能会发现他们的答案非常相似。大部分人都会提到"一个人的聪明程度""学得快，学得好""善于解决问题"等。但同时你也会发现，由于每个人的生活经历、所处的环境不同，他们所列出的高智力者的特征又有所不同。可见，对社会大众来说，对智力的理解是有差异的。

对于心理学家而言，由于智力的复杂性，至今没有一个公认的定义。如果只用一句话来概括智力的本质，心理学家大概会持以下观点。

智力是高级的认知能力。

智力是个体适应、塑造、选择环境的能力。

智力是处理新情境的能力。

智力是判断、领会、推理的能力。

智力是理解和处理关于人、事物和符号问题的能力。

智力是高度目标导向的行动、理性的推理、有效地处理与环境关系的能力。

综合上述观点，多数心理学家倾向于把智力看作一种一般性的综合认知能力，包括从经验中学习、有效解决问题、运用知识适应新情境的能力等。下面我们将介绍自 20 世纪初以来，心理学领域几种有代表性的智力理论。

二、心理测量取向的智力理论

心理测量取向的智力理论往往以智力测验为工具，采用因素分析、相关分析等统计方法，探索智力的个体差异以及这些差异产生的原因，从测验结果中分析出不同的智力因素，以此来构建智力的结构。

（一）二因素论

利用心理测量取向来研究智力的先驱是英国心理学家和统计学家斯皮尔曼（C. Spearman）。他的研究始于测量一群人完成下面这些不同任务时的表现，如按照

知识应用

什么是智力

请用一个简单的句子概括什么是智力，然后列举高智力者的特征。完成后在全班进行分享、交流。

指导语行事、判断音高、匹配颜色和做数学题。斯皮尔曼发现这些任务的成绩彼此间都呈正相关，说明不同任务的背后都有共同的能力因素。根据这个结果，他认为存在一种一般能力或一般因素，简称 g 因素（general factor），这种能力会对任何与智力有关的任务表现产生影响。斯皮尔曼同时还发现，不同任务的测试成绩并没有达到高度相关，因此他认为不同的任务还要求不同的特殊能力，即 s 因素（specific factor），这是在完成某些特定的心智任务时所需要的独有因素。根据这些研究结果，斯皮尔曼提出了二因素论。该理论认为，人们在完成任何一种心智任务时，都有 g 和 s 两种因素参加。g 因素与任何一个 s 因素不相关，各个 s 因素之间也不相关。心智任务中 g 因素的影响越大，不同任务的测试成绩的正相关就越高；相反，包含的 s 因素越多，影响越大，不同任务的测试成绩的正相关就越低。从这个角度看，二因素论的本质其实是唯 g 因素的"单因素论"。

图 11-1 是智力的二因素论示意图。图中三个由虚线围成的矩形各代表一种心智任务（T1、T2、T3），每一种任务的表现除了受到 g 因素的影响之外，还各自受到一种特殊因素（s1、s2、s3）的影响。其中 T1、T2 两种任务的表现更多受到 g 因素的影响（s1 对 T1 的成绩以及 s2 对 T2 的成绩的影响均较小），因而 T1 与 T2 任务成绩的相关较高。由于 T3 的任务表现更多受 s3 的影响（受 g 因素的影响相对较小），因此 T3 的任务成绩与前两者的相关较低。

g 因素的提出意味着当一个人在某个测验中表现优异时，极有可能在几乎所有其他测验中也表现优异。但到底是什么让人们在众多测试中都表现得一致呢？一种简单且流行的解释是，所有的测验都测量了同一种潜在的能力。那么这种能力是什么呢？有研究者认为是"心理加工速度"（mental speed），也有研究者认为 g 因素反映了个体的神经适应环境的应变性，或者是注意资源。目前比较流行的观点是，g 因素主要取决于工作记忆，或它的某些方面（Friedman et al.，2006；Polderman et al.，2006）。对几乎所有的智力任务来说，在记忆系统中存储信息是非常重要的，注意能从任务的某一部分转移到另一部分也很重要，这些都是工作记忆的关键成分。

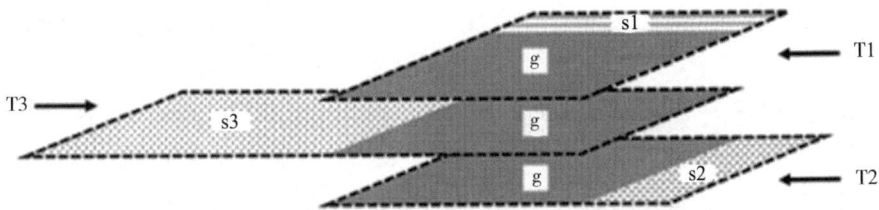

图 11-1 智力的二因素论示意图

人物介绍

斯皮尔曼

斯皮尔曼（C. Spearman，1863—1945）（见图11-2）是 20 世纪英国的心理学家和统计学家。他参加过包括第一次世界大战在内的三次战争。1897年，他离开部队，到德国跟从冯特学习心理学，1906 年获得博士学位。此后斯皮尔曼返回英国，任教于伦敦大学，1911 年晋升为哲学教授（心理与逻辑方向），1924 年当选为英国皇家学会院士。随着该校心理系的独立，1928 年正式被任命为心理学教授，直至 1931 年退休。

图 11-2　斯皮尔曼

斯皮尔曼提出了智力的二因素论，主要著作有《"智力"的本质》《一个供学校使用的"智力"度量》《创造的心灵》《自古以来之心理学》《人的能力》，其中《人的能力》被公认为经典之作。

除了在智力理论方面做出了重要贡献之外，斯皮尔曼还是心理统计领域的先驱。他受到高尔顿的影响，在研究中大力推广应用相关分析，并提出了斯皮尔曼等级相关以及相关低估的方法。此外，他最早提出了因素分析的观点，为后续心理测量工作奠定了重要基础。

（资料来源：斯皮尔曼，1999）

（二）群因素论

与斯皮尔曼不同，美国心理学家瑟斯顿（L. L. Thurstone）认为人的智力应该包括多种独立的基本能力因素，这些因素通过不同的搭配，最终构成每个人独特的智力整体。他采用因素分析方法，在 56 个不同测验结果的基础上，提出了 7 种基本心理能力。

①言语理解（verbal comprehension，V）：理解词语含义的能力。

②词的流畅性（word fluency，W）：对语言迅速反应的能力。

③数字运算（number operation，N）：迅速正确计算的能力。

④空间关系（space relation，S）：方位辨别及空间关系判断的能力。

⑤联想记忆（associative memory，M）：机械记忆的能力。

⑥知觉速度（perceptual speed，P）：凭知觉迅速辨别事物异同的能力。

⑦一般推理（general reasoning，R）：根据经验做出归纳推理的能力。

瑟斯顿（1941）根据上述 7 种能力编制了基本心理能力测验，分别测量这些因

什么是因素分析

因素分析（factor analysis）是指从研究指标相关矩阵内部的依赖关系出发，把一些信息重叠、具有错综复杂关系的变量归结为少数几个不相关的综合因素的一种多元统计分析方法。在智力的研究中，因素分析可以帮助研究者确定哪些测验任务或者项目测量的是同一类能力。例如，在词汇任务上表现好的人通常在段落理解上也表现出色，那么说明这两种任务的表现都受到同一种潜在能力（言语智力）的影响。同样，我们还可以界定哪些任务与推理能力、空间能力相关。

因素分析在测验编制中的应用

素。然而测验结果却与他的设想相反，各种基本心理能力并不是彼此独立的，它们之间存在不同程度的相关，尤其在年幼的儿童中表现得更为突出。这似乎说明在群因素的底层还存在一般因素。瑟斯顿在其后来的理论中修改了关于各因素之间独立性的看法，提出了二阶因素（second order factor）的概念，即在彼此相关的第一阶因素的基础上，再进行因素分析，提取高阶的共同因素，这样群因素论就与二因素论趋于融合了。

（三）三维智力结构模型

吉尔福特（Guilford，1967）的三维智力结构模型认为，智力应当包括三个维度，即内容（contents）、操作（operations）和产物（products）。智力活动的内容包括视觉、听觉（我们所听到、看到的具体材料，如听到的音乐和言语，看到的大小、形状等）、符号（字母、数字及其他符号）、语义（语言的意义）、行为（自己和别人的行为）。它们是智力活动的对象或材料。智力活动的操作是指智力活动的过程，它是由上述种种对象或材料引起的。其中包括认知（理解、再认）、记忆（保持）、发散思维（对一个问题寻找各种答案）、聚合思维（对一个问题寻找最好、最适当的答案）、评价（对一个人的思维品质做出某种判断）。智力活动的产物是指运用上述智力操作所得到的结果。这些结果可以形成单元，或被归为类别，也可以表现为关系、系统、转换和推断。由于三个维度和多种形式的存在，人的智力可以在理论上区分为 $5 \times 5 \times 6 = 150$ 种（见图 11-3）。这些不同的智力可以分别通过不同的测验来检验。例如，给出一系列的四字母组合，如 PANL、CEIV、EMOC，要求被试把它们重新组合为熟悉的单词，如 PLAN、VICE、COME 等。在这项测验中，智力活动的内容为符号，操作为认知，产物为单元。又如，给被试 10 种图案，每种呈现 5 秒，然后让他们进行简要描述。

在这项测验中，智力活动的内容为视觉，操作为记忆，产物为单元。产物的数量代表了对视觉记忆能力的度量。

吉尔福特的三维智力结构模型对推动智力测验工作起了重要作用。1971年，吉尔福特宣布，经过测验已经证明了三维智力结构模型中的近百种智力。这一研究成果对智力测验的理论与实践无疑是巨大的鼓舞。

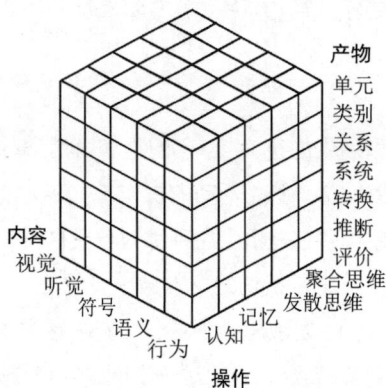

图 11-3　吉尔福特的三维智力结构模型
（资料来源：Guilford，1977）

（四）流体智力与晶体智力

卡特尔（R. Cattell）和霍恩（J. Horn）等人提出了另一种对智力的理解。他们将斯皮尔曼的一般因素和瑟斯顿的基本心理能力归纳为智力的两个维度：流体智力（fluid intelligence）和晶体智力（crystallized intelligence）（Cattell，1963；Horn & Noll，1997）。

流体智力是指在信息加工和问题解决过程中所表现出来的能力，如对关系的认识，类比、演绎推理的能力，形成抽象概念的能力等。它取决于个人的禀赋，较少

依赖文化和知识的内容。流体智力的发展与年龄有密切关系。一般人的流体智力在20岁以后的发展达到顶峰，30岁以后将随年龄的增长而降低。此外，心理学家也发现，流体智力属于人类的基本智力，其个体差异受教育文化的影响较小。因此，在编制适用于不同文化的所谓文化公平测验时，多以流体智力为不同文化背景下智力比较的基础。

晶体智力是指经过教育培养，通过掌握社会文化经验而获得的智力，由个体习得的知识、技能以及将它们用于特定情境的能力组成。例如，自然常识、名词解释、数字计算等，主要取决于后天学习。晶体智力在人的一生中一直都在发展和变化，只是到25岁以后，发展的速度渐趋平缓。

把智力分为流体智力和晶体智力，使我们对智力的多维性有了更好的理解。在处理现实生活中的问题时，流体智力对解决不熟悉的新问题更有帮助，而在处理某些领域的专业问题时，晶体智力发挥着更大的作用。当然，综合来看，完成任何任务都在一定程度上融合了对这两种智力的需求。

三、智力理论的新视角

20世纪60年代前，因素分析是心理学家建构智力理论的主要方法。随着计算机技术的发展以及认知心理学的兴起，20世纪80年代初，智力研究者开始从认知心理学信息加工的角度来理解智力。20

研究进展

智力结构理论的新进展——CHC 理论模型

随着认知心理学的兴起，认知能力被看作人类智力的核心。研究的焦点集中在认知能力包含哪些因素以及如何有效地测量这些因素上。CHC 理论将探索性因素分析与验证性因素分析相结合，对认知能力的各因素进行更为全面的考察，确立了目前被公认为描述人类智力最佳的层级模型，是近年来智力测量领域的重大进展。CHC 理论采用了卡罗尔（Carroll）认知能力三层模型中的三层框架，也吸收了卡特尔－霍恩（Cattell-Horn）智力模型中流体智力和晶体智力的概念，因此被称为卡特尔－霍恩－卡罗尔（Cattell-Horn-Carroll, CHC）理论。在 CHC 理论模型中，认知能力被分成具有不同广度的三个层级，这种层级反映了认知能力的一般性程度。模型的最高层，即第三层能力，代表最广泛的或最一般的智力水平，涉及高层次的复杂认知加工，是一般因素，即 g 因素的代表。模型中的第二层能力被称为"广泛能力"（broad abilities），是人们熟知的一些能力，涉及流体智力、晶体智力、定量知识、阅读和写作能力、短时记忆、视觉加工、听觉加工、长时存储和提取、加工速度以及决策／反应速度。每种广泛能力又都包括不同的"狭窄能力"（narrow abilities）。模型的底层，即第一层，包括约 70 个可以直接测量的"狭窄能力"。

（资料来源：Flanagan & Harrison，2005；Cohen et al.，2006；Waschbusch et al.，2000）

世纪 80 年代后期，出现了通过将因素分析与认知心理学视角相结合来理解智力的趋势。在这种趋势的影响下，智力被看作个体为了达到某种目的，在一定的心理结构中进行的信息加工，包括从感觉输入到转换、精简、加工、存储、提取和使用的全部过程（Nesser，1967）。另外，社会文化环境对智力的影响逐渐被纳入智力理论，研究者开始重视在现实环境中解决实际问题的能力。下面我们将介绍三种有代表性的智力理论，分别是多元智力理论、智力的三因素理论和智力的 PASS 模型。

（一）多元智力理论

多元智力理论（multiple-intelligence theory）由美国心理学家加德纳（Gardner，1983；1999）提出。他通过对脑损伤患者的研究及对智力特殊群体的分析，认为人类的神经系统经过 100 多万年的演变，已经形成了互不相干的多种智力。加德纳认为，智力的内涵是多元的，由 8 种独立的智力成分构成。每一种智力依据社会对它的需要、奖赏以及它对社会的作用，其价值也不同。

①语言智力（linguistic intelligence）：包括阅读、写文章或小说，以及日常会话的智力。

②逻辑—数学智力（logical-mathematical intelligence）：包括数学运算与逻辑思考的智力，如做数学证明题、逻辑推理等。

③空间智力（spatial intelligence）：包括认识环境、辨别方向的智力，如查阅地图等。

④音乐智力（musical intelligence）：包括对声音的辨别与韵律表达的智力，如拉小提琴或写一首曲子等。

⑤运动智力（bodily kinesthetic intelligence）：包括支配肢体完成精细动作的智力，如打篮球、跳舞等。

⑥人际智力（interpersonal intelligence）：包括与人交往且能和睦相处的智力，如理解别人的行为、动机或情绪。

⑦自知智力（intrapersonal intelligence）：包括认识自己并选择自己生活方向的智力。

⑧自然智力（naturalist intelligence）：包括各种认识、感知自然界的事物的智力，如敏锐地觉知周围环境的改变，善于将自然界中看似无关的基本元素有机联系起来，对生物和环境感兴趣，向往自然等。

（二）智力的三因素理论

美国心理学家斯腾伯格提出了智力的三因素理论（triarchic theory of intelligence）（Sternberg，1999）。该理论关注个体能否使用智力更好地应对生活中各种各样的问题，完成人生的主要目标，因此这种智力也被称为成功智力（successful intelligence）。成功智力与传统的智力测验所测量和体现的学业智力有本质的区别。斯腾伯格认为，学业智力是惰性化智力（inert intelligence），只能对学生在学业上的成绩做出部分预测，而与现实生活中的成败较少产生联系。在现实生活中真正起作用的是可以不断修正和发展的成功智力。智力的三因素理论认为，智力包括三种类型：分析性智力（analytical intelligence）、创造性智力（creative intelligence）以及实践性智力（practical intelligence）。这些智力能够帮助人们更好地适应环境，取得成功。

分析性智力是我们用来解决问题的关键，涉及对问题的正确表征以及对信息的加工处理过程。分析性智力与学业紧密相关，我们在阅读文章、解答数学题目时所用到的分析、判断、比较等技能均可体现分析性智力。由于传统的智力测验同样注重考察个体的推理、分析等能力，因此，使用传统的智力测验就能很好地测量个体的分析性智力。

创造性智力与我们熟知的创造力关系密切，涉及发现、创造、想象和假设等创造性思维的能力。它体现的是一个人能否创新性地解决问题，如能否在面对新情境时快速思考策略，想出新奇的点子。创造性智力同样需要基本的认知能力，但更强

斯腾伯格

斯腾伯格（R. J. Sternberg, 1949—   ）（见图 11-4）是 20 世纪美国心理学家，康奈尔大学心理学教授，曾任耶鲁大学心理系教授，美国心理学会主席以及普通心理、教育心理等分会主席。斯腾伯格 1949 年出生于美国新泽西州枫林镇，自小学起常因智力测验得到低分感到困惑，故而进入耶鲁大学后矢志研究智力测验。1972 年获该校心理学学士学位后转入斯坦福大学，1975 年获博士学位，1982 年开始任教于耶鲁大学，1986 年晋升正教授。斯腾伯格思维敏捷而且极富创新，迄今为止，他最大的贡献是提

图 11-4　斯腾伯格

出了智力的三因素理论，为我们对智力的认识提供了一种新的角度和框架。此外，他还致力于人类创造性、思维方式、学习障碍等领域的研究，提出了大量富有创造性的理论与概念。

（资料来源：孙晓敏，张厚粲，2003）

调的是一种发散性思维。

实践性智力涉及解决实际生活中问题的能力，它被喻为街头智慧，因为它通常不是通过学校教育获得的，而是来自个体自身的生活。我们在特定文化中习得生活经验，并用它来解决实际生活问题。通常这种能力在与人打交道时得到体现，如我们在与人初识时对人的判断能力、说服他人的能力等都与实践性智力相关。实践性智力高的人可以更好地融入当前的环境中，在必要时选择可以更好地发挥自己才能的新环境。斯腾伯格认为，实践性智力比其他类型的智力能够更好地预测学业及工作表现。

智力的三因素理论强调智力是一个有机整体，而不是一个单维的特质，不能简单地利用传统的智力测验去衡量人的智力，而应该将创造性智力、实践性智力这两种智力也考虑进来。用分析性智力发现好的解决办法，用创造性智力找对问题，用实践性智力来解决实际问题，只有这三个方面协调、平衡时才最为有效。具有成功智力的人不仅具有这些智力，而且还会思考在什么时候、以何种方式来有效地使用这些智力。在各个领域中，这三种智力都发挥作用。在自然科学领域，分析性智力可以将假设的理论与其他理论进行比较，创造性智力可以形成一种理论观点或设计出一个实验，实践性智力可以将科学原理应用于日常生活或实践；在文学领

域，分析性智力被用于分析剧情、主题或人物，创造性智力被用于写作诗歌或小说，实践性智力将从文学中汲取的知识应用于每天的生活；在艺术领域，分析性智力被用于分析一位艺术家的风格和想传递的信息，创造性智力被用于创作艺术作品，实践性智力则被用于确定什么样的作品受欢迎。

然而，也有研究者对智力的三因素理论提出了怀疑。一方面，该理论可能夸大了实践性智力与传统智力理论的差异。实际上，传统的智力测验结果已经可以较好地预测一个人的职业发展潜能、收入、职业声望等现实的结果。另一方面，有研究表明，分析性智力、创造性智力以及实践性智力测验的结果之间存在高度相关，并且和标准智力测验的结果也相关。因此，研究者认为三种测验测量的可能是相同的认知过程，这样的结果其实也证实了 g 因素的存在（Gottfredson，2003；Koke & Vernon，2003；Chooi et al.，2014）。

（三）智力的 PASS 模型

达斯（J. P. Das）等研究者在信息加工心理学的框架内，从动态层面深入分析了智力活动的内在过程，认为应该把智力视为一个完整的认知活动系统，智力的差异也表现在认知过程的差异上。经过多年理论和实验的研究，他们提出了智力的 PASS 模型（Naglieri & Das，1988；1990）。

PASS 模型包含四个认知加工过程，即"计划—注意—同时性加工—继时性加工"（planning-arousal-simultaneous-successive，PASS），这些认知加工过程形成了三个相互协调的认知功能系统。三个认知功能系统是分层级的，其最高层级为计划系统，负责计划、监控、调节、评价等高级功能。同时性加工和继时性加工被统称为信息加工系统，处于中间层级。其中，同时性加工是指对输入的各种刺激同时进行加工，产生一个整合的表征。例如，一个言语的同时性加工任务可能包含这样的指导语："在正方形下方、十字形右边、三角形上方画一个圆。"完成该任务需要个体同时关注三个方面的位置信息。继时性加工是指对输入的各种刺激依次进行加工，或者依次对信息单元进行加工。例如，写字需要继时性编码，因为这个活动要求严格按照汉字的书写规则，一笔一画地完成动作。达斯等人认为，在智力活动中，同时性加工和继时性加工常常协同进行。注意系统又称注意—唤醒系统，处于最底层，主要功能是使大脑处于一种合适的工作状态。

三个认知功能系统之间相互作用，相互影响，存在动态的联系。例如，计划过程需要充分的唤醒状态，以使注意能够集中，进而促使计划的产生；两种信息加工过程与计划过程也密不可分，现实生活中的任务往往能以不同的方式进行编码，个体如何加工这种信息也需要计划的功能，所以同时性或继时性加工会受到计划功能的影响。

PASS 模型源于鲁利亚的大脑三个机能系统说（Luria，1966；1973；1980）。

鲁利亚认为，大脑的第一机能系统是动力系统，负责调节激活与维持觉醒状态；第二机能系统是信息处理系统，具有加工和保存外界信息的功能；第三机能系统是行为调节系统。第一机能系统与脑干的活动有关，第二机能系统与枕叶、顶叶和颞叶的活动有关，第三机能系统与额叶的活动有关。PASS 模型考虑了智力的生理基础，这是它的重要特点。

智力的 PASS 模型以神经心理学为基础，在一定程度上对认知心理学、心理测量学进行了整合，为理解和评估智力提供了新的视角。

四、智力与能力、成就的关系

如果我们把智力看作某一类心理能力的集合，那么与之相比，能力的概念更加庞杂，在日常用语中出现的频率更高。目前大多数研究者比较认同的一种看法是：能力（ability）是顺利地完成某种活动所必备的心理特征。例如，对画家而言，出色的形象记忆能力和色彩鉴别能力是他们顺利完成绘画活动所必须具备的心理特征。

通常我们将能力分为两类，一类是能力倾向，另一类是成就。能力倾向（aptitude）是指容纳、接受或保留事物的可能性，即一个人潜在的能力，是能预测个体在将来的活动中成功或失败的可能性的心理结构。例如，学业能力倾向是指学生为完成学校课程学习所必须具备的能力，这些能力与学生未来的学习关系密切并能预

测其成功的可能性。能力倾向又可以进一步分为一般能力倾向和特殊能力倾向。一般能力倾向是指在不同种类的活动中都会表现出来的能力，如抽象推理能力、工作记忆能力、语言理解能力等。其中抽象推理能力通常被看作一般能力倾向的核心。人要完成任何一种活动，都和这些能力的发展分不开。实际上，一般能力倾向的集合与前文所讲述的智力可以看作等同的概念。特殊能力倾向指在某种专业活动中表现出来的能力，与能否顺利完成特定的专业活动密切相关。例如，音乐家的辨别旋律的能力、音乐表象能力，以及感受音乐节奏的能力等，均属于特殊能力倾向。

成就（achievement）是指一个人通过经验和学习而获得的知识或者技能。其中，知识（knowledge）是人们对实践经验或实践活动的认知成果，是通过人与客观事物的相互作用而形成的。安德森从信息加工的角度，把知识分为陈述性知识（"是什么"的知识，如北京是中国的首都）和程序性知识（"怎么做"的知识，如怎样操作智能手机的知识）两类（Anderson，1983）。人一旦掌握了知识，就会运用这些知识指导自己的活动。技能（skill）是指经过练习而获得的合乎法则的认知活动或身体活动的动作方式。技能也是一种个体经验，主要表现为动作执行的经验，因而与知识有区别。技能作为活动的方式，有时表现为一种操作活动，有时表现为一种心智活动（智力活动）。因此，按活动方式不同，技能可分为操作技能和心智技能。

知识应用

采访专家

"三百六十行，行行出状元。"在不同的职业、岗位上，这些"状元"面对迥然不同的工作内容和要求，总能出色地完成任务。那么到底是什么能力在支撑着他们的表现？不同的工作岗位所需的能力是否一样？

请选择 3~4 个不同工作岗位的专家进行访谈，整理并归纳各种岗位的工作所需要的能力，并在全班进行交流。

在了解了能力倾向和成就的联系与区别后，我们很快就会意识到，不应该仅根据一个人目前已经掌握的知识或者技能的多少去简单地断定这个人能力的高低。一个人的能力可能在接受了良好的教育后充分表现出来，也可能由于缺乏适当的教育环境而暂时没有表现出来。仅仅根据成就水平的高低来断定能力的强弱，常常会做出错误的判断。

能力倾向测验与
成就测验的区别

测验常模

第二节　智力的测量

智力作为一种心理能力，不同于物理的特性。它看不见，摸不着，不能直接进行度量。但是，一个人的智力能通过成功地解决各种问题表现出来。因此，分析一个人怎样解决问题，取得了什么结果，就可以间接判断其智力水平。例如，一个学生正确而迅速地完成了学校的各项作业，说明他有较强的学习能力；一位管理者能够妥善处理工作中遇到的各种问题，使工作效率得到显著提升，说明他有较强的管理能力。就像本章一开始提到的陶哲轩，他超高的智力水平充分体现在他理解、解决各类数学问题以及其他科学问题的活动中。智力与个体行为活动的这种内在联系，为间接地测量人的智力提供了现实可能性。

用一定的手段和工具来测定人的智力，由来已久。在我国古代，刘勰用左手画方、右手画圆的方法来考察人的注意分配，杨雄用言语和书法的速度来判断人的智慧，都具有智力测验的性质。19 世纪末，高尔顿提出了智力是可以客观测量的思想。同时，他还设计了高尔顿音笛和高尔顿棒等工具，分别测定人的听觉和视觉辨别力，认为感觉的敏锐性、反应时、肌肉力量等指标能够反映人们智力水平的高低。但后来的研究并没有支持这一观点（Schultz & Schultz，2000）。

一、比内-西蒙智力量表

1905年，法国心理学家比内（A. Binet）和医生西蒙（T. Simon）编制了世界上第一个正式的智力量表。比内很早就开始从事测验的研究，曾花三年时间测试自己的两个女儿，并于1903年出版了《智力的实验研究》一书。1904年，比内受法国教育部的委托，参与筹建智力障碍儿童研究委员会，并承担任务，开发一套鉴定智力落后儿童的程序，以便将其从普通儿童中区分出来。1905年，比内在西蒙的帮助下编制了一个包括30个题目的正式测验，各题目的难度按顺序逐渐上升，测量记忆、理解与推理等能力。根据儿童通过题目的多少可以评定他们智力水平的高低。这就是第一个正式的智力量表：比内-西蒙智力量表（Binet-Simon Scale）。

1908年，比内和西蒙对量表进行了第一次修订，除了新增一些题目之外，还删除了1905年量表中质量较差的题目，最终题目数量为59个，按照3~13岁的年龄水平将题目分组，每个年龄组3~8个题目（Kaplan & Saccuzzo，2009）。在题目分组时，将80%~90%的3岁正常儿童通

人物介绍

高尔顿

英国生物学家高尔顿（F. Galton，1822—1911）（见图11-5）是倡导测验运动的主要人物，他对智力的遗传基础和人类能力的测量具有浓厚的兴趣。高尔顿不仅关注天才的遗传，而且设计了许多感知运动测验，并发明了几项针对能力和气质的个体差异的测量技术。在1884年国际博览会上，他设立了一个人体测量实验室，参观者支付3个便士，就能测量某些身体属性，如视听觉敏锐度、肌肉力量、反应时及其他简单的感觉运动机能。博览会闭幕后，实验室迁至伦敦南肯辛顿博物院，在那里继续开办达6年之久。使用这些简单的测验，高尔顿对9000多人进行了测查，年龄分布从5岁到80岁。他在方法学上的贡献是提出了相关分析技术，这一技术已成为分析测验分数普遍使用的方法。

图11-5　高尔顿

（资料来源：艾肯，2006）

过的题目放入 3 岁水平组，80%~90% 的 4 岁正常儿童通过的题目放入 4 岁水平组，以此类推，直到 13 岁水平组。修订版引入了心理年龄（mental age，MA）的概念，将其作为量化儿童在测验上总体表现的指标。心理年龄或称智力年龄是根据受测者在每个年龄水平上答对多少个测验题目确定出来的年龄。心理年龄明显低于实际年龄将被视为智力落后。

比内－西蒙智力量表是历史上第一个采用复杂的任务来测量高级心理过程的测验，并且从较为全面的角度测量智力，因此具有划时代的意义。同时，该测验首次采用心理年龄作为智力的评价标准，使测验的解释变得通俗易懂。

比内－西蒙智力量表的最后一个修订版发表于 1911 年，同年比内去世。

二、斯坦福–比内智力量表

1916 年，美国斯坦福大学教授推孟（L. M. Terman）将比内－西蒙智力量表介绍到美国，并修订为斯坦福－比内智力量表（Stanford-Binet Scale）。斯坦福－比内智力量表经过 1937 年、1960 年、1986 年和 2003 年的多次修订，已经成为世界上广泛流传的标准化智力测验之一。

在比内－西蒙智力量表中，心理年龄是对智力的绝对水平的度量，说明一个儿童的智力实际达到了哪个年龄水平。但是，心理年龄的大小并不能确切地说明一个儿童的智力发展是否超过了另一个儿童。心理年龄相同的两个儿童，由于实际年龄不同，他们的智力是不一样的。为了将一个儿童的智力水平与其他同龄儿童进行比较，必须考虑心理年龄与实际年龄的关系，并对个体的相对智力做出估计。因此，推孟在斯坦福－比内智力量表中采用了德国心理学家施特恩（W. Stern，1914）所提出的新概念——智商，来表示智力水平的高低。

智商，即智力商数（intelligence quotient，IQ），是根据智力测验的成绩所计算出的分数，代表了个体的心理年龄与实际年龄（chronological age，CA）的比值，其计算公式为：

$$智商（IQ）= \frac{心理年龄（MA）}{实际年龄（CA）} \times 100$$

早期的斯坦福－比内智力量表是按年龄分组编制的。以 1960 年版量表为例，每个年龄组的测验都由 6 个项目组成，内容包括绘画、折叠、给单词下定义、判断词义、回忆故事、推理等方面。随着年龄的增长，项目的难度也逐渐增加。表 11-1 列举了 1960 年版斯坦福－比内智力量表中的一些题目。

心理年龄是根据答对的题目数来计算的。例如，在表 11-2 中，如果一个儿童只能通过斯坦福－比内智力量表 5 岁组的全部项目，却不能通过 6 岁组的任何项目，那么这个儿童的心理年龄为 5 岁；如果他不仅通过了 5 岁组的全部项目，而且通过了 6 岁组的 4 个项目、7 岁组的 3 个项目、8 岁组的 2 个项目，但 9 岁组的项目一个也没有通过，那么这个儿童的心理年龄就是 6 岁 6 个月（计算方法见表 11-2）。

表 11-1　斯坦福－比内智力量表（1960 年版）举例

年龄组	测验题目
5 岁组	1. 画一张缺腿人的画。 2. 在测验者示范后，将一张方纸叠两层，成一个三角形。 3. 给下列单词下定义，如球、帽子、炉子。 4. 描一个正方形。 5. 辨认两张画片的同异。 6. 把两个三角形组成一个正方形。
12 岁组	1. 给 14 个单词下定义，如急速、功课。 2. 看出下文的荒唐处：琼斯的脚太大，以致他必须从头上套下他的裤子。 3. 理解一个复杂图片上所描述的情景。 4. 按相反的顺序重复 5 个数字。 5. 给抽象的单词下定义，如遗憾、惊奇。 6. 在不完整的句子中填入遗漏的单词，如： 一个人不能成为英雄，＿＿＿＿＿＿至少可以做个好人。

（资料来源：斯坦福-比内智力量表，1960）

很明显，一个儿童的心理年龄越大，其智力水平就越高。

上述用心理年龄和实际年龄的比率来计算的智商被称为比率智商（ratio IQ）。按照比率智商的公式，如果一个 5 岁儿童的心理年龄与他的实际年龄相同，那么这个儿童的智商就是 100，说明他的智商达到了正常 5 岁儿童的一般水平；如果一个 5 岁儿童的心理年龄为 6 岁 6 个月，那么他的智商就是 130。智商为 90~109，代表智力的中等水平。若智商超过 110，说明儿童的智力水平较高。

后来人们发现，比率智商有一个明显的缺点，即人的实际年龄逐年在增长，但其智力发展到一定阶段后就稳定在一个水平上。于是，采用比率智商来表示人的智力水平，智商将随着年龄的增长逐渐下降，这和智力发展的实际情况不符。正因为如此，从 1960 年版量表开始，斯坦福-比内智力量表借鉴了韦克斯勒智力量表的方法，采用离差智商来表示智力水平。

斯坦福-比内智力量表的第四版于 1986 年发表，测量言语推理、数量推理、抽象—视觉推理、短时记忆四个方面。该量表的第五版于 2003 年发表，测量知识、推理、视觉—空间加工和工作记忆等方面的内容。这些量表不再采用按年龄分组呈现题目的形式，而是采用并列直进式，即以每个分测验为单位来呈现题目，在分测验内部，题目的难度逐渐增大。

表 11-2　心理年龄的计算

测验的水平	通过项目的数量	得　分	
		年	月
基础水平			
5 岁	全部	5	0
6 岁	4 个	0	8
7 岁	3 个	0	6
8 岁	2 个	0	4
最后的水平			
9 岁	0 个	0	0
总　计		5	18
智龄计算		6 岁 6 个月	

注：在上表中，各年龄组均包含 6 个正式题目，每答对 1 个题目，增加 2 个月的心理年龄。

三、韦克斯勒智力量表

早期的斯坦福–比内智力量表是对个体智力状况的综合测量，只能给人一个相当笼统的概念。但是智力并不是一种单一的能力，它包含着各种结构成分。在同一个人身上，智力的各个成分可能有不同的发展水平。

为了更真实地反映一个人的智力状况，韦克斯勒编制了若干个智力量表。其中，韦克斯勒成人智力量表（Wechsler Adult Intelligence Scale，WAIS，1955），适用于 16 岁以上的成人；韦克斯勒儿童智力量表（Wechsler Intelligence Scale for Children，WISC，1949），适用于 6~16 岁的儿童；韦克斯勒学前和小学儿童智力量表（Wechsler Preschool and Primary Scale of Intelligence，WPPSI，1963），适用于 4~6.5 岁的儿童。这些量表测量了范围较广泛的能力。

以韦克斯勒智力量表第二版为例，该量表包括言语和操作两个分量表，可以分别测量个体的言语能力和操作能力（见表 11-3）。言语量表包括的分测验有：常识、理解、心算、类比、背数、词汇等；操作量表包括的分测验有：拼图、填图、图片排序、积木、译码等。使用韦克斯勒智力量表不仅可以测量智力的总体水平（总智商），而且可以通过测量智力的不同方面，分别得到言语智商和操作智商。言语智商和操作智商的测量结果虽然具有一定的正相关，但并不完全等同。

韦克斯勒还革新了智商的计算方法，把比率智商改成离差智商（deviation IQ）。离差智商假定：人的智力水平符合正态分布，大多数人的智力处于中等水平，其平均值 $IQ=100$；离平均数越远，获得该分

表 11-3　韦克斯勒成人智力量表题目举例

测验名称		测验内容	测验实例
言语量表	常识	知识的广度	水蒸气是怎样来的? 什么是胡椒?
	理解	实际知识和理解能力	为什么电线常用铜制成? 为什么有人不给售货收据?
	心算	数学推理能力	刷一间房子 3 个人用 9 天,如果 3 天内要完成,需用多少人? 一辆汽车 45 分钟行驶 25 米,20 分钟它走了多少米?
	类比	抽象概括能力	圆和三角形有何相似之处? 蛋和种子有何相似之处?
	背数	注意力和机械记忆能力	按次序复述以下数字: 1, 3, 7, 5, 4; 倒背以下数字: 5, 8, 2, 4, 9, 6。
	词汇	语词知识	什么是河马?"类似"是什么意思?
操作量表	拼图	处理部分与整体关系的能力	将拼图小板拼成一个物体,如人手、半身像。
	填图	视觉记忆及视觉的理解性	指出每张画缺了什么,并说出名称。
	图片排序	对社会情境的理解能力	把三张以上的图片按正确的顺序排列,并说出一个故事。
	积木	视觉加工与分析模式的能力	在看完一种图案之后,用小木块拼成相同的样子。
	译码	学习和书写速度	学会将每个数字与不同的符号关联在一起,然后在某个数字的空格内填上正确的符号。

（资料来源：韦克斯勒成人智力量表，1955）

数的人数就越少；人的智商从最低到最高，变化范围很大，智商分布的标准差为 15。这样，一个人的智力水平就可以用其测验分数在同龄人的测验分数分布中的相对位置来表示。公式为：

$$IQ=100+15Z$$

其中，$Z=\dfrac{X-\bar{X}}{S}$。

Z 代表标准分数（standard score），X 代表个体的测验分数，$\overline{X}$ 代表团体的平均分数，S 代表团体分数的标准差。因此，只要我们知道了一个人的测验分数，以及他所属的团体的平均分和标准差，就能很容易地计算出他的离差智商。例如，某受测年龄组的平均得分为 80 分，标准差为 5 分，而某人得了 85 分，则他的得分比他所在的年龄组的平均得分高出一个标准差，$Z=（85-80）÷5=1$，他的智商 $IQ=100+15×1=115$，说明他的智商比 84% 的同龄人要高。如果某人的得分比团体平均得分低一个标准差，$Z=-1$，那么他的智商 $IQ=85$，说明他的智商低于一般人的水平，只比 16% 的同龄人高。

由于离差智商是对个体的智商在其同龄人中的相对位置的度量，因此不受个体年龄增长的影响。例如，如果一个人在测验中的得分高于同龄组平均数 3 个标准差，那么，无论他的年龄有多大，他的智商都是 145。一个智力平常的儿童，他的智商是 100，同样也不随年龄的增长而变化。表 11-4 呈现了在韦克斯勒智力量表中离差智商分数的分布。

离差智商克服了比率智商的不足，但也存在问题——容易造成对智力的绝对水平的误解。例如，一个人的离差智商在 70 岁时和在 30 岁时可能都是 100，而智力的绝对水平并不相同，实际上，70 岁时的智力会比 30 岁时的智力低一些。

韦氏智力量表的发展与应用

表 11-4　韦克斯勒智力量表中智商分数的分布

IQ 得分	等级描述	人群中的占比 /%
≥ 130	非常优秀	2.2
120~129	优秀	6.7
110~119	中等偏上	16.1
90~109	中等	50
80~89	中等偏下	16.1
70~79	临界	6.7
< 70	智力障碍	2.2

2003 年，韦克斯勒儿童智力量表第四版（WISC-IV）正式发行，量表的结构发生了变化，包括言语理解、知觉推理、工作记忆和加工速度 4 个方面。

四、瑞文推理测验

按照使用方式，心理测验可分为个体测验和团体测验。本节前面介绍的三种智力量表，都属于个体测验（individual test），其特点是主试每次向一个被试施测，以一对一的形式进行。然而在另一些场景中，我们需要快速地对个体的智力水平同时进行评估，这就会用到团体测验（group test）。团体测验允许一个或几个主试对较多的被试同时进行施测，其优势是施测效率高。一种常用于团体施测的智力测验是瑞文推理测验。

瑞文推理测验由英国心理学家瑞文（J. C. Raven）于 1938 年编制完成，旨在以图形化的方式评估个体的抽象推理能力。自其问世以来，许多国家的研究者对其进行了翻译和修订，目前仍被大量应用于教育、临床和研究领域。瑞文推理测验属于非言语测验，其优势是适用人群广泛。例如，该测验不受语言、文化、种族等因素的限制，几乎在所有国家或地区均可使用。同时，该测验施测简单，既可以团体施测，也可以个体实施，且具有较高的信度与效度。由于这些特点，瑞文推理测验适合智力的比较研究，特别适合跨文化研究。在实践领域，瑞文推理测验被广泛用于智力诊断以及人才的选拔与培养等领域。

为了适应不同年龄和能力的被试，瑞文推理测验发展出多个版本。除了1938年编制的适用于6岁以上儿童及成人的瑞文标准渐进矩阵（Raven's standard progressive matrices，SPM）推理测验，1947年开发者又编制了适用于更小年龄儿童和智力落后者的瑞文彩色渐进矩阵（Raven's coloured progressive matrices，CPM）推理测验和适用于高智力水平者的瑞文高级渐进矩阵（Raven's advance progressive matrices，APM）推理测验。下面我们以瑞文标准渐进矩阵推理测验为例进行介绍。

瑞文标准渐进矩阵推理测验，简称为瑞文标准推理测验。该测验包含60个题目，其中每题包含一个主题图（题干）和6~8张小图片（备选项）。每题的主题图都缺少一部分，被试需要从备选项中找出最合适的一张填补在主题图的缺失部分，从而使整个图案完整且合理（见图11-6）。

所有题目被分为A、B、C、D、E5组，每组12题，各组间题目的平均难度逐级递增，每组内部题目也是由易到难排列。被试需要观察题干中图形的变化规律（如形状的变化、数量的增减等），然后运用逻辑推理能力，从选项中选择出最符合该规律的图形。

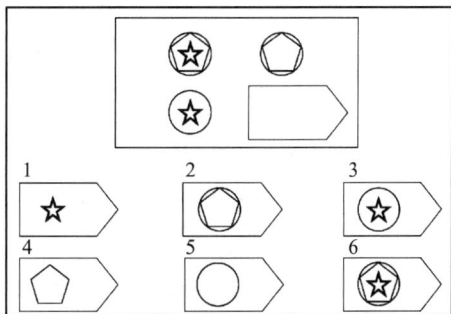

图11-6 瑞文推理测验题目示意图[1]

施测完成后，主试对照标准答案表为被试记分，每答对一题记一分，满分为60分，根据被试的分数计算智商。

在对瑞文推理测验的分数进行解释时应注意：一方面，该测验仅评估了智力中的抽象推理能力，虽然其属于智力的核心成分，但不能全面反映一个人智力水平；另一方面，因为任何一次测验均会受到测量误差的影响，分数具有偶然性，所以对测评结果的解释用词应避免绝对化。

---

[1] 注：为了保护测验题目，这里的样例是参照原始题目进行的改编。

412

韦克斯勒

韦克斯勒（D. Wechsler，1896—1981）（见图 11-7）出生于罗马尼亚，6 岁时随全家移居美国。1916 年毕业于纽约市立大学，后进入哥伦比亚大学，成为心理学家武德沃斯的学生。韦克斯勒在研究及应用中发现斯坦福－比内智力量表虽然适合儿童，但不足以测量成人的能力，这也是他编制韦氏智力量表的主要原因。1919 年，他被派往英国伦敦大学，师从斯皮尔曼和皮尔逊，深受他们有关一般智力概念和相关分析方法的影响。1920 年，韦克斯勒进入巴黎大学学习，在此期间与第一个智力测验的创始人之一——西蒙有

图 11-7 韦克斯勒

过接触。1922 年回到美国后，他继续在哥伦比亚大学深造，1925 年获博士学位，同年任美国心理学学会代理干事。1932 年，他成为贝尔维精神病院首席心理学家，翌年起又兼任纽约大学医学院教授，其间，一直致力于智力测验的创造与发展。1979 年，韦克斯勒被耶路撒冷希伯来大学授予名誉博士学位和"荣誉事业"奖。

韦克斯勒智力测验家族：

1939 年，韦克斯勒－贝利弗测验（W-B I）

1946 年，韦克斯勒－贝利弗测验Ⅱ（W-B Ⅱ）

1949 年，韦克斯勒儿童智力量表（WISC）

1955 年，韦克斯勒成人智力量表（WAIS）

1967 年，韦克斯勒学前和小学儿童智力量表（WPPSI）

1974 年，韦克斯勒儿童智力量表修订版（WISC-R）

1981 年，韦克斯勒成人智力量表修订版（WAIS-R）

1989 年，韦克斯勒学前和小学儿童智力量表修订版（WPPSI-R）

1991 年，韦克斯勒儿童智力量表第三版（WISC-Ⅲ）

1997 年，韦克斯勒成人智力量表第三版（WAIS-Ⅲ）

（资料来源：安娜斯塔西，厄比纳，2001）

韦克斯勒智力量表（第四版）

由于社会文化、经济、教育等条件的变化，以及测验题目曝光等问题，标准化的智力测验需要定期进行修订。目前，韦克斯勒智力量表家族中成人版、儿童版以及学前儿童版的中文修订版测验已更新到了第四版。相对于前面的几个版本，第四版对智力测量结构的划分有了较大调整，在此我们以儿童版为例进行介绍。韦克斯勒儿童智力量表第四版（WISC-Ⅳ）的英文版于2003年出版，我国张厚粲教授主持修订了 WISC-Ⅳ 的中文版，并于2008年3月通过了中国心理学会的专家鉴定，开始付诸使用。

WISC-Ⅳ 的主要特点在于它的结构反映了当前对儿童认知进行评估的理论和实践成果，体现了心理测量技术与认知理论的结合。除了强调言语、推理等重要认知过程之外，又增加了对工作记忆和加工速度的关注。因此，在量表的结构和如何由分测验组合得到合成分数上有一些重要改变。

全套测验包含14个分测验，分为10个核心分测验与4个补充分测验。测验结果不仅能得到表明儿童总体认知能力的总智商，而且能通过分测验分数的组合得到言语理解指数（verbal comprehension index，VCI）、知觉推理指数（perceptual reasoning index，PRI）、工作记忆指数（working memory index，WMI）和加工速度指数（processing speed index，PSI）四个合成分数，用来说明儿童在不同认知领域中的认知能力（见图11-8，加 * 的是补充分测验）。

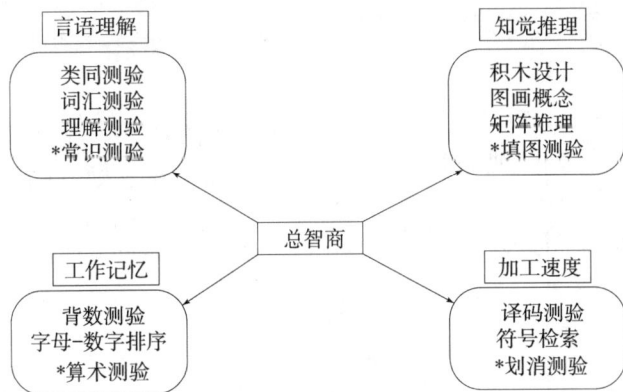

图 11-8　测验结构

（资料来源：张厚粲，2009）

第三节 智力的发展与个体差异

在个体生命的全程中，智力是逐渐发展的。这种发展既存在普遍的规律，又存在个体差异。

一、智力发展的一般趋势

早在20世纪20年代，平特纳（Pintner，1921）的研究认为，儿童从出生到5岁是智力发展最快的时期。这一论断与60年代布鲁姆（Bloom，1964）在《人类特性的稳定性与变化》一书中的结论是一致的。布鲁姆认为，如果以17岁时所达到的平均智力水平为参照基础，那么儿童从出生到4岁的智力就已达到了50%，从4岁到8岁获得另外的30%，而最后的20%则是在8岁到17岁获得的。这些研究表明，儿童早期阶段的智力发展较快，并且对以后的发展有很大的影响。

在人的一生中，智力发展的总体趋势如下。①童年期和青少年期是智力发展非常重要的时期。从三四岁到十二三岁，智力的发展与年龄的增长几乎等速。之后随着年龄的增长，智力的发展呈负加速变化，即发展日趋平缓。②智力在18~25岁时达到顶峰。智力的不同成分达到顶峰的时间是不同的。③流体智力在中年之后有下降的趋势，晶体智力在人的一生中是逐渐增长的（见图11-9）。④成年期是智力发展最稳定的时期。在25~40岁时，人们常出现富有创造性的活动。⑤智力发展的趋势存在个体差异。例如，有的人智力发展快，达到顶峰的时间早；有的人智力发展慢，达到顶峰的时间晚。

二、智力的个体差异

个体差异是指由于个体在成长过程中受到遗传与环境的交互影响，不同的个体之间在生理和心理特征方面表现出的差异。了解与鉴别个体差异，一直都受到教育界与社会各界的重视。

（一）智力水平的个体差异

智力在全人口中呈现正态分布（nor-

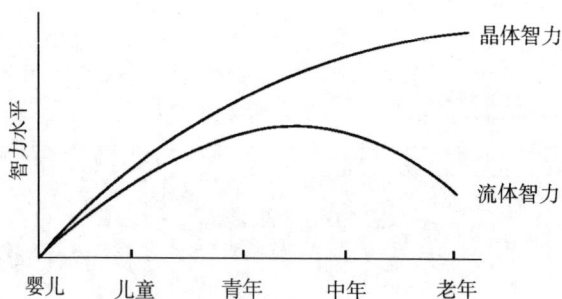

图 11-9　智力的毕生发展

（资料来源：Spear et al.，1988）

mal distribution），即高水平和低水平的人数比率较小，中等水平的人数比率较大。智力的高度发展被称为智力超常或天才，智力发展低于一般人的水平被称为智力落后或智力低下，中等智力水平又被分为不同的层次。如果我们用韦克斯勒儿童智力量表来测量某一地区全部 6~16 岁儿童的智力，则智商在 100±15 范围内的人应占全人口的 68.2%，智商在 100±30 以内的人应占全人口的 95.6%。智商高于 130 或低于 70 的人在全人口中只有极少数。不同智商水平在人口中所占百分比是不同的，见图 11-10。

对超常儿童的系统研究始于 1925 年，之后一直经久不衰，直到现在仍是认知、发展和教育心理学等多个领域的重要议题。推孟是最早利用智力测验来鉴别超常儿童的研究者，他将智商达到或超过 140（现在的标准为 130 分）的儿童称为超常儿童，发现这类儿童具有相似的特点：观察事物细致、准确，注意容易集中，记忆速度快、准确且牢固，思维灵活，有创造性。从此，在相当长的时间内，超常儿童的概念主要由智商分数来说明。20 世纪 50 年代后，吉尔福特提出智力是多维的，并指出智力测验不能全面鉴别超常儿童的所有能力。20 世纪 70 年代，伦朱利（J. S. Renzulli）提出"三圆圈超常儿童"的概念，认为超常儿童应该具备：①中等以上的智力；②对任务的承诺（包括强烈的动机、责任心等）；③较高的创造力。超常儿童是这三种心理成分相互作用、高度发展的结果。较新的研究发现，超常儿童在问题解决能力的三个维度（认知能力、元认知能力和认知效率）上均优于普通儿童（张博等，2014）。此外，我国心理学家查子秀（1990）认为，超常儿童的心理结构不限于智力和创造力，还应包括一些非智力因素，如抱负、求知欲、独立性等。

超常儿童被一些人称为神童，其实神童并不神秘，优越的生理素质是超常

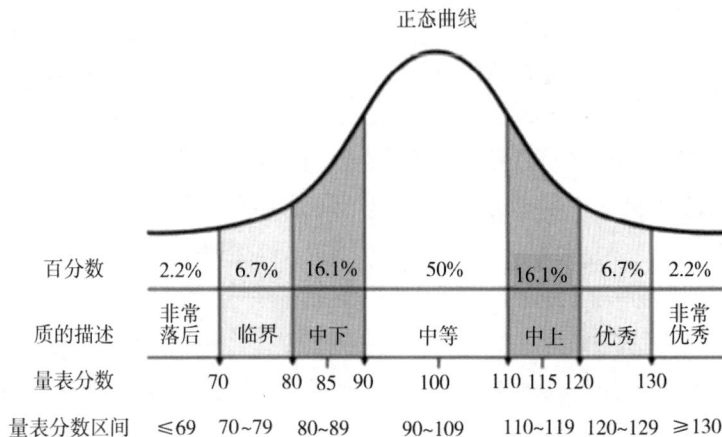

正态曲线

百分数	2.2%	6.7%	16.1%	50%	16.1%	6.7%	2.2%
质的描述	非常落后	临界	中下	中等	中上	优秀	非常优秀
量表分数	70	80 85 90	100	110 115 120	130		
量表分数区间	≤69	70~79	80~89	90~109	110~119	120~129	≥130

图 11-10 人类智商的理论分布

知识应用

天才=成功?

超常儿童长大后能否在事业上做出成就依赖许多条件。推孟在 1921 年至 1927 年,用斯坦福 – 比内智力量表对幼儿园到 8 年级的儿童进行了测查,发现了 1528 名超常儿童(平均智商为 150),随后对他们进行了长达 40 年的追踪,到 1968 年公布了研究结果。结果发现,在 800 名男性被试中,78 人得到了博士学位,48 人得到了医科学位,85 人得到了法律学位,74 人正在或曾在大学任教,51 人在自然科学或工程学方面进行基础理论研究,104 人担任工程师。他们中的科学家有 77 人被编入了《美国科学家年鉴》(1949 年版),33 人被编入了《美国名人录》(1958 年版)。将这些数字与随机抽取的 800 名同龄人相比,前者比后者大 10~30 倍。推孟同时还对 800 名男性超常儿童被试中成就最大者与最小者(取成就排名的前 20% 与后 20%)进行了对比,结果发现这两组被试的显著差异是人格特点。成就较大者在谨慎、自信、不屈不挠、进取心、坚持性、不自卑等人格品质上,明显优于成就较小者。其次是家庭背景不同,前者有 50% 的家长大学毕业,家中有许多书籍,重视早期教育;而后者只有 15% 的家长大学毕业。可见,超常儿童能否在事业上做出成就,在很大程度上取决于社会生活条件及其自身的人格特点。因此,在超常儿童的教育方面,既要重视培养他们的能力,也要重视良好人格品质的培养。

(资料来源:Oden,1968)

儿童发展的物质基础。同时,丰富的教育环境是超常儿童发展的外部条件。教育开始得越早,儿童潜能实现的可能性就越大。查子秀(1990)对超常儿童的调查表明,这种儿童几乎都享有优越的早期教育条件。

在正态分布的另一端,当一个人的智商处于 70 分以下时,被认为是智力落后。智力落后并不是某种心理过程受损,而是多种心理能力低下,其明显的特征是社会适应不良。智力落后儿童的一般特点为:知觉速度缓慢,范围狭窄,内容笼统、贫乏;记忆差,再现时歪曲和错误较多;语言发展迟缓,词汇量少,缺乏连贯性;在认知活动中缺乏概括力。虽然造成智力落后的原因有很多,但大多数智力落后者本身并没有生理疾病或脑损伤。智力落后的儿童无法与正常儿童随班上课,因此有必要设置特殊教育机构,对这些儿童给予特别的关心和帮助,使他们获得发展智力的机会。

（二）智力结构的差异

智力包含各种能力成分，它们可以按不同的方式结合起来。这种特定能力的结合体现了智力在结构上的差异。例如，在认知能力方面，有的人善于抽象推理，有的人善于记忆，有的人善于言语理解。如果采用前文所介绍的多元智力的视角，我们也很容易发现，有的人在运动方面天赋异禀，有的人在人际交往中得心应手，有的人在音乐领域天资超凡，也有的人在逻辑数学方面出类拔萃……正因如此，一个人身上不同能力的结合使得人与人的智力结构区别开来。例如，查子秀（1990）比较了超常儿童与普通儿童在词语类比推理、图形类比推理、数概括类比推理、创造性思维和观察力等认知能力上的差异。结果发现，两类儿童的差异主要表现在解决难度较高的问题上。例如，超常儿童在创造性思维和数概括类比推理上的发展突出。

（三）智力的性别差异

20 世纪 30 年代的许多研究发现，男女在一般智力水平上没有性别差异。20世纪 40 年代后，随着韦克斯勒智力量表的问世，以及测量特定领域的智力水平成为可能，研究者对智力性别差异的理解有所变化。例如，劳森等人（Lawson, Inglis, & Tittemore, 1987）分析了韦克斯勒成人智力量表修订版常模中 1100 名女性和 1099 名男性的数据。结果发现，女性在言语量表上的分数高于男性，而在操作量表上低于男性。综合已有研究

结果，智力的性别差异可能不表现在总体智力水平上，而表现在某些特定的智力水平上。

1. 数学能力的性别差异

数学能力（mathematical ability）是对数学原理和数学符号的理解与运用的能力，这种能力主要表现在计算和问题解决上。计算能力体现了对程序性知识的加工速度和精确性技巧的要求；问题解决则体现了对信息的正确分析与选择、组织策略性知识、应用统计方法的综合性技能的要求。海德等人（Hyde et al., 1990）通过对 100 个相关研究的元分析发现：女生在计算能力上具有一定的优势，但这种优势只表现在中、小学阶段；在问题解决上，在初中时期女生略好，而在高中及大学阶段男生则表现出优势。对于数学操作来说，男生在标准化测验上的得分普遍比女生高，而女生在学校所获得的学业评定等级比男生高（Anastasi, 1958; Benbow, 1992）。一些研究者认为，男生在竞争性数学活动中的表现比女生好，而女生在合作性数学活动中的表现比男生好（Wilder & Powell, 1989; Halpern, 1992）。

2. 言语能力的性别差异

言语能力（verbal ability）是对语言符号的加工、提取、操作的能力，表现在听、说、读、写四个方面。言语能力并非单一的结构，包括对言语信息的记忆、理解、组织和应用等方面。研究者（Hoover, 1987）总结了 3~8 年级的一系列研究后发现，女生的言语能力普遍比男生好。在各种言语能力中，以词的流

智障天才

或许大家还记得电影《雨人》中霍夫曼（D. Hoffman）所扮演的孤独症患者的角色，"他能很快背下电话本上从A到G所有的电话号码。牙签盒碰倒在地，他能立即说出牙签有多少根……"其实这个关于智障天才的故事并非凭空杜撰，其原型来自美国盐湖城的皮克（K. Peek）。当皮克16个月大时，他的父母像其他家长一样给他读书听，而且边读边拉着皮克的手指顺着每一本书的内容滑过这些字里行间，没想到皮克竟能记下父母念过的每一本书，立即将刚听到的内容说出来。他的脑子就像是一个庞大的资料库，可以过目不忘，还能自动搜索。随着皮克长大，他在历史、文学、地理学、数学、音乐等15门学科中的超强能力逐渐展现出来。据估计，由于皮克具有非凡的记忆力，他的大脑至少一字不漏地记住了超过9000本书的内容。此外，皮克还可以凭记忆中数年前看过的地图指导别人在美国各城市旅行，并记住了世界所有重大事件的发生日期。然而，皮克的动作协调能力很差，生活方面也显得异常低能，甚至都不会自己扣纽扣（Treffert & Christensen，2005）。

智障天才是否具备大多数人所向往的特异功能？一种观点认为，许多孤独症天才的特殊表现源于大量的练习。这种观点可以解释某些超常记忆术的应用，却难以解释皮克的强大记忆能力。另一种观点认为，心理障碍让智障天才摆脱了语言、概念和高级思维的"诱惑"，纯粹地专注于音乐、绘画、数字等特定信息。虽然智障天才综合征还不能被完全解释，但它说明在一般能力之外的确存在特殊能力。

畅性所显示的女性优势最为明显（Hines，1990），而言语推理则显示了男性优势。但言语能力的性别差异研究并没有得到完全一致的结论。

3. 空间能力的性别差异

空间能力（spatial ability）是体现智力性别差异最明显的一种能力，也是较难描述和解释的一种能力。林和皮特森（Linn & Petersen，1985）将空间能力定义为一种涉及表征、转换、生成和提取符号与非言语信息的技能。基于以往的研究，他们提取了空间能力涉及的三个因素。①空间知觉（spatial perception）：在干扰条件下，对垂直与水平方位的确定；②心理旋转（mental rotation）：对二维或三维图像表征的旋转能力；③空间想象（spatial visualization）：对所显示的空间信息进行分析加工的能力。研究表明，在空

面向21世纪的通用能力

进入21世纪之后，全世界的政界、商界和教育界都越来越关注一个共同的话题：如果一个人要成为合格的劳动者或者领导者，更好地适应其所处的各种环境，他应该具备哪些通用的知识与技能？通过大量的研究和讨论，关注的焦点逐渐集中于学习与创新技能，信息、媒体与技术素养，以及生活与职业技能三个方面。

一、学习与创新技能

学习与创新技能包括三种主要的能力。①批判性思维和问题解决能力。批判性思维和问题解决能力是21世纪学习的新基础。批判性思维是一种可以培养、实践和掌握的技能，通过它可以发展批判性思维能力。问题解决能力包含一系列技能，如科学解释和描述一个问题，提出可能的解决方案，在实施方案的过程中控制追踪、实施干预，最后评价特定干预的有效性。通过参与各种调查活动、问题解决活动，以及实践项目，学生可以锻炼批判性思维和问题解决能力。②交流和合作能力。具备广泛的、深入的人际交往和合作技能是当今时代的要求。由于工作中的人际交流越来越多，也越来越复杂，尤其在可以提供大量就业机会的服务业更是如此，因此写作能力和沟通能力对就业者非常重要。同时，很多国际化的工作团队也对跨时间、跨国家和跨文化进行合作的能力提出了要求。获得交流和合作能力的最佳途径是社交学习，即直接与人交流、合作。③创造性和创新能力。21世纪的全球经济要求人们具有更高水平的想象力、创造力和革新力，因而创造性和创新能力成为非常重要的能力。培养创新能力最有效的手段之一是挑战高难度的项目。

二、信息、媒体与技术素养

信息、媒体与技术素养包括三个方面。①信息素养。21世纪每个人的信息素养和娴熟程度都需要提高。面对今后的工作、大学教育和个人生活，学生应做到以下几点：首先，有效和高效地获取信息；其次，批判性地、适当地评价信息；最后，准确地和创造性地使用信息。②媒体素养。媒体素养包括使用传送信息的介质（如出版物、音频、视频、网站等）的技能，为某种特定信息介质精心设计的技能，以及利用媒体信息影响受众的技能。具备一定的媒体素养是必要的。学生要理解媒体在社会中的角色，能够以多种形式获取、分析、评价和创造信息。③信息交流和科技素养。信息交流和科技素养侧重的是信息技术的运用技能，是21世纪的顶尖技术。美国教育考试服务中心建议，每个国家都广泛地培养国民的这项能力，否则将有被拒在当今技术导向的知识经济门外的风险。

三、生活与职业技能

在 21 世纪的社会，年轻人需要在不同的团体学习与合作，在多样的工作和社会情境中灵活应变，并且适应时代的变化。他们需要展示领导能力并承担责任，表现创造性，并为自己的行为建立价值准则。生活与职业技能主要包括五个方面。①灵活性和适应性。灵活性和适应性是 21 世纪学习、工作和行使权利及履行义务的关键技能。灵活性和适应性涉及的技能可以通过实施难度逐渐增大的项目来掌握。②主动性和自我指导。③社交和跨文化交际能力。与团队成员和同班同学高效共事的能力，是 21 世纪的一种关键生活技能。理解和包容文化、社会背景上的差异，并利用这些差异提出更有创意的思想和解决问题的方案，将越来越重要。④生产能力和绩效能力。生产能力和绩效能力是系列技能，包括制定并实现目标、区分工作的轻重缓急、高效地利用时间等。这些都是有利于学习和工作的重要技能，所有希望取得成功的人都应当具备。⑤领导能力和责任感。广泛的领导能力和责任感也变得越来越重要，采用项目式学习的模式有助于培养学生在这方面的技能。

总体来看，"21 世纪技能"整合了 21 世纪社会与人的发展的需求，代表着当今教育改革的新思路与发展走向，为我们更好地理解人的能力提供了一个全新的框架和视角。

（资料来源：Griffin, McGaw, & Care, 2012）

间知觉和心理旋转测验中，男性的表现明显优于女性；而在空间想象测验中，男女的测验分数差异不显著。

通过上述研究可以看出，三种认知能力的不同方面存在不同程度的性别差异，显示了性别差异在智力方面的复杂性。

第四节　影响智力的因素

在本章一开始，我们提到了数学家陶哲轩，他的智力水平令人称奇。陶哲轩还有两个弟弟，其中一位患有孤独症，是澳大利亚的国际象棋冠军，并且拥有非凡的音乐才能。他的两个弟弟曾经同时参加 1995 年多伦多国际数学奥林匹克竞赛，解题时采用同样的方法，得到同样的分数，最终都获得铜牌。于是我们有了新的问题：什么环境造就了这样的天才？难道他们天生就是"天才"？

实际上，智力的形成与发展依赖多种因素的交互作用，虽然各种影响因素在决定智力高低与发展历程中所占比重的多少无法被精确估算，但有一点是不可否认的，即遗传、环境和主观能动性在智力发展中的作用缺一不可。

一、遗传的作用

对于一切生物，它们的后代和前代之间在形态结构、生理特征上总会表现出某些相似的特征。这种把生物具有的性状相对稳定地传给后代的现象叫遗传。遗传是通过遗传物质的载体（细胞内的染色体）来实现的。人体细胞的染色体共 23 对。在卵子受精时，23 对染色体的一半来自卵子，另一半来自精子。染色体上的遗传因子叫基因，它决定着性状的遗传。

关于遗传在智力发展和个体差异形成中的作用，心理学家从三个方面进行了研究。一是研究遗传相似性不同的人在智力上的相似程度。如果遗传对智力有作用，那么遗传关系越近的人，智力的发展水平应该越相似。这种研究通常用同卵双生子和异卵双生子来进行。二是研究养父母与养子女智力发展的关系。如果遗传对智力发展有作用，那么孩子与亲生父母智力

知识应用

弗林效应

弗林效应是关于智力随年龄变化的一种现象，它关注代际的变化。通过对发达国家超过三代人的智商分数的分析，科学家弗林（James Flynn, 1987）发现，20 世纪 80 年代，一般 20 岁人的智商平均分比 1940 年的对应人群高 15 分，平均每年增长 0.33。弗林认为观察到的智力测验平均分数的增加是由环境而不是遗传因素所致的，但增加的分数不能仅归因于正规学校教育水平的提高，其他可能的影响因素也存在，如父母更高的教育水平、父母对孩子更多的关注、更好的营养条件等。

（资料来源：艾肯，2006）

的相关应该比与养父母智力的相关高。三是对同卵双生子进行追踪研究。这些孩子从小就被分开生活在不同的环境里，若干年后，将他们进行比较。如果遗传确有作用，那么同卵双生子即使生活在不同的环境中，他们的智力发展水平也仍保持较高的相关。这一类型的研究很多，我们看看其中的一个例子（见表 11-5）。

这些结果表明，遗传关系越近的人，在智力发展水平上确实有接近的趋势。同卵双生子智力的相关高于异卵双生子和亲兄弟姐妹；亲生父母与子女智力的相关高于养父母；无血缘关系的人的智力的相关很低。在不同环境下长大的同卵双生子，其智力的相关仍很高。人类基因组工程计划的研究结果同样支持"人类的智力部分地受到遗传因素的影响"这一观点（Chorney et al.，1998）。

推孟对超常者 40 年的追踪研究表明，天资优秀的儿童不仅其自身的发展优于一般儿童，他们的子女的智商也比一般人高。在他们的 1571 个子女中，智商最高者竟达 200，平均智商为 130（Oden，1968）。这同样说明了遗传对智力发展的作用，并且很好地解释了为什么陶哲轩的两个亲兄弟也和他一样具备过人的智力水平，能够在国际数学奥林匹克竞赛中取得佳绩。

实际上，关于双生子以及被收养儿童的研究发现，遗传因素不仅会对个体的生理发展和智力发展产生影响，而且会对人格特质产生影响。当然，不同特征受到遗传因素影响的大小不同。例如，身高受基因的影响很大，遗传率为 85%~95%，而智力的遗传率为 60%~80%（Lubinski，2000）。所谓遗传率（heritability），是指在群体中某个特质的个体间差异可由基因差异所解释的比例。

表 11-5　具有不同遗传与环境相似性的个体间智商分数的相关

遗传与环境相似性		智商的相关系数
同卵双生子	被一起抚养	0.86
	被分开抚养	0.72
异卵双生子	被一起抚养	0.60
亲兄弟姐妹	被一起抚养	0.47
	被分开抚养	0.24
亲生父母与其子女		0.40
养父母与其子女		0.31
堂/表兄弟姐妹		0.15

（资料来源：Bouchard & McGue，1981）

二、环境和教育的作用

在细心查看表 11-5 后，你可能还会发现，对参与研究的被试来说，在同一环境中生活，他们智力的相关都比在不同环境中生活者智力的相关要高一些。即使没有血缘关系的人（如养父母与子女），由于生活在同一环境，他们的智力也有一定的相关。这说明在智力发展中，环境的作用也是很重要的。

（一）产前环境的影响

胎儿在出生之前生活在母体的环境中，这种环境对胎儿的生长发育以及出生后智力的发展都有重要影响。

许多研究发现，母亲怀孕的年龄常常会影响儿童智力的发展。以唐氏综合征的发病率为例，年龄低于 29 岁的母亲，其子女的发病率只有 1/3000；而年龄为 45~49 岁的母亲，其子女的发病率为 1/40（见表 11-6）。患有唐氏综合征的儿童的脑袋小而圆，眼睛向外、向上斜，鼻梁翘，嘴巴小、嘴角向下，智力大都低下。唐氏综合征的发病原因是母体内的卵子在体内环境中受到损害，出现了额外染色体。产前环境影响的另一方面与母亲服药、患病等因素有关。例如，怀孕期间服用 LSD（一种致幻剂），能造成染色体受损，使胎儿的发育受到影响。怀孕期间母体营养不良，不仅会影响胎儿脑细胞数量，而且会造成流产、死胎等后果。营养不良发生的时间越早，对婴儿的影响越严重。用动物做的实验还表明，缺乏维生素 C、维生素

D，会影响胎儿生长的速度，引起肢体缺陷和学习能力降低等问题。

表 11-6 唐氏综合征的发病率

母亲年龄	发病率
小于 29 岁	1/3000
30~34 岁	1/600
35~39 岁	1/280
40~44 岁	1/70
45~49 岁	1/40

（资料来源：莫塔尔斯基，赫奇特，1964）

（二）早期经验的作用

从出生到青少年时期，是个体生长发育的时期，也是智力发展的重要时期。儿童身体发育的资料表明，人的神经系统在出生后的头 4 年内获得迅速发展，为智力的发展提供了物质基础。

通过对实验室中的动物进行研究，研究者发现如果动物在发育早期生活在一个刺激丰富的环境中，那么其脑细胞和大脑皮层的发育就会更加复杂、完善。对人类个体来说，这种现象同样存在：丰富的环境刺激有利于儿童早期的智力发展。例如，孩子出生后如果睡在有花纹的床单上，床上吊着会转动的音乐玩具，他们在仰卧时就能自由地观察这一切。那么，两个星期后，他们会试着用手抓东西。而没有被提供刺激的婴儿，这种动作的出现要晚很多。

发展智力要重视早期环境的作用，这已被越来越多的事实证明。由动物养大的

孩子，其智力发展明显落后，并且孩子进入动物环境的时间越早，智力发展所受到的损害就越严重。这种孩子即使回到人类社会，也难以发展到正常人的智力水平。研究发现，相对于仍留在环境刺激较为贫乏的孤儿院的儿童，那些离开孤儿院后进入领养家庭的儿童在智力测验和学业上都会有明显的改善，并且出生不到 6 个月就被领养的婴儿的改善效果最明显（van Ijzendoorn et al.，2005）。

（三）学校教育的作用

智力不同于知识、技能，但又与知识、技能有密切关系。对儿童和青少年来说，智力的发展与系统学习和掌握的知识、技能分不开。研究发现，儿童所接受的学校教育的总量与其智商分数呈正相关（Ceci & Williams，1997）。在学校中，课堂教学的正确组织有利于学生各种能力的发展。有些教师要求学生回答问题必须准确、严密、迅速，作业必须一丝不苟。经过长期训练，学生的逻辑推理和言语表达能力可以得到明显提高。即使到了成年阶段，这些环境因素也会对个体的智力水平产生持久的影响。因此，丰富学生的校内外学习内容，如吸引学生参加课外科技小组、篮球队、绘画小组、乐器小组等，能够对学生的智力发展起到直接的促进作用。一项研究发现，当一些 6 岁儿童被随机安排去听音乐课后，他们的智商分数相比于其他儿童有 1~2 分的提高，且这种差异是父母收入和受教育水平等因素无法解释的（Schellenberg，2006）。

三、人的主观能动性

智力的发展离不开个体自身的努力，即人的主观能动性。卡特尔认为在生命全程中，晶体智力的发展动力源于个体自身的流体智力及其教育和家庭资源。此外，个体自身的努力、动机、兴趣和志向也不可或缺（Cattell，1987）。一个人越是积极地运用自身的能力去解决各类问题，尤其是复杂的问题，抓住各种能够自我提升的机会，其潜能就越有可能充分地表现出来。因此，如果一个人刻苦努力，积极向上，具有广泛的兴趣和强烈的求知欲，那么他的智力就可能得到更好的发展；相反，如果一个人饱食终日、无所用心，工作上没要求，事业上无大志，对周围一切事物的态度冷淡、没兴趣，那么其智力便很难发展到应有的水平。研究发现，个体越喜欢参与耗费脑力的活动或需要大量认知投入的活动，他的学业表现就会越好（Von Stumm & Ackerman，2013）。因此，人的智力的发展与其他心理品质的发展是分不开的。当人们迷恋自己的工作，对工作热情洋溢时，会给智力的发展提供巨大的动力。坚强的意志对智力的发展也有重要意义。一些人的成功往往不是因为他们比常人聪明，而是因为他们有坚强的意志品质，即具有明确的目的性、自制力、独立性与挫折耐受性。智力的发展还与自我分析和自我评价的能力有关。一个善于进行自我评价的人能及时发现自己在智力方面的优势和劣势，并通过努力提高自己，从而尽可能弥补自身的不足，强化自身的优势。

本章内容小结

1. 智力是一种一般性的综合认知能力，包括从经验中学习、有效解决问题、运用知识适应新情境的能力等。

2. 心理测量取向的智力理论采用因素分析等方法来构建智力的结构。

3. 智力的二因素论认为，智力由一般能力（g 因素）和特殊能力（s 因素）组成。

4. 智力的群因素论认为智力包括言语理解、词的流畅性、数字运算、空间关系、联想记忆、知觉速度和一般推理七种基本能力因素。

5. 三维智力结构模型认为，智力包括内容、操作和产物三个维度。内容包括视觉、听觉、符号、语义、行为；操作是指智力活动的过程，包括认知、记忆、发散思维、聚合思维、评价；产物是指运用上述智力操作所得到的结果。

6. 流体智力是指在信息加工和问题解决过程中所表现出来的能力，包括对关系的认识，类比、演绎推理的能力，形成抽象概念的能力等。

7. 晶体智力是指经过教育培养，通过掌握社会文化经验而获得的智力，由个体习得的知识、技能以及将它们用于特定情境的能力组成。

8. 多元智力理论认为智力由语言智力、逻辑—数学智力、空间智力、音乐智力、运动智力、人际智力、自知智力、自然智力八种独立的智力成分构成。

9. 智力的三因素理论认为，智力包括三种类型的智力，即分析性智力、创造性智力以及实践性智力。

10. 智力的 PASS 模型认为，智力是一个完整的认知活动系统，包含计划、注意、同时性加工、继时性加工四种认知加工过程。

11. 能力倾向是指容纳、接受或保留事物的可能性，即一个人潜在的能力，是能预测个体在将来的活动中成功或失败的可能性的心理结构。成就是指一个人通过经验和学习而获得的知识或者技能。

12. 第一个正式的智力测验是比内－西蒙智力量表，它是第一个采用复杂任务来测量高级心理过程的测验。

13. 在斯坦福－比内智力量表中，心理年龄是指根据被试能够答对测验题目的数量确定出来的年龄。心理年龄是对智力的绝对水平的度量，说明一个儿童的智力实际达到了哪种年龄水平。

14. 早期的斯坦福－比内智力量表按照年龄水平对测验题目进行分组，年龄组越高，题目的难度越大。

15. 比率智商是根据智力测验的成绩所计算出的分数，是个体的心理年龄与实际年龄的比值。

16. 韦克斯勒智力量表（第二版）包含言语和操作两个分量表，可以分别度量个体的言语能力和操作能力。该量表不仅可以测量出智力的总体水平（总智商），而且可以分别得到言语智商和操作智商。

17. 韦克斯勒成人智力量表适用于 16 岁以上的成人，韦克斯勒儿童智力量表适用于 6~16 岁的儿童，韦克斯勒学前和小学儿童智力量表适用于 4~6.5 岁的儿童。

18. 离差智商是用一个人的测验分数在同龄人的测验分数分布中的相对位置来表示其智力水平的一种指标。韦克斯勒将人类智力的平均水平设置为 100，标准差为 15。

19. 童年期和青少年期是智力发展非常重要的时期；智力在 18~25 岁时达到顶峰，智力的不同成分达到顶峰的时间不同；流体智力在中年之后有下降的趋势，晶体智力在人的一生中逐渐增长；成年期是智力发展最稳定的时期。

20. 个体差异是指由于个体在成长过程中受到遗传与环境的交互影响，不同的个体之间会在生理和心理特征上表现出差异。

21. 智力水平在全人口中呈正态分布。智力的高度发展被称为智力超常或天才，智力发展低于一般人的水平被称为智力落后。

22. 优越的生理素质是超常儿童发展的物质基础，丰富的教育环境是超常儿童发展的外部条件。教育开始得越早，环境刺激越充分，儿童潜能实现的可能性就越大。

23. 智力落后一般是多种心理能力的低下，其明显的特征是社会适应不良。

24. 智力包含多种能力成分，特定能力的结合体现了智力在结构上的差异。

25. 男女在数学能力、言语能力和空间能力这三种能力的不同方面可能存在一定的差异。

26. 女性的计算能力在中、小学阶段具有一定优势；在数学操作方面，男性在标准化测验上的得分普遍比女性高，而女性在学校所获得的学业评定等级比男性高；男性在竞争性数学活动中的表现比女性好，女性在合作性数学活动中的表现比男性好。

27. 女性的言语能力普遍比男性好，在词的流畅性方面最为明显，但在言语推理方面男性有优势。言语能力的性别差异研究并没有得到一致的结论。

28. 在空间知觉和心理旋转测验中，男性的表现优于女性；在空间想象测验中，男女的得分差异不显著。

29. 智力的形成与发展依赖遗传、环境和教育，以及人的主观能动性等多种因素的作用。

30. 遗传是通过细胞内的染色体来实现的，染色体上的遗传因子叫基因。

31. 遗传关系越近的人，在智力发展水平上有越接近的趋势。

32. 遗传率是指在群体中某个特质的个体间差异可由基因差异所解释的比例。

33. 环境在个体智力的发展中同样具有重要作用，即使没有血缘关系的人，由于生活在同一环境，他们的智商也有一定的相关。

34. 产前环境、早期经验，以及学校教育都会对人的智力发展产生影响。

35. 智力的发展离不开个体自身的努力，一个人越是积极地运用自身的能力去解决各类问题，那么其潜能就越有可能充分地表现出来。

思考题

1. 你更认同心理测量取向的智力理论还是信息加工取向的智力理论，为什么？

2. 什么是流体智力和晶体智力？它们各自的发展趋势是什么？

3. 简述斯皮尔曼的智力二因素理论。

4. 评述加德纳的多元智力理论。

5. 评述斯腾伯格的智力三因素理论。

6. 智力测验在我们今天的社会中可以发挥哪些作用？

7. 如果甲、乙、丙三人都完成了同一个标准化的智力测验，发现甲的智商是130分，乙的智商是100分，丙的智商是70分。请分别解释这些分数的含义。

8. 高考成绩能反映出一个人的智力水平的高低吗？你判断的依据是什么？

9. 以你自己为例，分析遗传、环境以及主观因素是如何塑造人的智力的。

第四编 人的心理特性

第十二章
人 格

　　当你在阅读《红楼梦》《三国演义》等名著时，你会被其中一个个栩栩如生的人物形象吸引，如贾宝玉的多情与反叛、林黛玉的抑郁与聪慧、曹操的雄心与奸诈、关羽的勇猛与忠诚等。在现实生活中，我们会发现有的人开朗活泼，有的人内敛谨慎，有的人冲动鲁莽，有的人温和稳重，有的人雷厉风行，有的人唯唯诺诺，有的人灵活，有的人偏执，所有这些差异都是人格特征的差异。人格是个体独特的精神风貌与行为方式的表现。究竟什么是人格？人格有什么特性？人格差异有哪些表现？不同的心理学家是怎样理解人格特征与差异的？如何测评人格差异？哪些因素会影响人格的形成与发展？等等。本章将对这些问题进行一一分析与解答。

第一节　人格概述

一、什么是人格

我国古汉语中并无"人格"一词，而是用"人品""品格"等词来形容一个人的品德、气质和涵养等特质。英文中人格"personality"一词源于拉丁文 persona，是指戏剧中演员演出时所戴的面具，表现了剧中人的角色和身份。心理学中的"人格"概念借用了面具的含义，包含两层意思：一是指每个人在人生舞台上所扮演的角色，是个体表现出来的外在行为特征；二是指隐藏在面具后的真实自我，即个体内在的特征。

关于人格的定义，学者从不同的角度提出了不同的观点。例如，人格心理学家奥尔波特（Allport，1961）认为，人格是隐藏于个体内在的心理物理系统之中的，是决定一个人特有的行为和思想的动力组织。伯格（2014）认为，人格是个体身上的稳定行为方式和内部过程。夏克特等人将人格定义为个体行为、思维和情感所表现出来的独特的心理行为模式（Schater et al.，2016）。国内的学者则更倾向于认为，人格是个体在行为上的内部倾向，表现为个体适应环境时在能力、情绪、需要、动机、兴趣、态度、价值观、气质、性格等方面的整合，是个体在社会化过程中形成的具有个人特色的身心组织（黄希庭，1998）。概括而言，人格是一个人稳定的心理特征与行为方式，是在遗传与环境的相互作用下形成的独特的心理和行为特征的总和。人格可以说明一个人的整体精神面貌，既反映出一个人的过去与现在的心理和行为特征，也能预示他将来的行为反应。

人格概念类似于人们常说的个性（individuality），但个性强调的是人的差异性，而人格强调的是人的整体特性，包括差异性。另外，人格与性格（character）也是两个容易被等同的概念，但性格是人格的构成部分，体现了人格特征中社会性的方面。

如何理解人格的稳定性

二、人格的基本特性

（一）整体性

人格具有整体性，包含两层含义：①人格是一个综合系统，代表了个体的整体精神面貌，任何一个方面都无法单独代表人格本身；②完整的人格是一种自我统一的人格特征组合，受自我意识的调节，从而使得个体的心理与行为作为一个整体与其外部环境保持一致。

（二）稳定性

人格的稳定性表现为在不同的时间、地点或情境下，人格具有一致性和持续性。个体的行为虽然在不同的情境间会发生一定的变化，但仍具有跨情境和跨时间的高度一致性，我们把这种一致性的核心要素称为个体的"本性"。换句话说，人格显示了在不同情境下，个体与个体之间的稳定差异。例如，一个焦虑型的人可能在很多不同的情境下（如考试情境、社交场合、小组讨论等）都会表现出担忧和紧张的状态。需要指出的是，人格的稳定性并不意味着人格是不可改变的。事实上，人格也具有可塑性。人格会随着个体的学习经验、生活经历等的变化发生缓慢变化。

（三）独特性

人格的独特性是指人与人之间具有不同的气质、性格等特征。人们常说的"人心不同，各如其面"，就是说每个人都有自己的特点，即人格的独特性。我们在描述一个人的人格时往往更多指向其人格独特性的一面。人格具有独特性，也有共同性，相同文化背景的人群会具有一些共同或相似的人格特征。例如，强调集体主义文化的中国人，其自我往往包含父母的成分，在做决定时往往会考虑父母或重要他人的意见；而强调个体主义文化的西方人，其自我更加独立，自我决定较少受父母与他人的影响。人类文化学家把同一文化塑造出来的共同人格特征称为群体人格（group personality）。在研究人格的独特性与共同性时，人格心理学家更关注人格的独特性。

（四）社会性

人格的社会性是指人格是在社会环境的影响下形成和发展的，是人的生物学特性与社会文化相互作用的结果。人们出生之时只是一个生物学意义上的个体，这时人与人之间的差异纯粹是生物学的或遗传学的，是人的自然属性。但人出生后就进入复杂的社会环境中，在成长的过程中，环境的影响、社会文化的熏陶、社会实践活动以及教育的影响在人格的形成与发展中起着非常重要的作用，个体逐渐掌握所处社会的行为道德规范、价值观念、信念体系、社会风俗等，形成人的社会性。人格是人的生物性与社会性的综合，但更多是人的社会性的体现。

人格、性格、个性、气质和自我

三、人格的结构

人格是一个复杂的结构系统，包括气质、性格、认知方式等，其中气质与性格是人格特征最鲜明的表现。

（一）气质

气质（temperament）与我们平常所说的脾气近似。在日常生活中我们可以看到，有的人活泼好动、反应灵活，有的人安静稳重、反应缓慢等，这些都是因为气质的不同。心理学中将气质定义为个体生来就具有的心理活动的动力性特征，表现在心理活动强度、速度、灵活性与指向性等方面。气质具有先天性，受高级神经活动类型的影响。在孩子出生时，我们就可以观察到有的爱哭好动，有的平稳安静，这些表现就反映出其气质特点的不同。

古希腊医生希波克里特（Hippocrates）

提出了体液说，认为人体内有黄胆汁、血液、黏液和黑胆汁四种体液，由于它们配合的比例不同，就形成了四种不同的气质类型：胆汁质、多血质、黏液质、抑郁质。具体来看，如果体内的黄胆汁占优势就属于胆汁质，血液占优势就属于多血质，黏液占优势就属于黏液质，黑胆汁占优势就属于抑郁质。后来，罗马医生盖伦（Galen）进一步发展了体液说，并用拉丁语 temperamerturm 一词来表示气质的概念。虽然体液说缺乏科学依据，但是由于他们对不同气质类型的人的描述具有代表性，心理学研究沿用了这一气质分类的方法。

1. 胆汁质

胆汁质的人情绪体验非常强烈、反应迅速、感情明显外露。他们的言语激烈、动作有力而又不易控制；理解与解决问题的灵活性强，但理解问题不深入；在行动上生机勃勃，工作表现顽强有力，但不太讲究方式，易急躁。概括地说，胆汁质的人以精力旺盛、容易冲动、反应迅速为特征。

2. 多血质

多血质的人情绪易表露、易变化，情绪体验较强。他们容易接受新事物，思维灵活，反应迅速，注意容易转移；易适应变化的生活环境，喜欢交往，但容易轻率行事。概括地说，多血质的人以活泼好动、敏捷、灵活多变为特征。

3. 黏液质

黏液质的人情绪的兴奋性不强，变化缓慢，善于克制自己，情绪不易外露。他们喜欢沉思，注意稳定且转移困难，对任何问题都需要较多时间的考虑，对已经习惯的工作往往表现出很高的热情和毅力，不易适应新环境。概括地说，黏液质的人以安静稳重、忍耐沉着、反应迟缓为特征。

4. 抑郁质

抑郁质的人情绪体验深刻，有高度的敏感性，很少表露自己的感情，但对生活中遇到的波折容易产生忧郁的情感，且持续时间较长。他们善于观察和体验一般人所觉察不出的事物的细微差别；很少表现自己，不喜欢与人交往，有孤独感。概括地说，抑郁质的人以情感深刻稳定、细致敏感、缄默迟疑为特征。

巴甫洛夫（Pavlov，1927）基于高级神经活动的特性解释了人的气质类型。根据神经活动的兴奋过程和抑制过程的强度、平衡性、灵活性，他将高级神经活动划分为兴奋型、活泼型、安静型、抑制型，这四种高级神经活动类型与四种气质类型是相对应的（见表 12-1）。神经活动的兴奋过程和抑制过程的强度是指大脑皮层神经元承受持久刺激的能力，平衡性是指兴奋过程和抑制过程的强度是否相当，灵活性是指从一种神经过程转换为另一种神经过程的速度。

气质无好坏之分，在教育实践活动中要考虑个体的气质差异，做到因材施教。

（二）性格

"性格"一词源于希腊语，意为雕刻的痕迹，强调个人的典型行为表现。我国心理学界倾向于把性格定义为个人对现实

表 12-1　高级神经活动类型与气质类型

高级神经活动过程	高级神经活动类型	气质类型
强、不平衡	兴奋型	胆汁质
强、平衡、灵活	活泼型	多血质
强、平衡、不灵活	安静型	黏液质
弱	抑制型	抑郁质

的稳定的态度以及与之相应的行为方式。

性格是人格中体现个体社会性的主要方面。在后天社会环境的影响下，个体形成了对自己、对他人、对事物的稳定态度，并体现在行为方式之中，这就是个体的性格特征。例如，有的人热情，对自己要求严格，遇事果断等；有的人刻薄，自私自利，盲目自信，遇事优柔寡断等。这些都是人的性格特征，表现了他们对人、对己与对事的不同态度以及相应的行为方式。

性格不同于气质。首先，气质具有先天性，与人的高级神经活动类型密切相关；而性格是后天形成的，是人在活动中与环境相互作用的结果，反映了人的社会性。其次，气质的可塑性小，不容易改变；而性格的可塑性大，社会实践活动与环境对性格的影响大。最后，气质是人的行为动力特征，与行为内容无关，没有好坏与善恶之分，不具有道德评价的意义；而性格关系到人的行为内容，表现了人与社会的关系，因而具有道德评价的意义。

性格与气质又密切联系。首先，气质影响性格的表现。气质不同，性格的表现也不同。例如，同样是勇敢的性格特征，胆汁质的人可能表现为怒不可遏、鲁莽粗暴，而黏液质的人可能表现为威武不屈、沉着应对。其次，气质影响性格的形成与发展。例如，抑郁质的人容易形成自律、忍耐的性格；而胆汁质的人就较困难，且形成之后可能不稳定。最后，性格会在一定程度上掩盖或者改造气质。例如，从事精细操作的外科医生必须具有冷静沉着的性格特征，这种性格的形成就可能掩盖或改造某位医生原有的易冲动、暴躁的气质特征。

（三）认知方式

认知方式，又叫认知风格（cognitive style），是指个人所偏爱使用的信息加工方式。认知方式的不同体现了人格特征的不同。例如，有的人考虑问题细致周到，有的人粗心马虎；有的人视觉信息加工更有效，有的人听觉信息加工更有效；有的人做事比较独立，有的人做事依赖性比较强等。

威特金（Witkin，1950）在垂直视知觉的一系列研究中发现了认知方式的个体差异，即场独立性和场依存性的差异。场独立性的人在信息加工中倾向于依据个人的内在参照，自我与非我的心理分化程度

普通
心理学

研究进展

走进自我

詹姆斯（James，1890）在其《心理学原理》中提出了一个自我理论，他认为自我有两个方面：主我与客我。主我是思考、体验世界和做出行为的自我，是作为意识主体的自我。客我是作为世界客体的自我，是作为被认识对象的自我。当被要求描述你的客我时，你会提到你的身体属性（如男性或女性、高或矮等）、人格特征（如内向或外向、独立或依赖等），或者社会角色（如儿子或女儿、学生或老师）等，主我对客我的这些描述就构成了自我概念。

随着人格研究的进展，自我成为人格研究的核心问题。近年来，人们对自我脑成像研究的兴趣与日俱增，这些研究的一个共同主题是如何在大脑中定位自我。研究发现，内侧前额叶皮层（见图 12-1）在自我相关加工中发挥着重要作用。其中，腹内侧前额叶皮层较多支持自我信息的自动化表征，而背内侧前额叶皮层主要参与自我信息的控制性评价。此外，内侧前额叶以及扣带回等脑区是自尊的神经基础的重要组成部分。自我—他人表征是自我在与他人交往时所形成的自我概念，是广义自我概念的重要成分，在自我—他人表征中，自我—他人表征的情感性、认知性和文化性因素均与内侧前额叶皮层及相关皮层的活动有关。

内侧前额叶皮层

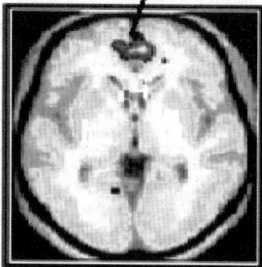

图 12-1 内侧前额叶皮层

（资料来源：Kelly et al.，2002）

高，对他人提供的社会线索不敏感，行为是非社会定向的。场依存性的人在信息加工中倾向于依据外在参照，自我与非我的心理分化程度低，对他人提供的社会线索敏感，优先注意自己所拥有的社会人际关系等。通常采用镶嵌图形测验测量场独立性和场依存性的认知风格，即把一个简单的图形镶嵌在一个复杂的图形中，让人们在复杂的图形中找出简单的图形。根据人们找出简单图形的成绩与速度判断场独立性和场依存性。此外，研究者还提出了冲动与沉思（Kagan et al.，1964）、同时性与继时性加工（Das et al.，1975）等不同的认知风格。

（四）自我控制系统

自我控制系统是人格中的自我整合系统，包括自我认知、自我体验与自我调节。自我认知（self-cognition）是对自己的感知与理解。自我体验（self-experience）是伴随自我认知而产生的内心体验，是自我在情感上的表现，如自尊、自卑等。自我调节（self-regulation）是自我在行为上的表现，是自我对行为的调控。自我控制系统保证了人格的完整、协调与统一。在自我控制中，意志是一种核心的人格力量，代表人格功能最高级和最完整的形式，负责协调认知、情感、动机等过程的不同"子功能"，以实现特定的目标（Kazén & Quirin，2018）。

第二节　人格理论

人格理论是心理学家用来解释人格的一套假设体系或参考框架。自 20 世纪初以来，根据对人格的不同理解，心理学家提出了以下几种具有代表性的人格理论。

一、精神分析的人格理论

精神分析理论是由弗洛伊德（S. Freud）创立的一种关注潜意识（或叫无意识）的心理动力理论。

该理论对人格结构、动力与发展等进行了系统论述。在人格结构方面，弗洛伊德认为，人格由意识、前意识、潜意识三个部分构成。意识是人对客观现实的自觉反映，是人清醒地觉知到的思想与情绪等，因而是可以观察到的心理现象。前意识是没有浮现出意识表面的心理现象，但可以通达意识的心理内容。前意识的内容会不断出现在意识中，而意识中的内容又会不断回到前意识中。潜意识也叫无意识，是那些被排斥在意识之外的内容，代表那些深藏于心的、不可通达的部分，包括人的各种原始冲动与本能及其相关欲望等。这些原始冲动与本能及其相关欲望由于不被风俗习惯、伦理道德、法律允许而得不到自由表现，因此被压抑与排斥在意识之外。但潜意识中的本能欲望并没有消失，而是构成人们心理与行为的深层动力。潜意识不能被人们意识到，却深藏于人的内心，时刻都在发挥作用，是人的心理与行为的动力源泉，这是精神分析的人格理论的一个核心观点。因此，精神分析理论也叫心理动力理论。

后来，弗洛伊德发展了他的理论，提

出人格结构是由本我、自我和超我构成的。本我由生物本能和欲望组成，遵循快乐原则，要求立刻满足本能的欲望（如吃、睡、排泄等）。本我为人的活动提供能量，这种能量被称为力比多，源自人的本能。本我的冲动是潜意识的，个体不能觉察到，但它是人们行为的内在动力。自我是在调节本我与外界的关系中形成的现实的我，遵循现实原则，满足本我的欲望与需要。超我是从自我中发展而来的道德化了的自我，遵循道德原则。超我的一部分被称为良心，是个人的道德标准；另一部分被称为自我理想，是个人目标和抱负的源泉。弗洛伊德认为，一个缺乏控制力的超我可能使一个人成为不良少年，但过度严格的超我会使人产生难以承受的压抑和内疚感。人格结构的三个部分处在相互抗衡中，健康人的自我既要与现实保持联系，又要防止本我和超我过分操纵人格。

在人格的发展方面，弗洛伊德以身体的不同部位获得性冲动的满足为标准，将人格发展分为五个时期：口唇期、肛门期、性器期、潜伏期和生殖期。前三个阶段（0~5岁）是人格发展的重要阶段，为成人后的人格模式奠定了基础。潜伏期是5~12岁，这一阶段儿童的力比多受到压抑，没有明显的表现。生殖期是12~20岁，这一阶段个体的性器官开始发育成熟，生殖器成为主导的性敏感区，其他性敏感区成为辅助的性敏感区。

在弗洛伊德之后，阿德勒、荣格、埃里克森等人对精神分析的人格理论做出了进一步发展，强调人格的形成和发展是一个全生命的历程，认为社会文化对人格的形成具有重要影响，并开始关注人格的积极特征等。

二、人本主义的人格理论

人本主义理论兴起于20世纪50年代，强调人类特有的特性，尤其是自由意志与个人发展的潜能，其中较有影响力的心理学家是马斯洛和罗杰斯（C. Rogers）。他们对人性持有乐观的态度，假定人能够克服自身原始的、动物性的遗传特性，并在很大程度上是理性的，人有能力决定自己的行为与命运。

（一）马斯洛的自我实现理论

马斯洛提出了需要层次理论。在需要层次理论中，最高级的需要是自我实现的需要，即实现个人潜能。马斯洛认为，如果一个人不能完全发挥他的才能，他就会产生挫败感。他曾说："音乐家必须去创作，画家必须作画，诗人必须写诗。如果他最终想达到自我和谐的状态，他就必须成为他能够成为的那个人，必须真实地面对自己。"（Maslow，1970）

出于对自我实现的兴趣，马斯洛开始寻找健康人格的基本特征。通过对科学家、政治家等人物的研究，马斯洛认为自我实现者有以下特征。①对现实有清晰、有效的认识并和现实保持舒适的关系。②简单、自然。③以问题为中心，而不是以自我为中心。④具有超然独立的性格。⑤具有自主性，在自然条件和文化环境中

弗洛伊德

　　弗洛伊德（Sigmund Freud, 1856—1939）（见图 12-2）出生于奥匈帝国的弗赖堡镇（今捷克共和国的普日博尔市）的一个犹太家庭，1860 年随家人迁居奥地利的维也纳。在中学时期，弗洛伊德聪颖勤奋、志向高远，崇拜达尔文的进化论并决心专攻医学。17 岁时，弗洛伊德以优异的成绩考入维也纳大学医学院，1881 年获医学博士学位，随后在维也纳综合医院任医师。在此期间，弗洛伊德赴巴黎学习催眠术，逐渐形成了关于无意识的思想。对病人的

图 12-2　弗洛伊德

治疗、长期观察和思考，对弗洛伊德后来走上精神分析之路有重要影响。1895 年，他与布洛伊尔合著了《关于歇斯底里研究》一书，该书的出版为弗洛伊德精神分析学的创立奠定了理论基础。在研究歇斯底里症的过程中，弗洛伊德在医学史和心理学史上第一次使用了"精神分析学"这个概念。

　　随着 1900 年《梦的解析》一书的出版，精神分析运动在 19 世纪 90 年代逐渐发展起来，弗洛伊德开始建立性心理理论，并于 1905 年出版了《性学三论》。书中的观点虽备受争议，但他仍坚持不断地探索创新、完善修正，该理论贯穿其整个人格理论体系，也贯穿其一生。1908 年，第一届世界精神分析大会于萨尔斯堡召开。同年 4 月，弗洛伊德与一批年轻的学者包括他早期重要的合作者荣格和阿德勒将 1902 年组织的"星期三心理学研究会"改名为"维也纳精神分析学会"。1909 年，弗洛伊德受美国克拉克大学校长之邀赴美进行系列演讲并被授予名誉博士学位，标志着精神分析理论获得了国际的认可。在精神分析影响日盛的时候，阿德勒和荣格等人因与弗洛伊德在性心理理论上的分歧而出现分裂，逐渐发展了他们自己的理论，只有弗洛伊德的小女儿安娜追随父亲的足迹。作为精神分析学说的创始者，弗洛伊德善于观察、分析生活现象，勤于思考，挖掘自我体验，其思想渗入了医学、哲学、艺术、文学等多个领域，并在晚年逐渐赢得了世界的承认和种种殊荣。《精神分析纲要》是他一生研究的总结，也是他创作的高峰。

（资料来源：杰瑞·伯格，2014）

能保持相对的独立性。⑥具有持续的欣赏力，能够充分体验自然和人生中的一切美好的东西，对日常生活永远保持新鲜感。⑦具有高峰体验，这是人感受到的一种强烈的、心醉神迷的狂喜或敬畏的情绪体验。马斯洛认为所有人都具有享受高峰体验的潜在能力，但只有自我实现者更有可能拥有这种体验。⑧对人充满爱心。⑨拥有有质量的友谊。⑩具有民主精神。自我实现者能谦虚待人，尊重别人的权利和个性，善于倾听不同的意见。⑪能区分手段与目的，不会为达到目的而不择手段。⑫有创造力，能在某个方面有独到之处和创造性。⑬幽默、风趣。⑭反对盲目遵从，对随意附和他人的观点和行为十分反感，他们认为人必须有自己的主见，认定的事情就应坚持去做，而不应顾忌传统的力量或舆论的压力。

（二）罗杰斯的人格理论

罗杰斯的人格理论建立在大量临床经验的基础上。罗杰斯认为，每个人都生活在自己的主观世界里，个人的主观世界决定了他的行为方式。在这个人格理论中，自我是一个核心的概念。自我或自我概念是一个人对自己的天性、独特的特质和典型行为的信念的集合，如"我是诚实的"、"我是狡猾的"或"我是有魅力的"等。罗杰斯认为，自我概念是个体能够意识到的，没有深藏在潜意识中。当自我概念与知觉的、内在的经验协调一致时，他便是一个整合的、真实而适应的人；反之，他就会经历或体验到人格的不协调状态。自

我概念有两种：一种是真实的自我，即较符合现实的自我形象；另一种是理想的自我，即期望实现的自我形象。这两种自我的和谐与接近程度直接影响心理健康，如果两者相差太远，就会削弱一个人的心理幸福感，影响人格健康。

罗杰斯用"无条件的积极关注"来解释自我发展的机制。所谓无条件的积极关注，是一种没有预设条件的被积极关注的体验，即使在自我行为不够理想时，他也仍觉得自己会受到父母或他人真正的尊重、理解和关怀。罗杰斯认为，在自我发展过程中，最重要的是在婴幼儿时期能够得到无条件的积极关注。父母应该无条件地关爱孩子，即使孩子做了父母不喜欢、不期待的事，父母也应该尊重、理解和关怀孩子。在这种情况下，儿童能感受到自身的价值，不需要防御，在自我和现实知觉之间就能和谐一致。这样成长起来的人能在自我实现的道路上自由地发挥潜能，完成人生的最终目标，成为一个有健康人格的人。

人本主义人格理论强调对健康人格的关注，以及个人潜能的自我实现等。这给人格研究注入了新的内容，让人们看到了人格中更为积极的方面。

三、人格的社会学习理论

在华生和斯金纳的新旧行为主义中，人格只是一种刺激—反应行为，或者一种习惯系统，在他们的人格概念中完全没有意识的位置。后来班杜拉提出了社会学习

理论，恢复了意识在人格中的作用。

人格的社会学习理论也称社会认知理论（social cognitive theory）。班杜拉认为，人是有意识的、可以思考的个体。他认同行为主义最基本的观点，相信人格在很大程度上是通过学习塑造的，但人对刺激的反应与行为习惯的形成不是被动的，而是自我组织的、积极主动的、自我反省和自我调节的。与斯金纳的环境决定论相比，班杜拉主张交互决定论（见图12-3），即个人的内部因素（如期望、信念、自我效能）、行为、环境三者相互作用，从而影响人格的形成。在影响人格的众多因素中，班杜拉特别强调自我效能感对行为的影响。自我效能感是指个体对自己在特定的情境中是否有能力得到满意结果的判断。较高的自我效能感会给个体带来积极的适应结果，如养成好的学习习惯，降低工作压力等。

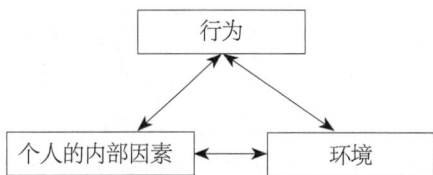

图 12-3　个人的内部因素、行为与环境的交互作用

提出和重视观察学习是班杜拉最重要的理论贡献。当一个人的反应受到所观察的他人的影响时，观察学习就产生了，被观察的他人叫作榜样。班杜拉认为，人的行为模式的特点是由榜样塑造的。影响观察学习发生的条件主要有以下几个。①榜样的特征。人们倾向于模仿自己喜欢或者尊敬的人，那些有魅力的人也常常成为人们模仿的对象。②观察者的特征。那些自信心低或者自尊水平低的人更容易产生模仿。③榜样的行为结果，即是否获得奖励。如果人们观察到榜样的行为能带来积极的结果，就更有可能模仿。

和斯金纳一样，班杜拉主要关注人的外显行为，而不是需要、特质或驱力等，这是他的理论的局限性。但他强调了认知过程在刺激—反应联结形成中的作用，提出了观察学习对行为习惯即人格形成的意义，解释了环境因素如何潜移默化地影响人格的形成，这些都是班杜拉对人格研究的最主要的贡献。

四、人格特质理论

特质理论是影响较大的一种人格理论，强调特质是构成人格的基本结构单元，人格的差异主要表现为量的差异。特质理论为人格的测评与实证研究提供了理论基础，大大推进了人格的实证研究。主要的人格特质理论有以下几种。

（一）奥尔波特的人格特质理论

奥尔波特（Allport，1937）认为，特质（trait）是人格的结构单元。他首次对特质进行了描述与分类。在他看来，特质是一种潜在的反应倾向，使个体能以相同的方式对不同的刺激进行反应。例如，焦虑特质使得人们在不同的刺激情境中表现出功能上等同的反应，在社会交往活动

知识应用

健康人格

奥尔波特基于自己对人格的研究，提出了衡量健康人格的指标。健康人格具有以下特征。①具有自我扩展的能力，即能够将自我的感觉扩展到自我之外的其他人中去，能够摆脱自我中心。②能够与他人建立温暖、友好的相互关系，尊重他人的需要与要求，不抱怨、指责、讽刺他人，对人富有同情心，能忍耐或接纳与自己的价值和信仰不同的人。③情绪稳定与自我接纳。健康成熟的人能够接纳自己，有较高的挫折耐受力。他们知道挫折与烦恼是生活的一部分，情绪均衡是健康人格的一个重要特征。④具有实际的现实知觉。健康、成熟的人能够对外界进行准确知觉，不歪曲或曲解事物。⑤对自身有客观的了解。健康、成熟的人能够客观地认识自我，洞察自己的优势与不足，正确看待自己的过错。他们还具有幽默感与自嘲力。⑥具有统一整合的人生观。健康、成熟的人能够深刻领会生活的目的，有清晰的行为准则，具有统一的生活哲学，指导人格朝向将来的目标。

（资料来源：许燕，2009）

中，甚至走路时都可能会表现出不安与紧张。特质具有相对固定的反应模式，其发生频率、引发刺激情境的范围与反应强度具有稳定性。特质具有概括性，或者说特质是一种行为图式或者行为模式，驱使个体对一组广泛的刺激或者刺激情境做出较为一致的反应。特质具有独特性，能描述个体的人格差异。正因为个人的特质不同，相同的刺激情境才会引起不同个体的不同反应。奥尔波特首先提出了两种特质：共同特质与个人特质。共同特质是指在某一社会文化下，大多数群体或者一个群体共有的、相同的特质。个人特质是指个体身上所独具的特质。

后来，奥尔波特将个人特质改称为个人倾向，可以分为首要倾向、中心倾向及次要倾向。首要倾向是一种占绝对优势的行为倾向，具有极强的普遍性和渗透性，个人的所有行为几乎都受此倾向的影响。中心倾向也是一种重要的人格特征，其普遍性与渗透性要略弱于首要倾向。一般人具有 5~10 个中心倾向。次要倾向是指描述人格特征所必要的，但不是关键特征，其普遍性和渗透性最弱。

奥尔波特用自己独创的方法——个人记述法进行了人格测评，尽管这一人格测评方法没有产生重要影响，但他的特质理论对随后的人格测评提供了重要的理论基础，促进了人格测验的发展。

人物介绍

奥尔波特

1897 年，奥尔波特（Gordon W. Allport，1897—1967）（见图 12-4）出生于美国印第安纳州。1915 年考入哈佛大学。1922 年，他在博士论文《适用于社会诊断问题的人格特质实验研究》中第一次描述了人格特质。后相继在柏林大学、汉堡大学和剑桥大学做博士后研究。1924 年回到美国，在达特茅斯学院讲授社会伦理学，后来在哈佛大学任教并开设了美国最早关于人格理论的课程《人格：它的理论和社会领域》。1937 年，他担任该校心理学教授，出版了《人格：心理学的解释》，书中概述的人格特质理论得到很多心理

图 12-4　奥尔波特

学家的肯定，该书的出版标志着人格心理学成为一门独立的学科。1939 年出任美国心理学会主席。他继承和发扬了前人用实验研究社会心理学问题的方法，推进了美国实验社会心理学的发展和社会促进作用的广泛研究。1937—1949 年担任《变态与社会心理学》杂志编辑。1963 年获美国心理学基金会授予的金质奖章。1964 年获美国心理学会颁发的杰出科学贡献奖。

奥尔波特治学严谨，积极创新，以特质研究为人格心理学研究的逻辑起点，集中研究健康人有意识的自我，注重人的尊严与价值，被称为美国人格心理学科的开创者，也是人格心理学的集大成者。

（资料来源：杰瑞·伯格，2014）

（二）卡特尔的人格特质理论

卡特尔也认为特质是人格的结构单元。他继承与发展了奥尔波特对特质的分类，认为存在共同特质和独特特质，随后又提出了表面特质和根源特质。表面特质是指从外部行为能直接观察到的特质，而根源特质是行为的内在根源，是个体人格结构中重要的组成部分，支配着人的一贯行为。卡特尔（1950）认为，每一个表面特质都由一个或多个根源特质引起，一个根源特质能影响几个表面特质。表面特质是根源特质的表现形式，根源特质是人格的元素，人们所做的一切都受根源特质的影响。

卡特尔通过因素分析的方法提取出了 16 种根源特质，即乐群性、聪慧性、情绪稳定性、恃强性、兴奋性、有恒性、敢为性、敏感性、怀疑性、幻想性、世故

性、忧虑性、激进性、独立性、自律性、紧张性。卡特尔基于这 16 种人格根源特质编制了 16 种人格因素问卷，简称卡特尔 16PF，在人格测验等领域得到了广泛应用。

（三）艾森克的人格特质理论

艾森克（H. J. Eysenck）在前人对特质描述的基础上，建构了自己的人格层次模型。艾森克（1967）认为，人格特质由三个潜在的高级特质构成，即外倾性（extraversion，E）、神经质（neuroticism，N）和精神质（psychoticism，P）。外倾性包含乐观性、感觉寻求、活跃性、活动性、社会性等次级特质，神经质包含情绪化、喜怒无常、紧张、焦虑、抑郁、害羞、内疚感等次级特质，精神质包含反社会性、冲动性、攻击性、自私、冷漠、非感情性等次级特质。由于他认为从外倾到内倾，从神经质到情绪稳定性，从精神质到超我功能都是一个连续的维度，每一个人格维度又都包含许多特质，因此，人们称他的人格特质理论为人格维度模型。

依据人格维度模型，艾森克编制了人格测验，即艾森克人格问卷（Eysenck personality questionnaire，EPQ），该测验得到了广泛使用。在艾森克人格问卷中，外倾性分量表上的得分高表明个体是外倾的，得分低表明个体是内倾的；神经质分量表上的得分高表明情绪不稳定，得分低表明情绪稳定。研究表明，高外倾性个体更喜欢交际，注意力指向外部世界，开朗乐观，而低外倾性个体的注意力指向内部，喜欢有序而安静的生活。高神经质个体常常对外在环境中的人或事表现出担忧、焦虑的不平衡状态，而低神经质个体则往往情绪稳定。高精神质个体常常自我中心、冷漠、固执、冲动、有敌意、有攻击性、怀疑和反社会；低精神质个体往往表现为无私、富有同情心、关心别人、有合作精神、顺从和适应社会。

人格五因素模型的提出

（四）人格的五因素模型

麦克雷和科斯塔（McCrae & Costa，1985）结合已有的研究提出了人格五因素模型（five-factor model，FFM）。这五个因素分别是开放性（openness）、尽责性（conscientiousness）、外倾性、宜人性（agreeableness）和神经质，每一类特质都包含 6 个方面（见表 12-2）。将五因素的英文单词的首字母连起来就是 OCEAN，因此，五因素模型也可以通俗地被称为 OCEAN 模型，即人格海洋模型。基于这个模型，科斯塔等人编制了五因素人格问卷（Costa & McCrae，1985）。后来，他们发表的修订版的人格问卷 NEO-PI-R（the neuroticism-extraversion-openness personality inventory revised，NEO-PI-R）（Costa & McCrae，1992）被广泛接受，用于人格的评定。

在五类人格特质中，每一类特质都反映了人格的不同特点。开放性反映了个体对不熟悉环境的容忍性和探索性，积极

表 12-2　人格的五因素及其 30 个方面

人格的五因素	方面	人格的五因素	方面
开放性	想象力	外倾性	活跃
	审美		寻求刺激
	情感		积极情绪
	行动	宜人性	信任
	思辨		坦诚
	价值观		利他
尽责性	能力		顺从
	秩序		谦逊
	责任感		同情心
	追求成就	神经质	焦虑
	自律		敌意
	审慎		抑郁
外倾性	热情		自我意识
	乐群		冲动性
	果断		脆弱性

寻求经验；尽责性反映了个体对目标导向的动机和行为组织；外倾性反映了人际交往的密度和数量、对刺激的需求以及获得快乐的能力；宜人性反映了个体对他人的态度、与他人和睦相处的程度；神经质反映了个体的情绪调节能力和情绪稳定性程度。

近年来，一些研究发现五种人格特质并不是完全相互独立的，可以进一步抽取出两个高阶因子（DeYoung，2006），即宜人性、尽责性与神经质共同组成一个因子，由于其反映了个体在情绪、动机方面保持稳定和避免干扰的能力与倾向，被命名为稳定性（stability）或 α 因子；外倾性与开放性共同组成一个因子，由于其反映了个体在认知和行为方面对新奇事物灵活探究及参与的能力与倾向，被命名为可塑性（plasticity）或 β 因子。还有研究发现，宜人性、尽责性与神经质具有一些共同的生物学基础，而外倾性与开放性也具有一些共同的生物学基础（DeYoung，2010）。

目前，大量研究表明，五种人格特质尽管有文化的差异性，但也具有很大程度的跨文化普遍性。目前，这五种人格特质被人格研究者广泛接受，成为理解与描述人格的基本维度。

第三节　人格测评

如何鉴定人格差异？目前，有多种人格测评（personality assessment）方法可以确定人格特征。以下介绍几种应用较广泛的人格测评方法。

一、自陈量表测验

自陈量表（self-report inventory），又称自陈问卷（self-report questionnaire），是让被试依据自己的实际情况，对自己的人格特征进行评价的一种方法。自陈量表通常由一系列问题组成，这些问题涉及各种可能的症状、态度、兴趣、情绪反应、行为和价值观等方面，要求被试判断自己的实际情况与每个问题所陈述的情况相符合的程度。自陈量表是常用的人格测评方法。下面介绍几种重要的人格自陈量表，即人格测验。

（一）卡特尔的 16 种人格因素问卷

卡特尔的 16 种人格因素问卷是依据归纳出的 16 种根源人格特质编制的。国内常用版本的 16PF 测验由 187 个题目组成，适用于 16 岁以上的青少年及成人。

16PF 基本人格因素上得分高者和得分低者的典型特征见表 12-3。16 种人格因素问卷的每个题目均有三个可供选择的回答，要求被试如实选择一个答案，例题如下。

①我有足够的能力应付困难。

是的［　］　不确定［　］　不是的［　］

②我总避免批评别人的言行。

是的［　］　有时如此［　］　不是的［　］

③筹划事务时，我宁愿：

和别人合作［　］　不确定［　］

自己单独进行［　］

16PF 不仅可以确切描述 16 种根源特质，而且可以换算出 8 种形容人格特质的次级因素。①适应性与焦虑性：低分者的适应性高、焦虑性低，高分者的适应性低、焦虑性高。②内向性与外向性：低分者偏内向，高分者偏外向。③感情用事性与安详机警性：低分者含蓄敏感、顾虑太多、缺乏信心、易感情用事，高分者果断刚毅、精力充沛、行动迅速、易忽视细节。④怯懦性与果断性：低分者怯懦被动、依赖顺从，高分者果断独立、攻击性高。⑤心理健康者的人格因素：低分者的情绪稳定性和心理健康水平较低，高分者的情绪稳定性和心理健康水平较高。⑥专

表 12-3 16PF 基本人格因素上得分高者和得分低者的典型特征

因素	低分者的典型特征	高分者的典型特征
乐群性	缄默、冷淡、疏远	热情、友好、关注他人
聪慧性	思想迟钝、抽象思考能力弱	聪明、富有学识、善于抽象思维
情绪稳定性	反应性的，情绪多变的	情绪稳定的、适应性的，成熟的
恃强性	顺从的、合作的、避免冲突的	支配的、强有力的、过分自信的
兴奋性	严肃的、拘谨的、认真的	活泼、热烈、自然
有恒性	敷衍、原则性差	有规则意识、尽责
敢为性	害羞的、对威胁敏感的、胆小的	敢为的、冒险的，不畏缩
敏感性	功利的、客观的、不动感情的	敏感的、审美的、情感的
怀疑性	信赖的、随和的、易与人相处的	警惕的、多疑的、谨慎的
幻想性	脚踏实地的、实际的、面向解决方案的	抽象的、想象的、观念导向的
世故性	直率的、真诚的、单纯的	隐秘的、慎重的、不愿透露的
忧虑性	自信、沉着、信任自己的能力	忧虑的、自我怀疑的、担忧的
激进性	传统的、循规蹈矩的	对改变具有开放性、乐于尝试
独立性	团体取向的、亲和的	独立的、喜欢独处的、个人主义的
自律性	容忍无序，不苛求的、灵活的	追求完美的、有组织的、自律的
紧张性	放松的、温和的、有耐心的	紧张的、高能量的、不耐烦的

注职业而有成就者的人格因素：低分者的专注性和职业成就较低，高分者的专注性和职业成就较高。⑦有发明创造能力的人格因素：低分者的发明创造能力较弱，高分者的发明创造能力较强。⑧新环境中有成长能力的人格因素：低分者在新环境中的成长能力较弱，高分者在新环境中的成长能力较强。卡特尔认为，最重要的分析水平并不是次级因素，而是 16 种根源特质。

（二）艾森克人格测验

艾森克人格测验也是对人格特质进行评价的一种测验。它的中国修订版本分为儿童（7~15 岁）版和成人（16 岁以上）版，各包括 88 个题目。艾森克人格测验包括 E、N、P、L 四个分量表，分别用来测量外倾性、神经质、精神质三种高级特质以及被试作答时的掩饰性。每一种特质得分高者和得分低者的典型特征见表 12-4。艾森克人格测验的应用范围较广，在医学、

表 12-4　艾森克人格因素上得分高者和得分低者的典型特征

高级特质	次级特质	低分者的典型特征	高分者的典型特征
外倾性	社交的	喜欢安静、冷漠的、严肃的	好交际的、活泼的
	感觉寻求的	回避兴奋和刺激	寻求兴奋和刺激
	支配的	顺从的、喜欢常规的	爱支配的、爱冒险的
神经质	焦虑的	焦虑性低的、抑郁性低的	焦虑性高的、抑郁性高的
	紧张的	放松的、热情的	紧张的、害羞的
	喜怒无常的	情绪稳定的	喜怒无常的
精神质	攻击性	利他的、热心的	攻击的、敌意的、冷漠的
	缺乏同理心的	具有同理心、以他人为中心	缺乏同理心、自我中心
	创造性	创造性较低	创造性较高

司法、教育和心理咨询等领域均有应用。

所有题目均采用是否选项，被试根据自己的实际情况判断是否符合题目描述情况。题目举例如下。

①你是否有许多不同的业余爱好？

是 [ ]　否 [ ]

②你是否在做任何事情以前都要停下来仔细思考？

是 [ ]　否 [ ]

③你的心境是否常有起伏？

是 [ ]　否 [ ]

（三）五因素人格测验

目前人格研究中广泛采用的五因素人格测验（NEO-PI）由科斯塔和麦克雷（Costa & McCrae）于 1985 年编制，后于 1992 年完成修订版（NEO-PI-R），每个因素都包括 6 个层面，共 30 个层面，由 240 个题目组成，测量个体的开放性、尽责性、外倾性、宜人性和神经质五个人格特质，是目前被广泛使用的一种人格测验。五因素人格测验中的各人格特质得分高者和得分低者的典型特征见表 12-5。

所有题目都使用李克特 5 点评分，被试根据自己的实际情况判断与题目描述情况的符合程度，从非常不符合到非常符合。题目举例如下。

①我不是一个充满烦恼的人。

②我不喜欢浪费时间去做白日梦。

③我很喜欢与别人交谈。

非常不符合 [ ]　　不太符合 [ ]
不确定 [ ]　比较符合 [ ]　非常符合 [ ]

（四）明尼苏达多相人格测验

明尼苏达多相人格测验（Minnesota multiphasic personality inventory，MMPI）由美国明尼苏达大学教授哈萨威（S. R.

表 12-5　五因素人格测验得分高者和得分低者的典型特征

因素	低分者特征	高分者特征
开放性	踏实的	富于想象力的
	常规的	多样化的
	从众的	独立的
尽责性	紊乱的	有条理的
	粗心大意的	谨慎的
	意志薄弱的	自律的
外倾性	孤僻的	社会化的
	严肃的	风趣的
	冷淡的	有激情的
宜人性	无情的	心地善良的
	无疑的	令人信任的
	不合作的	有帮助的
神经质	平和的	忧虑的
	安全的	不安全的
	自满的	自怜的

（资料来源：Costa & McCrae，1992）

Hathaway）和麦克金里（J. C. Mckinley）于 1942 年编制，主要依据精神病学的经验效标对个体进行病理人格特质或人格障碍诊断。1989 年，MMPI 的修订版即 MMPI-2（Butcher et al., 1989），是目前应用最广泛的人格障碍诊断测验之一。

MMPI-2 由 567 个题目组成，包括健康状况、情绪反映、社会态度、心身性症状、家庭婚姻问题等 26 类题目，可鉴别强迫症、精神分裂症等。MMPI-2 包括 10 个临床量表和 4 个效度量表。10 个临床量表分别为：疑病（IIs）、抑郁（D）、癔病（Hy）、精神病态（Pd）、男性化 / 女性化（Mf）、偏执（Pa）、精神衰弱（Pt）、精神分裂症（So）、轻躁狂（Ma）与社会内向（Si）量表；4 个效度量表分别为：疑问（Q）、说谎（L）、诈病（F）与校正（K）量表。所有题目均采用是否选项，被试根据自己的实际情况判断是否是题目所描述的情况。题目举例如下。

①我相信有人反对我。

是 [ ]　否 [ ]

普通心理学

人格测量结果分析举例

图 12-5 显示的是一组飞行员、一组艺术家和一组作家的 16PF 平均得分剖面图。不难看出,艺术家和作家的人格特点较为相似,而与飞行员的差别较大。

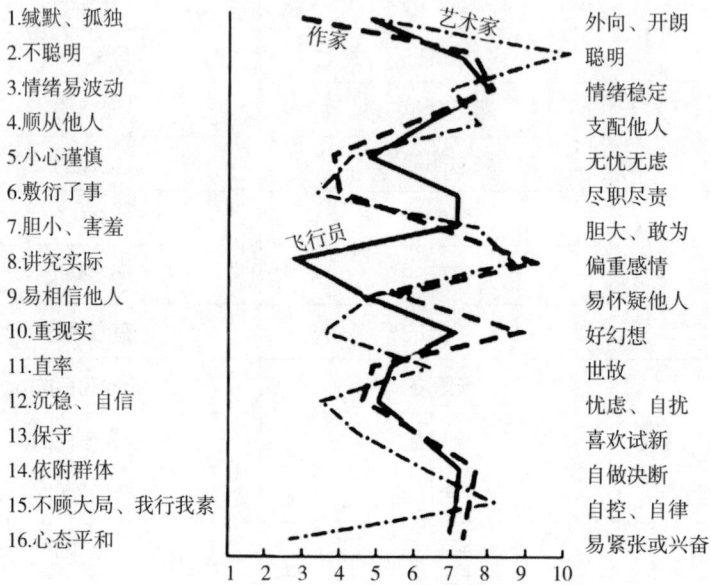

左侧	右侧
1.缄默、孤独	外向、开朗
2.不聪明	聪明
3.情绪易波动	情绪稳定
4.顺从他人	支配他人
5.小心谨慎	无忧无虑
6.敷衍了事	尽职尽责
7.胆小、害羞	胆大、敢为
8.讲究实际	偏重感情
9.易相信他人	易怀疑他人
10.重现实	好幻想
11.直率	世故
12.沉稳、自信	忧虑、自扰
13.保守	喜欢试新
14.依附群体	自做决断
15.不顾大局、我行我素	自控、自律
16.心态平和	易紧张或兴奋

图 12-5 人格测量结果

(资料来源:黄希庭,郑涌,2015)

图 12-6 给出了三位被试 MMPI-2 测量结果的曲线,从中可以看出人格障碍患者与正常人之间的差别。

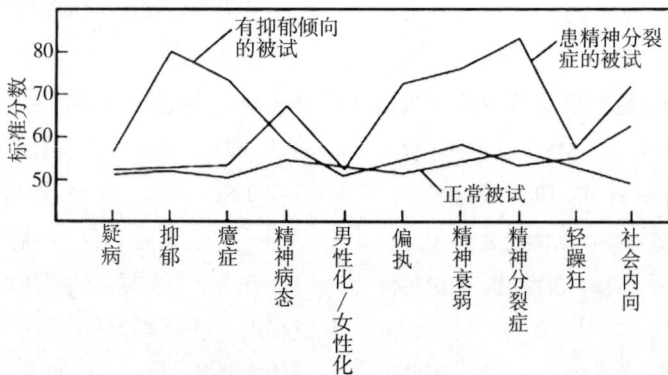

图 12-6 MMPI-2 测量结果

(资料来源:黄希庭,郑涌,2015)

②我相当缺乏自信。

是 [ ] 否 [ ]

③每隔几夜我就会做噩梦。

是 [ ] 否 [ ]

该测验不仅应用于临床诊断的相关研究，而且被广泛应用于教育、职业测评、司法审判和人类行为的研究等领域。另外，为了提高测验效率，研究者对MMPI-2进行了多次删减、修订，已开发出该测验的简版。

自陈量表人格测验施测简单、直接，计分方便，解释相对容易，但其有效性易受制于被试在测验中有意或无意的表现。例如，有些被试可能不愿意按照真实情况作答或故意敷衍，有些被试可能因误解了指导语或题目而出现虚假作答，作答者在反应过程中难免会表现出某种稳定的个人作答倾向，如选择居中选项或表现出社会赞许性等，这些因素都会影响自陈量表人格测验的信度和效度。

二、投射测验

投射测验是以弗洛伊德精神分析的人格理论为依据的。所谓投射测验，就是向被试呈现模棱两可的刺激材料（如墨迹），要求被试自由解释，使他们在不知不觉中将自己的动机、情绪、态度等投射出来，然后由主试对其反应进行分析，从而推出被试的人格特征。有代表性的投射测验是罗夏克墨迹测验与主题统觉测验。

（一）罗夏克墨迹测验

罗夏克墨迹测验（Rorschach inkblot test）由瑞士精神医学家罗夏克（Rorschach）于1921年编制。它由10张墨迹图片组成（见图12-7），其中5张是黑白图片，墨迹的深浅不一，2张是黑色加红色的墨迹图片，3张是彩色的墨迹图片。施测时每次都给被试呈现一张墨迹图片，允许被试自己转动图片从不同的角度去看，要求他们描述所看到的内容。然后让被试再看一次图片，并询问一些与被试之前所给答案有关的具体问题。施测时主试一方面要记录被试的语言反应，另一方面还要记录被试的情绪反应和伴随的行为表现。通过分析被试的反应，如墨迹部位、内容等，来推断被试潜在的无意识动机和欲望。罗夏克墨迹测验是一个早期的人格测验，如今在描述人格、诊断心理问题和预测行为中仍被广泛使用。

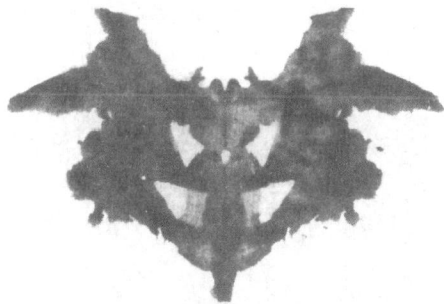

图12-7 罗夏克墨迹测验图样

（二）主题统觉测验

主题统觉测验（thematic apperception test，TAT）是由美国心理学家摩根和莫瑞（Morgan & Murray，1935）编制的。全套

测验由 19 张模棱两可的图片构成，另有 1 张空白图片，图片内容多为人物，也有部分景物，不过每张图片中都至少有一个人物（见图 12-8）。图片所描绘的事件很模糊，可以用多种不同的方式进行解释。在测验时，给被试逐一呈现图片，让他们根据图片编出一个故事。故事的内容没有限制，但需要包括以下四个方面的内容：图中发生了什么事情，为什么会发生这种事情，图中的人物想了些什么，故事的结局怎样。

主题统觉测验假定被试面对图片情境编制出的故事与其生活经验有紧密联系，且受无意识动机的驱动，会不自觉地把隐藏或压抑在内心的冲突、欲望和动机穿插进故事情节中而投射出来。因此，测验使用者可以通过分析被试自编的故事来推测其欲望和动机。主题统觉测验没有客观的评分系统，在用于诊断时其信度、效度均偏低。但是，研究已经证明，主题统觉测验在用于测量人格特定层面（如成就、归属和权力）时是有效的。

投射测验的实施程序、计分及对结果的解释必须经过专业训练。

投射测验的优点是测量目的具有掩蔽性，减小了被试伪装的可能，因而可以揭示用其他方法不能揭示的人格特点。由于投射测验使用墨迹图或其他图片，也便于对没有阅读能力的人进行测验。目前投射测验被广泛应用于精神医学的临床诊断方面。

投射测验也有局限性：首先，该类测验的开放式作答对施测者的要求较高，也给计分、评分增加了难度，对测验的结果难以进行定量分析；其次，相比于自陈量表人格测验，投射测验的信度和效度均偏低；最后，该类测验只适用于个别施测，需要耗费大量时间。

三、其他方法

（一）行为观察法

行为观察法也是常用的人格测评方法，以行为主义、社会学习流派的理论为依据。人格测评中的观察常用以下两种方法。一种是直接观察法，在观察前把所要观察的重要行为进行分类，并预先罗列好。观察时对这些行为进行核查，记录这些行为是否出现过以及出现的次数。另一种是评定量表法，要求观察者对被观察者的某种行为或特质做出评价。评定量表有多种形式，可以用数字加以量化，也可以用文字进行描述。

图 12-8　主题统觉测验图样

情境压力测验就属于行为观察法的一种，采用特别设计的一种情境，使被试产生压力，然后由主试观察、记录被试是如何应对的，从而了解其人格特征。有代表性的情境压力测验有军事情境测验和无领导小组情境测验。这种测验的优势在于可以从实际情境中观察被试的行为反应，不易作假，但被试的行为反应会随情境的不同而变化，所以仅在一种情境下观察得到的结果不一定可靠。另外，施测和评定过程对主试的要求较高，相比于其他测验而言，实施起来费时费力。

（二）形容词列表法

形容词列表法是施测最为便利的一种方法。该方法要求被试从一份描述人格特质的形容词表（如友善的、紧张的、羞怯的、有野心的）中如实选出符合自己的词语，再交由施测者分析、评定。这种测验可能会受社会期望或教育期望的影响，被试不会完全按照真实的情况回答，从而使测验结果有偏差。

（三）Q 分类法

Q 分类法是由美国心理学家斯蒂芬逊（1953）创立的一种测验。它根据研究目的，对要研究的心理与行为特征加以分析，形成若干个陈述语句或单词，将其写在卡片上或绘制成有关图片，即 Q 分类材料。测试时要求被试按一定的标准对 Q 分类材料依据个人的赞同程度进行等级评定，然后通过分析被试对 Q 分类材料的等级评定来考察其有关的心理与行为变化。Q 分类法主要用于研究个体行为态度的变化、成员间的关系、自我概念等。例如，罗杰斯利用 Q 分类法测量理想自我与现实自我之间的关系，并将其作为诊断心理健康水平的标准。测验要求被试在 80~100 张分别写有"常常焦虑""能经受紧张""沉思的"等描述人格特质词句的卡片上按 1~9 级如实评定自己在每个描述中的符合程度，由此可计算出理想自我（按自己的理想或自己应该达到的程度进行评价）与现实自我（按自己的实际情况进行评价）之间的相关。当两者的相关系数高时，个体的心理可能较为健康；相反，个体的心理可能存在某些问题。此外，有时也可以通过分析 Q 分类结果与标准 Q 分类的相关来鉴别人格特质的个别差异。该方法便于重复测量，较为科学、可靠，但其项目的编制难度较大。

第四节 人格的形成

人格是怎样形成的，生物学因素与环境因素在人格形成中具有怎样的作用，也是人格心理学关注的重要问题。

一、人格形成的生物学基础

（一）人格的基因基础

人格差异在多大程度上是由遗传决定的呢？行为遗传学的研究者以同卵双生子、异卵双生子为对象开展了大量研究，为人格差异的基因基础提供了依据。

通过在英国、美国、瑞典、澳大利亚和芬兰五个国家的双生子样本的研究发现，男性外倾性的遗传率为 54%~80%，女性外倾性的遗传率为 56%~70%（Loehlin，1992）。这说明外倾性特质有一多半变异来自基因。对于外倾性而言，随着年龄的增长，儿童与他们的亲生父母越来越相似，而不是与他们的养父母越来越相似。

如果没有遗传的作用，那么在同一个环境中长大，并不能使一个人更像他们的兄弟姐妹或父母。

一项对五因素人格特质采用同伴评价方式进行的德国成人双生子的人格特质研究发现，同卵双生子报告的人格特质之间的相关高于异卵双生子，五因素人格特质的遗传率为 33%~44%。同样，一项研究分析了来自美国、德国、加拿大等不同国家采用自我报告测量双生子五因素人格特质的遗传率研究，也表明人格特质约有一半的变异是由基因引起的（见表 12-6）。

尽管没有研究发现特定人格特质的特异性基因，但以往的研究均表明人格特质具有较强的遗传性，五因素人格特质的遗传基因的影响大小在不同文化（如欧洲、北美和亚洲东部）的样本中具有一致性（Yamagata et al.，2006）。

（二）人格的神经生理基础

艾森克（Eysenck，1967）认为内外倾性与神经唤醒相联系，内倾者的大脑的

表 12-6 五因素人格特质的遗传率

	Loehlin（1992）	Jang et al.（1996）	Waller（1999）	Loehlin et al.（1998）	Riemann et al.（1997）
外倾性	0.49	0.53	0.49	0.57	0.56
宜人性	0.35	0.41	0.33	0.51	0.42
尽责性	0.38	0.44	0.48	0.52	0.53
神经质	0.41	0.41	0.42	0.58	0.52
开放性	0.45	0.61	0.58	0.56	0.53

（资料来源：Bouchard & Loehlin，2001）

上行网状激活系统的活动水平比外倾者高，即内倾者的大脑皮层基线唤醒水平高，外倾者的大脑皮层基线唤醒水平低。因此，内倾者表现出内倾行为是因为他们需要控制较高的皮层唤醒水平，而外倾者表现出外倾行为是为了提高他们大脑皮层的唤醒水平。格雷（Gray，1987）提出的强化敏感性理论认为，大脑中存在两种生理系统：一种是行为激活系统，对奖励信号敏感，控制着趋近行为；另一种是行为抑制系统，对惩罚、失败与不确定的线索敏感，控制着行为抑制或者回避行为。格雷认为人格特质上的差异在于他们的行为激活系统与行为抑制系统的敏感性不同。行为激活系统敏感者对奖励反应强烈，对积极情绪敏感，倾向于接近刺激。他们在趋近目标时，抑制行为的能力低，因此它负责冲动性这一人格维度。行为抑制系统敏感者对惩罚、失败或新奇事物反应敏感，也对消极情绪（如焦虑、害怕等）敏感，因此它负责焦虑这一人格维度。

利用脑成像技术，大量研究探讨了大脑结构与人格特质的关系。德扬等人（DeYoung et al.，2010）对这一领域的研究进行梳理后发现，外倾性与眶额皮层以及对奖赏信号敏感区域（如伏隔核）呈正相关。神经质与对厌恶或新异刺激的大脑皮层（如杏仁核、脑岛和扣带回前部等）活动有关；神经质中有关退缩的特质与右侧额叶更大的激活有关。宜人性与参与社会信息处理的大脑区域，包括颞上沟、扣带回后部、梭状回有关；宜人性与移情高

度相关，而移情与内侧前额叶皮层、颞上沟等区域呈正相关。尽责性可能与前额叶负责计划和遵循复杂规则的大脑区域有关；尽责性与外侧前额叶皮层的额中回等区域有关。研究发现，外倾性与较厚的楔前叶、较小的颞上回有关，神经质与较厚的前额叶及顶叶皮层、较小的前额叶—颞叶折叠区有关，宜人性与较薄的前额叶皮层及较小的梭状回区有关，尽责性与较厚的前额皮层与较小的前额叶有关，开放性与较薄的前额叶皮层、较大的前额叶—顶叶折叠区有关（Riccelli et al.，2017）。

另外，还有研究初步探讨了神经递质如多巴胺、5-羟色胺、去甲肾上腺素等与人格特质的关系。克洛宁格（Cloninger，1987）基于多巴胺、5-羟色胺、去甲肾上腺素等神经递质与人格的关系提出了三维人格模型，认为三种人格特质取决于这三种神经递质的水平。新异性寻求特质是由较低的多巴胺水平导致的，个体通过寻求新异刺激来提高多巴胺的活动水平；避免伤害特质与较高的5-羟色胺激活水平有关，突触前神经元5-羟色胺激活水平的提高会导致个体避免惩罚或无回报的行为；奖励依赖特质与低水平的去甲肾上腺素有关，从而使个体对具有奖励意义的刺激物保持较高的积极反应倾向，并持续努力以期获得回报。有研究发现，多巴胺的活动水平与外倾性相联系，神经质与较低水平的5-羟色胺相联系（Sen, Burmeister, & Ghosh, 2004），而神经质与更高水平的去甲肾上腺素相联系（Zuckerman, 2005）等。

二、后天环境在人格形成中的作用

人格尤其是人格特质具有很强的生物学基础，但这并不意味着环境在人格的形成中不起作用。实际上，人格是生物学因素与环境因素共同影响的结果，后天的环境因素在人格形成中同样具有重要作用。人格形成的后天环境因素主要包括家庭环境、学校环境、社会文化环境等。

（一）家庭环境

家庭是个体成长的第一个社会化场所，早期的家庭环境对个体人格的塑造具有重要影响。家庭环境主要包括父母的教养方式、家庭结构的功能、父母关系的质量、亲子关系的质量等，对儿童期人格的形成起着重要作用，其中父母的教养方式是影响人格发展的重要因素。在子女的教育中，采用专制型教养方式的父母对孩子有过多的支配和控制，会使孩子形成消极、被动、依赖、服从、懦弱，甚至不诚实的人格特征。采用放纵型教养方式的父母对孩子放任过多而管束不足，会使孩子变得任性、幼稚、固执、骄横、自私，缺乏独立性、耐心和挫折容忍力。采用民主型教养方式的父母对孩子常常是望之、管之、教之、爱之。父母与孩子在家庭中处于平等、和谐的氛围中，父母尊重孩子，给孩子一定的自主权和积极正确的指导，尊重孩子的独立性，采用说理、循循善诱的教育方式对待孩子。在这种家庭中成长的孩子通常成熟、独立、友善、合群，具有积极的人格品质，如活泼、快乐、直爽、自立、彬彬有礼、善于交往、富于合作、思维活跃。

运用成人回顾报告的研究发现，成人在五因素人格维度上的得分与他们在童年期与父母的关系有关。在积极的教养方式家庭中成长的个体，成年后有较低的神经质水平，而在外倾性、开放性、宜人性等人格维度上的得分较高（McCrae & Costa，1988）。而成长在严厉且缺乏关爱的教养方式家庭中的个体有更高的神经质人格得分（Prinzie et al.，2009）。有纵向研究显示，个体童年期所接受的家庭教养方式，如父母尊重孩子的独立性，父母在子女教养中有更高的参与度和卷入度，将预测儿童在成年期的移情关怀（Koestner et al.，1990）。纵向研究还发现，儿童时期受到虐待及情感忽视与患人格障碍密切相关，生活在消极的父母教养方式环境中的孩子具有更高的患人格障碍的风险（Johnson et al.，2011）。

此外，研究表明，家庭结构的健全性、父母之间的婚姻质量等是影响儿童人格形成与发展的非常重要的因素。离异家庭的儿童常常有更多的抑郁、焦虑等情绪问题，在整个青少年时期和成年早期伴有一定的学业困难及心理痛苦（Jonsson & Gähler，1997）。有研究显示，父母长期的婚姻冲突比离婚本身更具有破坏性，在这样家庭成长的孩子有很多情绪冲突和问题行为（Hoffman，1986）。处境不利的儿童青少年，其健全人格发展会受到很大的负面影响（申继亮，2009）。

（二）学校环境

学校是学生的重要场所，学生通过与教师和同学的互动体验着社会和人际关系，并进行客观的自我评价。教师的言传身教、师生关系、同伴关系都会影响个体的人格发展。教师以自身的人格魅力潜移默化地影响着学生人格的发展，学生会在潜意识里将教师作为行为楷模和精神偶像，教师的一言一行都会对学生的人格塑造产生影响。此外，在学校环境中，同伴关系是影响个体人格发展的重要方面。同伴关系中的合作和感情共鸣使儿童获得了关于社会的广阔视野（邹泓，1998）。良好的同伴关系有助于儿童共情、关怀、亲社会行为、坚持主见和领导能力的发展（Whiting & Edwards，1988）。同伴拒绝会使儿童体验到强烈的孤独感，并在青少年期或成年早期更容易出现严重的心理障碍（Parker et al.，1995）。一项纵向研究显示，青春期前建立亲密的同伴关系的儿童比未建立这种关系的儿童在成年后有更多优势，如具有积极健康的心理、较高的自我价值感，能与配偶保持亲密、牢靠的关系等（Bagwell et al.，1998）。

在学校教育中，培养学生的人格品质更是核心的教育目标之一。良好的品格是人的核心素养，学校的课程教学、德育、心理健康教育等各种教育教学活动都会为学生优秀品格的形成提供帮助，促进学生健全人格的形成。

（三）社会文化环境

每个人都处在稳定的社会文化环境中，文化对人格的影响非常重要。社会文化塑造了社会成员的人格特征，使其具有相似性。社会文化环境主要包括大众传媒、社会风气、文化因素以及个体经历的社会生活事件等。

在成长过程中，为了适应环境的改变，个体可能会做出一定的行为改变，如改变居住地点、移民等。另外，还有一些生活中的重大应激事件，如家庭成员的亡故、离别、亲身经历重大的人为事故或重大自然灾害以及目击他人的死亡等，都可能是导致精神疾病和情绪障碍发生的影响因素（Monroe，2008）。

研究发现，正性生活事件（如升职、恋爱和结婚等）会降低个体的神经质人格特质的得分（Mroczek & Spiro，2003），相反，失业、离婚或者严重的疾病等负性生活事件可能会增加个体的神经质人格特质的得分（Löckenhoff et al.，2009）。纵向追踪研究发现，经历了负性生活事件的个体与没有经历负性事件的个体相比，五年后神经质人格特质的得分显著增加（Löckenhoff et al.，2009）。对健康成年人的纵向追踪的研究发现，经历了负性生活事件的个体，其神经质人格特质的得分会显著增加（Riese et al.，2014）。

综上所述，家庭环境、学校环境、社会文化环境在个体的人格特征的塑造和发展中都起着重要作用。

三、自我因素在人格形成中的作用

如果说生物学因素是人格形成和发展

学术争鸣

人格形成中的遗传因素与环境因素

人格形成中究竟是遗传因素起关键作用，还是环境因素起关键作用？答案是人格是遗传因素与环境因素共同作用的结果。但在人格研究中有的心理学家更加重视遗传因素的作用，有的心理学家更加强调环境因素的作用。精神分析理论与特质理论似乎更倾向于前者，而人格的学习理论则认为人格是环境因素作用的结果。当代的行为遗传学、进化心理学都在试图寻找人格特质的遗传机制，而人格的文化论者也在呼吁研究人格的文化差异（黄希庭，2017）。

总之，人格是遗传因素与环境因素共同作用的结果，但哪些人格特征是由遗传因素决定的，哪些人格特征是由环境因素决定的，或者人格特征是怎样由遗传因素与环境因素共同作用的，这些问题还有待人格心理学家回答。

的物质基础，后天环境因素是人格形成和发展的现实情境，那么自我主观因素就是人格形成和发展的内部因素。任何环境都无法直接塑造人格，只有基于已有的心理发展水平和心理活动才能发挥作用。随着个体的成长，在各种生活任务以及人际关系中逐渐形成相对独立的自我，个体的认知、情感、动机和行为都在自我的统合下发挥作用，并且实现一种动态平衡。在人格的发展过程中，自我的调控和建构作用支配着个体的言行举止，并通过表情、语言、行为等表达出来。

个体对自己、他人和情境的认知是其人格发展的重要影响因素。自我概念可组织和指导个体社会经验中与自我有关的信息加工，包括对自己的身体、能力、性格、学业以及与他人、环境的关系等各方面的知觉、判断和评价。例如，儿童根据

他人对自己的反馈形成自我概念，并据此接受外界的影响，组织情境信息，引导规范自己的行为方式（刘金花，2003）。较严重的人格和心理健康问题可能与儿童期形成的不良的自我概念有关（Barnett & Hunter，2012）。此外，当个体理想的自我概念与现实的自我概念存在一定的差距时，理想自我还会为个体提供独立建构自己满意的人格特征的动力，促进个体的社会适应。

个体在成长过程中要逐渐摆脱对父母的依赖，决定自己应该追求什么样的生活目标，持有什么样的价值观。埃里克森指出此过程就是获取自我同一性的过程。自我同一性是个体对过去、现在、将来"自己是谁"及"自己将会怎样"的主观感觉和体验，又被称为自我认同。个体一方面认可自己的内在一致性和连续性，另

一方面还会主动地选择和探索自己的角色身份，确认自己的性格特征（Erikson，1968）。持续付出努力，获取并维持自我同一性是个体一生的探索任务。经历过探索且拥有较强自我同一性的青少年，其自我概念结构更复杂、精细，自我信念更稳定、坚固（Makros & Mccabe，2001）。有研究表明，获得自我同一性的青少年具有高外向性、低神经质的人格特征等，相比于其他自我同一性状态（如延缓、早闭）的青少年，表现出更高水平的自尊（Clancy & Dollinger，1993）。

本章内容小结

1. 人格是一个人稳定的心理特征与行为方式，是在遗传与环境的相互作用下形成的独特的心理和行为特征的总和。

2. 人格具有整体性、稳定性、独特性、社会性等特性。

3. 人格是一个复杂的结构系统，包括气质、性格、认知方式等，其中气质与性格是人格特征最鲜明的表现。

4. 气质是指个体生来就具有的心理活动的动力性特征，表现在心理活动强度、速度、灵活性与指向性等方面。气质可分为胆汁质、多血质、黏液质、抑郁质四种类型。

5. 性格是指个体对现实的稳定的态度以及与之相应的行为方式。

6. 人格理论是心理学家用来解释人格的一套假设体系或参考框架。

7. 弗洛伊德的精神分析的人格理论认为，人格结构由本我、自我和超我构成。本我由生物本能和欲望组成，遵循快乐原则。自我是在调节本我与外界的关系中形成的现实的我，遵循现实原则，满足本我的欲望与需要。超我是从自我中发展而来的道德化了的自我，遵循道德原则。

8. 人本主义人格理论强调对健康人格的关注。马斯洛的人格理论强调自我实现，认为自我实现了的人的人格才是最健康的，人格发展是一个自我实现的过程。罗杰斯的人格理论也强调自我的形成和发展就是人格的形成和发展，真实的自我与理想的自我和谐一致的人的人格才是健康的。其中，无条件的积极关注对自我和谐与健康的人格发展尤为重要。

9. 人格的学习理论认为人格就是一套行为习惯系统，而这种行为习惯系统就是刺激—反应的联结。班杜拉的社会学习理论强调了观察学习在人格系统形成中的作用，即认知过程在刺激—反应联结形成中的作用。

10. 奥尔波特的人格特质理论认为，特质是人格的结构单元，是一种潜在的反应倾向，能使个体对各种不同刺激以相同的方式进行反应。他首先区分了共同特质与个人特质。共同特质是指在某一社会文化下，大多数群体或者一个群体共有的、相同的特质。个人特质是指个体身上所独具的特质。

11. 卡特尔认为，特质是人格的结构单元，他提出了表面特质和根源特质，并通过因素分析得出了16种根源特质，即乐群性、聪慧性、情绪稳定性、恃强性、兴奋性、有恒性、敢为性、敏感性、怀疑性、幻想性、世故性、忧虑性、激进性、独立性、自律性、紧张性。

12. 艾森克认为，人格特质由三个潜在的高级特质构成，即外倾性、神经质和精神质。

13. 五因素模型是一种影响广泛的模型。五个特质分别是开放性、尽责性、外倾性、宜人性、神经质。

14. 自陈量表是让被试依据自己的实际情况，对自己的人格特征进行评价的一种方法。自陈量表测验在人格测评中占据着非常重要的位置。

15. 卡特尔的 16 种人格因素测验、艾森克人格测验、五因素人格测验主要测量正常人的人格特质倾向，而明尼苏达多相人格测验更多应用于临床测验，作为人格障碍的初选标准。

16. 投射测验是向被试呈现模棱两可的刺激材料，要求被试自由解释，使他们在不知不觉中将自己的动机、情绪、态度等投射出来，然后由主试对其反应进行分析，从而推出被试的人格特征的方法。有代表性的投射测验是罗夏克墨迹测验与主题统觉测验。

17. 行为观察法、形容词列表法、Q 分类法等方法也被用来测评人格特征。

18. 基因、神经生理等生物学因素是人格形成的前提。研究发现，基因几乎可以解释 50% 的外倾性、神经质、宜人性、开放性、尽责性等人格特质的变化。神经生理尤其是脑的结构和功能与人格特质密切相关。

19. 家庭环境包括父母的教养方式、家庭结构的功能、父母关系的质量、亲子关系的质量等。家庭环境在人格形成与发展中起着重要作用。

20. 学校是儿童青少年成长的重要场所，教师的言传身教、同伴关系都会影响个体的人格发展。

21. 社会文化环境包括大众传媒、社会风气、文化因素以及个体经历的社会生活事件等。社会文化环境塑造了社会成员的人格特征，使其具有相似性。

22. 自我因素是人格形成和发展的内部因素。任何环境都是基于已有的心理发展水平和心理活动发挥作用的。随着个体的成长，在各种生活任务以及人际关系中逐渐形成相对独立的自我，个体的认知、情感、动机和行为都在自我的统合下发挥作用，并且实现一种动态平衡。

23. 人格是基因等生物学因素与家庭、学校、社会文化环境等因素共同塑造的，同时自我因素在其中起着非常重要的作用。

思考题

1. 什么是人格？它有哪些基本特性？

2. 气质与性格有什么不同？

3. 弗洛伊德关于人格结构的基本观点是什么？

4. 班杜拉的社会学习理论是如何理解人格的形成的？

5. 奥尔波特人格理论中的共同特质与个人特质有什么不同？

6. 卡特尔在特质理论中提出的根源特质是什么，有哪些?

7. 艾森克的人格维度模型的基本观点是什么?

8. 人格五因素模型的基本内容是什么?

9. 人格测评中自评量表测验的优势与不足有哪些?

10. 人格测评中的投射测验的优势与不足是什么?

11. 以研究为例说明基因对人格特质的形成的影响。

12. 以研究为例说明家庭环境对人格的形成的影响。

13. 分析学校教育对人格的形成有哪些影响。

14. 简述基因与环境对人格的形成的影响。

15. 简述自我因素在人格的形成中的作用。

第十三章
学　习

学习是人类和动物的一种重要活动，也是机体适应环境的一个必要条件。机体生活在不断变化的复杂环境中，只有通过学习调节自己的行为，才能与环境保持平衡。学习贯穿个体生命的全程。当个体孕育于母体中时，学习就已经开始了。婴儿在母亲的怀里牙牙学语，是学习；小学生听了老师的讲解，知道怎样解答一道数学题，也是学习。"活到老，学到老。"学习可以发生在不同的场合，并以不同的方式改变个体的行为，既能改变个体外在的、可以观察到的行为，也能影响个体的成熟，促进智能的发展。学习既包含许多基本的认知成分，如感知、记忆、思维等，也涉及动机、情绪、人格等内部动力和心理特性。

本章首先讨论学习的基本概念和分类；其次介绍学习的规律，包括学习的进程、迁移以及学习与脑可塑性的关系；再次介绍几种重要的学习理论，如联结理论和认知理论；最后介绍与学习相关的教学方法。

普通心理学

第一节　学习概述

一、什么是学习

学习是个体在一定的情境下由于经验而产生的行为或行为潜能的比较持久的变化。这一概念有三个含义。

首先，学习是由经验引起的。这里的经验既可以指个体通过活动直接作用于客观现实（如个体探究活动）或者参与社会活动（如听老师讲课）的过程，也可以指在这一过程中所得到的结果，如个体学会的知识、技能和形成的人生观等。学习是在个体与环境的相互作用中产生的。个体只有通过经验或练习才能使行为发生改变。有些学习需要较长的时间系而反复地练习，如学习某种动作技能；有些学习事先难以预料，也不需要多次重复。例如，在马路上看到有人闯红灯而造成车毁人亡的场景，仅仅一次经历就可以使人学到遵守交通规则的重要性。

其次，学习是以行为或行为潜能的改变为标志的。经过学习，个体将出现某些可观察的行为变化，可以完成一些以前无法完成的事情。例如，小学生在学四则运算法则以前，不能正确地解答包括加、减、乘、除运算在内的算术题，而在学了四则运算法则以后，就能解答了，这说明行为发生了变化。行为的改变有时是外显的，有时是内隐的。后者就是我们所说的行为潜能的改变。例如，让儿童学习 50 个新词，30 分钟后进行测试，结果发现，

儿童正确掌握了其中 28 个新词的含义，这是明显的行为改变。但是，这并不意味着儿童对其余的 22 个新词完全没有学习。儿童对这些单词的学习程度可能还没有达到能立刻正确回答测试问题的地步。在以后的学习中，当儿童再次学习这 22 个单词时，也许会学得更快，这说明儿童的行为潜能已经发生了变化。

个体行为的变化可能是由经验引起的，也可能是由成熟、疲劳或疾病引起的。前者是学习，而后者不是学习。成熟主要是由生理功能的发育引起的变化，不完全依赖外界经验，这和学习不同。例如，我们白天从黑暗的电影院里走出来，在刺眼的阳光下，瞳孔收缩，对光刺激的感受性降低，这种行为改变是一种视觉的适应活动，不能叫作学习。又如，在长跑比赛中，运动员的跑步速度后来有所减慢，这种速度上的变化是由疲劳引起的，也不能叫作学习。但是在个体发展中，成熟又常常与学习相互作用。例如，儿童语言的发展既有生理成熟的作用，也有学习的作用。儿童到一定的年龄阶段才开始理解语言，进而能用语言表达自己的思想和情感，这是由生理成熟决定的。但是如果没有正常的语言环境，儿童就不能习得语言，这又是学习的作用。正确区分成熟和学习，对理解学习的概念是很重要的。

最后，学习引起的行为变化是相对持久的。无论是外显的行为变化还是行为潜能的变化，只有持续时间较长的行为改变，才可以被称为学习。例如，疲劳和疾病都可以引起一些暂时的行为改变。疾病

的折磨可能让人烦躁不安，但这种行为的改变可能只是暂时的，当引起这些变化的因素消失后，行为的改变也就停止了。这种暂时的行为改变和学习是有区别的。

敏感化和习惯化也是由经验引起的行为变化，但这些变化都是暂时的。敏感化是指个体对环境中的某一个特定刺激更容易做出反应。例如，人们不害怕正常的光、电现象，但是在经历了一次地震以后，对正常的光、电现象就可能变得敏感起来。习惯化是与敏感化相反的过程，是指当一个特定刺激反复出现时，个体对这个刺激的反应将逐渐减弱。例如，当你走进一间安静的房间时，你可能会听到空调机工作时嗡嗡的声音，但是在这种声音持续一段时间之后，你就习惯了。对正常的个体来说，敏感化和习惯化都可能是短暂的，因而不能叫学习。但是当敏感化和习惯化导致的行为改变成为持久的改变时，也可以被称为学习。

二、学习的分类

学习的过程非常复杂，学习的内容也非常广泛，学习的形式更是多种多样，差异较大，因此很难对学习进行统一的分类。下面我们根据不同的标准对学习进行分类。

（一）根据学习的内容分类

根据学习的内容，学习可以分为认知学习和动作技能学习。认知学习是指以认知加工过程为对象的学习，包括知觉学习、问题解决学习、语言学习等。动作技能学习是指对一系列动作方式的学习，既包括简单的行为（如走路），也包括复杂的行为（如驾驶汽车）。

（二）根据学习材料与学习者原有知识结构的关系分类

根据学习材料与学习者原有知识结构的关系，学习可以分为意义学习与机械学习（Ausubel et al., 1968）。意义学习是指通过符号、文字使学习者在头脑中获得相应的认知内容或建立某种内在的、必然的关系，而不是任意的、人为的关系。在机械学习中，学习者没有理解学习符号的真实含义，只是在学习内容与已有的知识之间建立一种非本质的、人为的联系。在课堂教学中，机械学习经常表现为一种死记硬背的学习。

（三）根据学习的方式分类

根据学习的方式，学习可以分为接受学习与发现学习（Ausubel et al., 1968）。接受学习是指讲授者将学习的内容以定论的形式传授给学生。对学生来说，学习是被动接受知识的过程，学习中不要求学生主动去发现什么，只要求他们把学习的内容内化为自身的知识，之后能在恰当的时候把知识提取出来或加以运用。发现学习是指讲授者不直接把学习内容教给学生，而是让学生自己去发现这些内容。换句话说，学生的主要任务是发现，然后将发现的内容加以内化，使之成为自身的知识。

（四）根据学习过程的复杂程度分类

根据学习过程的复杂程度（从简单到复杂），学习可以分为系列学习、辨别学习、概念学习、原理学习和问题解决学习（Gagné，1974）。其中系列学习比较简单，是指将一系列刺激—反应按一定的系列联合起来的过程。例如，学蛙泳之前必须学会如何用手臂划水、蹬腿并夹水、抬头呼吸，以及如何将上述三个主要动作组成一个和谐的系列。问题解决学习很复杂，需要运用所学的原理解决问题，从问题初始状态达到目标状态。

下面我们着重介绍认知学习和动作技能学习。

研究进展

社会-情绪学习

婚姻和家庭心理学领域的学者戈特曼（John Gottman）认为，"与智商相比，对情绪状态的意识和处理感情的能力在更大程度上决定了一个人是否能够在生活、工作和家庭方面中取得成功"。

图 13-1　社会－情绪

社会－情绪学习（social-emotional learning，SEL）包括学会如何对社会和情绪信息进行编码、解读、推理、表达与调节。社会－情绪学习所获得的能力能够很好地促进学生的学习，帮助学生形成良好的行为习惯，建立健康的社会关系。

社会－情绪学习包括五项核心内容。①自我意识：识别和再认情绪，了解个人的兴趣和特长，保持适度的自信；②自我管理：调节情绪以应对压力，避免冲动，保持坚忍以克服困难，设定个人生活的或学业的目标，并对进展进行监控，适当地表达情绪；③社会意识：能够站在他人的立场考虑问题，与他人产生情感共鸣，了解并欣赏个体／群体的差异和共性；④社交技能：在合作的基础上建立并维持健康有益的社会关系，对社会压力有一定的抵抗力，建设性地解决人际冲突，在有需要的时候能够寻求帮助；⑤责任决策：在全面考虑各种因素的情况下做出决策，包括社会道德因素、个人伦理因素、安全因素等，了解其他备选方案所带来的可能后果，对决策进行评估和反思。

社会－情绪学习是一个全新的研究领域，对这个问题的认识使人们开始重新思考教育的目的。毫无疑问，教育的最终目的是要使学生取得成功。情绪意识和自我调节能力是达到情绪健康的有效工具。因此，在美国的许多学校，人们正在开始设立情绪学习方面的课程。

给父母的建议：①情绪教育要及早着手；②父母要参与学习；③要坦诚地与孩子讨论情绪问题；④要及时表扬孩子的进步；⑤将社会－情绪学习融入日常生活；⑥通过记日记了解自己和孩子的改变。

给孩子的建议：①通过写日记增强自我意识和自我反思的能力；②通过与自己对话，给自己积极的鼓励，而不是批评；③鼓励朋友说出对自己的看法；④注意哪些策略能够使你冷静，并由不高兴变得高兴；⑤记住那些容易使你高兴或者不高兴的事情；⑥寻找机会与他人合作等。

（资料来源：纽约大学儿童研究中心网站）

三、认知学习

认知学习是指以认知加工过程为对象的学习。认知学习可以提高个体的认知能力。认知学习与学校教育和个人能力发展的关系非常密切。

（一）认知学习的种类

根据参与学习的认知过程的特点，认知学习可以分为初级认知学习和高级认知学习。

初级认知学习是指以初级认知过程为对象的学习，如知觉学习。人的知觉能力会随着学习而逐渐改变。这种改变一旦获得，就可以保持相当长的时间。例如，刚刚学习绘画的人对颜色的分辨能力比较差，但是经过一段时间的学习，就能分辨多种只有细微差别的颜色。知觉学习发生在各个知觉领域，包括视觉、听觉、体感觉等。高级认知学习是指以高级认知过程为对象的学习，如语言学习。语言学习可以提高理解和使用语言符号的能力。高级认知学习包含一些初级认知学习的因素，如语言学习包含语音分辨和字形感知等。

（二）认知学习的特点

1. 特异性与非特异性

初级认知学习表现出特异性的特点。例如，克里斯特等人（Crist et al., 1997）

在一个实验中要求被试盯住注视点"+"，同时判断三条平行线的中间一条是偏向左边还是右边（见图 13-2）。结果发现，经过连续 60 天的训练，被试的知觉阈限显著降低了，这说明被试的分辨能力提高了，发生了知觉学习。而且，在停止训练两个月后，被试的知觉阈限仍然停留在训练刚刚结束时的水平上，这说明知觉学习的效果能够维持相当长的一段时间。接下来，研究者改变了刺激呈现的位置，然后测量被试对改变位置的线条的知觉阈限。

结果发现，改变的位置与原来的位置距离越远，知觉学习的效果越不明显。因此，知觉学习对刺激的位置具有特异性。研究者又将线条的朝向改变了 90°，即将原来判断竖直的线条（偏左还是偏右）改成判断水平的线条（偏上还是偏下）。结果发现，被试的知觉阈限与训练前的水平几乎没有差别，提示被试没有发生知觉学习。因此，知觉学习对刺激的朝向也具有特异性。此外，其他研究还发现知觉学习对刺激的空间频率（每个单位面积中目标图形

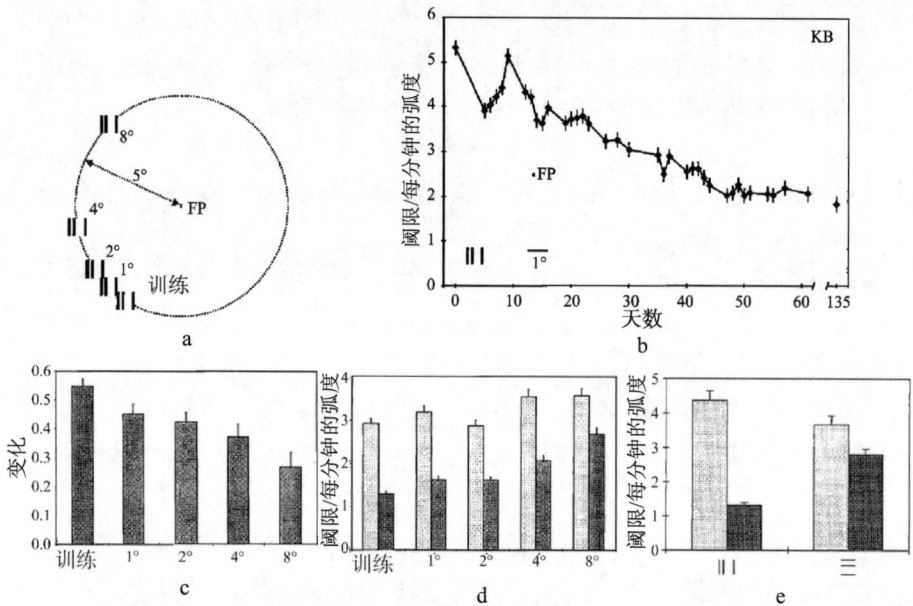

图 13-2 认知学习的特异性实验

注：a.FP 代表注视点，"训练"代表训练刺激出现的位置，1、2、4、8 分别代表测验刺激与训练刺激的距离，这里用视角（°）表示。b. 一个被试每一天的分辨阈限，在一个月时间里，阈限显著下降，但是从第 60 天到第 135 天，阈限没有显著变化。c. 学习对于训练刺激的位置具有特异性，每个灰色棒的高度为训练前后阈限的差异占训练前阈限的比值。横坐标代表不同的刺激位置。d. 学习对于训练刺激的位置具有特异性，浅灰色棒是训练前的阈限，深灰色棒是训练后的阈限。横坐标代表不同的刺激位置。e. 学习对于训练刺激的朝向具有特异性，不能将分辨能力的提高迁移到与之正交的刺激上去。浅灰色棒代表训练前的阈限，深灰色棒代表训练后的阈限（Crist et al.，1997）。

出现的次数）、大小等性质都具有特异性（Fiorentini & Berardi，1980）。

高级认知学习表现出非特异性的特点。邓园等人（Deng et al.，2008）训练母语为英语的学习者学习汉语形声字。在训练阶段，要求被试在字形和语义之间建立联系。在测验阶段，给被试呈现没有学习过的形声字，但是这些形声字与学习过的形声字有相同的形旁，然后要求被试判断形声字的语义。结果发现，被试能够依据训练阶段掌握的形旁表义的规则，加工没有学习过的形声字的语义，从而表现出显著的迁移效应。脑成像的结果发现，左侧顶下小叶在语言学习的迁移过程中发挥着重要作用。

学习的特异性和非特异性是相对的。例如，当知觉学习中注意的参与较多时，学习的特异性并不明显（Xiao et al.，2008）。在语言学习中，汉字的学习也不大可能会迁移到英语拼写的学习中去。

2. 阶段性和连续性

知觉学习和语言学习的过程都存在不同的阶段。卡尔尼和萨奇（Karni & Sagi，1993）提出，知觉学习有两个阶段。第一个阶段是快速学习阶段，往往发生在从未学习过的被试学习最开始的几分钟之内。第二个阶段发生在学习停止后的 6~8 小时，是一个缓慢的、能力大幅提升的阶段。他们认为，知觉学习主要发生在第二个阶段，它的效应不会在学习后马上消失，一般可以持续数月甚至数年。

薛贵等人（Xue et al.，2006）将韩文字符人为设计成一种图形人工语言，要求被试学习字形 2 个星期（每星期 5 天），每天 2 小时。结果发现，在字形学习的早期，只是简单的重复就可以显著促进被试对这种人工语言的识别，表现为成绩的快速提升。而在字形学习的后期，成绩的提高却变得缓慢起来，即便在后来的学习中加入语音和语义，字形学习成绩的提高仍非常缓慢。拼音文字的学习研究也发现了相似的结果（Chalmers & Burt，2008）。可见，语言学习过程也存在快速学习和慢速学习两个阶段。

3. 层次性与逆层次性

层次性是指学习效应出现的脑皮层顺序通常为从初级脑皮层到高级脑皮层，与大脑皮层处理信息的顺序是一致的。但是，有研究者通过总结已有的研究，认为在知觉学习过程中存在逆层次性，也就是学习效应会先出现在高级脑皮层，然后才出现在初级脑皮层。具体表现为以下几个方面。①比较简单的任务发生在高级脑皮层，在大多数情况下都可以发生迁移；比较困难的任务发生在初级脑皮层，很难进行迁移，表现出特异性。②比较容易的任务先发生学习效应，而比较困难的任务后发生学习效应。也就是说，学习效应发生的顺序是从高级脑皮层到初级脑皮层，与传统观念中脑信息处理的层次相反。③高级脑皮层的学习效应会促进并调节初级脑皮层的学习效应（Ahissar & Hochstein，1993）。

与知觉学习相比，语言学习涉及的认知过程和脑区更加广泛，既包括初级脑皮层，也包括高级脑皮层。语言学习表现出

研究进展

学习困难

学习困难（learning difficulty），也叫学习障碍（learning disorder），是指在通常的学习方式下很难像其他人一样学会某些东西。学习困难通常由一些未知的原因引起。学习困难者的大脑可能在接收和加工信息的过程中出现问题。因此，如果让学习困难者按照其他人的速度和方式来学习，他们就会遇到很多困难。

学习困难者一般智力正常。学习困难虽然不能治愈，但是适当的帮助和干预有助于学习困难者完成学业，并适应将来的生活。

学习困难可以分为以下几类。

第一，阅读障碍。这是常见的一种学习困难。在所有学习困难儿童中，阅读障碍儿童占70%~80%。尽管有时阅读障碍与发展性阅读障碍（developmental dyslexia）两个名称混用，但是许多人认为两者并不相同，发展性阅读障碍只是阅读障碍的一种。阅读障碍会影响阅读过程的很多方面，包括音位意识、字词识别、词汇通达、阅读速度以及阅读理解等。

第二，书写障碍。通常包括书写产生、拼写、思想组织以及写作结构等方面的障碍。

第三，数学障碍。它是指学习数学概念（如数量、时间、单位等）时出现困难，难以记忆数学知识，不能合理组织数字，不能理解应用题等。

（资料来源：Pierangelo & Giuliani，2008；Florian & McLaughlin，2008）

多个认知过程之间和多个大脑皮层区域之间的交互作用以及多个加工层次的非线性变化，没有明显的层次性。

四、动作技能的学习

动作技能的学习是指通过练习形成一系列稳定的动作方式。例如，学习写字、游泳等，都是复杂程度不同的动作技能的学习。动作技能由一系列的动作组成，是通过后天练习获得的。

（一）动作技能的种类

依据不同的分类标准，动作技能可分为不同的类别。

1. 连续技能和非连续技能

连续技能是指以连续、不间断的方式所完成的一系列动作，如打字、滑冰、弹琴等。在这些技能中动作的持续时间一般较长，动作与动作之间没有明显的、可以直接感觉到的开端与终点。非连续技能是指具有可以直接感知的开端和终点的技能，完成这种技能的时间相对短暂（少于

5 秒），如投掷标枪、伸手推门等。因此，非连续技能是由突发的动作组成的。例如，在图 13-3 中显示的两个测验，就是测量这两种不同的运动技能的。图 13-3b 为旋转追踪测验设备，图中所示的圆盘在匀速转动，每分钟 60 转，操作者手拿一支铁笔跟随圆盘的一个目标点转动，力图在铁笔尖和目标点之间保持接触通电。这样的技能要求被试的手臂和腕部保持连贯而平稳地运动，是连续的动作。图 13-3a 为辨别反应时测验设备。在此测验中，被试要根据垂直面板上不同的灯光模式用不同的方式分别操作四个开关，而每次操作之间的动作都是不连续的。

2. 封闭技能和开放技能

当一种技能主要依靠内部的、由本体感受器输入的反馈信息来调节时，这种技能就叫封闭技能，如体操、跳远、掷铁饼等。这种技能一般具有相当固定的动作模式。因此，掌握这种技能要通过练习，使自己的动作符合某种理想模式。

当一种技能主要依赖周围环境提供的信息，而正确地感知周围环境成为运动调节的重要因素时，这种技能就叫开放技能，如打篮球、排球、棒球等。开放技能要求人们具有处理外界信息变化的能力和对将要发生的事件的预见能力。

3. 精细动作技能和粗大动作技能

当一种技能被局限在较狭窄的空间内进行，并要求较精巧的协调动作时，这种技能被称为精细动作技能。它一般由小肌肉的运动来实现，如打字、弹钢琴、写字等；相反，粗大动作技能运用大肌肉，而且经常要求整个身体的参与，如跑步、游泳、打网球等。

（二）动作技能学习的特点

在学习动作技能的过程中，技能的特点发生了一些变化，具体表现为以下几个方面。

1. 意识对动作的控制作用减弱，整个动作系统趋向自动化

在技能形成初期，人的内部语言起

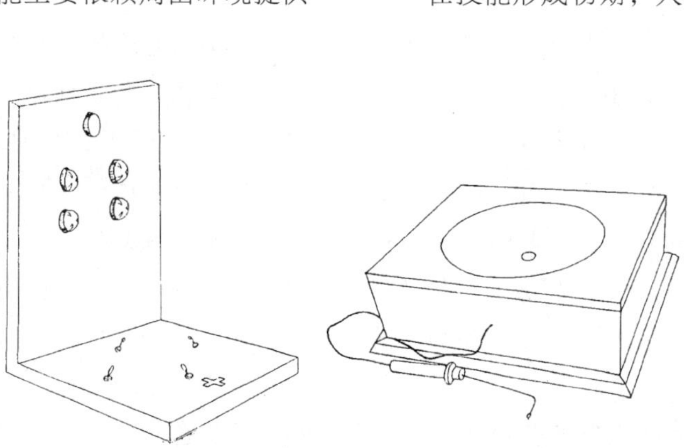

a. 辨别反应时测验设备　　b. 旋转追踪测验设备

图 13-3　测量连续性动作技能和非连续性动作技能的设备

着重要的调节作用。人们完成每个技能动作都要受意识的调节与控制。意识的控制作用稍有减弱，动作就会停下来或出现错误。在这种情况下，人们显得紧张是很自然的。

随着技能的形成，意识对动作的控制逐渐减弱，整个技能或技能中的大多数动作逐渐成为一个自动化的动作系统。由于动作系统的自动化，意识的控制作用减弱，完成动作的紧张程度也就缓和了。

2. 动作反馈由外反馈逐步转向内反馈

在技能形成中，反馈对技能动作的学习和完善起着重要的调节作用。反馈分为外反馈与内反馈两种。外反馈是指由视觉、听觉等提供的反馈，如旁观者的指点、某种机械的信号等。内反馈是指由肌肉或关节提供的体感反馈，如在钉钉子时，落锤的轻重、方向提供的动觉反馈。

在技能形成的不同阶段，不同反馈的调节作用也在变化。在技能形成初期，内反馈与外反馈都很重要，但来自外界的视觉反馈起着更重要的作用。人们根据动作反应后所看到或听到的结果，对反应进行调整和校正，使动作朝向所要达到的目标。随着技能的形成，外部感觉的控制作用逐渐为体感的控制所代替，内反馈在技能动作的调节中便起着越来越重要的作用。

3. 动作的稳定性与灵活性增强

初学某种技能的人，其动作是不稳定的。这种不稳定既表现在个别动作的准确性上，也表现在动作之间的转换和过渡上。当技能形成以后，它就会以相对稳定的方式表现出来，成为某种稳定的动作模式。在不同的人身上，同一技能的动作模式可能不相同，因而形成不同的技能风格，如武术的不同流派、书法的不同风格等，这也体现了技能具有相对稳定性。

技能的稳定性并不意味着它是刻板的、一成不变的。熟练的技能是与各种变化了的情境相适应的。因此，当情境出现变化时，技能熟练的人能灵活地运用自己的技能动作，使技能的发挥不受某种固定的动作模式的限制。竞技场上许多武林高手出奇制胜的绝招，这常常是和他们灵活的应变能力分不开的。

技能的灵活性是长期练习的结果。初学某种技能的人，其动作呆板，执行技能的条件稍有变化，动作的完成就可能遇到困难。通过在不同的情境中进行练习，掌握了应付各种情境的动作系统，技能才变得灵活起来。

4. 建立起协调的运动模式

一系列局部动作形成一个完整的动作系统，即一种协调化的运动模式，是动作技能形成的另一个重要标志。技能是由一系列动作构成的。动作技能的协调化表现在两个方面。①连续性的统一协调。这是动作在执行时间上的协调。打拳时先打一式，接着打另一式，前后连贯，一气呵成，这是连续性的统一协调。②同时性的统一协调。这是动作在空间上的协调。驾驶汽车时，脚踩油门，手扶方向盘，紧密配合，融为一体，这是同时性的统一协调。许多技能既需要连续性的统一协调，又需要同时性的统一协调，从而构成一个协调的运动模式。

第二节　学习的规律

各种类型的学习都表现出一定的规律性。我们不仅要了解不同类型学习的区别和特点，而且要了解各种学习共同具有的规律。

一、学习进程

（一）什么是学习进程

学习是在时间维度上逐渐展开的。随着时间的推移，学习成绩呈现动态变化的过程，就是学习的进程。

在学习过程中，练习是必不可少的。练习是一种学习的方法，是指在反馈的参与下，反复多次地进行学习。练习包括重复与反馈，两者都是知识获得和技能形成必不可少的条件。没有反馈的重复是机械重复，不能带来更好的学习效应。练习的主要作用是提高学习成绩，包括加快任务完成的时间、提高成绩的准确度等方面。除了练习之外，学习还可以通过其他途径发生，如顿悟。

学习的进程可以通过学习曲线来表示。学习曲线用图解的形式来表现练习期间学习效率的变化，因此有时候也被称为练习曲线。以动作技能为例，学习曲线通常有三种形式（见图13-4）。图13-4a表示练习次数与完成动作所需要的时间的关系；图13-4b表示练习次数与动作正确率的关系，随着练习次数的增加，正确率逐渐上升；图13-4c表示练习次数与动作错误率的关系，随着练习次数的增加，完成动作的错误率逐渐下降。

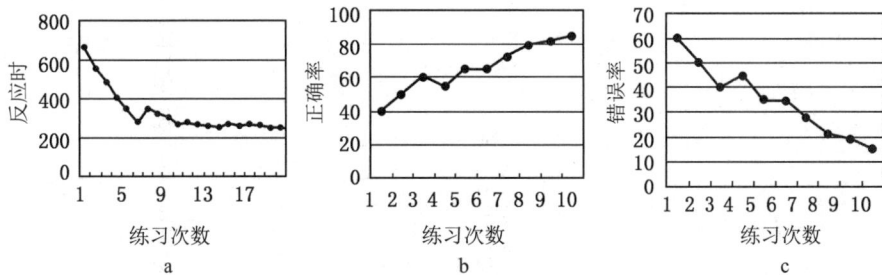

图 13-4　练习曲线的不同形式

（二）学习进程的特点

在学习过程中，不同内容的学习进程可能不完全一样，但是它们之间又有某些共同的规律和特点，具有类似的发展趋势。

1. 成绩随着学习的进程逐步提高

知觉学习和语言学习都存在快速学习与慢速学习两个阶段，这表明学习的过程是一个先快后慢的模式。例如，在动作技能学习的开始阶段，成绩提高得较快、较明显，之后的进步则逐渐缓慢下来，如跳高、短跑、驾驶摩托车等。

造成这种现象的原因主要有以下几个方面。①开始时，人们受新鲜感和好奇心等强烈动机的驱使，兴趣高，因而进步快，之后人们对要学习的内容失去了新鲜感，热情下降，进步也就缓慢了。②开始时，人们可以利用生活中已经学会的知识或技能来解决问题，由于新旧知识或技能之间有许多共同的成分或因素，因此学习新技能易取得明显的成绩。新知识或技能与旧知识或技能的差别越来越大，人们仅仅依靠旧的知识或技能已无法满足新知识或技能的要求，这时继续提高成绩就比较困难了。③开始时，人们的注意集中在掌握某些个别的方面，因而提高较快；之后人们把注意转向更复杂的方面或学习对象的整体，因而进步就不明显了。④开始时，与学习内容有关的初级脑皮层非常活跃，参与程度较高，因而成绩提高得较快；当成绩提高到一定程度后，该部分脑皮层的活跃度已经达到了很高的水平，必须通过改变策略，或者借助更高级的脑皮层进行调节，成绩才能进一步得到提高。

在另一些情况下，成绩的进步也可能先慢后快，或者在学习的整个进程中，成绩一直有所提高。这和学习内容的性质、学习者对学习的态度及其个性特点有密切关系。

2. 学习进程中存在高原现象

学习成绩的进步并非直线式上升，有时会出现暂时停顿的现象，叫作高原现象（plateau phenomenon）。布赖恩和哈特（Bryan & Harter，1970）的研究最早用实验方法揭示了高原现象的存在。他们研究了收发电报中动作技能的进步，结果发现，在收报练习 15~28 天后，成绩一度停顿下来，虽有练习，但是成绩没有得到提高，这就是高原现象。高原现象不仅在动作技能的学习中存在，而且在认知学习中也很常见。例如，许多英语学习者曾经感到，当学习到达一定的层次后，想要再进一步地提高学习成绩就变得非常困难，仿佛停滞不前了，即使继续努力收效也不大。图 13-5 是在弗兰克斯等人（Franks & Wilberg，1982）的研究中发现的高原现象。在该研究中，实验任务是追踪物体，要求被试手持的铁笔顶部随着转盘的目标点一起转动，如果偏移目标点则会出现错误报告（目标点和追踪点之间的电压变大，简称错误电压数）。每天练习 105 次，共 10 天。从图 13-5 中可以看出，在最初的 4 天中，错误数显著下降，进步十分明显；在第 5、第 6、第 7 天中，学习成绩没有得到提高，呈现高原现象；而 7 天后，学习成绩进一步得到提高。

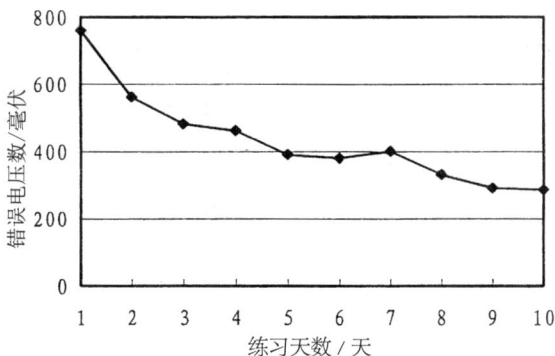

图 13-5　弗兰克斯和威尔伯格实验中一个被试的学习曲线

（资料来源：Franks & Wilberg，1982）

高原现象是学习成绩暂时停顿的现象，与生理的极限和工作效率的绝对顶点是不同的，而且并不是所有的学习中都必然存在高原现象。

如前面所述，产生高原现象的原因有很多，如在长时间集中的训练中，学习的热情下降，身体过分疲劳，旧的知识或技能结构的限制等。其中旧的知识或技能结构的限制可能是引起高原现象的一个最重要的原因。因此，通过改组旧的认知或技能结构，并根据新的结构进行训练，就有可能排除高原现象。许多优秀运动员一次又一次地打破世界纪录，是和他们不断探索新的技能结构的巨大努力分不开的。及时改变学习方法，调整思考问题的角度，都可以显著提高学习的效果。

3. 学习进程是不均匀的

从图 13-4 中还可以看到，练习的效果是呈波浪式的，有时出现较大的上升，有时反而下降。在练习过程中，引起成绩下降的原因有很多，如环境中存在某些干扰因素，人们对某项任务的态度发生变化

以及出现高原现象，都会使成绩下降或停滞不前。在练习的最后阶段，成绩相对稳定下来，不再继续提高，人们称之为学习的极限。也有一些研究表明，这种极限并不是不可突破的。通过改变学习方法、调节情绪等途径，学习成绩仍然可以继续得到提高。

4. 学习中存在个体差异

学习者的性格差异以及他们对学习的准备程度和对学习的不同态度，都会影响学习的成绩，造成学习的个体差异。

（三）提高学习效率的条件

学习效率受到很多因素和条件的制约，正确地利用这些条件有利于学习成绩的提高。

1. 明确学习目标

有没有明确的目标，是影响学习效率的重要因素。学习之前需要首先确定学习目标，其意义有：①对学习具有强烈的动机和巨大的热情；②使人对学习结果产生积极的期待；③为检查和校正学习结果提

知识应用

绘制学习曲线

找一个双手协调器或者镜画仪，通过练习提高熟练度，并将结果绘制成学习曲线。

供依据。

2. 灵活应用整体学习和分解学习

人们通常把学习分为整体学习和分解学习两种。整体学习是指把某种技能或知识当作一个整体来掌握，人们从一开始就着眼于知识或动作间的联系。分解学习，又称局部学习，是指在学习时，人们把某种技能或知识分解为若干部分或某些个别的、局部的动作或知识点，通过学习和掌握这些局部的动作或知识点，逐渐达到学习整个技能或知识点的目的。

采用哪种学习方法，还要看学习内容的繁简程度。学习内容较简单时，采用整体学习的效果好；学习内容较复杂时，采用分解学习的效果好。在学习的不同阶段，两种学习法的效果也有区别。在学习初期，适宜采用分解学习；随着学习成绩的提高，应更多地采用整体学习。当学习内容较为复杂时，还可以采用整体—分解的学习或渐进性分解学习，即把学习内容分解成某些较大的单元，按单元进行学习，并把新学习的单元与已经学会的单元联系起来。

3. 恰当安排学习时间

学习时间的安排有两种，即集中学习和分散学习。集中学习是指长时间不间断地进行学习，每次学习中间不安排休息时间；分散学习是指相隔一定的时间进行学习，每次学习中间安排适当的休息时间。一般来说，分散学习比集中学习的效果要好些。

4. 过度学习

过度学习是指在已经掌握了一项技能之后，仍然进行学习。例如，小学生对乘法口诀进行不断练习，达到了高度自动化，也就是传统的过度学习。对于基本的技能，过度学习可以保证发生较大程度的迁移。

5. 加强反馈

桑代克（Thorndike，1927）在实验中要求被试在看不见的情况下画出一条 3 英寸（约 7.62 厘米）长的直线。对其中一组被试给予强化，如在被试画得好时说，"不错，很好"；另一组被试练习的次数一样多，但是没有得到任何强化。结果发现，第一组被试画直线的成绩随着练习次数的增加有所提高，而第二组被试在多次重复画线之后成绩没有得到提高。桑代克认为，行为的结果决定了学习的效果，如果行为得到了强化，就会促进学习。

有研究发现，影响学习效果的关键因素不是强化，而是被试是否知道行为的结果，即被试是否得到了反馈（Trowbridge & Cason，1932）。在他们的研究中，任务与桑代克研究中的任务一样，但是增加了一组被试：告诉被试画出的直线是长了还是短了，长了多少，短了多少。结果发现，这组被试（反馈组）的学习效果最好，强化组被试的成绩次之，而没有得到任何结果的被试组（无反馈组）的学习效果最差（见图 13-6）。反馈是怎样发挥作用的呢？辛格（Singer，1980）认为，反馈提高了知识的精确性，改善了学习者对自己行为的知觉和评价，从而提高了学习的效果。

6. 发挥原有知识在学习中的作用

原有知识包含一系列的图式，这些图式是联结各种知识点、形成一致的心理表征的关键。在学习过程中，一些图式会被转移到工作记忆中，并与新学习的知识相互作用。原有的图式会帮助学习者选择和组织新的学习内容，使其形成内部一致的知识结构。基于这种方式，还可以把很多零散的学习内容组织成组块，从而扩大工作记忆的容量，提高学习的效率。

7. 发挥元认知的作用

元认知是个体对自己认知过程的认知和控制。从学习的角度来说，元认知是指学习者关于自己如何学习的知识，以及对学习过程的控制（控制认知加工的过程）。元认知能够指导学生对学习材料进行认知加工，包括知道什么是对自己有用的学习策略，也包括知道如何运用这些策略。因此，元认知水平高的学习者能够理解自己的学习方式，并有意识地调节和控制自己的学习过程。

元认知策略的一个重要应用是如何分配学习时间。例如，有的学生觉得背英语单词很容易，有的学生觉得很难，还有的学生觉得背单词虽然很难，但是经过

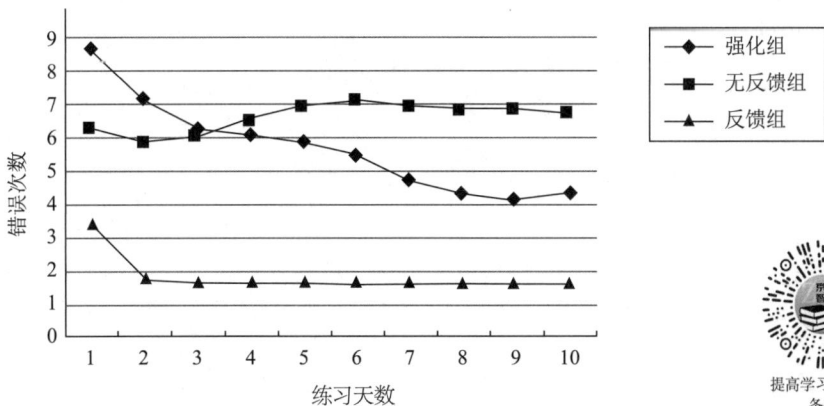

图 13-6 反馈是影响学习的重要因素

（资料来源：Trowbridge & Cason，1932）

提高学习效率的条件

努力是可以完成的。根据这样的认知，学生应该将学习时间合理分配在难易不同的学习任务上，花更多的时间学习较难但是有可能完成的内容（Kornell & Metcalfe，2006）。

8. 发挥情绪的作用

人在练习时的情绪状态对学习效果也有重要影响。轻度的焦虑对获得良好的成绩有积极作用，而没有焦虑和焦虑过度都会给学习效果带来不良的影响；积极、欢快的心境能促进学习，而抑郁的心境会使学习成绩明显下降。

9. 发挥动机和性格特征的作用

当人们对当前进行的活动抱着积极的态度，有较强的学习动机时，学习容易获得进步。相反，人们在活动中消极，对学习成绩漠不关心，学习成绩则很难得到提高。此外，人的性格特征在学习中也有重要作用。许多复杂的学习要求人们长期坚持，克服各种困难。一个人对自己的能力缺乏自信，抱负水平低，没有克服困难的决心和勇气，学习的成绩就不会有很大提高。

二、学习的迁移

学习的迁移是指人们在一种情境中所获得的知识或技能，会影响之后学习另一种知识或技能。

（一）迁移的分类

根据不同的标准，迁移可以分为不同的类别。

1. 根据迁移的效果，迁移可以分为正迁移和负迁移

已经掌握的知识或技能对学习新知识或技能的积极影响叫正迁移。在什么情况下会出现正迁移呢？①不同的学习内容间存在共同的因素或成分。例如，学过英语的人比较容易学习法语、德语等，因为这些语言不仅在词汇的发音上有许多相似之处，而且在语法结构中也有类似的地方。②不同的学习内容间包含共同的原理。当两种学习受同一原理支配时，学会一种内容会促进对另一种内容的学习。例如，会开摩托的人容易学会驾驶汽车，擅长绘画的人容易学会书法，因为它们的基本原理接近。

已经掌握的知识或技能对学习新知识或技能的消极影响叫负迁移。负迁移发生在下述情况下：两种学习内容在结构上很相似，但其中有些成分要求相反或者不同的反应方式。例如，打网球和打羽毛球之间就有负迁移的作用。这是因为两种运动的方式类似（都用球拍打球），但所要求的反应不同，打羽毛球要求手腕的动作，打网球要求整个手臂的动作。共同的刺激情境和不同的反应要求共同作用，便产生了负迁移。

在学习中，正迁移与负迁移常常同时发生，很难截然分开。例如，学过英语的人较容易学习法语，产生正迁移。但有时也会出现干扰，如用英语的语法去理解法语的语法等。

2. 根据学习的情境，迁移可以分为近迁移和远迁移

先前的学习情境（如学习的方式或内容）与后来的学习情境虽有所区别，但非常相似时产生的迁移，就叫作近迁移（Ormrod，2007）。例如，如果先前学习从0开始，连续加2的运算，那么在学习从0开始，连续加3的运算时就是近迁移，因为连续加2和加3在加工方式上非常接近，只不过加的具体数值不同。因此，近迁移类似于把学习到的知识或技能应用到相应的工作中去（Clark & Voogel，1985）。两者越相似，迁移的效果就越好。

先前的学习情境与后来的学习情境虽有联系，但有很大区别时产生的迁移，叫作远迁移（Ormrod，2007）。例如，先前学习从0开始，连续加2的运算，而新的情境却要求在给定字母的基础上，增加字母来组成单词。虽然都是添加新元素生成新内容，但是添加的对象一个是数字，另一个是字母；加工的方式一个是数学规则，另一个是正字法规则，差别很大。因此，远迁移更接近独立于具体学习情境的一般知识或技能的迁移（Clark & Voogel，1985）。先前学到的知识越通用，越概括，迁移到不同情境中的可能性就越大。大学里学习到的知识很多都是比较通用的知识，可能近迁移比较弱，但远迁移却比较强。

近迁移和远迁移有以下不同之处：①近迁移强调先前情境和新情境的相似性，而远迁移则强调差异；②近迁移强调具体的概念、技能、事实，而远迁移则强调一般的、抽象的知识、原理和策略等（Kim & Lee，2001）。

3. 根据学习者的意识程度，迁移可以分为有意迁移和无意迁移

学习者在学习过程中有意识地进行抽象概括和反思总结，寻找当前情境与新情境的联系和相似性，从而在新情境下产生的迁移叫作有意迁移（Perkins，2008）。有意迁移强调学习者意识的主动参与。如果没有学习者的反思总结，迁移就不会发生。例如，在有些课程中，老师会让学生主动参与，甚至让学生主讲一部分内容。然后，在后面的学习中，那些认真准备并且讲得很好的学生的学习效果要比没有讲或者没有认真准备的学生好一些，这就是有意迁移。

学习者在学习过程中没有有意识地进行总结和反思，只是对学习情境的表面特征做出自动化反应，在新情境下原有的概念、技能产生自动化的迁移，叫作无意迁移（Perkins，2008）。在无意迁移中，学习者没有主动地、有意识地参与学习过程，他们只是在不同的情境下反复进行练习，建立起一个模式库。当新的学习情境使学习者想起模式库中存储的学习过程时，迁移就发生了。例如，人们并没有有意对自己的文化素养进行抽象概括和总结，但是它却渗透到个人生活的方方面面，并且对认知过程和行为产生影响，这就是无意迁移。

4. 根据学习者应用知识的方式，迁移可以分为自动式迁移和反省式迁移

学习者先前学习的知识或技能中有

迁 移

先阅读下面的故事一，然后尝试解决故事二中的问题，体会一下前者对后者是否有促进作用。

故事一：一个独裁者凭借一个强大的堡垒统治着一个小国。这个堡垒坐落在这个小国的中部，周围分布着农场和村庄。从郊外有很多路可以通向这座堡垒。一个反叛的将军希望占领堡垒。他知道凭借其整个部队足以占领堡垒。他在一个路口集结了部队，准备发动大规模的直接进攻。可是，将军随后才知道，原来独裁者已经在堡垒周围多条向外延伸的路上埋上了地雷。埋上这些地雷后，只有小分队才能安全通过这些道路。大规模的攻击不仅会破坏这些道路，而且会摧毁周围的村庄，因此无法进行大规模的攻击。由此看来，似乎很难占领这个堡垒。可是，将军想到了一个简单的计划，就是把军队分为许多小分队，各走一条路。当一切准备就绪，将军发出信号，各个小分队最后在堡垒会师。用这个方法，将军最后攻占了堡垒，推翻了独裁者。

故事二：假设你是一个医生，面对一位有恶性肿瘤的患者，如果肿瘤不切除，患者就很可能死去，但是又不能在该肿瘤上动手术。有一种辐射能够摧毁肿瘤，如果辐射以足够高的强度到达肿瘤处，肿瘤就会被摧毁，但是同时，肿瘤周围的其他健康组织也会被摧毁。而辐射强度较低时，虽然对健康组织没有影响，但是又无法摧毁肿瘤。那么，怎么做才能既摧毁肿瘤又不损害肿瘤周围的健康组织呢？

（资料来源：Gick & Holyoak，1980，内容有改动）

一些是高度熟练和自动化的、能够直接使用的（如每天都使用的阅读和写作技能），这部分知识和技能的迁移被称为自动式迁移。发生自动式迁移的前提条件是学习者进行了大量练习，并且有过度学习，直至达到自动化。学习者先前学习的、进行创造性问题解决的知识和技能的迁移，被称为反省式迁移。这种迁移的关键是要有意识地对知识进行抽象概括。当这样的知识成为元认知知识的一部分之后，就可以用来指导将来的学习和问题解决了。例如，把数学的高度抽象概括性应用于文章的写作就属于反省式迁移。

（二）促进迁移的方法

1. 进行有意义的过度学习

有意义的过度学习是指在学生感兴趣的活动中（如问题解决、团队协作、课堂游戏等）进行过度学习，因而不同于重复练习和死记硬背。这种学习能够增加学习效果保持的时间，并促进迁移的发生。过度学习不仅能够促进无意义迁移，而且能够促进有意义迁移。例如，学生在词汇、短语等水平上的加工实现高度自动化以后，就可以投入更多的认知资源到更高水平的语篇理解中去。同样，对代数运算高度熟练的学生在学习更复杂的数学知识时也会更轻松一些。

2. 掌握迁移和元认知策略

掌握迁移的策略对迁移的发生有非常重要的促进作用。一项基于小学三年级的研究对比了两种不同教学方式对知识迁移的影响（Fuchs et al., 2003）。在第一种教学方式中，教师以通俗的方式向学生讲解什么是迁移，举例说明如何进行迁移，并在每次讲授新的学习内容之前都回顾一下与迁移有关的知识；在第二种教学方式中则不讲这些内容。结果发现，与第二种教学方式相比，无论是学业成绩较高的还是较低的学生，在第一种教学方式下学生的成绩更好，这表明掌握了与迁移有关的策略有助于迁移的发生，从而提高了学习成绩。

掌握元认知策略也对迁移的发生有促进作用。例如，让学生练习对不同的问题进行分类，并分别采用不同的方式解决这些问题；在解决了一部分问题之后，在遇到新问题之前，提醒他们回想之前遇到新问题时所采用的方法。这种元认知策略训练能够显著提高学生解决问题的能力。

3. 激发使用迁移策略的动机

激发学生使用迁移策略的动机能够促进迁移的发生（Colquitt et al., 2000）。例如，想当一名工程师的学生会对各种建筑相关的知识产生浓厚的兴趣，更容易在不同类型的知识之间进行迁移。

三、学习与脑的可塑性

（一）脑的可塑性变化的时间进程

有研究考察了盲人在学习盲文过程中脑的可塑性变化规律（Pascual-Leone & Torres，1993）。在这个研究中，被试学习盲文一年，包括每星期五天，每天两小时的课程和一小时的家庭作业。在学习盲文时，被试需要在一系列凸点上移动食指进行感知。盲文的学习实际上是一种感觉运动学习。研究者使用经颅磁刺激技术考察被试感觉运动皮层的功能变化。这种技术通过向脑内发射微弱的磁脉冲，可以暂时抑制相应脑区的功能，因此可以根据被试是否暂时失去某种功能来判断功能区的大小。研究者发现，学习盲文的被试表征食指的运动皮层面积显著大于表征其他手指的运动皮层面积，也大于没有学习盲文的被试表征食指的运动皮层面积。

更有趣的发现是学习过程中脑的可塑性变化的方式。在学习过程中，研究者在每周的星期五和星期一对被试的皮层表征进行考察。他们发现，在星期五和星期一测到的皮层变化是不同的。在学习的开始阶段，在星期五总能发现快速而显著的皮层表征区扩大，但是在星期一这些变化就消失了，皮层表征区的面积回到了初始状态。在前六个月中，总是如此。六个月以后，在星期五测到的皮层表征区面积仍然在增加，但是相比于前六个月，增加的速度和幅度都降低了。在星期一测到的皮层表征区面积的变化却出现了相反的模式。它们在六个月后不再维持初始状态了，开始缓慢增加并在第十个月时达到高原期。而且，被试阅读盲文的速度与在星期一测到的皮层表征区面积的大小有显著相关。当第十个月结束的时候，被试放了两个月的假。假期结束时，被试的皮层表征区面积与两个月前相同。这些结果表明，每天的训练都会引起显著的短期效应，但是长期的训练才会引起持久性的改变，即便是在训练停止后，这种改变也仍然能够维持一段时间。

上述不同的变化模式可能提示了不同的脑可塑性机制。在星期五测到的皮层表征区面积的快速变化可能反映了已有神经联结的增强，并利用了冗余的神经通路；而在星期一测到的皮层表征区面积的缓慢而持久的变化则可能反映了新结构的形成，如新的神经联结的建立。

（二）脑的可塑性与功能迁移

一般来说，盲人由于视觉能力的丧失，其他感觉通道的感知能力会增强，表现为功能的代偿。因此，他们能够从食指的触摸中获取比视力正常人更多的感觉信息。有研究者（Pascual-Leone & Torres，1993）研究了盲人被试是如何通过手指获取足够的信息的，是由于感觉表征区的扩大还是由于其他脑区，如视觉区的可塑性

变化。他们认为，如果视觉皮层能帮助被试阅读盲文，那么抑制视觉区将会显著影响盲文的阅读。结果发现，当视觉区被暂时抑制后，被试无法用食指感知盲文。由此可见，被试的视觉皮层被用来加工触觉信息了。而当视力正常的人的视觉区被抑制后，他们的手指的感知能力却没有受到任何影响。因此，对于学习盲文的盲人来说，他们原来负责一种功能的脑皮层被用来完成另外一种功能了，表现为功能的迁移。

（三）脑的可塑性与练习方式

在另一项研究中（Doidge，2007），研究者让两组从未学过弹琴的人学习弹琴。首先，给所有被试演示手指如何运动，同时听到相应的音符。其次，其中一组被试坐在电子琴前面，想象弹奏时动作的顺序和弹奏时听到的声音，这样每天两小时，一共五天。另一组被试则坐在电子琴前实际练习弹奏，同时也能听到弹奏出来的声音。在学习的前、中、后，都分别对被试的脑皮层进行考察。最后，两组被试都要进行弹奏测验，通过计算机记录弹奏的准确性。结果发现，两组被试都学会了弹奏，并且两组被试的脑皮层的可塑性变化非常相似。由此可见，单单是想象练习就能够使运动系统发生与实际练习相似的可塑性变化。

但是，想象练习组的行为成绩要比实际练习组的成绩差。有趣的是，当想象练习组在第五天结束后，进行短短两小时的实际练习后，他们的弹奏成绩就接近实

际练习组训练五天所达到的水平。由此可见，想象训练为实际训练做好了脑功能方面的准备，而实际训练则很快将脑功能的潜力发挥出来，表现在行为成绩的显著提高上。

尽管脑有很大的可塑性，但是脑的可塑性并不是无穷尽的。过度强调脑的可塑性可能会带来一些相反的效果。因此，在将来的研究中，了解脑的可塑性的限度与了解脑的可塑性的潜力同样重要。

第三节　学习理论

学习理论是对学习规律和学习条件的系统论述，主要解释个体为什么学习，怎样学习和学习什么。一个多世纪以来，心理学家和教育学家对人类与动物学习的机制进行了多方面研究，形成了不同的学习理论。一般将学习理论分为两个主要的流派：联结主义学派和认知学派。

一、学习的联结理论

学习的联结理论强调学习就是在刺激和反应之间建立联结的过程。因此，联结理论又被称为刺激—反应理论。联结理论主要包括经典条件作用和操作性条件作用，代表人物主要有巴甫洛夫、桑代克与斯金纳等。

（一）经典条件作用

巴甫洛夫是一位生理学家，曾因为对动物消化腺的创造性研究而获得了诺贝尔生理学或医学奖。巴甫洛夫对动物消化腺的研究主要以狗为研究对象。他在研究中发现，当助手给狗食物时，狗吃到食物会分泌很多唾液；此后又发现狗只要看到食物，就开始分泌唾液；再后来，只要听到助手的脚步声，狗似乎知道马上就可以吃到食物了，唾液的分泌也开始增加。巴甫洛夫系统研究了这种现象，提出了条件反射的概念，后人称之为经典条件作用。

1. 经典条件反射的形成

巴甫洛夫认为，条件反射形成的条件如下。①无条件刺激和无条件反应：食物吃到嘴里，引起唾液分泌增加，这是自然的生理反应，不需要学习。在这个过程中，引起这种反应的刺激是食物，使生物体无须学习就能产生自然反应，因而叫作无条件刺激（unconditioned stimulus，UCS）。无条件刺激所引发的反应叫作无条件反应（unconditioned response，UR）。②条件刺激和条件反应：助手的脚步声与狗的唾液分泌增加本来没有必然的联系，

普通心理学

巴甫洛夫

巴甫洛夫（1849—1936）（见图 13-7），苏联生理学家、苏联科学院院士。1870 年在圣彼得堡大学学习动物生理学，1875 年转入军事医学院学习，1883 年获医学博士学位。1904 年因消化腺生理学研究的卓越贡献而获得了诺贝尔生理学或医学奖。他是用条件反射的方法对动物和人的高级神经活动进行实验研究的创始人，也是高级神经活动学说的创立者。

图 13-7　巴甫洛夫

巴甫洛夫开始时研究血液循环和消化功能，主要工作是关于高级神经活动的研究。高级神经活动学说是其多年实验研究的总结，主要记述在《动物高级神经活动（行为）客观研究二十年经验》（1923）和《大脑两半球机能讲义》（1927）中。巴甫洛夫详细地研究了暂时联系形成的神经机制和条件反射活动发展与消退的规律性，论述了基本的神经过程——兴奋和抑制现象的扩散和集中及其相互诱导的规律，提出了神经系统类型的学说和两种信号系统的概念。在苏联，它们被认为是对心理学问题进行辩证唯物主义深入研究的自然科学基础。他强调心理与生理的统一，反对把心理与生理割裂开来。他应用客观的方法对心理现象进行研究，有助于心理学摆脱内省主义的束缚。近几十年来，生理学中的新进展使人们对心理的生理机制的认识不断深入，并使高级神经活动学说得到不断发展。

（资料来源：中国大百科全书总编辑委员会，1991，内容有改动）

是一种无关刺激，或称中性刺激（neutral stimulus，NS）；当脚步声与食物同时、多次重复出现后，狗听到脚步声，唾液分泌就开始增加，这时中性刺激由于与无条件刺激结合而变成了条件刺激（conditioned stimulus，CS），由此引起的唾液分泌就是条件反应（conditioned response，CR）。

巴甫洛夫在实验中使用的装置如图 13-8 所示。在实验中，将狗固定在架子上，用铃声作为无关（中性）刺激。狗形成条件反射的机制如表 13-1 所示。

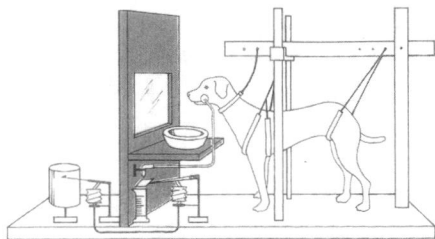

图 13-8　巴甫洛夫的实验研究装置

（资料来源：Sternberg，1998）

2. 经典条件反射的规律

（1）习得

在条件刺激与无条件刺激之间建立联结的过程叫作条件反射的习得过程。在这个过程中，根据条件刺激与无条件刺激呈现的时间关系可以分为同时性条件作用、延迟性条件作用与痕迹条件作用。在同时性条件作用中，条件刺激与无条件刺激在时间上是完全同步出现的；在延迟性条件作用中，条件刺激先出现一段时间，在它还未消失时，无条件刺激出现，然后两种刺激同时消失；在痕迹条件作用中，条件刺激先出现，消失一段时间后无条件刺激才出现。在这三种不同的时间关系中，延迟性条件作用最易形成条件反射，其次是

同时性条件作用，最后是痕迹条件作用。如果条件刺激在无条件刺激之后才出现，即使有条件反射形成，其效果也很微弱。

（2）消退

条件反射形成以后，如果得不到强化，条件反应就会逐渐减弱，直至消失。例如，狗对铃声形成唾液分泌的条件反射以后，得到了食物（强化），条件反射将进一步巩固；如果只给铃声不给食物，已经形成的条件反射就会消退（extinction）。但也存在一种情况，即一段休息时间之后，条件反应会出现自发恢复的现象，且不依赖额外的条件刺激与无条件刺激的联系，说明条件刺激和条件反应之间所建立的这种联结仍然存在。

图 13-9 显示了一个条件反应的获得与消退实验的结果。图 13-9a（获得性实验）表示当条件刺激与无条件刺激重复出现超过 10 次时，条件反应接近高原水平。图 13-9b（消退性实验）表示当条件刺激单独出现（没有伴随强化物）第 4 次时，唾液分泌量已经大大减少，到第 9 次时，唾液分泌反应已基本消失了。

表 13-1　经典条件作用形成的三个阶段

阶段	过程
形成前（阶段 1）	无条件刺激→无条件反应→中性刺激无反应 （肉）　　（唾液分泌）　　（铃声）
形成中（阶段 2）	中性刺激（铃声） ＋　　↘ 无条件刺激→无条件反应 （肉）　　（唾液分泌）
形成后（阶段 3）	条件刺激 → 条件反应 （铃声）　（唾液分泌）

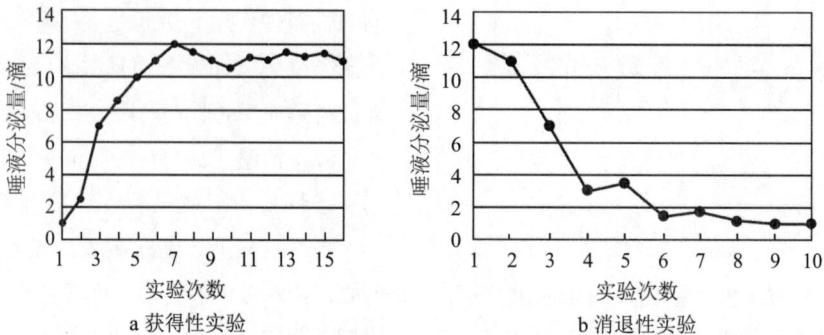

图 13-9　条件反应的获得与消退

（资料来源：Pavlov，1927）

（3）泛化与分化

泛化（generalization）指在条件反射形成后，另外一些类似的刺激也会引起条件反应，即刺激越相似，便越可能将其当作相同的刺激来反应。例如，在恐惧情绪形成实验中，在基于经典条件作用形成对小白鼠的恐惧反应之后，个体对白色的兔子甚至白色外套都产生了泛化的恐惧反应。新刺激越接近原来的条件刺激，泛化现象越容易发生；而新刺激变化得越多，可以观察到的条件反应就越少（Rescorla，2006）。

与泛化作用互补的是分化过程（discrimination），是指对事物的差异进行反应，即区分那些相似却不同的刺激的能力。例如，狗可以学会只对三声铃声做出唾液分泌的条件反应，而对一声和两声铃声没有做出唾液分泌的反应。实现分化的手段可以是选择性强化或消退。

分化和泛化两者相互对立，可以通过训练来调节两者之间的平衡。分化意味着机体逐渐能够分辨刺激物之间的差异。借助刺激泛化可以将学习的效果扩展到最初的特定刺激以外的其他刺激，而借助刺激分化则可以针对不同的情境做出不同的恰当反应，从而避免盲目泛化。

（4）二级条件作用

在已经形成的条件反射（如铃声引起唾液分泌）的基础上，如果将条件刺激（如铃声）用作无条件刺激，使它与另一个中性刺激伴随出现，就能建立一种新的条件反射，被称为二级条件作用（secondary conditioning）。例如，在铃声与唾液分泌的联结建立起来后，将灯光与铃声反复伴随（无食物）出现，经过学习，灯光也会引起狗的唾液分泌。

在二级条件作用中，机体在建立条件反射时不再需要借助具有生物学力量的无条件刺激（如食物）。机体可以在已有的条件反射的基础上建立新的、更复杂的条件反射。研究二级条件作用有助于我们理解人类的许多复杂行为。

（二）操作性条件作用

在经典条件作用中，机体的行为是由刺激引发的自发反应。这些刺激来自环境，机体不能预测，也不能控制它。在日常生活中，我们还经常看到另一种现象，机体为了获得某种结果而主动做出某种行为。例如，婴儿第一次叫"妈妈"后得到了母亲的爱抚，这种结果使婴儿以后不断地叫"妈妈"。这种行为是由机体主动发出的，而不是由刺激引起的被动反应。很明显，用经典条件作用的理论很难解释这种行为。因此，研究者提出了操作性条件作用（operant conditioning），即机体的行为结果能决定这一行为在将来是否会被重复的一种效应。按照观点的不同，操作性条件作用又可以分为两种类型，包括桑代克的尝试—错误学习和斯金纳的操作性条件作用。

1. 桑代克的尝试—错误学习

桑代克（Edward Thorndike，1874—1949）是美国心理学家。他设计了迷笼实验（见图 13-10）。他将饥饿的猫放入迷笼中，笼外放有食物。猫进入迷笼后，会本能地做出许多反应。猫偶尔触动了迷笼开关，把迷笼打开，得到了食物。如果将猫再次放入迷笼，猫在笼中的无关的动作逐渐减少。最后，猫一进入迷笼就会立即触动开关，获取食物。

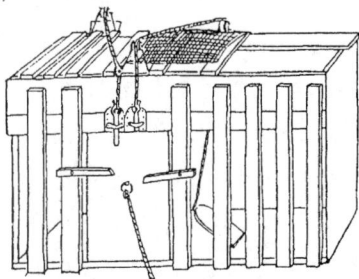

图 13-10 桑代克的迷笼装置
（资料来源：Thorndike，1913）

通过对动物学习行为的研究，桑代克提出了尝试—错误学习理论。该理论认为，学习的实质是通过尝试在一定的情境与特定的反应之间建立某种联结。在尝试中，个体会犯很多错误，通过环境给予的反馈，个体放弃错误的尝试而保留正确的尝试，从而建立起正确的联结，这就是学习。桑代克认为，在尝试—错误学习中，行为的后果是影响学习的关键因素，如果行为得到了强化，证明尝试是正确的，行为就会被保留下来，否则就会作为错误尝试而被放弃。总之，强化会促进行为，而惩罚会削弱行为，桑代克称之为效果律。桑代克认为，效果律是学习的基本定律。

2. 斯金纳的操作性条件作用

20 世纪 30 年代后期，行为主义心理学家斯金纳改进了桑代克的迷笼，设计了斯金纳箱（见图 13-11），并用来研究各种动物（如白鼠与鸽子）的行为。在实验中，动物无意中碰到杠杆，得到了食物，之后逐渐形成了按压杠杆与得到食物之间的联结。通过更为复杂的设计，动物还可以学会分化行为。例如，当灯亮时按压杠杆可以得到食物，而灯灭时按压杠杆得不到食物，因此动物学会了只在灯亮时按压杠杆。

通过研究，斯金纳认为存在两种类型的学习，一类是由刺激情境引发的反应，斯金纳称之为应答性反应，与经典条件作用类似；另一类是操作性行为，它不是由刺激情境引发的，而是机体的自发行为。在日常生活中，人的绝大多数行为都是操作性行为。影响行为巩固或再次出现

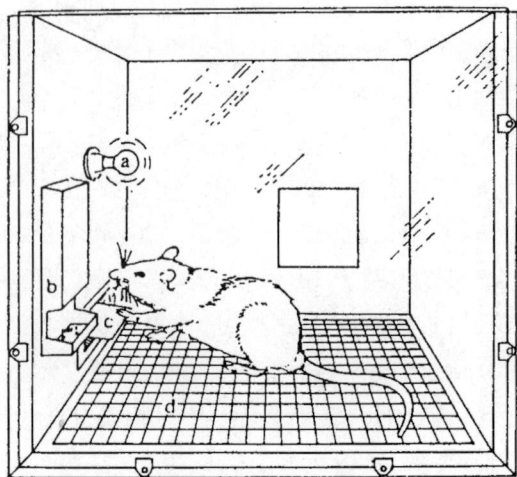

a 灯　b 食物槽　c 杠杆或木板　d 电格栅

图 13-11　斯金纳箱

经典条件作用和
操作性条件作用
的区别

的关键因素是行为所得到的结果，即强化（reinforcement）。

斯金纳区分了两种类型的强化——正强化与负强化。当环境中的某种刺激增加而行为反应出现的概率也增加时，这就是正强化。例如，饥饿的白鼠按压杠杆得到食物，食物就是正强化物。当环境中的某种刺激减少而行为反应出现的概率增加时，这就是负强化。负强化通常是机体力图回避的。例如，白鼠处于轻微的电击中，一旦按压杠杆，电击解除，停止电击就是负强化物，它同样能增加动物的压杆反应。需要注意的是，无论是正强化还是负强化，其结果都是增加行为再次出现的概率，促进行为的发生。

斯金纳认为，在行为实验中，强化方式是最容易控制的、最有效的变量。强化既能影响行为的习得速度与反应速度，也能影响行为的消退速度。在精确控制的实验情境中，实验者可以精确地决定使用什么类型的强化，怎样给予强化和何时给予强化。强化的类型多种多样，包括连续强化和间隔强化、固定比例强化和变化比例强化、固定时间强化和变化时间强化等（见图 13-12）。其中，连续强化指每次行为出现之后都给予强化；间隔强化指间隔一定时间或比例才给予强化。固定比例强化指间隔一定的次数给予强化，如隔 5 次给予 1 次强化；变化比例强化指每两次强化之间间隔的反应次数是变化不定的。固定时间强化指间隔一定的时间给予强化，如每隔 5 分钟给予 1 次强化；变化时间强化指强化之间间隔的时间是变化的。即时强化和延迟强化的区别在于强化与行为之间的时间是否有延迟。决定一个强化物有效性的关键是行为出现和强化物出现的间隔时间长短。时间越长，强化物的有效性就越低。

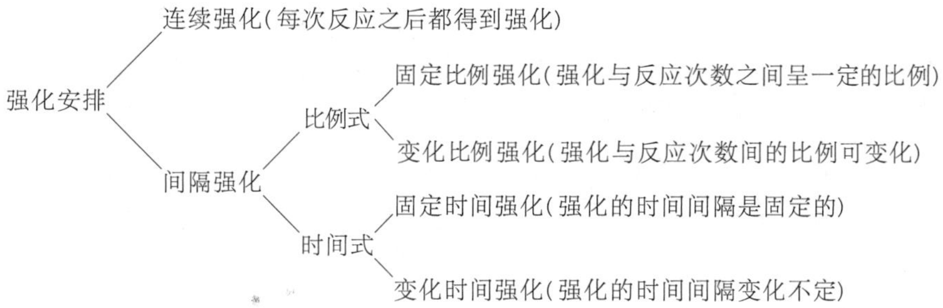

连续强化(每次反应之后都得到强化)

固定比例强化(强化与反应次数之间呈一定的比例)

比例式

强化安排　　　　　　　　　变化比例强化(强化与反应次数间的比例可变化)

间隔强化　　　　　固定时间强化(强化的时间间隔是固定的)

时间式

变化时间强化(强化的时间间隔变化不定)

图 13-12　强化的分类

（三）联结理论在学习和教育情境下的应用

1. 增加规范行为

在学生的学习过程中，教师除了可以提供一种具体的奖励（如贴画、口头表扬等）作为强化物之外，还可以提供一种活动（如玩游戏、跟同伴聊天、绘画等）作为奖励。有研究发现，通过奖励自由活动的时间，能够有效提高 3 岁幼儿安静地坐着关注教师的时间（Byrne，2017）。同样，对于初高中的学生来说，如果他们能够提前完成作业，那么可以允许他们在剩余时间里听音乐或者做其他感兴趣的事情。这种用高频行为（喜欢的行为）强化低频行为（不喜欢的行为）的原则最早是由普雷马克在一个实验中提出的，因而被称为普雷马克原则（Premack，1959）。

当某种行为无法在当前表现出来时，就无法使用强化。例如，某个学生从来都不主动回答问题，那么教师就没办法强化他主动回答问题的行为，因为这个行为并没有发生。这时就需要采用行为塑造的方式。塑造将强化分成一个个小步骤，每一个小步骤都指向所需要的行为，每一步都进行强化，直至整个行为都呈现出来。例

如，可以先由教师要求该生回答问题，无论回答是对还是错，都给予奖励；然后再在回答正确的时候才给予奖励；最后在学生主动举手时才给予奖励。

2. 减少不良行为

当教师强化一种行为时，另一种与之不相容的行为就会被抑制。例如，如果教师奖励了学生安静听课的行为，那么学生在课上说话或者做小动作的行为就会减少。同样，教师主动忽视不希望出现的行为也会起到相似的作用。例如，教师忽略不举手就说话的行为，表扬耐心举手等待教师叫名字的行为。但是，这种策略对于某些行为（如破坏公物）是不适用的。

有时候，教师可以让学生反复地进行不良的或者不规范的行为，直到这种行为变得没有意义。例如，要求乱扔纸屑的学生连续不停地做这个行为，虽然开始学生可能觉得很好玩，但是后来就会觉得没有意思了。当学生对这种行为表示厌烦时，要再坚持一段时间，效果才会更好。但是，只有当这种行为不危害他人时才可以使用这种策略。

有一些行为会破坏集体活动，而让做

出这种行为的个体无法参加集体活动，如不能参加足球队，往往会取得较好的抑制这种行为的效果。但是，这种方法对于某些本就不想参加集体活动的学生来说是无效的，所以要因人而异。

二、学习的认知理论

学习的联结理论强调学习是在刺激和反应之间形成联结，而认知心理学家则认为，在研究人类的复杂行为时，除了要关心个体可观察到的行为反应之外，更要关心刺激—反应的中间过程，即刺激怎样引起反应，以及学习行为内在的认知过程，由此衍生出了学习的认知理论。下面主要介绍苛勒的顿悟理论、托尔曼的认知学习理论、班杜拉的社会认知学习理论和后来出现的建构主义学习理论。

（一）主要的学习的认知理论

1. 苛勒的顿悟理论

苛勒在1913—1917年深入研究了猩猩解决问题的行为，其中"取香蕉"实验是最有名的（Köhler，1925）。

如图13-13所示，猩猩可以看到房顶上悬挂着一串香蕉，但是它够不到。房内的地上有几个箱子。苛勒的研究发现，面对这样的情境，猩猩一开始试图跳起来抓取香蕉，但是没有达到目的。之后，它不再跳了，而是在房间里走来走去，仿佛在观察房间里的东西。经过一段时间，猩猩突然走到箱子前面，站着不动，过了一会儿，把箱子挪到香蕉下面，跳到箱子上，取到香蕉。如果一个箱子不够高，猩猩还能把两个或更多的箱子叠起来，从而拿到香蕉。苛勒还设计了许多类似的情境让猩猩解决问题。通过这些研究，苛勒发现猩猩不是通过尝试—错误的方法来学习如何拿到香蕉的，而是突然学会如何解决问题的。苛勒认为，用知觉重组可以解释这种学习：猩猩突然发现了箱子与香蕉之间的关系，在自己的认知结构中将已有的知识经验进行了重新组合，因而找到了解决问题的新方法。苛勒把这种学习叫作顿悟学习。

在人类的学习中也常见到顿悟现象。

图 13-13　猩猩叠放箱子以拿到香蕉

（资料来源：Köhler，1925）

顿悟经常突然到来，就像在思维的黑暗中投射出一道灵感的光芒，令人在苦苦地思索后突然找到答案。

在顿悟学习中，个体学到的东西不是刺激和反应之间的一种特定的联系，而是手段和目的之间的一种认知关系。当动物学会用一种手段达到目的后，它们也可以用另一种手段来达到同样的目的。例如，猩猩在学会站在箱子上取得香蕉后，它们也可以把竹竿接起来取得香蕉，这表明顿悟是可以在不同手段、不同情境之间进行迁移的。

2. 托尔曼的认知学习理论

托尔曼是一位行为主义心理学家，他倡导的行为主义"是一种特殊的行为主义"（Tolman，1932）。他与早期的行为主义者一样，也注重研究行为，但他反对刺激—反应的理论框架，而强调刺激—反应的中介变量。因此，托尔曼的行为主义被称为认知—行为主义。

托尔曼认为，一个完整的行为应包括三个方面：①由外部环境或内部生理状态所激发；②经过某些中介变量；③由此表现出的行为。他还指出，要分析一个完整的行为，就必须考虑个体的认知，认知就是行为的中介变量。只有研究中介变量，才能了解个体行为发生的机制。他的认知学习理论主要包括以下两个部分。

（1）位置学习

托尔曼的学生麦克法兰（MacFarlane）报告了白鼠"位置学习"的实验。他训练白鼠在迷宫里游泳，这种迷宫与心理学家用于训练白鼠的迷宫大致相同，只是在迷宫的通路中灌了水，白鼠必须在水中游泳，才能到达目的箱。问题是，白鼠在这种迷宫中究竟学到了什么？是一系列刺激—反应联结，还是某种认知内容？为了回答这个问题，麦克法兰将迷宫中的水抽干，发现那些已经学会游到目的箱的白鼠这时都能顺利地跑到目的箱，说明它们将游泳时学会的内容成功地迁移到了奔跑中。托尔曼认为，白鼠学到的不是一系列动作，而是迷宫本身的空间布局，也就是说，白鼠习得了迷宫的地图，因此能在有水和无水的迷宫中都能成功地到达目的箱。托尔曼用认知地图来描述动物在迷宫实验中所学到的东西，即关于迷宫的位置信息，如哪条路是死路，哪条路通向食物，哪条路最近，哪条路绕弯等。一旦白鼠将这些信息同化到自己的某种认知地图中，它就会明白目标在哪里以及应该如何走。

托尔曼认为，认知地图是关于某一局部环境的综合表象，不仅包括事件的简单顺序，而且包括方向、距离甚至时间关系等。而位置学习就是根据对情境的认知，在当前情境与达到目的的手段、途径之间建立起一个完整的符号系统。研究表明，海马在认知地图的学习中发挥着重要作用（McGregor et al.，2004）。

（2）潜伏学习

托尔曼认为，强化不是学习所必需的。在一个经典的实验中，将实验白鼠分为三组，训练它们走一个复杂的迷宫。A组白鼠在正常条件下训练，跑到目的箱之后总能得到食物；B组白鼠始终没有得到食物；C组白鼠在开始的头10天中没有得到食物，到第11天才得到食物。实验结果如图13-14所示。

A组的成绩水平逐渐上升；B组的成绩水平一直都没有显著提高；C组的成绩水平在没有食物强化的头10天中与B组一样差，然而一旦得到食物，成绩水平就骤然上升，与A组一样好，甚至更好。托尔曼认为，三组白鼠的学习情境是一样的，差别仅仅是有没有食物强化。C组白鼠没有受到强化，但也在学习，只不过没有将学习的效果表现出来，托尔曼将这种学习称为潜伏学习，即某些知识或技能被习得后，并没有立刻表现出行为的改变，而是直到未来的某个时间点才表现出来的学习。C组白鼠在没有食物的头10天中也进行了学习，它们与A组白鼠一样获得了关于迷宫的认知地图，只是由于没有食物强化，它们也没有必要让学习结果表现出来。当C组白鼠在第11天得到食物强化后，学习的结果立刻就表现出来了。托尔曼认为，学习不仅需要知识，而且要有

目标（如走到目的箱获得食物）。如果没有目标，学习可能就表现不出来，其结果不一定会体现在外显的行为中。

3. 班杜拉的社会认知学习理论

20世纪60年代，班杜拉开始研究个体如何通过在环境中观察他人的行为进行学习。在一个经典实验中，班杜拉等人（Bandura et al., 1963）把儿童分为实验组和控制组，实验组的儿童被一个个地带到放有玩具的房间里，然后让他们看到一个成人对波比娃娃进行攻击的行为。控制组的儿童则被带到另外的房间里，他们看到的是一个成人在安静地玩游戏，并没有对波比娃娃进行攻击。然后，成人离了房间，通过单向玻璃观察儿童在放有玩具的房间里如何玩耍。结果发现，观察到成人攻击行为的儿童比控制组的儿童表现出更多的攻击行为。这就表明儿童通过观察成人的行为习得了某种行为模式。

在观察学习中，有三个关键的因素，分别是榜样、模仿者和环境。

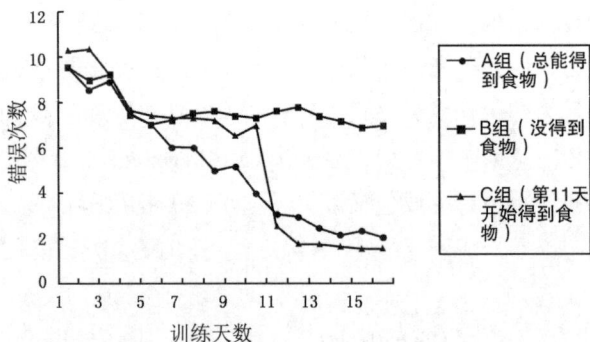

图13-14　托尔曼的潜伏学习实验

（资料来源：Hilgard, 1956）

（1）榜样

首先，个体做出某种行为并被其他个体观察到，这是观察学习发生的必要条件。榜样可以是观察者的朋友、父母、兄弟姐妹或者身边的其他人，可以是直接观察到的真实的榜样，也可以是通过媒介（如电影、书籍）观察到的象征性的榜样。无论是真实的榜样还是象征性的榜样，榜样的行为都要与观察者有所关联，观察者必须对榜样的行为产生兴趣。例如，男孩对篮球感兴趣，所以更倾向于模仿篮球明星；女孩对时装比较感兴趣，所以更倾向于模仿时装模特。此外，个体更有可能去模仿与自己在年龄、性别等方面相似的榜样的行为。

其次，榜样必须是观察者所认为的被观察行为中的佼佼者。学习数学的学生会更加注意数学成绩好的学生，而不是数学成绩差的学生。

再次，地位较高的榜样更有可能被他人模仿。这里的地位包括家庭地位（如父母或兄长、姐姐等）、同龄人群中较受欢迎的个体、教师以及名人等。

最后，性别适宜行为是社会所划分的男性和女性的行为。在波比娃娃实验中，与女性榜样相比，房间里的男孩和女孩更倾向于模仿男性榜样的攻击行为。这是因为与女性相比，男性的肢体攻击行为更符合男性的性别特征。

（2）模仿者

首先，模仿者需要关注榜样。教师可以做出希望被学生模仿的行为，但是学生必须关注这个行为以便随后他们能够自己独立完成这个行为。

其次，模仿者不仅要注意到榜样的行为，而且要在记忆中保持该行为，并在适当的时候提取出来。

最后，模仿者之所以能够注意并加工榜样的行为，与其自身的动机水平有密切关系。

（3）环境

首先，如果榜样的行为被强化，这个行为将会被频繁地模仿，这种现象被称为替代强化。例如，如果一名学生看到另一名学生因为在课上完成作业而得到教师的奖励，那么他也很有可能会完成作业以便得到教师的奖励。

其次，如果榜样行为受到惩罚，那么这一行为被模仿的概率则会显著降低，这种现象被称为替代惩罚。例如，如果一名学生因为破坏公物被罚站，那么其他学生破坏公物的可能性就会降低。

最后，如果某一行为会被惩罚，但是榜样做出这一行为却没有受到惩罚，那么这个行为就会被频繁地模仿。例如，如果一名学生作弊，却没有受到惩罚，那么其他学生极有可能也去作弊。可见，榜样的不良行为带来的影响可能要比良好行为带来的影响更大。

建构主义学习理论

4. 建构主义学习理论

建构主义（constructivism）对学习和学习者提出了新的看法。和行为主义不同，建构主义更重视新旧经验间反复的、双向的交互作用。并且，社会互动在知识建构过程中是非常重要的（Bruning et al., 2011）。建构主义有很多不同的流派，这里仅介绍其中具有代表性的部分观点及其共同特点。

（1）个体建构主义

从信息加工的角度来看，学习就是个体建构可被记忆和提取的内部表征（如概念、命题、表象、图式等）的过程。根据这种观点，虽然外部世界是信息输入的来源，但是一旦外部信息被感知，并进入工作记忆中，对信息的加工就只发生在人脑中了（Schunk，2008）。个体建构的观点强调个体的作用，没有强调社会环境的作用。

个体建构主义的主要观点如下。① 知识不是对现实的准确表征，只是一种解释、假设；知识不是问题的最终答案，会随着人类的进步而不断得到更新。②学习过程不是由教师向学生传递知识的过程，而是学生主动建构知识的过程。建构就是学习者通过新旧知识经验间反复的、双向的相互作用，来形成和调整自己的经验结构的过程。③学习者在日常生活和以往的学习中已经具有了一定的经验。他们可能没有接触过某些问题，对这些问题没有现成的经验，但是一旦问题出现，他们就能基于以往的经验和自己的认知能力形成对问题的某种解释。在教学中，应该把儿童现有的知识经验作为新知识的生长点，引导儿童从原有的知识经验中"生长"出新的知识经验。教学不是知识的传递，而是知识的相互作用和转换（陈琦，张建伟，1998）。

（2）社会建构主义

维果茨基认为，社会互动和文化塑造了个体的发展与学习。通过与他人共同参与各种活动，个体能内化通过共同活动而获得的东西，包括新策略和新知识。例如，使用诸如"力"和"加速度"的概念性工具来对其他物理知识进行推理就是一种内化。这种观点将学习置于社会和文化背景中，因而被称为社会建构主义。

总之，建构主义理论认为，知识是学习者试图理解他们的经验而发展起来的。学习者并不是一个被动地等待灌输的容器；相反，学习者是一个积极寻求意义的机体（Driscoll，2005）。这些学习者建构了心理图式，并不断修正这些图式，以便更好地理解自身的经验。每个学习者对知识都有自己独一无二的解释。

（二）认知学习理论的应用

1. 榜样和个人因素

根据观察学习理论，在学习过程中，如果能提供一个好榜样，就能很好地促进学生的学习。例如，在学习消防知识的时候，邀请消防员到班级来讲解消防知识，能更好地激发学生的学习兴趣。

除了榜样的因素之外，学生个人对自己能够成功所具有的信心也是非常重要的。自信心较高的学生容易投入更多的时间去学习，并且相信自己能够完成学习任务。为此，教师需要给予学生恰当的反馈和评价，帮助学生更好地认识和评价自己的学习能力。研究表明，教师不恰当的积极反馈和评价不仅不会提高学生的自信心，反而会带来相反的效果（Linnenbrink & Pintrich，2003）。

2. 帮助学生集中注意力

随着时间的推移，学生的兴趣也会发

生变化。因此，首先，教师要通过不断引入变化和新奇的东西来维持学生的好奇心和兴趣。其次，在教学过程中，通过特定的信号，如停顿、手势等，将学生的注意聚焦在重要的概念或者某些学习内容上，也有助于学生把重要的信息和不重要的信息区分开，从而提高学习的效率。最后，如果有条件，也可以采取多种学习方式，如角色扮演、小实验等方式，让学生更为主动地参与到学习过程中，并通过发言、提问等方式，增加学生主动参与的程度，更好地集中注意。

3. 帮助学生掌握建构知识的策略

在学习过程中，学生可以通过一些策略更好地把新知识跟已有的知识建立联系，从而提高知识建构的效率。例如，在信息组织方面，教师通过提纲的方式清晰而有逻辑地呈现信息，通过思维导图等方式帮助学生了解信息是如何相互联系的，通过提问等方式激活学生已有的知识，并利用类比将新的信息与学生已有的知识建立联系，给学生一定的时间来组织信息等，这些都是提高建构效率的策略。

第四节　教学方法与学习

学习是在学生与环境相互作用的过程中发生的。这里的环境就包括了教学。因此，学习离不开教学。教学是教育者为促进学生学习而对学习环境加以操控的过程。可见，教学包括两个含义：第一，教学是教育者发起的行为；第二，教学的目的是帮助学生进行学习，并引发学生的行为或行为潜能的变化。

与学习相比，教学旨在创设一种能够引发学生经验的环境，在学生与环境相互作用的过程中促进学生的知识发生变化。在这个环境中，教师能够起到指导作用，从而使学生的学习更加有效。因此，离开了教师的教，学生的学就失去了指导；同样，离开了学生的学，教师的教也就失去了对象。

教学主要涉及"教什么"和"如何教"的问题。其中，"教什么"主要涉及教学目标、教学内容以及课程计划，而"如何教"主要涉及教学方法的问题。本节简要介绍教学方法中涉及的心理学问题。

一、以教师为中心的教学方法

在这种教学方法中，教师是信息的传播者，其作用是帮助学生建构学习环境。直接教学和掌握性教学是这种教学方法的两个重要类型。

（一）直接教学
1. 教学方式

直接教学的目标是使学生将大部分时间放在有意义的学习任务上，并要求所有学生以相同的速度进行学习。在这种教学方法中，教师通过高控制力创造结构化的学习环境，监控学生的学习过程。在课堂上，教师控制课堂进度和学习材料的呈现。教师"一小步一小步"地呈现学习内容，适时监控每一个学习环节，给学生提供不同的实例，不断向学生解释概念，教师也会向学生提问，以检查学生是否真正理解了所学内容。这些问题既可以是只有一个正确答案的封闭性问题，也可以是需要解释的开放性问题。

2. 练习和反馈

为学生提供大量练习和及时反馈，对所学内容进行强化。①受控制的练习。教师通过例子来引导学生，并提供即时的纠正性反馈。教师必须仔细监控这个过程，防止学生学到不正确的程序或者概念。②指导练习。学生独自练习，教师提供强化和纠正性反馈。③独立练习。家庭作业是独立练习的一种方式。④分散练习。学生需要参与分散练习，这些短而频繁的练习比长而少的练习更为有效，尤其是对小学低年级的儿童来说。

3. 适用对象

直接教学在小学低年级（1~3 年级）是一种很受欢迎的方法。这个阶段的教学集中于基本技能的学习，如阅读、数学、拼写、书写以及早期的科学和社会知识等。直接教学也可以用于更复杂的技能和学科的教学，如高中科目的代数、几何、计算机编程等（Anderson et al., 1994）。

直接教学并不是对所有的学生和所有的情境都有效。例如，这种方法可能不利于学习成绩较好的学生或者学习动机较强的学生。

（二）掌握性教学

1. 教学和练习方式

掌握性教学的基本理念是，只要给予足够多的时间，所有的学生都能掌握所学的内容。教师事先设置一个必须达到的知识掌握水平，如掌握本单元内容的 80%。没有达到这一水平的学生可以重复学习，直至达到标准。这种方法包括以下几个方面：①设定总的学习目标，这个目标通常是掌握一个教学单元的学习内容；②按照从简单到复杂的顺序，把总的学习目标分解成一个个的小单元，每个小单元都有自己的具体学习目标；③进行过程性评估，即在教学之前评估学生当前的知识水平，并确定需要改进的地方；④将学习材料提供给学生，学生往往可以独立地进行学习；⑤为学生提供各种反馈；⑥进行总结性评估，确认学生的知识掌握水平。

2. 适用对象

掌握性教学适用于所有年级、所有水平的学生以及各种复杂程度的知识。但是，掌握性教学也有一些弊端。例如，这种方法有可能扩大学生间的成绩差距。当成绩较差的学生在用额外的时间重复相同的内容时，成绩较好的学生已经开始学习其他内容了。

二、以学生为中心的教学方法

以学生为中心的教学方法关注学生在掌握知识时的心理过程，包括发现式教学、讲解式教学和建构主义教学方法。

（一）发现式教学

1. 教学和练习方式

在发现式教学中，教师鼓励学生对所要学习的知识进行大胆探索，从而主动发现和内化其中的概念、规则以及原理等。例如，让高中生用所提供的各种斜面和物体进行实验，进而发现某个物理学原理。

发现式教学不等于完全没有教师的指导（Alfieri et al.，2011）。由于缺乏背景知识或者激活了不相关的知识，学生可能无法将需要学习的内容整合到自己已有的知识系统中；也可能因为发现过程中的可能性太多，学生根本无法发现原理，从而导致教学效率降低。所以，教师的指导仍然是必要的。例如，对于努力发现物理原理的高中生，教师要提供一般的实验指南，帮助他们进行实验，并对他们的进展进行监督，在必要的时候将他们的活动引导到正确的方向上来。这种指导能够使学生把认知资源集中在知识的整合和重组上，并能够进行推论，而不是聚焦于如何开展发现本身。

2. 适用对象

目前，发现式教学已经被广泛用于中小学生的学习中。为了成功地使用这种教学方法，教师在决定提供多少指导以及何种类型的指导时，必须考虑到不同学生的能力和需求。

（二）讲解式教学

1. 教学和练习方式

讲解式教学的目标不是让学生独立地发现新知识，而是要确保学生以一种有意义的方式把新知识整合到记忆中去。在这个过程中，教师仍然只是提供有限的指导，更多的则是学生自己对知识进行理解和整合。

在介绍新知识时，教师会强调它与学生已有的知识、现实生活中的事例和情境之间的关联。为此，教师会使用先行组织者，即在教学前，先呈现一般性的信息，以此帮助学生建立一个整合信息的框架。例如，花一些时间回顾本书开头的提纲，这就是先行组织者的一个例子。先行组织者可以是某种视觉形式（如流程图），也可以是一个过程，或者一个类比，将新概念和已知概念进行类比。那些由言语或者图表方式呈现的具体模型或者类比要比抽象的例子或者原理更为有效。当个体不熟悉新知识或者理解起来比较困难的时候，先行组织者是最有效的。

无论采用哪种方式，讲解式教学都要遵循两个基本原则：第一，在讲授知识的时候，尽量先讲概括性强、总纲或总领性质的知识，从而有助于学生对知识进行整合；第二，讲授知识的顺序要注意知识本身的内在逻辑和学生自身的知识结构。如果知识之间的关联密切，就要尽量连在一起讲；对学生比较熟悉的、容易整合的知识要连在一起讲。

2. 适用对象

讲解式教学是一种有效的教学方法，对科学、数学以及生理健康等科目都适用。这种方法尤其适合小学高年级以上的学生（Ausubel，2000）。

（三）建构主义教学方法

建构主义理论强调个人在探索新知识、与环境进行互动时的积极作用。许多建构主义教学方法强调学习的情境性，认为知识不可能脱离活动情境而抽象地存在，学习应该与情境化的社会实践活动结合起来。情境认知可以解释真实情境中的学习，如学徒式学习，个体通过和专家一起工作获得必要的问题解决技能，并完成现实世界中的重要任务。

教育学家把情境认知带进学校，创设了认知学徒制，即学生在教师的指导下参与原本就很重要的真实活动，从而形成认知技能。学生一开始是参与和他们的能力相匹配的活动，然后逐渐发展到完全参与。例如，年幼的孩子起初只能通过谈论他们在学校的日常活动来参与成人的对话，但是随着他们的认知和语言能力的不断发展，以及成人的不断鼓励和支持，他们会逐渐转向讨论其他问题。

三、一些影响教学的因素

（一）物理环境

研究表明，物理环境会影响学生的情绪和行为（Burke & Grosvenor，2003）。例如，有吸引力的物理环境会使个体感觉更舒服、愉悦，更高效、更专注，并且更愿意帮助别人。

（二）时间管理

学生在学习过程中的时间分配会直接影响学业成就和学习效果。缺少计划或者缺乏时间管理的教学常常会导致时间的浪费。例如，没有充分利用课前的几分钟和课后的几分钟，不同教学活动之间的衔接不连贯，活动安排不合理等，都会降低教学效果。

（三）人文环境

那些感受到教师人文关怀的学生更愿意遵守课堂纪律，更愿意在学习任务上付出努力。具有良好师生关系的学生会更喜欢学校，并且更少体验到孤独感。虽然学生需要从人际关系中得到的东西可能会随着年级的增长而变化，但是积极的师生关系对任何年级的学生来说都是非常重要的。

除了师生关系之外，积极的同伴关系也非常重要。积极的、支持性的同伴关系会给学生带来很多益处，这将转化成更强的社会适应能力以及更好的学业成就。优秀的教师能够培养学生有效的沟通技能、情感的自我控制、适当的表达方式、共情能力等，增强学生之间的积极关系。

建立稳固的家庭和学校联系也非常重要。家长介入孩子的教育有助于学生表现出更积极的学习态度和更高的学业成就。家庭和学校建立联系以及父母参与教育是可以最大限度地激发学习潜力的方法。

本章内容小结

1. 学习是个体在一定的情境下由于经验而产生的行为或行为潜能的比较持久的变化。这包含三个含义：学习是由经验引起的；学习是以行为或行为潜能的改变为标志的；学习引起的行为变化是相对持久的。

2. 认知学习是指以认知加工过程为对象的学习。根据参与学习的认知过程的特点，学习可以分为初级认知学习和高级认知学习。

3. 初级认知学习主要表现出特异性的特点，而高级认知学习则主要表现出非特异性的特点。认知学习的过程由一个快速学习阶段和一个慢速学习阶段构成。

4. 动作技能是指通过练习形成的一系列稳定的动作方式。根据不同的标准，动作技能可以分为连续技能和非连续技能、封闭技能和开放技能、精细动作技能和粗大动作技能。

5. 学习是在时间维度上逐渐展开的。随着时间的推移，学习成绩呈现动态变化的过程，就是学习的进程。

6. 练习是一种学习的方法，是指在反馈的参与下，反复多次地进行学习。练习包括重复与反馈，两者都是知识获得和技能形成必不可少的条件。

7. 学习曲线用图解的形式来表现学习期间学习效率的变化。

8. 学习进程的特点表现为：成绩随着学习的进程逐步提高；学习进程中存在高原现象；学习进程是不均匀的；学习中存在个体差异。

9. 提高学习效率的条件包括明确学习目标；灵活应用整体学习和分解学习；恰当安排学习时间；过度学习；加强反馈；发挥原有知识在学习中的作用；发挥元认知的作用；发挥情绪的作用；发挥动机和

性格特征的作用。

10. 学习的迁移是指人们在一种情境中所获得的知识或技能，会影响之后学习另一种知识或技能。

11. 促进迁移的方法包括：进行有意义的过度学习；掌握迁移和元认知策略；激发使用迁移策略的动机。

12. 学习会引起脑的可塑性变化。短期学习可能会增强已有的神经联结，长期学习则可能会促进新联结的生成。脑的可塑性是迁移的神经基础。

13. 在学习理论中，两大派别分别是联结主义学派和认知学派。联结主义学习理论注重学习中刺激与反应的联结，认知学习理论注重学习的内在认知机制。

14. 在经典条件作用理论中，条件反射形成的基础是条件刺激与无条件刺激在时间上多次重合或相继出现，条件刺激通过这一方式与无条件反应建立暂时的联系。

15. 桑代克提出学习是尝试—错误的过程。桑代克还提出了学习的效果律，即学习受到行为结果的影响。

16. 在操作性条件作用中，强化是影响学习的主要因素。斯金纳将强化分为正强化与负强化：正强化是行为带来的令人愉快的结果，而负强化是行为使得某种令人厌恶的刺激停止。

17. 联结学习可以解释一些简单的学习行为，但是在解释复杂学习行为时并不令人满意。认知心理学家更关注刺激—反应的中间过程，即学习的内在认知机制。

18. 格式塔心理学反对刺激—反应的联结学习理论，认为学习是一种完整的过程，是通过学习者重新组织或重新建构有关事物的形式而实现的。苛勒用"顿悟"解释学习行为。

19. 托尔曼通过迷宫学习的实验，提出了认知地图的概念，用于解释个体在空间内的位置学习。

20. 班杜拉的社会认知学习理论认为，儿童通过观察成人的行为，能够习得某种行为模式。其中榜样、模仿者、环境都会影响观察学习的效果。

21. 建构主义学习理论更重视新旧经验间的交互作用。通过交互作用，学习者建构了关于新经验的心理图式，并不断进行修正。每个学习者对知识都有自己独一无二的解释。

22. 教学通过对学习环境进行操控引起学习者的经验，进而促进学习者发生学习。

23. 教学方法主要包括以教师为中心和以学生为中心的两大类别。每一种教学方法都有适用的对象和知识类型，也各有其优缺点。

24. 以教师为中心的教学方法包括直接教学和掌握性教学。其中，直接教学的目标是使学生投入大部分时间在有意义的学习任务上，并要求所有学生以相同的速度进行学习；掌握性教学则不要求所有的学生以相同的速度学习，而只是设定一个目标，给学生充分的时间，使所有的学生都能掌握所学的内容。

25. 以学生为中心的教学方法包括发现式教学、讲解式教学和建构主义教学方法。其中，发现式教学以学生的主动探索为主，教师则起指导和鼓励的作用；讲解式教学从学生自身的知识结构出发，以有利于学生整合知识为目标；建构主义教学方法强调学习的情境性。

26. 教学过程中的物理环境、时间管理以及人文环境等因素都会对教学产生影响。

思考题

1. 举例说明什么是学习，学习行为具有什么特征。

2. 认知学习和动作技能学习有哪些异同？

3. 什么是学习进程？学习和练习是什么关系？

4. 如何理解学习过程中的高原现象？高原现象与学习的极限有什么区别和联系？

5. 根据所学知识，谈谈如何提高学习效率。

6. 迁移与脑的可塑性是什么关系？

7. 联结主义学习理论的两个主要派别是什么？两者的异同是什么？

8. 观察学习和简单的模仿有什么异同？

9. 简述建构主义学习理论的主要观点。

10. 简述发现式教学的特点。

第五编　学习与发展

第十四章
人生全程发展

　　人生漫长又短暂。从呱呱坠地的婴儿、蹒跚学步的幼童，到天真烂漫的少年、意气风发的青年、沉稳坚韧的壮年，再到平和宁静的老年，这些角色我们都会一一体验。当我们在人生之旅的某一时刻回首走过的路时，总会突然发现今天的自己和从前的自己已经有了诸多不同；同时，我们也知道，不同时期的自己有着紧密的联系。在成长与衰老的历程中，我们改变的是什么？始终延续的又是什么？在生活中，我们常说世界上没有两片完全相同的树叶，更没有两个完全一样的人。然而，为何从另一个角度看，人与人之间又是如此相似。人们为什么相似？又为什么

如此不同？遗传自父母的基因如何与独特的生活经历交织在一起共同塑造各具特色的个体？发展心理学家关注人生发展的这些根本性问题，致力于揭示人类心理发展的基本规律。

　　本章首先介绍个体发展的基本内涵和几个相关的理论问题。之后围绕生理发展、认知发展和心理社会性发展这三大主题，较全面地描绘人生全程发展的轨迹。希望通过本章的学习，我们不仅能够掌握发展心理学的基本研究成果，而且能够更为深入地思考个体发展的意义，自觉反思与规划自身的成长。

第一节 个体发展概述

一、个体发展的概念

在心理学中，个体发展是指个体在生命全程中所经历的各种身体、行为或心理上的变化。这种变化通常具有下面这些特征。第一，个体发展所指向的变化是相对持久的。短暂的情绪波动、疲劳导致的认知功能下降，由药物或疾病引起的外貌和行为上的短暂改变等，都不能被称为"发展"。第二，个体发展所指向的变化有其内在规律，总是依照一定的先后顺序展开。例如，儿童言语的发展需要先经过单词句阶段，再进入电报句阶段，而不是相反。又如，儿童总是先出现高兴、悲伤、愤怒等基本情绪，继而发展出自豪、内疚等复合情绪。第三，个体发展所指向的变化是连续的。在发展过程中，个体仍然保持着一定的稳定性，某一时期的发展要以前期的发展为基础，也会影响随后的发展。第四，个体发展所指向的变化不仅指成长或积极的变化，也指衰老、某种能力的减退等。

在心理学家对人类身心发展规律进行探讨的初期，绝大多数研究者的兴趣集中于婴幼儿和儿童的发展。在生命的早期阶段，个体身心各方面的发展无疑都是迅速而显著的。随着学科的发展，越来越多的学者意识到发展并不仅仅发生在生命早期，它是贯穿生命全程的。按照毕生发展观（life-span perspective），发展从受孕的一刻即已开始，将一直持续到生命结束才停止。

二、个体发展中的关键期与敏感期

20 世纪 50 年代，奥地利习性学家劳伦兹（Lorenz）发现，刚孵化出来的小鹅会本能地追随和依恋它们最早接触到的活动的事物。如果小鹅的母亲没能在这一关键时刻出现，它们就不会形成对母亲的特殊依恋。劳伦兹将这一现象称为印刻（imprinting），并认为这一现象说明在生命的早期存在关键期（critical period）。关键期指生命中的一段时期，如果个体不能获得某种经验，将会失去发展出与该种经验相联系的功能的机会。

人类的发展是否也存在关键期？一般认为，在生理发展的某些方面，的确存在关键期。例如，大约在子宫内发育的第4 至第 8 周内，人类胚胎将逐步发展出四肢。这一期间，如果有意外因素影响胚胎的正常发育，将是无法修复的。在这一问题上，人类有过惨痛的教训。20 世纪 50年代末至 60 年代初，镇静与安眠药物沙利度胺（thalidomide）由于被宣称能"安全且有效"地减轻孕期妇女的孕吐而广受欢迎。不幸的是，人们很快就发现，如果孕妇服用这种药物的时间恰好在胎儿四肢形成的关键期内，她们的孩子将几乎无一幸免地成为"海豹儿"——孩子没有或只有很短的手臂和腿，手和脚几乎直接长在躯干上。然而如果母亲服用药物的时间不在胎儿四肢形成的关键期内，胎儿四肢的发育就不会受到影响。

纵观人类全程的发展，这样绝对的关键期很少见。由于关键期往往有"错过此时期发展就不再进行"的含义，因此一些学者更主张使用敏感期（sensitive period）的概念（申继亮等，1992）。在敏感期，对于某一心理或行为特征而言，其发展对环境和经验最为敏感，发展速度最快。例如，婴儿期是父母与孩子之间亲密依恋关系形成的敏感期（Bowby，1989）。如果在这一时期，父母对婴儿持有积极的态度，能够敏感地回应婴儿的各种需要，与婴儿形成互动同步，则父母与婴儿之间温暖而亲密的依恋关系就比较容易形成。如果错过这一时期，尽管还可能形成良好的亲子依恋，但会相对困难。又如，成年后我们将很难掌握一门外语，但儿童却能较为容易地实现这一目标。其原因就是，童年期可能是言语习得的敏感期，如果 12 岁之后开始某种外语学习，只有极少数人能达到接近母语的熟练程度（Muñoz & Singleton，2011）。

三、个体发展的领域与分期

在对人类的毕生发展进行探讨时，发展心理学家可以采用横向和纵向两种视角。采用横向视角时，个体发展可依据发展的内容分为三个领域：生理发展、认知发展和心理社会性发展。生理发展包括身体与脑的发展、动作技能的发展等。认知发展包括感知觉、注意、记忆、思维、语言等方面的发展。心理社会性发展则包括情绪、人格、社会关系等方面的发展。这三大领域的发展是相对独立的，同时又是相互关联、相互影响的。

采用纵向视角时，个体发展可依照年龄划分为不同的阶段。较为普遍采用的 8 个阶段是：产前期（受孕至出生）、婴儿期（出生至 3 岁）、童年早期（3 岁至 7 岁）、童年中期与晚期（7 岁至 12 岁）、青少年期（12 岁至 20 岁）、成年早期（20 岁至 40 岁）、成年中期（40 岁至 65 岁）和成年晚期（65 岁以上）。

四、遗传与环境在个体发展中的作用

（一）染色体、DNA、基因

遗传因素是指那些与基因有关的生物机体的内在因素，对个体的发展有非常重要的作用。遗传对发展的影响主要是通过染色体内的遗传物质来实现的。染色体在细胞核中载有遗传信息，在显微镜下呈丝状或棒状，易被碱性染料染色。生物休的每个休细胞都含有相同数量的染色体，不同物种的细胞中所含染色体的数量不同。人类体细胞中含有 23 对染色体，而狗有 39 对染色体，马有 32 对染色体。

染色体是由脱氧核糖核酸（deoxyribonucleic acid，DNA）组成的。DNA 是一种长链聚合物，通过碱基配对形成相互缠绕的双螺旋结构。DNA 分子中含有 4 种碱基，每种碱基只与特定类型的碱基结

学术争鸣

语言习得是否存在关键期

勒纳伯格（Eric Lenneberg）曾于 1967 年提出语言习得存在一个始于婴儿期早期、结束于青春期之前的关键期。他认为，如果一个孩子在青春期到来之前还未习得某种语言，那么对这个孩子来说，习得这门语言即便是可能的，也是非常困难的。

1970 年，一个名叫吉尼的 13 岁女孩的案例为检验勒纳伯格的假设提供了依据（Curtiss, 1977; Fromkin et al., 1974; Pines, 1981; Rymer, 1993）。吉尼是家庭虐待的受害者，被父亲关在家中的一个小房间里长达 12 年之久。吉尼的父亲将她绑在坐便椅上，切断了她所有正常的人际交流的机会。当被发现时，她只能听懂自己的名字和"对不起"这个词。吉尼还能学会说话吗？会不会已经太晚了？美国国立精神卫生研究所（The National Institutes of Mental Health, NIMH）为此资助了一项研究，专门为吉尼提供细致深入的测试和语言训练。

吉尼表现出的进步既支持了语言习得具有关键期的观点，也对其提出了挑战。她掌握了一些简单的单词并且能够将它们串联成简单的句子，但大多数时候，她的语言像是多少有些含义不明的电报式语言（Pines, 1981）。后来，她的母亲重新获得了监护权，中断了她与 NIMH 研究者的接触，并最终将吉尼送入了寄养系统。多次住在存在虐待行为的寄养家庭中使吉尼再次变得沉默。

我们该如何解释吉尼起初的进步和她保持这种进步能力的丧失？她对自己名字和"对不起"这个词的理解可能意味着她的语言学习机制在关键期已被激活，这才使她随后的学习得以发生。在 NIMH 语言训练期间，她虽然已经 13 岁，但仍具备学习简单单词的能力，表明她可能还处在关键期内，尽管已临近结束。她受到的虐待与忽视也许极大地阻碍了她的发展，使她不能成为研究关键期的真正案例（Curtiss, 1977）。

吉尼的案例比较极端地反映出在生命早期之后再度习得语言的难度。但由于这个案例的复杂性，研究者无法得出确定的结论。一些研究者将青春期之前视为语言学习的敏感期，而不是关键期（Newport, Bavelier, & Neville, 2001; Schumann, 1997）。脑成像研究发现，即使大脑最重要的语言加工区域在童年早期遭到了破坏，语言也可以得到相当正常的发展，因为大脑中的其他部分可接替语言加工的任务（Boatman et al., 1999; Hertz-Pannier et al., 2002; Johnson, 1998）。事实上，在正常的语言学习过程中，大脑功能的可塑性贯穿一生。

（资料来源：Papalia & Martorell, 2014）

合。碱基的排列顺序决定了遗传信息的差异。基因是具有遗传效应的 DNA 分子片段。子女从父母那里各获得 23 条染色体，遗传特征通过基因代代相传，见图 14-1。

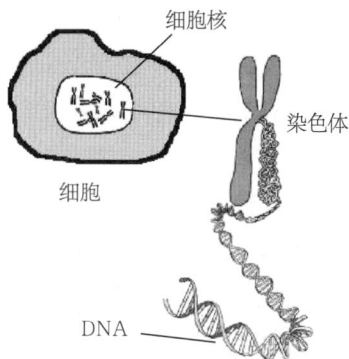

细胞核
染色体
细胞
DNA

图 14-1　染色体、DNA 示意图

有些特征完全由基因决定，如耳垂的形状、头发的颜色等，而一些复杂的心理特征如人格特质、兴趣、能力等通常是遗传与环境共同作用的结果。

（二）遗传与环境在个体发展中的交互作用

环境因素是指个体生存空间中所有可能影响个体发展的因素。环境因素可以分为两类：一类是个体生存所必需的物质环境，如食物营养、地理气候等，这是所有动植物共有的环境；另一类是人类的社会环境，即人所处的社会生活、教育、工作条件等。

关于遗传与环境在个体发展中的作用以及两者的关系，儿童心理学家皮亚杰提出了相互作用效应模型。皮亚杰认为，遗传和环境在个体发展中是相互作用的，好的遗传和丰富的环境相结合产生好的发展结果，而不良的遗传和贫乏的环境相结合产生不良的发展结果；好的遗传与贫乏的环境结合或不良的遗传与丰富的环境相结合，可能会产生中等的发展结果。萨米诺夫（Sameroff，1983）也主张，遗传和环境在个体发展中的作用是相互影响的。个体一旦开始发展历程，其遗传特性就会受到环境和个体经验的影响，而个体经验同样也会受到遗传特性的影响。环境影响了遗传特性起作用的方式、程度和途径，而遗传特性影响环境中某些因素起作用的方式和程度。婴儿从出生起就表现出不同的气质，表明遗传对婴儿的敏感性、易怒程度、心境等有显著影响（Kagan，Snidman，& Arcus，1998）。同时，环境因素与遗传因素相结合会促进婴儿气质的稳定性。例如，父母可能会对天生易哭、拘谨的婴儿表现出生气或不耐烦，父母的这些表现可能又进一步促进婴儿的这种行为。因此，个体的发展是遗传和环境交互作用的结果。

遗传与环境在个体发展中的交互作用

第二节 身体、动作与感知觉发展

一、身体发展

（一）产前期的身体发展

1. 胎儿发育过程

个体的生命开始于母亲的受孕，即来自母亲的卵子和来自父亲的精子结合形成的受精卵。受精卵从单一细胞以细胞分裂的方式开始生长，标志着个体生命的开始。受精的过程决定了个体的性别，同时父母的某些特征也通过基因传递给下一代。从受孕到出生，新生命在母体子宫中的时间大约是 266 天。这一时期又可以分为三个阶段：胚芽期（germinal stage，0~2 周）、胚胎期（embryonic stage，3~8 周）和胎儿期（fetal stage，9 周至出生）。

在胚芽期内，受精卵经有丝分裂形成球形的胚泡，并沿着输卵管进入子宫。到达子宫后，胚泡外层的绒毛植入子宫壁，实现着床。

在胚胎期，胚泡的内层开始分化，形成主要的身体系统：心脏开始搏动，脑部、肾脏、肝脏和消化道的结构已经初步具备，头颅也在第一个月内形成，并分化出眼睛、鼻子、耳朵、嘴以及四肢的肢芽，胎儿与母体连接的生命线——脐带也开始发挥作用，胎儿可以呼吸。到 7~8 周，性别开始分化，3 个月时已经可以区分胎儿的性别。人脑在胚胎期逐渐形成雏形。胎儿生长到 6~7 个月时，脑的基本结构已经具备，大脑皮层的 6 层细胞已经分化出来，大脑皮层表面的沟回开始出现。但是从结构上看，此时大脑的神经细胞结构还比较简单，神经纤维短而少，大部分还未髓鞘化。

胚胎期的时间并不长，但由于胚胎快速地生长和发展，因此，这一时期胚胎最容易受到环境中不利因素的影响。几乎所有生理发展上的缺陷（如兔唇、肢体不全、盲、聋）都发生在怀孕的头三个月中。最严重的情况还可以导致胚胎无法继续存活而造成流产。

从怀孕第 9 周到胎儿出生被称为胎儿期。在这一时期，胎儿开始出现反射；胎儿具有了自己的外形特征；各种组织和器官进一步成熟，身长和体重都大大增加；脑拥有了大多数神经元。胎儿从第 28 周开始，便具备了离开母体生存的可能性。一般来说，在母体中生活满 28 周而不足 37 周的新生儿被称为早产儿。

2. 对胎儿发展不利的环境因素

从受精开始，人都在不断地被环境塑造。甚至在生育之前，胎儿也会受到环境的影响。胎儿生活在母体的子宫内，通过脐带和胎盘从母亲血液中吸取营养，将废物排除。子宫是胎儿生长的小环境，而母亲的身体是胎儿生长的大环境。因此，母亲的年龄、营养状况、使用的药物以及父亲的身体状况等因素都会对胎儿有重要影响。在怀孕的头三个月内，上述因素对胎儿的影响尤其明显。对胎儿的生长发育产生消极影响的因素有以下几种。

德国麻疹：影响胎儿的眼睛、耳朵

和心脏，通常导致耳聋，母亲应打免疫针避免。

X 射线或原子辐射：可引起致命性的基因突变。

性病：如梅毒，可能导致智力残障、盲以及其他生理疾患。

香烟：父母吸烟或生活在有人吸烟的环境中可增加胎儿流产、早产、不正常心跳以及体重过轻等疾病和问题的发生率；吸烟的危害还可持续到胎儿出生以后，增加婴儿的患病率。

酗酒：孕妇酗酒会增加胎儿患胎儿酒精综合征（fetal alcohol syndrome，FAS）的概率，患 FAS 的儿童通常表现出面部和身体的畸形，智力发展相对于正常儿童落后。孕妇即使轻微饮酒，也会影响胎儿的大脑发育。

吸毒与药物：吗啡、可卡因、海洛因等会被胎儿吸收。即使是常用药物，如抗生素、安眠药、减肥药以及过量维生素，也会影响胎儿的正常发育。

（二）婴儿期与童年期的身体发展

足月婴儿的体重为 3~3.5 千克，身高为 50 厘米左右。出生时的体格大小与父母身材、种族、婴儿性别、母体营养和母亲的健康状况有关。出生后，婴儿的生理发展在外主要表现为身高、体重、头围、胸围、牙齿与骨骼发育等方面，在内主要表现为脑的发育。

刚出生时，婴儿脑重约为成人脑重的 25%；2 岁时约为成人脑重的 75%；6 岁时发展至成人脑重的 90% 左右。

婴儿在第一年的生长速度惊人。大多数婴儿 1 岁时的体重可达出生时的 3 倍，身高会增加 50%。第二年，婴儿的生长速度显著减慢。2 岁时，他们的体重可达成年时的五分之一，身高则接近成年时的二分之一。

在童年早期，幼儿的生长速度逐年减慢，身体发展的个体差异也逐步加大。这种个体差异既由遗传因素决定，也受到环境因素的影响。童年中期和晚期是青春期到来前身体发展的相对平缓期，身体发展持续而稳定。

（三）青少年期的身体发展

青少年期是身体发展的又一高峰期。身高、体重的快速增长和性成熟是青少年期身体发展的两个重要特征。女孩通常在 10 岁半左右进入快速增长期，12 岁左右生长速度达到顶峰，13 岁半左右生长速度逐渐减慢。男孩进入快速增长期的时间晚于女孩，通常在十三四岁生长速度达到顶峰，约 16 岁后生长速度渐缓。

青少年在身高、体重快速增长的同时，第一性征、第二性征也逐渐出现。第一性征的发展是指男孩和女孩生殖器官的发育。例如，男孩的睾丸和阴茎增大，出现遗精；女孩的卵巢和子宫长大，出现初潮等。第二性征的发展是指在生殖器官发育之外的、与性别差异相联系的生理特征的发展。例如，男孩的声音变得低沉，女孩乳房发育、臀部变宽，以及男孩和女孩都会出现阴毛、腋毛等。

（四）成年期的身体发展

进入成年早期后，身体的发展变化平缓下来，但仍在继续。一些人的身高增长可能在20多岁才会停止。25岁左右，身体各方面发展成熟。成年中期的身体变化相对平缓，但这一时期，身体开始衰老。例如，人们会发现皮肤出现了皱纹和斑点，肌肉失去力量，体重增加，甚至身高也会缓慢降低等。衰老不可避免，衰老的速度有着较大的个体差异。这种个体差异一方面由基因决定，另一方面受到生活方式的影响。

步入成年晚期，身体外表的变化较成年中期更为显著，特别是在面部。由于肌肉水平的降低，人们的体重一般会在60岁后有所下降。这一时期，各项生理机能丧失的风险增高。生理机能的衰老速度存在显著的个体差异。诸多研究支持了经常性的运动对老年身体机能的保持有积极意义。研究表明，长期坚持有氧运动与65~86岁老年人的肌肉力量呈显著正相关（Crane，Macneil，& Tarnopsolsky，2013）。

二、动作发展

（一）最初的反射

个体最初的运动技能是反射（reflex）。反射是机体对外部刺激的无意识的自动化反应，是后续运动能力发展的基础。健康婴儿会表现出多种反射。这些反射可分为两大类：生存反射（survival reflex）和原始反射（primitive reflex）。生存反射，顾名思义，关乎婴儿的生存适应，如婴儿的呼吸反射（反复地呼气和吸气）、吮吸反射（吮吸放到嘴里的东西）、定向反射（将头朝向接触脸颊的刺激）等都属于生存反射。原始反射对于人类个体而言没有特别实际的意义，通常只是作为进化的遗迹，且在婴儿出生后的头几个月内会陆续消失，如巴宾斯基反射、游泳反射等都属于原始反射。这些反射尽管没有实际的生存价值，但仍可作为临床诊断的重要指标（Shaffer & Kipp，2014）。如果这些反射在婴儿出生时没有出现，或持续时间过长，则预示婴儿神经系统的发育可能存在问题。

（二）粗大运动技能的发展

粗大运动技能是指身体的大幅度运动，如走路、跑、跳等。粗大运动技能的发展大体遵循两个基本原则：头尾原则和近远原则。头尾原则是指头部运动最先发展，接着是手臂和躯干，然后是腿部；近远原则是指躯干运动最先发展，然后是四肢，最后是手指、脚趾。

婴儿在生命的头两年内所获得的运动技能是令人惊叹的。表14-1列出了这两年中婴儿各项运动技能出现的大体时间。实际上，并非所有婴儿都严格遵循这样的发展顺序。例如，有些婴儿没有经历爬的阶段就直接行走了。同时，婴儿表现出这些技能的时间也存在个体差异。和大多数发展领域一样，先天生理因素和环境共同发挥作用。研究表明，如果父母经常鼓励婴儿运动，婴儿实现独立行走的时间

表 14-1 0~2 岁运动技能发展时间表

年龄 / 月	粗大运动技能	精细运动技能
1	行走反射，头微微抬起	在手中放入东西时能握住
2~3	俯卧时头能抬至 90 度	把视线中的东西拨开
4~6	翻身，有支撑时能坐，匍匐爬行，坐着时头能直立	能够物和抓握
7~9	能不依赖支撑地坐，爬行	把东西从一只手传到另一只手
10~12	独立爬起来；先扶着家具走，之后能独立走；蹲和弯腰	初步表现出左利手或右利手的迹象，能抓握住勺子
13~18	倒着走和斜着走，跑，滚球，鼓掌	能堆两层积木，能把东西放进小罐子中再倒出来
19~24	能上下楼梯，一步一步地走，双脚跳	能堆 4 到 10 层积木，可以用勺子自己吃东西

（资料来源：Boyd & Bee，2015）

就会显著早于一般婴儿。不少跨文化的研究也表明，生活在非常鼓励婴儿行走和运动的文化中的婴儿（如牙买加和肯尼亚的婴儿），能够独立坐和独立行走的时间都显著早于其他文化中的婴儿（Hopkins & Westra，1990）。

进入童年期，儿童对自己的运动能力更为自信，主动探索环境的行为也随之更为主动。3~4 岁时，儿童热衷于一些简单的运动，如跑、跳、骑车等。5 岁时，他们的运动范围更为广泛，开始参加一些比赛。入学后，儿童有组织的体育活动逐渐增多，也有更多的儿童加入系统化的体育训练中。童年期经常性的体育锻炼不仅能促进儿童的身体健康，而且有助于提升他们的自尊感和形成良好的同伴关系（Theokas，2009）。

在青少年期，粗大运动技能的发展仍表现出上升趋势。对大多数人来说，运动技能会在 19~26 岁时达到顶峰，也有人可持续到 30 岁。之后，由于身体生理功能的下降，运动能力也随之下降。适宜的体重、有规律的运动以及对社会活动的参与都有助于运动能力的保持（Buchman et al.，2009）。

（三）精细运动技能的发展

精细运动技能是指身体局部的细小动作，如系扣子、打绳结、写字等。严格来说，新生儿不具备精细运动的能力，虽然能够表现出反射性的抓握，但缺乏对手和手指的控制。婴儿在 4~6 个月时出现的够物和抓握行为可被看作精细运动技能发展的重要里程碑，大大促进了婴儿与周围世界的互动。随着婴儿手眼协调程度的不断提高，他们的够物和抓握行为也越来越准确、有效。与粗大运动技能的发展一样，精细运动技能的发展也与经验密切相关。如果父母能够给儿童提供更多的精细动作的训练机会，他们的动作发展就会更好（Libertus & Needham，2010）。

在童年早期，儿童精细运动技能的进步在手眼协调动作中的表现尤为突出。3岁儿童可以进行简单的拼图、剪纸等活动。四五岁时，儿童可以沿着画好的线剪出图案，且不再满足于简单的积木拼搭，而是开始尝试创造各种形式的建筑。在童年中期和晚期，随着中枢神经系统的髓鞘化，儿童的精细运动技能得到进一步发展。他们可以更为熟练地把手作为工具，从事各种活动。例如，6岁儿童能够自己系鞋带、粘贴东西、使用锤子等，7岁儿童可以进行比较精细的绘画活动，8岁儿童可以比较熟练地写字等。而10~12岁儿童的精细运动技能已经达到了成年人的水平。

精细运动技能的灵巧度在成年中期和晚期会有所下降，不过一般性的精细运动，如够物、抓握等不会受到明显影响（Hoogendam et al.，2014）。

三、感知觉发展

人对客观世界的认识是从感知觉开始的。感知觉对儿童来说非常重要，是儿童认识客观世界最初的、最主要的心理活动，是儿童发展高级认知活动的基础。过去人们认为婴儿刚刚出生时是没有感知觉的，但是大量研究表明，从出生开始，所有感觉器官都已具备某种程度的功能，各种感知能力也将表现出迅速发展的趋势。

（一）触觉

触觉是婴儿认识世界的重要手段，在婴儿的认知活动和依恋关系形成过程中发挥着非常重要的作用。如果轻轻抚摸一个新生儿的嘴巴，他会尝试寻找并碰触刺激物。

胎儿具有初步的触觉反应（朱智贤，1989）。出生后，婴儿对外界的触觉探索活动主要是口腔触觉和手的触觉活动。早期的婴儿用嘴接触并探索物体，当婴儿面临一个新物体时，他会有三种不同的反应：摆动手中的物体并观看新物体，口腔活动，用新物体撞击桌面或在桌面滑动，其中口腔活动出现的频率最高（庞丽娟，李辉，1993）。对5~12周婴儿吮吸活动的研究表明，这一时期的婴儿已经可以通过口腔触觉建立条件反射。一项研究新生儿对吮吸奶嘴偏好的结果表明，新生儿对他们吮吸过的特殊形态（凹凸不平）的奶嘴的注视时间长于正常的、光滑的奶嘴（Meltzoff & Borton，1979）。除了口腔触觉之外，婴儿的视触协调活动也显示了触觉的发展。0~3月大的婴儿存在前够物行为：他们向物体挥动手臂，而且物体越是在可触及的范围内，手臂的活动越多。婴儿的这种行为是一种全身心的朝向反射活动，是手—眼协调活动的一种早期倾向。4~5个月大的婴儿开始有较成熟的够物行为，能够抓住运动着的物体，可以有意识地完成手眼协调的动作。

（二）视觉

新生儿已经具备一定的视觉能力，会对灯光眨眼，视线会随着灯光的移动而移动，也会追随移动的目标。但是新生儿的眼睛和成年人的眼睛有差异：新生儿的视网膜结构不完整，视神经也尚未发育完全。

新生儿视觉能力的发展主要表现在几个方面：视觉调节、视觉辐合、视觉分辨以及颜色知觉能力。2个月婴儿的视觉的最佳距离为15~25厘米，其视觉调节的能力很差。之后，婴儿视觉调节能力开始复杂化。出生3天的新生儿就可以将视线集中于某物体（如母亲的面孔），并在3个月内初步完成双眼辐合能力的发展，视线可以从一个物体移动至另一个物体。冯晓梅的研究（1988）发现，在出生24小时的新生儿中有78.4%能表现出视觉分辨能力；而且，他们对只有一个维度差异的两个图形的分辨率高于维度差异较多的图形；同时，出生8分钟到13天的新生儿还会表现出对细栅条和正常人脸的视觉偏好。随着年龄的增长，儿童的视觉分辨能力逐渐完善，在4~6岁时趋于稳定。

婴儿的颜色知觉同样经历了发展变化的过程。出生2个月的婴儿已经具有初步的颜色知觉能力，可以在白色背景上分辨红、绿两种颜色，大约3个月时，开始对蓝色敏感，4个月时显示出对红、蓝的偏好（Teller & Bornstein，1987）。

一般来说，婴儿会对人脸特别感兴趣，喜欢盯着人脸看。而且，同陌生人的面孔相比，新生儿更喜欢注视母亲的脸（Walton，Bower，& Bower，1992）。

（三）听觉

和视觉相比，新生儿的听觉已经有了非常良好的发展。除了对较弱的声音不太敏感之外，新生儿与成人的听力已经区别不大了。新生儿已经可以区分响度、频率、方位以及持续时间不同的声音。

在母体中，胎儿的内耳及中耳在大小和形状上已经接近成人。5~6个月的胎儿开始形成听觉系统，可以透过母体听到外界频率为1000赫兹以下的声音。新生儿可以将头转向声源（Haith，1986）。研究婴儿的听力发展一般都采用习惯化的方法。这种方法的主要特点是先后给婴儿不同的听觉刺激，当婴儿对一个刺激已经习惯因而停止对该刺激做出反应（如吮吸奶嘴）后，如果呈现一个新的刺激，婴儿的反应又会重新开始。这说明婴儿已经能够分辨两种不同的声音刺激。用这种方法发现，出生3天的婴儿已能分辨新的语音和他们听过的语音。

婴儿很早就具有了视听协调的能力，能将视觉体验与听到的声音结合起来。当说话声音与面部口唇运动相吻合时，4~7个月大的婴儿会保持较长的注视时间，而当两者不吻合时，他们会表现出不安（Walk，1981）。

第三节 语言与其他高级认知能力的发展

一、语言的发展

（一）语言发展的一般过程

尽管各种文化中的儿童所学习的语言千差万别，但语言发展的过程具有高度相似性。在生命的前三年，也就是婴儿期，儿童语言的发展可大体分为三个阶段。首先是从出生至 13 个月的前语言期。顾名思义，在这一时期，真正的语言还未出现。不过，这并不意味着婴儿此时不具备语言能力。实际上，有研究表明，在孕期 35 周时，胎儿已能够区分母亲说话的声音和其他女性说话的声音；在出生后几天内，婴儿能够区分言语和音乐，也能够区分不同的重音模式和音节数不同的单词。另一个十分有趣的现象是，从出生至 6 个月，婴儿能够对任何一种语言中的不同音位做出区分。然而在 6 个月之后，虽然他们区分母语中不同音位的能力进一步提升，但对母语中不存在的音位的分辨能力逐渐消退了（Kuhl，2011）。这些研究说明，人类自生命之初，对语言就是高度敏感的。

在发声方面，前语言期的婴儿会依次经历哭、咕咕和咿呀几个阶段。在头两个月，婴儿通过不同的哭声和照护者进行交流。在 2~4 个月时，婴儿常常重复发出类似于元音的声音，如"o""a"等。在 4~6 个月时，婴儿能够发出辅音和元音相

结合的声音，如"ma""ba"等。这一时期婴儿的这些"语言"还没有特定的意义。到 8~10 个月时，婴儿开始能够利用面部表情、手势、身体姿势等非言语信息与成人进行交流。例如，他们会伸出手臂要大人抱，用摇头表示不想做某件事情，用挥手表示再见等。

大多数婴儿会在 10~14 个月时说出第一个有意义的词，标志着他们进入了言语发展的单词句期。这一时期，婴儿能够用一个词表示成人语言中通常需要一句话去表达的意思。例如，当婴儿说出"球"这个词时，可能表示"这是一个球"，或表示"我想要这个球"，或表示"球滚走了"等。在单词句期的最初几个月，婴儿词汇量的增长速度较为缓慢；但在 1 岁半至 2 岁，他们的词汇量会以惊人的速度增长，表现出"命名爆炸"。

随后，婴儿步入语言发展的又一个新阶段，即电报句期。在这一时期，婴儿开始将词组合为句子，但他们的句子通常只包含最重要的主干词（如名词、动词、形容词），类似于用字极节省的"电报"式语言。

进入童年早期后，儿童所说出的句子在语法上日渐复杂。在 5~7 岁时，他们的语言能力在许多方面已经接近成人。与此同时，童年早期的儿童在语用知识方面也有发展，能根据不同的社会情境有效地运用语言。例如，4 岁儿童在和 2 岁儿童对话时会比与同龄人对话使用更短的句子。

在进入小学前，儿童的元语言意识有了显著发展。这是儿童语言发展的一个突

出成就。这一能力的发展对于儿童入学正式学习阅读和写作具有重要意义。

目前对童年期之后的语言发展还较少进行研究。一般认为，个体语言能力的发展一直持续到成年期，或者直至成年晚期后。进入成年晚期后，个体在语言理解和语言表达两个方面都可能存在困扰。例如，很多老年人在交谈情境中不能很好地理解对方的语言，在环境较为嘈杂、对方语速较快或不能看见对方的情况下，问题尤其突出。在语言表达上，进入成年晚期后，人们说话的声音会变得低沉，语速会变得缓慢，在表达相对复杂的观念时往往需要更多的停顿（Benichov et al.，2012）。成年晚期语言能力的衰退可能是由一些非语言因素引起的，如听力下降，信息加工速度减慢，工作记忆容量降低等（Benichov et al.，2012；Salthouse，2013）。

（二）语言发展的理论

1. 学习观

在 20 世纪 50 年代后期，行为主义代表人物斯金纳基于操作性条件作用理论，提出了儿童语言学习观，以塑造过程解释儿童的语言习得。依照该观点，牙牙学语的婴儿有时会偶然发出类似于成人语言的语音，父母听到后会予以强化（如关注、表扬孩子或给予玩具、食物等），从而增加了这些语音在将来重复出现的概率。与此同时，那些在实际语言中不存在的自发语音由于未能获得强化，就逐渐消退了。与此类似，父母还会强化儿童某些复杂的语言表达，如发音清晰的单词、将词组合成短语和句子等。因此，在行为主义者看来，儿童的语言是由父母（或其他 照护者）逐渐"教"会的，儿童的语言学习和发展是一个循序渐进的学习过程。

在生活中，父母与孩子的言语互动的确关系到儿童言语能力的发展，这在一定程度上为斯金纳的语言学习观提供了证据。然而，斯金纳的理论也面临诸多困境。例如，父母一般会更多地关注孩子语言的"意义"，而不是"语法"。或者说，孩子正确运用语法的行为很多时候都未能得到及时强化。在一般情况下，如果孩子用语言所表达的意义是正确的，即使语法不对，父母也仍然会给予强化。相反，如果孩子的语言在语法上没有错误，但内容错了，父母也会立即指出，并予以纠正。显然，语法的习得无法用强化理论来解释。又如，对于孩子的自发语音，父母并不只是有选择地强化其中类似于成人语言的部分，他们常常会模仿孩子的"无意义"语音，而这在某种程度上也是一种强化。

2. 先天观

语言发展的先天观由语言学家乔姆斯基提出。乔姆斯基认为，人类语言的结构高度复杂，几乎不可能仅仅经由孩子的试误或父母的教授而习得。人类婴儿生而具有一种与语言学习相关的心理结构，即语言获得装置，它存储着人类语言的普遍语法。借助这种装置，婴儿能够对环境中的言语输入进行快速而有效的加工，进而形成对某种特定语言的规则体系的认识。随着年龄的增长，儿童环境中的言语输入不断增加，他们对语言的认识也不断发展，直至接近成人水平。

如上所述，生活在不同文化环境中的婴幼儿，母语各不相同，但他们语言发展的时间表大体相同。这一事实被看作对乔姆斯基的语言发展先天观的有力支持。此外，语言具有高度的种族特异性，只有人类才拥有高度复杂且具有创造性的语言体系和语言交流能力。这也在一定程度上支持了语言发展先天观的基本观点。先天观受到的批评主要有两点。一是完全忽视了环境因素对于儿童言语习得过程的影响；二是仅仅将儿童言语发展的机制归因于一种内部心理结构，没有对儿童言语发展的过程做出具体解释，是一种不完善的语言发展理论。

3. 交互作用观

当代发展心理学采用交互作用观看待儿童的语言发展，即认为语言的发展历程由先天生物学因素和后天环境因素共同决定。交互作用观认同儿童语言学习依赖一定的先天基础，但并不将这种基础归因于某种抽象结构的"神秘运作"。交互作用观认为，物种漫长进化过程中发展起来的人类大脑是儿童语言学习的物质基础。交互作用观也承认环境对于儿童语言学习的重要意义，但并不只是从强化过程理解环境的作用。交互作用观认为，人类生活中的社交互动是推动儿童语言发展的核心动力。语言是人际沟通的工具，只有在现实的社交互动中，儿童才会积极地运用语言并主动探寻语言的规则与意义。大量研究表明，如果父母能够为孩子提供丰富的语言刺激、支持性的语言学习环境，孩子的语言发展将大受裨益。

二、其他高级认知能力的发展

（一）注意的发展

任何信息，只有首先被个体觉察并予以注意，进一步的加工才可能进行。新生儿具有一定的注意能力。新生儿的惊跳反射、他们对母亲面孔和声音的偏好等，都是人类最初的注意能力的体现。

在婴儿期，联合注意（joint attention），即两个或两个以上个体对同一事物的共同注意，是注意发展的重要方面。联合注意在婴儿半岁时萌芽，在 1 岁时有非常频繁的表现。这时他们甚至会开始主动引导成人的注意方向。作为婴儿与成人之间的一种互动与交流，联合注意在婴儿的认知与社会发展过程中扮演着非常重要的角色。大量研究表明，联合注意与婴儿的语言能力发展呈正相关（van Hecke et al.，2007）。还有研究发现，在 8 个月时表现出联合注意困难的婴儿更可能在童年期被诊断为患有孤独症（Veness et al.，2014）。

童年期注意的发展表现在多个方面。例如，儿童的注意保持时间稳步增长，他们日益善于排除外界无关因素的干扰，集中注意与当前任务相关的刺激。与此同时，他们的认知抑制功能，即抑制某种反应倾向的能力也在提升。不过，由于脑干网状结构还未发育成熟，儿童的注意功能与青少年仍有显著差异。

注意功能在老年期有所下降。在需要

早期语言学习的促进

根据语言获得方面的理论，要想促进婴儿语言的发展，我们可以精心地教他们和强化他们，可以欣赏和鼓励他们的社会动机。在婴儿先天准备的基础上提供丰富的社会环境，可以促进其语言发展。

在很多文化中，成人都会对婴儿说一种儿童指向言语，它由简短的句子构成，音调高、夸张的表情、清晰的发音、明确的断句、新词的重复等都是其特征。这种言语模式又被称为妈妈语，即一般而言，只有妈妈才会用。这种言语模式有赖于几种沟通策略：联合注意、你一言我一语、照护者对婴儿前言语姿势的敏感性。

婴儿出生时就更喜欢妈妈语，而不是其他成人的谈话。5个月时，他们对妈妈语有更多的情绪反应。父母会不断调整说话的长度和内容，以适应孩子的需要。相比之下，缺乏耐心和抑制孩子说话，会导致不成熟的语言技能。因此，下面几种做法是值得借鉴的。

1. 对婴儿发出的咕咕声、咿呀学语做出回应，鼓励婴儿不断发音，因为这些声音是后来说出第一批词的基础，而且可以提供人际交谈模式（你一言我一语）的经验。

2. 建立联合注意，对婴儿看到的东西加以评论，以促进婴儿更早地说话，促进其词汇量的更快发展。

3. 玩躲猫猫这样的社会性游戏，可以为婴儿提供人际交谈模式的经验。

4. 与婴儿一起玩假装游戏，促进谈话等各个方面的发展。

5. 与婴儿经常交谈，促进早期言语的快速发展，上学以后有助于学业成功。

6. 经常为婴儿读故事，鼓励他们就图画书进行对话，其作用是向婴儿展现语言的多方面特点，包括词汇、语法、沟通技能、书面语的相关信息以及故事结构。

（资料来源：雷雳，2017）

将注意资源快速地从一个目标转移到另一个目标的任务上时，老年人可能会表现出困难（Bucur & Madden，2010）。还有研究表明，分配性注意会随年龄的增长而衰退。如果同时进行的竞争性任务都比较容易，或老年人接受过相关训练，老年人与年轻人分配性注意能力的年龄差异就会小些；但随着任务难度的加大，他们的差距会加大（Maciokas & Crognale，2003）。

（二）记忆的发展

婴儿是否拥有记忆能力？采用操作

性条件作用的研究范式，研究者做出了肯定的回答。在一项经典研究中（Rovee-Collier，1995），研究者让婴儿躺在一个装有活动装置的婴儿床内，婴儿的脚踝和活动装置间连接一根绳子，每当婴儿踢腿时，绳子另一端的装置就会活动起来。研究结果显示，2 个半月的婴儿在 2 周后再被放到这个婴儿床时，会立即表现出踢腿行为。

童年期记忆能力的发展突出地表现在工作记忆容量和记忆策略的发展上。2~3 岁儿童的工作记忆容量约为 2 个项目，7 岁时达到 5 个，12 岁时为 6.5 个左右（Dempster，1981）。童年期工作记忆容量的显著增长与这一时期复述策略的有效使用及信息加工速度的显著提升密切相关。有研究表明，能够快速复述单词的儿童，其工作记忆容量较大。实际上，当控制单词的复述速度时，6 岁儿童的记忆容量和成年人相当（Case，Kurland，& Goldberg，1982）。

记忆策略是个体有意识采用的各种用于提高记忆成绩的方法，如复述、精细加工、组织等。复述是最为简单的一种记忆策略，即人们重复记忆素材直到认为自己记住了为止。幼儿很少主动采取复述策略。进入小学后，儿童会越来越多地主动使用复述策略。精细加工和组织策略的发展时间比复述晚。小学儿童能够在成人的指导下展开对信息的精细化加工或组织，但通常很难将这些策略主动迁移到后续的学习活动中。只有到了青少年期，自发的精细化加工与组织才会逐渐成为个体

日常学习活动的一部分（Shaffer & Kipp，2014）。

在童年期，儿童的元记忆，即关于自身记忆过程或记忆程度的认识，也有显著发展。3~4 岁儿童对人脑记忆能力的有限性已经有了初步认识，他们知道记忆一些内容要比记忆另一些内容更困难。不过，他们通常会过高估计自己能够记住的内容，对遗忘的概念还少有认识。4 岁之后，元记忆快速发展。儿童逐步认识到记忆并不等同于对外部世界的复制，记忆是一个积极的建构过程。由此，他们会开始有意识地利用一些外部线索帮助自己识记和回忆（如让大人提醒自己做某件事情）。不过，7 岁之前，儿童还很难清晰地意识到复述等策略能够有效帮助自己的记忆。7 岁之后，儿童逐渐有意识地使用各种记忆策略；11 岁左右，他们能够认识到组织等策略比复述更为有效（Shaffer & Kipp，2014）。

记忆随年龄的增长而衰退是生活中的一个常见现象。不少研究发现，在成年晚期，个体在测量工作记忆能力的多项任务上的表现都差于较年轻的群体（Elliott et al.，2011）。但也有研究显示，适度运动和认知训练都与老年人在工作记忆任务上的更好表现相联系（Borella et al.，2013；Hogan，Mata，& Carstensen，2013）。

记忆随年龄的增长而发生的变化与记忆类型有关。语义记忆开始衰退的时间要晚于情景记忆。情景记忆在 55 岁左右时开始衰退，而语义记忆在 50~60 岁时仍表现出增长的趋势，在 60~70 岁时也只是

表现出微弱下降的趋势（Rönnlund et al.，2005）。相对于外显记忆，内隐记忆受年龄增长的影响较小（Kuo et al.，2014）。例如，老年人或许会忘记几天前发生的事情，但很少会忘记已经掌握的某种运动技能。他们可能会做得比较慢，但知道如何做。此外，老年人在回溯性记忆和前瞻性记忆中都表现出衰退的趋势，更容易忘记基于时间的任务或计划（如明天上午 10 点要给某人打电话），而不是基于事件的任务或计划（如下次见到朋友时要告诉他某件事情的经过）（Scullin et al.，2012）。

（三）思维的发展

思维是比注意、记忆更为复杂的认知活动。在婴儿阶段，人类思维的萌芽已清晰地展现出来。在一项研究中（Quinn et al.，1993），研究者首先给 3~4 个月大的婴儿呈现一系列猫的图片，再给他们呈现一张猫的图片、一张狗的图片。结果发现，婴儿注视狗的图片的时间显著更长。这一结果说明，3~4 个月大的婴儿已经能够在一定程度上将猫的共同特征抽取出来，形成"猫"这一类别概念。与此类似，在一项以 7 个月大的婴儿为被试的研究中，研究者首先给婴儿依次呈现 10 张动物的图片。如果接下来的第 11 张图片仍是动物，婴儿就不会有特别的反应；但如果第 11 张图片是人类婴儿，婴儿就会表现出明显的惊讶，注视图片的时间也较长。相反，如果婴儿先看到连续 10 张婴儿图片，那么在随后看到动物图片时就会表现

出惊讶和更长时间的注视（Elsner et al.，2013）。当然，婴儿期的分类能力是非常有限的。例如，12 个月大的婴儿还无法理解"狗"和"鱼"都属于动物。由于层级概念的形成依赖儿童语言的发展，即他们能够运用词汇对事物进行标识，因此通常在 5 岁左右，儿童才会表现出对层级概念的比较充分的理解（Boyd & Bee，2015）。

对于儿童期的思维发展，"执行功能"是近年来的热点研究问题之一（Santrock，2016）。执行功能是一系列与前额叶的发展相关联的自上而下的心理过程的总称，一般认为包括抑制、工作记忆和认知灵活性三种核心成分（Diamond，2013）。自儿童早期开始，执行功能即表现出显著增长。在生活中，人们可以看到，由婴儿期进入童年期后，儿童的行为受内部冲动和外部刺激的控制程度逐渐减小，他们的行为越来越多地表现出计划性和目标导向，认知活动也更为灵活。众多研究表明，儿童期的执行功能可预测个体在多项发展指标上的表现，如入学适应、学业适应、同伴关系等（Holmes et al.，2016；Ursache et al.，2013）。一项长期追踪研究还发现，4 岁时的延迟满足能力（执行功能中抑制成分的体现）可预测 30 年后的身体质量指数（Schlam et al.，2013）。

执行功能在青少年期继续保持稳步增长的趋势，其各子成分与青少年发展的密切联系得到了大量研究的支持。除了执行功能之外，决策能力的发展是青少年思维发展的另一重要问题。步入青少年期后，

个体不可避免地要面临众多决策。尽管由于认知能力的发展，青少年可以从多角度看待问题，考虑更多的可能性，更好地预测各种行为的后果，但这并不意味着他们总能做出好的决策。研究发现，情绪和社会情境都是影响青少年决策的重要因素。当处于较为强烈的情绪唤起状态，或是有同伴在场时，青少年更有可能做出具有冒险倾向的决策（Albert & Steinberg，2011；Figner & Weber，2011）。需要特别指出的是，由青少年期开始，思维发展的个体差异会逐渐增大。一些个体将达到另一些个体不能企及的高度。这说明与儿童相比，青少年可以在更大程度上影响自身的发展（Santrock，2016）。

对于成年期思维，发展心理学中的探讨更多聚焦于成年晚期。由于前额叶的功能减弱，执行功能在成年晚期出现衰退。不过，近年来有越来越多的研究表明，前额叶在成年晚期仍具有可塑性。认知训练、有氧运动以及将两者结合起来的整合性训练都能有效地改善老年人前额叶的结构与功能，缓解老年人执行功能的衰退（王晨茜等，2018）。关于成年晚期的问题解决能力，一项基于 28 个独立研究的元分析表明，整体而言，个体在成年晚期的问题解决能力有所下降。不过，如果所面临的问题涉及人际关系，或者老年人的文化水平较高，问题解决的年龄差异就会减小（Thornton & Dumke，2005）。

三、皮亚杰的认知发展理论

（一）认知发展的实质与机制

瑞士心理学家皮亚杰的认知发展理论是关于儿童认知发展最具影响力的理论。皮亚杰将自己的理论命名为"发生认识论"（genetic epistemology），即关于人类知识起源的实验科学。

皮亚杰理论中关于认知发展的实质与机制的观点

皮亚杰认为人和所有生物机体一样，有拓展自身，并与外部保持平衡的倾向。自出生开始，儿童就是环境的主动探索者，总会受到新异刺激和事件的吸引。而且，儿童对外界信息的理解是一个建构的过程，他们的已有知识会显著影响他们如何获取新的知识，获得怎样的知识。那么，儿童如何在他们的头脑中"建构"世界？皮亚杰认为儿童天然的认知方式是对物体施加动作，或者说操作物体。皮亚杰将儿童最初所拥有的操作物体的组织化的动作称为动作图式，如抓握图式、吮吸图式等。图式是皮亚杰所认为的用于组织知识的动作或心理表征。当儿童成长到一定的年龄时，最初操作物体的外部动作可以在心理上完成，动作图式也就转变为运算图式。在皮亚杰的理论体系中，认知发展的本质就是图式的发展。在发展的每个阶段，儿童都会用不同形式的图式理解世界。

儿童为什么要积极地发展自己的图式？或者说，个体为何要实现发展？发展的动力究竟是什么？皮亚杰认为，机体所有认知活动的目的都在于实现自身与周围环境的平衡。当儿童面临的某种新异刺激不能与其已有图式相匹配时，儿童会体验到认知上的不协调，也就是自身与周围环境的不平衡。为重归平衡，儿童需要发展他们的图式。图式的发展经由两种认知过程实现：组织（organization）和适应（adaptation）。组织即儿童将已经存在的较为简单的图式整合为新的、更为复杂的图式。适应由两个相对的方面构成：同化（assimilation）和顺应（accommodation）。同化指儿童利用已有图式去理解环境，是图式的量变；顺应是儿童改变已有图式去适应环境，是图式的质变。大多数认知活动都同时包含同化和顺应，但可能以某一过程为主导。在组织活动的作用下，同化和顺应之间通过互补得以平衡，从而使得个体与环境之间的平衡得以实现。

（二）认知发展的阶段

皮亚杰认为，从出生到青少年期，儿童的认知发展将依次经历四个阶段。

1. 感知运动阶段

从出生到 2 岁，儿童的认知发展处于感知运动阶段。在这一阶段，婴儿通过协调感觉输入和动作技能认识世界。当儿童来到这个世界时，已拥有诸多自发的反射活动帮助他们适应与生存。这些反射活动是婴儿探索与认识世界的最初图式。在使用最初图式的过程中，婴儿慢慢体会到这些动作的运用会带来积极体验，于是会逐渐有意识地重复这些动作。这些不同于最初反射活动的身体动作，已经可以被看作婴儿对环境的一种顺应。同时，这些动作实际也依赖不同图式的组织，如吃手需要婴儿整合吮吸和手臂运动这两种图式。

在生活中，我们会看到，当给 1 岁左右的孩子一个受到挤压就会发声的橡皮鸭玩具时，他们已不再满足于反复挤压橡皮鸭，使其发出响声，而是可能不断"开发"新的玩法，如拍打、脚踩、用枕头压，从不同的高度往地上扔等。这些最初的有意识行为是心理表征已经开始形成的表现。心理表征的出现让儿童可以不再完全依赖试误性的探索，而是在头脑中思考各种可能的问题解决方案并选择其一（或者说他们可以在头脑中进行试误）。心理表征出现的另一重要意义是，客体永久性的观念将逐渐形成。所谓客体永久性，即婴儿能够认识到，即便他们不能直接感知某个物体，这个物体也依然存在。在生活中，如果细心观察，我们会看到当把一个物体从小于 4 个月的孩子眼前移开时，他们不会继续寻找，仿佛这个物体从来就不曾存在。在 4 个月之后，客体永久性的萌芽逐渐展现。不过，对于客体永久性的充分理解需要到接近两岁时才能获得。心理表征或对符号的运用是认知发展的重要里程碑，人类的多种区别于动物的认知能力（如计划、语言等）都以此为基础。

2. 前运算阶段

在感知运动阶段之后，各阶段认知活动的共同点在于儿童可以操作抽象的符号，区别在于儿童操作符号的能力有着非常显著的差异。皮亚杰将在头脑内部进行的内化的动作，也就是操作符号的过程称为"运算"或"运算图式"。

2~7岁儿童的认知发展处于前运算阶段。皮亚杰之所以将这一阶段命名为前运算阶段，是因为这个阶段的儿童能在心理上进行操作符号的活动，但他们的运算非常容易受到事物表面特征的影响，并不一定遵循普遍的逻辑规则。

符号功能的出现使得前运算阶段儿童的语言有了长足的发展（并非所有心理学家都认同皮亚杰的这一观点），同时也让象征性游戏（假装游戏）、对事物进行分类等活动成为可能。不过，相对于这个阶段的进步，皮亚杰更多地讨论了它在思维发展上的局限性。这里介绍其中的两点：自我中心，以及尚未形成守恒的概念。

自我中心是指儿童只能从自己的角度看待世界，难以理解他人的角度与自己的可能并不一样。"三山实验"验证了该阶段儿童的自我中心性。在实验中，研究者首先让儿童熟悉一个放在桌上、由三座山构成的立体模型（见图14-2）。三座山的大小不同，且山顶的事物也各不相同。之后，研究者让儿童在桌子的某一方位坐下来，再将一个洋娃娃放在与儿童方位不同的椅子上。在每个方位，研究者都会给儿

图14-2 "三山实验"情景
（资料来源：Boyd & Bee，2015）

童呈现若干张图片，让儿童选择出他们所认为的洋娃娃看到的景象。实验结果表明，处于前运算阶段的儿童大多会选择从自己的视角看到的景象。

在生活中，事物的量不会因为其外形等表面特征的改变而改变。然而，这一关于物质守恒的常识还未能为前运算阶段的儿童所掌握。皮亚杰曾设计了多个巧妙的实验用于考察儿童的守恒概念。在一项实验中，研究者让儿童向两个完全一样的杯子中倒入同样多的水，并问儿童两个杯子中的水是否一样多。在儿童做出正确的回答后，研究者当着儿童的面将其中一个杯子的水倒入另一个更高但更细的杯子中，并再次问儿童两个杯子中的水是否一样多。对于这一问题，大多数7岁以下的儿童难以做出正确的回答。他们通常会认为高杯子中的水更多，因为它更高（见图14-3）。

皮亚杰认为，这一阶段的儿童在守恒实验上的失败源自他们在心理运算上的两点局限。第一是中心化，即他们往往只关注事物的某一比较凸显的特征而忽略其他。例如，他们注意到了高杯子中的水面更高，但忽略了它更细。第二是缺乏可逆性。皮亚杰认为，可逆性是所有心理运算都必须遵循的基本规则。对可逆性的把握意味着个体能够认识到，对于一种运算所带来的结果而言，都有另一种运算可以补偿或复原。例如，在数学中，对于加法，减法就是其逆向运算。如果3加4等于7，那么7减4就必定等于3。如果儿童能够掌握可逆性原则，那么他们就可以

图 14-3 守恒实验

（资料来源：Carlson，1990）

在心理上将高杯子中的水倒回原来的杯子中，从而做出正确的回答。

3. 具体运算阶段

在 7 岁之后，儿童将进入认知发展的第三个阶段——具体运算阶段，直至青春期来临（在 11 或 12 岁）。在这一阶段，儿童的认知图式将具备运算的所有基本特征：①它们是在心理上完成的动作，或者说个体认知活动所操作的对象是符号，而不是具体事物；②运算是将外部动作内化的结果；③各种运算能够整合于一个体系中；④运算遵循一系列规则，其中最重要的一种规则是可逆性（Bjorklund，2011）。

由于思维的去中心化和可逆性的获得，该阶段的儿童可以顺利完成上述的守恒实验。同时，他们也具备了线性推理的能力。例如，基于"张三比李四高，李四比王五高"这一前提，让儿童比较张三和王五谁更高。前运算阶段的儿童常坚持说需要让张三和王五站在一起进行比较，才能知道谁更高。而具体运算阶段的儿童可以依据大小关系的传递，做出正确的回答。

具体运算的实现让儿童能够更好地理解事物的关系、更为有效地进行逻辑推理，其认知活动不再轻易地受到事物表面特征的影响。正因为如此，大多数国家将 6~7 岁确定为儿童入学的法定年龄。不过，这一阶段认知发展的重要局限是，儿童的心理运算只能有效运用于具体的或他们能够想象的事物。对于操作更为抽象的符号的任务，如代数问题，这个阶段的儿童还不能完全胜任。

4. 形式运算阶段

形式运算阶段开始于青少年期（11 或 12 岁）。之所以称之为形式运算，是因为这一阶段的儿童摆脱了具体事物的束缚，可以进行抽象的符号运算、集合运算。这一成就使得个体获得了假设—演绎推理的能力。演绎推理并非一定是形式运算。如果给出的前提是具体事物，具体运算阶段的儿童也可得出正确的结论。但只有在形式运算阶段，个体才能从一个假定的前提出发，再依照逻辑规则进行推理。为了寻找问题的答案，青少年可以像科学

皮亚杰

皮亚杰（Jean Paul Piaget，1896—1980）（见图 14-4），瑞士儿童心理学家、发生认识论的创始人。1896 年生于瑞士纳沙泰尔。1915 年、1918 年相继获纳沙泰尔大学学士学位和理科（生物学）博士学位。在苏黎世、巴黎从事过精神病诊治及儿童测验工作。1921 年任日内瓦大学卢梭学院实验室主任，后又升任助理院长并先后执教于纳沙泰尔、日内瓦、洛桑和巴黎大学。他曾当选为瑞士心理学会、法语国家心理科学联合会和第 14 届国际心理科学联合会主席，还长期担任设在日内瓦的国际教育局局长和联合国教科文组织助理总干事

图 14-4　皮亚杰

一职。皮亚杰还是瑞士《心理学杂志》的主编及日内瓦的《心理学文库》、美国麻省理工学院的《语言学探究》等学术刊物的编委。1955 年，在日内瓦创立"国际发生认识论中心"，并担任主任至去世时为止。皮亚杰曾被哈佛、巴黎、布鲁塞尔、剑桥、耶鲁等 20 多所著名大学授予名誉学位，并获得埃拉斯穆斯、巴尔赞、桑代克等多种科学奖。皮亚杰的主要贡献在发展心理学领域，他对儿童关于现实、因果、时空、几何、各种物理量的守恒等概念的形成和心理运算的起源与发展进行了大量的实验研究。他创立的发生认识论体系已成为当代儿童与发展心理学的主要派别之一。皮亚杰一生发表了 500 余篇论文和 50 多部专著，主要的著作有《儿童的语言与思维》《儿童的判断和推理》《智慧心理学》《发生认识论原理》《儿童的道德判断》。

（资料来源：中国大百科全书总编辑委员会，1991）

家一样，首先提出若干个假设，再对假设进行系统性检验。

认知发展的成就改变着青少年看待自己和周围世界的方式。相比于儿童，青少年可以思考关于自身未来的更多种可能性，形成较为稳定的自我同一性，也能够更好地理解他人观点和他人行为的原因。

与此同时，他们也不再像儿童一样倾向于自然地接受已经发生的一切并服从权威，他们能够假设与现实不同的种种可能性，并对周围的世界提出怀疑。

皮亚杰的发生认识论为儿童认知发展的动力与过程提供了系统的描述与解释。有研究者认为皮亚杰在发展心理学领域中

的影响力堪比莎士比亚对英国文学、亚里士多德对哲学的影响力（Beilin，1992）。人们在继承与发展皮亚杰思想的同时，也对皮亚杰的理论提出了多种怀疑。例如，他过于强调生物因素对个体发展的影响，

忽视了教育和文化的影响；对儿童认知阶段的划分明显滞后，有低估儿童认知能力的倾向；儿童的认知能力不一定呈阶段式发展等（Bjorklund，2011）。

第四节 心理社会性发展

一、情绪的发展

（一）婴儿期的情绪

人类总是以啼哭开始人生之旅。啼哭是婴儿与照护者最为重要的交流方式，敏感的父母通常很快就能从婴儿不同的哭声中了解他们不同的需要。在前六七个月，婴儿会逐渐表现出愉快、惊讶、好奇、愤怒、难过、恐惧和厌恶等基本情绪。与基本情绪相对的复合情绪如嫉妒、自豪、羞愧、内疚等有时也被称为自我意识情绪，因为这些情绪体验依赖个体一定程度的自我感。在2岁半左右，成人可以比较清晰地观察到儿童自我意识情绪的表达。不过对于自我意识情绪最初出现的时间，目前尚存有争议。大多数研究者认为婴儿通常要到18个月左右才会出现自我意识情绪，但一些研究提示，这个年龄可能要早得多。例如，在一项研究中（Hart & Carrington，2002），研究者让6个月大的婴儿观察他们的母亲或关注一本书，或关注

一个非常逼真的洋娃娃。结果发现，当看到母亲关注洋娃娃时，婴儿会表现出嫉妒的情绪。另一项研究也发现（Mize et al.，2014），当9个月大的婴儿看到妈妈关注"竞争对手"时，他们不仅会表现出与嫉妒相关的行为，而且会表现出与嫉妒相关的脑电波模式。

社会交往是儿童情绪发展的重要基础。在生命的早期阶段，父母与婴儿的情绪互动深刻影响着儿童的情绪发展。如果父母有较高水平的积极情绪，能够敏锐地回应婴儿的情绪信号，婴儿的日常情绪就会更积极，情绪调节能力也就会发展得更好。

（二）童年期的情绪

在童年早期，儿童的自我意识情绪出现得更为频繁。与此同时，儿童的情绪理解能力也将显著发展。在2~4岁时，儿童能够逐渐理解不同情绪的产生原因以及不同情绪可能带来的不同后果。在4~5岁时，他们开始能对情绪进行反思，能意识到自己需要对情绪进行调节以满足外界的要求，也能理解同样的事件作用于不同的

个体时，可能引发不同的情绪。情绪理解能力与情绪调节能力的发展是密切相关的。一项针对 5~7 岁儿童的研究表明，对他人情绪的理解能力与儿童自身的情绪调节能力显著相关（Hudson & Jacques，2014）。

在童年中期和晚期，个体的社会性情绪不再强烈依赖他人的反应。例如，一个小学生可能会在发现自己某种能力的提升后感到自豪，也可能会因为伤害了朋友而自责。在这一时期，儿童也开始有意识地掩饰自己的情绪。父母会发现，孩子常常不愿意将学校里发生的不愉快的事情告诉他们。在情绪调节上，到了童年中期和晚期，认知策略逐渐成为一种重要的情绪调节手段，这是一个重要的进步。

（三）青少年期的情绪

霍尔将青少年期形容为"暴风骤雨"的时期。在生活中，父母也常常抱怨孩子进入青春期后，过山车般的情绪化程度让父母难以招架。很多人认为，是激素的变化决定了青少年大起大落的情绪状态。然而，基于实证研究的结论是，激素与青少年情绪之间的联系只是在青春期刚刚开始，也就是激素水平的波动较大的时候存在。当激素水平趋于稳定后，激素与情绪之间的相关就不存在了（Buchanan et al.，1992）。很多研究表明，环境因素对青少年情绪的影响要比激素显著得多，而且环境也会调节激素与情绪活动之间的联系。例如，有研究发现，与激素相比，压力性生活事件对青春期女孩的抑郁的影响要大

得多（Brooks-Gunn et al.，1994）。与此类似，有研究还发现，虽然较高的睾酮水平与冲动性、攻击性存在正相关，但对于家庭关系和谐的青少年，这种相关非常微弱（Booth et al.，2003）。

（四）成年期的情绪

与青少年多变而极端的情绪体验相比，步入成年期后的个体的情绪变化逐渐稳定，他们很少再像青少年一样经常会体验到极端的"非常快乐"或"非常不快乐"的情绪。由于中年期是一生中压力最大的时期，压力、情绪与健康的关系成为这一时期情绪研究的主题。积极情绪对健康的积极意义、消极情绪对健康的损害得到了众多研究的支持。有研究表明，希望和好奇两种积极情绪可显著降低高血压、糖尿病、呼吸道感染等多种疾病的罹患率（Richman et al.，2005）。积极情绪对健康的促进作用部分地是由于它可提升人体免疫系统的功能（Salovey et al.，2000）。

生活中不少人持有的一种刻板印象是，老年人是孤独、寂寞且情绪低落的。然而，发展心理学的研究却展现了老年生活的另一幅图景（Kunzmann et al.，2014）。在多项研究中，老年人与较为年轻的群体相比，报告了更多的积极情绪和更少的消极情绪。研究者发现，对于生活中的消极事件，老年人的反应更为平和；他们更善于忽视无关的负面信息，更容易记住积极信息而不是消极信息（Shallcross et al.，2013；Windsor et al.，2013）。情

绪状态更为积极的老年人不仅生活质量更高，而且寿命也更长（Frey，2011）。

二、依恋的发展

人与人之间建立起来的、双方互有的亲密感受以及相互给予温暖和支持的关系叫作依恋（attachment）。依恋始于婴儿期，主要表现在婴儿与其照护者之间。婴儿主要通过吮吸、拥抱、抚摸、对视、微笑甚至哭叫等一系列行为逐渐与照护者建立起依恋关系。这种关系对儿童的社会性发展非常重要。在通常情况下，婴儿最开始的照护者多为母亲。母亲在儿童成长和发展中扮演了非常重要的角色。

最早对依恋的解释是：母亲在孩子饿时给予食物，通过这种条件性强化，孩子学会了依恋母亲。但是，哈洛（Harlow，1974）的研究反对了这种观点。哈洛在对猴的研究中将刚刚出生的小猴与母亲分离，进行人工喂养。在喂养小猴的房间中，有两只机械的"猴妈妈"：一只"猴妈妈"是一个金属框架；另一只"猴妈妈"则是在金属框架外面裹上了柔软的布。哈洛在金属框架的"猴妈妈"上放上喂食的奶瓶，而在柔软的"猴妈妈"上没放任何食物。如果依恋只是由于母亲提供了食物，那么小猴就应该学会对金属框架母亲的依恋。实验结果发现，当小猴对新刺激感到害怕时，它会去拥抱柔软的"猴妈妈"，而不是拥抱提供食物的"猴妈妈"（见图14-5）。这表明接触舒适是依恋的重要成分，婴儿由于接触温暖柔软的东西而

获得舒适感和安全感。

图 14-5　小猴与柔软的布妈妈

（资料来源：Harlow，1974）

研究母婴依恋关系类型的一种典型手段是陌生情境（strange situation）测验。这种测验的设计是：①母子同时进入一个陌生的房间，房内有许多玩具；②母亲坐在一旁，孩子自由玩耍；③一个陌生人进入房间，和母亲谈话；④母亲离开房间，孩子与陌生人在一起；⑤母亲回到房内，陌生人出去；⑥母亲离开，孩子单独留在室内；⑦陌生人进入房间，必要时安抚孩子；⑧最后母亲回到房内，陌生人离开，母亲鼓励孩子继续探索、游戏，并在需要时给予安抚。在这种情境中，实验者可以观察儿童对玩具的摆弄行为、儿童的表情、其他情绪反应（如啼哭等）以及儿童与陌生人交往的倾向等，以此判断母子依恋关系的性质（Ainsworth et al.，1978）。

安斯沃斯及其同事（Ainsworth et al.，1978）通过研究1~2岁幼儿得到了母子依恋关系的四种类型：安全型依恋（secure attachment）、回避型依恋（avoidant attach-

从亲子依恋到地方依恋

　　不仅人与人之间可以形成依恋，而且人与地方之间相互作用也可以形成稳定的情感联结，被称为地方依恋。亲子依恋可能对地方依恋的获得起重要作用。摩根（Morgan，2010）采用访谈法，研究了地方依恋是如何在亲子依恋的基础上发展形成的。研究者认为，地方依恋开始于童年期的地方经历，它的发展是以探索（外界环境）和亲子依恋行为之间循环的方式进行的。具体来说，儿童与依恋对象在一起时会感到安全，如果这时儿童处在物理环境中，那么就会激活儿童的探索动机系统，由入迷、兴奋，到离开依恋对象进行探索、与环境相互作用进行玩耍。随着儿童与地方的相互作用，便产生控制、冒险、自由和愉悦等积极情感。但是，当儿童与环境相互作用产生了痛苦（受到伤害）、疲乏或焦虑（感知到威胁或依恋对象长期消失）时，儿童的依恋动机系统就开始取代探索动机系统，儿童又会寻找产生舒适感的对象（如父母），并与依恋对象接近。儿童在与依恋对象相互作用的过程中产生了积极的情感和对自我情绪的管理。当儿童对于依恋对象的需要得到满足后，环境的线索又开始激活儿童的探索动机系统，重新循环。在与物理环境和依恋对象来回的循环过程中，地方依恋便逐渐发展起来。该理论表明亲子依恋与地方依恋之间存在紧密关系，地方依恋是跟能够给予安慰的照护者接触期间经历的积极情感与探索周围环境时的积极情感之间联合的结果。对照护者安全的依恋构成了个体探索周围世界的基础，在探索环境的过程中形成了对这个地方的依恋。

（资料来源：俞国良，辛自强，2013）

ment）、抗拒型依恋（resistant attachment）和混乱型依恋（disorganized /disoriented attachment）。安全型依恋的儿童在母亲在场时能够积极探索环境，遇到困难时会回到母亲身边寻求安抚，但很快就能平静下来继续玩耍；母亲在场时他们与陌生人的互动也较积极。母亲离开时他们会感到不安，母亲回来时则会热情地对母亲微笑并寻求拥抱。回避型依恋的儿童对母亲是否在场无所谓。和母亲在一起时，他们与母亲的互动较少，母亲离开时不太会表现出沮丧，母亲回来时也没有太大反应。他们与陌生人的态度和对母亲的态度类似。抗拒型依恋的儿童总是紧挨着母亲，很少主动探索环境。当母亲离开时，他们会非常苦恼，但当母亲回来时，他们的反应又很矛盾。他们会跑过去迎接母亲，但当母亲要抱起他们时，他们又会将母亲推开，避免与母亲接触。抗拒型依恋的儿童对陌生人的态度通常是很警惕的。混乱型依恋的儿童在行为表现上兼具抗拒型依恋和回避型依恋儿童的特征。他们对于接近或回避母亲显得很矛盾。当母亲离开房间时，他们或无所谓或惶恐；当母亲回来时，他们可能试图接近母亲，但又可能突然跑开，而且可能表现出尖叫、踢打等行为。

在家庭中，母亲往往是孩子的主要照护者，母亲的抚育方式是影响儿童依恋质量的重要因素。一般来说，如果母亲的情绪是稳定而积极的，能够敏感地回应婴儿的需要并做出适当反应，那婴儿就更有可能与母亲建立起安全型的情感依恋。

三、道德的发展

道德是指为社会的大多数人所接受的一套行为准则，不同的社会文化可能有不同的道德准则，但也有许多道德准则是人类共有的。道德发展是指在社会化过程中个体逐渐习得道德准则并以这些准则指导自己行为的过程。

3岁前是婴儿道德发展的萌芽、产生阶段，其道德观念和道德行为是在成人的强化和要求下逐渐形成的。其道德动机以简单的"好""坏"两分法为标准，并引发合乎相应标准的行动（林崇德，1989）。对3~6岁儿童来说，道德发展有两个主要特点：从他性和情境性。从他性是指儿童判断是非的标准来自成人和外在权威，并认为道德原则和规范是绝对的，必须服从。在进行道德判断时，只注意行为的外部结果，而不考虑行为的内在动机。情境性是指儿童的道德认识、道德情感还带有很大的具体性、表面性，并受情境的制约。例如，"好孩子"就是"不打人"的孩子。它总是和一定的、直接的道德经验、情境及成人的评价联系在一起。六七岁到十一二岁的学龄儿童开始形成自觉运用道德规范的能力，但其道德认识有很强的依附性，缺乏原则性。随着年龄的增长，儿童的道德评价能力逐渐提升。道德判断从简单依附于社会的、他人的原则，逐渐过渡到受自身道德原则的制约。同时，不需要外力制约的自觉纪律开始形成。十一二岁之后进入青少年期，个体开始能够独立、自觉地按照道德准则调节自身行为，即能够进行自律，道德行为习惯逐渐稳固。

（一）皮亚杰的道德发展理论

皮亚杰以说故事的方法主要研究了4~12岁儿童的道德观念。皮亚杰的故事多数是一些两难问题。实验任务要求孩子对这些两难问题中的主人公的行为进行道德判断。以"打破杯子"的故事为例，故事有两种情景，男孩A因为偷着拿壁橱中的糖果打碎了一个杯子；男孩B因为帮助妈妈洗碗不小心打碎了三个杯子。皮亚杰发现年幼的儿童多数认为男孩B的过失更大，因为他打破了更多的杯子；而年龄大一些的儿童则认为男孩A的过失更大。基于这类研究，皮亚杰认为儿童的道德发展主要经历了两个阶段：他律阶段（5~8

岁）和自律阶段（8~12 岁），这两个阶段与认知发展的前运算阶段和具体运算阶段基本符合。

处于他律阶段的儿童，其道德判断是僵硬的、简化的。他们通常只从行为的结果做出道德判断，而很少考虑行为的动机；他们将人的行为简化为要么全对，要么全错，并认为别人也有同样的看法。这时儿童还难以设身处地地从别人的角度看待事物；他们相信规则是由父母或其他权威人物制定的，是不能改变的。这种对权威的尊敬导致儿童服从规则，并认为违反了规则就应受到严厉的惩罚。

进入自律阶段以后，儿童开始能够设想他人的立场，以行为的动机而非结果来进行道德判断；他们开始认识到行为的原因和结果不止一种，道德判断开始呈现多样化；儿童开始重视同伴和自己在道德判断中的作用，认识到没有绝对不变的道德原则，规则是人定的，也可以由人来修改。

（二）科尔伯格的道德发展理论

你对下面这个两难故事将做怎样的判断？一个患了癌症的妇女濒临死亡，医生认为只有一种药能挽救她的生命，而这种药只有一家药店有售。于是病人的丈夫海因茨到这家药店买药，发现药价是 2000 元，是成本的 10 倍。海因茨四处借钱，只借到 1000 元，于是他哀求药店老板把药便宜点儿卖给他，或者先写欠条以后再将欠款还清，但是药店老板一口拒绝，说卖药就是为了赚钱。海因茨无奈，只好夜

里闯入药店，将药偷走。海因茨这样做应不应该？为什么？

"海因茨偷药"是科尔伯格在研究中使用的一个著名的两难问题。他对 75 名 10~16 岁的男孩进行了追踪研究。根据研究结果，科尔伯格认为，道德推理存在三个层次的发展水平，每个水平又分成两个阶段，一共有六个阶段。

1. 前习俗道德水平（4~10 岁）

儿童处于外在控制的时期，服从得到奖赏、逃避惩罚的道德原则。这一时期又分为：

①避免惩罚的服从取向阶段。此时的儿童专注于行为的结果（如打碎多少个杯子），遵从权威的规则以逃避惩罚、得到奖赏。

②工具性的交换取向阶段。儿童开始基于自己的利益和他人将给予的回报来考虑服从原则，他们以被满足的需要来评价行为。

2. 习俗道德水平（10~13 岁或之后）

儿童将权威的标准加以内化，他们服从法规以取悦他人或维持秩序。

③好孩子取向阶段。儿童希望取悦他人，帮助他人。他们经常会想"我是不是一个好孩子"，并提出自己的标准。儿童会根据行为的动机、行为者的特点以及当前的情境来评估行动。

④社会秩序取向阶段。儿童开始考虑到社会体系、良心和自己的责任，显示出对较高权威的尊重，并力图维持社会的秩序。如果一个人的行为违反了某种法规并伤害了他人，他们会认为这一行为是错

误的。

3. 后习俗道德水平（开始于青少年早期或成年早期）

道德观完全内化，他们认识到道德原则之间的冲突，并懂得如何从中进行选择。

⑤社会契约取向阶段。人们以理性的方式思考，重视多数人的意愿和社会福利，认为依法行事是最好的行为方式。

⑥普遍伦理取向阶段。人们依据自己认为对的方式行事，而不理会法律或他人的意见。他们的行动依据内在的标准，行为受自我良心的约束。

科尔伯格认为，并不是每个人都会经历这些发展时期，事实上，有些人直到成年也没有超越好孩子取向或社会秩序取向阶段。

埃里克森理论中的心理危机与人格发展的关系

四、埃里克森的心理社会性发展理论

在人生的整个发展历程中，人格与自我意识的建立和发展贯穿始终。人们在生理发展和认知发展的同时，也在不断建立

表 14-2　埃里克森心理社会性发展理论的八个阶段

年龄	发展阶段	发展的关键
出生至 1 岁	基本的信任对不信任	婴儿发展起对于主要照护者的信任感，并进而形成对于自己和周围世界的基本信任
1~3 岁	自主对羞愧和怀疑	儿童学会各种新的技能，开始独立探索周围世界，获得自主感
3~6 岁	主动对内疚	儿童学习围绕某种目标组织自己的行为，获得主动感
6~12 岁	勤奋对自卑	儿童进入学校，经由勤奋学习，掌握各种社会和学业技能，获得勤奋感
12~20 岁	自我同一性对角色混乱	青少年通过各种探索活动，明确自己将要成为一个什么样的人，建立自我同一性
20~40 岁	亲密对孤独	经由对友谊和爱情的寻求，个体获得亲密感
40~65 岁	繁殖对停滞	个体通过养育子女，关怀后辈以及在工作中做出成绩获得繁殖感
65 岁以上	自我整合对绝望	回首走过的人生道路，老年人感受到自己的人生是富有意义的，体验到自我整合感

和改造自我。人格的发展受到生理成熟和认知发展的影响，也受到社会文化习俗的制约。关于人格的发展，新精神分析学派代表人物之一埃里克森所提出的理论具有较大影响。

埃里克森认为，弗洛伊德的理论低估了社会因素对人格发展的影响，而只看到了原始驱力的作用。埃里克森的心理社会性发展理论（psychosocial development theory）强调社会和文化因素在每个发展阶段对自我的影响。埃里克森将人格发展分为八个阶段，每个阶段的发展特点见表14-2。

埃里克森认为，每个阶段都有一个与某种重要的冲突有关的人格危机，如信任与不信任、勤勉与自卑、亲密与孤独等，有些是正面特质，有些是负面特质。成功地解决这些危机需要在正面特质和负面特质之间取得平衡，即让正面特质占优势，同时也存在一些负面特质。例如，在信任与不信任之间，学会信任大多数人当然是好的，但是也要"防人之心不可无"，知道不是每个人都值得信任，这样才能建立对他人的现实的信任。如果冲突能得到满意的解决，个体就会形成健康的人格，否则就会妨碍自我的健康发展。

本章内容小结

1. 个体发展是个体在生命全程中所经历的各种身体、行为或心理上的变化。

2. 关键期指生命中的一段时期，如

果个体不能获得某种经验，将失去发展出与该种经验相联系的功能的机会。在敏感期，对于某一心理或行为特征而言，其发展对环境和经验最为敏感，发展速度最快。

3. 依照发展的内容，个体发展可分为生理发展、认知发展、心理社会性发展三大领域。

4. 采用纵向视角，个体发展可依照年龄划分为8个不同阶段：产前期、婴儿期、童年早期、童年中期与晚期、青少年期、成年早期、成年中期和成年晚期。

5. 个体发展是环境与遗传因素交互作用的结果。

6. 从受精到出生的妊娠期中，胎儿发展主要分为胚芽期、胚胎期和胎儿期；在妊娠期中，影响胎儿发展的一些消极因素有德国麻疹、X射线或原子辐射、性病等。

7. 婴儿在第一年的生长速度惊人，第二年的生长速度显著减慢；2岁时，体重可达成年时的五分之一，身高接近成年时的二分之一。

8. 在童年早期，幼儿的生长速度逐年减慢；在青春期到来前，童年中期和晚期的身体发展相对平缓。

9. 青少年期是身体发展的又一高峰期。青少年在身高、体重快速增长的同时，第一性征和第二性征也逐渐出现。

10. 进入成年早期后，身体的发展变化平缓下来，但仍在继续；成年中期后，衰老迹象逐渐展现，但衰老速度有着较大的个体差异；身体外表的变化在成年晚期更为显著，经常性的适量运动对老年身体机能的保持有着积极意义。

11. 婴儿在生命头两年中获得大量运动技能，精细运动技能在 10~12 岁即可达到成年人的水平，粗大运动技能的提升会持续至成年早期。

12. 婴幼儿的感知觉发展主要表现为触觉、视觉和听觉方面的发展。

13. 在婴儿期，儿童语言的发展可分为前语言期、单词句期和电报句期。童年早期与童年中晚期，语言发展的重要成就表现为语用知识的掌握和元语言意识的发展。

14. 以斯金纳为代表的学习观强调，父母的强化对于儿童语言学习的决定性意义；以乔姆斯基为代表的先天观则认为，人类婴儿与生俱来的语言获得装置是儿童语言发展的基础。当代发展心理学采用交互作用观看待儿童的语言发展，认为语言的发展由先天生物学因素和后天环境因素共同决定。

15. 联合注意是婴儿期注意发展的重要方面，与婴儿的认知和社会性发展密切相关；在童年期，儿童的注意保持时间稳步增长，能集中注意于关键性刺激，且认知抑制能力也在提升；注意功能在成年晚期有所下降。

16. 婴儿具有一定的记忆能力；童年期记忆能力的发展突出地表现在工作记忆容量和记忆策略的发展上；老年期的记忆能力有一定下降，但不同类型的记忆随年龄增长而发生的变化并不完全相同。

17. 人类思维的萌芽在婴儿期即有清晰展现，3~4 个月大的婴儿已经具备一定

程度的类别概念；执行功能在童年期和青少年期都表现出显著增长，儿童的执行功能可预测他们在多项发展指标上的表现；由于前额叶的功能降低，执行功能在成年晚期出现衰退。

18. 皮亚杰的发生认识论认为，当儿童面临新异刺激，不能与其已有图式相匹配时，就会积极发展他们的图式，以期重归平衡。

19. 皮亚杰认为，图式的发展经由组织和适应两种过程实现，而适应又由两个相对的方面构成：同化和顺应。同化指儿童利用已有图式去理解环境，是图式的量变；顺应是儿童改变已有图式去适应环境，是图式的质变。

20. 依照皮亚杰的发生认识论，思维的发展依次经历四个阶段：感知运动阶段、前运算阶段、具体运算阶段和形式运算阶段。

21. 婴儿首先表现出的是人类的基本情绪，之后才发展出复合情绪或自我意识情绪；在童年早期，儿童的自我意识情绪出现得更为频繁；在童年中期和晚期，个体的社会性情绪不再强烈依赖他人的反应，且认知策略逐渐成为一种重要的情绪调节手段。

22. 青少年期是情绪变化较大的一个时期，但环境因素对青少年情绪的影响显著高于激素；步入成年期后个体的情绪变化逐渐稳定。

23. 依恋行为的发展始于婴儿期，体现为婴儿与其照护者之间互有的亲密感受以及相互给予温暖和支持的关系。

24. 关于陌生情境的研究表明，婴儿与母亲之间的依恋关系类型主要有安全型、回避型、抗拒型和混乱型四类。

25. 皮亚杰将儿童的道德发展分为他律阶段和自律阶段；科尔伯格将道德发展分为三个水平六个阶段。三个水平分别是前习俗道德水平、习俗道德水平和后习俗道德水平。六个阶段分别是避免惩罚的服从取向阶段、工具性的交换取向阶段、好孩子取向阶段、社会秩序取向阶段、社会契约取向阶段和普遍伦理取向阶段。

26. 埃里克森的心理社会性发展理论强调社会和文化因素在每一个发展阶段对自我的影响。它将人格发展分为八个阶段，每个阶段都有一个与某种重要的冲突相关的人格危机，如果冲突得到满意的解决，个体就会形成健康的人格，否则就会妨碍自我的健康发展。

思考题

1. 如何理解心理学中的"发展"这一概念？

2. 试说明遗传和环境在个体发展中的作用。

3. 试说明个体身体与动作发展的一般规律。

4. 儿童语言习得的理论主要有哪些？

5. 论述皮亚杰的儿童认知发展理论。

6. 儿童记忆的发展表现在哪些方面？

7. 什么叫依恋？怎样研究婴儿的依恋？

8. 编写一个两难故事，测查不同年龄的儿童对故事的反应，并结合道德发展理论分析不同年龄儿童道德判断的特点。

9. 埃里克森的心理社会性发展理论是如何论述人格的发展的？

主要参考文献

阿曼达·阿尔本. 心理科学之门. 徐展, 译. 北京：人民邮电出版社, 2011.

阿特金森. 心理学导论. 孙名之, 等译. 台北：晓园出版社, 1994.

安妮·安娜斯塔西, 苏珊娜·厄比纳. 心理测验. 缪小春, 竺培梁, 译. 杭州：浙江教育出版社, 2001.

保罗·马森, 约翰·康格尔, 吉姆·凯根, 等. 人类心理发展历程. 孟昭兰, 等译. 沈阳：辽宁人民出版社, 1991.

贝尔, 柯勒斯, 帕罗蒂斯. 神经科学——探索脑（第 2 版）. 王建军, 主译. 北京：高等教育出版社, 2004.

伯格. 人格心理学（第 8 版）. 陈会昌, 译. 北京：中国轻工业出版社, 2014.

布莱克摩尔. 人的意识. 耿海燕, 李奇, 等译校. 北京：中国轻工业出版社, 2008.

查尔斯·爱德华·斯皮尔曼. 人的能力：它们的性质与度量. 袁军, 译. 杭州：浙江教育出版社, 1999.

查子秀. 超常儿童心理研究十年. 心理学报, 1990（2）：113-126.

陈宝国, 王立新, 王璐璐, 等. 词汇习得年龄和频率对词汇识别的影响. 心理科学, 2004, 27（5）：1060-1064.

陈宝国, 尤文平, 周会霞. 汉语词汇习得的年龄效应：语义假设的证据. 心理学报, 2007, 39（1）：9-17.

陈宝国. 柯林斯语义层次网络模型的实验研究. 心理学报, 1993（4）：359-365.

陈彩琦, 付桂芳, 金志成. 注意水平对视觉工作记忆客体表征的影响. 心理学报, 2003, 35（5）：591-597.

陈琦, 刘儒德. 当代教育心理学. 北京：北京师范大学出版社, 1997.

陈琦, 张建伟. 建构主义学习观要义评析. 华东师范大学学报（教育科学版）, 1998（1）：61-68.

陈世平, 杨治良. 干扰对外显和内隐记忆的影响. 心理科学, 1991（4）：8-15.

大卫·C. 范德. 人格谜题（第 4 版）. 许燕, 等译. 北京：世界图书出版公司北京公司, 2009.

戴维·迈尔斯. 心理学. 黄希庭, 等译. 北京：人民邮电出版社, 2006.

丹尼尔·夏克特，丹尼尔·吉尔伯特，丹尼尔·韦格纳等.心理学.傅小兰，等译.上海：华东师范大学出版社，2016.

杜峰，张侃，葛列众.刺激持续时间对注意瞬脱影响的实验分离现象.心理学报，2004，36（2）：145-153.

范存仁，周志芳.从初生到六岁儿童智能发展规律的探讨.心理学报，1983，15（4）：429-444.

菲利普·津巴多，罗伯特·约翰逊，薇薇安·麦卡恩.津巴多普通心理学（第7版）.钱静，黄钰苹，译.北京：中国人民大学出版社，2016.

冯特.对于感官知觉的理论的贡献（节选）// 莫雷.20世纪心理学名家名著.广州：广东高等教育出版社，2002.

冯晓梅，张晓冬，张厚粲，等.新生儿视觉分辨能力的研究.心理学报，1988，20（3）：253-259.

高觉敷.中国心理学史.北京：人民教育出版社，1985.

高湘萍.知觉心理学.北京：人民教育出版社，2011.

高忆，鲍敏，视觉适应及其神经机制.心理科学进展，2015，23（7）：1142-1150.

葛詹尼加，等.认知神经科学：关于心智的生物学.周晓林，高定国，等译.北京：中国轻工业出版社，2011.

郭德俊，张贵良，杨淑珍.父母训练方式对儿童成就动机的影响.北京师范大学学报（社会科学版），1993（2）：20-30.

郭德俊.动机心理学：理论与实践.北京：人民教育出版社，2005.

哈维·理查德·施夫曼.感觉与知觉，李乐山，等译.西安：西安交通大学出版社，2014.

韩凯.被动的触觉长度知觉 // 中国心理学会普通心理学与实验心理学专业委员会.普通心理学与实验心理学论文集.兰州：甘肃人民出版社，1983：230.

韩中胜，祁金顺.意识活动的神经生物学机制.生理科学进展，2016，47（5）：339-345.

何先友.不同阅读水平与文章熟悉程度条件下文章标记效应的研究.心理科学，2004，27（3）：595 -597.

贺雯，彭聃龄.儿童电视动画片播放效果的研究.应用心理学，1996，2（2）：10-17.

亨利·卡蒂埃·布勒松.亨利·卡蒂埃·布勒松摄影作品.华国良，施鹤良，任树高，等译.哈尔滨：黑龙江人民出版社，1988.

黄希庭，郑涌.心理学导论.北京：人民教育出版社，2015.

黄希庭.活动对短时距知觉影响的初步研究.心理学杂志，1987（3）：17.

黄希庭.人格研究中国化之我见.心理科学，2017，40（6）：1518-1523.

黄希庭.未来时间的心理结构.心理学报，1994，26（2）：121-127.

基恩·斯坦诺维奇.这才是心理学.杜东徽，刘肖岑，译.北京：人民邮电出版社，2020.

金花，钟伟芳，徐贵平，等.世界知

识在句子理解中的整合时程.心理学报，2009，41（7）：565-571.

荆其诚，傅小兰.心·坐标——当代心理学大家（二）.北京：北京大学出版社，2009.

荆其诚，叶绚.运动知觉阈限的实验研究.心理学报，1957，1（2）：158-164.

荆其诚.吉布森//中国大百科全书总编辑委员会《心理学》编辑委员会，中国大百科全书出版社编辑部.中国大百科全书·心理学.北京：中国大百科全书出版社，1991：142.

荆其诚.现代心理学发展趋势.北京：人民出版社，1990.

卡特尔.心理的测验和测量//张述祖，等.西方心理学家文选.北京：人民教育出版社，1984.

克雷奇，克拉奇菲尔德，利维森，等.心理学纲要（上册）.周先庚，林传鼎，张述祖，等译.北京：文化教育出版社，1980.

库恩，等.心理学导论——思想与行为的认识之路（第11版）.郑钢，等译.北京：中国轻工业出版社，2007.

雷雳.发展心理学.北京：中国人民大学出版社，2017.

李葆明.前额叶皮层//罗跃嘉.认知神经科学教程.北京：北京大学出版社，2006：48-59.

李令节.潘菽//中国大百科全书总编辑委员会《心理学》编辑委员会，中国大百科全书出版社编辑部.中国大百科全书·心理学.北京：中国大百科全书出版

社，1991：229.

李俏，吴建民，张必隐.词汇选择中句子语境效应的研究.心理科学，2000，23（5）：568-570.

李文琪，范少光.嗅觉研究进展——2004年诺贝尔生理学或医学奖获奖工作简介.生理科学进展，2006，37（1）：83-96.

李武，李朝义.视觉感受野外整合野研究的进展.神经科学，1994，1（2）：1-6.

李宇明.儿童语言的发展.武汉：华中师范大学出版社，2004.

李雨，舒华.默认网络的神经机制、功能假设及临床应用.心理科学进展，2014，22（2）：234-249.

理查德·格里格，菲利普·津巴多.心理学与生活（第16版）.王垒，王甦，等译.北京：人民邮电出版社，2003.

林崇德.品德发展心理学.上海：上海教育出版社，1989.

林仲贤.追随运动与不同职业训练的关系的实验研究.心理学报，1963，7（3）：222-229.

林仲贤.颜色视觉心理学.北京：中国人民大学出版社，2011.

刘宏艳，胡治国.语境对词汇加工的影响及其神经机制.中国临床心理学杂志，2011，19（2）：160-162.

刘加霞，辛涛，黄高庆，等.中学生学习动机、学习策略与学业成绩的关系研究.教育理论与实践，2000，20（9）：54-58.

刘金花.儿童发展心理学（第3

版）. 上海：华东师范大学出版社，2003.

刘静蓉，陆运清，张全雷. 大学生失眠状况及自我应对策略的研究. 中国健康心理学杂志，2012，20（9）：1406-1408.

刘瑞光，黄希庭. 运动视觉信息中时间知觉线索的实验研究. 心理学报，1999，31（1）：15-20.

刘亚，王振宏，孔风. 情绪具身观：情绪研究的新视角. 心理科学进展，2011，19（1）：50-59.

刘易思·艾肯. 心理测量与评估. 张厚粲，黎坚，译. 北京：北京师范大学出版社，2006.

鲁忠义，彭聃龄. 故事图式在故事理解中加工机制的初步实验研究. 心理学报，1990，22（3）：247-254.

罗伯特·S. 费尔德曼. 心理学与你的生活. 梁宁建，等译. 北京：机械工业出版社，2016.

罗伯特·索拉索. 21 世纪的心理科学与脑科学. 朱滢，陈烜之，等译. 北京：北京大学出版社，2002.

罗杰·霍克. 改变心理学的 40 项研究. 白学军，等译. 北京：人民邮电出版社，2010.

马正平，杨治良. 多种条件下启动效应的研究. 心理科学，1991（1）：10-15.

孟昭兰. 体验是情绪的心理实体——个体情绪发展的理论探讨. 应用心理学，2000，6（2）：48-52.

莫雷，王瑞明，冷英. 文本阅读双加工理论与实验证据. 心理学报，2012，44（5）：569-584.

莫雷，张金桥，杨莲清. 文本阅读过程中组织策略迁移的研究. 心理科学，2001，24（6）：646-648.

潘菽. 潘菽心理学文选. 南京：江苏教育出版社，1987.

潘菽. 心理学简札（上册）. 北京：人民教育出版社，1984.

庞丽娟，李辉. 婴儿心理学. 杭州：浙江教育出版社，1993.

彭聃龄，刘松林. 汉语句子理解中语义分析与句法分析的关系. 心理学报，1993，25（2）：132-139.

彭聃龄，王春茂. 汉字加工的基本单元：来自笔画数效应和部件数效应的证据. 心理学报，1997，29（1）：8-16.

彭聃龄. 汉语认知研究. 济南：山东教育出版社，1997.

彭聃龄. 汉语认知研究——从认知科学到认知神经科学. 北京：北京师范大学出版社，2006.

彭瑞祥，喻柏林. 不同结构的汉字再认的研究 // 中国心理学会普通心理学与实验心理学专业委员会. 普通心理学与实验心理学论文集. 兰州：甘肃人民出版社，1983：182.

申继亮，等. 处境不利儿童的心理发展现状与教育对策研究. 北京：经济科学出版社，2009.

申继亮，方晓义. 关于儿童心理发展中敏感期的问题. 北京师范大学学报（社会科学版），1992（1）：62-67.

沈政，林庶芝. 认知神经科学导论. 呼和浩特：内蒙古教育出版社，1995.

石东方，舒华，张厚粲．汉语句子可继续性对句子理解加工的即时影响．心理学报，2001，33（1）：7-12.

舒华，张厚粲．成年熟练读者的汉字读音加工过程．心理学报，1978，19（3）：282-290.

宋艳，曲折，管益杰，等．视知觉学习的认知与神经机制研究．心理科学进展，2006，14（3）：334-339.

孙绍邦，孟昭兰．"面部反馈假设"的检验研究．心理学报，1993，25（3）：277-283.

孙晓敏，张厚粲．二十世纪一百位最著名的心理学家（Ⅱ）．心理科学，2003，26（3）：525-526.

汤艳清，欧凤荣，吴枫，等．中美两国6种基本面部表情识别的跨文化研究．中国医科大学学报，2011，40（5）：422-427.

托马斯·L.贝纳特．感觉世界：感觉和知觉导论．旦明，译．北京：科学出版社，1983.

王晨茜，陈天勇，韩布新．前额叶在老年阶段的可塑性及相关机制．心理科学进展，2018，26（11）：2003-2012.

王甦，汪安圣．认知心理学．北京：北京大学出版社，1992.

王甦．触摸方式与触觉长度知觉．心理学报，1979（1）：55-64.

王甦．两种触觉长度知觉方式的比较．心理学报，1981（1）：86-92.

王甦，中华人民共和国成立40年来的心理学发展//王甦，林仲贤，荆其诚．中国心理科学．长春：吉林教育出版社，1997.

威廉·卡尔文．大脑如何思维——智力演化的今昔．杨雄里，梁培基，译．上海：上海科学技术出版社，1996.

维多利亚·弗罗姆金，罗伯特·罗德曼．语言导论．沈家煊，周晓康，朱晓农，等译．北京：北京语言学院出版社，1994.

谢汉俊，译．A.亚当斯论摄影．北京：中国摄影出版社，1999.

许燕．场依存性与数学应用题教学初探//谢斯骏，张厚粲．认知方式——一个人格维度的实验研究．北京：北京师范大学出版社，1988.

许燕．人格心理学．北京：北京师范大学出版社，2009.

许远理，郭德俊．情绪与认知关系研究发展概况．心理科学，2004，27（1）：241-243.

亚伯拉罕·马斯洛．动机与人格（第3版）．许金声，等译．北京：中国人民大学出版社，2007.

杨珲，彭聃龄，Charles A. Perfetti，等．汉字阅读中语音的通达与表征（Ⅰ）——字水平与亚字水平的语音及其交互作用．心理学报，2000，32（2）：144-151.

杨清．赫尔姆霍茨//中国大百科全书总编辑委员会《心理学》编辑委员会，中国大百科全书出版社编辑部．中国大百科全书·心理学．北京：中国大百科全书出版社，1991：132.

杨群，王艳，张积家．正字法深度对汉族、维吾尔族大学生汉字词命名的影

响 . 心理学报，2019，51（1）：1-13.

叶浩生 . 历史上最具影响力的心理学名著 26 种 . 西安：陕西人民出版社，2007.

尹华站，黄希庭，李丹 . 时间知觉的脑机制研究 . 西南师范大学学报（人文社会科学版），2006，32（4）：1-4.

俞国良，辛自强 . 社会性发展 . 北京：中国人民大学出版社，2013.

张必隐 . 阅读心理学 . 北京：北京师范大学出版社，1992.

张博，黎坚，徐楚，等 .11~14 岁超常儿童与普通儿童问题解决能力的发展比较 . 心理学报，2014，46（12）：1823-1834.

张宏如，沈烈敏 . 学习动机、元认知对学业成就的影响 . 心理科学，2005，28（1）：114-116.

张厚粲，郑日昌，等 . 关于认知方式的测验研究——对我国大、中、小学生场依存性特征的调查分析 . 心理科学通讯，1982（2）：12-16.

张厚粲 . 韦氏儿童智力量表第四版（WISC-Ⅳ）中文版的修订 . 心理科学，2009，32（5）：1177-1179.

张积家，刘丽红，陈曦，等 . 纳西语颜色认知关系研究 . 民族语文，2008（2）：49-55.

张积家，彭聃龄，张厚粲 . 分类过程中汉字的语义提取（Ⅱ）. 心理学报，1991，23（2）：139-144.

张积家，彭聃龄 . 汉字词特征语义提取的实验研究 . 心理学报，1993，25（2）：140-147.

张积家，王惠萍 . 声旁与整字的音段、声调关系对形声字命名的影响 . 心理学报，2001，33（3）：193-197.

张积家，王娟，陈新葵 . 义符研究 20 年：理论探讨、实验证据和加工模型 . 心理科学进展，2014，22（3）：381-399.

张积家，张厚粲，彭聃龄 . 分类过程中汉字的语义提取（Ⅰ）. 心理学报，1990，22（4）：397-405.

张益福 . 实用摄影 66 讲 . 杭州：浙江摄影出版社，1997.

张永海，熊鹰 . 听皮层可塑性的研究进展 . 解剖科学进展，2008，14（4）：453-456.

张玉梅，王拥军，马锐华，等 . 利手与语言优势半球关系的临床研究 . 中国康复医学杂志，2005，20（4）：281-282.

中国大百科全书总编辑委员会 . 中国大百科全书·心理学 . 北京：中国大百科全书出版社，1991.

周晓林 . 语义激活中语音的有限作用 // 彭聃龄 . 汉语认知研究 . 济南：山东教育出版社，1997：159-194.

朱晓平 . 汉语句子语境对单词识别的效应 . 心理学报，1991（2）：145-152.

朱滢，黎天聘，周治金，等 . 词干补笔与速示器辨认的起动效应保持过程的比较 . 心理学报，1989，21（2）：122-129.

朱智贤，林崇德 . 儿童心理学史 . 北京：北京师范大学出版社，2002.

朱智贤 . 心理学大词典 . 北京：北京师范大学出版社，1989.

朱智贤.朱智贤心理学文选.北京：人民教育出版社，1989.

卓彦.大脑左半球的大范围拓扑性质知觉优势.中国基础科学，2008（2）：22-24.

邹泓.同伴关系的发展功能及影响因素.心理发展与教育，1998，14（2）：39-44.

邹吉林，张小聪，张环，等.超越效价和唤醒——情绪的动机维度模型述评.心理科学进展，2011，19（9）：1339-1346.

A. P. 卢利亚.神经语言学.赵吉生，卫志强，译.北京：北京大学出版社，1987.

A. P. 鲁利亚.神经心理学原理.汪青，邵郊，王甦，译.北京：科学出版社，1983.

C. B. 克拉甫科夫.颜色视觉.郭恕可，赫葆源，译.北京：科学出版社，1958.

E. R. 希尔加德，R. L. 阿特金森，R. C. 阿特金森.心理学导论.周先庚，等译.北京：北京大学出版社，1987.

F. 克里克.惊人的假说.汪云九，等译.长沙：湖南科学技术出版社，2007.

J. P. 查普林，T. S. 克拉威克.心理学的体系和理论（下册）.林方，译.北京：商务印书馆，1984.

K. T. 斯托曼.情绪心理学.张燕云，译.沈阳：辽宁人民出版社，1986.

R. L. 格列高里.视觉心理学.彭聃龄，杨旻，译.北京：北京师范大学出版社，1986.

R. S. 武德沃斯，H. 施洛斯贝格.实验心理学.曹日昌，等译.北京：科学出版社，1965.

Robert Sternberg. 心理学职业生涯（第二版）.郭秀艳，李荆广，等译.上海：华东师范大学出版社，2008.

Adams M. The evolution of Theodosius Dobzhansky: Essays on his life and thought in Russia and America. Princeton, NJ: Princeton University Press, 1994: 249.

Adi-Japha E, Berberich-Artzi J, Libnawi A. Cognitive flexibility in drawings of bilingual children. Child Development, 2010, 81（5）: 1356-1366.

Ahissar M, Hochstein S. Attentional control of early perceptual learning. Proceedings of the National Academy of Sciences of the United Statesof America, 1993, 90（12）: 5718-5722.

Ainsworth D S, Blehar C, Waters E, et al. Patterns of attachment: A psychological study of the strairge situation. NJ: Erlbaum Associates, 1978.

Ainsworth D S. Attachments beyond infancy. American Psychologist, 1989, 44: 709-716.

Albert D, Steinberg L. Judgment and decision making in adolescence. Journal of Research on Adolescence, 2011, 21: 211-224.

Alexander L, Lee E, Lazar M, et al. Diffusion tensor imaging of the brain. Neurotherapeutics, 2007, 4: 316-329.

Alfieri L, Brooks J, Aldrich J, et al. Does discovery-based instruction enhance learning? Journal of Educational Psychology, 2011, 103: 1-18.

Allport W. Pattern and growth in personality. New York: Holt, Rinehart. Winston, 1961.

Allport W. Personality and social encounter. Boston, MA: Beacon, 1960.

Allport W. Personality: A psychological interpretation. New York: Holt, Rinehart, Winston, 1937.

Altmann M, Schunn D. Intergrating decay and interference: A new look at an old interaction. In the Proceding of the 24th Annual of the Cognitive science Scoiety. Mahwah, J: Erbaum, 2002.

Altmann T, Kamide Y. Discourse-mediation of the mapping between language and the visual world: Eye movements and mental representation. Cognition, 2009, 111 (1): 55-71.

Anderson C, Bjork A, Bjork E. Remembering can cause forgetting: Retrieval dynamics in long-term memory. Journal of Experimental Psychology: Learning, Memory, and Cognition, 1994, 20 (5): 1063-1087.

Anderson C. Rethinking interference theory: Executive control and the mechanisms of forgetting. Journal of Memory and Language, 2003, 49 (4): 415-445.

Anderson R. ACT: A simple theory of complex cognition. American Psychologist, 1996, 51 (4): 355-365.

Anderson R. Languages: A very short introduction. Oxford: Oxford University Press, 2012.

Anderson R. The architecture of cognition. Cambridge, MA: Harvard, 1996.

Arkes R, Garske P. Psychological theories of motivation. Monterey, CA: Brooks-Cole, 1982.

Aron A, Fisher H, Mashek J, et al. Reward, motivation, and emotion systems associated with early-stage intense romantic love. Journal of Neurophysiology, 2005, 94 (1): 327-337.

Ashcraft H. Fundamentals of cognition. Boston, MA: Addison-Weslei Educational PublishersInc, 1998.

Ashworth A, Hill M, Karmi-loff-Smit et al. Sleep enhances memory consolidation in children. Journal of Sleep Research, 2014, 23 (3): 302-308.

Atkinson C, Shiffrin M.Human memory: A proposed system and its control process. In Spence W, Spence. T (Eds), The psychology of learning and motivation: Advances in research and theory (Vol.2, pp. 89-195) . New York: Academic Press, 1968.

Atkinson W. An introduction to motivation. Princeton, N J: Van Nostrand, 1964.

Attneave F. Some informational aspects

of visual perception. Psychological Review, 1954, 61（3）: 183-193.

Auer T, Bernstein L, Sung-karat W, et al. Vibrotactile acti vation of the auditory cortices in deaf versus hearing adults. Neuroreport, 2007, 18（7）: 645-648.

Ausubel D, Novak J, Hanesian H. Educational psychology: A cognitive view. New York: Holt, Rinehart. Winston, 1968.

Ausubel P. The acquisition and retention of knowledge: A cognitive view. Boston, MA: Kluwer, 2000.

Axel R. The molecular logic of smell. Scientific American. 1995, 274（4）: 154-159.

Baars J. Metaphors of consciousness and attention in the brain. Trends in Neurosciences, 1998, 21（2）: 58-62.

Baddeley A, Gathercole S, Papagno C. The phonological loop as a language learning device. Psychological review, 1998, 105（1）: 158-173.

Baddeley D, Hitch G. Working Memory. In Bower A. Recent advances in learning and motivation. New York: Academic Press, 1974: 47-90.

Baddeley D. The episodic buffer: A new component of working memory? Trends in Cognitive Science, 2000, 4（11）: 417-423.

Baddeley D. Working memory. New York: Oxford University Press, 1986.

Bagwell L, Newcomb F, Bukowski M. Preadolescent friendship and peer rejection as predictors of adult adjustment. Child Development, 1998, 69（1）: 140-153.

Bandura A, Ross D, Ross A. Imitation of film-mediated aggressive models. Journal of Abnormal and Social Psychology, 1963, 66: 3-11.

Bandura A. Self-efficacy: The exercise of control. New York: W. Freeman, 1997.

Bandura A. Self-efficacy: Toward a unifying theory of behavioral change. Psychological Review, 1977, 84（2）: 191-215.

Bard P. Central nervous mechanisms for the expression of anger. In Reymert M. The second international symposium on feelings and emotions. New York: McGraw-Hill, 1950.

Bard P. On emotional expression after decortication with some remarks on certain theoretical views. Psychological Review, 1934, 41（5）: 309-329.

Barnett A, Hunter M. Adjustment of siblings of children with mental health problems: Behaviour, self-concept, quality of life and family functioning. Journal of Child and Family Studies, 2012, 21（2）: 262-272.

Bar-On, Parker D A. Handbook of emotional intelligence: Theory, development, assessment, and application at home, school, and in the workplace. San Francisco:

Jossey-Bass, 2000.

Bartlett C. Remembering: A study in experimental and social psychology.Cambridge: Cambridge University Press, 1932.

Baumeister F, Leary R. The need to belong: Desire for interpersonal attachments as a fundamental human motivation. Psychological Bulletin, 1995, 117 (3): 497-529.

Beck J. Effect of orientation and of shape similarity on perceptual grouping. Perception and Psychophysics, 1966 (1): 300-302.

Bedard J, Chi T H. Expertise. Current Directions in Psychological Science, 1992, 1: 135-139.

Beilin H. Piaget's enduring contribution to developmental psychology. Developmental Psychology, 1992, 28 (2): 191-204.

Bekesy V. Experiments in hearing. New York: Mcgraw-Hill, 1960.

Benbow P. Academic achievement in mathematics and science of students between ages 13 and 23: Are there differences among students in the top one percent of mathematical ability. Journal of Educational Psychology, 1992, 84 (1): 51-61.

Benichov J, Cox C, Tun A, et al. Word recognition within linguisticcontext: Effects of age, hearing acuity, verbal ability, and cognitive function. Ear and Hearing, 2012, 33: 250-256.

Bennett A, Wilson S, Schneider. A, et al. Education modifies the relation of AD pathology to level of cognitive function in older persons. Neurology, 2003, 60 (12): 1909-1915.

Berlyne E. Conflict, arousal and curiosity. New York: McGraw-Hill, 1960.

Berman M, Lixing Lao, Langenberg P, et al. Effectiveness of acupuncture as adjunctive therapy in osteoarthritis of the knee. Annals of Internal Medicine, 2004, 141 (12): 901-910.

Bernstein A. Psychology: Foundations and Frontiers. Cengage Learning, USA. 2016.

Bernstein M, Loftus F. How to tell if particular memory is true or false. Perspectives on Psychological Science, 2009, 4 (4): 370-374.

Besedovsky L, Lange T, Born J. Sleep and immune function. Pflügers Archiv-European Journal of Physiology, 2012, 463: 121-137.

Bexton H, Heron W, Scott H. Effects of decreased variation in the sensory environment. Canadian Journal of Psychology, 1954, 8 (2): 70-76.

Bialystok E, Craik F, Freedman M. Bilingualism as a protection against the onset of symptoms of dementia. Neuropsychologia, 2007, 45 (2): 459-464.

Biederman I. Recognition-by-component: A theory of human image understanding. Psychological Review, 1987, 94: 115-147.

Bishop R, Lau M, Shapiro S, et al. Mindfulness: Proposed Operational definition. Clinical Psychology: Science and Practice. Health Module, 2004.

Bjorklund F. Children's thinking: Cognitive development and individual differences (5th ed.). Belmont, CA: Cengage, 2011.

Bliss V P, Lφmo T. Long-term potentiation of synaptic transmission on the dentate area of the anaesthetized rabbit following stimulation of the perforant path. Journal of Physiology, 1973, 232 (2): 331-356.

Bloom E, Lazerson A, Hofstadter L. Brain, mind and behavior. New York: Freeman, 1988.

Boatman D, Freeman J, Vining E, et al. Language recovery after left hemispherectomy in children with late onset seizures. Annals of Neurology, 1999, 46 (4): 579-586.

Boltz M G. Predictability and remembered duration. Perception and Psychophysics, 1998 (60): 768-784.

Bonin P, Barry C, Mot A, et al. The influence of age of acquisition in word reading and other tasks: Never ending story? Journal of Memory andLanguage, 2004, 50: 456-476.

Booth A, Johnson D, Granger D, et al. Testosterone and child and adolescent adjustment: The moderating role of parent-child relationships. Developmental Psychology, 2003, 39 (1): 85-98.

Borella E, Caretti B, Zanoni G, et al. Working memory training in old age: An examination of transfer and maintenance effects. Archives of Clinical Neuropsychology, 2013, 28 (4): 331-347.

Boring G, Langfeld S, Weld P. Introduction to psychology. New York: Welly, 1939.

Boring G. Sensation andperception in the history of experimental psychology. New York: Appleton, 1942.

Boroditsky L. Does language shape thought? Mandarin and English speakers conceptions of time. Cognitive Psychology, 2001, 43 (1): 1-22.

Botvinick M, Cohen D, Carter S. Conflict monitoring and anterior cingulate cortex: An update. Trends in Cognitive Sciences, 2004, 8 (12): 539-546.

Botvinick M, Nystrom E, Fissell K, et al. Conflict monitoring versus selection-for-action in anterior cingulate cortex. Nature, 1999, 402: 179-181.

Bouchard J, Loehlin C. Genes, evolution, and personality. Behavior Genetics, 2001, 31: 243-273.

Bouvier E, Engel A. Behavioral deficits and cortical damage loci in cerebral achromatopsia. Cerebral Cortex, 2006, 16 (12): 183-191.

Bower H. Mood and memory. American Psychologist, 1981, 36 (2): 129-148.

Bowlby J. Maternal care and mental health. World Health Organization, 1951.

Bowlby J. Secure and insecure attachment. New York: Basic Books, 1989.

Boyd D, Bee H. Lifespan Development (7th ed.). Upper Saddle River, NJ: Pearson, 2015.

Braun R, Balkin J, Wesensten J, et al. Dissociated pattern of activity in visual cortices and their projections during human rapid eye movement sleep. Science, 1998, 279: 91-95.

Broadbent E, Broadbent H P. From detection to identification: Response to multiple targets in rapid serial visual presentation. Perception and Psychophysics, 1987, 42 (2): 105-113.

Broadbent E. Perception and communication. London: Pergamon, 1958.

Brooks-Gunn J, Graber J, Paikoff R. Studying links between hormones and negative affect: Models and measures. Journal of Research on Adolescence, 1994, 4: 469-486.

Brück C, Kreifels B, Thomas, et al. Emotional voices: The tone of (true) feelings. In Armony J, Vuilleumier P, (Ed). The cambridge handbook of human affective neurosience (p.171-197). Cambridge University Press, 2013.

Bruner S, Goodnow J, Austin G A. A study of thinking. New York: John Wiley, 1965.

Bruning H, Schraw J, Norby M. Cognitive psychology and instruction. 5th ed. Pearson: Prentice Hall, 2011.

Buchanan C, Eccles J, Becker J. Are adolescents the victims of raging hormones? Evidence for activational effects of hormones on moods and behavior at adolescence. Psychological Bulletin, 1992, 111 (1): 62-107.

Buchman S, Boyle A, Wilson S, et al. Association between late-life social activity and motor decline in older adults. Archives of Internal Medicine, 2009, 169 (12): 1139-1146.

Buckner L, Andrews-Hanna R, Schacter L. The brain's default network: Anatomy, function, and relevance to disease. Annals of the New York Acadmemy of Science, 2008, 1124: 1-38.

Bucur B, Madden J. Effects of adult age and blood pressure on executive function and speech of processing. Experimental Aging Research, 2010, 36 (2): 153-168.

Buonomano V, Merzenich M. Cortical plasticity: From synapses to maps. Annual Review Neuroscience, 1998, 21: 149-186.

Burke C, Grosvenor I. The School I'd Like: Children and Young People's Reflections on an Education for the 21st Century. Abingdon: Routledge Falmer, 2003.

Buss M, Schmitt P. Sexual strategies theory: An evolutionary per-spective on human mating. Psychological Review, 1993,

（2）：204-232.

Buss M. Sex differences in human mate preferences：Evolutionary hypothesis tested in 37 cultures. Behavioral Brain Sciences，1989，12（1）：1-14.

Butcher N，Dahlstrom G，Graham R，et al. Minnesota multiphasic personality inventory-2（MMPI-2）：Manual for administration and scoring. Minneapolis：University of Minnesota Press，1989.

Byrne H. Learning and memory：A comprehensive reference. Cambridge MA：Academic Press，2017.

Cahn R，Delorme A，Polich J. Occipital gamma activation during Vipassana meditation. Cognitive Processing，2010，11（1）：39-56.

Cajochen C，Kräuchi K，Wirz-Justice A. Role of melatonin in the regu lation of human circadian rhythms and sleep. Journal of Neuroendocrinology，2003，15（4）：432-437.

Campfield A，Smith F J，Rosenbaum M，et al. Human eating：Evidence for physiological basis using a modified paradigm. Neuroscience and Biobehavioral Reviews，1996，20（1）：133-137.

Cannon B. Stresses and strains of homeostasis. American Journal of Medical Science，1934，189：1-4.

Cannon B. The James-Lange theory of emotion：Critical examination and an alternative theory. American Journal of Psychology，1927，339：106-124.

Carlén M. What constitutes the prefrontal cortex? Science，2017，358（6362）：478-482.

Carlson R. Psychology：The science of behavior（3rd ed）. Boston：Allyn and Bacon，1984.

Carpenter K，Cepeda J，Rohrer D，et al. Using spacing toenhance diverse forms of learning：Review of recent research and implications for instruction. Educational Psychology Review，2012，24（3）：369-378.

Carroll J，White M. Word frequency and age of acquisition as determiners of picture-naming latency. The Quarterly Journal of Experimental Psychology，1973，25（1）：8-95.

Case R，Kurland M，Goldberg J. Operational efficiency and the growth of short-term memory span. Journal of Experimental Child Psychology，1982，33：386-404.

Cattell B. Intelligence：Its structure，growth，and action. Amsterdam. The Netherlands：Elsevier Science，1987.

Cattell B. Personality：A systematic theoretical and factual study. New York：McGraw-Hill，1950.

Ceci J，Williams M. Schooling，intelligence，and income. American Psychologist，1997，52（10）：1051-1058.

Chalmers A，Burt S. Phonological and semantic information in adults' orthographic learning. Acta Psychologica，2008，128（1）：

162-175.

Chapman L, Chapman P. Atmosphere effect re-examined. Journal of Experimental Psychology, 1959, 58: 220-226.

Chase G, Ericsson A. Skilled memory. In: Anderson R, ed. Cognitive skills and their acquisition. Hillsdale. NJ: Erlbaum, 1981.

Chase G, Simon A. Perception in chess. Cognitive Psychology, 1973, 4 (1): 55-81.

Chaudhari N, Landin A. M, Roper S. D. A metabotropic glutamate receptor variant functions as a taste receptor. Nature Neuroscience, 2000, 3: 113-119.

Chen B, Dent K, You W, et al. Age of acquisition affectsearly orthographic processing during Chinese character recognition. Acta Psychologica, 2009, 130 (3): 196-203.

Chen B, Zhou H, Dunlap S, et al. Age of acquisition effects in reading Chinese: Evidence in favour of the arbitrary mapping hypothesis. British Journal of Psychology. 2007, 98: 499-516.

Chen L. Topological structure in visual perception. Science, 1982, 218: 699-700.

Chen R, Wang F, Liang H, et al. Synergistic processing of visual contours across cortical layers in V1 and V2. Neuron. 2017, 96 (6): 1388-1402.

Cherry C. Some experiments on the recognition of speech, with one or two ears.

The Journal of the Acoustical Society of America, 1953, 25: 975-979.

Chi T H, Glaser R, Rees E. Expertise in problem solving. In: Sternberg J, ed. Advances in the psychology of human intelligence. Hillsdale, NJ: Lawrence Erubaum Association, 1982, 1: 7-75.

Chiarello C, Welcome E, Halderman K, et al. A large scale investigation of lateralization in cortical anatomy and word reading: Are there sex differences? Neuropsychology, 2009, 23 (2): 210-222.

Chooi T, Long H, Thompson L. The Sternberg triarchic abilities test (Level-H) is a measure of g. Journal of Intelligence, 2014, 2 (3): 56-67.

Chorney J, Chorney K, Seese N, et al. Quantitative trait locus associated with cognitive ability in children. Psychological Science, 1998, 9 (3): 159-166.

Chuderski A. How well can storage capacity, executive control, and fluid reasoning explain insight problem solving. Intelligence, 2014, 46: 258-270.

Cicchetti D, Ganiban J, Barnett D. Contributions from the study of high risk populations to understanding the development of emotion regulation. In: Garber J, Dodge K, ed. The development of emotion regulation and dysregulation. New York: Cambridge University Press, 1991.

Clancy M, Dollinger J. Identity, self, and personality: Identity status and the five-factor model of personality. Journal of Research on Adolescence, 1993, 3（3）: 227-245.

Clark R, Voogel A. Transfer of training principles for instructional design. Educational Technology Researchand Development, 1985, 33（2）: 113-123.

Clarke J. Bradshaw F, Field T, et al. The perception of emotion from body movement in point-light displays of interpersonal dialogue. Perception, 2005, 34（10）: 1171-1180.

Cloninger R. A systematic method for clinical description and classification of personality variants. Archives of General Psychiatry, 1987, 44（6）: 573-588.

Clulow W. Color: Its principles and their applications. New York: Morgan and Morgan, 1972.

Coan A, Schaefer S, Davidson J. Lending hand: Social regulation of the neural response to threat. Psychological Science, 2006, 17（12）: 1032-1039.

Cohen A, Fiorello A, Farley H. The cylindrical structure of the wechsler intelligence scale for children IV: A retest of the guttman model of intelligence. Intelligence, 2006, 34（6）: 587-591.

Cohen J, Hansel C. E. M, Sylvester J. D. A new phenomenon in time judgment. Nature, 1953, 172: 901.

Cohen J, Hansel C. E. M, Sylvester J. D. Interdependence in judgments of space, time and movement. Acta Psychologica, 1955, 11: 360-372.

Cohen S, Doyle J, Skoner P, et al. Social ties and susceptibility to the common cold. Journal of the American Medical Association, 1997, 277（24）: 1940-1944.

Cohen S. Social relationships and health. American Psychologist, 2004, 59（8）: 676-684.

Collins M, Loftus G. Spreading activation theory of semantic processing. Psychological Review, 1975, 82（6）: 407-428.

Collins M, Qullian R. Retrieval time from semantic memory. Journal of Verbal Learning and Verbal Behavior, 1969, 8（2）: 240-247.

Colquitt A, LePine A, Noe A.Toward an integrative theory of trainingmotivation: A meta-analytic path analysis of 20 years of research. Journal of Applied Psychology, 2000, 85（5）: 678-707.

Coltheart M, Rastle K, Perry C, et al. DRC: A dual route cascaded model of visual word recognition and reading aloud. Psychological Review, 2001, 108（1）: 204-256.

Conboy T, Mills L. Two languages, one developing brain: Event-related potentials to words in bilingual toddlers. Developmental Science, 2006, 9（1）: 1-12.

Condry J, Condry S. Sex differences: A study of the eye of the beholder. Child Development, 1976, 47: 812-819.

Conrad R. Acoustic confusions in immediate memory. British Journal of Psychology, 1964, 55: 75-84.

Coon D, Mitterer J. O. Introduction to psychology: gateways to mind and behavior. Boston: Cengage Learning, 2016.

Cooper A, Shepard N. Chronometric studies of the rotation of mental images. In: Chase. G, ed. Visual information processing. New York: Academic Press, 1973.

Coren S. Subjective contours and apparent depth. Psychological Review, 1972, 79 (4): 354-367.

Costa A, Hernández M, Sebastián-Gallés N. Bilingualism aids conflict resolution: Evidence from the ANT task. Cognition, 2008, 106 (1): 59-86.

Costa T, McCrae R. Revised NEO Personality Inventory (NEO-PI-R) and NEO Five-Factor Inventory (NEOFFI) professional manual. Odessa, FL: Psychological Assessment Resources, 1992.

Costa T, McCrae R. The NEO Personality Inventory manual. Odessa, FL: Psycholog ic al Assessment Resources, 1985.

Coulson M. Attributing emotion to static body postures: Recognition accuracy, confusions, and viewpoint dependence. Journal of Nonverbal Behavior, 2004, 28 (2): 117-139.

Cowan N, Lichty W, Grove R. Properties of memory for unattended spoken syllables. Journal of Experimental Psychology: Learning, Memory, Cognition, 1990, 16 (2): 258-269.

Craig D, Bushnell C. The thermal grill illusion: Unmasking the burn of cold pain. Science, 1994, 265: 252-255.

Craik I M, Tulving E. Depth of processing and the retention of words in episodic memory. Journal of Experimental Psychology: General, 1975, 104: 268-294.

Craik I M, Watkins J. The role of rehearsal in short-term memory. Journal of Verbal Learning and Verbal Behavior, 1973, 12 (6): 599-607.

Crane D, Macneil G, Tarnopolsky A. Long-term aerobic exercise is associated with greater muscle strength throughout the life span. Journals of Gerontology. Series A, Biological Sciences and Medical Sciences, 2013, 68 (6): 631-638.

Creswell D. Mindfulness interventions. Annual Review of Psychology, 2017, 68 (1): 491-516.

Crick F. The Astonishing Hypothesis: The scientific search for the soul. New York: Charles Scribner's Sons, 1994.

Crist E, Kapadia K, Westheimer G, et al. Perceptual learning of spatial localization: Specificity for orientation, position, and context. Journal of Neurophysiology, 1997, 78 (6): 2889-2894.

Crooks R, Baur K. Our sexuality, 10th ed. Canada Thompson: The Sexual Healing Journey, 2005.

Curtis E, D' Esposito M. Persistent

activity in the prefrontal cortex during working memory. Trends of Cognitive Science, 2003, 7（9）: 415-423.

Curtiss S. Genie: A psycholinguistic study of a modernday "wild child". New York: Academic Press, 1977.

Dalgleish T. The emotional brain. Nature Review of Neuroscience. 2004, 5（7）: 583-589.

Darwin J, Turvey T, Crowder G. The auditory analogue of the sperling partial report procedure: Evidence for brief auditory stage. Cognitive Psychology, 1972（3）: 255-267.

Darwin R. The expression of the emotions in men and animals. Chicago: University of Chicago Press, 1872.

Das P, Kirby R, Jarman F. Simultaneous and successive syntheses: An alternative model for cognitive abilities. Psychological Bulletin, 1975, 82: 87-103.

Davis C, Kleinman T, Newhart M, et al. Speech and language functions that require a functioning Broca's area. Brain and Language, 2008, 105（1）: 50-58.

De Gelder B. Towards the neurobiology of emotional body language. Nature Reviews Neuroscience, 2006, 7（3）: 242-249.

De Groot D. Thought and choice in chess. The Hague, Netherlands: Mouton, 1965.

De Haan H F, Cowey A. On the usefulness of "what" and "where" pathways in vision. Trend in cognitive Sciences, 2011, 15（10）: 460-466.

De Martino B, Kumaran D, Seymour B, et al. Frames, biases, and rational decision-making in the human brain. Science, 2006, 313（5787）: 684-687.

De Valois L, Abramov I, Jacobs H. Analysis of response pattern of LGN cells. Journal of Optical Society of America, 1966, 56（7）: 966-977.

De Valois L. Color vision mechanisms in the monkey. Journal of General Physiology, 1960, 43（6）: 115-128.

Deacon W. The symbolic species: The co-evolution of language and the brain. New York: Norton, 1997.

Deci L, Ryan M. Intrinsic motivation. New York: Plenum Press, 1975.

Dehaene S, Changeux P, Naccache L. The global neuronal workspace model of conscious access: From neuronal architectures to clinical applications. In: Dehaene. S, and christen Y.（eds.）Characterizing consciousness: From cognition to the clinic? Research and perspectives in neuroscience. 2011: 55-84.

Dehaene S, Cohen L. Cultural recycling of cortical maps. Neuron, 2007, 56（2）: 384-398.

Dehaene S, Sergent C, Changeux J P. Neuronal network model linking subjective reports and objective physiological data during conscious perception. Proceedings of the National Academy of Sciences, 2003, 100: 8520-8525.

Dell A. Spreading activation theory of retrieval in language production. Psychological Review, 1986, 93: 283-321.

Dember N, Warm S, Bowers C, et al. Intrinsic motivation and the vigilance decrement. In: Mital A, ed. Trends in ergonomics human factors. Amsterdam: Elsevier, 1984.

Dember N, Warm S.Psychology of perception. New York: Holt, Rinehart and Winston, 1979.

Dempster N. Memory span: Sources of individual and developmental differences. Psychological Bulletin, 1981, 80: 63-100.

Deng Y, Booth R, Chou L, et al. Item-specific and generalization effects on brain activation when learning Chinese characters. Neuropsychologia, 2008, 46 (7): 1864-1876.

Dennett C. Consciousness explained. Boston: Little Brown, 1991.

Desimone R. A neural basis for global object features. Visual Cognition. 2005: 12 (4): 662-647.

Deutsch A, Deutsch D. Attention: Some theoretical considerations. Psychological Review, 1963, 70 (1): 80-90.

Dewar D, Alber J, Butler C, et al. Brief wakeful resting boosts new memories over the long term. Psychological Science, 2012, 23 (9): 955-960.

DeYoung G, Hirsh B, Shane S, et al. Testing predictions from personality neuroscience: Brain structure and the big five. Psychological Science, 2010, 21 (6): 820-828.

DeYoung G. Higher-order factors of the big five in a multi-informant sample. Journal of Personality and Social Psychology, 2006, 91 (6): 1138-1151.

DeYoung G. Personality neuroscience and the biology of traits. Social and Personality Psychology Compass, 2010, 4 (12): 1165-1180.

Diamond A. Executive functions. Annual Review of Psychology, 2013, 64 (1): 135-168.

Ding G, Peng D, Taft M. The nature of the mental representation of radicals in Chinese: A priming study. Journal of Experimental Psychology Learning, Memory, and Cognition, 2004, 30 (2): 530-539.

Doidge N. The brain that changes itself: Stories of personal triumph from the frontiers of brain science. New Jersey: Penguin Group USA, 2007.

Dowling E, Boycott B. Organization of the primate retina: Electron microscopy. Proceedings of Royal Society, 1966, 166: 80-111.

Driscoll P. Psychology of learning for instruction. 3rd ed. Allyse. Bacon, 2005.

Drummond S. Relationship between changes in sleep and memory in older adults.

Presentation at AAAS 2010 Annual Meeting, University of California, San Diego, CA, 2010.

Duggan P, Booth A. Obesity, overeating, and rapid gastric emptying in rats with ventromedial hypothalamic lesions. Science, 1986, 231 (4738): 609-611.

Duncker K, Lees S. On problem solving. Psychological Monographs, 1945, 58 (No. 270).

Dweck C, Leggett E. A social-cognitive approach to motivation and personality. Psychological Review, 1988, 95 (2): 256-273.

Effron A, Niedenthal M, Gil S, et al. Embodied temporal perception of emotion. Emotion, 2006, 6 (1): 1-9.

Eich E, Macaulay D, Lam W. Mania, depression and mood dependent memory. Cognition and Emotion, 1997, 11: 607-618.

Einstein O, McDaniel A, Richardson L, et al. Aging and prospective memory: Examining the influence of self-initiated retrieval processes. Journal of Experimental Psychology: Learning, Memory, and Cognition, 1995, 21 (4): 996-1007.

Einstein O, McDaniel A. Normal aging and prospective memory. Journal of Experimental Psychology: Learning, Memory, and Cognition, 1990, (4): 717-726.

Eisenberg N, Spinrad L. Emotion-related regulation: Sharpening the definition.

Child Development, 2004, 75 (2): 334-339.

Ekman P, Friesen V. Facial action coding system: Investigator's guide. Part 2. Palo Alto CA: Consulting Psychologists Press, 1978.

Ekman P, Friesen V. Nonverbal leakage and clues to deception. Psychiatry, 1969, 32 (1): 88-106.

Ekman P, Frieson V, O'Sullivan M, et al. Universals and cultural differences in the judgments of facial expression of emotion. Journal of Personality and Social Psychology, 1987, 53 (4): 712-717.

Ekman P, Davidson J, Friesen V. The Duchenne smile: Emotional expression and brain physiology Ⅱ. Journal of Personality and Social Psychology, 1990, 58 (2): 342-353.

Elfenbein A, Beaupr M, Lévesque M, et al. Toward a dialect theory: Cultural differences in the expression and recognition of posed facial expressions. Emotion. 2007, 7 (1): 131-146.

Elliot J, Murayama K, Pekrun R. A 3×2 achievement goal model. Journal of Educational Psychology, 2011, 103 (3): 632-648.

Elliott M, Cherry E, Brown S, et al. Working memory in the oldest-old: Evidence from output serial position curves. Memory and Cognition, 2011, 39 (8): 1423-1434.

Elsner B, Jeschonek S, Pauen S.

Event-related potentials for 7-montholds' processing of animals and furniture items. Developmental Cognitive Neuroscience, 2013, 3: 53-60.

Erikson E. Childhood and Society (2nd Ed). New York: W. W. Norton & Company, Inc., 1963.

Erikson H. Identity, Youth and crisis. New York: W.W. Norton & Company, Inc., 1968.

Eysenck J, Eysenck W. Personality and individual differences: A natural science approach. New York: Plenum, 1985.

Eysenck J. The biological basis of personality. Springfield, IL: Charles.Thomas, 1967.

Eysenck J. The structure of human personality. London: Methuen, 1970.

Eysenck M. Psychology: An integrated approach. Harlow: Longman, 1998.

Fairburn G, Cowen J, Harrison J. Twin studies and the etiology of eating disorders, International Journal of Obesity and Related Metabolic Disorders, 1999, 26 (4): 349-358.

Fava M, Copeland P M, Schweiger U, et al. Neurochemical abnormalities in anorexia nervosa and bulimia nervosa. American Journal of Psychiatry, 1989, 146 (8): 963-971.

Feldman R. Essentials of understanding psychology. New York: McGrow Mill, 2004.

Felleman J, Van Essen C. Distributed hierarchical processing in the primate cerebral cortex. Cerebral Cortex, 1991, (1): 1-47.

Fernandez M J, Lüthi A. Sleep Spindles: Mechanisms and functions. Physiology Review, 2020, 100 (2): 805-868.

Figner B, Weber E. Who takes risks when and why? Determinants of risk taking. Current Directions in Psychological Science, 2011, 20 (4): 211-216.

Finstad K, Bink M, McDaniel Metal. Breaksand task switches in prospective memory. Applied Cognitive Psychology, 2006, 20 (5): 705-712.

Fiorentini A, Berardi N. Perceptual learning specific for orientation and spatial frequency. Nature, 1980, 287 (5777): 43-44.

Flanagan D, Harrison L. Contemporary intellectual assessment: Theories, tests, and issues, 2nd ed. New York: Guilford Press, 2005.

Florian L, McLaughlin J. Disability classification in education: Issues and perspectives. Thousand Oaks, CA: Corwin Press, 2008.

Flynn R. Massive IQ gains in 14 nations: What IQ tests really measure. Psychological Bulletin, 1987, 101 (2): 171-191.

Fodor A. The modularity of mind. Cambridge, MA: MIT Press, 1983.

Forgas P. Introduction: The role of affect in social cognition. In: Forgas. P, ed.

Feeling and thinking: The role of affect in social cognition. New York: Cambridge University Press, 2000: 1-28.

Forgas P. Mood and judgment: The affect infusion model. Psychological Bulletin, 1995, 117 (1): 39-66.

Foulkes D. Dreaming: A cognitive psychological analysis. Hillsdale, NJ: Erlbaum, 1985.

Franks M, Wilberg B. The generation of movement patterns during the acquisition of pursuit tracking task. Human Movement Science, 1982, 1 (4): 251-272.

Frauenfelder H, Tyler K. Spoken word recognition. Cambridge, MA: MIT Press, 1987.

Fredrickson L. What good are positive emotions? Review of General Psychology, 1998, 2 (3): 300-319.

Freud S. Introductory lectures on psycho-analysis, Parts and II (1916—1917), in The Standard Edition of the Complete Psychological Works of Sigmund Freud, Vol. 16. Translated and edited by Strachey J. London, Hogarth Press, 1963.

Frey S. Happy people live longer. Science, 2011, 331: 542-543.

Friedman N P, Miyake A, Corley R P, et al. Not all executive functions are related to intelligence. Psychological Science, 2006, 17 (2): 172-179.

Fromkin V, Krashen S, Curtiss S, et al. The development of language in Genie:

A case of language aacquisition beyond the "critical period". Brain and Language, 1974, 11 (1): 81-107.

Fuchs S, Fuchs D, Prentice K, et al. Explicitly teaching for transfer: Effects on third-grade students' mathematical problem solving. Journal of Educational Psychology, 2003, 95 (2): 293-304.

Gagn M, Briggs J. The principles of instructional design. New York: Holt, 1974.

Gallace A, Tan Z, Haggard P, et al. Short term memory for tactile stimuli. Brain Research, 2008, 1190: 132-142.

Ganis G, Thompsona L, Kosslyna M. Brain areas underlying visual mental imagery and visual perception: An fMRI study. Cognitive Brain Research, 2004, 20 (2): 226-241.

Ganong R. Phonetic categorization in auditory word perception. Journal of Experimental Psychology: Human Perception and Performance, 1980, 6 (1): 110-125.

Gao H, Persons M, Bower M, et al. Cerebellum implicated in sensory acquisition and discrimination rather than motor control. Science, 1996, 272: 545-547.

Garcia J, Ervin R. Gustatory-visceraland telereceptor-cutaneous conditioning: Adaptation in internal and external milieus. Communications in Behavioral Biology Part A, 1968: 389-415.

Gardner H. Frames of mind: The theory of multiple intelligences. New York: Basic Books, 1983.

Gardner H. Intelligence reframed: Multiple intelligences for the 21st Century. New York: Basic Books, 1999.

Gardner M, Bokenkamp D. The role of sensory and nonsensory factors inbody size estimations of eating disorder subjects. Journal of Clinical Psychology: 1996, 52（1）: 3-15.

Gathercole E, Willis S, Emslie H, et al. Phonological memory and vocabulary development during the early school years: A longitudinal study. Developmental Psychology, 1992, 28（5）: 887-898.

Gazzaniga S, Heatherton F. Psychological Science: The mind, brain and behavior. New York: Nortion, 2003.

Gazzaniga S. The split brain in man. Scientific American, 1967, 217: 24-29.

German P, Defeyte A. Immunity tofounctional fixedness in young children. Psychonomic Bulletin and Review, 2000, 7: 707-712.

Geschwind N, Levitsky W. Humanbrain: Left-right asymmetries in temporal speech region. Science, 1968, 161: 186-187.

Ghazanfar A. Language evolution: Neural differences that make a difference. Nature Neuroscience, 2008, 11（4）: 382-384.

Gibson J, Walk D. The "visual cliff". Scientific American, 1960, 202: 64-71.

Gibson J. The perception of the visual world. Boston: Houghton Mofflin, 1950.

Gick L, Holyoak J. Analogical problem solving. Cognitive Psychology, 1980, 12: 306-355.

Gilbert N, Wysocki J. The smell survey results. National Geographic, 1987.

Gilestro F, Tononi G, Cirelli C. Widespread changes in synaptic markers as a function of sleep and wakefulness in Drosophila. Science, 2009, 324: 109-112.

Gilligan G, Bower H. Cognitive consequences of emotional arousal. In Izard C, Kagen J, Zajonc R（Eds.）. Emotions, cognition, and behaviour. New York: Cambridge University Press, 1984.

Gleitman H, Fridlumd J, Reisberg D. Psychology. New York: Norton, 1999.

Globerson. Field dependence/independence and mental capacity: A developmental approach. Developmental Review, 1985, 5（3）: 261-273.

Godden R, Baddeley D. Context dependency in two natural environments: On land and underwater. British Journal of Psychology, 1975, 91: 99-104.

Goel V, Vartanian O. Dissociating the roles of right ventral lateral anddorsal lateral prefrontal cortex in generation and maintenance of hypotheses in set-shift problems. Cerebral Cortex, 2005, 15（8）: 1170-1177.

Goldstein A. The experimental control

of sex behavior in animals. In: Hoagland H, ed. Hormones, brain function and behavior. New York: Academic Press, 1957: 1057.

Goldstein B. Sensation and perception. Belmont: Wadsworth Publishing Company, 1980.

Goleman D. Emotional intelligence. New York, NY, England: Bantam Books, Inc. 1995.

Gottfredson S. Dissecting practicalintelligence theory: Its claims and evidence. Intelligence, 2003, 31: 343-397.

Graf P, Squire R, Mandler G. The information that amnesic patients do not forget. Journal of Experimental Psychology: Learning, Memory, Cognition, 1984, 10: 164-178.

Graft P, Mandler A. Activation makes words more accessible, but not necessarily more retrievable. Journal of Verbal Learning and Verbal Behvior, 1984, 23: 553-568.

Gray A, Wedderburn A. Grouping strategies with simultaneous stimuli.Quarterly Journal of Experimental Psychology, 1960, 12: 180-184.

Gray A. Perspectives on anxiety and impulsivity: Commentary. Journal of Research in Personality, 1987, 21: 493-509.

Green W. Mental Control of the Bilingual lexicon semantic system. Bilingnalism: Language and Cognition, 1998, 1: 67-81.

Griffin P, McGaw B, Care E. (Eds.). Assessment and teaching of 21st century

skills. New York, NY: Springer, 2012.

Grodzinsky Y, Santi A. The battle for Broca's region. Trends in CognitiveScience, 2008, 12 (12): 474-480.

Gross J. The emerging field of emotion regulation review. Review of General Psycholgy, 1998, 2: 271-279.

Gross J. Emotion regulation in adulthood: Timing is everything. Current Directions in Psychological Science, 2001, 10: 214-219.

Gross L, Eagle M. Synonymity, antonymity, and association in false recognition response. Journal of Experimental Psychology, 1970, 83: 244-248.

Grundgeiger T, Bayen J, Horn S. Effects of sleep deprivation on prospective memory. Memory, 2014, 22: 679-686.

Güenther K. Human cognition. Eaglewood Cliffs, NJ: Prentice-Hall Inc, 1998.

Guilford P. The nature of human intelligence. New York: McGraw-Hill, 1967.

Guilford P. Three faces of intellect. American Psychologist, 1959, 14: 569-579.

Guilford P. Way beyond the IQ.Buffalo, NY: Creative Education Foundation, 1977.

Guo L, Trueblood S, Diederich D. Thinking fast increases framing effects in risky decision making. Psychological Science, 2017, 28 (4): 530-543.

Haber N, Hershenson M. The psychology of visual perception. New York: Holt,

Rinehart and Winston, 1980.

Haith M. Sensory and perceptual processes in early infancy. Journal of Pediatrics, 1986, 109（1）: 158-171.

Halpern F. Sex differences in cognitive abilities, 2nd ed. Hillsdale, New Jersey: Lawrence Erlbaum Associates Publishers, 1992.

Hamilton W. Basic limbic system anatomy of the rat. New York: Plenum, 1976.

Hans S. Syndrome produced by diverse nocuous agents. Nature, 1936, 138: 32.

Hansen H, Hansen D. Finding the face in the crowd: An anger superiority effect. Journal of Personality and Social Psychology, 1988, 54: 917-924.

Harley A. The psychology of language: From data to theory. Fourth edition. New York, NY: Psychology Press, 2014.

Harlow H. Learning to love. New York: Aronson, 1974.

Harr H.（Ed）. The social construction of emotions. Oxford, GB: Blackwell, 1986.

Harris J E. Remembering to do things: Forgotten topic. In J. E. Harris. P. E. Morris（Eds.）, Everyday memory, actions, and absent-mindedness. New York, NY: Academic Press, 1984.

Harris J. Sensation and perception. Sage Publications Ltd, 2014.

Hart S, Carrington H. Jealousy in 6-month-old infants. Infancy, 2002, 3:

395-402.

Hartline K, Ratliff F. Inhibitory interaction of receptor units in the eye of limulus. Journal of General Psychology, 1957, 40: 357-376.

Hathaway R, McKinley C. Multiphasic personality schedule（Minnesota）: Construction of the schedule. Journal of Psychology, 1940, 10: 249-254.

Hathaway R, Mckinley C. The minnesota multiphasic personality schedule. Minneapolis: University of Minnesota Press, 1942.

Hebb O. Organization of behavior. New York: Wiley, 1949.

Hecht S, Shlaer S. An optometer for measuring human dark adaptation. Journal of Optical Society of America, 1938, 28: 269-275.

Heider F. The psychology of interpersonal relations. New York: John Wiley, 1958.

Hertz-Pannier L, Chiron C, Jambaque I, et al. Late plasticity for language in a child's non-dominant hemisphere: A pre- and post-surgery fMRI study. Brain, 2002, 125（2）: 361-372.

Hickok G, Poeppel D. The cortical organization of speech processing. Nature Reviews Neuroscience, 2007, 8（5）: 393-402.

Hilgard R. Neodissociation interpretation of hypnosis. In S J Lynn and J W Rhue.

Theories of hypnosis: Current models and perspectives. New York: Guilford Press, 1991.

Hilgard R. Psychology in America: A historical survey. New York: Harcourt Brace Jovanovich Publishers, 1987.

Hines M. Gonadal hormones and human cognitive development. In: Balthazart J, ed. Hormones, brain and behavior in vertebrates. I. Sexual differentiation, neuroanatomical aspects, neurotransmitters and neuropeptides. Basel: Karger, 1990: 51-53.

Hirst W. The cognitive aspects of consciousness. In: Gazzaniga. S, ed. Cognitive neuroscience. Cambridge MA: MIT Press, 1995.

Hobson A, Pace-Schott F, Stickgold R. Dreaming and the brain: Toward cognitive neuroscience of conscious states. Behavioral and Brain Sciences, 2000, 23 (6): 793-842.

Hobson A. The dreaming brain. New York: Basic Books, 1988.

Hochberg E, McAlister E. A quantitative approach to figural "goodness". Journal of Experimental Psychology, 1953, 68: 294-296.

Hochberg E. Perception. Englewood Cliffs. New Jersey: Prentice-Hall, 1964.

Hodgkin L, Huxley F. Action potentials recorded from inside nerve fiber. Nature, 1939, 144: 710-711.

Hoebel G, Teitelbaum P. Weight regulation in normal and hypothalamic hyperphagic rats. Journal of Comparative and Physiological Psychology, 1966, 61 (2): 189-193.

Hoffman W. Work, family, and the child. In Pallak. S, Perloff. (Eds.), Psychology and work: Productivity, change, and employment. Washington, DC: American Psychology Association, 1986: 169-220.

Hogan L, Mata J, Carstensen L. Exercise holds immediate benefits for affect and cognition in younger and older adults. Psychology and Aging, 2013, 28: 587-594.

Holmes H, Rahe H. The social readjustment rating scale. Journal of Psychosomatic Research, 1967, 11: 213-218.

Holmes J, Kim-Spoon J, Deater-Deckard K. Linking executive function and peer problem from early childhood through middle adolescence. Journal of Abnormal Child Psychology, 2016, 44: 31-42.

Hoogendam Y, Hofman A, vander Geest N, et al.Patterns of cognitive functioning in aging: The Rotterdam Study. European Journal of Epidemiology, 2014, 29: 133-140.

Hopkins B, Westra T. Motor development, maternal expectations and the role of handling. Infant Behavior and Development, 1990, 13: 117-122.

Hostinar E, Sullivan R, Gunnar R. Psychobiological mechanisms underlying the social buffering of the hypothalamic-pituitary-adrenocortical axis: A review of animal model and human studies across development. Psychological Bulletin, 2014, 140: 256-282.

Hubel H, Biography. The Nobel Prizes 1981, Editor Wilhelm Odelberg, Stockholm, 1982.

Hubel H. Wiesel N. Receptive fields of single neurons in the can's striate cortex. Journal of Physiology, 1959, 148: 574 (3).

Hubel H, Wiesel N. Receptivefields, binocular interaction and functional architecture in the cat: Visual cortex. Journal of Physiology, 1962, 160 (1): 106-154.

Hudson A, Jacques S. Putonahappy face! Inhibitory control and socioemotional knowledge predict emotion regulation in 5-to 7-year-olds. Journal of Experimental Child Psychology, 2014, 123: 36-52.

Hudson W. Pictorial depthperception in subcultural groups in Africa. Journal of Social Psychology, 1960, 52: 183-208.

Hull C. Principles of behavior. New York: Appleton-Century-Crofts, 1943.

Huttenlocher J. Constructing spatialimages: Strategy in reasoning. Psychological Review, 1968, 75: 550-560.

Hyde S, Fennema E, Lamon J. Gender difference in mathematics performance: Meta-analysis. Psychological of Bulletin, 1990, 107: 139-155.

Isebella A, Belsky J, Von Eye A. Origins of mother-infant attachment: An examination of interaction of synchrony during the infant's first year. Developmental Psychology, 1989, 25 (1): 12-21.

Ivanova I, Costa A.Does bilingualism hamper lexical access in speech production? Acta Psychologica, 2008, 127 (2): 277-288.

Izard E, Fantauzzo A, Castle M, et al. The ontogeny and significance of infants' facial expressions in the firstq months of life. Developmental Psychology, 1995, 31: 997-1013.

Izard E. Facial expressions and the regulation of emotions. Journal of Personality and Social Psychology, 1990, 58: 487-498.

Izard E. Human Emotions. New York: Plenum, 1977.

Izard E. The psychology of emotion. New York: Plenum, 1991: 27-57.

Izard E. The psychology of emotions. New York: Plenum Press, 1991.

Izard E. The structure and functions of emotions: Implications for cognition, motivation, and personality. In I. S. Cohen (Ed.), The G. Stanley Hall Lecture Series (Vol. 9, pp. 35-73). Washington, DC: American Psychological Association, 1989.

Izard E. Toward. cognitive theory of emotion, In M. Arnold (Ed.), Feelings and emotions. New York: Academic Press, 1970.

Jacobs D, Pace-Schott F, Stickgold

R, et al. Cognitive behavior therapy and pharmacotherapy for insomnia: Randomized controlled trial and direct comparison. Arch Intern Med, 2004, 164 (17): 1888-96.

Jacoby L, Dallas M. On the relationship between autobiographical memory and perceptual learning. Journal of Experimental Psychology, 1981, 110: 306-340.

James W. The principles of psychology New York: Henry Holt, 1890.

Jang L, Livesley J, Vernon A, et al. Heritability of personality disordertraits: Twin study. Acta Psychiatr Scand. 1996, 94 (6): 438-444.

Janowitz D, Grossman M I. Hunger and appetite: Some definitions and concepts. Journal of the Mount Sinai Hospital, 1950, 16: 231-240.

Jarvik E, Essman B. simple One trail learning situation for mice. Psychological Reports. 1960 (6): 290.

Jerison J. Evolution of the brain and intelligence. New York: Academicpress, 1973.

Johanson G. Visual motion perception. Scientific American, 1975, 232: 76-89.

Johnson G, Liu L, Cohen P. Parenting behaviours associated with the development of adaptive and maladaptive offspring personality traits. The Canadian. Journal of Psychiatry, 2011, 56 (8): 447-456.

Johnson H. The neural basis of cognitive development. In: Kuhn D, Siegler. S,

ed. Handbook of child psychology (Vol. 2): Cognition, perception, and language (5th ed., pp. 1-49). New York: Wiley, 1998.

Johnson-Laird N, Byrne M J. Deduction Hillsdale, New Jersey: Erlbaum, 1991.

Johnson-Laird. N. Mental models: Towards a cognitive science of language, inference and consciousness. Cambridge: Cambridge University Press, 1983.

Johnston A, Heinz P. Flexibility and capacity demands of attention. Journal of Experimental Psychology, 1978, 107: 420-435.

Jonathan K. From DNA to consciousness-Crick's legacy. Nature, 2004, 430: 597.

Jonsson O, Ghler M. Family dissolution, family reconstitution, and children's educational careers: Recent evidence for Sweden. Demography, 1997, 34 (2): 277-293.

Judd B, Wyszeck. Color in business, science, and industry, 2nd ed. New York: Wiley, 1952.

Just A, Carpenter A, Keller A, et al. Brain activation modulated by sentence comprehension. Science, 1996, 274: 114-116.

Kabat-Zinn J. Mindfulness you go, there you are: Mindfulness meditation in everyday life. New york: Hyperion, 1994.

Kagan J, Rosman L, Day D, et al. Information processing in the child: Significance of analytic and reflective attitudes. Psychological Monographs: General and Applied, 1964, 78（1）: 1-37.

Kagan J, Snidman N, Arcus D. Childhood derivatives of high and low reactivity in infancy. Child Development, 1998, 69: 1483-1493.

Kahneman D, Tversky A. Choices, values and frames. American Psychologist, 1984, 39（4）: 341-350.

Kahneman D, Tversky A. On the psychology of prediction. Psychological Review, 1973, 80: 237-251.

Kahneman D, Tversky A. Prospect theory: An analysis of decision under risk. Econometrica, 1979, 47: 263-291.

Kahneman D. Attention and Effort. Englewood Cliffs, NJ: Prentice-Hall, 1973.

Kalawski P. Is tenderness a basicemotion? Motivation and Emotion, 2010, 34: 158-167.

Kamide Y, Scheepers C, Altmann T. Integration of syntactic and semantic information in predictive processing: Cross-linguistic evidence from German and English. Journal of Psycholinguistic Research, 2003, 32（1）: 37-55.

Kandel R, Schwartz. H. Molecular biology of learning: Modulation of transmitter release. Science, 1982, 218: 433-443.

Kang C, Fu Y, Wu J, et al. Short-term language switching training tunesthe neural correlates of cognitive control in bilingual language production. Hum Brain Mapp, 2017, 38（12）: 5859-5870.

Kaplan M, Saccuzzo P. Psychological testing: Principles, applications, and issues（7th ed.）. Belmont, CA: Wadsworth, 2009.

Karatsoreos N. Links between Circadian Rhythms and Psychiatric Disease. Front Behavior Neuroscience, 2014, 8: 162.

Karni A, Sagi D. The time course of learning visual skill. Nature, 1993, 365（6443）: 250-252.

Kaufman L. Perception: The world transformed. New York: Oxford University Press, 1979.

Kazén M, Quirin M. The integration of motivation and volition in Personality Systems Interactions（PSI）theory. In Baumann N, Kazén M, Quirin M, Koole. L（Eds.）Why people do the things they do: Building on Julius Kuhl's contributions to the psychology of motivation and volition.（pp. 15-30）. Göttingen, Germany: Hogrefe, 2018.

Kelley M, et al. Hemispheric specialization in human dorsal frontal cortex and medial temporal lobe for verbal and nonverbal memory encoding. Neuron, 1998, 20: 927-936.

Kelly M, Macrae N, Wyland L, et al. Finding the self? An event-related fMRI study. Journal of Cognitive Neuroscience, 2002, 14（5）: 785-794.

Keysar B, Hayakawa L, An G. The

foreignlanguage effect: Thinking in a foreign tongue reduces decision biases. Psychological Science, 2012, 23（6）: 661-668.

Kilner M, Lemon N. What we know currently about mirror neurons. current biology, 2013, 23（23）: 1057-1062.

Kim H S, Relkin R, Lee M, et al. Distinct cortical areas associated with native and second languages. Nature, 1997, 388: 171-174.

Kim J, Lee C. Implications of near and far transfer of training on structured on-the-job training. Advances in Developing Human Resources, 2001, 3（4）: 442.

Kim S I, Reeve J, Bong M. Introduction to Motivational Neuroscience, in Kim S I, Reeve J, Bong M.（ed.）Recent developments in neuroscience research on human motivation（Advances in Motivation andAchievement, Volume 19）Emerald Group Publishing Limited, 2016.

Kim S I.Neuroscientific model of motivational process. Frontiers in Psychology, 2013, 4: 1-12.

Kluckhohn C, Murray A. Personality formation: The determinants. In: Kluckhohn C, Murray A, Schneider M, eds. Personality in nature, society, and culture. 2nd ed. New York: Knopf, 1961: 53-67.

Koch C, Greenfield S. How does consciousness happen? Scientific American, 2007, 297（4）: 76-83.

Koch C. The quest for consciousness:

Neurobiological approach Englewood. USCO: Roberts Company Publishers, 2004.

Koechlin E, Hyafil A. Anterior Prefrontal function and the limits of human decision-making. Science, 2007, 318（5850）: 594-598.

Koestner R, Franz C, Weinberger J.The family origins of empathic concern: A 26-year longitudinal study. Journal of Personality and Social Psychology, 1990, 58（4）: 709-717.

Koffka K. Principles of Gestalt Psychology. New York: Harcourt Brace, 1935.

Köhler W. The mentality of apes. New York: Harcourt, Brace & World, 1925.

Köhler W. The mentality of apes. New York: Harcourt, Brace & World, 1925.

Koke C, Vernon A. The Sternberg triarchic abilities test（STAT）as a measure of academic achievement and general intelligence. Personality and Individual Differences, 2003, 35（8）: 1803-1807.

Kolb B, Whishaw I. Fundamentals of human neuropsychology. New York: W. H. Freeman and Compeny, 1996.

Kolb B, Whishaw I. An introduction to brain and behavior. New York: Worth Publishers, 2001.

Kolb B, Whishaw I. Fundamentals of human neuropsychology. New York: Worth Publishers, 2008.

Kolb, Whishaw I. Fundamentals of human neuropsychology. New York: W. H.

Freeman and Compeny, 1996.

Kornell N, Metcalfe J. Study efficacy and the region of proximal learning framework. Journal of Experimental Psychology: Learning, Memory, and Cognition, 2006, 32: 609-622.

Kosslyn M, Alpert N M, Thompson L, Visual mental imagery activates topographically organized visual Cortex: PET investigation. Journal of cognitive Neuroscience, 1993 (5): 263-287.

Kosslyn M. Image and brain: The resolution of the imagery debate. Cambridge, MA: MIT Press, 1994.

Kosslyn M. Image and mind. Cambridge, MA: Harvard University Press, 1980.

Kozlowski T, Cutting E. Recognising the gendle and walkers from point-lights mounted on ankles: Some second thoughts. Perception and Psychophysics, 1978, 23: 459.

Krapp A, Hidi S, Renninger A. Interest, learning, and development. In: Renninger. A, Hidi S, Krapp A, ed. The role of interest in learning and development. Hillsdale, NJ: Lawrence Erlbaum Associates, Inc., 1992: 3-25.

Kroll F, Stewart F. Category interference in translation and picture naming: Evidence for asymmetric connections between bilingual memory representations. Journal of Memory and Language, 1994, 33: 149-174.

Krueger M, Frank G, Wisor P, et al. Sleep function: Toward elucidating an enigma. Sleep Medicine Reviews, 2016, 28: 46-54.

Kuffler W, Yoshikami D. The distribution of acetylcholine sensitivity at the post-synaptic membrane of vertebrate skeletal twitch muscles: Iontophoretic mapping in the micron range. The Journal of Physiology, 1975, 244 (3): 703-730.

Kuffler W. Discharge patterns and functional organization of mammalian retina. Journal of Neurophysiology, 1953, 16: 37-68.

Kuhl K. Social mechanisms in early language acquisition: Understanding integrated brain systems and supporting language. In: Decety J, Cacioppo. ed. Handbook of social neuroscience. New York: Oxford University Press, 2011.

Kuhn H, McPartland S. An empirical investigation of self-attitudes. American Sociological Review, 1954 (19): 68-76.

Kunzmann U, Kappes C, Wrosch C. Emotional aging: Discrete emotions perspective. Frontiers in Psychology, 2014, 5: 380.

Kuo C, Kiu P, Ting H, et al. Age-related effects on perceptual and semantic encoding in memory. Neuroscience, 2014, 261: 95-106.

Lawson S, Inglis J, Tittemore A. Factorially defined verbal and performance IQs derived from the WISC-R: Patterns of cognitive ability in normal and learning disabled children. Personality and Individual Differences, 1987 (8): 331-341.

Lazarus R. Towards cognitive theory of emotion. In M. Arnold (Ed), Feelings and emotions. New York: Academic Press, 1970.

Lazarus S, Folkman S. Stress, appraisal and coping. New York: Springer, 1984.

LeDoux E. The emotional brain: The mysterious underpinnings of emotional life. New York: Simon Schuster, 1996.

Lee C Y, Liu Y N, Tsai J L. The time course of contextual effects on visual word recognition. Frontiers in Psychology, 2012, 3: 285.

Lehto E, Juujärvi P, Kooistra L, Pulkkinen L. Dimensions of executive functioning: Evidence from children. British Journal of Developmental Psychology, 2003, 21: 59-80.

Lenneberg H. Biological functions of language. New York: Wiley, 1967.

Lesch F, Pollatsek A. Automaticaccess of semantic information by phonological codes in visual word recognition. Journal of Experimental Psychology: Learning, Memory, and Cognition, 1993, 19: 285-294.

Levanen S, Jousmaki V, Hari R.Vibration-induced auditory-cortex activation in a congenitally deaf adult. Current Biology, 1998 (8): 869-872.

Levelt J. Accessing words in speech production: Stages, processes and representations. Cognition, 1992, 42 (1-3): 1-22.

Levelt J. Spoken word production: A theory of lexical access. Proceedings of the National Academy of Sciences of the United States of America, 2001, 98 (23): 13464-13471.

Levy J, Wagner D. Cognitive control and right ventrolateral prefrontal cortex: Reflexive reorienting, motor inhibition, and action updating. Annals of the New York Academy of Science, 2004, 1224 (1): 40-62.

Levy J. Right brain, left brain: Fact and fiction. Psychology Today, 1985, 19: 38-44.

Libertus K, Needham A. Teach to reach: The effects of active vs. passive reaching experiences on action and perception. Vision Research, 2010, 50: 2750-2757.

Lindsay H, Norman A. Human information processing. 2nd ed. New York: Academic Press, 1977.

Linn C, Petersen C. Emergence and characterization of sex differences inspatial ability: A meta-analysis. Child Development, 1986, 56: 1479-1498.

Linnenbrink E, Pintrich P. The role of Self-efficacy beliefs in student engagement and learning in the classroom. Reading. Writing Quarterly, 2003, 19: 119-137.

Löckenhoff E, Terracciano A, Patriciu S, et al. Self-reported extremely adverse life events and longitudinal changes in five-factor model personality traits in an urban sample. Journal of Traumatic Stress, 2009, 22（1）: 53-59.

Loehlin C, McCrae R, Costa T, et al. Heritabilities of common and measure-specific components of the big five personality factors. Journal of Research in Personality, 1998, 32（4）: 431-453.

Loehlin C. Genes and environment in personality development. Sage Publications, Inc, 1992.

Loftus F, Palmer C. Reconstruction of automobile destruction: An example of the interaction between language and memory. Journal of Verbal Learning and Verbal Behavior, 1974, 13: 585-589.

Loftus F. Leading questions and the eyewitness report. Cognitive Psychology, 1975, 7: 560-572.

Lorenz K. King Solomon's ring. New York: T Y Corowell, 1952.

Lubinski D. Intelligence: Successand fitness. Novartis Foundation Symposium, 2000, 233: 6.

Lucas F, Sclafani A. Hyperphagia in rats produced by a mixture of fat and sugar. Physiology & Behavior, 1990, 47: 51-55.

Luchins S. Mechanization in problem solving: The effect of Einstellung. Psycho-logical Monographs, 1942, 54（6）: 248.

Lum A, Bleses D. Declarative and procedural memory in Danish speaking children with specific language impairment. Journal of Communication Disorders, 2012, 45（1）: 46-58.

Luo J, Niki K, Phillips S. Neuralcorrelates of the "Aha! reaction". Neuroreport, 2004, 15: 2013-2017.

Luo J, Niki K. Function of hippocampus in "insight" of problem solving. Hippocampus, 2003, 13（3）: 316-323.

Luria P. Higher cortical functions in man（2th ed.）. New York: Basic Books, 1980.

Luria P. Human brain and psychological process. New York: Harper Row, 1966.

Luria P. The working brain: An introduction to neuropsychology. New York: Basic Books, 1973.

MacNeilage F, Davis L. On the origin of internal structure of word forms. Science, 2000, 288（5465）: 527-531.

Maciokas B, Crognale A. Cognitive and attentional changes with age: Evidence from attentional blink deficits. Experimental Aging Research, 2003, 29: 137-153.

MacKay G.Aspects of the theory of comprehension, memory and attention. Quarterly Journal of Experimental Psychology, 1973, 25: 22-40.

Makros J, Mccabe P. Relationships between identity and self-representations during adolescence. Journal of Youth & Adolescence, 2001, 30（5）: 623-639.

Mangan P A, Bolinskey P K, Rutherford A L. Underestimation of time during aging: The result of age-related dopaminergic changes? Society for Neuroscience, 1997.

Maquet P. The role of sleep in learning and memory. Science, 2001, 294: 1048-1052.

Marks W B. Dobelle W H, Macnichol E F. Visual pigments of single primate cones. Science, 1964, 143: 1181-1183.

Marr D. Vision. San Francisco: Freeman, 1982.

Martini F, Timmons J, Tallitsch B. Human anatomy. San Francisco: Pearson Benjamin Cummings, 2009.

Maslow H. Motivation and personality（2nd ed.）. New York: HarperRow, 1970.

Maslow H. Toward psychology of human being（Izard ed.）. Princeton: Van Nostrand, 1968.

Matsumoto D, Hwang S. Evidence for training the ability to read micro Expressions of Emotion. Motivation and Emotion, 2011, 35: 181-191.

Matsumoto R, Okada T, et al. Hemispheric asymmetry of the arcuate fasciculus: A preliminary diffusion tensor tractography study in patients with unilateral language dominance defined by Wada test. Journal of Neurology, 2019, 255（11）: 1703-1711.

Mayer D, Salovey P. What is emotional intelligence. In: Peter Salovey, Sluyter. J, ed. Emotional development and emotion intelligence, educational implications. New York: Basic Books, 1997: 3-31.

Maylor A. Facilitatory and inhibitory components of orienting in visual space. In: Posner. I, Marin. S M, ed. Mechanisms of attention: Attention and performance. Hillsdale, NJ: Erlbaum, 1985: 189-204.

McCandliss D, Cohen L, Dehaene S. The visual word form area: Expertise for reading in the fusiform gyrus. Trends in Cognitive Sciences, 2003（7）: 293-299.

McClelland C. Human motivation. Glenview, IL: Scott, Foresman. 1985. McClelland. C, Atkinson. W, Clark.A, and Lowell. L. The Achievement Motive. New York: Appieton-Century-Croffs, 1953.

McClelland C. Studies in motivation. New York: Appleton-Century-Crofts, 1955.

McClelland C. The Achievement Motive. Appieton-Century-Croffs, New York: 1953.

McCrae R, Costa T. Personality in adulthood. New York: Guilford Press, 1990.

McCrae R, Costa T. Recalled parent-child relations and adult personality. Journal of Personality, 1988, 56（2）: 417-434.

McCrae R, Costa T. Updating Norman's "adequate taxonomy": Intelligence and personality dimensions in natural language and in questionnaires. Journal of Personality and Social Psychology, 1985, 49: 710-721.

McDougall W. An introduction to socialpsychology. Boston: John W. Luce, 1926.

McGaugh L, Herz J. Memory consolidation. San Francisco: Freeman, 1972.

McGurk, H., MacDonald, J. Hearing lips and seeing voices. Nature, 1976, 264 (5588): 746-748.

McGregor S, Hargreaves A, Apfelbach R, Hunt E. Neural correlates of cat odor-induced anxiety in rats: Region-specific effects of the benzodiazepine midazolam. Journal of Neuroscience, 2004, 24: 4134-4144.

Mckay G. Aspects of a theory of comprehension, memory, and attention. Quartely Journal of Experimental Psychology, 1973, 25: 22-40.

Meares R. A dissociation model of borderline personality disorder. New York, NY: W. W. Norton, 2012.

Mechelli A, Crinion T, Noppeney U, et al. Structural plasticity in the bilingual brain. Nature, 2004, 431: 757-757.

Meltzoff N, Borton W. Intermod al matching by human neonates. Nature, 1979, 282: 403-404.

Melzack R, Wall P. D. Pain mechanisms: A new theory. Science, 1965, 150: 971-979.

Melzack R, Wall P. D. The challenge of pain. New York: Basic Books, 1983.

Miller A, Rahe H. Life changesscaling for the 1990's. Journal of Psychosomatic Research, 1997, 43 (3): 279-292.

Miller A. The magic number seven plus or minus two: Some limits on our capacity for processing information. Psychological Review, 1956, 63: 81-97.

Miller K. The prefrontal cortex and cognitive control. Nature Reviews Neuroscience, 2000, 1: 59-65.

Milliken B, Rock A. Negative priming, attention, and discriminating the present from the past. Consciousness and Cognition, 1997 (6): 308-327.

Milner B, Corsi P, Leonard G. Frontal lobe contribution to recency judgements. Neuropsychology, 1991, 29: 601-618.

Milner B, Petriedes M, Smith L.Frontal lobes and the temporal organization of memory. Human Neurobiology, 1985, 4: 137-142.

Miyake A, Friedman P, Emerson J, et al. The unity and diversity of executive functions and their contributions to complex-"frontal lobe" tasks: Latent variable analysis. Cognitive Psychology, 2000, 41: 49-100.

Mize D, Pineda M, Blau K, Marsh K, Jones A. Infant physiological and behavioral responses to a jealousy-provoking condition.

Infancy, 2014, 19: 338-348.

Moates R, Schumacher M. An introduction to cognitive psychology. Belmont: Wadsworth Publishing Company, Inc, 1980.

Mohades G, Struys E, Van Schuerbeek P, et al. DTI reveals structural differences in white matter tracts between bilingual and monolingual children. Brain Research, 2012, 1435: 72-80.

Monroe M. Modern approaches to conceptualizing and measuring human life stress. Annual Review of Clinical Psychology, 2008, 4: 33-52.

Moray N, Bates A, Barnett T. Experiments on the four-eared man. Journal of Acoustic Society of American, 1965, 38: 196-201.

Morgan D, Murray A. Method for investigating fantasies. AMA Archives of Neurology and Psychiatry, 1935, 34: 389-406.

Morgan P. Towards a developmental theory of place attachment. Journal of Environmental Psychology, 2010, 30 (1): 11-22.

Moro V, Berlucchi G, Lerch J, et al. Selective deficit of mental visual imagery with intact primary visual cortex and visual perception. Cortex, 2008, 44: 109-118.

Morow G, Bower G H, Grenspan. E. Updating situation models during narative comprehension. Journal of Memory and Language, 1989 (28): 292-312.

Morris R. Developments of a water-maze procedure for studying spatial learning in the rat. Journal of Neuroscience Methods, 1984, 11 (1): 47-60.

Morrison C, Kamal F, Taler V. The influence of working memory performance on event-related potentials in young and older adults. Cognitive Neuroscience, 2019, 10 (3): 117-128.

Mroczek K, Spiro A. Modeling intraindividual change in personality traits: Findings from the normative aging study. Journal of Gerontology, 2003, 58 (3): 153-165.

Mu C, Singleton D. Critical review of age-related research on L2 ultimate attainment. Language Teaching, 2011, 44: 1-35.

Murdock B. The retention of individual items. Journal of Experimental Psychology, 1961, 62: 618-625.

Myers D G. Exploring social psychology. Mcgraw-Hill Companies, 2003.

Myers G. Psychology. New York: Worth Publishers, 1992.

Nachman M. Limited effects of electroconvulsive shock on memory of taste stimulation. Journal of Comparative and Physiological Psychology, 1970, 73 (1): 31-37.

Naglieri A, Das P. Planning, attention, simultaneous, and successive (PASS) cognitive processes as. model for intelligence. Journal of Psycho-Educational Assessment, 1990 (8): 303-337.

Naglieri A, Das P. Planning-arousal-simultaneous-successive (PASS): Model for assessment. Journal of School Psychology, 1988, 26: 35-48.

National Resarch Couna. Technical bases for Yucca Mountain standards. Washington, DC: National Academy Press, 1995.

Navon D. Forest before trees: The precedence of global features in visual perception. Cognitive Psychology, 1977 (9): 353-383.

Neill T. Inhibition and facilitation processes in selective attention. Journal of Experimental Psychology: Human Perception and Performance, 1977 (3): 444-450.

New B, Ferrand L, Pallier C, et al. Reexamining the word length effect in visual word recognition: New evidence from the English Lexicon Project. Psychonomic Bulletin and Review, 2006, 13 (1): 45-52.

Newell A, Simon A. Human problem solving. Upper Saddle River, NJ: Prentice-Hall, 1972.

Newport L, Bavelier D, Neville J. Critical thinking about critical periods: Perspectives on a critical period for language acquisition. In: Dupoux E, ed. Language, brain, and cognitive development: Essays in honor of Jacques Mehler (pp.481-502). Cambridge, MA: MIT Press, 2001.

Nicholls J. Achievement motivation: Conceptions of ability, subjective experience, task choice, and performance. Psychological Review, 1984, 91: 328-346.

Nicolay A, Poncelet M. Cognitive abilities underlying second language vocabulary acquisition in an early second language immersion education context: A longitudinal study. Journal of Experimental Child Psychology, 2013, 115: 655-671.

Nicolson I, Fawcett J. Automaticity: New framework for dyslexia research. Cognition, 1990, 35: 159-82.

Norris D, McQueen M, Cutler A, et al. The possible word constraint in the segmentation of continuous speech. Cognitive Psychology, 1997, 34 (3): 191-243.

Novick M, Kan P, Trueswell C, Thompson-Schill. L. A case for conflict across multiple domains: Memory and language impairments following damage to ventrolateral prefrontal cortex. Cognitive Neuropsychology, 2009, 26 (6): 527-567.

Ocklenburg S, Gunturkun O. The Lateralized Brain: The Neuroscience and Evolution of Hemispheric Asymmetries. Elsevier Academic press, 2017.

O'connor A. Do We Really Need to Sleep 7 Hours a Night? The New York-Times, October, 15, 2015.

Oden H. The fulfillment of promise: 40-year follow-up of the Termangifted group. Genetic Psychology Monographs, 1968, 77: 3-93.

Ogle N. Theory of stereoscopic vision. In: Koch S, ed. Psychology: Study of science (Vol. 1): Sensory, perceptual and physiological formulations. New York: Mc-Graw-Hill, 1959.

Ohlsson S. Deep learning. How the mind overrides experience. Cambridge: Cambridge University Press, 2011.

Oldfield C. The assessment and analysis of handedness: The Edinburgh Inventory. Neuropsychologia, 1971, 9: 97-113.

Olds J, Milner P. Positive reinforcement produced by electrical stimulation of septal area and other regions of rat brain. Journal of Comparative Physiology Biochemical Systemic and Environmental Physiology, 1954, 47: 419-427.

Ormrod E. Human Learning. 5th ed. Upper Saddle River, NJ: Pearson/ Merrill Prentice Hall, 2007.

Paap R, Anders-Jefferson R, Mikulinsky R, et al. On the encapsulation of bilingual language control. Journal of Memory and Language, 2019, 105: 76-92.

Paivio A. Dual coding theory: Retrospect and current status. Canadian Journal of Psychology, 1991, 45 (3): 255-287.

Paivio A. Imagery and verbal processes. New York: Holt, Rinchart, and Winston. (Reprinted 1979, Hillsdale, NJ: Lawrence F. rlhauin Associates), 1971.

Papalia E, Martorell G. Experience human development (9th ed.). New York: McGraw-Hill, 2014.

Parker G, Rubin H, Price M, et al. E. Peer relationships, child development,

and adjustment: developmental psychopathology perspective. In Cicchetti D, Cohen. J (Eds.), Developmental psychopathology (Vol. 2). Risk, disorder, and adaptation. John Wiley. Sons. New York: Wiley, 1995.

Pascual-Leone A, Torres F. Plasticity of the sensorimotor cortex representation of the reading finger in Braille readers. Brain, 1993, 116: 39-52.

Pask G. Styles and strategies of learning. British Journal of Educational Psychology, 1974, 46 (2): 128-148.

Pastorino E, Doyle-Portillo S. What is Psychology? Essentials (2nd Edition). Wadsworth, Cengage Learning, 2013.

Pavlov P. Conditioned reflexes. New York: Oxford University Press, 1927.

Peabody D, Goldberg R. Some determinants of factor structures from personality-trait descriptors. Journal of Personality and Social Psychology, 1989, 57: 552-567.

Peng, D. L., Li, Y. P. Orthographic information in identification of Chinese characters. Paper presented to the 7th International Conference on Cognition Aspects of Chinese Language, University of Hong Kong, 1995.

Peng L, Li P, Yang H. Orthorgraphic processing in the identification of Chinese characters. In: Chen. C, ed. Cognitive processing of Chinese and related Asian languages. Hongkong: The Chinese University Press, 1997, 85-108.

Peng L, Orchard N, Stern J A, Evaluation of eye movement variables of Chinese and American readers. Pavlovian Journal of Biology Science, 1983, 18（2）: 94-102.

Perkins D. Making Learning Whole: How seven principles of teaching can transform education. Hoboken, New Jersey: John Wiley, Sons Inc, 2008.

Peterson C. The future of optimism. American Psychologist, 2000, 55: 44-55.

Peterson R, Peterson J. Short-term retention of individual verbal items. Journal of Experimental Psychology, 1959, 58: 193-198.

Pierangelo R, Giuliani G. Classroom management techniques for students with ADHD. Thousand Oaks, CA: Corwin Press, 2008.

Pines M. The civilizing of Genie. Psychology Today, 1981, 15（9）: 28-34.

Pinker S, Jackendoff R. The faculty of language: What's special about it? Cognition, 2005, 95（2）: 201-236.

Pinker S. How the Mind Works. Norton. Putnam. 1997.

Pintner R. Contribution to "intelligence and its measurement: symposium". Journal of Educational Psychology, 1921, 12: 139-142.

Pintrich R, Schunk H. Motivation in education: Theory, research, and applications. Englewood Cliffs, NJ: Prentice Hall, 1996.

Pirenne H. Vision and the eye.2nd ed. London: Chapman and Hall, 1967.

Plutchik R. Emotions and life: Perspectives from psychology, biology, and evolution. Washington, DC: American Psychological Association, 2003.

Plutchik R. Emotions, evolution and adaptive processes. In: Arnold M, ed. Feeling and Emotions. New York: Academic Press, 1970.

Polderman, T J C, Stins J F, Posthuma D, et al. The phenotypic and genotypic relation between working memory speed and capacity. Intelligence, 2006, 34（6）: 549-560.

Polivy J, Herman P. If at first you don't succeed: False hopes of selfchange. American Psychologist, 2002, 57: 677-689.

Porkka-Heiskanen T, Strecker E, Thakkar M, et. al. Adenosine: mediator of the sleep-inducing effects of prolonged wakefulness. Science, 1997, 276: 1265-1268.

Posner I, Cohen Y. Components of visual orienting. In Bouma H, Bouwhuis. G（eds.）Attention and performance X: Control of language processes（pp. 531-556）. Hillsdale, New Jersey: Erlbaum, 1984.

Posner I, Petersen E, Fox T, et al. Localization of cognitive operations in the human brain. Science, 1988, 240: 1627-1631.

Premack D. Toward empirical behaviour laws: Positive reinforcement. Psychological Review, 1959, 66: 219-233.

Prinzie P, Stams J, Dekovic M, et al. The relations between parents' Big Five personality factors and parenting: A meta-analytic review. Journal of Personality and Social Psychology, 2009, 97 (2): 351-362.

Pritchard. M. Stabilized images on the retina. Scientific American, 1961, 204: 72-78.

Propper E, O'Donnell J, Whalen S, et al. Acombined fMRI and DTI examination of functional language lateralization and arcuate fasciculus structure: Effects of degree versus direction of hand preference. Brain and Cognition, 2010, 73 (2): 85-92.

Pugh R, Mencl E, Jenner R, Katz et al. Neurobiological studies of reading and reading disability. Journal of Communication Disorders. 2001, 34 (6): 479-492.

Qiu J, Li H, Jou J, et al. Neural Correlates of the "Aha" experiences: Evidence from an fMRI study of insight problem solving. Cortex, 2010, 46: 397-403.

Quinn C, Eimas D, Rosenkranz L. Evidence for representations of perceptually similar natural categories by 3-month-old and 4-month-old infants. Perception, 1993, 22: 463-475.

Raaijmakers G W, Jakab E. Retrieval-induced forgetting without competition: Testing the retrieval specificity assumption of the inhibition theory. Memory & Cognition, 2012, 40: 19-27.

Racsmány M, Conway A, Demeter G. Consolidation of episodic memories during sleep: Long-term effects of retrieval practice. Psychological Science, 2010, 21: 80-85.

Raichle E, MacLeod M, Snyder Z, et al. A default mode of brain function. PNAS, 2001, 98 (2): 676-682.

Ramnani N, Owen M. Anterior prefrontal cortex: Insights into function from anatomy and neuroimaging. Nature Reviews Neuroscience, 2004, 5 (3): 184-194.

Rangel A, Camerer C, Montague R. A framework for studying the neurobiology of value-based decision making. Nature Reviews Neuroscience, 2008, 9: 545-556.

Rasch B, Born J. Reactivation and consolidation of memory during sleep.Current Directions in Psychological Science, 2008, 17: 188-192.

Raskin C. The scientific basis of polygraph techniques and their uses in the judicial process. In: Trankell A (Ed.). Reconstructing the past: The role of psychologists in the criminal trial. Stockholm: Norsted, Soners, 1982.

Rastle K, Brysbaert M. Masked phonological priming effects in English: Are they real? Do they matter? Cognitive Psychology, 2006, 53: 97-145.

Ratliff F. The Mach Bands: Quantitative studies on neural networks in the retina. New York: Holden-Day, Inc., 1965.

Rawson A, Zamary A. Why is free recall practice more effective than recognition practice for enhancing memory? Evaluating the relational processing hypothesis. Journal of Memory and Language, 2019, 105: 141-152.

Reed K. Cognition: Theory and application. 7th ed. Belmont, CA: Wadsworth/Thomson, 2007.

Reid B, Patterson R, Loeber R. The abused children: Victim, instigator, or innocent bystander? Nebraska Symposium on Motivation, 1982, 29: 47-68.

Rescorla A. Deepened extinction from compound stimulus presentation. Journal of Experimental Psychology: Animal Behavior Processes, 2006, 32 (2): 135-144.

Riccelli R, Toschi N, Nigro S, et al. Surface-based morphometry reveals the neuroanatomical basis of the five-factor model of personality. Social Cognitive and Affective Neuroscience, 2017, 12 (4): 671-684.

Richman S, Kubzansky L, Maselko J, et al. Positive emotion and health: Going beyond the negative. Health Psychology, 2005, 24: 422-429.

Ricketts J, Davies R, Masterson J, et al. Evidence for semantic involvement in regular and exception word reading in emergent readers of English. Journal of Experimental Child Psychology, 2016, 150: 330-345.

Riemann R, Angleitner A, Strelau J. Genetic and environmental influences on personality: A study of twins reared together using the self and peerreport NEO-FFI scales. Journal of Personality, 1997, 65: 449-475.

Riese H, Snieder H, Jeronimus F, et al. Timing of stressful life events affects stability and change of neuroticism. European Journal of Personality, 2014, 28 (2): 193-200.

Rilling K, Glasser F, Preuss. M, et al. The evolution of the arcuate fasciculus revealed with comparative DTI. Nat. Neurosci, 2008, 11: 426-428.

Roediger L, Karpicke: D. Test-enhanced learning: A taking memory test improves long-term retention. Psychological Science, 2006, 17: 249-255.

Roediger L, McDermott B. Creating false memories: Remembering words not presented in lists. Journal of Experimental Psychology: Learning, Memory, and Cognition, 1995, 21 (4): 803-814.

Roediger L, McDermott B. Implicit memory in normal human subjects. In: Spinnler H, Boller F, ed. Handbook of Neuropsychology. Amsterdam: Elsevier, 1993: 63-131.

Roether L, Omlor L, ChristensenA, et al. Critical features for the perception of emotion from gait. Journal of Vision, 2009, 9 (6): 1-32.

Rofé Y. Stress and affiliation: Utility theory. Psychological Review, 1984, 91: 235-250.

Rohrer D, Dedrick F, Burgess K. The benefit of interleaved mathematics practice is not limited to superficially similar kinds of problems. Psychonomic Bulletin & Review, 2014, 21 (5): 1323-1330.

Rolls T. The cingulate cortex and limbic systems for emotion, action, and memory. Brain Structure and Function, 2019, 224: 3001-3018.

Rönnlund M, Nyberg L, Bäckman L, et al. Stability, growth, and decline in adult life span development of declarative memory: Cross-sectional and longitudinal data from a population-based study. Psychology and Aging, 2005, 20: 3-18.

Roorda A, Williams D R. The arrangement of the three cone classes in the living human eye. Nature. 1999, 397: 520-522.

Rosch H. On the internal structure of perceptual and semantic categories. In: Morre. E, ed. Cognitive development and the acquisition of language. New York: Academic Press, 1973: 111-114.

Rotter B. Generalized expectancies for internal versus external control of reinforcement. Psychological Monographs, 1966, 80: 1-28.

Rovee-Collier C. Time windows in cognitive development. Developmental Psychology, 1995, 31: 147-169.

Rubin E. Synsoplevede figurer. Copenhagen: Gyldendalske, 1915.

Rubler-Ross E. On death and dying. New York: Collier Books, 1969. Russell A. A circumplex model of affect. Journal of Personality and Social Psychology, 1980, 39: 1161-1178.

Russell J A. Core affect and the psychological Construction of emotion. Psychological Review, 2003, 110: 145-172.

Rymer R. An abused child: Flight from silence. New York: Harper Collins, 1993.

Sack L, Brandes W, Kendall R, et al. Entrainment of free-runningcircadian rhythms by melatonin in blind people. New England Journal of Medicine, 2000, 343: 1070-1077.

Sakurai T, Amemiya A, Ishii M, et al. Orexins and orexin receptors: family of hypothalamic neuropeptides and protein-coupled receptors that regulate feeding behavior. Cell, 1998, 92: 573-585.

Salimpoor N, Benovoy M, Larcher K, et al. Anatomically distinct dopamine release during anticipation and experience of peak emotion to music. Nature Neuroscience, 2011, 14: 257-262.

Salovey P, Mayer D. Emotional intelligence. Imagination, Cognition, and Personality, 1990, 9: 185-211.

Salovey P, Rothman J, Detweiler B, et al. Emotional states and physical health. American Psychologist, 2000, 55: 110-121.

Salthouse A. Executive functioning. In: Park. C, Schwartz N, ed. Cognitive aging

(2nd ed.) . New York: Psychology Press, 2013.

Sameroff A. Developmental systems: Contexts and evolution. In: Mussen P, ed. Handbook of Child Psychology (Vol. 1) . New York: Wiley, 1983.

Santrock W. Topical approach to life-span development (8th ed.) . New York: McGraw-Hill, 2016.

Scarmeas N, Stern Y, Mayeux R, et al. Mediterranean diet, Alzheimer disease, and vascular mediation. Archives of Neurology, 2006, 63 (12): 1709-1717.

Schellenberg G. Long-term positive associations between music lessons and IQ. Journal of Educational Psychology, 2006, 98 (2): 457-468.

Schiefele H, Krapp A, Prenzel M, et al. Principles of an educational theory of interest. the Seventh Meeting of the International Society for the Study of Behavioral Development, Munich, 1983.

Schlam R, Wilson L, Shoda Y, et al. Preschoolers' delay of gratification predicts their body mass 30 years later. Journal of Pediatrics, 2013, 162 (1): 90-93.

Schloberg H. Three dimensions of emotion. Psychology Review, 1954, 61: 81-88.

Schmidt C. Inhibition of return is not detected using illusory line motion. Psychophysics, 1996, 58 (6): 883-898.

Schmitt M, Meyer S, Levelt J. Lexical access in the production of pronouns. Cognition, 1999, 69 (3): 313-335.

Schultz P, Schultz E. A history of modern psychology. (7th, ed.) Fort Worth, TX: Harcourt Brace, 2000.

Schumann J. The view from elsewhere: Why there can be no best method for teaching a second language. Clarion: Magazine of the European Second Language Acquisition, 1997, 3 (1): 23-24.

Schunk H. Metacognition, selfregulation, and self-regulated learning: Research recommendations. Educational Psychology Review, 2008, 20 (4): 463-467.

Schwartz E, Weinberger A. Patterns of emotional responses to af fective situations: Relations among happiness, sadness, anger, fear, depression, and anxiety. Motivation and Emotion, 1980 (4): 175-191.

Scott A. The vertical dimension and time in mandarin. Australian Journal of Linguistics, 1989, 9 (2): 295-314.

Scoville B, Milner B. Loss of recent memory after bilateral hippocampal lesions. Journal of Neurology, Neurosurgery, and Psychiatry, 1957, 20: 11-19.

Scullin K, Bugg M, McDaniel. A. Whoops, I did it again: Commission errors in prospective memory. Psychology of Aging, 2012, 27: 46-53.

Scullin. K, McDaniel A. Remembering to execute a goal: Sleep on it! Psychological Science, 21 (7): 1028-1035.

Seligman E, Csiksizent Mihaly M. Positive psychology: An introduction. American Psychologist, 2000, 55: 5-14.

Seligman M E P.Positive Psychology, Positive prevention and Positive therapy. In CR Snyder. J Lopez（eds.）, Handbook of Positive Psychology（pp. 3-11）. New York: Oxford University Press, 2003.

Sen S, Burmeister M, Ghosh D.Meta-analysis of the association between serotonin transporter promoter polymorphism （5-HTTLPR）and anxiety-related personality traits. American Journal of Medical Genetics （B）: Ne uropsychiatric Genetics, 2004, 127: 85-89.

Shaffer R, Kipp K. Developmental psychology: Childhood and Adolescence （9th ed.）. Belmot, CA: Wadsworth, 2014.

Shallcross J, Ford Q, Floerke A, et al. Getting better with age: The relationship between age, acceptance, and negative affect. Journal of Personality and Social Psychology, 2013, 104: 734-749.

Shatz J. Emergence of order in visual system development. Journal of Physiology-Paris, 1996, 90（3-4）: 141-150.

Shen B, Yuan Y, Liu C, et al. Is creative insight task-specific? A coordinate-based meta-analysis of neuroimaging studies on insightful problem solving. International Journal of Psychophysiology, 2016, 110: 81-90.

Shepard N. Externalization of mental images and the act of creation. In: Randhawa S, Coffman E, ed. Visual learning, thinking, and communication. New York: Academic Press, 1978.

Shiffrin M, Schneider W. Controlled and automatic human information processing: Perceptual learning, automatic attending, and general theory. Psychological Review, 1977, 84: 127-190.

Shioiri T, Someya T, Helmeste D, et al. Cultural difference in recognition of facial emotional expression: Contrast between Japanese and American raters. Psychiatry and Clinical Neurosciences, 1999, 53（6）: 629-633.

Shors J, Matzel D. Long-term potentiation: What' s learning got to do with it? Behavioral and Brain Sciences, 1999, 20: 597-655.

Siegel M. Why we sleep. Scientific American, 2003: 92-97.

Simmons J A, Feton M B, O'Farrell J. Echolocation and pusuit of prey by bats. Science, 1979, 203: 16-21.

Simons J, Chabris F. Gorillas in our midst: Sustained inattentional blindness for dynamic events. Perception, 1999, 28: 1059-1074.

Simons J, Levin T. Failure to detect changes to people during a real-world interaction. Psychonomic Bulletin and Review, 1998（4）: 644-649.

Singer N. Motor learning and human performance. New York: Macmillan, 1980.

Slamecka J. An examination of trace storage in free recall. Journal of Experimental Psychology, 1968, 76: 504-513.

Smith M, Glenberg A, Bjork R A. Environmental context and human memory. Memory & Cognition, 1978, 6 (4): 342-353.

Spear D, Penrod D, Baker B. Psychology: Perspectives on behavior. New York: John Wiley, 1988.

Spear J H. Prominent schools or other active specialties? A fresh look at some treads in psychology. Review of General Psychology, 2007, 11 (4): 363-380.

Sperling G. The information available in brief visual presentations. Psychological Monographs, 1960, 74: 1-29.

Sperry W, Vogel. J, Bogen E. Syndrome of hemisphere disconnection. Preceedings of the Second Pan-American Congress of Neurology. Puerto Rico, 1970.

Sperry W. Lateral specialization in the surgically separated hemispheres. In: Schmitt O, Worden G. The neuroscience third study program. Cambridge, MA: MIT Press, 1974.

Sporns O. Structure and function of complex brain networks. Dialogues in Clinical Neuroscience, 2013, 15 (3): 247-262.

Squire R, Haist F, Shimamura P. The neurology of memory: Quantitative assessment of retrograde amnesia in two groups of amnesic patients. Journal of Neuroscience, 1989, 9: 828-839.

Stephenson W. The study of behavior: Q-technique and its methodology. Chicago: University of Chicago Press, 1953.

Stepper S, Strack F. Proprioceptive determinants of emotional and non-emotional feelings. Journal of Personality and Social Psychology, 1993, 64: 211-220.

Stern W. The psychological method of testing intelligence. Baltimore: Warwick and York, 1914.

Sternberg J. Beyond IQ. Cambridge: Cambridge University Press, 1985.

Sternberg J. In search of the human mind. 2nd ed. San Diego, California: Harcount Brace. Company, 1998. Sternberg J. The theory of successful intelligence. Review of General Psychology, 1999, 3: 292-316.

Sternberg J. The triarchic mind: new theory of human intelligence. New York: Viking Press, 1988.

Sternberg S. Memory-scanning: Mental processes revealed by reaction time experiments. American Scientist, 1969, 57: 421-457.

Stevens S. Is there a quantal threshold? In: Rosenblith. A, ed. Sensory communication. Cambridge, Mass: MIT Press, 1961.

Stevens S. The psychophysics of sensory function. American Scientist, 1960, 48: 223-254.

Stevens S. The surprising simplicity of sensory metrics. American Psychologist, 1962, 17: 29-39.

Stickgold R, James L, Hobson A. Visual discrimination learning requires sleep after training. Nature, Neuroscience, 2000, 3: 1237-1238.

Storm C, Levy J. A progress report on the inhibitory account of retrieval-induced forgetting. Memory & Cognition, 2012, 40: 827-843.

Strachey J. The standard edition of the complete psychological works of Sigmund Freud, Vol 16. London: Hogarth Press, 1963.

Stratton M. Some preliminary experiments on vision without inversion of the retinal image. Psychological Review, 1896, 3: 611-617.

Svatichin G. Spectral response curves from single cones. Acta Physiologica Scandinavica Supplementum, 1956, 134: 17-46.

Svenson O, Benson L. Framing and time pressure in decision making. In O. Svenson. A. J. Maule (Eds.), Time pressure and stress in human judgment and decision making (pp.133-144). New York, NY: Springer, 1993.

Tan H, Spinks A, Gao H, et al. Brain activation in the processing of Chinese characters and words: A functional MRI study. Human Brain Mapping, 2000, 10 (1): 16-27.

Teller Y, Bornstein H. Infant color vision and color perception. In: Salapatek P, Cohen. B, ed. Handbook of infant perception (Vol. 1): From sensation to perception. Orlando, FL: Academic, 1987: 185-236.

Templeton D, Quigley P. The action of insulin on the motility of the gastrointestinal tract: II. Action on the Heidenhain pouch. American Journal of Physiology, 1930, 91 (2): 467-474.

Theokas C. Youth sports participation-A view of the issues: Introduction to the special section. Developmental Psychology, 2009, 45: 303-306.

Thompson R. In search of memory trace. Annual Review of Psychology, 2005, 56: 1-23.

Thorndike L. Educational psychology: The psychology of learning. New York: Teacher College, 1913.

Thorndike L. The law of effect. American Journal of Psychology, 1927, 39: 212-222.

Thornton J L, Dumke A. Age differences in everyday problem solving and decisionmaking effectiveness: A meta-analytic review. Psychology and Aging, 2005, 20: 85-99.

Timmer K, Calabria M, Costa A. Non-linguistic effects of language switching training. Cognition, 2019, 182: 14-24.

Tipper P. The negative priming effect:

Inhibitory effects of ignored primes. Quarterly Journal of Experimental Psychology, 1985, 37: 571-590.

Todd J. Stability and Change. Visual Cognition, 2005, 12（4）: 639-690.

Tolman C. Purposive behavior in animals and men. New York: Appleton, 1932.

Tomkins S. Affects as the primary motivational system. In: Arnold M, ed. Feelings and emotion. New York: Academic Press, 1970.

Tononi G. Aninformation integration theory of consciousness. BMC Neuroscience, 2004, 5: 42.

Toppino C, DeMesquita. Effects of spacing repetitions on children's memory. Journal of Experimental Child Psychology, 1984, 37: 637-648.

Traxler J, Pickering J. Case-marking in the parsing of complement sentences: Evidence from eye movements. Quarterly Journal of Experimental Psychology, 1996, 49（4）: 991-1004.

Treffert A, Christensen D. Inside the mind of savant. Scientific American, 2005, 12（293）: 108-113.

Treisman M, Gelade G. A feature integration theory of attention. Cognitive Psychology, 1980, 12: 97-136.

Treisman M. Contextual cues in selective listening. Quarterly Journal of Experimental Psychology, 1960, 12（4）: 242-248.

Treisman M. Features and objects in virsual processing. Scientific American, 1986, 225: 114-125.

Treisman M. Verbalcues, language, and meaning in selective attention. American Journal of Psychology, 1964, 77: 206-291.

Trowbridge H, Cason H. An experimental test of Thorndike's theory of learning. Journal of General Psychology, 1932, 7: 245-260.

Tulving E, Schacter L, Siark H. Priming effects in word fragment completion are independent of recognition memory. Journal of Experimental Psychology: Learning, Memory and Cognition, 1982, 8: 336-342.

Tulving E. Episodic and semantic memory. In: Tulving E, Donaldson W, ed. Organization of Memory. New York: Academic Press, 1972.

Tversky A, Kahneman D. Judgment under uncertainty: Heuristics and biases. Science, 1974, 185: 1124-1131.

Uchino N, Cacioppo M T, Kiecolt-Glaser J K. The relationship between social support and physiological processes: A review with emphasis on underlying mechanisms and implications for health. Psychological Bulletin, 1996, 119: 488-531.

Uchino N, Uno D, Holt-Lunstad J. Social support, physiological processes, and health. Current Directions in Psychological Science 1999, 8: 145-148.

Underwood J. Proactive inhibition as a function of time and degree of prior learning. Journal of Experimental Psychology, 1949, 38: 28-38.

Unger Leider L G, Mishkin M. Two cortical visual systems. In: Ingel D J et al. (eds). Analysis of visual behavior Cambridge: MIT Press, 1982.

Unsworth N, Heitz R, Schrock J, et al. An automated version of the operation span task. Behavior Research Methods, 2005, 37: 498-505.

Ursache A, Blair C, Stifter C, et al. Emotional reactivity and regulation in infancy interact to predict executive functioning in early childhood. Developmental Psychology, 2013, 49 (1): 127-137.

Van Dijk A, Kintsch W. Strategies of discourse com prehension. New York: Academic Press, Inc., 1983.

Van Dongen V, Kersten H P, Wagner C, et al. Physical exercise performed four hours after learning improves memory retention and increases hippocampal pattern similarity during retrieval. Current Biology, 2016, 26 (13): 1722-1727.

Van Hecke V, Mundy C, Acra F, et al. Infant joint attention, temperament, and social competence in preschool children. Child Development, 2007, 78: 53-69.

Van Ijzendoorn H, Juffer F, Poelhuis W K. Adoption and cognitive development: A meta-analytic comparison of adopted and nonadopted children's IQ and school performance. Psychological Bulletin, 2005, 131 (2): 301-316.

Veness C, Prior M, Eadie P, et al. Predicting autism diagnosis by 7 years of age using parent report of infant social communication skills. Journal of Pediatrics and Child Health, 2014, 50: 693-700.

Von Neumann J, Morgenstern O. Theory of games and economic behavior. Princeton University Press, 1947.

Vuong C, Martin C. The role of LIFG-based executive control in sentence comprehension. Cognitive Neuropsychology, 2015, 32 (5): 243-265.

Vyazovskiy V, Cirelli C, Pfister-Genskow M, et al. Molecular and electrophysiological evidence for net synaptic potentiation in wake and depression in sleep. Nature Neuroscience, 2008, 11: 200-208.

Wager D, Smith E. Neuroimaging studies of working memory: A meta-analysis. Cognitive, Affective. Behavioral Neuroscience, 2003, 3 (4): 255-274.

Wagner U, Gais S, Haider H, et al. Sleep inspires insight. Nature, 2004, 427: 352-355.

Wald G, Brown K. Human rhodopsin. Science, 1958, 127: 222-226.

Walk D. Perceptual development. Monterey, California: Brooks/Cole Publishing Company, 1981.

Waller G. Evaluating the structure of personality. In Cloninger. R（Ed.），Personality and psychopathology（pp.155-197）. American Psychiatric Association，1999.

Walsh R，Shapiro L. The meeting of meditative disciplines and Western psychology：Mutually enriching dialogue. American Psychologist，2006，61（3）：227-239.

Walton E，Bower J A，Bower G R. Recognition of familiar faces by newborns. Infant Behavior and Development，1992，15（2）：265-269.

Wang B，Zhou T G，Zhuo Y，et al. Global topological dominance in the left hemisphere. PNAS，2007，104（52）：2014-2019.

Wang L，Yang H. Classifying Chinese children with dyslexia by dual route and triangle models of Chinese reading. Research in Developmental Disabilities，2014，35（11）：2702-2713.

Wang Y，Sereno J A，Jongman A，et al. fMRI evidence for cortical modification during learning of Mandarin lexical tone. Journal of Cognitive Neuroscience，2003，15（7）：1019-1027.

Warren M. Perceptual restoration of missing speech sounds. Science，1970，167：392-393.

Warrington K，Shallice T. Category specific semantic impairments. Brain，1984，107：829-853.

Warrington K，Weiskrantz L. The effect of prior learning on subsequent retention in amnesic patients. Neuropsychologia，1974，12：419-428.

Waschbusch A，Daleiden E，Drabman S. Are parents accurate reporters of their child's cognitive abilities? Journal of Psychopathology and Behavioral Assessment，2000，22：61-77.

Wason C. Reasoning about a rule.Quarterly Journal of Experimental Psychology，1968，20：273-281.

Wason C. Reasoning. In：Foss. M. New horizons in psychology. Harmondsworth，England：Penguin，1966：135-151.

Watson John. Behaviorism. New York：Norton，1930.

Waugh C，Norman A. Primary memory. Psychological Review，1965，72：89-104.

Weiner B，Frieze I，Kukla A，et al. Perceiving the causes of success and failure. In：Jones E，Kanouse D，Kelley H，et al. Attribution：Perceiving the causes of behavior. New York：General Learning Press，1971.

Weiner B. Human motivation. Mahwah，NJ：Erlbaum，1989.

Weiner B. Human motivation：Metaphors，theories，and research. Sage Publications，1992.

Weiskrantz L. Blindsight：A case study and implications. Oxford，England：Clarendon, 1986.

Weiten W. Psychology: Themes and variations. Belmont: Brooks/Cole Publishing Company. A di-vision of Wadsworth, Inc., 1989.

Weiten W. Psychology: Themes and Variation (10th edition), Cengage Learning. Boston, USA, 2017.

Weiten W. Psychology: Themes and variations. Wadsworth: Cengage Learning, 2010.

Werner H. Studies on contour: I. Qualitative analyses. American Journal of Psychology, 1935, 47: 40-64.

Wever G. Theory of hearing. New York: Wiley, 1949.

Whiting B, Edwards P. Children of different worlds: The information of social behavior. Cambridge, MA: Harvard University Press, 1988.

Whitlock R, Heynen L, Shuler G, et al. Learning induces long-term potentiation in the hippocampus. Science, 2006, 313: 1093-1097.

Whorf L. Language, thought, and reality: Selected writings of Benjamin Lee Whorf. Carroll J B, editor.Cambridge, MA: MIT Press, 1956.

Wilder Z, PowellK. Sex differences in test performance: A survey of the literature. New York: College Board Publication, 1989.

Williams E, Bargh A, Nocera C, et al.

The unconscious regulation of emotion: Nonconscious reappraisal goals modulate emotional reactivity. Emotion, 2009,9 (6): 847-854.

Winawer J, Witthoft N, Frank C, Russian blues reveal effects of language on color discrimination. Proceedings of the National Academy of Sciences of the United States of America, 2007, 104 (19): 7780-7785.

Windsor D, Burns A, Byles E. Age, physical functioning, and affect in midlife and older adulthood. Journals of Gerontology B: Psychological Sciences and Social Sciences, 2013, 68: 395-399.

Winter G. The power motive. New York: Free Press, 1973.

Witkin A. The nature and importance of individual differences in perception. Journal of Personality, 1950, 19: 1-15.

Woods I, Schwartz W, Baskin G, et al. Food intake and the regulation of body weight. Annual Review Psychology, 2000, 51: 255-277.

Woodworth S, Sells B. An atmosphere effect in formal syllogistic reasoning. Journal of Experimental Psychology, 1935, 18: 451-460.

Woodworth S. Experimental psychology. New York: Holt, 1938.

Worchel S, Shebilske W. Psychology: Principles and applications. Eaglewood cliffs, J: Prentice Hall, 1989.

Wundt W. Outlines of psychology. Leipzig: Wilhelm Engelmann, 1896.

Xiao Q, Zhang Y, Wang R, et al. Complete transfer of perceptual learning across retinal locations enabled by double training. Current Biology, 2008, 18 (24): 1922-1926.

Xue G, Chen C, Jin Z, et al. Language experience shapes fusiform activation when processing logographic artificial language: An fMRI training study. NeuroImage, 2006, 31 (3): 1315-1326.

Xue G, Dong Q, Chen C, et al. Greater neural pattern similarity across repetitions is associated with better later memory. Science, 2010, 330: 97-101.

Yamagata S, Suzuki A, Ando J, et al. Is the genetic structure of human personality universal? A cross-cultural twin study from North America, Europe, and Asia. Journal of Personality and Social Psychology, 2006, 90: 987-998.

Yan G, Tian H, Bai X, et al. The effect of word and character frequency on the eye movements of Chinese readers. British Journal of Psychology, 2006, 97 (2): 259-268.

Yan Y, Rasch M J, Chen M G, et al. Perceptual training continuously refines neuronal population codes in primary visual cortex. Nature Neuroscience, 2014, 17, 1380-1387.

Yang C, Luo L, Vadillo A, et al. Testing (quizzing) boosts classroom learning: Systematic and meta-analytic review. Psychological Bulletin, 2021, 147 (4): 399-435.

Yanti S, Johnson N. Mechanisms of attentional priority. Journal of Experimental Psychology: Human Perception and Performance, 1990, 16 (4): 812-825.

Yarbus L. Eye movements and vision. New York: Plenum Press, 1967.

Yerkes M, Dodson, D. The relation of stimulus to rapidity of habit formation. Journal of Comparative and Neurological Psychology, 1908, 18: 459-482.

Yetish et al. Natural sleep and its seasonal variations in three pre-industrial societies. Current Biology, 2015, 25: 2862-2868.

Yonelinas P. The nature of recollection and familiarity: Review of 30 years of research. Journal of Memory and Language, 2002, 46: 441-517.

You W, Chen B, Dunlap S. Frequency trajectory effects in Chinese character recognition: Evidence for the arbitrary mapping hypothesis. Cognition, 2009, 110 (1): 39-50.

Zajonc B. The decline and rise of scholastic aptitude scores: Prediction derived from the confluence model. American Psychologist, 1993, 41: 862-867.

Zaromb M, Karpicke D. The testing effect in free recall is associated with enhanced organizational processes. Memory &

Cognition, 2010, 3: 995-1008.

Zeki S. Visual image and the brain. Scientific American, 1992, 267: 3.

Zhang et al. Emergence of sex differences in insomnia symptoms in adolescents: Large-scaleschool-based study. Sleep, 2016, 39: 1563-1570.

Zhu Y, Zhang L, Fan J, et al. Neural basis of cultural influence on self-representation. NeuroImage, 2007, 34 (3): 1310-1316.

Zimbardo G, Andersen A. Understanding mind control: Exotic and mundane mental manipulations. In: Langone M, ed. Recovery from cults. New York: Norton Press, 1993: 104-125.

Zola-Morgan S, Squire R, Amaral G. Human amnesia and the medial temporal region: Enduring memory impairment following a bilateral lesion limited to field CA1 of the hippocampus. Journal of Neuroscience, 1986, 6 (10): 2950-2967.

Zuckerman M. Psychobiology of personality (2nd ed.). Cambridge: Cambridge University Press, 2005.

Zimbardo P G. Psychology and life. Boston: Scott, Foresman and Company, 1985.